新编东钱湖志

仇国华 编著

图书在版编目（CIP）数据

新编东钱湖志 / 仇国华编著. — 宁波：宁波出版社，2014.11

ISBN 978-7-5526-1899-0

Ⅰ.①新… Ⅱ.①仇… Ⅲ.①湖泊—地方志—宁波市 Ⅳ.①K928.43

中国版本图书馆CIP数据核字(2014)第275740号

新编东钱湖志

编　　著：	仇国华
责任编辑：	赵　茜　沈建国
封面设计：	唐雪冬
出版发行：	宁波出版社
	（宁波市甬江大道1号宁波书城8号楼6楼　邮编：315040）
印　　刷：	浙江新华数码印务有限公司
开　　本：	787mm×1092mm　1/16
印　　张：	48.75　插页16
字　　数：	850千
版　　次：	2014年11月第1版
印　　次：	2014年11月第1次印刷
标准书号：	ISBN 978-7-5526-1899-0
定　　价：	380.00元

东钱湖2002年航拍图

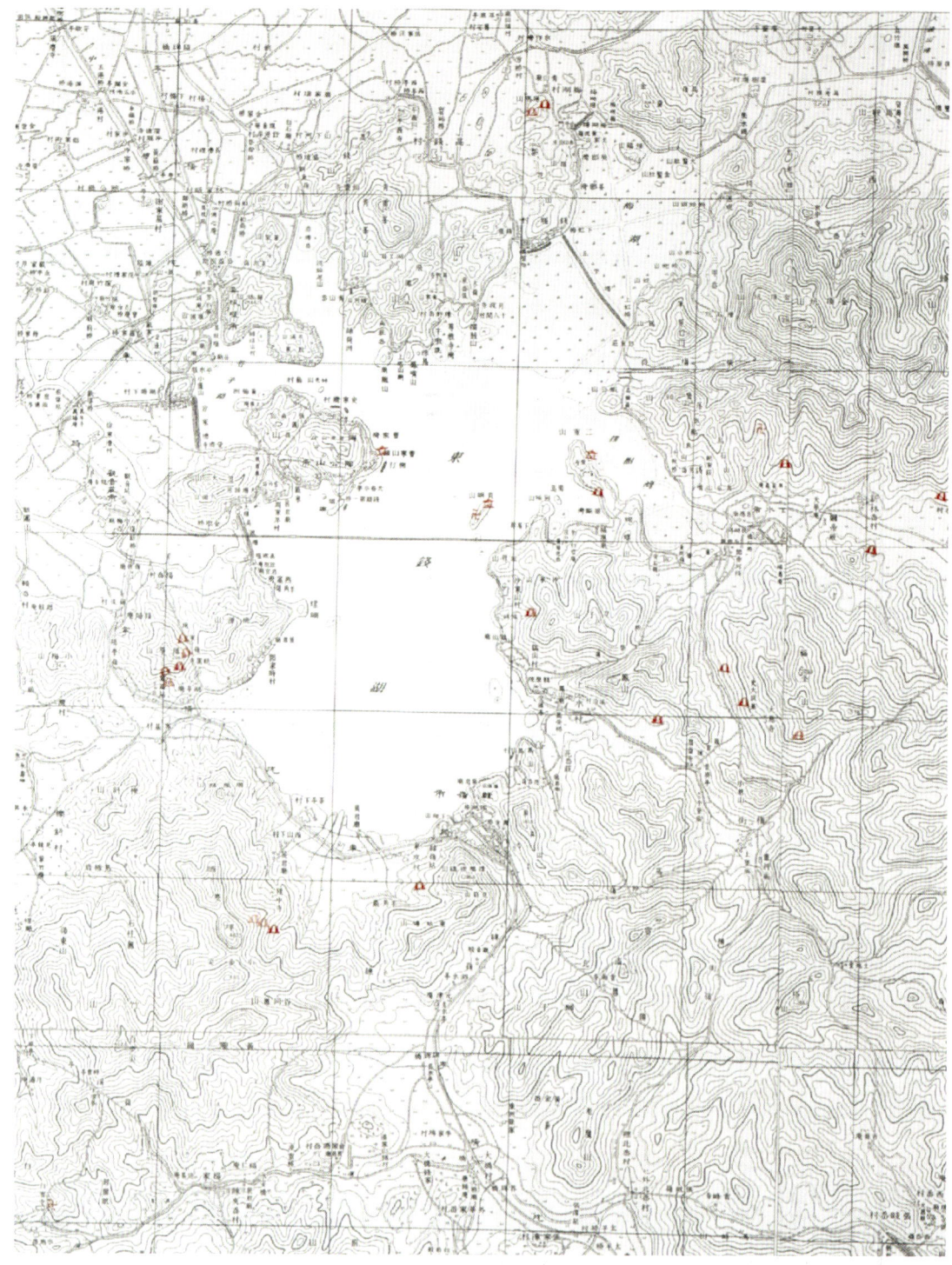

20世纪40年代东钱湖

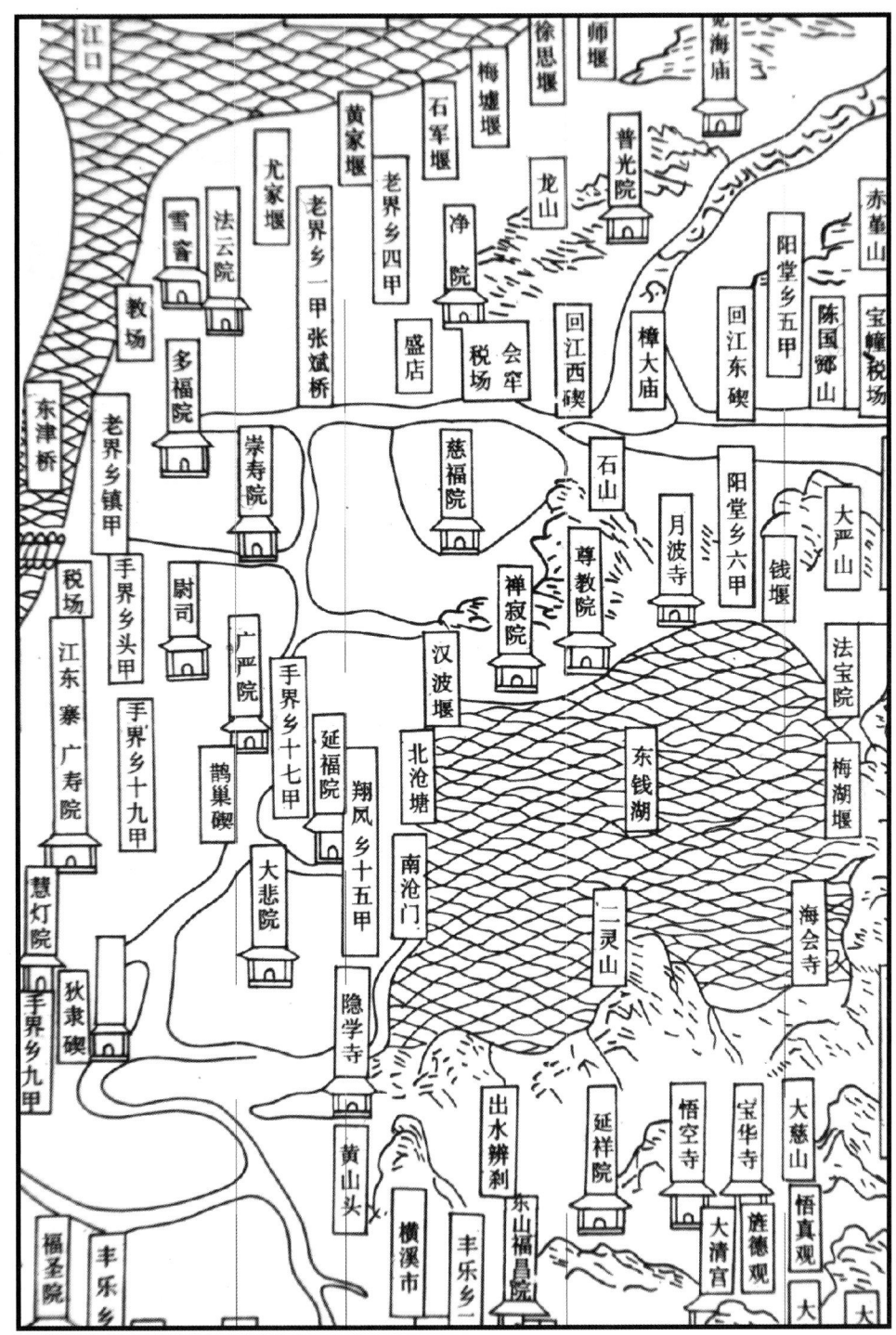

宋代东钱湖

清代时期的东钱湖

东钱湖在宁波的位置图

东钱湖地形图

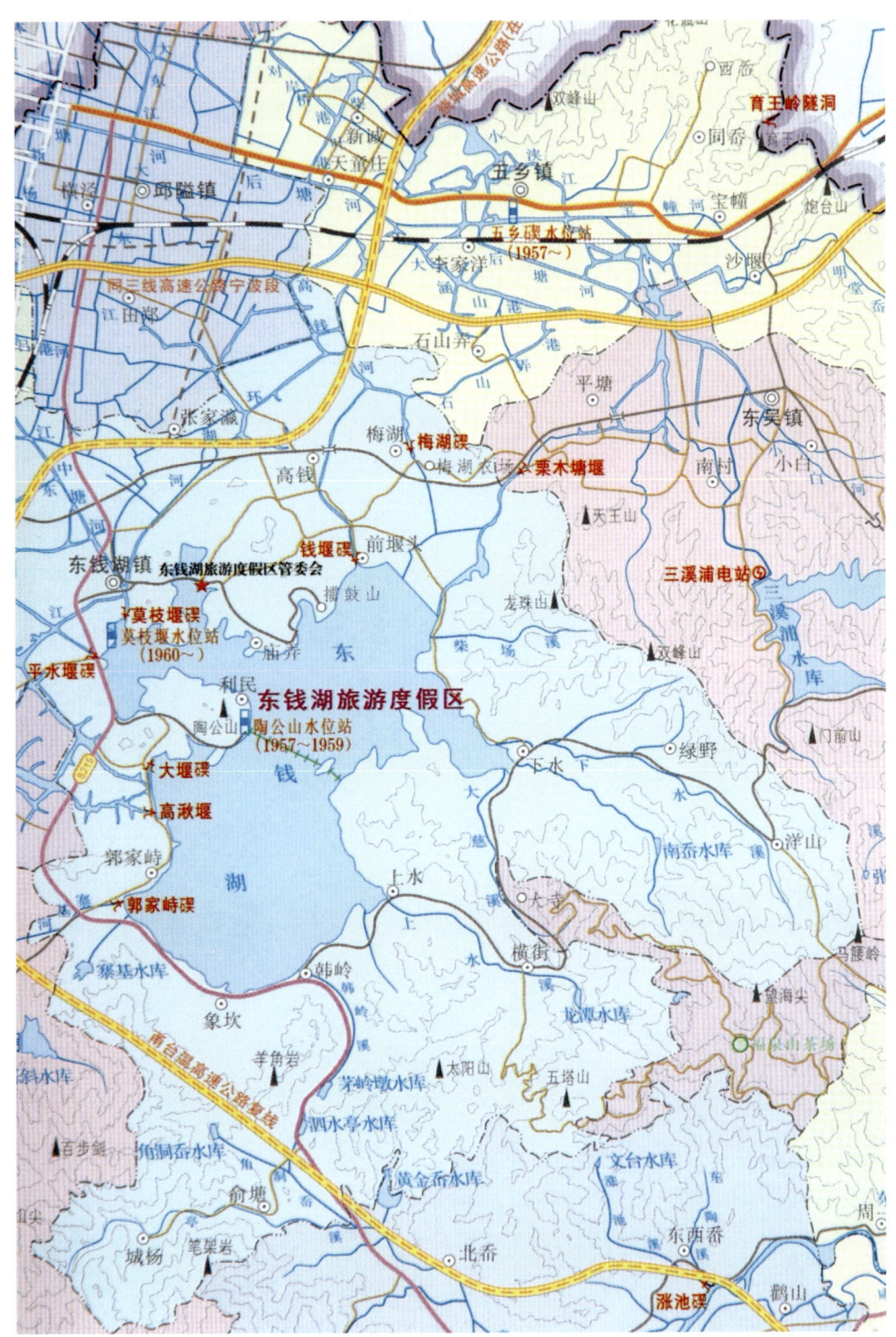

东钱湖水利工程图

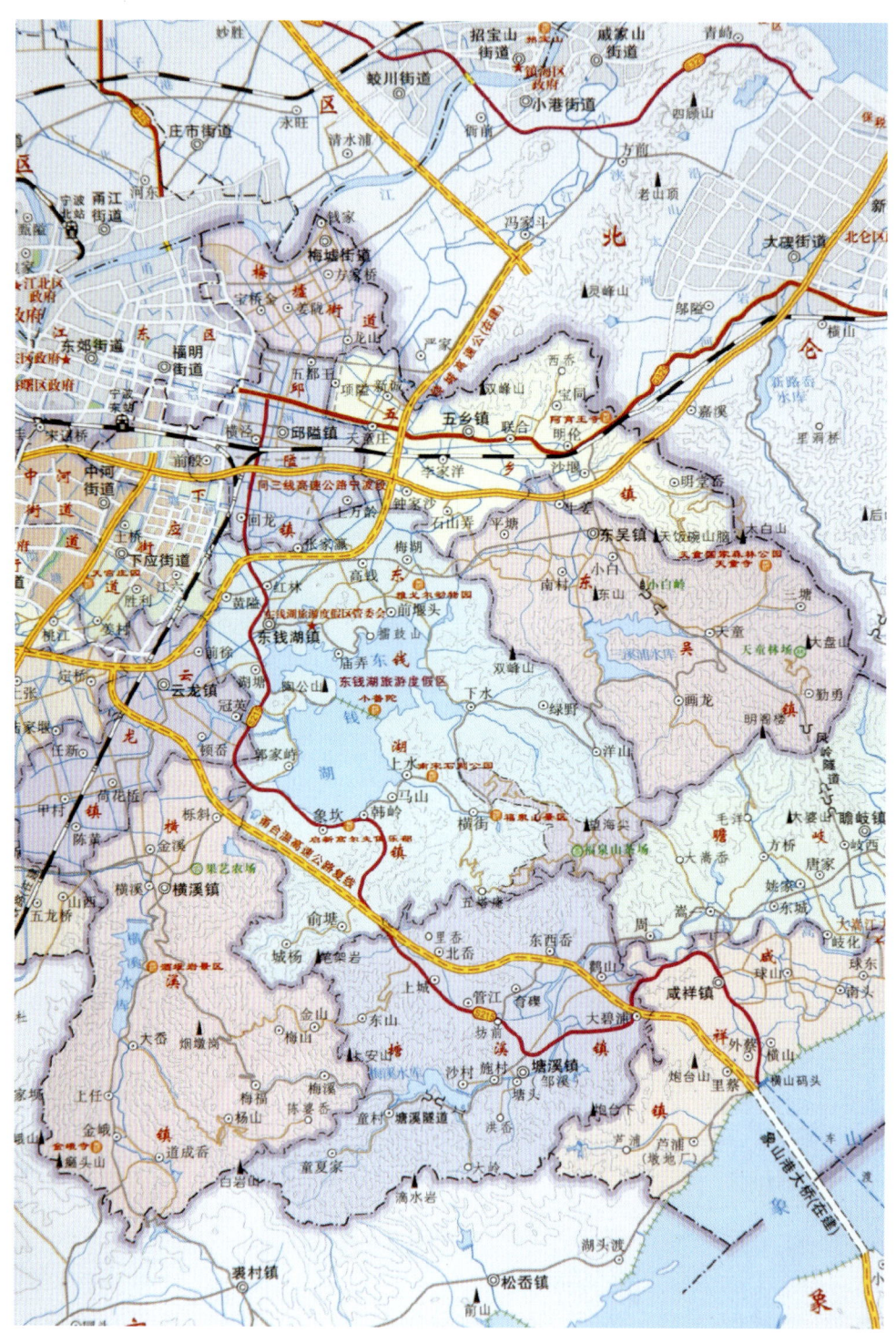

东钱湖在鄞州的行政区域图

东钱湖区域交通示意图

钱湖秋色

南北两湖

标志牌楼

庙沟牌坊

滴水观音

湖边曲桥

钱湖晨曦

钱堤夜色

长虹落彩

柳拂月波

石刻公园

昔日辉煌

古闸泄洪

平水古堰

嵩岭洞桥

永丰古桥

裴君古庙

唐代古刹

竹海丛林

水天佛国

二灵古塔

余相华表

十里四香

芦汀飞雁

雪舟静卧

半山亭

霞屿望湖亭

安石碑亭

钱湖丽苑

卡纳湖谷

钱湖一隅

街道新景

老街庙会

山村老宅

孟海书院

龙舟竞渡

世外茶园

凤凰醉谷

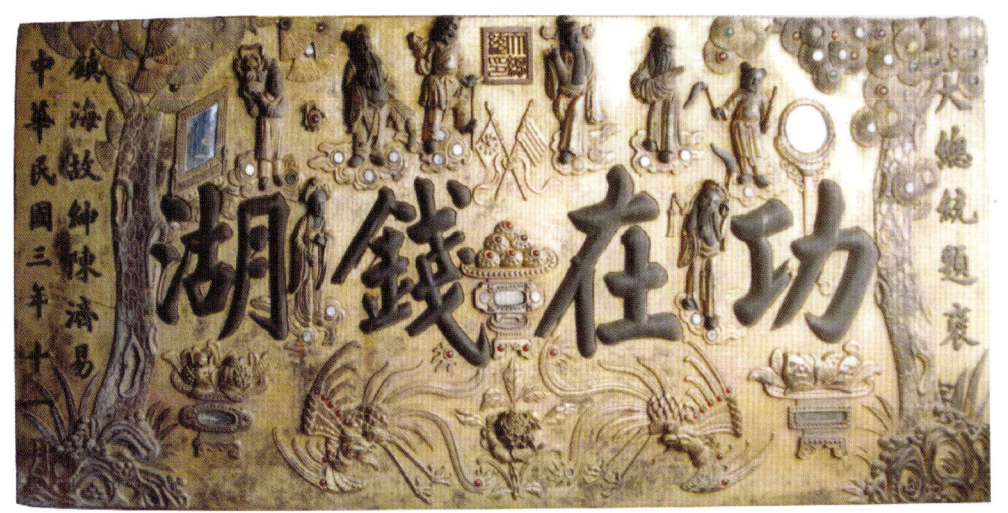

民国三年（1914）政府嘉奖

冬捕兜鱼

序 一

史济权

东钱湖坐落在长江三角洲南翼，距宁波市中心东南15公里，是镶嵌在浙东大地上的一颗璀璨明珠。

东钱湖是地质时期遗留下来的海迹湖泊，古称"西湖"，因湖在秦鄞县县治（阿育王寺附近）之西故称。晋朝文学家陆云（262～303）在《答车茂安书》中就有"鄞治东临大海，西有大湖"之说。公元909年，鄞县县治迁至三江口，因湖在鄞县县治之东称"东湖"。湖承钱埭水系故名"钱湖"，又称"东钱湖"或"万金湖"。

东钱湖由谷子湖、南湖、北湖组成。集雨面积约81平方公里，水域面积为20平方公里，平均水深2.2米，最深5米以上，常年蓄水4400万立方米。三面层峦叠翠，一湖烟波浩淼，名胜古迹林立，积淀着千余年独特文化。

东钱湖不仅是一幅秀美的山水图卷，更是一处人杰地灵之所。

东钱湖山水灵秀。同太湖、西湖相比，这里朴素、淡雅。湖畔八十三峰，山山飞翠，连绵不绝，茂林修竹，清流激湍，犹如一条绿色的缎带。环湖七十二溪，把潺潺的山泉注入万顷碧波之中。在七十二溪中，以下水溪（雅水溪）、上水溪（尚水溪）、南岙溪、大慈溪为大。湖中飞艇奔驰，白帆点点，画舫悠悠。钱堤烟波，霞屿锁岚，双虹落彩，二灵夕照，芦汀宿雁，殷湾渔火，亭、台、楼、阁、园、桥、寺、祠，古韵悠长。朝晖夕阴，气象万千。站在望海峰上，望东海旭日高升，千帆竞发，意兴盎然；眺四明龙潭飞瀑，明珠溅跃，心旷神怡。更有湖东二灵山，山灵水灵；湖南百步山，青剑刺天；湖西伏牛山，神牛戏水；湖北白石山，仙翁对弈……

东钱湖物华天宝。这里蕴藏着无数绿色珍宝，以青松茂竹为盛，夹有红桃、碧桔、白梅、雪梨、金柑、翠柏，可谓四面湖山铺锦绣。清人全祖望尝了东钱湖白杨梅，写下"萧然山下白杨梅，曾入金凤诗句来。未若万金湖上去，素娥如雪满溪隈"之句。福泉山面临东海，背朝东钱湖，常年云雾缥缈，有万亩茶园。这里

新编东钱湖志

是中国名茶"东海龙舌"和珠茶"天坛"的原产地,色、香、形、味俱臻上品,远销海内外。号称"浙江桂王"的唐公庵"金桂",已有800余岁,至今仍每年净产桂花170余公斤,令人叹为观止。

东钱湖人文荟萃。有历史记载的徐偃王,传说中的陶朱公,唐代四明狂客贺知章,北宋王安石、陈禾、仇念,南宋王应麟、史浩、史弥远、史嵩之、郑清之,元代袁士元,明代金忠、金华、余有丁、张时彻、张邦奇,清代扬州八怪之一金农,近现代的郭沫若、启功、沙孟海、沙耆、周尧……有的留下辞章墨宝,有的视此地为亲土故园。此地还出了许多高僧大德,有笑翁妙堪、大川普济、兀庵、无学祖元。南宋史氏家族遗存的墓道石刻,填补了国内石刻艺术史的空白,被誉为"北有秦陵兵马俑,南有钱湖石刻群"。东钱湖是越窑青瓷的发源地之一,与慈溪上林湖越窑青瓷齐名。

近十余年来,在中共宁波市委、市政府重视下,专设了管理委员会,正在把东钱湖建设成为一流的国家级旅游度假区、长三角著名的休闲度假基地、华东地区重要的国际会议基地和国际性的高端总部经济基地。环湖交通四通八达,旅游功能设施基本完善,美丽、幸福、卓越的生态之湖、休闲之湖、文化之湖、城市之湖、幸福之湖逐步成型。

民国初有《东钱湖志》,只印过一次,近百年来存世的已经很少,虽然《鄞县志》和《鄞州水利志》均有"东钱湖"的专章,但还不够详细。东钱湖畔的地方文史爱好者仇君国华,从2002年秋开始,反复研读民国《东钱湖志》、民国《鄞县通志》、《鄞县志》、《鄞县水利志》等二十余部历史文献,收集当代信息资料,徒步穿行于东钱湖的山山水水,挖掘、搜集、察证、采访,按照编写专志总则,遵循"年代有序、地域有界、史实有据、古迹有考、重写事实、不作评述"的原则,对挖掘、收集的材料进行归纳和整理,九易其稿,撰写而成《新编东钱湖志》。分计11编58章265节3200余条目,计85万余字。序列紧凑,结构严谨,条例清楚,内容详实,是研究东钱湖自然人文的基础书籍。当地人写当地志,一腔深情可表,记录历史,传承文明,让更多的人切身感受当地古老浓厚的文化气息,共同分享这美丽的的梦境。愿东钱湖这颗稀世明珠在新世纪闪耀更加夺目的光辉!

是为序。

2014年3月18日于宁波

序 二

周时奋

　　东钱湖是浙江第一大淡水湖，居宁波城市之东，古籍一说汇钱埭之水而成湖，故名东钱。历史上又因居鄞县城（下庄）之西，亦曾名西湖。东钱湖烟波浩渺，开阔莫测，蔚然有大气象，是一座历史年代留下的海迹潟湖。唐天宝年间（744），县令陆南金首次疏浚东钱湖，在环湖的豁口处筑堰培坝，为抬高水面以增加库容，又废田21213唐亩（一唐亩约为今1/4亩）为湖，以后上述地赋由湖外受益田亩加缴。因此，东钱湖又可看成是中国最早的人工水库之一。

　　东钱湖对于宁波的最重要的意义就是它的蓄水功能。这是一个常年库容约为4400万立方米的大水体，由于它的开闭蓄泄功能，自然地调节了鄞东平原的水位，为鄞东的灌溉和内河航运提供了保障。宁波的民谚有"儿子要亲生，买田买东乡"之说，东乡之田得是湖之利莫大焉。

　　东钱湖又是宁波历史上重要的渔业基地。东钱湖的渔民兼捕东海黄鱼汛，在清代舟山渔场形成的八大渔帮中，东钱湖的"湖帮"实为八帮之首，以大莆船捕捞闻名。其余如以小莆船专捕小黄鱼的大嵩帮、专捕带鱼乌贼的姜山帮、捕杂鱼的桐照帮，以及温、黄、闽海各帮，无论其规模、实力，均在"湖帮"之下。湖帮在明洪武年间首创了"对船作业法"，湖帮盛时，在舟山洋面有大对船2300余对，这是中国海洋渔业的一次伟大的技术进步，从而掀开了中国近代渔业"东钱湖时代"的扉页。东钱湖又是解放后全国最早实施大水体淡水养殖的库区，为日后普及全国的水库养殖提供了示范。

　　元代诗人袁士元以一曲"尽说西湖足胜游，东湖谁信更清幽。一百五日客舟过，七十二溪春水流。"力压咏湖众诗，也道出了东钱湖空灵浩渺意境的审美魅力。这里是宁波近郊历史形成的旅游景观区。隐学山下有春秋时代的徐偃王墓，明相余有丁的墓道至今蔚为壮观。范蠡与西施美丽的爱情故事在这里留下了陶公山的传说，宋

■ 新编东钱湖志

代学士陈禾的读书处二灵山房至今遗址犹存。环湖四周，形成了"陶公钓矶"、"殷湾渔火"、"芦汀宿雁"、"霞屿锁岚"、"百步耸翠"、"二灵夕照"、"上林晓钟"、"余相书楼"、"双虹落彩"和"白石仙坪"等东湖十景。东钱湖又以茶胜，福泉山的"东海龙舌"为浙茶之珍品，享誉海内。

"一门三宰相、四世两封王"的史氏，从江苏溧阳迁居至鄞，经东钱湖畔三代发祥遂有衣冠之盛，以史氏为主体的南宋墓道，形成了中国罕见的南宋石刻景观，是全国最大的南宋断代石刻群，被列为全国重点文物保护单位。史氏又在湖心的霞屿上留下了神奇的"小普陀"石窟。近年在黄梅山搜集了星散各地的石刻构件，形成南宋石刻公园，成为东钱湖新景之首。而史氏在东钱湖的功德寺大慈寺首创了江南佛教的"水陆道场"，其影响所及，至今不消。

近年来，宁波地方对于东钱湖的价值有了进一步的理解。实际上，这种近郊型的湖泊资源，在中国城市空间体系中也属凤毛麟角。杭州因西湖胜，扬州因瘦西湖胜，济南因大明湖胜，这种城湖之间的互动，给予人的感动与遐想是无穷的，城市生活因此达到某种宁静与空灵的境界，而这种宁静与空灵，正是中国传统美学所追求的士大夫式的生活理想。于是，政府建立了东钱湖风景旅游度假区，专设管理委员会，环湖的道路交通已经畅通，地下设施也基本完善。通过规划的指导，想在这里建设国家级的旅游度假区。这一切，都会随着时间的推延而得以完善。

在这样的情势下，有一件重要的基础性工作开始被有识之士所认知，那就是整理它的基础性的信息资料。在中国的文化传统中，这一部分的工作基本上以地方志来囊括，因此新编《东钱湖志》就提到了必须行动的范畴。在此之前有一段历史的铺垫。清光绪间，东钱湖开莳清淤，陶公山人忻锦崖奔走呼号筹款浚湖，二十年不遗余力，直至光绪末终未果。民国初，得镇海陈协中资助，遂开湖工局。陈、忻两氏的目光在于，他们不但利功于湖工，而且从一开始就想同时修一本《东钱湖志》。因为从唐代陆南金立湖，宋李夷庚开浚，其后程、胡两扎，邱氏"八议"，都积累了许多宝贵的浚湖经验，但一直没有关于东钱湖的专志来综合记录。故陈、忻二人决定分出部分资金，在开浚的同时着人编纂《湖志》，以启后人。他们力聘前清翰林、镇海王荣商任总纂，全志于民国五年（1916）最后定稿付梓。

民国《东钱湖志》只印了一次。在其后的八十余年中，印本大多废弃毁灭。今可稽存者唯嘉兴图书馆等少数有藏。而其间岁时代序、社会鼎新、变化

序 二

万千，诸多信息已经非当年的《湖志》可以胜任。虽然其后新修的《鄞县志》和《鄞县水利志》均辟有"东钱湖"的专章，然远不及详其基础信息。

湖畔土著企业家仇君国华，怀振奋桑梓之情，独展一私之勇，历数度寒暑，孜孜于《湖志》的修纂，有志者事竟成，这就是今天我们看到的新编《东钱湖志》。此举实令人敬佩。国华君系出宋明州知府、浙东宣抚使、宝文阁学士仇念之后，家学传统，时荡胸臆。精书法，通文学，于地方文献尤有责任心。此前以《东钱湖诗词楹联集》初试抱负，遂转而以成洋洋四十万言之《湖志》，其体例一遵方志，以搜集、耙梳、整理、序列有关文献条目为要旨，重在资料本身的价值。此次湖志其最大的特点，在于当地人对当地事的记录，地近宜核，又反复钩陈耙剔，力求以信史面世。对其书，隐约如观其人，唯敬仰二字聊表读感。

是为序。

鄞西周时奋谨书

壬辰仲夏

作者简介 周时奋（1949~2012） 浙江宁波人，曾任宁波大学人文空间与设计研究所所长、教授、硕士生导师，宁波华贸教学集团总裁。

目 录

序一　史济权 ································· 001
序二　周时奋 ································· 003

凡 例 ······································· 001
概 述 ······································· 002
大事记 ······································ 005

自然环境编

第一章　地 质
第一节　湖域地质 ··························· 017
第二节　开拓和保护 ························· 018

第二章　山岭
第一节　山 ································· 022
第二节　峰 ································· 035
第三节　岩 ································· 037
第四节　岭 ································· 037
第五节　岗 ································· 039
第六节　麓 ································· 040
第七节　岙 ································· 040

001

第三章　洲、屿、峙、钳、嘴、岛

第一节　洲 …………………………………………… 044

第二节　屿 …………………………………………… 044

第三节　峙 …………………………………………… 044

第四节　钳 …………………………………………… 045

第五节　嘴 …………………………………………… 045

第六节　岛 …………………………………………… 045

第四章　溪、坑、池、潭

第一节　溪 …………………………………………… 046

第二节　坑 …………………………………………… 050

第三节　池 …………………………………………… 051

第四节　潭 …………………………………………… 052

第五章　湾、湖、井

第一节　湾 …………………………………………… 053

第二节　湖 …………………………………………… 054

第三节　井 …………………………………………… 055

第六章　气候

第一节　日照 ………………………………………… 057

第二节　气温 ………………………………………… 057

第三节　霜雪期 ……………………………………… 058

第四节　降水 ………………………………………… 058

第五节　蒸发 ………………………………………… 059

第六节　风 …………………………………………… 059

第七节　大气环境 …………………………………… 059

第八节　自然灾害 …………………………………… 059

目录

自然资源编

第七章　古树名木
第一节　金桂 …… 063
第二节　银杏 …… 063
第三节　香樟 …… 064
第四节　枫香 …… 065
第五节　枫杨（溪口树）…… 066
第六节　古松（马尾松）…… 067
第七节　其他树 …… 068

第八章　松杂竹木
第一节　松枫杂树 …… 069
第二节　竹 …… 071

第九章　五谷杂粮
第一节　稻 …… 072
第二节　麦 …… 072
第三节　杂粮 …… 073
第四节　豆科（菽类）…… 074

第十章　瓜果蔬菜
第一节　瓜 …… 075
第二节　果 …… 076
第三节　蔬菜 …… 078

第十一章　药材花卉
第一节　药材 …… 081
第二节　花卉 …… 084

003

第十二章　湖鲜溪鱼

第一节　溪中鱼虾 …………………………………… 098
第二节　湖鲜鱼虾 …………………………………… 098
第三节　湖中甲壳 …………………………………… 100

第十三章　飞禽走兽

第一节　飞禽 ………………………………………… 103
第二节　家禽 ………………………………………… 105
第三节　野兽 ………………………………………… 106
第四节　家畜 ………………………………………… 107

第十四章　爬行飞虫

第一节　有毒蛇类 …………………………………… 112
第二节　无毒蛇类 …………………………………… 113
第三节　蜥蜴类 ……………………………………… 113
第四节　两栖类 ……………………………………… 114
第五节　益虫类 ……………………………………… 114

第十五章　矿物

第一节　石 …………………………………………… 116
第二节　砂 …………………………………………… 116
第三节　砖、瓦 ……………………………………… 116
第四节　陶 …………………………………………… 117
第五节　瓷 …………………………………………… 117

水利编

第十六章　水利（一）

第一节　塘 …………………………………………… 121
第二节　堰 …………………………………………… 123

第三节　碶闸 ·· 124
　　第四节　湫阙、小斗门 ·· 125
　　第五节　湖流 ·· 126
　　第六节　湖功能 ·· 136

第十七章　水利（二）
　　第一节　10万立方米以上水库 ··· 138
　　第二节　1万～10万立方米山塘 ··· 139
　　第三节　1万立方米以下山塘水库 ·· 140
　　第四节　止水墩 ·· 141

第十八章　水利（三）
　　第一节　唐治湖 ·· 143
　　第二节　宋治湖 ·· 144
　　第三节　元治湖 ·· 145
　　第四节　明治湖 ·· 145
　　第五节　清治湖 ·· 146
　　第六节　中华民国时期治湖（1912～1948） ······························ 148
　　第七节　中华人民共和国时期治湖（1951～2000） ··················· 148
　　第八节　中华人民共和国时期区管会治湖（2001至今）··········· 149

交通编

第十九章　路（街）
　　第一节　环湖路（按现行环湖31.5千米计）···························· 177
　　第二节　大道、主路 ·· 178

第二十章　古道
　　第一节　跨境古道 ·· 185
　　第二节　境内古道 ·· 185

第二十一章　桥、洞

第一节　古桥、老桥、重建桥 ………………………… 187
第二节　拱桥 ……………………………………………… 192
第三节　现代桥 …………………………………………… 193
第四节　隧道（洞） ……………………………………… 198

第二十二章　亭

第一节　古亭 ……………………………………………… 199
第二节　重建亭 …………………………………………… 201
第三节　新建亭 …………………………………………… 201
第四节　墓园亭 …………………………………………… 204

第二十三章　码头

第一节　古码头 …………………………………………… 205
第二节　新造码头 ………………………………………… 205

第二十四章　船

第一节　客船 ……………………………………………… 207
第二节　游船 ……………………………………………… 207
第三节　货船 ……………………………………………… 207
第四节　渔船 ……………………………………………… 208
第五节　赛船 ……………………………………………… 208
第六节　机器船 …………………………………………… 209

第二十五章　坝

第一节　滑泥坝（流泥坝） ……………………………… 210
第二节　升船机 …………………………………………… 210

第二十六章　陆上交通

第一节　汽车 ································· 211

第二节　公交汽车 ····························· 211

第三节　机动车 ······························· 213

第四节　人力车 ······························· 213

名胜古迹编

第二十七章　名胜古迹

第一节　全国重点文物保护单位 ················ 217

第二节　省级文物保护单位 ···················· 218

第三节　区（县）文物保护单位 ················ 218

第四节　市级文保点 ·························· 219

第五节　地下文物 ···························· 220

第六节　收藏于鄞县文管会文物 ················ 222

第七节　第三次全国文物普查新增"国宝"单位 ···· 222

第二十八章　庙祠

第一节　庙祀 ································ 223

第二节　祠堂 ································ 230

第二十九章　宗教

第一节　寺庵 ································ 234

第二节　道观 ································ 243

第三节　教堂 ································ 244

第三十章　古迹、金石

第一节　古迹 ································ 245

第二节　牌坊 ································ 250

第三节　金石 …… 252
第四节　古塔 …… 257
第五节　方响（古钟） …… 258

第三十一章　窑、冢

第一节　古窑址 …… 259
第二节　窑厂 …… 259
第三节　墓冢 …… 260

第三十二章　古村老街

第一节　古村 …… 271
第二节　老街 …… 280
第三节　大宅（老宅）院 …… 280
第四节　故居 …… 288
第五节　古村归属 …… 288

生态旅游编

第三十三章　馆院地园

第一节　院、馆 …… 293
第二节　园、阁、场、地 …… 294
第三节　动、植物园 …… 295
第四节　农、渔、茶三场 …… 295
第五节　风俗与节令 …… 296
第六节　耕、渔、樵工具 …… 299
第七节　名点、佳肴 …… 301
第八节　茶、烟、酒 …… 303
第九节　宾馆、酒店 …… 304
第十节　别墅、新村 …… 305

第三十四章　景区

第一节　老十景 …… 308

第二节　湖心十景 …… 310

第三节　福泉九景 …… 311

第四节　湖畔十景 …… 312

第五节　韩岭十景 …… 313

第六节　新开十景 …… 314

第七节　景区 …… 315

第八节　休闲路线 …… 316

人物编

第三十五章　贤人名士

第一节　周朝 …… 319

第二节　宋朝 …… 319

第三节　明朝 …… 320

第三十六章　治湖官吏

第一节　唐朝 …… 321

第二节　五代 …… 321

第三节　宋朝 …… 322

第四节　明朝 …… 325

第五节　清朝 …… 328

第三十七章　官宦进士

第一节　晋朝 …… 331

第二节　唐朝 …… 332

第三节　宋朝 …… 333

第四节　元朝 …… 343

第五节　明朝 ·············· 344
第六节　清朝 ·············· 349
第七节　近现代 ············ 350

第三十八章　高僧名尼

第一节　宋朝 ·············· 352
第二节　元朝 ·············· 353
第三节　明朝 ·············· 354
第四节　清朝 ·············· 354
第五节　现代 ·············· 354

第三十九章　文人雅士

第一节　宋朝 ·············· 355
第二节　元朝 ·············· 358
第三节　明朝 ·············· 361
第四节　清朝 ·············· 363
第五节　近现代 ············ 369

第四十章　贾商乡贤 ·············· 377

第四十一章　专家学者 ············ 379

第四十二章　精英烈士 ············ 381

第四十三章　百岁坊 ················ 384

第四十四章　在海外的著名人士 ··· 386

文献编

第四十五章　诗词

第一节　东钱湖漫游诗 ········ 389
第二节　东钱湖十景诗 ········ 426

第三节　东钱湖名胜古迹诗…………………………………… 443

第四节　东钱湖山水诗…………………………………………… 505

第五节　东钱湖近现代近体诗…………………………………… 544

第四十六章　楹联

第一节　湖联……………………………………………………… 558

第二节　湖心堤联………………………………………………… 563

第三节　寺、庙联………………………………………………… 566

第四节　祠堂联…………………………………………………… 578

第五节　凉亭联…………………………………………………… 583

第四十七章　赋、议、记、表、志

第一节　赋………………………………………………………… 586

第二节　议………………………………………………………… 595

第三节　记………………………………………………………… 597

第四节　疏………………………………………………………… 633

第五节　表………………………………………………………… 635

第六节　志………………………………………………………… 636

第七节　御碑……………………………………………………… 637

教育卫生编

第四十八章　教育

第一节　国际教育论坛…………………………………………… 651

第二节　宁波东钱湖旅游学校…………………………………… 651

第三节　宁波市鄞州区东钱湖初级中学………………………… 651

第四节　宁波市鄞州区东钱湖镇中心小学……………………… 652

第五节　宁波市鄞州区东钱湖镇钱湖人家小学………………… 653

第六节　宁波市鄞州区东钱湖镇韩岭小学……………………… 653

第七节　宁波市鄞州区东钱湖镇高钱小学……………………… 653

第八节　宁波东钱湖镇中心幼儿园 …………………… 654
第九节　宁波东钱湖镇成人文化技术学校 ……………… 654
第十节　宁波外国语学校 ………………………………… 655
第十一节　宁波师范学院 ………………………………… 655
第十二节　教育沿革 ……………………………………… 655

第四十九章　医卫

第一节　普益医院 ………………………………………… 662
第二节　钱湖医院 ………………………………………… 662
第三节　卫生所，社区卫生服务站 ……………………… 662
第四节　村卫生保健站 …………………………………… 663
第五节　环卫站 …………………………………………… 663

乡村沿革编

第五十章　清末时期（此归属宋朝已有）

第一节　阳堂乡太白里 …………………………………… 667
第二节　翔凤乡沧门里 …………………………………… 667
第三节　手界乡赤城里 …………………………………… 668
第四节　老界乡赤城里 …………………………………… 668

第五十一章　民国时期

第一节　民国元年～民国二十年（1912～1931）………… 669
第二节　民国二十年～民国二十一年（1931～1932）…… 670
第三节　民国二十二年～民国二十四年（1933～1935）… 671
第四节　民国二十五年～民国三十四年（1936～1945）… 673
第五节　民国三十五年～民国三十八年（1946～1949）… 674

第五十二章　中华人民共和国时期

第一节　1949年5月~1950年初……………………………675
第二节　1950~1956年（土地改革~互助组时期）………676
第三节　1956~1957年底（互助组~高级社时期）………676
第四节　1958~1959年（人民公社时期）…………………677
第五节　1960~1963年（困难时期）………………………678
第六节　1963~1972年（"四清"~"文革"中前期）…678
第七节　1972~1984年（"文革"后期~改革开放前期）679
第八节　1984~1992年（改革开放中期）…………………679
第九节　1992~2001年……………………………………680
第十节　2001年8月~2013年12月………………………681

工程文牍编

第五十三章　1892~1911年

第一节　1892~1894年……………………………………687
第二节　1895~1900年……………………………………688
第三节　1900~1910年……………………………………691
第四节　1911年……………………………………………700

第五十四章　1912~1914年

第一节　1912年……………………………………………702
第二节　1913年……………………………………………703
第三节　1914年……………………………………………704

第五十五章　1915~1950年

第一节　1915~1932年……………………………………708
第二节　1933~1936年……………………………………708
第三节　1936~1949年……………………………………714

第五十六章　1950～1988年

第一节　鄞革〔76〕12号文件 …………………………… 715
第二节　鄞人〔81〕11号文件 …………………………… 716
第三节　鄞政〔85〕23号文件 …………………………… 717

第五十七章　1989～2001年

第一节　（1990～1995）东钱湖总体开发规划简介 ……… 719
第二节　东钱湖东钱湖风景名胜区开发基金会章程 ……… 720

第五十八章　2001～2013年

第一节　黄兴国在东钱湖开发建设专题会议上的讲话摘要… 722
第二节　东钱湖区域经济社会发展纲要 …………………… 722
第三节　宁波市东钱湖地区总体规划 ……………………… 725
第四节　宁波东钱湖旅游度假区条例 ……………………… 735
第五节　东钱湖"十二五"发展规划 ……………………… 738
第六节　东钱湖开发建设总体目标 ………………………… 740
第七节　关于加快水利改革发展的意见 …………………… 741
第八节　宁波市东钱湖水域管理办法 ……………………… 746

参考文献目录 ……………………………………………… 755
编者的话 …………………………………………………… 757

凡　例

一、本志以东钱湖山水风景名胜为重点，记述了东钱湖开拓以来的千余年历史。重点记叙了民国三年（1914）以来近百年的事件、史实，以构建人与自然和谐发展，弘扬东钱湖文化，推进东钱湖的开发建设，创建生态之湖、城市之湖、文化之湖、休闲之湖，创建一个宜居、宜业、宜游的风景名胜旅游胜地。

二、本志记述的范围：以东钱湖区域为重点，东以瞻岐、塘溪镇为界，南以横溪、云龙镇为界，西以下应、邱隘镇为界，北以东吴、五乡镇为界。

三、本志时限：上限追溯事物的发端，下限至2012年，个别事物适当延伸。

四、本志以专志为主体，以东钱湖的开发建设为主脉，重点记述东钱湖的历史和现状，采用编、章、节、目的结构。全志分11编、58章、265节、3200余目，计85万余字。字形采用标准简化汉字。

五、本志所记的湖山溪谷、名胜古迹、古村老街、景区景点的名称、方位及变迁，一律按当时名称，加注今名。无从考证的，或沿袭旧志，或依照俗称。

六、本志坚持"生不立传"原则。凡是历史上对东钱湖区域社会发展和历史文化积淀有一定贡献或影响的人物，不论本地外籍，不分古代近代，不凭职位高低，不分党派黎民，均予以立传。清代及其以前历史人物立传，按史料原文点校编入。

七、本志对历代有关东钱湖的诗、词、联、赋、记、铭、表、志及其它文学作品，对其原文加以断句标点，编入《文献编》。

八、本志清代及其以前的纪年，采用王朝年号（公元）纪年法，如唐天宝三年（744）。民国纪年，采用民国年号（公元）纪年法，如民国三年（1914）。中华人民共和国纪年，采用公元纪年法。

九、本志资料选自有关东钱湖区域的历代著述、档案、方志、正史、文件、报刊，按照存真求实、详今明古的原则取舍，经过实地调查、采访、核实和整理，编著成文。只写事件、史实，不作评述。所用资料，除引文外，一般不注明出处。

十，度量原则：长度、宽度、高度以米计，路程、距离以千米、公里计，面积以平方米、平方千米、亩计，体积、容积以立方米计。

概　述

东钱湖位于宁波市鄞州区东南部，距宁波市中心大约15千米。湖的地理坐标约东经121°39′～121°41′，北纬29°44′～29°48′。因其利溥，又承钱埭水系，故称"钱湖"。唐时称"西湖"，因鄮县县治在鄮山，湖在县治之西，故称"西湖"（《唐书·地理志》、光绪《鄞县志》）。五代时（909），鄮县改鄞县，县治在城州（今宁波市三江口）。湖在县治之东南，故名"东湖"，又名"万金湖"。后因在宁波之东，遂名为"东钱湖"。

东钱湖东南两面傍山，西北毗邻平原，东西宽6.5千米，南北长8.5千米，环湖周长48.9千米，湖面积19.91平方千米，平均水深2.2米，是浙江省最大的淡水湖泊。笠大山以北，师姑山以西称为"谷子湖"。东北以五里塘为界称"梅湖"。1976年，陶公山至下峰岸建成湖心塘，全长1800米。于是分南北二湖。

东钱湖区域属华夏陆台的东北部，是浙东地盾的一部分。大约发生在8000年前的巨大海侵和随后的海退，使杭州湾南岸的宁绍平原沉积了大批厚层冲积物。这些冲积物在下沉淤积的过程中，于平原外围形成沙洲。后因河流淤积，沿海岸流及潮汐携带泥沙的沉积，特别是湖沼植物遗体的填积，逐步形成了淤积地，遗留下众多的海迹湖泊。东钱湖就是这些海迹湖泊中的一个，形成于全新世（Q4）。

东钱湖的存在，早在晋朝时就有记载。西晋文学家陆云在《答车茂安书》中说："西有大湖，广纵千顷……遏长川以为陂，燔茂草以为田，火耕水种不烦人力，决泄任意，高下在心。"清人李暾认定，书中所言之"大湖"指的是东钱湖，在他的《修东钱湖议》中说："陆士龙（陆云）答车茂安书言，鄮治东临大海，西有大湖，盖因鄮县未徙时，湖在鄮城之西，可知晋时已有湖矣。"这就说明

概 述

在公元265年左右的晋朝，已经有东钱湖了。东钱湖至少有1750年的历史。周朝贤人徐偃王长眠在东钱湖隐学山之阳，清人徐时栋《徐偃王志》认定，徐偃王安葬在东钱湖隐学山，依此说则东钱湖在周朝时已经存在了。

据史料记载：东钱湖最早开发是在唐天宝三年（744），鄞县令陆南金相度地势，将湖口筑堤连接，筑8塘4堰。清人李暾《修东钱湖议》中记载："废田121213亩（合今37680亩），灌溉鄞、奉、镇三县的老界、阳堂、翔凤、手界、丰乐、鄞塘、崇丘七乡。废去湖田赋税分摊给受益农田，每亩加米0.376升。从宋代天禧元年（1017）到治平元年（1064）的47年中，有李夷庚、王安石、吕献之等重修湖塘、立界治湖、置四碶、修六堤。清道光二十五年（1845）至二十八年（1848）寻道麟桂、郡守杨钜源、署守徐敬、里人钱启皑等筹资，东钱湖的七塘、三堰、二阙得以重修。在1955年～2010年的56年中，清湖界、修湖塘、决堤坡、加堰坝、改碶闸、扩湖面、建引渠、增流量、建新碶、筑斗门、造湖心塘、建环湖大道、清淤泥等一系列工程，使东钱湖的蓄水量从3000万立方米增加到现在的4400万立方米，水质从整体四类、局部三类提升到整体三类、局部二类标准。

浚湖除葑是历朝以来东钱湖的重大治湖工程，南宋乾道五年（1169）至淳祐二年（1242）以守臣张津开始到知府陈恺治湖的73年中，先后五次浚湖除葑。其中以宝庆二年（1226）规模最大。尚书胡榘守郡，当时东钱湖葑草淤塞日益严重，胡榘得度牒百道报请朝廷，当时东钱湖人史弥远在朝为相，胡榘又是史弥远嫡系。朝廷拨米15000石，按受益田亩出夫，并令水军协助，轮番迭休。于十月动工，先修理沿江碶闸，将湖水放入河道，清除湖中葑草，历时一载，基本完成。胡榘浚湖后，尚有余钱28347缗，用以置田，每年收谷3000石，令翔凤乡乡长顾咏之主其事，分渔民500户为四隅，守湖治葑，每人每年给谷6石，每隅设隅长1人，队长5人。随葑草之生绝其种，县丞以时督察，并命提举常平司董其事，在陶公山建烟波馆、天镜亭。经这次清除。其后16年没有葑草之患。明嘉靖以后，农民将葑草用作肥料竞相采除，豪强私自征税，几经周折，始行禁止。

清光绪十八年（1892），为清东钱湖葑淤，由张祖衔发起。其弟子陶公山人忻锦崖继之，奔走呼号，历二十年之久，直至民国二年（1913），镇海乡绅陈济易（字协中）出资现大洋43000圆，在青山设湖工局，先浚梅湖，后及全湖，历时三年告成。中华民国大总统褒奖陈协中"功在钱湖"之匾。

新编东钱湖志

1951年至2010年，二次清葑草，一次清界、清障和清淤。估计疏浚面积占东钱湖面积的26.08%，清淤总量约296万立方米。清淤厚度0.3～0.8米不等。疏浚后湖底高度为0.8～1.2米。

废湖保湖是东钱湖自元代大德年间（1297～1307）以来的治湖之争。从1297年至1965年的668年中，先后有9次废湖保湖之争，其中以明末清初之争最急烈，鲁王监国总兵王之仁（东钱湖下水村人），以兵饷不足，欲废湖屯垦，知县袁州佐申阻，营弁周某又请废梅湖、袁州佐复移牒力阻，户部主事董守谕以死争之，不久王之仁兵亦溃，废湖之议终止。

关于东钱湖的整治，明代邱绪提出八条浚湖建议是很有见识的：固堤防、明水利，严侵塞之禁，重泄漏之罚，去茭葑之塞，长水草之利，筑堤以通道，围土以成山，足资后人借鉴。

随着时代的发展、社会的进步、人民生活的改善和提高，东钱湖的功能已经从水利灌溉三县七乡的35万亩农田和提供宁波市5000万立方米的市民用水，逐步演变为休闲、度假和旅游之地，成为宁波市的后花园。2002年，宁波市政府专门设立宁波东钱湖旅游度假区管理委员会，专事建设管理东钱湖。目标是要把东钱湖建设成为"生态之湖"、"城市之湖"、"文化之湖"、"休闲之湖"，综合成为一个"智慧之湖"和"一区三基地"。

东钱湖是人民的东钱湖，她养育着东钱湖人民的子孙万代……

大 事 记

唐

天宝三年（744）：鄞县令陆南金发动民众，浚扩东钱湖，可灌田500余顷。

后梁开平三年（909）：吴越王钱镠巡明州，命郡县令广开之修筑堰凡七，曰钱堰、大堰、莫枝堰、高湫堰、栗木堰、平水堰、梅湖堰等，经鄞、定、海、等七乡之田五千顷，奉、定亦沾其利。

宋

天禧元年（1017）：明州太守李夷庚发动民众重修东钱湖。

庆历八年（1048）：鄞令王安石，组织沿河沿湖民众起堤堰、决坡塘、清湖界、丈土地、整赋税，在任三年，任满离任。

嘉祐年间（1056～1063）：重修东钱湖莫枝堰、梅湖堰、大堰、钱堰硬，并立平水石于堰左右，以作放水标准。

治平元年（1064）：鄞县主簿吕献之重修东钱湖六堤，即方家塘、高湫塘、梅湖塘、栗木塘、平水堰塘、钱堰塘，全长769.8丈。

乾道五年（1169）：知州张津浚治东钱湖，首次提出除葑计划，遣县令进行详细丈量，并筑湖坝。

神熙元年（1174）：皇子赵恺镇明州。三年（1176），县令姚枱乞开东钱湖，赵转请于朝，出内币万贯、义仓米1万石，大浚之。这是东钱湖历史上首次大规模除葑活动。

嘉定七年（1214）：代县令程覃捐田40亩，对东钱湖各堰上下河道进行疏浚，又置田1000亩开设湖局，鼓民采葑。

宝庆二年（1226）：尚书胡榘守郡，当时东钱湖葑草淤塞严重，筹措米1.5万石，按受益田亩出夫，并令水军协助，大除葑草，历时一年完成，后十六年未见东钱湖淤塞。

淳祐二年（1242）：郡守陈恺推广买葑去淤。

元

大德年间（1297~1307）：东钱湖部分葑草淤塞，有豪民请示垦湖为田，未获准。这是关于东钱湖首次提出的废湖围田建议。

明

正德十二年（1517）：寇天叙知宁波府，尝浚治东钱湖，连岁两多弥漫，上下用功。无地，时有议屯田者，天叙阻止之。

嘉靖八年（1529）：黄仁山以吏科给事中谪任鄞令。严立条约，清革隐弊。宁波卫军清钱湖为屯田，仁山请父老严诧言，勘覆不行。

嘉靖十一年（1532）：柯相知宁波府事，又悉心水利，浚东钱湖，挑葑去淤，民无旱患之忧，以刚直忤时。

万历二十九年（1601）：魏成忠留心水利，尝造驺从叶舟，往来阅视穷乡。

万历四十四年（1616）：沈犹龙任鄞县知县。东钱湖系七乡水利，湖中菱葑民尝取以粪田，至是为缙绅专据，私征其税，故取葑者少而湖日淤，复有投牒当路。清官收其税者。犹龙力持不可，且严禁私税由是葑菱日去，储水日深，而湖下之田不虞叹旱矣。

天启二年（1622）：张伯鲸知鄞县事，惩鄞县奢靡，躬行俭约。浚双湖，并葺堤堰之将圮者，又增东钱湖碶板二尺以防泄，所灌东乡田八千余顷。

清

清初（1642~1645）：袁州佐以荐知鄞县。鲁王监国，总兵王之仁以兵饷不足，欲废东钱湖屯垦，知县袁州佐申阻，户部主事守瑜亦以死力争，不久王之仁兵溃，湖未废。这是东钱湖史上最大的一次保护与废湖之争。

嘉庆八年（1803）：周镐知鄞县，东钱湖四面环山，山缺处设碶闸，湖滨之民私利佃鱼，赂闸夫泄水，稍旱即涸。

道光二十三年（1843）：八月大风雨，太白山崩，东钱湖决水，平地水高五六尺。

清咸丰八年（1858）：陶公山渔民史致芬率众进城请愿，要求废"现贴"，平米价。知府张玉藻镇压渔民，杀团勇百余人，官兵烧觉济寺（今国七寺，湖区办址）渔民营寨，史致芬终被捕杀，史称"史致芬大闹东钱湖"。

光绪十四年（1888）：肃福清任宁郡水利分府，至二十二年（1896）三月，巡道吴引孙委福清履勘全湖情形，四月偕县人张锡藩、忻锦崖至湖上察隐禀复，后屡次召锦崖商议浚湖事宜，首捐廉以倡，一面延请算学大师丈量绘图，设局兴办，因被顽绅阻止，事遂停。

光绪二十年（1894）：程云俶任宁波知府，决意浚湖，缘忻锦崖以东钱湖图及章程十一条呈览，遂偕水利分府肃福清商议浚湖事宜，并邀集郡绅筹款，愿首捐千金以为之倡，惜事未就而病殁。

中华民国

二年（1913）：设湖局于青山，清梅湖葑。镇海富商陈协中，助巨资银圆43000圆整治东钱湖，先浚梅湖，后及全湖，历时三年告成。

三年（1914）：中华民国大总统褒奖已故镇海乡绅陈协中"功在钱湖"之额。此匾额今存于黄隘村居民家中。

四年（1915）镇海王荣商、县人陆澍咸、戴彦编《东钱湖志》分水利、名胜、文献、工程四卷，后补一册。

二十年（1931）：东钱湖陶公山设雨量站。

二十一年（1932）7月26日，县长陈宝麟议鄞县建设五年计划（民国二十一年～民国二十五年）。同年，周镇伦提出《东钱湖概况及整理方案》。

二十三年（1934）7月，鄞县县政府建设科公布《东钱湖风景区初步整理计划》，并成立整理东钱湖委员会，附组织章程。

二十五年（1936）12月12日，省府召开876次会议，主席徐春甫，决议要案"鄞县整理东钱湖委员会争执该湖所有权"。经财、建两厅加鉴意见，以该湖主权应属官有，定授处分所得地价地租可提取90%，充作该会工程经费。

三十二年（1943）：鄞县县政府以梅湖淤塞过甚，废湖垦地，使镇海五万亩农田缺水受旱。

三十四年（1945）：六区行政专员公署2月7日发出109号训讼，将东钱湖塘工委员会改组为东钱湖整理委员会，以专署为主管机关，鄞、奉、镇三县参加。

三十五年（1946）：因镇海农民强烈反对，恢复梅湖。

同年2月17日，在六区专署会议室召开东钱湖整理委员会成立大会，讨论东钱湖整浚、梅湖垦田问题（即梅湖存与废），研订《东钱湖整理委员会组织大纲》，推荐周大烈为主任委员，陈如冀、沈友梅为副主任委员。会址设在宁波商会。

同年6月22日，宁波旅沪同乡会理事长刘鸿生致函专员六区公署，设立宁波整理东钱湖协赞会，会址设在"宁波旅沪同乡会"。主任委员魏伯桢，副主任委员蒉延芳，委员张申之等9人。

三十六年（1947）1月25日，专属成立东钱湖水利参审会，主任委员陈如藩，副主任委员沈友梅。

中华人民共和国

1949年5月25日，县城宁波解放，6月25日鄞县人民政府成立，县长张剑飞，副县长金声。

1950年12月，筹建东钱湖养鱼场。

1951年春，地方国营鄞县东钱湖养鱼场成立，由浙江省水产厅管辖。

1952年1月，东钱湖管理委员会成立，配备工作人员3人，宁波专员公署建设科长奚德祥兼任主任，鄞县县政府建设科长季焕章兼任副主任。

1954年冬，整理东钱湖。清湖界，拆迁沿湖低处田屋，修塘、堰、堤、碶等工程，扩湖面积27公顷（合405亩）。

1955~1956年，鄞县人民政府全面整治东钱湖清湖界，废沿湖低处田屋，修塘、堤、堰、碶，扩湖400亩，增容600万立方米。

1958年7月，宁波地委、行署联合发文，成立宁波专署福泉山牧场，职工202人。（1971年11月9日该场更名为鄞县福泉山林牧场，1979年7月又更名为鄞县福泉山茶场，现名"宁波市鄞州区福泉山茶场"。）

同年秋，东钱湖加高湖塘，平均加高0.5～0.6米，增加蓄水容量800万立方米。次年春，该项工程结束。

1960年9月，宁波市动员900人垦殖梅湖，废湖为田，征地220亩、山30亩，造田1427亩，建立国营梅湖农场，至1962年建造耕地总面积达1944亩。

1961年10月4日，受26号台风侵袭，横街龙潭水库冲毁，毁坏农田260亩、民房430余间、山塘小水库2座，死48人，重伤10人。

1963年，三溪浦水库至东钱湖的引水渠建成，全长7.5千米。

1964年夏，海军部队在东钱湖尊教寺湾建立基地。

同年12月28日，鄞县人民委员会发文收回东钱湖，并将其委托给生产大队、生产队经营管理的机动山，由天童林场接管，归国家所有。

1966年，东钱湖水利管理委员会成立。此后东钱湖由东钱湖管理所管理。

1967年夏秋连旱，自6月7日至9月9日，旱期近94天。溪断流，河道干涸，东钱湖水尽，淡水养殖无收。从下水乌贼山嘴头到庙弄的湖区，可以担柴行走。

1976年秋，东钱湖陶公山湖蓬外至下风岸建成湖心塘，中设三座碶桥。发现宋凿霞屿山"补陀洞天"，洞高2.86米，洞宽3米，洞长41.4米，今已列为县级文保单位。

1981年9月22日，鄞县人大发鄞人〔81〕11号文件，同意恢复鄞县钱湖区建制，管辖莫枝镇、高钱乡、韩岭乡、下水乡。

1982年秋，韩岭经大寺、下水、绿野岙至洋山岙公路通车，系砂石公路。

1984年5月，东钱湖管理所被评为全国水土保护先进单位。

同年9月12日，鄞县钱湖区正式挂牌，管辖莫枝镇、高钱乡、韩岭乡、下水乡。

1985年8月19日，东钱湖被列为浙江省风景名胜区。

1986年春，经宁波市人民政府批准，霞屿山重建霞屿禅寺，安清法师为首任住持。

同年秋，重修下水王安石庙，并将其列为鄞县重点文物保护单位。

同年秋，二灵塔被列为浙江省重点文物保护单位。

同年秋，东钱湖大堰头碶试用附玻钢闸门成功。

1990年10月，重修东钱湖岳鄂王庙，并列为鄞县重点文物保护单位。

新编东钱湖志

1991年，鄞县东钱湖旅游经济开发区成立。

1992年5月10日，鄞县人民政府发文撤区扩镇并乡，撤钱湖区，扩莫枝镇，并韩岭乡、高钱乡、下水乡为鄞县东钱湖镇。

1993年3月7日，东钱湖镇茶亭村一地293亩土地出让给宁波宝吉房地产有限公司，建造美丽阳光城。

1995年11月，东钱湖镇被评为全国绿化造林百佳镇。

1996年7月，韩岭象坎东、金斗房一带1800亩山地，以租赁形式，建造启新高尔夫球场。

1998年10月，东钱湖镇利民村、黄隘村所有的谢家墓地块，面积700余亩农田，以宁波少年体工学校名义，报省495亩，建造大红鹰跑马场，建成后跑过一次马赛，不久被关闭。

2000年，王安石公园建成，占地1.6万余平方米。

同年，高钱村旧村改造开发建设清泉山庄，占地面积约350亩，建筑面积23万平方米。

2001年6月25日，下水叶太君墓道、绿野岙史诏墓道、大慈史弥远墓道、上水史渐墓道、韩岭庙沟后石牌坊、隐学山余有丁墓道石刻群，被列为全国重点文物保护单位。

同年8月，宁波东钱湖旅游度假区成立，设在茗湖山庄，下设17个局、1镇（东钱湖镇，包括36个行政村，5个渔业社，1个农牧场），2场（福泉山茶场，梅湖农场）。

同年5月，钱湖人家新村开发建设，到2005年三期建成，总占地面积约22万平方米，建筑面积43.3万平方米。

2002年9月，东钱湖旅游度假区投资9500万元，重修湖心塘，开始建设"湖心八景"景区。

2003年，隐学山庄开发建设，占地约500亩，建筑面积13万平方米。

同年春，为建筑湖南路绿化带二村整村拆迁，茶亭村、西山下村迁至钱湖人家。茶亭自然村、西山下自然村消失。

同年秋，为建造宁波雅戈尔动物园整村拆迁，姜郎湾村迁至钱湖人家。姜郎湾自然村消失。

同年，为扩建连心路，青山部分村居拆迁，在安石路、东钱湖牌楼之西，新建灵湖新村。

同年，光辉村（又称撺竹庙），整村拆迁，村民迁至钱湖人家和钱湖丽园，光辉自然村消失。

同年，建设宁波雅戈尔动物园、租姜郎湾村土地建园，宁波雅戈尔集团投资2.7亿元，占地面积1900亩。2004年4月28日开园。

2004年，钱湖丽园建成，安置湖塘、青山拆迁户，占地面积约500亩，建筑面积14.5万平方米。

同年5月28日，为造柏悦酒店，大堰村整村拆迁，连同毛竹园下、周家二自然村在内全部拆迁。除毛竹园的裴君庙尚存外，三自然村庄消失。至今毛竹园下、周家宅基地荒芜。

2005年，湖之北，东钱湖宾馆隔水的钱隆山上，建造山庄别墅80余套，占地面积约1290亩，建筑面积33万平方米。

同年，湖之西，东钱湖大道边征用土地160亩，建设钱湖香颂湾别墅群，至2009年全面建成。

同年，湖之东南，鸡山头村整村拆迁，迁至钱湖人家。鸡山自然村消失。

同年，湖之东南，上水村整村拆迁。上水自然村从此消失，宅基地荒芜。

2006年，湖之东南，南宋石刻公园在上水下庄黄梅山麓兴建。一期、二期、三期已建成开放，政府投资1.4亿元左右。

同年，湖之西、鄞县大道南，占地500余亩的大红鹰跑马场，被卖给中海房地产，建设中海东湖观邸别墅群，建筑面积为33万平方米。

同年，湖之西南，华润房地产集团公司征用郭家峙寨基水库地块，土地487亩，水面90亩，山林70亩。建筑卡纳湖谷别墅群，整体规划480户，现建成入住。

2007年，湖之南，英伦水岸征地140亩，在中海东湖观邸之右侧，建成英伦水岸别墅群，已建成入住。

2008年，湖之东南，建造游艇码头，马山村整村拆迁，迁入钱湖人家，马山自然村消失。

同年，为扩建东钱湖工业区，康家耷村整村拆迁，迁入仙坪西苑新村。康家耷自然村消失。

同年，旧宅、章隘村整体拆迁，迁入钱湖人家，旧宅、章隘二自然村消失，宅基地荒芜。

同年，雅戈尔集团房地产公司在湖之北，近五里塘处，建设钱湖比华利独立别墅群，占地约180亩，建筑面积10万平方米。现已建成入住。

2009年，鄞县大道之南、安石路之西地块，建设万金人家，占地约285亩，建筑面积185767平方米，已建成，郑隘、湖塘拆迁户入住。

同年，仙坪之南，建设仙坪西苑，占地约175亩，建筑面积110845平方米，已建成，康家耷拆迁户入住。

同年，在东钱湖大道之东、郑隘新村之西，建成钱湖景苑。占地500亩，建筑面积14万平方米。郑隘、方边、湖塘拆迁户入住。

2010年，湖之东北，柴场岙建东方花博园，已建成东方花博园别墅群。

同年，湖之北，为建造国际教育论坛，青山村整村拆迁，青山自然村消失。

同年，谷子湖方家湖塘下湖塘自然村整村拆迁，湖塘村自然消失。

2011年，湖之南，茶亭自然村地块，开发建设九唐别墅群。

注：2009年秋，王安石公园被改建为"半山忆公园"，25块大石碑和东钱湖上唯一的双层石亭"半山亭"被推入湖里。

附：《钱湖经纬》序

邬烈民

东钱湖，坐落在杭州湾南岸那一片美丽的沃土上。

这是宁波平原上的一块璞玉，她典雅憩静，淡泊无华；这是浙东大地中的一颗明珠，她天生丽质，光艳照人。东钱湖，这一片水面，这一片苍山，使多少诗人骚客咏吟不休。越大夫范蠡曾携西施在这里隐居，宋代政治家王安石曾在这里初展变法宏图；这里有"一门三宰相，四世两封王"的名氏望族，这里有山中学士、湖上诗家的离馆别业；看夕阳西薄处，千年古塔危然刺空，听晓风惊涛中，一代名刹梵钟鼎鸣；雁阵过时，有岸菊汀兰芬芳袭人，杜鹃声里，看桃花流水鳜鱼鲜肥；这里有柿红李白桔黄葡萄紫，这里有菜鲜瓜脆笋嫩清茶香；这里有指天青峰，垂岩瀑布，断山横云，山峡流水；这里有悬天皓月，殷湾渔火，澄湖明月，锁岚霞屿。那遍野石雕，有牧童打碎的龙碑帽，环湖层楼，有村姑放歌的小轩窗。初曙方东，迎客船到；夕阳褪尽，卖鱼人散。东钱湖，这一片令人醉心悦目的山水，说不尽的春花秋雨，朝露残雪。如果你饱经世事，她使你获得温馨的慰抚，如果你初踏人生，她向你展示广阔的前景。只要你踏上这片土地，你一定会恋上她。

这里并不遥远。她坐落在宁波市东郊，离市中心东15公里。这里是浙江省省级风景名胜区之一，在全国沿海所有开放城市中，湖泊型风光旅游胜地只此一处。她在鄞县，作为鄞县人我们感到骄傲；她是祖先创业中留下的一份宝贵遗产，作为后来人我们感到责任，并愿向更多的有爱美之心的人们介绍。东钱湖的全面开发已揭开了序幕，这次诸位作者匆匆编写了这本书，为她的开发摇旗呐喊，其诚可贺可嘉。

愿读者也深深地爱恋这一片湖山。

作序者　邬烈民　奉化人，1938年出生。撰文时任中共鄞县县委书记，现退休。

ZIRANHUANJINGBIAN

自然环境编

东钱湖四面环山,西北有缺口,东南以福泉山为天然屏障,隔山临海,根据地质资料记载:福泉山属天台山脉,福泉山之望海峰至湖东南黄夹岙山为上水溪与下水溪之分水岭,此脉称福泉山主脉。由福泉山向北延伸东吴、五乡等部分山地,再经穿山半岛入海,为舟山群岛。主峰为望海峰,海拔556米(民国《鄞县通志》载为598.9米),环湖同主脉无连的孤丘有顿峰山(99.0米)、奕大山(197.4米)、陶公山(167.3米)、薛家山(100米)、青雷山(245.1米)、鹿山(200.0米)、玉女峰(163.4米)。正是这些丘峦形成东钱湖自然环境中的山、峰、岩、岭、岙、洲、岗、屿、峙、麓、钳、嘴、岛、溪、坑、池、潭、湾和湖。

第一章 地 质
DiYiZhang DiZhi

第一节 湖域地质

东钱湖区域属华夏陆台的东北部，是浙东地盾的一部分。大约发生在8000年前的巨大海侵和随后的海退，使杭州湾南岸的宁绍平原沉积了大批厚层冲积物。这些冲积物在下沉淤积的过程中，于平原外围形成沙洲，沙洲之内为泻湖。后因河流淤积、沿海岸流及潮汐携带泥沙的沉积，特别是湖沼植物遗体的填积，逐步形成了淤积地，遗留了众多的海迹湖泊。东钱湖就是这些海迹湖泊中的一个，形成于全新世（Q_4）。

东钱湖区域地层属于华南地层区，自前泥盆系（AnD）到第四系都有岩层出露，前泥盆系陈蔡群变质岩组成基底，大片分布巨厚的中生界陆相火山岩系则组成中层，而分布广泛的第四纪（Q）浅海相地层则组成盖层。东钱湖区域位于新华夏系巨型构造体系第二隆起带南部，新华夏系构造及线型构造是主要构造。北东、北北东向压性、压扭性、东西向压性断裂和相同方向的褶皱隆起及凹陷，交织成区域内主要构造格架。

湖周山丘区广泛分布上侏罗统陆相火山岩及白垩系火山岩。分布岩石为火山碎屑岩，风化较剧，山坡堆积厚达数米的坡残积物。土质多以黄色和灰色粘性土为主，植被较好。其下为基岩风化层，岩土决定于母岩。湖周平原陆域，根据田中地质咨询公司钻探，表层为灰色粘性土，厚0.4米左右，表面为耕作层，富含植物根系，土质疏松稍湿，可塑。下部为基岩风化层，其岩性与周围低山丘陵岩性有关，风化程度较剧，手捻可碎，主要成分为砂粒和粘性土。周围断裂构造主要为北东向断裂。

东钱湖湖盆地质15米厚范围地层可分四层，自上而下为：灰色淤泥、灰绿色粘土、褐黄色粘土及灰色粘土。湖的北半部绝大部分为灰色淤泥，南半部灰色淤泥较薄，由湖心向北倾斜。褐黄色粘土在南半部分布较为普遍。土层情况及主要物理力学性质：

第一层：灰色淤泥，厚1～15米，自南半部湖的中心部位向北逐渐变厚，至湖北半部大部分大于15米。该层为海相沉积，由极细的粘土组成，是饱和含水层，低强度软土，具有高压缩性的特点，是强度极低的土层。

第二层：灰绿色粘土，该层主要分布于湖的南半部，特别自湖心处向北，其顶面逐渐下降。海相沉积，呈湿状态，可塑、致密，较坚硬，具有不太明显的层理，属中压缩性土。

第三层：褐黄色粘土，为陆相冲积而成。湿可塑，致密，坚硬，具有不太明显层理。

第四层：灰色粘土，海相沉积，颗粒很细，很湿可塑，属中压性土。

东钱湖区域地震烈度为6度。

第二节 开拓和保护

唐天宝三年（744），鄮县令陆南金相度地势，将湖西部几个缺口筑堤连接，共筑塘8条、堰4条，废田121213旧亩（每亩约合今市亩0.25亩，见李瞰《修东钱湖议》）。灌溉鄞、奉、镇三县老界、阳堂、翔凤、手界、丰乐、鄮塘、崇丘七乡。废去湖田赋税分摊给受益田，每亩加米0.376升。

宋天禧元年（1017），郡守李夷庚重修湖塘，开拓增广。

庆历八年（1048），县令王安石厘复湖界。

嘉祐年间（1056～1063），置莫枝、大堰、钱堰、梅湖四碶，立水平石于左右作为放水标准。四碶均筑在岩基上，构筑牢固，形式划一。

治平元年（1064），主簿吕献之重修六堤，即今方家塘、高湫塘、梅湖塘、栗木塘、平水堰塘及钱堰塘，全长2566米。并于青山岙湖堤旁创建嘉泽庙，祭祀陆南金、李夷庚。

南宋乾道五年（1169），守臣张津以湖逐渐湮废，乞开葑葧，赵伯圭踵其后，遣县令杨布详细丈量，估计除葧浚湖经费共需钱165888贯，米27678石，因费用过大，未实行。

淳熙四年（1177），知县姚复请开湖，时皇子魏王赵恺镇明州，乃转请于朝，出内帑金5万贯、义仓米1万石大浚之，又差拨水军协助，按受益田亩出人夫、工具，并遣司马陈延年、长史莫济往来监视。历时三个月，去葑21200余亩，由于所除葑草未清除出湖堤，随着水涨复填淤于湖。

后沿湖居民因茭葑淤塞，嘱托清田，开垦为田，或恃强侵占，种植菱荷，湖面逐渐减少。

嘉定七年（1214），提刑官程覃代理县令。筹措经费33600贯，置田千亩，每年收租谷2400石，设开湖局，将谷贮于月波寺、隐学寺由专人掌管，鼓励农民在农隙时采葑，每船按大小、路途近远酬以谷子，每年能去葑约2万船。但后任县令奉行不力，田租收入移作他用，湖益湮。

宝庆二年（1226），尚书胡榘守郡，当时葑草淤塞日益严重，胡请于朝，得度牒百道、米1.5万石。按受益田亩出夫，并令水军协助，轮番迭休。于十月动工，先修理沿碶闸，将湖水放入河道，清除湖中葑草，历时一载，基本完成。胡浚湖后，尚有余钱28347缗。用以置田，每年收谷3千石，令翔凤乡乡长顾咏之主其事，分渔民500户为四隅，每人每年给谷6石，每隅设隅长1人，队长5人，并且在陶公山建烟波馆、镜湖亭，随后葑草之生绝其种。县丞以时督察，并命提举常平司董其事。经这次清除，其后16年无葑草之患。

淳祐二年（1242），知府陈恺实行买葑之策。清理过去置湖田收入，命制干林元晋、签判石孝广在农隙时按船只大小、葑草多寡，听农民自愿交售，交葑给钱。初时数百人，以后增至千余人，农民捞草交卖踊跃。

明嘉靖以后，农民将葑草用作肥料，竞相采除，结果豪强私自征税，经斗争，始行禁止。

清道光二十三年（1843）八月大风雨，堰坝水毁严重，二十五年（1845）至二十八年（1848）巡道麟桂、郡守杨钜源、署守徐敬、里人钱启皑等筹资对钱堰塘、钱堰、方家塘、平水堰塘、平水堰、平水堰湫阙、大堰塘、高湫塘、高湫堰、高湫堰湫阙、梅湖塘、湖里塘等维修加固。

清光绪十八年（1892），由张祖衔发起，弟子忻锦崖继之，奔走呼号，历20余年之久。直至民国二年（1913），镇海富商陈协中助以巨资，在青山设湖工局，先浚梅湖，后及全湖，历时三年告成。

1949年之前，湖面葑草覆盖7千余亩（467公顷），湖塘、碶闸、堰、阙年久失修。

1951年8月，3000多民工，200余船只，国家拨款2.4万元，历40余天，清除葑草240多公顷。1952年8月，第二次整治，国家拨款1.3万元，历20余天，清除湖中所有葑草。

1955年～1956年，清湖界，废弃沿湖低处田屋，修理湖塘、堰坝、碶闸，扩大湖面积400多亩。湖容量从3000万立方米增加到3600万立方米。

1958年，加高湖塘50～60厘米，提高蓄水位20厘米，增加蓄容量800万立方米，总蓄容量达44000万立方米。并新建大堰碶闸1座，改建、新建小斗门11座。

1963年，从三溪浦水库至东钱湖上虹桥，兴建长7.1千米引水渠道，扩大引流量，增加入湖水源。

1965年～1970年，加高湖塘、清湖界，填高沿湖底处房屋443间，增加湖域面积7.3公顷。

1971年，开辟寨基岭引水河渠。新建郭家峙引水闸1座。

1976年，以疏浚湖泥为目的，自大公至沙家山新建分湖塘（湖心塘），长1700米，建碶桥三座，以调控湖水，轮番疏浚。

1983年，湖里塘加固，套井治漏。

90年代中后期开始，特别是2001年8月东钱湖旅游度假区管委会建立后，加大清淤、清障、清湖界力度，五年来先后投入巨额资金，为改善和修复东钱湖生态环境，共拆除沿湖房屋46万平方米，截断沿湖生活污染源。投入3000余万元，清理39万只渔（虾）笼，33万平方米围网，改变了湖面杂乱无章状况。同时搬迁沿湖61家企业，投入400余万元，对辖区内8家主要排污单位进行专项治理。并将东钱湖旅游度假区每天产生的3万吨生活污水导入江东南区污水处理厂，还湖区一片整洁清净的面貌。湖区大规模清淤疏浚正在启动，水利部上海勘测设计研究院编制的《宁波市东钱湖综合整治工程可行性研究报告》经专家评审通过，宁波市发展计划委员会于2005年1月31日发出审查会议纪要。上海勘测设计研究院根据专家审查意见进行调整修改后，于2006年6月提交正式报告。

2002年，拓宽湖心堤，重建桥梁，构筑景点小品，形成湖心堤景区。

2003～2006年，投资10多亿元，相继建成韩洋公路、福泉山公路、环湖南路、环湖北路、环湖东路和东钱湖大道,形成了连通沿湖各村、各旅游景点的交通网络。

综合治理内容分三部分。污染源治理:包括沿湖居民迁移,生活、服务业污水处理,农业污染源治理,环保疏浚四个方面。生态修复工程:包括河口湿地建设,湖滨带生态修复,湖区生态修复,湖岸整治四个方面。非工程措施:包括人口规模控制,旅游污染控制管理,产业结构调整,社区环境管理,运行管理与保障措施,湖泊水资源保护法规六个方面。

湖域内淤泥厚度较大,表层有机物污染较重,并因航道功能水深、水上运动区水深的需要,确定17个疏浚区。沿岸带环保疏浚12条段,总长度15.6千米,平均宽度30米。内河疏浚3条:陶(大)公村内河及下水村河道等。清淤总面积5.19平方千米,疏浚面积占东钱湖面积26.08%,清淤总量296万立方米。清淤厚度根据需要在0.3~0.8米不等,疏浚后湖底高程0.8~1.2米。

排泥场分陆域排泥和水中排泥。陆域排泥场有梅湖陆上排泥场、大堰塘陆上排泥场等。水中排泥场一是在茶亭附近,离岸500米地方堆湖中岛,面积0.2平方千米,堆泥53.44万立方米;二是在湖心塘南侧,南湖水域距小普陀风景区50米处堆岛一座,面积0.033平方千米,堆土7.81万立方米。工程总造价46245.16万元。工程于2007年启动,到2013年5月已完成70%。

第二章 山岭
DiErZhang ShanLing

第一节 山

福泉山：在东钱湖之东南，又名覆船山，距宁波市中心东南24.5千米，主峰海拔556米，面积39178亩（民国《鄞县通志》）。东南有大嵩岙，东为大嵩岭，东北洋山岙（村），南为周湖塘、下岙。山顶有仙照寺，现改为茶室，东有甘露寺，已圮。北有延寿王寺，南有万松庙，均亦圮。茶室前有龙潭，茶室右边有龙井，水泉澄碧，久旱不枯。山上有茶园3600亩，南有五台峰、望海亭，北有望湖亭。植被有黑松、红枫、马尾松、杉木、冬青、毛竹，土产有野山人参和黄精。现辟为东钱湖旅游景区之一，有"世外茶园"之称。

大慈山：在东钱湖东南下水大慈寺后，即大慈寺座山，距宁波市中心东南20千米，主峰海拔200米，面积5896亩。南有大慈禅寺，北有福寿庵，已圮。《宝庆四明志》谓其宋丞相史弥远母安葬之地，实在大慈禅寺左侧。史弥远卒后亦葬于此山，在大慈禅寺右侧，墓前有二株八百余年古银杏树。对面为慈云岭，产竹木。《鄞县通志》地图中亦称作"福全山"。

凤　山：在东钱湖上水之南，俗称凤凰山，靠近上水万安桥，距宁波市中心东南21千米，主峰海拔236.3米，面积2418亩（民国《鄞县通志》）。东边济公寺已圮，东北为禅寂岭，西北为拜祭岭，相近有凤山庙。

白云山：在东钱湖之南。在陈杨乡内，距宁波市中心东南26.5千米，主峰海拔370.2米，面积5172亩，盛产毛竹和杂树。唐僧云居于此山，恒有白云覆其屋后，因此名山。有乐安侯墓，五代之孙郁也，唐末左拾遗朱温篡位，著《春秋无贤人论》归隐此山。（《四明山志》）山北有亭溪岭，南为小地岙，山腰有白云延祥禅寺。沿俞塘村口公路直行，过城杨村，可到白云寺。

霞屿山：在东钱湖中，四面环水，湖心堤中穿，建有霞屿禅寺、望湖亭、观音洞，名小普陀。距宁波市中心东南16千米，主峰海拔45.0米，面积65亩（民国《鄞县通志》）。1976年鄞县治湖，霞屿山东边接下峰岸，西接陶公山，有湖心堤1800余米，并发现了有史料记录的"补陀洞天"观音洞。今霞屿禅寺为1998年重建，望湖亭为2002年重建。望湖亭额是仇国华所书，霞屿禅寺额由沈鲁乡所书。1994年旁建有沈光文公园，并立沈光文石雕坐像。

二灵山：在东钱湖东，位于下水港口出口的左侧，因山灵水灵得名。此山迤逦由东南来，突出湖中，三面环水，为湖山最奇。距宁波市中心东南17千米，主峰海拔80.0米，面积346亩，山脚有二灵寺。宋文介公陈禾读书于此山，山上有二灵塔。文介与子曦墓俱在此山中。二灵寺于1998年在原小寺基础上扩建。山产蔬果，以梨、李、桔为主。

笔架山：在湖里塘上虹桥之东，形似笔架。距宁波市中心东南17千米，主峰海拔251.1米，面积1031亩，南柴场岙、西彭家庄、北三甲岙。东曰滑石坑，西曰马山，西北有蛇山，北有蛤蚆山、相公山。山上植被以马尾松为主。

大涵山：在梅湖东北，为湖山外围，与东钱湖镇接壤。距宁波市中心东17千米，主峰海拔227.2米，面积1359亩，产松木。东南为史家湾，北为唐家湾，南有山前庙、吉兆庵，北有山后庙、祇园庵。东有镇东寺、文武殿，现为东吴镇区域。

鹿山：在梅湖之北，上有六峰，东有马岭，距宁波市中心东14千米，主峰海拔200.0米，面积2184亩，西南鹿山头，西北下王，北钟家沙，有民居。《嘉靖府志》谓"鲍郎（鲍盖）尝见鹿射之就视，乃石室，今遗镞尚在，默而摇之则动，语则不动"。今在东钱湖镇方桥村之北，又称下王鹿山头。

金童山：山形端厚，与玉女峰相峙。距宁波市中心东15.5千米，主峰海拔200.1米，面积2606亩，东为栗树塘，有民居。此山南与大鳌肚山、金鳌肚山、雉鸡山隔湖相望。东北为罗岙山、山围如罗网。北为大涵山港，南为梅碶岭，东为栗木塘，西为梅湖村。山上植被以马尾松、杂木为主。

东石山：一名稽山，又名鸡山，出石，石质细腻。距宁波市中心东15千米，主峰海拔40.0米，面积56亩。东为干家，南为东亭庙，今为石山弄界。

雉鸡山：又名雉山，在梅湖中，即梅湖中之大道，距梅湖堰里许，距宁波市中心东15千米，主峰海拔60.0米，面积131亩，产瓜及蔬菜。北与金童山相对峙，南与五里塘遥遥相对。此山已同梅碶岭连接。

■ 新编东钱湖志

大鳖肚山：在雉山左，梅湖中的孤山，不与诸山连属。距宁波市中心东15千米，主峰海拔40.0米，面积56亩，种植蔬瓜。是梅湖中之第二大岛，南有小岛名金鳖肚。

梨花山：在钱堰，为钱堰头村背山。距宁波市中心东南14.5千米，主峰海拔100.2米，面积1012亩。春天梨花盛开，为东湖之盛境。上有史丞相读书台，已圮。东为吴郎湾、姜郎湾，东北黄家山，南有万灵庙、钱堰。山形如十字，东为猫山，南为堰头山，产马尾松。

月波山：在东钱湖之北，与霞屿山相峙，距宁波市中心东南14.5千米，主峰海拔60米，面积768亩。山上有石洞，为史浩所凿，名"宝陀洞天"，同普陀山宝陀寺同名。南有十八涧，山麓有月波寺，已圮。另有余有丁五柳庄遗址，以及余有丁的"名山洞府"，亦圮。南为擂鼓山，北为大山，俗称大岭，盛产毛竹。附近现为部队基地，山麓建有将军楼。

飞凤山：在湖北陈野岙之右，距宁波市中心东南14千米，主峰海拔158.7米，面积984亩。东为陈野岙，南为南庄岙，西为青山岙，产马尾松。东北有尊教寺，南有上塔山庙，东南有黄家山，南为珠岛、凤珠山、庙陇山、绿荷洲，西为眠狗山。现为部队基地八工区，后山尊教寺已圮。

西亭山：又名高钱山，在青山之北，层峦耸翠，下瞰深渊，人拟赤壁之胜。并山而居者多高、钱两姓。宋钱塇居东湖，与高友文为邻，人称其里为高钱。距宁波市中心东南12.5千米，主峰海拔110.0米，面积1050亩。产马尾松。西山下河，山巅有延年寺，东北有西亭庙、平峨寺。在高钱村青雷寺之上，延年寺已圮，西亭庙迁至青雷寺边。西亭庙左侧为环湖北路，隔路为清泉山庄、高钱村。

东　山：在东钱湖西南，相传晋谢灵远游此山。南朝宋鄞县令谢凤采菁茅憩焉。因为谢安东山之事出名，有丁家岭。距宁波市中心东南17千米，主峰海拔50.0米，面积70亩，东北丁湾，西有西山，产松木、水蜜桃。杨承鲲有东山别墅古迹，在石柱岙以西，今已无处可查。

顺风旗山：在茶亭村之左。距宁波市中心东南17.5千米，主峰海拔256.5米，面积2175亩，产马尾松。东为茶亭下，东南为西山下，西北为寨基。山下为环湖南路。茶亭村已被拆除，东南裴君庙已圮。

平满山：在东钱湖之北，为殷家湾后山，连接白石山，因其山平满故名。距宁波市中心东南13.5千米，主峰海拔60.4米，面积178亩。山顶原有近百株大松树，已毁。山下有殷湾、莫枝二村。

师姑山：在东钱湖西北，左为殷家湾，右为莫枝堰。距宁波市中心东南13千米，主峰海拔144.7米，面积1246亩。《延祐四明志》谓北隔黄泥岭为笔架山，又北为白石山。此山在莫枝村后山，师姑山下有居民，山下即东钱湖，为观东钱湖日出的佳处之一。山上有马尾松、杂树。

茂屿山：在东钱湖西南，距宁波市中心东南13.5千米，主峰海拔80.0米，面积1546亩，产菁艾草。明代大司马张时彻在此构筑山房，后为张氏世居地。旁有龟山、蛇山、琴山，象形酷似。相传石穴中有书数十卷，秦代黄公曾隐学于此。

奕大山：又称笠大山，距宁波市中心东南14.5千米，主峰海拔197.4米，面积993亩，产马尾松、毛竹。面对莫枝堰，山峰秀峻。山上有石棋坪，东南有裴君庙，北有觉济寺，西有八面山，东隔小岭称毛竹山。登山顶可以远眺东钱湖。觉济寺已无迹。山麓有东钱湖自来水厂和湖区管理处。

陶公山：陶为东钱湖孤岛，世传陶朱公隐于此，湖畔有钓鱼矶。宝庆三年（1227），宋郡守胡榘建烟波馆、天镜亭于其上。山形如孤龙突出湖中，民居沿山而建。距宁波市中心东南15千米，主峰海拔167.3米，面积1078亩，西南为戴家，西北为薛家山，北为史家湾。过岭有上乘庵，西有裴君庙。中有张迈岭，东为龙虎山，西为南山，南为烟屿，北为蚌壳山，东为柳汀烟屿等。此山形如伏牛，亦称伏牛山。山下很少朱姓，以忻、曹、许、王、史姓为主。上乘庵被改为陶公岛景区。陶公山腰有忻氏一代祖墓、天镜亭、极乐庵、裴君庙。烟波馆已无处可查。

狮岩山：在东钱湖东之韩岭。距宁波市中心东南20千米，主峰海拔181.8米，面积1587亩，西韩岭，北马山，东北范岙，产竹木。东北、西北有两座裴君庙，南为塔沙岭，北为范岙岭、马山。此山下的马山村已拆迁。范岙岭已为柏油路，范岙亭已被拆，岭东的裴君庙已迁至狮岩山的平岗上。

桃源山：在东钱湖之西。郭家峙后山有岭称桃源岭。距宁波市中心东南16千米，主峰海拔130米，面积1387亩，产松杂木。东有裴君庙，东北有岩官庙、迎旭庵及羊角岭、燕窝湾、高湫堰，东南郭家屿。螺屿又名田螺山，三面环水，形如田螺。下麓有海军412医院。郭家峙以种水蜜桃出名。

择阳山：在隐学山之西。距宁波市中心东南17千米，主峰海拔180.2米，面积1856亩，南埠窑，西横溪河头。西有白云中院、永康庵，隔横溪有永清庵，已圮。山东为栎斜村，山麓为陆军汽车营队。山以马尾松为主，也有毛竹。现属横溪镇区域。

隐学山：在东钱湖之西，宁横公路东侧，其下有栖真寺放生池。传徐堰王隐于此。山西有隐学岭，距宁波市中心东南16千米，主峰海拔204.7米，面积1303亩，南湖岭头，西北为岭后杨岙。产松木，南有隐学寺（栖真寺），寺前有放生池，又有祇园寺、湖亭庙，北有岭后庙。有毛竹、松树。山麓有海军烈士墓区、徐堰王墓址。南有重建的隐学禅寺，内竖有放生池古碑，史载的放生池今已无存。寺东有明代余有丁墓道，墓道石刻已列为全国重点文物保护单位。

百步尖山：在东钱湖之南，是湖畔之最高峰，北为栎斜山，栎斜山边为金溪山。距宁波市中心东南19.5千米，主峰海拔485.7米，面积1884亩。上有土城，清光绪二十四年筑。山峰如剑，俗称百步剑。山麓下有钱湖公墓和万金公墓，明兵部尚书金忠之墓及金忠祖墓群。裴君庙、镜中寺已圮。

小步尖山：在东钱湖西南，主峰海拔452.8米。近百步尖山。

云南山：在东钱湖韩岭村之南，张峙岭西。距宁波市中心东南21.5千米，主峰海拔345.3米，面积4359亩。南里北岙，产竹木。土名岭安山，又名岭下山，岭傍新建云南亭和南山观音台。山上有重建的十方云南寺，金辅康撰《十方云南碑记》。

象坎山：又名范家山，东有茅岭，南有花蔀山。距宁波市中心东南20千米，主峰海拔286.5米，面积1613亩，产竹木杂树，有宋沈端宪墓。

龙　山：在上水，俗称龙口，有丰氏墓。

阮　山：大慈山东南七里。

马　山：在韩岭右一里许，在马山村的东首，山尾开凿公路。马山村2005年已拆迁，产杂树木。

鸡　山：在上水之北，产马尾松。东为鸡山头，鸡山村2008年拆迁。山上有龙聚庵，2008年被拆。

沙家山：在东钱湖之东，址界山之右，沙山村之东。山有宋浙东宣抚使、明州太守仇悆墓道，墓道石刻已被列为文保单位。山下旧村被改建为沙山宾馆。山产马尾松。

鲇鱼山：在东钱湖之东，下水纪家庄右侧，朴树湾之上，俗称落水鲇鱼山。面对二灵山，山平坦。主峰海拔大约40米。

虾公山：在东钱湖之东，二灵山对面，下水江口之北。虾公山隧道之上有岭，称外高头岭，又称高伦岭，伸入湖之山即虾公山，主峰海拔40米左右。岭上凉亭在60年代被拆除，下水江口二灵、虾公二山对峙。

龙蜷山：在东钱湖东北，势高峻，上有龙潭。

倒莲山：在阳堂山东，鹿山之南，左右微高，中稍低陷，主峰海拔40米，产马尾松。

阳堂山：俗名青山，在鹿山之南。此山四面悬绝，下有鲍郎庙，即鲍君生所居处。主峰海拔60米，近有鲍盖之墓。今庙、墓都已被拆。旧时阳堂乡，即以阳堂山而得名。

擂鼓山：在月波山右侧。山高40米左右，产竹木。传说田主杨苗在此山上擂鼓，呼他的长工吃饭或休工，故名擂鼓山。

上塔山：俗称蚌壳山，湖北岸，山极低小，与众山不相连属，在庙弄村的湖边，形如仰天蚌壳，故名蚌壳山。同湖中薛家山前的覆盖蚌壳山，名称相同，形状相反。山上有李公祠，称上塔山庙。上塔山庙是纪念陆南金、李夷庚的庙祠，今重修，留有后殿。

青　山：在东钱湖西北。有岭名青山岭，主峰海拔约200米。南有村，名青山岙，元代余姚州判叶恒曾居于此。此山并非阳堂山的青山。

平峨山：在青山北，白石山东北，距宁波市中心16千米，面临舒家岸河，山顶圆如覆釜。同白石山连属，竹松杂木茂盛，上有纪念葛仙翁的祠殿和平峨寺，俗称小灵峰，相传是葛仙翁炼丹处之一。山的主峰海拔80米，同白石山基本同高。

白石山：距宁波市中心17千米与东钱湖相对。山有白石，故名。主峰海拔80米左右。山上有神仙石棋坪，下临东钱湖，一名大石，海舶见以为怪。同平峨山连属，上有鄞鄡亭，亭东下有迎旭亭，建于1973年。下临仙枰路，路下为东钱湖道士湾，又称赤塘岙。相传有仙人在白石枰上对弈，故有"白石仙枰"之称。

下塔山：近莫枝堰，低浮水面，其右有路，与大山脉连属，形似西瓜，山极低，目前已看不出山形。山上有岳鄂王庙，俗称西瓜庙。后有向阳渔港酒店。庙前湖中本有芦花小浮岛，称"芦汀宿雁"，此景已无存。

狮子山：奕大山之东。西有大堰头，毛竹园下之后山，又称毛竹山。下有裴君庙，破庙未倒，村居已拆。

薛家山：又称南山，张迈岭西北，望鱼跳以东。与湖中蚌壳山对峙，主峰海拔约100米左右。

蚌壳山：在史家湾前，山甚低小，不与陆接。形如覆盖蚌壳，在湖中，四面环水，上种有柑桔及蔬菜，有"蚌仙听涛"的传说。

珠　山：在陶公山许家岙外湖滨外，许家屿之西，其形如珠，故名。山很小，主峰海拔5.1米。

九磊山：在象坎。查通志地图无此山之名。象坎后山为石狮子山，主峰海拔166米。又有白象山，主峰海拔195.8米。山上杂竹木。

下爬山：在韩岭村附近，在韩岭口的右侧，已辟为公路。南为扑鹅里鸡山，又称喷火田鸡山，主峰海拔228.0米。

西　山：在羊角岩之西，启新高尔夫球场西。山下有西山下村，今已拆迁。山上有镜中寺和明代兵部尚书金忠祖墓群。镜中寺于2008年拆迁。

南后山：主峰海拔208米，山产杂竹木。

址界山：在沙家山附近，沙山村之北，主峰海拔为40米左右，面临东钱湖，对陶公山。

哈蚆山：在梅湖三甲岙西，主峰海拔为30米左右（《鄞县通志》图测）。高钱与方桥之间有小山，也叫哈蚆山，在雅戈尔动物园内。

龟　山：在三甲岙左，主峰海拔为30米左右，亦称相公山。高钱亦有龟山，很低矮，原在高钱与方桥港之间，已造鄞县大道之桥。

蛇　山：在三甲岙右，哈蚆山西南湖畔，主峰海拔为30米左右，笔架山下。高钱陈孟桥以北，亦有一座小山名蛇山，尚在。

邵家山：湖里塘堆泥之山，邵杨连接为梅湖之界，在上虹桥。

杨家山：湖里塘堆泥之山，杨邵连接为梅湖之界，在下虹桥。

郭童岙山：又名谷洞岙山，湖之南偏东，距宁波市中心东南19千米，主峰海拔385.0米，面积3581亩，产杂木，为百步尖东行之支脉。山南之水东流至大桥，流入大嵩水系。下有郭洞岙水库，蓄水14万立方米。植被以毛竹为主，夹杂树。

石柱岙山：距宁波市中心东南18千米，主峰海拔250.0米，面积3243亩，多产松木，为百步尖西北行之一支。岙内有岩石直立数丈，故名石柱岙。

竹麂坪山：距宁波市中心东南19千米，主峰海拔483.5米，面积1828亩，又名晒麂坪山，南有尖峰称小百步尖。产松木，东北有裴君庙、梅园庵。另有金忠家族的墓葬群。梅园庵已被拆除建造韩岭乡政府办公大楼。

顿峰山：在顿岙（也称墩岙），距宁波市中心东南15千米，主峰海拔170.0米，面积909亩，产松木。东为小梅山，后有宁波自来水厂基地、隐学岭，北为眠狗山，属横溪镇区域。

缸爿山：在顿峰山之西，横溪镇东，距宁波市中心东南15千米，主峰海拔170.0米，面积1565亩。西北为王甲岙，产松，有合管庙，西南隔前塘河为前山，北为乌龟山，东北为眠狗山、饭团山。山上的襄阳庙已拆。

小蓬山：在湖塘村东北，距宁波市中心东南13.5千米，主峰海拔60米，面积468亩。北为平水堰，南有裴君庙、方家湖塘，西岸有拦水阙之小山。此山因20世纪80年代造路劈山，东部已成坡地，2000年建王安石公园，2009年改建为半山忆公园。尚留半山，刻有沙孟海先生手迹"东钱湖"三个大字。

庙陇山：在莫枝，距宁波市中心东南13千米，主峰海拔118.8米，面积450亩，产松杂木。南为平水堰，西为方边，东北为莫枝堰，又有岳王庙。南隔平水堰为小蓬山，北为堰头山，又北隔河为老鼠山。现开辟为公园，山上有"小八达岭"，山下有蝴蝶阁，山顶有仿毛泽东手迹的"不到长城非好汉"碑刻，东有望湖亭，山下临湖为湖滨公园、王安石公园。岳鄂王庙所在又称寿桃山。

青雷山：在高钱，距宁波市中心东南13.5千米，主峰海拔245.1米，面积1584亩，东北高钱，西南青山岙，产松木。南有山寺，东北有清泰庵，庵内有高闶井，相传凿井时得瓦一镌有"高闶"二字而名。四季峰峦叠翠，春时胭红粉白。山中有宋高宪敏公闶墓。闻志作青山，谓敬上名青雷山，前志脱雷字与阳堂山之别名青山者异。南有青峰岭通青山岙，同青峰山相连，北有平峨山，东为环湖北路，山麓为新建的青雷禅寺，清泰庵尚在，高闶井碧水清泉，旁新建西亭庙。此山已为部队基地。

张家山：在陈杨村，距宁波市中心东南22千米，主峰海拔280米，面积1396亩，产竹木，有张家山庵，为徐家岗之北行支脉。东为板坑岭，东北为城杨、杨家，西为小地岙、白云寺，南为吴家山村。今张家山庵已圮。

岙里山：在陈杨，距宁波市中心东南32.5千米，主峰海拔450米，面积2203

亩，有陈家岙茶园，产竹、木、茶。北有裴君庙，西有板坑岭，东有白岩山前山。城杨村之南，前山之东南，金山之西北。盛产毛竹，有茶园。

羊角岩山：在俞塘，距宁波市中心东南30千米，主峰海拔249米，面积1537亩。产竹木，东南有观音殿、元津庵。又名东蛄蝼山，山巅多岩石，长列如羊角故名，为郭童岙山之东行支脉。地处环湖南路之南，东北为韩岭，西为高尔夫球场，北为象坎村，南为谷同岙口地畈。在《鄞县通志》地图上，亦称作练山。

狮子山：在韩岭，距宁波市中心东南30.5千米，主峰海拔250.0米，面积3009亩，南为东洲，产竹木。南为眠狗山，东北有北岙岭、云南寺，南为黄金岙，西北隔泗水岭为羊角岩山。

黄金坳山：在横街，距宁波市中心东南31千米，主峰海拔250米，面积2915亩，产毛竹杂木为主。东为里北岙，产竹、木、石宕，石质脆，东南有裴君庙，北为北岙岭，南为老鹰山，西北为狮子山，西南为黄金岙。今裴君庙已圮。

塔沙岭山：在韩岭，距宁波市中心东南25千米，主峰海拔269.4米，面积2925亩，西北为范岙裴君庙，东北有横街头庵，南为塔沙岭，产竹木。西为狮子岩山，东为中堡庙，产毛竹杂木。

五塔山：在横街之南，距宁波市中心东南25千米，主峰海拔388.1米，面积4528亩，产竹木。南有吉善庵，东为东陶岭，南为张岐岭，北为横街岭，西为横街村。吉祥安乐山隔路西南，产毛竹、杂木，山上有四明史氏家族墓道群。

云峰山：距宁波市中心东南25千米，主峰海拔250米，面积5371亩，为五塔山之南行，南有张岐岭，岭南马峰山，属塘溪镇。

禅寂岭山：在横街，慈云岭之西，即现在的南宋石刻公园的后山，也称辩利寺山，也是拜祭岭的南高峰。距宁波市中心东南21千米，主峰海拔231.9米，面积796亩，产竹木。南为横街村。

刀子山：在上水村北，沙家山村东南，鸡山村东北。距宁波市中心东南25.5千米，主峰海拔247.5米，面积3112亩，产竹木。南为上水，西南鸡山，西为沙家山、址界山，北为黄菊岙、狗头颈山，东南拜鸡岭。南有凤山庙，西有鸡山庙，西南龙聚院，北有白云庵。

蝴蝶山：在下水港口朴树湾之西南，为刀子山北出湖滨之小山。距宁波市中心东南25千米，主峰海拔93米，面积281亩。东有忠应庙，西有福应庙，西北为安石岭、二灵山，东南为后岭、画眉山，西有福应庙（即原王文公祠）。《鄞县通志》将"后岭"误写为"安石岭"。

画眉山：在下水，是下水官驿河头后山，距宁波市中心东南25千米，主峰海拔50米，面积196亩。东有永兴庙，西有安石岭。山以野杜鹃有名，每年春四月，满山盛开杜鹃花。

张八天山：在洋山岙东北，穆公岭东南，乌头山西北，绿洋与画龙之间。距宁波市中心东南28.5千米，主峰海拔324米，面积7734亩，产竹木。东为李史岙、周夹岙，西南为洋山岙，南为乌头山，西为穆公岭，东北为西山、坑山。山脊线之北为东吴镇，南为东钱湖镇，有毛竹山。

绿野岙山：在下水，绿野与画龙之间，为绿野岙后山，又名中峰山。距宁波市中心东南28.5千米，主峰海拔298.1米，面积1790亩。南为绿野岙，东北王宾岙，西南新岭岙，产竹木。旧志称"旧有史氏沧洲堂，取义裴晋公以名其岙"。以绿野岙岭为界，东为珠冠山，西为水蛰山，中峰脊岗之北为东吴镇。西北为柴树岙山，上有马嘴石，一名马迹石，相传石上有神仙马迹（《鄞县通志》）。

新岭岙山：在下水，绿野岙之西，为下水东村新岭岙座山。距宁波市中心东南24千米，主峰海拔298.1米，面积1725亩，产竹杂木。翻过新岭岙即东吴大岙，新岭岙东有凤凰山，西为市岙，十坑九垄。南有关帝殿、千华庵。产马尾松木。

乌石山：在下水，面临东钱湖下水江口，为纪家庄后山、金顶坑山之南支山。距宁波市中心东南21千米，主峰海拔251.3米，面积2156亩，以产马尾松为主。东有里高头岭，西有落水鲇鱼山，南有忠应庙、无量寿庵。

鹅头山：在下水，虾公山隧道之东，落水鲇鱼山之西北，为下水江口朴树湾之东北山。距宁波市中心东南21.5千米，主峰海拔235.4米，面积1181亩，产马尾松。南为钱夹岙（纪家庄），南为乌石山，西为外高头岭、虾公山，北为柴场岙。

金顶坑山：在癫头山之西，西山之南，三甲岙之东，柴场岙之北，是吉祥安乐山之支峰。距宁波市中心东南19千米，主峰海拔356.4米，面积5437亩，产松竹。东北有世忠寺，西为笔架山、马山，北为胡郎岙山、椅子岙，南为金嘉屿。

胡郎岙山：在椅子岙，距宁波市中心东南20千米，主峰海拔182.7米，面积2700亩，产石亦产竹，惟石质细而脆，不如稽山之坚。东有西山，东北为马鞍山，北有乌老鸦村，南有世忠寺，西为椅子岙，有石塘口。

小梅山：距宁波市中心东南25千米，主峰海拔174.4米，面积1565亩，南麓为宁波外国语学校，上有宁波自来水厂。

扑鹅里鸡山：在韩岭去大嵩的弯角处，又称喷火田鸡山。距宁波市中心东南20千米，主峰海拔286.5米，面积约650亩，产竹木。东为71省道，北为韩岭环湖南路，西为象坎村，南为花蔀山。

花蔀山：在韩岭，扑鹅里鸡山与东蛄蝼山之间。距宁波市中心东南20千米，主峰海拔250米，面积300亩，产竹木。

练　山：在俞塘，东蛄蝼山与谷同岙山之间。距宁波市中心东南23千米，主峰海拔160米，面积300亩，产竹木。南为俞塘田畈。

黄家山：此山在湖之北，尊教寺之北，现部队驻地后山，目测高度在160米以上，产松木。原有南宋礼部尚书史岩之夫人墓道，石刻还在原处。

郭家山：此山在湖之北，亦在部队驻地之后左座山。主峰海拔160米左右，产松木。

荷花乔山：此山在湖之北，亦在部队驻地之后右座山，主峰海拔160米左右，产松木。

尖刀山：又称莫枝堰山，在湖之西北，莫枝东街座山，主峰海拔144.7米，产马尾松。1950年～1960年间山顶设部队瞭望岗。1958年鄞县第七中学在山腰用坟砖铺设，涂上石灰的五个大字"东湖花果山"，今已毁。

　　注：堰头山在莫枝西街之上，西为莫枝市场，山上有中国移动公司电讯发射塔。

笔架山：在湖之北，莫枝黄泥岭之北，赤塘岙之西，白石山之南，钱湖人家之东。海拔目测在120米左右，同白石山不差上下，产马尾松。东下有沙孟海书学院和艺术家村。此笔架山并非上虹桥笔架山。

泥蚯尾山：在湖之北，即现在万柳园山，主峰海拔目测约30米。1964年为开发部队驻地，西同黄泥岭、东同青山岙连接，建有湖堤。1990年在此山建成沙孟海书学院。山上有书法大师沙孟海夫妇、原浙江省省长沙文汉夫妇的墓穴。

大　山：在湖之北，东为钱堰，西为飞凤山，北为高钱村，南为湖滨十八间村。海拔目测在110米左右，产松木毛竹。今为部队驻地。

王家山：在梅湖之西北，吴郎湾和梅湖塘中间的小山，与部队驻地内王家山同名，东为雉鸡山，是梨花山支脉。主峰海拔目测在50米左右，产马尾松。

猫　山：在梅湖之西，吴郎湾、姜郎湾之间的小山，是梨花山支脉。主峰海拔目测在60米左右，产马尾松。

蜈蚣钳山：在梅湖之东，蛤虮山之北，大鳖肚之东南，梅湖湖畔，目测主峰海拔30米左右，有杂木松竹。东有道观，已圮。

龙虎山：在湖之西，是陶公山的东部山。目测主峰海拔120米左右，形似伏牛，现称伏牛山，产马尾松，下有"眠牛山市"景点。以张迈岭为界，东为湖畔曹家山头，西北张迈岭，北为湖畔史家湾，南为湖畔陶公、建设二村。

南　山：在湖之西，是陶公山的西部山，东北湖畔薛家山村，东南张迈岭，西为陶公岛景区，古有上乘庵，西南大公轮窑厂，已拆。山产马尾松，山麓有果园。主峰海拔目测在110米左右。

八面山：在湖之西，笠大山之南侧，金墩桥之北，大堰头之西，宁横公路之东，主峰海拔197米，产毛竹和马尾松。山麓新建裴君庙，山下公路通至大堰、高湫堰、迎旭寺。金墩桥已改为凤凰桥。

桐树坑山：在下水绿野岙之东，主峰海拔310米，东为穆公岭，西是绿野岙岭，南是新凉亭、公路，北是珠冠山，产松木、杂竹。

珠冠山：在下水绿野岙之东，桐树坑山之北，东为画龙村（属东吴镇），绿野岙中峰之东，主峰海拔350米，产竹木，以马尾松为主。

水蛰山：在下水新岭岙之东北。东为中峰山，西为新岭，南为凤凰山，北为本山山岗，主峰海拔410米，产松木、杂竹。

注：目测高度是实地考察后，再按《鄞县通志》地图上的等高线计算的。

凤凰山：在下水新岭岙口，南有灵佑庙，北有水蛰山，东有绿野岙中庵，西有新岭岙，主峰海拔250米，有仇氏宗亲的祖墓。

金字山：在下水里岙底之山，新测主峰海拔234.7米，产松杂树。

市岙山：在下水市岙底之山，新测主峰海拔340米，南为千华庵、下水敬老院，北为金顶坑山，东为新岭岙山，西为长乐里山（有叶太君墓道），产马尾松。

闷坑山：在下水南岙水库左溪路往东方向，盛产红裘树，树质坚硬，新测主峰海拔210米。

长坑山：在下水南岙左溪路的第一个右边山头，新测主峰海拔220.0米，产杂木。山顶有野猪坑，是村民在1967年冬所挖，尚在。

劈开龙山：在下水南岙正东，新测主峰海拔174米，相传有龙头被劈开成山岩石，是中央坑溪和烂水坑溪汇合之地。

黄泥山：在下水上溪坑，山下原有定性庵，曾是下水乡政府驻地，1982年迁走。山上有移动通讯塔，目测主峰海拔约90米，产松木。

长乐里山：即下水无量寿庵的后山，也是史家叶氏太君墓道所在地，面对山称月亮山，新测主峰海拔72米。原有750年左右树龄的大松树140余株，到2001年尚存40株，现已全部砍光，只能在2002年之前的照片上看到大松树。叶氏太君墓道石刻为全国文保单位。

月亮山：在下水长乐里山对面，新测主峰海拔40米左右。有四明史氏来东钱湖居住的第一代祖先史成墓道。墓前石刻于1982年造韩水公路时被毁，建了市岙溪口的自力桥石拱桥。仇国华当时是公路建设施工员。

外家史山：在下水南岙大路之南山岙底，山岗又称大沿山，主峰海拔302米，产松杂木。过岗为福泉山茶场区域，山下有一座蓄水6000立方米的山塘。

里家史山：在下水南岙大路之南山岙底，同外家史隔岗，进口处有一石碑楼，山岗又称横山岗，过岗为福泉山茶场区域。主峰海拔308米，产松杂木。里家史口种有水蜜桃。

西坑山：在下水南岙水库进去右侧溪路之山，新测主峰海拔362.4米，山脊为界，南为福泉山茶场区域，产杂树杂竹。

中央坑山：在下水南岙水库中间山路之末，底山称深坑斗山，为福泉山支脉，新测主峰海拔417米。再上去是福泉山。产杂树、薪柴。

李平坑山：在下水南岙水库左侧溪路之末，亦称烂水坑山，过岗为洋山村，此山相对平坦，新测主峰海拔182米，产杂木、薪柴。

相亭山：在下水绿野岙口右侧，有史诏墓道，新测主峰海拔91米，产松杂木。山下墓道石刻为全国文保单位。

盛夹岙山：在下水绿野岙对面，绿野谷度假村内有一座2.3万立方米的水库，水源来自盛夹岙山，新测海拔为231.2米，产毛竹、杂木、薪柴。

庙沟后山：在韩岭庙沟之上，新测主峰海拔为144.4米。山麓有一座石碑楼，大约是宋元建筑，被列为全国文保单位，产松杂木。

注：海拔是根据测绘部门新测绘等高线地图标注摘录。

第二节　峰

玉女峰：尖秀独出，前临梅湖，属东吴镇，位于东钱湖镇界上。

望海峰：福泉山之最高峰，东可观日出，南眺象山港，西望金峨山，北望东钱湖，远眺宁波市天封塔。四周是"东海龙舌"的3600亩茶园，俗称"世外茶园"，高山云雾，无污染。峰高有两次测量数据，1934年测主峰海拔为598.8米，现测主峰海拔为556米。

百步尖峰：在东钱湖之南，百步山之顶，主峰海拔为485.7米，尖峰如宝剑插云。峰顶有一个大约100平方米的平台。俗语有，"百步山尖凤凰窝，一对将军一对锣，前面一道清水河"。

小步尖峰：在东钱湖之南，靠近百步尖峰，是小步尖山之顶，主峰海拔452.8米，启新高尔夫球场背面西南山上。

晒麂坪峰：在东钱湖之南，小步尖山西侧，主峰海拔483.5米。山下有晒麂坪寺，有镜中寺和明代兵部尚书金忠及其祖先墓穴，即金氏家属墓群。

里岙峰：在东钱湖东南之下水里岙山，又名金字山山顶，主峰海拔450.0米，《鄞县通志》上称"福全山"，里岙山腰有南宋时期的石碑楼群和现在的青湾山塘。里岙外称外岙，又称架下。

五塔峰：在东钱湖之东南，横街岭之东南，即五塔山之顶峰，主峰海拔388.1米。

郭童峰：在东钱湖之南，宁横公路碑牌桥之西，即郭童岙山之顶。主峰海拔385.0米。郭童岙，又称谷同岙。

黄龙冈峰：在东钱湖之南，谷同岙之西南，即黄岗山之顶峰，主峰海拔380.0米。

白云峰：在东钱湖之西南，即城扬村白云山山顶，主峰海拔370.2米，山腰有白云延祥禅寺，山北有亭溪岭。

■ 新编东钱湖志

金顶峰：在东钱湖之东北，即柴场岙之北的金顶坑山之山顶，主峰海拔356.4米。向南俯视东方花博园别墅群，在柴场岙之中。

云南峰：在东钱湖之东南，即韩岭云南山之顶，主峰海拔345.3米，山顶有十方云南禅寺和茶园。

张八天峰：在东钱湖之东，即下水洋山岙东北后山张八天山之顶峰，主峰海拔324.0米，西侧为穆公岭。

中央坑峰：距宁波市中心东南35千米，在下水南岙水库中间山路之末，到底为深坑斗山，属福泉山脉，主峰海拔为417米，山上植被以杂树、薪柴为主。

李平坑峰：距宁波市中心东南35千米，在下水南岙水库南侧的溪涧小路往东，又称烂水坑山，翻过岗为洋山岙，主峰海拔为382米，植被以杂树、杂竹为主。

西坑峰：距宁波市中心东南35千米，在下水南岙水库右侧，沿溪路到底，过岗为福泉山茶场，主峰海拔为362米，植被以杂木、薪柴、杂竹为主。

里家史峰：距宁波市中心东南30千米，在下水南岙大路之南山岙底，同外家史峰一岗之隔，进口有大庵遗址和石牌坊，岗底又称横山斗，主峰海拔308米，植被以杂木为主，过岗即福泉山茶场。

外家史峰：距宁波市中心东南30千米，在下水南岙大路之南山岙底，岙口有一座蓄水六千立方米的山塘，此峰主峰海拔302米，植被以松木、杂木为主。

桐树峰：距宁波市中心东南35千米，在下水绿野峤之东，为桐树山山顶，主峰海拔310米，东为穆公岭，西为绿野岙岭，南有新凉亭，主产毛竹、马尾松。

珠冠峰：距宁波市中心东南35千米，在下水绿野岙之东，桐树坑山之北，西有中峰山，主峰海拔350米，主产毛竹和马松尾。

水蛰峰：距宁波市中心东南30千米，在下水市岙底，山脚有水库，东为新岭山，西为长乐里山，主峰海拔340米，主产马尾松。

谷洞峰：又名郭潼峰，距宁波市中心东南35千米，在东钱湖之西南，北有百步尖，南首黄龙岗，南为小百步尖，山下东谷同岙水库，主峰海拔350米。

岙里峰：距宁波市中心东南30千米，在城扬村之南，主峰海拔450米，盛产竹、杂木和茶叶，有茶园。

第三节　岩

东钱湖区域地层隶属华南地层区，由前泥盆系陈蔡群变质岩组成基底，大片分布巨厚的中生界陆相火山岩系列则组成中层，而分布广泛的第四纪（Q）浅海相地层组成面盖层。湖周山丘区广泛分布上侏罗统陆相火山岩及白垩火山岩。分布岩石为火山碎屑岩，风化较剧。东钱湖区域地震烈度为6度。

假　岩：在上水之东北，在凤山一带，拜祭岭之东南。宋相史浩甃石百余丈而成，层峦叠峰，宛若天工。

凫桥岩：在晒麂坪山西北，栎斜村东南，在高度40米山坡上，源自石柱岙，有瀑布、清泉。

羊角岩：在象坎村，启新高尔夫球场之上，因东蛄蝼山山顶多岩石，长列如羊角，故名。

第四节　岭

外高头岭：在下水港口，虾公山上，湖之东。之字形上坡，卵石路，有台阶，上有凉亭，20世纪60年代被拆。现建有虾公山隧道，岭逐废。旧志上称高伦岭。上下长约1.5千米。

里高头岭：在湖之东，下水滕岙底，卵石路，岭低，过岭为柴场岙底。上下长约2千米。

新　岭：在下水新岭岙底，鹅卵石古路，呈之字形，有石阶，过岭是东吴大岙、乌雅岙，又称古野岙。上下长约3千米。

黄菊岙岭：在下水绿野岙底，卵石路，呈之字形上坡，过岭为东吴大岙沙田里，上下长约4千米。

穆公岭：在下水洋山村以北，原是鹅卵石古道。2004年改建为之字形二级黑色公路，到路顶为界，过岭为三溪浦水库、戚家耷。上下长约1.5千米。

大嵩岭：在下水洋山村底，鹅卵石古道，过岭为大嵩岙。1956年之前，此岭是象山、大嵩、瞻岐等地去宁波的交通要道，到下水乘航船到宁波。古道上下长约5千米，中途有古式洞桥，卵石路宽为120厘米左右。现在已经行人很少，古道尚存，两边竹木茂盛。

横街岭：在下水大慈岙底，福泉山茶场起步，上下2千米有余，过岭就是横街村，已为二级公路，路顶山上有一只小山塘，有一座福门是去福泉山的必经之路。另有一条麻岭，在山塘对面。

慈云岭：在下水大慈寺对面茶园之中，卵石路，宽约80厘米，呈之字形上坡，过岭就是慈云禅寺。也是古道之一，从前下水到横街，人多走此岭。

拜祭岭：在下水大慈岙口之南，过岭就是上水村。此岭鹅卵石筑成，每五、六米有一石阶，路宽120厘米，路近山顶时较陡，岭顶东有凉亭，1970年左右被上水村拆掉。边有一株参天大松树，树干约二人半之围，1990年左右因线虫病被砍。松亭不知何处去，古道依旧等路人。此岭是东钱湖畔最高的古岭，高度在240米以上。

范岙岭：在韩岭马山与范岙之间，原是卵石路岭，岭边有裴君庙。从范岙过岭就是马山，已改为二级公路，岭已平。裴君庙迁至对岭西山中。

韩　岭：韩岭村的名称，即来自此岭。韩岭为71省道去塘溪、大嵩、咸祥、象山的一段主路，二级路面。下有茅岭、泗水岭。

安石岭：在二灵山塘湾之上，以纪念宋相王安石治湖有功而命名，近有王文公祠，即福应庙。此路窄狭，上下长约1千米，两边是梨园、桔园。过岭就是下水朴树湾后岭港。

黄泥岭：在莫枝师姑山和笔架山之间，过岭左去为赤塘岙，右去为殷家湾。1964年为建部队驻地。黄泥岭同泥蚯尾山、青山岙连接，建有湖堤，现有一桥，称连心桥，路为连心路，黑色二级路面。

隐学岭：在湖之西北，隐学山与小梅山之间，是71省道的主岭之一。已为二级公路，上下岭长约2千米，岭南有宁波外国语学校，岭北为岭后村、接峰庵。

张迈岭：在陶公山的龙虎山与南山（薛家山）之间，从陶公山起岭，过岭是史家湾，原本是石板路，现已建成水泥公路，从起岭到岭下约400米左右，两侧种植水果和蔬瓜。

云南岭：在韩岭云南山（又名岭下山），从韩岭广济亭起步到山顶云南寺，全长约2千米，卵石路，宽约1.2米。途中有云南亭。东北起横街，西北至十方云南寺，全长2.4千米，"岭南残雪"景点就在此。寺的四周是茶园。

茅　岭：在韩岭，北起韩岭徐夹岙，南至泗水亭（即韩岭南），在现公路之下，卵石路，60年代之前是去咸祥、象山的主要通道。已逐渐废弃。

塔沙岭：在韩岭，从韩岭广济亭起到横街，全长约2.1千米，是一条古道。

桃源岭：在郭家峙，在桃源山与隐学山之间，南起郭家峙湖亭庙，北至杨岙岭后庙，约2千米，是古道。行人很少，逐渐废弃之中。

青山岭：在青山岙、青峰山与飞凤山之间，西南起青山岙，过岭为高钱村。此岭已封，今为部队驻地八工区。

高钱岭：在青山岙口右弯处，南起青山岙路口，北至高钱村清泉山庄的环湖北路，现为二级公路，全长约2千米。东为青峰山毛竹山，西为小天王高钱山，路下有沙孟海书学院，岭下北有新建的青雷禅寺、西亭庙。

磨　岭：在下水大慈岙底，西南起横街岭小山塘，东北至下水里家史，全长约3千米，是很少有人往来的山岭。

后　岭：在下水官驿河头村庄底的黄泥岭，过岭北至后岭港，是下水到二灵寺、安石岭的必经之岭。上下长约400米。

铜盆岭：白石庙起，到赤塘岙之岭，东为高钱山，西为白石山。

亭溪岭：距宁波市中心东南40千米，在城杨村有一溪称亭溪。亭溪之上有一条古道，鹅卵石铺路，路宽120～200厘米，岭全长在5千米左右。从城杨过岭为横溪镇区域。

第五节　岗

卧龙岗：在陶公山张迈岭之左，此山形如卧龙，故名，即陶公山的龙虎岗巅。

黄陇岗：在百步尖之东，小步尖山之南，目测主峰海拔在380米左右。东临眺碑牌桥、大田畈。

长龙岗：在下水南岙中央坑的溪路之上，福泉山西北之山麓，东起深坑斗，西至西坑口，全长约2.5～3.0千米，似长龙盘福泉山麓，俗称长龙岗，产薪柴、杂木。

第六节　麓

鄮　麓：在湖山东西之交（《四明谈助》）。此麓在何处，尚无结论。鄮是鄞，麓又在何处，待考。

第七节　岙

柴场岙：在东钱湖之东，岙朝西，产松木。岙口北是笔架山脚，南是虾公山隧道。全长约3千米，到底是里高头岭北侧。现由南苑集团开发，建造别墅山庄。

纪家庄岙：在下水纪家庄，此岙口开阔，俗称钱夹岙，曾为畜牧场，养过北京鸭与猪，现在是梅湖农场的纪家山庄，后山为乌石山，产松杂木。

屯　岙：在下水屯岙，西为兆山顶，东为石璧潭后山，岙底是里高头岭、广度庵。有小山塘。现在被辟为"十里四香"景区。岙深约1.2千米。

市　岙：在下水千华庵，自力桥北望之岙，岙底有市岙水库，此岙西为长乐里山，东为新岭岙山，岙深约1.5千米，产松和杂竹。

新岭岙：在下水关帝庙之北，新岭自然村之西北，从新岭大路进去，左为新岭岙，过岭为东吴，右为马岙。此岙不深，主产马尾松。

中庵岙：在下水灵佑庙之东，相亭山之西，中庵之前后，此岙东西开阔，南北不深。

绿野岙：在下水绿野村，村后座山为中峰山，西北为凤凰山、水蛰山，东南为桐树坑山、珠冠山，全长约2.5千米左右。岙底有岙里根水库、射猎殿。全岙皆是居民，旧称绿洋乡绿野岙绿化村，现称绿野村。

盛夹岙：在下水绿野岙之对面，现在岙口建有绿野谷度假村酒店，山岙底有盛夹岙水库，产杂树、毛竹，岙深3千米有余。

张家岙：在下水绿野岙之东，岙底有张家岙水库，岙口有新凉亭，产松杂木。

王母师岙：在下水绿野岙、张家岙对面，盛夹岙之东，岙相对短窄，产竹木。

南　岙：在下水西村上溪坑之东南，到底为福泉山西北山麓、西坑、中央坑、李坪坑。此岙东西开阔，南北又长，形大喇叭口，内有东村两个生产队的田畈，底有南岙水库，库下有南岙溪。根据笔者1972年测量，岙内集雨面积为26平方千米。

外家史岙：为下水南岙南侧，有外家史小山塘，岙窄而长。

里家史岙：为下水南岙南侧，岙窄而长，同外家史岙夹山并列。

外　岙：在下水西村架下，上有金字山，下有桃园，岙浅而宽。

里　岙：在下水外岙右边，岙深而窄。

西　岙：在下水官驿河头之西的上庄附近，此岙平坦又广，西为蝴蝶山、上庄，南为拜祭岭、大慈岙，上有小水库。

大慈岙：下水第三大岙，东为刀子山脚，西为拜祭岭，到底为大慈磨岭，全长3千米左右，岙口高程为7.7米，岙底高程为26.0米，是南宋七里香街遗址所在地。

横街岙：起自上水口的九眼桥到横街村，岙口高程4.0米，横街村前高程20.0米。全长4千米左右。

上村岙：在横街岙的东边，岙底有龙潭水库，此水库1962年10月初曾被洪水冲毁。笔者亲眼见过灾情。

金夹岙：在横街之南，横街村岙口高程21.8米，岙底高程54.8米。南宋丞相史浩墓就在此岙山上，称吉祥安乐山。

东道岙：在金夹岙之南，捣臼山之东南。

范　岙：在九眼桥（万安桥）桥之南转弯，南有范岙岭，岙口高程6.0米，岙底高程25.8米，此岙窄长。范岙岭下曾开采温泉，未果。岙内已建成温泉酒店，岙口有马山湿地公园。

马　岙：从范岙过岭，路下为马山村，路上为马岙，路下高程8.0米左右，岙底高程在20米左右。

徐夹岙：在韩岭云南山之西，茅岭墩之东，盛产毛竹，今为韩岭福寿公墓，岙形坐南朝北。

塔沙岙：在韩岭云南山东北侧，塔沙岭下，今建塔沙岙水库。

黄菊岙：又名黄夹岙，是福应庙所在地，岙口高程2.0米，岙底高程11.8米。

鸡山岙：在东钱湖东鸡山头之后，小岙。

西嶙岙：在东钱湖东鸡山头之后，小岙。

三甲岙：在东钱湖东笔架山之右。

椅子岙：在东钱湖东北，栗树塘东，曾产石，色黄不甚珍贵。已不采石，旧石塘仍在。

胡朗岙：在东钱湖北瓶窑附近，出石，色绿，质细而脆。

罗　岙：在栗树塘、梅湖附近，山有左右沙六道，犬牙相错，西对鹿山，水落平津桥河，山如罗网，深二里。

陈野岙：在东钱湖北岸，山势左右环抱，风景绝佳。现为部队驻地。

青山岙：在东钱湖北，青峰山与凤凰山之间，岙口是青山村，已拆迁，全岙为部队驻地，军事禁区。岙底为青山岭。

赤塘岙：在东钱湖北，左青山，右白石山，岙为东钱湖一角。岙底为小天王，岙湾称道士湾，出口为连心桥，有堤为1964年所建。另有仙枰别墅群、沙孟海书学院等建筑。

顿　岙：在东钱湖之西南，即墩岙。现已归云龙镇管辖。

萧峡岙：在东钱湖之南，觉济寺后，即今国七寺之后，东钱湖自来水厂之后，是一个小岙，有溪水直入湖。

郭童岙：在隐学寺前，有溪水流入湖。

余峡岙：在陶公山，本岙之水直流入湖。

许家岙：在陶公山，本岙之水直流入湖。

云南岙：在东钱湖东南，韩岭后街、金氏宗祠之后，俗称庙沟后，是平坦小岙。

南庄岙：在庙弄村前。在湖之北，庙陇山之右，即钱隆山庄与东钱湖宾馆之间，小岙。

四顾岙：在师姑山村后，莫枝村左，有小溪水直入湖。

郭峙岙：在湖之西，郭家峙村之后，祇园寺之前，湖亭庙之右，现为海军412医院的驻地。

泉月岙：在泉月庵后。

西山岙：在湖之南，西山村之后，即镜中寺之后，金忠墓道之左，有晒麂坪的小岙。镜中寺于2010年被拆除。

拜祭岭岙：在湖之东，下水拜祭岭之深岙。此岙深而窄，溪水流入大慈溪转入湖。

宝华寺岙：在下水大慈的剪云，有宝华寺遗迹，此岙不大。

果桶塔岙：在下水大慈剪云亭大慈溪对岸，小岙，是史氏家族墓葬群所在地。果桶塔即坟塔。

洋山岙：在下水洋山村，东为大嵩岭，南为福泉山，是下水溪的发源地。

杨　岙：在桃源山之背，隐学岭之东北。

第三章 洲、屿、峙、钳、嘴、岛
DiSanZhang Zhou.Yu.Zhi.Qian.Zui.Dao

第一节 洲

绿荷洲：在上塔山西北湖面，东钱湖宾馆之西，俗称谢落荷花。目前规划建设为国际教育论坛。曾建过财税培训中心，已拆。

黄梅洲：在谷子湖之东南，同岳王庙相对，在薛家山和陶公岛景区之间，俗称黄鱼跳。

第二节 屿

烟　屿：即陶公山之许家峙，建有忻家祠堂。

螺　屿：在郭家峙左，建有白宫式建筑。

金夹屿：在横街，吉祥安乐山之支峰。目前弄不清楚是哪个支峰，为何称支峰为屿，有待考证。

第三节 峙

郭家峙：在东钱湖之西，即桃源山下的郭家峙村。

许家峙：即陶公山的烟屿。

第四节 钳

蜈蚣钳：又称蜈蚣钳山，在梅湖之东，椅子岙出口之左，伸入梅湖。

第五节 嘴

象鼻山嘴：在陶公曹家山头之北，面向东钱湖，原镇明十景之一"陶公钓矶"的所在地。石矶于1976年建湖心堤采石时被毁，今已无存。

第六节 岛

珠　岛：在东钱湖之北，八工区之湖前的小岛。
铜罗岛：在烟屿的西北，郭家峙的东北湖中，俗称田螺山。
蚌壳岛：在史家湾之前的湖中，俗称蚌壳山。
菊　岛：在湖之东南，狗头颈山之前的湖中小岛，俗称菊岛。

第四章 溪、坑、池、潭
DiSiZhang Xi.keng.Chi.Tan

第一节 溪

下水溪：在湖之东，源出福泉山北，长约6.5千米，是东钱湖最长之水源，由13条支溪汇合而成。经洋山村，过绿野村前，穿下水蔡义桥，从下水三江口入湖。1986年，蔡义桥上游被填，下水溪经屯吞桥、石壁潭，右转油车汇入东钱湖。

洋山溪：在洋山村南山岙，水源入下水溪。

大嵩岭溪：在洋山村之东，大嵩岭北，水源入下水溪，为下水溪源头。

屋后溪：在洋山村后，有水库，经洋山村汇入下水溪。全长约1.0千米。

自在庵溪：在洋山村南，自在庵山坑，水源入下水溪。全长约2.0千米。

门坑溪：在洋山村南，与延寿王寺溪一处汇入下水溪。全长约2.0千米。

穆公岭溪：洋山与绿野岙之小溪，注入下水溪，溪长约0.5千米。

张夹岙溪：绿野村新凉亭之上小溪，注入下水溪，溪长约0.5千米。

中峰溪：源于绿野村黄菊岙岭山岙底水库，经古林染桥，由创业桥汇入下水溪，溪长约2.0千米。

中庵溪：源于中庵后山，经相亭山前溪流汇入绿野溪，过创业桥汇入下水溪。溪长约1.5千米。

盛夹岙溪：在绿野村对面，现绿野谷度假村上游，岙中有盛夹岙水库，由绿野岙口，汇入下水溪，全长约2.0千米。

新岭溪：在新岭岙之内，源于新岭，经新岭岙，过自力桥，汇入下水溪，全长约2.5千米。

市岙溪：在市岙之内，源于市岙，上有水库，经自力桥，汇入下水溪，全长约2.0千米。

十坑九弄溪：在下水长乐里山与畚箕山之间，经无量寿庵前鸟鸣桥，曲折流入石壁潭，汇入下水溪。

南岙溪：湖之东南，为下水第二大溪，东钱湖最主要水源之一。（注：在丙辰《东钱湖志》、民国《鄞县通志》、《鄞县志》上都没有记载。）此溪为下水村中间之溪，源于福泉山之西北，由10条支溪汇合成南岙溪，经东山庵、下水上溪坑，过林染桥，过德行桥，由临湖桥入下水江口入湖，全长5.5千米有余，水源来自李坪坑、中央坑和西坑。

李坪坑溪：在南岙之东，源自福泉之西北，溪水流至南岙水库。

烂水坑溪：与李坪坑溪同源，入南岙水库。

中央坑溪：在南岙之中，源自深坑斗，流至南岙水库。

长坑溪：在南岙之东，源出长坑山，经流入李坪坑溪，流至南岙水库。

求坑溪：在南岙之东，经流入李坪坑溪，流至南岙水库。

长龙岗溪：南岙中溪，有四条小溪，源出福泉山裙脉长龙岗，经流入中央坑溪，流入南岙水库。

西坑溪：在南岙之西，源于福泉山西北，汇入南岙水库。

里家史溪：在南岙里家史，源出横山斗，汇入南岙溪。

外家史溪：在南岙外家史，源出大慈山北，汇入南岙溪。

王庵小溪：在下水上溪坑之山，源出王庵山，汇入南岙溪。

大慈溪：湖之东南。大慈溪源出福泉山西北，由10支溪汇合而成，经官驿河头流至下水三江口入湖。

太清宫溪：在福泉山福门公路之下，为大慈溪水源，流入大慈溪。此溪上有太清宫，已圮。

磨岭溪：源出大慈岙底，在横街岭水库对面，为大慈溪源头，流入大慈溪。

大慈寺溪：源出大慈寺后山，从大慈禅寺右经茶场办公楼前，流入大慈溪。

慈云岭溪：源出慈云岭山，经茶园流入大慈溪。

相亭溪：源出大慈山，经毛竹山、宋代古桥，流入大慈溪。

果桶塔溪：在下水剪云亭右隔路，源出自竹头坪山，经剪云亭前桥，流入大慈溪。

宝华寺溪：在下水剪云亭左里，过宝华寺遗址前，绕剪云亭前桥，流入大慈溪。

拜祭岭北溪：在下水拜祭岭，源出拜祭岭大山，由岭溪之水，直入大慈溪。

上庄溪：在下水西岙，源出蝴蝶山之南，过上庄，直入大慈溪，上有小水库。

架下溪：在下水里外岙口,源出金字山,过外岙和青湾,经架下山,直入大慈溪。

上水溪：在湖东南,源自福泉山西,经横街村、慈云寺之前,又名五路溪,长约3.0千米,由上游3溪和中下游4溪汇合而成,由万安桥(九眼桥)、凤山庙右侧入湖。

龙潭溪：在横街村底之东,源出福泉山之北,上有龙潭水库,到横街桥汇合入上水溪。

安乐山溪：在横街村东南,源自福泉山支脉金夹岙山,溪流到横街桥汇入上水溪。

东道岭溪：在横街村之南,又称横街岭溪,源出北岙岭之西北,也称北岙岭溪,溪水流到横街桥,汇入上水溪。

慈云岭溪：在慈云禅寺之东,源出自慈云岭山之南,溪短,向南注入上水溪。

辩利寺东溪：在石刻公园史渐墓道之东,源自辩利寺山之南,溪短小,向南注入上水溪。

辩利寺西溪：在石刻公园史渐墓道之西,源自辩利寺山之南,溪由北后山向南流入上水溪。

龙山溪：在上水村东南,向北流入上水溪。

拜祭岭南溪：此溪在上水村之北,源出凤山、刀子山,溪坑较深,经上水村北,由龙聚院前注入湖。

屯岙溪：在下水村之北,源自里高头岭的乌石山东侧和长乐里山北侧,由里高头岭溪、广度庵溪、甘坑溪三溪汇合成屯岙小溪,注入湖。

纪家庄溪：在下水纪家庄,源出乌石山北侧,落水鲇鱼山南侧,由纪家庄居屋之右小溪,注入湖。

鹅头山溪：在下水港口朴船湾之东北,源出落水鲇鱼山西侧和鹅头山南侧,汇流入湖。

柴场溪：在五里塘之东南柴场岙,源自金顶山坑和滑石山坑,由二坑溪汇合而成,溪水穿过虾公山隧道口公路桥下,注入湖。溪长2.0千米左右。

笔架山溪：在五里塘之东,源出笔架山,经山下溪,溪水直流至上虹桥边入湖。

三夹溪：在五里塘之东,也称三甲溪,源出金顶坑山、滑石坑和笔架山之东北,溪水过哈吧山口,注入湖。

椅子岙溪：在梅湖之东北，源自乌老雅山西山和金顶坑山，由椅子岙村口入湖。

钱堰头溪：在东钱湖之北，源自梨花山，过钱堰村，由两条小溪汇合入湖。

尊教寺溪：在部队驻地之内，源出黄家山、大山、飞凤山，汇合溪水注入尊教寺湾入湖。

青山溪：在东钱湖之北，源自青峰山东侧、青雷峰南侧和飞凤山北侧，溪流汇合青山村口入湖。

池塘溪：在东钱湖之北，源自白石山之南、高钱山之西南，溪流由小天王汇合入湖。

范岙溪：在东钱湖之东，是上水溪隔山之溪，源自狮子山北侧和塔沙岭山，为岙中之溪，溪流经范岙村湿地，入湖。

马山溪：在东钱湖之东，马山村之后，源自狮子山西侧，过马山村入湖。

韩岭溪：在东钱湖之东南，分为前溪和后溪，前溪源出泗水岭溪、云南山溪、塔沙岙溪，在广济亭前三溪合并为韩岭前溪。经龙门桥头，曲折流入中街到下爬山头入湖（现为公路大涵洞）。后溪源出庙沟后山溪、狮子岩山溪，二溪并为后溪。经后沙井、花桐殿前，弯曲流经万金桥、鉴湖桥、航船埠头，穿过韩岭大桥孔入湖。

黄菊溪：在东钱湖之东南，福应庙后山之坑，称黄菊岙，源自沙家山，过黄菊溪，在菊岛之南。溪水原由李庄口（今已无查）入湖，后由忻氏晚香庄（今已圮）前入湖。

沙家山溪：在东钱湖之东，沙山村后山小溪，源自沙家山，经沙山村入湖。

泉月溪：在东钱湖之西，源出泉月庵后山，经泉月庵前入湖。有说月泉溪在下水，经实地考察，新岭岙无泉月庵。新岭之水，必须经下水溪入湖。泉月溪应在郭家峙。

郭屿溪：在东钱湖之西，郭家峙村后，源于桃源山，溪水由郭家峙村北前入湖。

觉济寺溪：在觉济寺（国七寺）之西，宁横公路（71省道）之东。

萧峡溪：不详。

余峡溪：不详。

羊角溪：在湖之南，象坎村之西，源自羊角岩山和东蛄蝼山，全长约1.2千米，溪水穿71省道公路大涵洞入湖。

镜中溪：在湖之南，启新高尔夫球场之西，源自镜中寺（已拆）后山，即谷同岙山北麓和百步尖山北麓。全长约3.5千米，由万金公墓边，直下而来，穿过71省道公路大涵洞入湖。

西山溪：在湖之南，源自镜中寺后山，即金氏祖墓群座山和晒麂坪，全长约2.0千米，穿公路涵洞入湖。

茶亭溪：在湖之南，源自晒麂坪之北，顺风旗山之南，穿过茶亭村路下居住区，全长约1.5千米。现茶亭村已拆，溪水穿公路涵洞入湖。

郭潼（谷洞）溪：在湖之西南，源自郭潼山，北经塞基村前，流入湖。1976年溪已改道，入寨基河。南流入大嵩水系，不入东钱湖。

陶公山溪：在湖之西，源自陶公龙虎山（亦称伏牛山），溪水经陶公山居民区直入湖，陶公山溪有三支。

大堰头溪：在湖之西，源自八面山（即笠大山之南）。此溪水不入湖，直流至金墩桥，即现在的凤凰桥河。

隐学山溪：在湖之西南，412医院西，源自隐学山和桃源山，上有施家岭，过湖亭庙，溪水入湖。

史家湾溪：在湖之西，张迈岭岭西，源自南山和陶公山的龙虎山之溪，穿史家湾村入湖。

上乘庵溪：在湖之西，源自上乘古庵后山，即南山的北麓，绕庵前直入湖。

注：根据实地考察，在湖的四周，有岙有坑必有溪，岙浅坑浅溪水短，岙深坑深溪流长。

第二节　坑

大嵩岭坑：在下水洋山村东底。

门　坑：在下水洋山村南底。

李平坑：在下水南岙水库东溪到底。

烂水坑：在下水南岙水库东溪到底右侧。

中央坑：在下水南岙深坑斗到底。

西　坑：在下水南岙西溪到底。

里家史坑：在下水里家史横山斗到底。

外家史坑：在下水外家史到底。

市岙坑：在下水十坑九弄，有水库。

金峡岙坑：在上水横街金峡岙底。

龙　坑：在横街龙潭水库之上。

注：以上所列是比较大的深坑。一般建有水库山塘之处，都是坑的基底。

第三节　池

万工池：在大慈寺前，宋嘉定十三年（1220）丞相史弥远创功德寺，赐教忠报国寺额，凿万工池。此池在下水大慈禅寺之前，已修复一新，大树参天清影，有"万工清影"之景，池约长50米，宽30米，深2米。水清见底，有鱼草游水。

栖真池：在隐学寺内，唐大历间，栖真寺僧所凿，久废。宋熙宁元年（1068）复其旧。熙宁七年（1074），太常奉礼郎监市舶司钱塘沈辽记之。（《嘉靖志》）此池，今已不见，有栖真放生池碑永立，记有放生池的年代。

太平池：在韩岭后街，原名大碶洋头，挖于何年不详，池长30米，宽30米，深1米有余，蓄水100立方米有余，用于消防救火。现池已有一半被填，池边一抱之大树被砍光。已改为韩岭新溪。大溪观鱼景已废。

平峨积水池：在平峨山顶，小灵峰平峨寺之前，呈圆形，池中时有清泉上喷，是寺僧日常用水之池，池的直径在20米左右。

白云放生池：在白云山腰，白云延祥禅寺之前坎下，呈长方形，水源来自大梅山脉。池约长20米，宽10米，深1.5米，右角有水月观音立像，水不是很清。现填为平地。

延寿王寺池：在下水洋山岙延寿王寺前，这是延寿王寺的放生池，四面砌有古石条，根据考察大概凿于后晋天福年间，池长30米，宽20米。水深见底，水草浓密。

青山池：在青山鲍盖庙之前，开凿时间不详。

黄家岙池：在湖之北，陈野岙内，已为部队驻地。此池原是尊教寺前的放生池，现在情况不明。

第四节 潭

三圣井龙潭：青山鲍王庙下有龙湫，名三圣井，旱时祷之，常有蛇见，即大雨。据传，道光丙午年（1846）曾请龙祷雨，有雨与否不可考。光绪乙卯年（1879）请龙，日适雨。蛇见即雨之说，似若可征，甲寅年（1914）八月二十日，即旧历六月二十九日，十届农人至三圣井请龙，日光朗然，毫无雨意，岂蛇见即雨之说，有时而不可思议。此潭在青山大庙边，现存。

凫桥岩龙潭：在百步山下。其水清冽，味甘甜，相传称龙潭。

福泉山龙潭：此潭在福泉山茶室旁边，水流不断，水清见底，潭口有井洞，直径60公分，深1米左右。饮者不断。无任何污染。

羊角岩龙潭：在此岩上有潭，其水清冽，虽甚旱不竭，相传称龙潭。潭在湖之南，启新高尔夫球场之后的羊角岩上，象坎后山之上。

国七湾龙潭：在觉济寺相近山麓之湖滨，水满则掩，逢大旱时，就露潭面。由于东钱湖水位保持在1.4米以上，此潭无法见到，笔者来湖畔居20余年，未见此潭，已成水中龙潭。

平峨山龙潭：在小灵峰平峨山之巅，也称积水池，因池中为喷泉，逆水而上，俗称龙潭。

仙井龙潭：在白云山之上，大梅山梅子真炼丹处，深不可测，水甚清冽，其井上覆奇岩下，临澄碧复引，流曲绕高，泻于大石潭，相传有神龙之宅，旱祷必应。

第五章 湾、湖、井
DiWuZhang Wan. Hu. Jing

第一节 湾

国七寺湾：在东钱湖自来水厂门口大路和方家湖塘转角处。

尊教寺湾：在部队驻地内，原尊教寺之前，现造一堤，把尊教湾围进，似一只大池。

吴郎湾：在梅湖之西北，猫山和王家山之湖湾。

姜郎湾：在梅湖之西，梨花山下湖湾，已建成雅戈尔动物园。

燕窝湾：在羊角岭湖畔，邻近螺屿之北的迎旭寺。

朴树湾：在湖东南下水港口，即二灵山与虾公山之间的东钱湖水域，此湾为东钱湖最大之湾，是水路进下水村的必经之湾。

红菱湾：在湖东二灵山之内，湖湾之上有二灵禅寺，此湾不大。

挖断湾：在湖东福应庙之前，有小溪入湖，此湾为二灵山、蝴蝶山麓之湾。

珠山湾：在湖北上塔山庙，凤嘴山与牛墩眺之间水域。湾口有珠岛，称珠山湾。

史家湾：在湖西陶公山张迈岭下，前湖中有蚌壳山，上有史家湾村，住史姓居民，此湖湾水域为史家湾。

井头湾：在湖西陶公山天镜桥上，建设村与毛竹园之间，烟屿之内，已被公路划为两个水域。

碧沙湾：在湖东下峰岸，址界山之北，即现在二灵桥之南的湾道水域。

道士湾：在莫枝黄泥大岭下即赤塘岙口外的水域。黄泥大岭于1964年建部队驻地时，已与泥蚯尾山、青山岙口连接，筑湖堤，称连心堤。

月儿湾：在湖北鹿山西北，包家桥形如新月，月出泉即吐涌不绝，月中即止。此湾不在东钱湖上。

诸葛湾：大涵山下。此湾不在东钱湖之上，应在东吴镇境内。

丁　湾：与湖山相连，由郭家峙登岸，至此不过五六里。1974年在寨基前开挖寨基河，在郭家峙设碶闸，湖水注入寨基河，流入横溪大河。此湾已属横溪镇水域。

纪家湾：在谷子湖西北，自莫枝湖滨西路25号到岳王庙之处的水域。

后庙湾：在谷子湖东南陶公岛之出口，有一座凉亭。1989年前为渡船码头，今码头已废，湾在。

郭家湾：在湖之西郭家峙到71省道转弯处，原为美丽阳光北区的水域，1978年建碶闸。

殷家湾：在殷湾平满山下，北起渔源路北端，沿平满山麓由东转南再弯西，即殷湾东村和西村的湖畔水域，有"殷湾渔火"景点。

曹家湾：在陶公山麓曹家山头以西北的湾道水域，原有"陶公钓矶"古迹，已被水淹，曹家湾已无停靠船只的埠头。

塘　湾：在下水港口朴树湾到底，蝴蝶山之北，下水画眉山之西北水域，外称石棺材，内称塘湾。

荷花湾：在沙孟海书学院东侧，周尧昆虫博物馆之前，连心路之内侧水域，夏季荷花满湾，故称荷花湾。

师姑山湾：在莫枝村项家祠堂之前，师姑山和殷家湾交界处。

第二节　湖

梅　湖：以五里塘为界，塘北为梅湖，塘南为东钱湖之外湖，1960年废湖，开垦为梅湖农场。农场总面积3680亩，实用面积1700余亩，以种植水稻为主。2007年后，沿水北岸开发为别墅群，称比华利。现湖不种水稻，沿五里塘内的近1500米区域已成为挖东钱湖堆泥场。五里塘北又造了一条环湖的公路，称环湖东路。

外　湖：以湖心塘为界，在湖心塘与五里塘之间的水域为外湖，面积为7平方千米左右。从2010年起，挖湖底淤泥，所挖面积为水域的20%左右。2010年8月开始，湖水先混后清。

里　湖：湖心塘之南为里湖，湖面开阔，湖边南到环湖南路，西到陶公大堰头，东到沙山，面积约11平方千米，旧称南沧湖。

谷子湖：在岳王庙之南，黄鱼跳之北，方家湖塘之东，以薛家山、殷家湾为口子。此内湖为谷子湖，面积不大于2平方千米。

第三节　井

泗水井：在韩岭泗水岭下，上建泗水亭，井水清洌，久旱不涸。此井在韩岭泗水岭上，今亭已毁，井已淤塞。原供路人、山民凉饮洗涤之用，今公路已通，旧岭无行人。

小沙井：在韩岭狮子岩下，韩岭后街金家小洋楼旁边，井宽1米，长约2米，深约1.5米～1.8米，水清见底，无污染，现在饮者无数。夏天直饮者很多，水为底层涌泉不涸，水质清纯。

圣　井：在上水。其井之水清洌，底不可测，上水村居民半壁皆取汲饮。此井之水逆流而上，父老相传，故名上水。井在上水村直街中，井深不见底，应是拜祭山脉之水。上水村2008年被拆，圣井在原地，情况不详。

义　井：在大堰头，大堰坝内50米处。水清洌味甘，往来行人皆饮。大堰村2004年拆迁，此井保留。近期已修，保留清洌之井水，是村中凹坑之古井。

永　井：在湖临头湖底，湖水满，淹没不见。传此井遇旱时湖水涸便出。此井在郭家峙，近湖岭庙的大香樟树附近。湖岭庙在60年代被拆，唯有大香樟还在。

瑞　井：在陶公山大岭下忻氏季房祖堂后居民屋下，俗名楼下井，相传其水清洌，污泥浊物弃于井中，水少混浊，因取名"瑞井"。

石佛井：在卧龙岗下、大岙底。俗称大岙底石佛井，井水常盈，清洌味甘。

方　井：在钱堰湫阙附近，钱堰头村万灵庙之南。俗名方井。

日字井：在郭家峙，其井形如日字，传称"日字井"。

中方井：在莫枝东街，刀子山下，此井在丙辰《东钱湖志》和民国《鄞县通志》上都无记载。

高闼井：在高钱清泰庵内，水深，清洌味甘，相传凿井时得瓦镌有"高闼"二字，故名。现在青雷寺下，深度不足四米，但水清见底，在杜英树之下，直饮此水不泻，夏日饮者无数。

天然井：又称梅泉。在陶公山忻氏祖墓西侧，井口1×2米左右，水甘冽逾恒，暑天饮之，可以消积痞而祛昏眩，名扬四方，闻其名争来汲取，以资药料。相传其地有古梅树年久而朴，拔根见洞，洞旁露小孔约二三尺，滴垂成泉，经宿常满，村人忻旭初有记。乙亥仲夏立有"梅泉"之碑，魏友棐撰有《天然井碑记》。

清泰井：在高钱清泰庵旁，可能同高闶井是一井二名。

陈家井：在下水陈家墙门二十步处，靠近上溪坑，井深在三米以上，久旱不涸，水清见底，井内有凤尾草。

上街井：在下水上街头，原陈家祠堂门口，井旁有一只马槽。水清冽，夏旱不涸。

咸水井：在下水蔡家的长弄里，井口小，井深在三米以上，水味甘。夏日是做"木莲"的水，又称"液花"，说明此井之水含有电解质。

冷水井：在下水复兴庵后门（80年代时是下水乡政府后门）。此井小，水清见底，深度在60～80公分，水自底而来，有时有涌泉。夏暑，水冷，水温为16℃。此井已被污而水浊，现填平。

永兴井：在下水官驿河头，同东钱湖水相连，又称官驿河头井，因在永兴庙之前，故名。湖水高，井水满，湖水枯，井水浅。水清，从井四周而来。

绿野井：在下水绿野岙中段，水清见底，久旱不涸，深3米左右，为绿野村居民取汲饮用。

下虹桥井：在湖北之钱堰头。

上坎井：在湖北之钱堰头。

陈野岙井：在湖北尊教寺内，现附近为部队驻地四所。

贞节寺井：在湖北姜郎湾附近。

陈家湾井：在湖之北，钱堰头堰板墩。

尊教寺井：在湖之北，部队驻地之内。

郭家庄井：在湖之北，部队驻地之内。

大慈井：在湖之东南，大慈禅寺之西，传说是宋僧无学祖元悟道之井。今已是一座枯井。

方　井：在湖之西，大堰头岙底湾。

第六章 气候
DiLiuZhang QiHou

东钱湖区域地处东南沿海，属北亚热带气候，季风强盛，四季分明，气候温和，雨量充沛，光照适宜，整个湖区自然植被茂盛，林竹葱郁，是一个宜居宜旅的生态家园。

第一节 日照

按照鄞州气象站1954～2005年记载，年平均日照时数为1898.5小时，最多为1963年2403.5小时，其次是1971年2332.0小时，最少为1991年1298.1小时。一年中日照日数最多为7月份243.7小时，其次是8月份234.7小时，最少为2月份109.0小时。日照的辐射量年平均为110.6千卡/平方厘米，一年中最多为7月14.4千卡/平方厘米，其次8月13.6千卡/平方厘米，最少是12月为5.8千卡/平方厘米。

第二节 气温

年平均气温1920年～1933年为16.4℃
　　　　　1951年～2006年为16.6℃
年最高气温1951年～2006年间18.5℃（2006年）
年最低气温1951年～2006年间15.6℃（1976年）
气温变化：20世纪50年代年平均气温16.4℃
　　　　　20世纪60年代年平均气温16.2℃

20世纪70年代年平均气温16.1℃

20世纪80年代年平均气温16.4℃

20世纪90年代年平均气温17.2℃

20世纪21世纪初年平均气温18.0℃

平均气温呈续步上升趋势。

四季分明：春季3月29日～6月14日，77天，18～22℃

夏季6月14日～9月22日，100天，25～22℃

秋季9月22日～11月23日，62天，22～19℃

冬季11月23日～3月29日，126天，10～5℃

第三节　霜雪期

20世纪80年代之前，霜降之后，就能见霜，现霜期在小雪之后，终霜期一般在3月中旬。雪期一般在12月下旬到次年3月中旬。无霜期230天左右。

第四节　降水

东钱湖区域，距莫枝堰测点观测：1950年～2005年，年平均降水量为1426mm，最多年份为1761.1mm，最少年份为806.9mm，按月份来看，6月份和9月份降水最多（192.8mm、193.7mm），最少月份为12月和1月（60.2mm、68.5mm），梅汛期最多降水量是1987年7月的437.3mm，1994年6月的442.9mm。非汛期最多降水量分别为1975年10月的250.7mm，1981年11月的223.7mm，1998年1月的222.5mm，雨量充沛。

第五节 蒸发

鄞州区年水面蒸发量均值：1950年～2005年平均为887.9mm。最大蒸发量1967年为1091.8mm，最小蒸发量2002年为696.7mm。

第六节 风

东钱湖区域在鄞东地区1953年～1990年间，平均风速为2.9米/秒。最大风速为4月3.2米/秒，最小风速为11月2.6米/秒。

第七节 大气环境

在东钱湖区域，除鄞县大道以北划为工业区外，湖周无污染源，山地森林覆盖率为92.4%，东钱湖空气负离子含量高于宁波市区10倍。

2012全年，东钱湖空气优良率为95.6%，高于宁波市区89%，环境空气质量优良天数达349天，优质天数达144天。年平均气温为16.2℃。

第八节 自然灾害

自然灾害天气主要是冷空气、高温干旱、台风、暴雨、连续阴雨、冰雹、大风、大雪。

冷空气：1953～2005年平均每年184次，最强冷空气降温达18.8℃（1958年1月11日～16日）。一般降温5℃～10℃。

高温干旱：盛夏受到副热带高压控制，据1953～2005年资料统计≥35℃的高温天气平均每年15天，最多46天（2003年），极端最高温度40.8℃（2003年8月1日），东钱湖水面蒸发量大，温度较平均值低0.8℃～1℃。

台风：是发生在热带海洋上的强大而深厚的气旋，即转速极快的空气大旋涡。它所带来的狂风暴雨、风暴潮造成严重灾害。据鄞州气象站记载，1953~2005年，台风平均每年2.5次，最多6次（1962年）。没有台风记录的年份是1980年和2003年。

暴雨：日降水≥50毫米为一次暴雨过程，日降水100毫米以上为大暴雨，200毫米以上为特大暴雨。一般雨量50毫米的暴雨平均每年为3.11次。东钱湖最大降水量是1963年，24小时达351.5毫米；最少是1978年，24小时达43.7毫米。

连续阴雨：连阴雨4天以上的阴雨天气，多出现在春、秋季节。春季阴雨出现机率66.7%，秋季阴雨出现机率85.2%，持续十天的阴雨天气分别出现在1974年11月、1985年10月和1990年11月。

冰雹：多出现在春、夏两季，是局部性的灾害天气，时间短，一般不超过10分钟。1983年4月13日16:07~16:13，东钱湖高钱下冰雹，直径1.8厘米。2005年7月8日15:30，东钱湖下冰雹，直径0.5厘米。

大风：瞬时风速≥17米/秒，往往与台风暴雨、冷空气、冰雹天气同时出现。1956年8月1日台风，最大风速＞40米/秒。大风天气平均每年发生4次，最多为1963年17次，一年之中8月份最多。

大雪：形成大雪的主要原因是暖湿气流活跃，后又被北方强度适当的冷空气影响所致。50年中，平均每年发生2次，东钱湖周边下雪一般在2~3次，也有无雪年份。

自然资源编
ZIRANZIYUANBIAN

　　东钱湖区域，地理位置优越，处在中国东南沿海丘陵地带的亚热带，有"华夏沿海第一湖"之称。这里季风强盛，四季分明，气候温湿，光照宜人，山地森林覆盖率达92.4%，周边山峦中有古老的银杏、丹枫、古柏、苍松。根据不完全统计，有植物4类65科75属634种之多，其中挂牌保护名木11种。由于生态环境优越，给野生动物的繁衍生息提供了良好的条件，区域动物资源丰富，有各类动物220余种。在人工培育方面，雅戈尔动物园中有各类动物，洋山岙有世界珍稀动物镇海棘螈。

第七章　古树名木
DiQiZhang GuShuMingMu

第一节　金桂

学名：*Osmanthus fragrans（Thunb）Lour.cv.Thunbergui* 原木犀科（OLEACEAE），乔木或灌木，稀藤本，通常假二叉分枝，具盾状鳞及单毛，叶对生，稀互生，单叶或复叶，羽状脉，稀脉，无托叶，花两性，稀单性，有时为杂性，辐射对称，排成聚伞，总状或圆锥花序，有时簇生叶腋。

古金桂树，在福泉山唐公庵旁边，市编号为0227100010，树龄800年，树高10米，胸围310厘米，平均冠幅18米，九月开金桂花，70公斤，列入保护树木，是东钱湖区域树龄最长之树。

第二节　银杏

学名：*Ginkgo biloba Linn*

属银杏科（GINKGOACEAE），落叶乔木，树干端直，有长枝和短枝，叶在长枝上呈螺旋状排列，在短枝上簇生状，扇形，叶脉叉状并列，雌雄异株，雌雄球花生于短枝顶端的叶腋或苞腋，雄球花有梗，葇荑花序状，雄蕊多数，螺旋状着生，每雄蕊有二花药，雄精细胞有纤毛，花丝短，雌球花有长梗，顶端常有二珠座，每珠座着生一直立胚珠。种子核果状，外种皮肉质，中种皮骨质，内种皮膜质，胚乳丰富，胚有二子叶发芽状不出土。

东钱湖区域内有百年以上古银杏树共计10株，列入保护树木范围，详见下表：

表7-1　百年以上古银杏树一览表

市编号	地址	树龄（年）	树高（米）	胸围（厘米）	平均冠幅（米）
0227100004	大慈史弥远墓道	770	20	250	4
0227100005	同上	770	20	260	4
0227100009	城杨裴君庙边	500	30	480	18
0227100026	下水绿野岙岙底	350	30	370	13
0227100027	大堰头山坡	350	30	400	10
0227100081	俞塘村河边	200	21	210	6
0227100082	俞塘个人宅院	250	25	290	8
0227100084	绿野岙灵佑庙门口	200	13	150	1（活旗杆形）
0227100085	同上	200	10	150	1（活旗杆形）
0227100086	陶公山建设村宅院	250	20	350	6

第三节　香樟

学名：*Cinnamomum camphora*（Linn）Presl

属樟科（LAURACEAE），常绿或落叶，乔木或灌木，稀为缠绕寄生草本，具油细胞，有香气，叶互生、对生、近对生或轮生，全缘；稀分裂，羽状脉，三出脉或高基三出脉；无托叶。圆锥总状，伞形或团伞花序，稀单生，腋生或近顶生；苞片小或大，开花时脱落或宿存，花小，两性或单性，辐射对称，3出数，稀2出数，花被基部合生，成花被筒，花被裂片6或4或2轮，大小相等或外较小，果时脱落或宿存雄蕊3~12，较状排列，每轮3或2，稀4，花丝基部优2腺体或无。浆果或核果，有时花被筒增大形成杯状或盘状果托，稀花被筒全苞果实。种皮簿，无胚乳，子叶厚，肉质。

本区域有百年以上樟树14株，分布于下水、郭家峙、城杨、殷家湾等地，详见下表：

表7-2　百年以上古樟树一览表

市编号	地址	树龄（年）	树高（米）	胸围（米）	冠幅（米）	备注
0227100006	福泉山山坡	500	18	380	5	史弥远墓道
0227100007	同上	770	18	390	8	史弥远墓道
0227100014	福泉山茶场	300	16	250	5	
0227100065	郭家峙贺知章庙前	250	8	300	7	庙已拆，树在
0227100066	郭家峙路边	100	12	240	8	
0227100074	城杨亭溪边	150	15	200	7	
0227100075	城杨大路旁	150	18	250	8	
0227100083	绿野灵佑庙前	200	13	260	15	俗称"活旗杆"
树群	洋山岙屋后	不详	不详	不详	不详	群五株
姐妹树	殷湾项氏宗祠门口	不详	不详	不详	不详	姐妹树二棵

第四节　枫香

学名：*Liquidambar formosana* Hance

属金缕梅科（HAMAMELIDACEAE）常绿或落叶，乔木或灌木，单叶，互生稀对生，全缘，具锯齿或掌状分裂；具羽状脉或掌状脉；具托叶，早落，稀无托叶。花两性或单性，稀杂性，雌雄同株稀异株；头状，总状，穗状或圆锥花序；萼4~5裂；花瓣与萼裂片同数，或无花瓣，稀无花被；雄蕊4~5，稀无定数；子房半下位或下位，稀上位，2室，上半部常分离，花柱2；中轴胎座。蒴果，种子具种脐；胚乳肉质，胚直生，子叶长圆形。

我地区百年以上的金缕梅科古树枫香有11株，分布于福泉山、茶亭、俞塘、城杨等地，详见下表：

表7-3　百年以上枫香树一览表

市编号	地址	树龄（年）	树高（米）	胸围（厘米）	树冠（米）	备注
0227100008	福泉山茶场山坡	500	22	320	7	史弥远墓道
0227100011	同上	300	20	290	5	
0227100012	同上	300	19	270	6	
0227100013	同上	300	19	200	5	
0227100015	同上	300	20	220	6	
0227100016	同上	300	16	190	5	
0227100017	同上	300	6	120	4	
0227100018	同上	300	18	230	4	
0227100021	韩岭茶亭村	490	25	400	6	村已迁，树在
0227100022	同上	490	25	310	12	同上
0227100023	同上	490	20	290	10	同上
0227100079	俞塘村山坡	150	22	250	4	

第五节　枫杨（溪口树）

学名：*Pterocatya stenoptera C.DC*

属胡桃科（JUGLANDACEAE），落叶稀常绿乔木，多具芳香树脂。芽常叠生。奇数稀偶数羽状复生，互生，无托叶。花单性，雌雄同株，雄花为藻荑花序，生于去年枝叶腋和新枝基部稀生于枝顶而直立；雄花具1大苞片及2小苞片，花被1～4裂，或无花被，雄蕊3至多数花丝短，花药2室，纵裂；雌花为荑黄花序或穗状，生于枝顶，雌花具有1大苞片及2小苞片，花被2～4裂或无花被；雌花由2心皮组成，花柱短，柱头2裂，子房下位，1室或基部不完全2～4室，胚珠1，单株被。核果或坚果种子1，无胚乳，种皮厚，子叶常4裂，肉质，含油脂，子叶出土或不出土。

本地区有百年以上枫杨8株，分布于横街村，城杨等地，详见后表：

表7-4 百年以上枫杨树一览表

市编号	地址	树龄（年）	树高（米）	胸围（厘米）	树冠（米）	备注
0227300057	横街村路边	150	10	300	5	
0227300068	城杨溪边	150	23	270	13	
0227300069	城杨路边	200	25	300	20	
0227300070	同上	150	15	220	20	
0227300071	同上	150	15	200	10	
0227300072	同上	150	13	220	5	
0227300073	同上	250	20	420	13	
0227300080	俞塘山坡	150	22	250	4	

第六节 古松（马尾松）

学名：*Pinus massoniana Lamb*

属松科（PINACEAE），常绿或落叶乔木，稀为灌木，大枝近轮生，幼树树冠通常为尖塔形，大树树冠尖塔形、圆锥形、广圆形或伞形。叶螺旋状排列，或在短枝上簇生状，条形，锥形或针形。雌雄同株。

本地区古松本来较多，由于松毛线虫病，大批古松枯死，尚存百年以上古松10株，分布于福泉山茶场、俞塘、下水叶氏太君墓道、拜鸡岭等地，详见百年古松一览表：

表7-5 百年以上古松一览表

市编号	地址	树龄（年）	树高（米）	胸围（厘米）	树冠（米）	备注
0227300058	福泉山茶场山坡	200	17	200	7	
0227300059	同上	150	16	160	3	
0227300060	同上	200	20	170	6	
0227300061	福泉山山坡	200	20	210	7	

续前表

0227300062	同上	200	18	170	6	
0227300063	同上	200	20	180	5	
0227300064	同上	270	22	300	8	
0227300077	俞塘山坡	250	30	240	8	
0227300078	同上	250	30	240	8	
0227300079	同上	250	25	260	6	
古松群	下水无量庵叶太君	750以上	20以上	300以上	8以上	2002年之前有49株，2010年已全部被毁
独松	拜鸡岭	300以上	20以上	300以上	10以上	2002年尚在，今已毁

第七节　　其他树

1、糙叶树：属榆科，学名：Aphananthe aspera（Thumb）Planch

市编号0227200019，韩岭村山坡，龄300年，高25米，围340厘米，冠幅13米。

市编号022730067，韩岭村山坡，龄100年，高15米，围180厘米，冠幅10米。

2、朴树：属榆科，学名：Celtis Sinensis Pers

市编号0227200020，茶亭村边，龄300年，高20米，胸围250，冠幅15米，村已迁，朴树尚在。

市编号0227300056，横街村，龄150年，高20米，胸围210，冠幅7米，屋院之中生长。

3、榉树：属榆科，学名：Zelkova Serrata

市编号0227300076，城杨村山坡，龄250年，高30米，胸围240，冠幅12米。

4、杜英：属杜英科，学名：Elaeocarpas deeipiens Hemsi

市编号0227200024，高钱青雷寺院内，龄450年，高15米，胸围290厘米，冠幅13米。

5、黄连木：属漆树科，学名：Pistacia chinensis Bunge

市编号0227200025，俞塘山坡，龄300年，高21米，胸围360厘米，冠幅5米。

第八章　松杂竹木
DiBaZhang　SongZaZhuMu

第一节　松枫杂木

马尾松：东钱湖畔四周山林，以马尾松为主，针叶较柔，属松柏科。

学名：*Pinus massoniana Lamb*

黑　松：东钱湖畔四周山林，海拔400米以上，以黑松为主，针叶短而硬，叶色浓重。

学名：*Pinus thunbergii Parl.*

金钱松：湖畔之群山中，相对较小，又称落叶松，在俞塘、城杨有金松。属松柏科。

学名：*Pseudolarix amabilis*

枫　树：木质较好，有"千年水底松，万年燥搁枫"的传言，不易开裂。20世纪50年代之前，碾子里碾饼支架是用枫树做的。属金缕梅科。

学名：*Liquidambar formosana*

栗　树：秋生栗子的板栗树，栗树下水有人工种植，属谷斗科。

学名：*Castanea Vulgaris Lam Var*

檫　树：杆直，木质较好，不易开裂，用于做船上橹叶。下水、绿野岙、洋山岙、俞塘、城杨野生。

学名：*Sassafras tsumu*

白　枳：杂木，树木质细又滑，比木荷树差，同样用于做小木家具。下水、洋山，绿野，俞塘有野生。

学名：*Poncirus trifoliata.L.Raf*

杉　木：有刺杉（又名广叶杉）、柳杉、水杉之分，刺杉用于做房屋之梁，桁之用。柳杉、水杉用途不大。属松柏科，常绿乔木。有人工栽培和野生。

学名：Cunning hamia Sinensis R.Br.

柳　　树：杨柳科。有垂柳、杨柳。植于河塘、湖畔，是风景树。柳树性寒。农民喜欢用杨柳做"牛压"，牛肩不会损皮。

学名：Salix babylonica L

榆　　树：俗称田柳树，一般种植在河畔，供牛车埠头遮阴之用。在饥荒时，树皮可食用充饥。

学名：Ulmus pumila

褚　　树：山区山民在建房时，一柱、栋柱必须采用褚树，以保平安。

学名：Broussonetia papyrifera

红裘树：树质硬而滑，下是阔叶树，用于做家具。水长坑的裘坑产红裘出名。

学名：不详

檀　　树：分白檀、黄檀，树质硬而滑，不易折断，一般山民用做刀柄，也有做榔头柄。

学名：Pteroceltis tatarinowii Maxim

柏　　树：属柏科。分扁柏、龙柏、侧柏，一般用于墓道四周，柏树是阴性树木，常绿乔木。

学名：Thuja Orientalis.L.（侧柏） Juniperus.Chinensis.L.

冬　　青：又名女贞，栽于校园庭院之中，属木犀科，常绿乔木或灌木。

学名：Ligustrum Lucidum.A.

楝　　树：俗称苦楝树，植于地间、河塘边，用于做家具，属楝科乔木。

学名：Melia JaponieB Don

嵌宝枫：又名溪口树，属胡桃科，生在近水溪边，落叶乔木，用于雕刻材料。

学名：Peerocarya，Seenoptera C.De

沙朴树：又称朴树。属榆科，落叶乔木，野生，用于做家具。

学名：Aphoman the Sspera Planch

桐子树：又桐树，玄参科，白桐属，落叶乔木，同梧桐不一样，子可榨油，即桐油。

学名：Paulownia tomeneosa H.Bn

樟　　树：落叶乔木，属紫葳科，用于庭园观赏，木材可做家具。

学名：*Catalpa.Speciosa Warder*

椿　树：嫩叶可食用，又叫香椿或椿芽，木材可做家具，属楝科香椿属，落叶乔木。

学名：*Cedrela Chinensis.j*

悬铃木：又称法国梧桐，属悬铃木科，落叶乔木，是庭园的观赏树。20世纪之前是城市公路两边扶路树，现在多改用樟树。

学名：*Piaeanus Orienealis.L.*

其他杂树：黑领树、尼石树

第二节　竹

竹：包括毛竹（猫竹）、乌竹、淡竹、金竹、龙须竹、济竹、青皮竹等，属禾本科，苦竹属。除苦竹笋外，竹笋可以食用。竹用于各类家具、造纸原料和建筑材料。

学名：*Phyllostachy SP.*

第九章　五谷杂粮
DiJiuZhang WuGuZaLiang

第一节　稻

籼　谷：禾本科，称早稻，四月初下种，七月底收，米质硬性，是农民的主食。本地面积种植已很少，品名多。

学名：*Oryza sativa. L*

粳　谷：禾本科，俗称晚稻，六月二十五日之前布种，十一月底收，米质软性，现在普遍食粳米。本地种植很少。种于七月初的，俗称中稻，米质在粳籼之间，品种多、种植面积大。

学名：*Oryza saliva subsp keng*

杂交稻：禾本科，米质热软冷硬，一般七月种，十一月中旬可收。种植面积不大。种子隔年栽培。

学名：*hybrid rice*

糯　谷：禾本科，七月种，十一月底收，米质糯性，做点心用，如粽子、金团。

学名：*Glutinous rice*

第二节　麦

大　麦：禾本科，食用，做啤酒。1970年～1978年，实行三熟制耕作制度，大批种植大麦。现在种得很少。

学名：*Hordeum.Sativum.Je*

小　麦：禾本科，食用是面粉，做各类点心主料。1970年～1978年，实行三熟制时大批种。现在种得很少。

学名：*Triticum aestivumLinn*

荞　麦：有春、秋二季荞麦，籽三角黑色，粉白，食色黑，现在种得很少。

学名：*Fagopyrum esculentum Moench*

米麦（立夏黄）：冬种夏收，生长期要比大、小麦短，在立夏可以收割。是青黄不接度荒之粮。

学名：*Fagopyrum esculentum Moench*

第三节　杂粮

玉　米：又称陆谷，学名玉蜀黍。禾本科，分早、中、晚陆谷。食用和饲料。近年种植面积在扩大。

学名：*Zea Sativm.L*

芦　穄：又称高粱。禾本科，有糯米芦穄和粳米芦穄之分，主要是酿制白酒。本地有少量种植。

学名：*Andropogon .Sorgnum.Brot*

粟：俗称粟米，禾本科，本地有很少种植，用于鸟食之用。

学名：*Setaria italica*

米　仁：禾本科，这里种植很少，作药用是利尿、强壮之药用。

学名：*Coix lacryma-jobi.L.*

甘　薯：俗称番薯，旋花料，有红色、紫色、黄色的品种，白心已经很少见到。供食用、酿白酒、做淀粉。

学名：*Ipomea batatas .Lam*

马铃薯：俗称洋芋芳，洋番薯。茄科，供副食之用，本地品种少，大块根马铃茄都是外地运入，现在的需求量很大且不断增加，本地在发展种植。

学名：*Solanum tuberosum.L.*

第四节 豆科（菽类）

蚕　豆：俗称倭豆，冬种春收，食用。

大　豆：俗称黄豆、毛豆，春种秋冬收，做豆腐、豆浆为主。有五月、六月、七月、八月、九月豆之分。

豇　豆：春播夏收，籽紫黑色，食用。

绿　豆：春播夏收，籽豆绿色，食用。

赤　豆：春播夏收，籽豆紫红色，食用。

带　豆：春播夏收，菜肴用为主。

梅　豆：春播夏收，菜肴用为主。又名云豆、落地梅豆。

豌　豆：又名罗汉豆，冬播春夏收，菜肴用为主。

刀　豆：又名四季豆、上棚梅豆，春夏秋三季皆可播，菜肴用为主。

花　生：俗称长生果，春种夏秋收，食用。

芝　麻：分白黑两种，春播夏秋收，食用。

第十章 瓜果蔬菜
DiShiZhang GuaGuoShuCai

第一节 瓜

冬　瓜：有两种，即白肤冬瓜与青皮冬瓜，葫芦科，冬瓜属。白肤冬瓜可用盐和臭卤浸制成宁波特产"臭冬瓜"。青皮冬瓜作菜肴之用，种植在韩岭、马山、象坎，是夏秋季主要经济作物。

学名：*Benincasa Cerifera Savi*

南　瓜：有长、圆两种，葫芦科南瓜属，果实、子炒食，是低糖杂食。种植，现代引植日本小南瓜，作菜肴用。

学名：*Cucnrbita maxima Duch*

西　瓜：有花、黑、白三种，芯有红、黄二色，葫芦科西瓜属，果生食，利尿，含糖量高，果皮可药用。种植，下水西瓜有名，品质不亚于东吴少白西瓜。

学名：*Citrullus Vulgarig Schrad*

黄　瓜：果生食，有青、黄两种，葫芦科胡瓜属。种植，有天然和大棚种植。

学名：*Cncnmis Sativus .L*

脆　瓜：又称越瓜，果生食，有花、白两种，花脆瓜籽黄校甜，葫芦科胡瓜属。天然种植。

学名：*Cucumis melo.L.Var*

黄金瓜：有桔子瓜、梨头瓜之分，葫芦科，胡瓜属，果生食。种植。

学名：*Cwcwmis Melo.L*

蒲　瓜：又称葫芦，分蒲、夜开花和葫芦三种，葫芦科葫芦属，作菜肴用，老时亦可作舀水用具，种植。

学名：*Lagenaria Valgaris Ser*

丝　瓜：俗称天罗仙，既可菜用，瓢内丝老时亦可供药用，药名"丝瓜络"，葫芦科丝瓜属，种植。

学名：Luffa Cylindrica Roem

苦　瓜：果苦味重，菜用，味苦清火，葫芦科苦瓜属，田园种植。

学名：Momordica Charailtia .L.

茄：有圆筒形和卵形两种，色紫，作菜肴用，茄科茄属。种植，现在有大棚种植和天然种植。

学名：Solanum melongena.L.

菱：形有二角菱和四角菱，湖中以四角菱为主，色有红菱和青菱，湖中以青菱为主，菱科菱属，生食熟食都可以。湖中湿地有菱，池塘中也有，夏可收。

学名：Trapa bispinosa Roxb

第二节　果

桃：有夏白桃、红桃、蟠桃、水蜜桃，母本是毛桃（野生），子体按种类嫁接，生食和观赏，蔷薇科樱桃属。旧以郭家峙水蜜桃有名，今已无种植。现以下水水蜜桃有名，果大汁浓味甜，可与奉化水蜜桃媲美。田园种植，六月底可收。

学名：Prunus Persica Setz Var

梨：又称生梨，品种有菊水梨、金生秋、生食水果，蔷薇科梨属。黄夹岙是产梨的主要地方，已走向衰落。种植，夏秋之间收。

学名：Pyrus sinensis Lindi

李：又称李子。有红、青白两种，生食水果，夏初收摘。青皮的剖开肉红。产地下水为主，蔷薇科樱桃属，种植。

学名：Prunus Communis Huds

杏：又名杏子，有甜、苦杏之分，仁入药，系苦杏，蔷薇科樱桃属，园种植。

学名：Prunus Armeniaca.L.Var Ansu Maxim

梅：又称黄梅，也有青梅，糖腌青梅，一般端午做梅酱，与杏同属，野生和种植皆有。

学名：Prunus Mume

橘：有无核桔、有核桔之分，有厚皮、薄皮之分。如本地品种是有核、皮细、肉嫩、汁多、味甜。芸香料柑属，山地种植为主，东钱湖下峰岸、黄菊岙有成批种植。

学名：*Citrob.nobilis Laur*

金　橘：俗名金柑，芸香科柑属。下水新岭岙口建有雅水果艺园，种植金柑。

学名：*Citrus Aurantium.L*

杨　梅：分紫、白两种，以慈溪荸荠杨梅品种最佳，果大汁浓色紫味香甜，生食最佳。杨梅科杨梅属，以山地种植为主。过去象坎有白杨梅，已绝。现在下水绿野岙和前堰头为杨梅主产区。

学名：*Myrica Carolinensis Mill.*

石　榴：俗称金猛，有山地种植，也有庭院种植，皮黄中有红，肉粒状，肉里红。生食，味甜略有微酸。石榴科石榴属。

学名：*Punica Cranatum.L*

葡　萄：俗称紫葡萄，分紫、青两种，是做葡萄酒的原料。葡萄科葡萄属，现在平原地区大批种植，是夏秋的主要水果。

学名：*Vitis vinifera*

栗：有板栗、栗之分，下水山脚山地有栗树种植，量少，谷斗科栗属。果子食用。

学名：*Castanea Vulgaris Lam*

银　杏：又称白果，又名公孙树。以野生为主，量少，城杨有株千年银杏树，产白果。银杏科银杏属。

学名：*Cinkgo biloba.L*

桑　果：是桑树上生之果，色黑汁甜。叶为蚕之主食，也可入药。桑科桑属，种植。

学名：*Morusalba.L*

草　莓：野生俗称妙子。东钱湖种植很少，蔷薇科悬钩子属，草酸含量较高。

学名：*Fragariax ananassa Duch*

第三节　蔬菜

萝　卜：有长、圆两种，十字花科莱菔属，作菜肴之用。20世纪50年代下水萝卜有名，现在家种量少。志上有记载。

学名：Raphanus Sativus.L

大头菜：芜菁，有本地和洋地两种，十字花科芸苔属。食用。东钱湖一带多种大头菜，志上有记载。

学名：Brassica Campestris.L

藕：俗称河藕，种于池、湖、河边。有红花、白花两种，藕作食用和淀粉，称藕粉，实为莲子，叶为荷，睡莲科莲属。东钱湖湿地有种植。

学名：Nelumbo nucifera Caertn.

百　合：俗称喇叭花，百合科百合属，食用，野生也种植。

学名：Lilium.SP

荸　荠：俗称地栗，食用。莎草科乌芋属，水田种植。

学名：Heleocharis Plantaginea R.Br

油　菜：有本地油菜和油菜。本地油菜，俗称生菜，叶食用。油菜叶不食用，果实黑色细粒，籽打食油，称为菜油。十字花科芸苔属，农田种植，现在面积很少。

学名：Brassica campestris.L

芥　菜：俗名雪里蕻，与油菜同科同属，农田种植，陶公山农民大批种植。腌制称为斋芥。

学名：Brassica Ceruna Tnunb

菘：是主要蔬菜之一，有大白菜、小白菜、青菜、黄芽菜，食用或腌制，县志上记载东钱湖一带种最多。十字花科芸苔属。

学名：Brassica.Sinensis.L.Var

芹　菜：是主要蔬菜之一，野生的有水芹，伞形科水芹属，农田种植。

学名：Oenanthe Seolonifera .D.C

笋：即竹之幼芽，有毛笋、乌笋、金笋、龙须笋、淡笋以及地下的鞭笋，禾本科苔竹属，山地背阴种植。有鲜食、腌食，均美味。东钱湖山区广为种植，城杨、俞塘、横街是主要产地。

学名：*Pnyllostachyasp*

菠　菜：俗称菠菱，叶根可同食用，藜科菠菱菜属，田园种植。现代药学称与豆腐同煮的菠菜豆腐汤，产生大量草酸，容易造成尿肾结石。

学名：*Spinacia oleracea.L*

茭：俗称茭白，禾本科菰属，有四季茭白和秋茭白两种，秋茭白比四季茭白嫩肥。是主要蔬菜之一，水田种植。

学名：*Zizania aquaeica.L*

蕹　菜：俗称空心菜，旋花科甘薯属，茎空心，故名。食用，在池塘或水田边野生。

学名：*Ipomaea aquatica Forsk*

莙　荙：俗称软菜，性冷。食后清火，藜科甜菜属，田园种植。按风俗习惯，五月端午吃了莙荙浆不生痱子，现在不多。

学名：*Beta Vulgarig.L.Var cicla*

荠　菜：野生为主，现在也有田园种植，食用清香，十字花科，荠属。

学名：*Capsella.Bursa Pastoris Moench*

马　兰：野生为生，现在也有田园种植，清火，菊科翠菊属，多年生草本，食用。

学名：*Aseer trinervius Roxb Vargenninus Mas.*

天　菜：又名芥菜，俗称春不老。十字花科，有紫叶和青叶，田园种植。

学名：*Brassica juncea*

韭　菜：百合科葱属，食用，田园种植。

学名：*Allium Odorum.L*

大　蒜：与韭菜同属，有本蒜、洋蒜，食用，田园种植。

学名：*Allium Scorodoprasum*

葱：与韭菜同科同属，调味用，田园种植。

学名：*Allium ascalonicum.L*

灯　椒：俗称辣茄，茄科蕃椒属，有青、红之分，食用，调味，田园种植。

学名：*Capsicum，longun.L*

辣　椒：辣辣茄，茄科蕃椒属，食用、调味，田园种植。

学名：*Capsicum longun.L*

胡萝卜：红色的小萝卜，食用、调味之用，含胡萝卜素，田园种植。

学名：*Daucus carota subsp. sativus*

生　姜：又分老姜、新姜，食用调味，姜科属，田园种植。

学名：*Zingiber.Officinale Rosc.*

香　菜：十字花科作物，食用调味，田园种植。

蒿　菜：十字花科作物，是家庭主要蔬菜之一，田园种植。

番　茄：洋名西红柿，有本、洋之分，含有大量维C，食用。田园种植

椿　芽：香椿树嫩叶，叶香，泡热水后腌制可食。落叶乔木，田园种植。

榨　菜：十字花作物，菜心是块茎，腌制后，压榨加红辣粉，成品榨菜，菜叶腌制后成咸齑。食用做菜肴。

紫云英：又名草子，是农田基肥，嫩叶可食用，火重。农田大批种植，寒露时节布种，次年四月初可食用，四月翻耕作农田基肥。现在很少种植。

马齿苋：田间野生，猪的饲料。

向日葵：菊科向日葵属，俗称朝日头花，籽香食用，田园种植。

第十一章　药材花卉
DiShiYiZhang　YaoCaiHuaHui

第一节　药材

贝　母：越年生草本植物，秋种次年夏收，宜沙泥土种植。1950年前马山贝母在鄞县有名。1960年代，下水屯吞亦种过贝母。百合科贝母属，治肺疾、止咳嗽。

学名：*Frieillaria verticillata willd*

蓟：又称蓟麻，原野生草木，1960年代后期曾人工种植，叶能治乳癌，根能治脚气，菊科蓟属。山地种植很少。

学名：*Cirsium Hieigendorrfi Mak*

菊：又称菊花，多年生宿根草本无性养殖，清火明目。田地种植很少。

学名：*Chrgsan themum sinensis Sav*

牵牛子：即牵牛花，一年生缠绕性草本，庭园种植，旋花科牵牛属。叶可以治虫咬，籽是缓下剂。

学名：*Pnarbitis Nill Chois*

虎　刺：俗称刺老虎，常绿小灌木丛，田野自生，根治水肿，茜草科虎刺属，现在又作为盆景。

学名：*Damnacanthus indicus .L*

邪　蒿：俗称土人参，根能治感冒痛风并健胃解热，多年生草本。20世纪50、60年代福泉山上有土人参，伞形科邪蒿属。

学名：*Seseli Libanotis Koch Var*

夏枯草：原野自生，多年生草本，花能利尿解热，茎叶能治子宫病及瘰病，唇形科夏枯草属。

学名：*Brunella vulgaris .L*

车前子：俗名天荠达前，原野路旁自生，多年生草本，清凉解毒，叶抽浓剂健胃，根叶能治神经衰弱、消化不良，籽是强壮剂，能止痢利尿。车前科同属。

　　学名：*Plantago major I.Var*

万年青：常绿生草本，盆栽，根治足疾。百合科万年青属。

　　学名：*Rhodea japonica Roth*

何首乌：缠绕性延藤植物，蓼科蓼属，可作强壮剂、健胃剂，治瘰病。湿水自生，俗话讲"何首乌形如人，吃了便成仙"。家庭短墙庭院野生。

　　学名：*Polygonum mulefflorum Thunb.*

半　夏：农田自生，越年生草本植物，球根，镇呕剂，并治慢性胃炎、肾脏炎。近来有半夏露治咳嗽，天南星科、半夏属。

　　学名：*Pinellia ternate Breit*

甘　草：山野自生，根能缓咳、祛痰、矫味，豆科甘草属，本地野山有甘草。

　　学名：*Giycyrrhiza glabra.L*

桔　梗：山野自生，宿根草本，俗称梅叶人参或杏叶人参，根能治呼吸道病，止咳解热，强壮剂并治喉痛，桔梗科桔梗属。

　　学名：*Platycodon grandiflorus，DC.*

常青藤：山野自生，蔓性常绿灌木，茎叶治发汗解热，五加科常青藤属。

　　学名：*Hedera rhombea Sieb.et.zucc.*

龙牙草：山野自生，多年生草本植物，根茎叶能强壮并治腹痛，蔷薇科龙牙草属。

　　学名：*Agrimonia Eupatoria.L*

天门冬：原野自生，宿根草本植物，根能解热、治喘息吐血、利尿、祛痰止咳，百合科石刁柏属。

　　学名：*Asparagus lucidus Lindl*

猕猴桃：俗称藤梨，山野自生，蔓性木质草本，果是收敛剂，与猕猴桃科同属。

　　学名：*Actinidia arguta .Pl.*

紫　苏：有人工种植，以野生为主，对叶方茎，色紫，茎能祛风，籽可利尿，唇形科紫苏属。

　　学名：*Perilla feutescens Brie.Var*

白　芨：又称白术，山谷自生，有人工种植，宿根草本植物，根能治吐血，火伤和恶疮，兰科白芨属。

学名：*Bletilla hyacinthia Reichbbil*

水　仙：宿根草本，球茎，家中盆栽，冬春开花，根叶能治疗齿痛、乳肿，石蒜科水仙属，也是花卉。

学名：*Narcissus Tazetta.L*

金银花：又称忍冬，多年生缠藤植物，山野自生，现在家庭庭园也有种植，花、茎、叶健胃解热利尿，忍冬科忍冬属。

学名：*Lonicera japonica Thunb*

土茯苓：山野自生，蔓性多年生草本植物，根能强壮筋骨，百合科菝葜属。

学名：*Smilax stenopetala.A.Gray*

黄　精：山野林地自生，福泉山上有黄精，20世纪50～60年代有农民上福泉山挖掘黄精，地下茎是强壮剂，滋养缓和剂，宿根草本植物，百合科黄精属。

学名：*Polygonatum falcatum.A.Gray*

淡　竹：有山地自生，亦有人工种植，叶能利尿，淡竹盐止咳、助消化，淡竹沥清肺止咳，禾本科淡竹叶属。

学名：*Lophatherum gracile Brongn Var*

香　薷：俗称蜜蜂菜，又名香菜，夏作菜食，山野路旁自生，一年生草本，叶能发汗利尿，治腹痛吐泻、霍乱口臭，唇形科香薷属。

学名：*Elsholtzia Patrini Garoke*

野　术：福泉山有野生，苗似桃，味甘。

桃　参：福泉山有野生，苗似桃，味甘涩。

梅　参：福泉山有野生，苗似梅，味酸涩。

银　杏：见第七章第二节。

藿　香：山林湿地多年生草本植物，叶能治霍乱，唇形科藿香属。

学名：*Lophanthus rugosus Fisch et Mey*

第二节　花卉

菊　花：多年生宿根草本养殖，菊科菊属。用无性分根、插木、接木等法繁殖，花形多种，花色繁多，秋为盛开期，花园、花盆都有种植，有的可以入药。

学名：*Cnryss nthemum sinensis Sav*

杜鹃花：俗称石拔姐花，山野和人工种植，春季盛开，石南科石南属。

学名：*Rhododendron latelitium Planch*

茶　花：俗称山茶花，山野和人工种植，常绿灌木乔木，有单瓣花、重瓣花，春季盛开红花，深红色花，山茶科山茶属。

学名：*Camellia Japonica.L*

迎春花：小灌木丛，插条法养殖，花黄色，木樨科素馨属。

学名：*Jasminum nudiflorum Bgl*

兰　花：宿根草本，分草兰、大麦兰、建兰、素心兰、九头兰，叶常绿，用分根法繁殖，兰科建兰属。

学名：*Orchid SP*

紫　藤：藤本缠在其他树枝上，花紫色，野生或栽培，春夏开紫色花，豆科紫藤属。

学名：*Kraunhia floribunda.L*

绣球花：又称紫阳花，常绿灌木，花有白有红，春夏盛开，插条式繁殖，虎耳草科虎耳草属。

学名：*Hyarangea Opuloides Steud Var*

龙　胆：山野一二年生草本，花如小喇叭，春夏开花，色紫，龙胆科龙胆属。

学名：*Gentiana Scabra Bunge Var*

凤仙花：又称满堂红，一年生草本植物，籽繁殖，夏秋季花盛开，花有红有白，有满芯重瓣花，凤仙花科凤仙花属。

学名：*Impatiens balsamina.L*

牵牛花：一年生草本，蔓性种子繁殖，植于庭园篱笆，喇叭花，胭脂色，夏夜盛开，旋花科牵牛花属。

学名：pnarbitis Nill Chois

石　榴：花深红色，详见药材植物。

荷　花：多年生宿根水生植物，叶称荷，花分红白两种，籽称莲蓬，根称藕。栽于湖畔或池塘中，夏季盛开，睡莲科莲属。

学名：Nelumbo nucifera Caertn

鸡冠花：俗称鸡冠头，花形如公鸡鸡冠，一年生草本，种子繁殖，有红、白两种，白者可以入药，苋科青箱属。

学名：Celosia Cristata.L

日日红：一年生草本，花红色，种子繁殖，夏秋之间盛开，夹竹桃科，日日红属。

学名：Lochnera rosea Reichb

月季花：又名月月红，多年生草本植物，分枝移插法繁殖，花大重瓣，花色各异，有淡红、深红、大红、紫红，春、夏、秋都有花开。夹竹桃科月季属。

秋海棠：多年生草本，有野生也有栽培，有籽繁殖和折插繁殖，秋海棠科秋海棠属，夏秋开花。

学名：Begonia evansiana Ardr

大水草：水生草本，本植池塘，民国后始植河塘，故又称革命草，雨久花科大水萍属。

学名：Eichhornia crassipes Sohms

夹竹桃：常绿灌木丛，花有红、白两种，植于在庭园和公路边，夏秋开粉红、粉白之花，夹竹桃科夹竹桃属。

学名：Nerium odorum Soland

三角枫：山野自生和栽培，乔木，叶紫红色，槭树科槭树属。

学名：Acer buergerianum Miq

腊　梅：落叶灌木，花有腊质，有黄色红色，压条法繁殖，冬开花，腊梅科腊梅属，庭园种植。

学名：Calucanthus Praecox.L

附：东钱湖主要野生及栽培植物名录

蕨类：

卷柏：*Selaginella tamariscina*（P.Beauv.）Spring

翠云草：*S.uncinata*（Desr.）Spring

江南卷柏：*S.moellendorfii* Hieron

紫萁：*Osmunda japonica* Thunb

海金沙：*Lygodium japonicum*（Thunb.）SW.

狼萁：*Pteridium aquilinum* var. *latiusculum*（Desv.）Underw.

凤尾蕨：*Pteris nervosa* Thunb

井栏边草：*P.multifida* Poir.

贯众：*Cyrtomium fortunei* J. sm.

瓦韦：*Lepisorus thunbergianus*（Kaulf.）ching

石韦：*Pyrrosia lingua*（Thunb.）Farwell

蘋：*Marsilea quadrifolia* L.

槐叶蘋：*Salvinia natans.L.All.*

满江红：*Azolla imbricata*（Roxb.）Nakai

树木类：

银杏：*Ginkgo biloba* L.

金钱松：*Pseudolarix kaempferi* Gord.

雪松：*Cedrus deodara*（Roxb.）G.Don

马尾松：*Pinus massoniana* Lamb.

黑松：*P.thunbergii* Parl.

杉木：*Cunninghamia lanceolata*（Lamb.）Hook

柳杉：*Cryptomeria fortunei* Hooibrenk

水杉：*Metasequoia glyptostroboides* Hu et cheng

池杉：*Tapodium ascendens Brongn.*

侧柏：*Biota orientalis.L.Endl.*

千头柏：*Platycladus orientalis (L.)Franco' Sieboldii'*

柏木：*Cupressus funebris Endl.*

云片柏：*chamaecyparis obtusa（Sieb.et Zucc.）Endl.var.breviramea（Maxim.）Reg.*

日本花柏：*ch.pisifera（Sieb.et zucc.）Endl.*

凤尾柏：*Chamaecyparis obtusa cv.Filicoid*

金叶桧：*Sabina chinensis f. aurea（Young）cheng et W.T.Wang*

龙柏：*Sabina chinensis .L. Ant. cv. Kaizuca*

匍地柏：*S.procumbens*

翠柏：*Calocedrus macrolepis*

罗汉松：*Podocarpus macrophyllus（Thunb.）D.Don.*

小叶罗汉松：*Podocarpus macrophyllus var.maki（Sieb.）Endl.*

五针松：*Pinus parvifora Sieb.et Zuce.*

苏铁：*Cycas revoluta Thunb.*

加拿大杨：*Populus x canadensis Moench*

垂柳：*Salix babylonica.L.*

银叶柳：*S.chienii cheng*

河柳：*S.chaenomeloides Kimura*

旱柳：*S.matsudana Koidz*

杨梅：*Myrica rubra（Lour.）Sieb.et zuce.*

化香树：*Platycarya srtobilacea Sieb.et zucc.*

枫杨：*Pterocarya stenoptera C.DC.*

小红栲：*Castanopsis carlesii（Hemsl.）Hayata*

甜槠栲：*C.eyrei（champ.ex Benth.）Tutch.*

苦槠栲：*C.sclerophylla（Lindl.）Schottky*

麻栎：*Quereus acutissima carr.*

白栎：*Q.fabri Hance*

白榆：*Ulmus pumila.L.*

榔榆：*U.parvifolia Jacq.*
朴树：*Celtis sinensis pers.*
珊瑚朴：*C.Julianae Schneid*
青檀：*Pteroceltis tatarinowii Maxim.*
桑：*Morus alba L.*
构树：*Broussonetia papyrifera（L.）Vent.*
薜荔：*Ficus pumila L.*
无花果：*F.carica L.*
柘树：*Cudrania tricuspidata（Carr.）Bur.*
蜡梅：*Chimonanthus praecox（L.）Link*
香樟：*Cinnamomum camphora（L.）Presl*
紫楠：*Phoebe sheareri（Hemsl.）Gamble*
檫木：*Sassafras tzumu Hemsl.*
紫堇：*Corydalis edulis Maxim.*
黄堇：*C.pallida（Thunb.）Pers.*
瓦松：*Orostachys fimbriatus（Turcz.）Berger*
海桐：*Pittosporum tobira（Thunb.）Alt.*
枫香树：*Liquidambar formosana Hance*
檵木：*Loropetalum chinense（R.Br.）oliver*
悬铃木：*Platanus acerifolia（Ait.）willd.*
臭椿：*Ailanthus altissima（Mill.）swingl.*
楝树：*Melia azedarach L.*
香椿：*Toona sinensis（A.Juss.）Room.*
油桐：*Vernicia fordii Hemsl.*
乌桕：*Sapium sebiferum（L.）Roxb.*
地锦：*Euphorbia humifusa willd.*
细叶黄杨：*Buxus harlandii Hance*
瓜子黄杨：*B.microphylla var.sinica Rehd.et wils*
黄檀：*Dalbergia hupeana Hance*

竹类：

箬竹：*Indocalamus tessellatus*（Munro）Keng f.

苦竹：*Pleioblastus amarus*（Keng）Keng f.

毛竹：*Phyllostachys pubescens* Mazel

石竹：*Dianthus chinensis* L.

刚竹：*Phyllostachys Viridis*

淡竹：*Phyllostachys glauca McClure*

粉绿竹：*Phyllostachys viridiglaucescens* (Carr.) A. et C. Riv.

鹅毛竹：*Shibataea chinensis Nakai*

芦竹：*Arundo donax L.*

花草果木类：

葎草：*Humulus scandens*（Lour.）Merr.

野苎麻：*Boehmeria grandifolia wedd.*

马兜铃：*Aristolochia debilis Sieb et zucc.*

红蓼：*Polygonum orientale L.*

水蓼：*P.hydropiper L.*

杠板归：*P.perfoliatum L.*

虎杖：*P.cuspidatum Sieb. et zuce.*

酸模：*Rumex acetosa L.*

垂盆草：*Sedum sarmentosum Bunge*

宁波溲疏：*Deutzia ningpoensis Rehd.*

八仙花：*Hydrangea macrophylla*（Thunb.）Sering

虎耳草：*Saxifraga stolonifera Meerb.*

麻叶绣线菊：*Spiraea cantoniensis Lour.*

日本绣线菊：*S. japonica L.f.*

野山楂：*Crataegus cuneata Sieb.et zuce.*

枇杷：*Eriobotrya japonica*（Thunb.）Lindl.
大丽菊：*Dahlia pinnata* Car.
波斯菊：*Cosmos bipinnatus*
金鸡菊：*Coreopsis basalis* (A.Dietr.) S.F.Blake
硫磺菊：*Cosmos sulphureus* Car.
水烛：*Typha angustifolia* L.
眼子菜：*Potamogeton distinctus* A.Bennett
竹叶眼子菜：*Potamogeton Malaianus* Miq
菹草：*Potamogeton crispus* L.
慈菇：*Sagittaria sagittifolia* L.
黑藻：*Hydrilla verticillata*（L.f.）Royle
铁扫帚：*Lespedeze cuneate*
鸡血藤：*Millettia reticulata* Benth.
紫藤：*Wisteria sinensis* sweet.
紫云英：*Astragalus sinicus* L.
胡枝子：*Lespedeza sp.*
野葛：*Pueraria lobata*（willd.）ohwi
酢浆草：*Oxalis corniculata* L.
枸桔：*Poncirus trifoliata*（L.）Ratin.
金桔：*Fortunella margarita*（Lour.）swing
柑橘：*Citrus reticulata* Blanco
沙梨：*Pyrus pyrifolia*（Burm.f.）Naki
西府海棠：*Malus micromalus* Makino
垂丝海棠：*M.halliana*（Pamp.）Rehd.
多花蔷薇：*Rosa multiflora* Thunb.
香水月季：*R.odorata* sweet
月季花：*R.chinensis* Jacq.
木香花：*R.banksiae* Aiton.
山樯：*R.cymosa* Tratt.

金樱子：R.laevigata Miehx.

硕苞蔷薇：R.bracteata Wendl.

龙牙草：Agrimonia pilosa Ledeb.

山莓：Rubus corehorifolius L.f.

悬钩子：R.Palmatus Thunb.

掌叶悬钩子：R.chingii Hu

三花悬钩子：R.trianthus Focke

插田泡：R.coreanus Miq.

茅莓：R.parvifolius L.

周毛悬钩子：R.amphidasys Focke

蛇莓：Duchesnea indica（Andrews）Focke

桃：Prunus persica（L.）Batsch

碧桃：Prunus persica Batsch. var. duplex Rehd.

紫叶桃：Prunus persica f.atropurpurea

寿星桃：Var.densa Makino

梅：P.mume（Sieb.）Sieb.et Zuce.

杏：P.armeniaca L.

樱桃：P.pseudocerasus Lindl.

日本樱花：Prunus yedoensis Matsum.

李：P.salicina Lindl.

红叶李：P.carasifera var.pissardii（carr.）koehne

山合欢：Albizia kalkora（Roxb.）Prain

合欢：A.julibrissin Durazz.

紫荆：Cercis chinensir Bunge

云实：Caesalpinia sepiaria Roxb.

刺槐：Robinia pseudoacacia L.

盘槐：Sophora japonica L.var.pendula Loud.

紫苜蓿：Medicago sativa L.

南苜蓿：M.hispida Gaertn.

白车轴草：Trifolium repens L.

宁波木兰：Jndigotera cooperi Craib.

羊蹄：R.japonicus Hoult.

地肤：Kochia scoparia（L.）Schrad

鸡冠花：Celosia cristata L.

紫茉莉：Mirabilis jalapa L.

商陆：Phytolacca acinosa Roxb.

马齿苋：Portulaca oleracea L.

大花马齿苋：P.grandiflora Hook.

繁缕：Stellaria media（L.）cyr.

瞿麦：Dianthus superbus L.

石竹：D.chinensis L.

莲：Nelumbo nucifera Gaertn.

石龙芮：Ranunculus sceleratus L.

毛茛：R.japonicus Thunb.

威灵仙：Clematis chinensis Osbeck

南天竹：Nandina domestica Thunb.

鹅掌楸：Liriodendron chinense（Hemsl.）Sarg.

玉兰：Magnolia denudata Desr.

紫玉兰：M.liliflora Ders.

山玉兰：M.delavayi Franch.

广玉兰：M.grandiflora L.

含笑花：Michelia figo（Lour.）Spreng.

盐肤木：Rhus chinensis Mill.

黄连木：Pistacia chinensis Bunge

枸骨：Ilex cornuta Lindl.

冬青卫矛：Euonymus japonicus L.

金边黄杨：Euonymus Japonicus cv.Aureo-ma.

金心黄杨：Euonymus japomcus CV.Aureo-pictus

鸡爪槭：*Acer palmatum Thunb.*

红枫：*AcerpalmatumThunbf.*

羽毛枫：*Acer palmatum Thunb. var. dissectum*

茶条槭：*Acer ginnala.*

无患子：*Sapindus mukorossi Gaertn.*

凤仙花：*Impatiens balsamina L.*

雀梅藤：*Sageretia theezans Brongn.*

拐枣：*Hovenia dulcis Thunb.*

葡萄：*vitis vinifera L.*

爬山虎：*Parthenocissus tricuspidata planch.*

异叶爬山虎：*Parthenocissus heterophylla (Bl.) Merr.*

乌蔹莓：*cayratia japonica（Thunb.）Gagnep.*

蜀葵：*Althaea rosea（L.）Cavan.*

木芙蓉：*Hibiscus mutabilis L.*

木槿：*Hibiscus syriacus Linn.*

梧桐：*Firmiana simplex（L.）W.F.Wight*

猕猴桃：*Actinidia chinensis planch.*

茶：*Camellia sinensis o.Ktze.*

油茶：*C.oleifera Abel*

山茶：*C.japonica L.*

木荷：*Schima superba Gardn.et Champ.*

格药柃：*Eurya muricata Dunn*

紫花地丁：*Viola philippica Cav.*

柞木：*xylosma japonicum（Walp.）A.Gray*

结香：*Edgeworthia chrysantha Lindl.*

胡子：*Elaeagnus pungens Thunb.*

紫微：*Lagerstroemia indica L.*

石榴：*Punica granatum L.*

旱莲木：*Camptotheca acuminata Decne.*

八角枫：Alangium chinense（Lour.）Harms

细角野菱：Trapa maximowiczii Korsh.

常春藤：Hedera nepalenss var. sinensis（Tobl.）Rehd.

刺揪：Kalopanax septemlobus（Thunb.）Ko.

杜鹃：Rhododendron simsii planch.

马银花：Rhododendron ovatum (Lindl.) Planch. ex Maxim.

毛白杜鹃：Rhododendron mucronatum (Blume)G.Don

乌饭树：Vaccinium bracteatum Thunb.

紫金牛：Ardisia japonica（Hornsted）Bl.

过路黄：Lysimachia christinae Hance

柿：Diospyros kaki L.f.

金钟花：Forsythia viridssima Lindl.

木：Osmanthus fragrans Lour.

女贞：Ligustrum iucidum Ait.

迎春：Jasminum nudiflorum Lindl.

云南黄馨：Jasminum mesnyi Hance

醉鱼草：Buddleja lindleyana Fort.

杏菜：Nymphoides peltatum（Gmel.）O.Kuntze

夹竹桃：Nerium indicum Mill.

白花夹竹桃：Nerium indicum Mill. cv. Paihua

络石：Trachelospermum jasminoides（Lidl.）

马蹄金：Dichondra repens Forst.

马鞭草：Verbena officinalis L.

紫珠：Callicarpa japonica Thunb.

黄荆：Vitex negundo L.

牡荆：Vitex negundo var.cannabifolia(Sieb.et Zucc.)Hand.-Mazz

活血丹：Glechoma longituba（Nakai）Kupr.

益母草：Leonurus heterophyllus Sweet.

西洋红：Salvia splendens ker=Gawl.

紫苏：perilla frutescens Ker～Gawl.
苦蘵：Physalis pubescens L.
龙葵：solanum nigrum L.
白英：Solanum lyratum Thumb.
泡桐：Paulownia fortunei（Seem.）Hemsl.
花桐：P.sp.
金鱼草：Antirrhinum majus L.
鱼草：Houttuynia cordata Thunb.
车前：Plantago asiatica L.
栀子：Gardenia jasminoides Ellis
大花栀子：Gardenia jasminoides Ellis var. Grandiflora Nakai
水栀子：Gardenia jasminoides var. radicans Makino.
虎刺：Damnacanthus idicus（L.）Gaertn.f.
白马骨：Serissa serissoides（BC.）Druce
忍冬：Lonicera japonica Thunb.
大绣球：Viburnum macrocepbalum Fort.f.keteleeri（Carr.）R
珊瑚树：Viburnum awabuki K.Koch
蝴蝶荚蒾：Viburnum plicatum Thunb.f.tomentoson（Thunb.）R
接骨木：Sambucus Williamsii Hance
半边莲：Lobelia chinensis Lour.
泽兰：Eupatorium japonicum Thunb.
马兰：Kalimeris indica（L.）Sch.～Bip.
白背鼠麴草：Gnaphalium japonicum Thunb.
秋鼠麴草：Gnaphalium hypoleucum DC.
鼠麴草：Gnaphalium affine D. Don
旋贾花：Onual japonica Thunb.
天名精：Carpesium abrotanoides L.
苍耳：Xanthium sibiricum Patrin.
鳢肠：Eclipta Prostrata L.

鬼针草：Bidens bipinnata L.

菊花：Dendranthema morifolium（Ramat）Tzvel.

野菊：D.indicum（L.）Des Monl.

小菊蓟：Cephalanoplos segetum（Bunge）Kitam.

蒲公英：Taraxacum mongolicum Hand.～Mazz

苦荬菜：Oxeris denticulata（Houtt.）Stebb.

雀麦：Bromus japonica Thunb.

狗牙根：Cynodon dactylon Pers.

马易唐：Digitaria eanguinalis Scop.

牛筋草：Eleusino indica Gaertn.

知风草：Eragrosti ferruginea（Thunb.）Beauv

画眉草：Eragrostis pilosa (L.) Beauv.

白茅：Omperata cylindrica（linn.）Beauv

早熟禾：Poa annua L.

狗尾草：Setaria viridis（L.）Beauv

结缕草：Zoysia japonica Steud.

假俭草：Eremocloa ophiuroides（Munro）Hack.

荆三棱：Scirpus yagara ohwi

棕榈：Trachycarpus fortunei（Hook.f.）H.Wendl.

菖蒲：Acorus calamus L.

石草蒲：Acorus tatarinowii Schott

异叶天南星：Arisaema heterophyllum Bl.

天南星：Arisaema heterophyllum Blume

浮萍：Lemna minor L.

紫萍：Spirodela polyrhiza（L.）Schldid.

谷精草：Eriocaulon buergerianum Koern.

水竹叶：Murdannia triquetra（Wall.）Bruckn.

鸭肠草：Commelina communis L.

雨久花：Monochoria korsakowii Regel et.Maack

凤眼莲：*Eichhornia crassipes*（Mart.）Solms.

大藻：*Pistis stratiotes L.*

黄花菜：*Hemerocallis citrina Baroni*

沿阶草：*ophiopogon japonicus*（L.f.）Ker～Gawl

万年青：*Rohdea japonica*（Thunb.）Roth

石蒜：*Lycoris radiata*（L'Her.）Herb.

葱兰：*zephyranthes candida*（Lindl.）Herb.

华东拨葜：*Smilax sieboldii Mig.*

粉拨葜：*Smilax glauco-china Warb*

凤尾丝兰：*Yucca gloriosa L..*

丝兰：*Yucca smalliana Fern.*

射干：*Belamcand chinensis*（L.）DC.

鸢尾：*Orix tectorum Maxim.*

芭蕉：*Musa basjoo Sieb.et Zucc.*

美人蕉：*Canna indica L.*

黄花美人蕉：*Canna flaccida Salisb.*

紫叶美人蕉：*Canna Warscewiczii Diwtr.*

绶草：*Spiranthes sinensis Aees.*

博落回：*Macleaya cordate*（willd）R.Br.

算盘子：*Glechidion Puberum*（L.）Hutch.

莲蓬：*R.hirsutus Thunb.*

注：本名录不包括农作物及蔬菜类植物。

第十二章　湖鲜溪鱼
DiShiErZhang　HuXianXiYu

第一节　溪中鱼虾

杜父鱼：俗称土哺，也称土伏鱼，头圆后扁大而平，眼小口阔，色黑、褐、黑条纹，亦有横纹，杜父科，湖中也有。味美。

玉石鱼：又称玉石鱼头，头尖圆，口小，体褐色，有花纹，体长在10厘米左右，溪中较多。

王　海：又称红沙，体长在20厘米左右，嘴上有肉丁，呈沙粒状，仅溪中有。

丁主头：同玉石鱼相似，体褐色，窝有沙堆，溪中和湖边浅水中皆有。

虾塔老：同丁主头鱼相似，体色同是褐色有纹，在湖边溪中的石坎缝中有。

石蟹：溪中沙石滩中生存，形同毛蟹但个体小，腿无毛，酱红色呈黑，仅溪中有。

溪　虾：形似河虾，但瘦而小，体长3～4厘米，味佳。

第二节　湖鲜鱼虾

黑　鲭：俗称螺蛳青，体长侧扁，腹圆，口无须，齿发达，易嚼螺丝。腹白余黑，现以人工养殖为主，长年有卖。鲤科。味美，东钱湖名鱼之一。

草　鱼：鲤科，头平腹圆，色青黄鳞，是纯粹食草之鱼，也称青鱼。

鳊　鱼：鲤科，头小体扁，体上黑色，体下白色，喜食陆上落沉树叶，口前坚利，适合切齿。味美，东钱湖名鱼之一。

鲤　鱼：体大侧扁腹圆颈阔眼小口有须，色青黄，湖中五月产卵，属鲤科。

鲫　鱼：俗称河鲫鱼，体侧扁，背狭而突起，鳞圆滑，颈口皆小，体色上黑下白，老了呈金黄色，生青衣，鲤科，是冬季食补之鱼。味美，东钱湖名鱼之一。

白　鲢：俗称塘鱼，体侧扁而高，头小口小，色为银白灰暗，鳞细，以饲养为主，又称胖头鱼，属鲤科。

黑　鲢：是白鲢同属，形如白鲢，头大头黑口大，体前圆后扁，背黑腹银白，常年有卖，味比白鲢美味。

鳜　鱼：体侧扁背隆起，有不规则的黑色花纹，上微黄下腹白，又名桂鱼。它的窝在湖底，犹如锅底，圆底而滑，这是东钱湖上最美味的湖鲜。东钱湖名鱼之一。

朋　鱼：又名鲂鱼，也称排鱼，身白扁长，鳞细，尾有的呈赤色，春夏之际结草为巢，渔民称朋鱼窝。是夏季的补食之鱼，俗称"冬鲫夏朋"。东钱湖名鱼之一。

银　鱼：俗称银丝鱼，体圆，色银白，长5厘米左右，每年5、6、7月都有，20世纪70～80年代濒临灭绝，近年渐多。《鄞县通志》记载，东钱湖银鱼以5、6月为多。东钱湖名鱼之一。

乌　鲤：俗称乌鲤鱼，外地称黑鱼，体圆筒形，后尾稍侧，黑斑色腹有点白，行游排列，常捕他鱼为食，夏至停于水中。味美，鲤科。

鲶　鱼：头扁大，体侧扁无鳞有粘液，口有须，上对长，下对短，色灰黑色，腹淡灰色。夏季鲶鱼烧霉干菜，味好。

青条鱼：形似朋鱼，但它是冬季捕捞，头小嘴小上唇翘起，色银白，肚白体长鳞细，体长30～40厘米，是冬季美味之鱼。东钱湖名鱼之一。

奥桑鱼：塘鳢鱼科，头偏阔有须，尾侧，眼小口有须，无鳞，体黄黑色腹白，有粘液，背有刺，又称桑子鱼。用咸菜烧，味美。东钱湖名鱼之一。

黄尾鱼：同红尾鱼是兄弟鱼，体形相似，大小相仿，鳞细，尾有黄色和红色，以鱼尾色称之。此鱼腥味较重，春夏较多。

洋花鱼：体圆略扁，细鳞色黄白，多产于春夏之交，味美，配咸齑更鲜。

鳗：头小口小，体呈圆筒形，尾侧扁，呈微黄色和微黑色，生在咸淡水之交，长在湖中，是洄游鱼种，美味。体无鳞，有粘液。东钱湖名鱼之一。

鲈　鱼：是湖中新鱼种，小口中头，体圆后侧偏，有灰色的花纹，四季皆有。味美。

差　鱼：口小头小，体窄长，偏扁，体长在10厘米左右，又称朝差鱼，亦称差鲍鱼。

黄　鳝：体无鳞，呈长圆形尾侧，全身黄褐色，有不规则的黑点，以水稻田生存为多或潜在湖坎之洞中。

泥　鳅：体小而长，前圆管形后侧扁，口小有伸缩有须，色微褐，潜在泥中、池沼水中。

河　虾：弹跳能力强，肉色透明，体长4～5厘米，梅季生子，俗称梅虾或带子虾，味最美，属斑节虾科。东钱湖虾无河泥味，钱湖名产之一。

第三节　湖中甲壳

甲　鱼：即鳖，体圆扁，背腹皆被甲，背甲略圆，有明显之肋骨，可辨认其边缘，头和四肢能伸缩，头尖颈粗眼圆，背为橄榄色。略带灰褐色，栖于湖、河、池、沼间，昼伏夜出，捕食鱼虫，味美又增补，东钱湖名鱼之一。

乌　龟：体扁圆，背面凸起有十三块甲，头和四肢均有黑色之皮，能伸缩，能游泳，能步行，性耐饥寒，寿龄很长，有冬眠，昼伏夜出，食鱼虫之类，甲壳坚硬，属龟类，湖中有之。

河　蚌：属蚌科，壳质脆薄，形稍狭长，内面呈青白色，光滑美丽。近20年来，用此蚌养殖淡水珍珠。

丝　螺：壳形塔旋螺式，生在河边沿坎，壳青黑色，湖上、河畔很多。以青壳丝螺为佳。

田　螺：壳形塔旋螺式，生在沼泽田，以水田为主，故称田螺，属田螺科。

大闸蟹：又称毛蟹，属四角蟹科，颈胸甲殆呈圆形，色青黑色，腹白。老蟹时呈黑褐色，有大小相等的大钳两个，有细绒色。稀大小钳，另有大小相等的左右四个小瓜，横爬行，食稻叶之类，能打洞穴。秋风起时蟹肥，俗称"菊黄蟹肥"。东钱湖有养殖，味美。

自然资源编

附：东钱湖鱼类名录

大银鱼：ProtosaIanx yaIocranius（A ctt）

太湖短吻银鱼：NeosaIanx tangkahkeii tai huensis chen

青鱼：MyIop aryngodon piceus（Richardson）

草鱼：Ctenop aryng on ideIIus（cuvier et vaIenciennes）

鳡鱼：Eiop ichthgs am usa（Ric）

黄黝鱼：Toxa ranis swinhonis Gunther

鳌鱼：HemicuIter IeuciscuIus（BasiI）

三角鲂：MegaIc rama terminaIis（Rich）

团头鲂：M am IycephaIa yih

翅嘴红鲌：Erythro CuIter iIsh iIis haeIcrmis（Bieeker）

蒙古红鲌：E.mongaIicus（Basiewshy）

青稍红鲌：E.da rgi（Bieeker）

似尖头红鲌：E.oxyeePhaIoides（Kreuen erg et PePPenhein）

红鳍鲌：CuIter erythroPterus BesiIewsky

黄尾密鲴：Xenocypris davidi Bieeker

细鳞颌鲴：Piagiognathopa microIepis（Bieeker）

园吻鲴：Distoechodon tumirstris peters

高体鳑鲏：Rnodeus oceIIatvs（Kner）

鳙：Aristich ths n.iIis（Richardson）

白鲢：HyPoPhthaImi chthys moIitriy（c.et v.）

鲤：cyprinus（cyprinus）carpio haema to pterus

鲫：caras sius auratus auratus（Linnaeus）

荷包红鲤：Cyprinus flammans (Richardson)

白鲫：Carassius auratus cuvieri Temminck et Schlegel

花骨：Hemi ar us macuIatus BIeeker

麦穗鱼：*Pseudoras ora parva*（Temminck et schIegeI）

华鳋：*SarcocheiIichthys Sinensis BIeeker*

银色颌须鮈：*Gnathopogon argentatus*（Sauvage et da ry）

点纹颌须鮈：*G. WoIters torrfi*（Regan）

棒花鱼：*A ottina rivuIaris*（BasiIewsky）

花鳅：*Co it is taenia Linnaeus*

泥鳅：*Misgurnus anguiIIicaudatus*（cantor）

黄颡鱼：*Pseudo agrus fuIVidraco*（Bichardson）

鲶：*Parasi Iurus asotus*（Linneus）

鳗鲡：*AnguiIIe japonica Temminck et schiegeI*

鱵：*Hemirhamphus Kurumeus Jordor et starks*

乌鳢：*ophioce phaIus argus*（cantor）

鲻鱼：*MugiI cephaIus Iinne*

黄鳝：*Mouopterus aI us*（Zuiew）

大眼鳜：*Siniperca kneri German*

园尾斗鱼：*Macropodus chinensis*（Bpch）

沙鳢：*odonto utis o soura*（Iemminck et schIogeI）

红狼牙虾虎：*odontam IYP s ru icu*（HamiIton et Buchanan）

栉暇虎：*ctyehogo ius giurinus*（Butter）

刺鳅：*Mastacem eIus acuIeatus*（RasiIewsky）

第十三章 飞禽走兽
DiShiSanZhang FeiQinZouShou

第一节 飞禽

䴘：又名水胡，水鹫，游禽类鹏鹬科，体略似鸭而较小，翼短，色依时节而变，以黑褐色为主，喉颈腹部色白，白灰羽毛，甚厚，尾甚短，二趾青褐色。栖于湖沼湿地。20世纪70~90年代不见此鸟，近年在湖中下水港口甚多，作巢于水上杂草，随波上下。

鸬鹚：游禽类鸬鹚科。体狭长，色黑，嘴细圆筒形，有发达黑趾，能蹼善游，在水中捕食鱼类。湖上少见，但有渔人养饲来湖捕鱼。

白鹭：全体纯白，嘴长色黑，冬变黄，脚长色黑，春来冬去，营巢于树上，喜群栖，捕食水中之鱼类动物。湖中现在较多。属涉禽类鹭科。

鸳鸯：是鸭类中最美丽的游禽。小于家鸭，色彩雌雄全异，雄前额绿色有强光，枕部铜赤色，有羽冠，相当美丽，雌性不及雄性美丽。雄雌鸳鸯常结伴游于湖中，在下水港口湿地亦有。动物园都有饲养。

野鸭：体与家鸭相似，雌雄性色彩无大异，面部黄白色，胸部淡褐色，翼羽黑褐色，有白色之缘，尾羽黑色，栖于湖沼之地，冬季集中于东钱湖下水港口和二灵寺一带，种类繁多，味美。属游禽类，鸭科。

雁：同鸭科，即大雁，俗称硬偶（外鹅），体形如家鹅，其头颈、背为赤褐色，胸部为黄褐色或灰褐色，羽毛呈鱼鳞状排列。冬季成群而飞，鸣声洪亮如家鹅。湖畔有大雁。

鹄天鹅：体形大，全体纯白色，嘴部前端为柠黄色，脚黑色。冬季始来，常栖于田间湖畔。每到冬季有天鹅在湖畔栖息。

鹰：俗称老鹰，猛禽类鹰科，上嘴钩曲以覆下嘴，面褐色，腹黄色，胸有褐色之纵斑散于腹部，经常在天空盘旋往返，突然直下攫取小动物。如小鸡，在韩岭、象坎、茶亭，沿湖周山都有老鹰，量少。

雉：俗称山鸡、野鸡，属鹑鸡类雉科。雌雄异色，雄体色彩华美，头顶铜赤色，眼缘赤色，裸出颈部有一白色环纹，胸肢部是铜赤色，肩黄色混有黑斑，背略作赤色，有白色斑纹散布，尾羽长有黑色之横斑。雌性体色黄褐色，有细纹尾短，体比雄性小，以枯草羽毛作巢，食谷类虫类，善走不能久飞。下水一带有，不多。

鹬：稻鸡田鹬，属涉禽类千鸟科，嘴比头长颈长，背部茶黑色相混杂，胸腹白，脚长，常栖于枯草中，在大小麦未收之前最常见，觅食田间小虫，属益鸟，宜保护。

斑鸠：又名鹁鸠，属鸠鸽类鸠鸽科。形如家鸽，嘴短体为暗褐色，背翼为赤褐色，有灰青色之斑形如鳞片，到处能栖，肉味美。俗称"天上斑鸠，地下泥鳅"。

杜鹃：又名子规鸟、子规、思归、怨鸟、杜宇，属攀禽类杜鹃科。羽色背青灰，翼灰褐色有白色之横纹，尾黑色，有白横斑，喉胸为青灰色。借巢于莺巢之中，由莺母哺育，初夏来秋始去。鸣声喀咕，甚哀。

猫头鹰：又名俗逐魂，猛禽类鸮科，头圆，上嘴钩曲以覆下嘴，眼大而圆，周有毛圈，头之两旁有突出之角，头羽如耳形，体俨如猫，赤褐色，有黑色之纵斑，脚爪弯曲强大有力，栖山林之中，昼伏夜出，捕食山鼠及小鸟。是益鸟，被列入国家保护动物，东钱湖周围山林有见到。

啄木鸟：属攀禽类啄木鸟科，栖息于山林中，穿孔树杆钩食虫类。其体构造适用于攀援，趾有四，二趾向前，二趾向后，有硬爪，尾羽坚硬而直，亦足支持，舌极长尖，端有多数细钩能钩出树孔中虫类。羽色雄头顶黑后部有红色，翼黑色底白斑，腹部淡褐色，下腹部及尾部为红色。雌性色较淡，其余相同。此鸟品种较多，湖周山林中有，量不多。

黄莺：又名黄鹂，鸣禽类黄鸟科，嘴强大而直，色淡红，尾长而圆，脚短爪长。体为黄色，自眼部至后头部有黑色斑纹，翼有黑色部分。雄性色淡，均黄黑相间之色，常穿梭于绿荫疏枝之间，实为美观，湖周山林有见。

乌鸦：又名乌老鸹，属鸣禽类乌鸦科。体全黑，有青绿色之光泽，嘴极强大，鼻孔密生刚毛，脚短而黑，趾端有钩爪。栖于村落附近树林中，多群居，觅食昆虫果实，冬季降雪时，觅食尤急，故冬季若乌鸦成群低飞觅食，可能天要下雪。湖周有乌鸦。

喜鹊：又称鹊，鸣禽类乌鸦科。嘴类尾长上有黑色青光，腰灰白，肩纯白，尾黑色有绿光泽，嘴脚均黑色，巢于高加之树上，觅食小虫，冬始巢。村庄田间都有喜鹊。

红嘴山鹊：鸣禽类乌鸦科，头颈黑色背青色，尾甚长，中央尾羽为青色，尾端白色，胸腹白色，嘴、脚呈红色，栖于山村之中，性暴侵袭小鸟，笔者亦见过红嘴山鹊食蛇类。

麻　雀：鸣禽类雀科，在村庄、田野、山林都有，体以褐色为主，略有白灰斑。体个小，是危害稻谷最大之鸟，以前是"四害"之一，今为国家二级保护动物。

燕　子：属鸣禽类燕科，体小尾分叉，翼长耐飞，嘴扁平呈三角形，背黑色，胸栗色，腹白色，春来秋去，作巢于人家屋檐，形为半片碗，能隔年复巢。

第二节　家禽

家　鸭：属游禽类鸭科，嘴扁而阔，体肥颈短，趾间有发达之蹼，善游。体色褐色多变，有填鸭、麻鸭、番鸭（呆大鸭）之分。填鸭纯白。填鸭、麻鸭是以饲养为主，麻鸭以产蛋为主，番鸭、填鸭以肉食为主，现在有鸭场，养鸭者称鸭居。

家　鹅：同家鸭同类同属，颈长，尾足短，嘴颈部有肉疣，羽色有灰、白两种，脚趾白鹅为桔黄，灰鹅为灰褐。善游，水陆两栖，以植物、谷类作饲料。清明时节的鹅为最佳，肉美味。

家　鸡：属鹑鸡类雉科，头部有裸出处上升肉冠，雄大雌小，色多变，以红为主，雄性尾羽长色彩丰富。雌性色淡黄褐色，体肥大，喜食昆虫及谷类。现在家鸡由家鸡机械化养殖，产蛋高，蛋质较差。由农家山脚下养殖的家鸡，产蛋质好。家庭中养殖，少数山区、半山区农民家有养，肉美味。

家　鸽：又称鹁鸽，属鸠鸽类鸠鸽科，鸽子养殖较广，鸽子色有纯白，灰色、黑色和混杂色。有肉鸽、信鸽和观赏鸽之分，肉质鲜美。信鸽翼长记忆力强。眼珠转睛而砂粗者为好鸽子。饲幼雏以吐哺饲育。公园里的鸽以观赏为主，湖畔有近十家养鸽。

注：家庭以笼式养殖的禽类，有竹鸡、画眉、白头翁、八哥、百灵鸟、鹧鸪。

第三节　野兽

野　猪：偶蹄类，非反刍类，毛黑，年老猪黑褐色，颈狭而长，昼伏山林，夜出以吻取食。每年冬季是猎野季节，下水、韩岭、福泉山有野猪，不少。

野　羊：偶蹄类反刍类，野生山羊，全身黑色或黑褐色，角长如弯弓，栖于峻山之溪谷间，福泉山十八亩山中曾有野羊。1962年大慈猎户松火、平火兄弟，曾猎一只山羊，体重300斤左右，笔者食过肉，味重。

獐（牙獐）：偶蹄类反刍类，俗称章满狼，体黄褐色，微有黄白色之斑，老者上颚之犬齿长出体外，四肢细小，善奔跑，在下水屯岙、新岭岙、盛夹岙都有出没。肉鲜美，皮可做皮包、皮鞋。

麂：又称角麂、黄猄。体较獐小，毛赤褐色，头部有泪窝，比眼窝为大，雄有角，雌无。肉味鲜美，为兽中之最。皮可以制革，用度较广，属偶蹄类，反刍类。下水最多。

香　狸：俗称香狸猫，肉食类，形如猫，四肢短小，体长大，背有数条暗褐色之斑线。腹有褐色小斑点，尾有环状黑白斑，肛门相近处有一分泌腺，能放香气，故名。下水、绿野岙、洋山岙、大慈偶有见。

上树狸：肉食类，较香狸猫为小，体灰褐色，鼻部色白，尾长毛丛生而黑，善攀树木，常食小兽、昆虫、植物、果、根菜等。肉味甚美。皮无用，山林地区皆有。

田　狗：肉食类，头小，吻端尖突，尾毛长，四肢短，眼珠带红色，体色灰褐，也有灰黄，喜食鼠和蛇，田间山地都有出没，皮能作袭，价贵。

鼬：俗称黄鼠狼，全身披长毛，尾部尤长，色体黄，其肛门能分泌强烈之臭味，昼伏穴中，夜出觅食家禽，又名偷鸡豹。毛可制毛笔，皮可制作袭，甚贵。

山　鼠：啮齿类。体背暗褐色，或黄褐色腹，面白色，栖于山野竹林之中，俗称山老鼠。

鼠：啮齿类，头细长，鼻尖，体灰黑色，尾长于体，听嗅极敏感，好杂食，为害民居家物品，有传染鼠疫之危险。

松　鼠：啮齿类，体似家鼠而大，背灰褐色，头与尾为暗黄褐色，腹灰白，尾巴松毛，巢居树穴、枯树洞穴，晨晚出穴，食果或嫩枝，林间较多看到。

豪　　猪：啮齿类，体被长刚毛，四肢头颈被刺毛，体椭圆形，吻钝颈粗，遇危刚毛振动，发有狐臭，而以尾部向敌，栖息于岩穴或自穿洞穴以居，肉可食，刚毛可做簪。

野　　兔：又称山兔，啮齿类。栖于山野之间，体色赤褐，耳长听觉敏锐，嗅觉亦灵敏，昼伏夜出，喜吃植物蔬菜。肉嫩，皮毛作袭之用。

刺　　猬：食虫类，背面丛生刺毛，似钢针，刺端为白褐色，基部为黑褐色，头部、四肢、腹部生粗黄褐色之软毛，遇险卷成圆球形。山区平原皆有之，为国家保护动物。

穿山甲：贫齿类，无齿，舌长而有粘液，捕食蚁类，全体除腋部及四肢内侧生淡黄色粗毛外，均为暗褐色之硬鳞，常穴居山麓，行动迟缓，前肢三爪异常强大，善掘穴。遇敌则蜷曲不动。鳞入药，国家保护动物。

蝙　　蝠：翼手类，体被灰褐色之绒毛，两翼张膜，视力钝，触觉敏感，夜间飞翔于空中，栖于岩穴墙洞，日间以后肢之钩，倒悬于他物而睡。

第四节　家畜

猪：是野猪之同类之变，头大，鼻、吻皆长，躯体肥大，是主要农户畜产品，肉可食，粪作肥料。

黄　　牛：偶蹄类反刍类，体色黄，有角，若菜牛有白黄，是农家劳役之畜。乳牛以灰白色为主，肉可食，角刻工艺品，皮作革。

水　　牛：同黄牛一样，体色以灰为主，角长而大，体比黄牛大，经常游于水中，是农家耕畜之一。

山　　羊：肉食类，头长颈短，角短，四肢力强，牡者下颚有须毛，体色有黑，有白也有黑白混合，山区农民有养，年底食用。

狗：肉食类，体有黄色、灰白色、褐色、白色、黄白混合，供家中守门之用，亦有助猎的称猎狗，疯狗更害人。

猫：肉食类，面圆，耳能自转，眼瞳之大小能随时辰光线之强弱而变，嗅觉锐敏，活动轻快，行动无声，好鱼腥，善捕老鼠。

家　兔：啮齿类，体有全白色、全黑色和全灰色或灰白色，眼红耳长，前肢短，后肢长，好食植物。繁殖能力强，年能生产六次到八次。居民家中有养。

附：东钱湖雅戈尔动物园主要动物名录

名称	雄性			雌性			国家重点保护Ⅰ级	国家重点保护Ⅱ级	引进时间
	老年	成年	幼年	老年	成年	幼年			
白虎		1		1		1	√		06年
白狮		1	1		1				08年
东北虎		4			8		√		05年
非洲狮		3			3				04年
三色犬		5			4				04年
黑豹		1			1				
金钱豹		1			1		√		06年
猞猁		1			1			√	
金猫		1						√	08年
狼									05年
小熊猫		4			6			√	
黑熊								√	07年
棕熊		6			4			√	09年
马来熊		2			4	1	√		07年
浣熊		3			3				05年
黑猩猩		2							07年
金丝猴		1					√		04年
山魈		1			2	1			05年
黑叶猴					2		√		

名称	雄性			雌性			国家重点保护Ⅰ级	国家重点保护Ⅱ级	引进时间
	老年	成年	幼年	老年	成年	幼年			
长臂猿		4			4	2	√		
蜘蛛猴		1	1		1	1			
赤猴		1			1				
绿猴		1	1		2	2			04年
熊猴		2						√	05年
松鼠猴		4	2		9	4			04年
阿拉伯狒狒		3			5				07年
节尾狐猴		20	4		10	5			05年
褐狐猴		2			2				
斑狐猴		1			2				
悬猴		9	2		10	3			
金毛羚牛		4	1		2	1	√		
牦牛		2			3				
骆驼		2	1		2				
美国矮马		1			1				07年
蒙古马		1							
白犀牛		1			1				06年
河马		1			1				
梅花鹿		8	2		13	3	√		
黇鹿		3			5				
盘羊		25	4		27	8		√	
驼羊		2			8	2			
白袋鼠		3			4				
灰大袋鼠		4			10				05年
赤大袋鼠		2			1				07年
长颈鹿		2			2				10年

新编东钱湖志

名称	雄性			雌性			国家重点保护Ⅰ级	国家重点保护Ⅱ级	引进时间
	老年	成年	幼年	老年	成年	幼年			
大羚羊		3			2				
列氏水羚		4	1		3				
水羚		3			1				09年
薮羚		2			4				
跳羚		9			11				06年
剑羚		3			2	1			08年
三角马		3			5				
黑角马		2			1				08年
大弯角羚		2	1		5	1			
斑马		5			7	1			04年
獐		1			7			√	04年
亚洲象					1		√		04年
非澳海狮		2			1				04年
南美海狮		1			1				04年
横斑獴		2			3				07年
弯鳄		2						√	07年
扬子鳄		4					√		04年
海龟					1			√	05年
白鹳		10						√	04年
丹顶鹤		11						√	04年
蓑羽鹤		26						√	04年
白枕鹤		2						√	05年
灰鹤								√	05年
戴冕鹤		4							07年
古巴活火烈鸟		20							05年
南非火烈鸟		29							04年

名称	雄性			雌性			国家重点保护Ⅰ级	国家重点保护Ⅱ级	引进时间
	老年	成年	幼年	老年	成年	幼年			
驼鸟		2			3				
大紫大绿鹦鹉		2							
红金刚鹦鹉		4							
琉璃金刚		10							
灰鹦鹉		6							
葵花鹦鹉		8							
桂色鹦鹉		1							
红吸蜜鹦鹉		13						√	08年
绿吸蜜鹦鹉		16						√	08年
鞭笞鵼鵼		2							
劣嘴鵼鵼		3							
噪犀鸟		2							
双角犀鸟		2						√	
花冠皱盔犀鸟		2						√	
秃鹫		2						√	

注：部分鸟类因鉴定技术不够，性别无法鉴别，通归入雄性栏，其他归属非固定资产品种暂不列入。

第十四章 爬行飞虫
DiShiSiZhang PaXingFeiChong

第一节 有毒蛇类

蕲 蛇：又名五步蛇，蝮蛇科蝮蛇属。吻端前方突出成一尖角形，头部形甚尖扁，体鳞显著突起，背面呈灰褐色，各侧有倒V字形大纹，头顶暗褐色，侧面黄色，自眼至上角有一大黑带，腹面黄色，有三列黑色大圆纹。栖息于山地溪涧，食小哺乳动物，雌蛇较雄蛇色淡，体长1米左右，毒性最剧烈，人若被咬，五步之内有生命危险，可入药。福泉山山麓、洋山、下水山涧中有此蛇。

蝮 蛇：又名狗屎朴，蝮蛇科蝮蛇属。蛇身背面为暗褐色，有菱形之黑褐纹，体下黑色，有黄色的不规则细纹，毒性颇烈。栖于平地和山间的阴湿之处，遇人即咬，见者宜避之。

寸白蛇：又名银环蛇，蛇目眼镜蛇科环蛇属，体为白色而有横纹黑斑，腹白有黑褐色小斑，隐约散布，为沟牙之毒蛇，亦能害人，常夜间蜿蜒于人家附近及水中，凡山脚及平地均栖之，捕食鼠、蛙、鱼。长者1米之余，短者30厘米左右。本地又称"寸白犁镶"。

火赤炼：蛇科斑蛇属，又名金环蛇。体鳞平滑，背面赤褐色，有黑色横纹，侧腹有侧斑，体下白色，有小黑斑散布，性凶暴，捕食他种蛇类及水鱼类。有毒。

眼镜蛇：又名犁镶头，沟牙科眼镜蛇属。背面黑褐色，颈部有白缘，似一对眼镜之斑纹，腹部有13个狭小之横轮，尾部有两个同样的斑纹，尾下淡黄色，有剧毒。若受刺激时，颈部即扁平而高昂，呈三角形，其口发出喷气之声，对敌示威。喜捕食小型兽类、蜥蜴、蛙类。常常出没于水边、石坎、洞穴，夜间常见于居家附近。长者1米左右。

缟尾蛇：蛇科游蛇属。背面赤褐色，头顶背中央暗褐色，体下淡绿，自喉至颈为黄，俗称此为毒蛇，实则害人甚少，即使被咬也无大患，山麓水边常有之，捕食蛙类等物。长约60～70厘米。

水赤炼：蛇科游蛇属。背面为暗褐色或灰绿色，侧面淡，有黑色横斑直达腹部，腹面为鲜红色，栖息于平地、水中，喜捕淡水鱼，体长约30～50厘米。

雉鸡朴：蛇科游蛇属。体青灰色或深橄榄色，约在体后半侧有黑色横斑，斑纹较淡，狭而呈不规则状。性勇猛遇敌不惧，无剧毒，福泉山山麓林中有出没。

花带蛇：蛇科游蛇属。背紫灰色，体有菱形，黑色大纹，纹中央为黄色，腹面为白色、黑色的横纹，栖息于山中，福泉山山麓有出没。

竹叶青：俗称青蛇，学名Trimeresurus stejnegeri，爬行纲，蝮蛇科（响尾蛇科）。长不及1米。头呈三角形，头顶青绿色，覆以细鳞。体背和侧面草绿色，两侧有白色、红白相伴，或双白一红或黄色的纵线，或无纵线，腹面淡黄绿色。尾端焦红色，故亦称"焦尾巴"。生活于山区树林中，尤喜栖于山涧旁的树丛中，以蛙、蜥蜴、小鸟、鼠类等为食。

第二节　无毒蛇类

水　蛇：蛇科游蛇属。背面多数带绿褐色，黑横斑，颈至尾有两条黄色纵线，颈两侧与上下唇有相同的浓黄色，腹面白色，有黑点。常栖于水边，捕食蛙类，长约30～50厘米，曾见有胎生者。

乌梢蛇：又名黑虎啸，蛇科游蛇属，体背面前部为暗青色，中央有两列黄色或黄褐色，体后半背面色褐而黑。栖息于山间和平地，体色黄的称"黄虎啸"。

第三节　蜥蜴类

壁　虎：蜥蜴类守宫类，头扁口大眼大，体灰暗有黑点，腹黄白，四肢皆短，各具五趾，趾有吸盘，尾尖长，易断能复生，体长三四寸，食蜘蛛、蚊、蝇，是家墙壁上常见益虫。

四脚蛇：蜥蜴类裂舌类，体长四趾短，有钩爪，舌细长分裂为叉，伸缩自在，背有直纹三尾甚长，约为体之两倍，背绿色或褐色，腹黄白色，栖于丛草间，性敏捷，善捕食小动物。

第四节　两栖类

蝾　螈：有尾类蝾螈类，形如蜥蜴，头扁四肢短，前有四趾，后有三趾，尾侧扁，步行用肢游，用尾体。长约三四寸，背暗黑色，面赤色，有黑色云纹，栖于水中，屡出水面呼吸，觅食蚯蚓、昆虫，行动迟缓。

蟾　蜍：俗称癞蛤蟆、喷火拉子，无尾类蟾蜍类。体肥大形丑恶，背黑褐色，背侧暗白色，纵纹皮。面有疣状突起，有毒腺，腹黄白色，有黑褐斑纹。昼伏树洞，夜出求食，专捕食昆虫。性迟钝，善跳跃，饥渴不死，皮能分泌白液，可作药用。

青　蛙：又名田鸡，无尾类蛙类。头呈三角形，眼大有金光，耳之鼓膜露出，口阔大，舌分叉根，附于下颚，舌尖向喉能骤然反出口外，以按取食物，脚趾前有蹼。皮滑多粘液，体绿色，淡绿色斑纹，栖水边或水田，有冬眠期，在泥中冬眠，益虫。旱地、山林、溪涧中有各类蛙，体色由生存环境决定。旱地蛙，体小，土褐色；林蛙、树蛙体微小，草绿色，脚趾有吸盘，能爬树吸附在树叶上；石蛙，俗叫石撞，麻褐色，体大强健，鸣叫响亮，栖于山林溪涧，下水等地有。

棘　螈：又名镇海棘螈，2010年陈安新在洋山岙自在庵附近水沟抓到几只棘螈，经宁波大学教授张永靖鉴定，确认是镇海棘螈。它是濒临灭绝的珍稀动物，全世界仅中国有，是国家级保护珍稀动物。

第五节　益虫类

螳　螂：学名Maratenodera sinensis，俗称"大刀螂"，昆虫纲。体型较大，长约8厘米，黄褐色或绿色。头部三角形，复眼大，触角细长。胸部具翅二对，足三对，前胸细长，有大且呈镰刀状的前足一对，其腿节和胫节生有钩状刺，用以捕捉害虫，故为益虫。雌雄交配后，雌螳螂即咬噬雄螳螂，以补充营养，育卵繁殖后代。另有"小刀螂"，长约6厘米，体灰褐或绿色。东钱湖区域两类螳螂都有。

七星瓢虫：学名Ccoccinella septempunctata，昆虫纲，鞘翅目，瓢虫科。成虫体呈卵圆形，背面作半球形拱起，长5～7毫米。头部黑色，触角栗褐色，足黑色，密生细毛。鞘翅红色或橙黄色，上有七个黑点，故名。肉食性，捕捉棉蚜、豆蚜、槐蚜、桃蚜等蚜虫，是著名的农业益虫。

蜻　蜓：学名Aeschna melanictera，昆虫纲，蜻蜓亚目。一般体型较大，休息时翅展开，平放两侧面，前、后翅不相似，后翅大于前翅，体长约5厘米。若虫（水虿）与成虫都捕食其他昆虫或小型动物，有益。

蝇　虎：学名Menemerus，蛛形纲，跳蛛科，俗称苍蝇老虎。体小，周身有细毛，足短而粗壮。单眼四射，一对前中眼特别巨大。白昼活动，善于跳跃，不结网，捕食蝇类。

家　蚕：鳞翅目蚕蛾科，幼虫喜食桑叶，茧可作生丝，是丝绸的原材料，本地很少养殖。

蜜　蜂：膜翅目蜜蜂科，结巢群居，巢内有蜂王（雌性）为中心，雄蜂及多数职蜂集合一起，组织严密团结，职蜂专司造巢采食。产蜂蜜甚多，蜂蜜作补品或入药，本地山区平原有养蜂者，以箱蜂野外养殖。

附：本地作物害虫名录

二化螟虫、三化螟虫、大螟虫、稻苞虫、桑螟、稻蝗、天牛、瓢虫、谷象、尺蠖、浮尘子、黑椿象、饷虫、稻纵卷叶螟、稻飞虱、白蚁。

第十五章 矿物
DiShiWuhang KuangWu

第一节 石

黑　石：在福泉山龙潭坑产有少量中生代上白垩所沉积的黑色岩石。（《鄞县通志》）

白　石：在莫枝白石山有白石，未采。

红　石：在稽山有微红而坚之石，未采。

绿　石：在胡郎岙有色绿质脆绿石，未采。

花岗石：在椅子岙有花岗石，色青，日久变黑青色，民国时椅子岙有兴隆塘和万兴塘，为陶公山忻氏所开。（《鄞县通志》）

杂　石：用于填充用的塘渣，采用隐学山公路南边最多，已停采。

第二节 砂

黄砂：是天然的微颗粒之后，一般堆积在溪流转弯处，下水黄砂较多。1964年东钱湖部队建设，修筑泥丘山两边湖堤，采用大量的下水黄砂。

第三节：砖、瓦

砖：有红砖、青砖之分。

1、红砖由轮窑厂专业生产，砖色红，规格尺寸为2×5×10，统称2、5、10。青山和陶公山、郭家峙原有三家轮窑厂，2005年停产拆窑。青山轮窑厂窑址已为国际教育论坛工地。郭家峙轮窑厂窑址已为隐学山别墅群，陶公山砖窑厂已拆。

2、青砖由土窑生产，砖色灰。原料是湖泥和山泥，规格2×5×10。下水石棺材、下水港口、下水乌石山、下水纪家庄有土窑11处，烧柴或烧煤，2005年后关停。目前在下水纪家庄、乌贼山咀头、石棺材还留土窑7处，停用未拆。

瓦：有青瓦和平瓦之分。

1、青瓦是土窑生产，又称瓦片，是人字型屋面的主要材料，凡生产青砖的土窑都可以生产青瓦，一般一窑之中，1/3左右是青瓦（上层），2/3左右是青砖（下层）堆砌。20世纪60年代之前，以湖塘村（已拆迁）著名，70年代以后以下水著名，今已不生产此瓦。

2、平瓦由专业平瓦厂生产。它的尺寸相当于青瓦的5～6倍，有三四条流水糟和扣子。原来茶亭村的公路路下有平瓦厂，1995年以后停窑。

第四节　陶

陶器：见本书第二十七章第五节。

第五节　瓷

瓷：即瓷器，比陶器细研。色有白、青灰、淡灰。东钱湖从汉开始就生产瓷器，有罐、洗、钵、碗、杯、盂、盅、盏、盒、壶等种类，南宋时期远销东南亚诸国、日本。从1962年起，东钱湖刀子山、郭童岙、窑岙、郭家峙、蛇山、窑棚、三甲窑、石水顿岙、兆山顶先后有出土发现，以三甲岙越青花瓷为著称。详见本书第二十七章第五节。

SHUILIBIAN

水利编

根据《鄞州水利志》记载：在全新世中期，浙江沿海发生第四纪以来第三次规模巨大的海侵，海水直扑山前，平原为浅海区，山区剥蚀下泄的泥沙在海潮推顶作用下沉积成为沙洲。全新世晚期海退后，逐步扩大外移的沙洲外缘形成海岸，内侧成为潟湖，潟湖经沼泽湿地化，逐步淤成平原，低洼处遗留、淡化形成海迹湖泊。海迹湖泊大部分逐步淹没，少数经人工开发整治，兴其水利，修建塘、堰、碶、阙，垦为人工湖泊，东钱湖就是海侵时期宁波唯一保留下来的海迹湖泊。近百年来，上游修建的山塘、水库，维系着农田灌溉、防洪泄水、航运湖产与旅游休闲。

■ 新编东钱湖志

第十六章　水利（一）
DiShiLiuZhang ShuiLi(yi)

东钱湖四面环山，为封堵湖水，各山峡之间筑湖塘，堰坝连接，共13条。梅湖建立农场后，梅湖塘、栗木塘、偃月堤已失去堵蓄湖水的作用，现存湖塘10条，其中分湖塘3条。

第一节　塘

高湫堰塘：在湖西南，自大堰新碶至高湫堰，长819.2米，塘顶高程5.20～5.30米，塘身高2.67米，砂石结构。迎水面垂直，块石护砌，背坡垂直，塘顶宽9米，堵蓄湖水。清道光二十三年（1843）八月，大风雨，塘坏。二十八年（1848）巡道麟桂、郡守杨钜源、署守徐敬捐俸倡修。以近堰绅士袁世恒职其事，工最完固。光绪九年（1883）八月，大风雨，塘坏。光绪十年（1884）郡守宗源瀚请拨款修葺完固。1958年加高湖塘50厘米，1959年塘顶建公路。经实地考察，现塘顶为黑色路面的二级公路，湖塘加高30～40厘米，塘南端有迎旭禅寺。塘下有千亩左右农田，靠近省道处的农田正在建造别墅群。

方湖塘：又称方家湖塘，在湖之西，自国七寺至湖塘王安石公园，长893米，塘顶高程5.20～5.50米，塘身高3.02米，砂石结构。迎水面垂直，块石砌筑，背水坡垂直，塘顶宽9米，堵湖蓄水。清咸丰元年（1851）重修，民国三年（1914）塘南一段年久失修毁坏。里人忻锦崖集资雇工修葺完固。1958年加高湖塘50～60厘米，1959年10月塘顶建公路。经过实地调查，此塘已为水泥路面，比1958年加高后又加上30～40厘米，迎水面边有直径50厘米自来水管护塘身。湖塘下村于2010年10月拆迁。

莫枝堰塘：在湖西北莫枝村，长103米，阔18米。堵蓄湖水。清光绪十五年

（1889）里人郑世洽请拨赈济款，援以工代赈例修，加阔10米。塘上建有关帝殿及鉴湖亭，又建市屋，两对面各六间。1950年以后塘近湖面是渡船码头，名介甫楼码头。2000年，塘顶已开辟公园，1974年建有介甫亭、介甫桥，碶闸南保持原来磨堰坝。公园南为电动上下升降坝。2011年3月电动坝升降机已锈蚀严重，但仍是东钱湖船只上河或下河唯一电动升降机。

钱堰塘：在湖之北钱堰村，长24.64米，阔8米，堵蓄湖水。清道光二十三年（1843）八月，大风雨，塘堰坏，二十五年（1845）里人钱启暄重修。此坝在80年代做过修理，是船只磨堰之坝。

平水堰塘：在湖西北莫枝村，平水桥之上，原王安石公园之北，长13.44米，阔8米，堵蓄湖水。清道光二十八年（1848）巡道麟桂、署守徐敬重修。此塘很短，1980年前后修缮过，可以磨堰船只。现为公园景观之一。

湖里塘：又称五里塘，在湖之东北，自东南上虹桥至西北下虹桥，长1192米，塘顶高程4.9～5.2米，塘高2.37米，塘身土石结构。迎、背水坡垂直，条石砌筑，顶宽10～11米。原为分隔梅湖与外湖的分湖塘，塘东北部为梅湖，塘西南为外湖。1960年梅湖垦为农田，上虹桥设置小斗门，其塘为堵蓄湖水。清道光二十八年（1848）修。光绪二十七年（1901）里人忻锦崖集资修塘筑路。民国三年（1914）镇海陈协中，浚梅湖之后，对湖里塘修整完固。梅湖废后，历经多次修理加固、堵漏。1983年12月至1984年12月塘体用套井止漏，重修迎水面护塘石砌，背坡亦用块石重加砌筑。从2009年开始，为清东钱湖污泥，靠近湖里塘的一片梅湖农田，作为堆泥场，且面积向梅湖东北农田扩展，已越过环湖东路公路，占梅湖面积的近1/3成为污泥堆泥场。

湖心塘：亦称湖心堤，在湖中，从陶公山湖蓬外至下峰岸，长1700米，1976年以疏浚东钱湖为目的而兴筑。塘体为粘土心墙堆石体填筑，塘顶高程5.0～6.0米，塘高3.75米左右，顶宽10～15米，底宽24米。两边水下部分抛石，边坡各为1:1.5，东桥孔4米，中孔桥8米，西桥孔8米，疏浚东钱湖时可封堵湖水，分隔浚治。2003年湖心塘扩建绿化，设亭台楼阁，碶桥改造重建，形成旅游景区。又称钱堤，有"钱堤烟波"景区，应为陶公山至霞屿岛至下峰岸连接。向南转为沙山旅游度假村，2013年改建国宾馆。2002年扩建绿化，建造彩色公路，塘中心加宽达50米以上，建有月波楼，堤上有未名亭、桃花坞、清风廊、呼舶廊、普陀亭、影月桥。近下峰岸的二灵桥，又在2009年重建，改为汽车可以通行。

大堰塘：在湖之西大堰头，笠大山下，长26.67米，宽15米，堵蓄湖水。建有鉴湖庵，已圮。今有新建鉴湖禅寺。

梅湖塘：在湖东北高钱乡梅湖村东南，梅碶岭与黄泥岭之间。东自堰头山至碶桥，长10.4米，碶桥西至堰身，长55.68米，堰面石塘自东至西长435.2米，小斗门西至高湫山脚石塘长14.4米，堰旁阔18.56米，余阔8.32米，堵蓄湖水。清道光二十八年（1848）修理中段塘300米，民国二年（1913）里人忻锦崖集资修固。此塘自1960年梅湖废后已失去堵蓄湖水作用，今改建为公路。

栗木塘：在湖东北东吴镇栗树塘村。长153.6米，阔6.4米，堵蓄湖水。民国三年（1914年），里人忻锦崖集资修整完固。1960年梅湖废，已失堵蓄湖水作用。今改建为公路。

偃月堤：梅湖之北捣臼湾，浚梅湖时淤泥堆积而成堤，上砌石，堤右有桥，名"偃月桥"，皆清末民初镇海陈协中所建。

道士湾堤：在湖之北偏西，也称桃树湾。莫枝黄泥岭至青山岙村口，1964年部队基地建设11号工地所筑，2008年命名为"连心堤"。长300米，阔20米，迎水面坡垂直，浆砌块石，顶为二级黑色路面，起分湖作用，内为赤塘岙水域。

尊教寺湾堤：在湖之北，在牛墩眺至擂鼓山，1964年部队基地建设11号工地时所筑，把尊教寺湾水域与湖隔开。堤长200米左右，阔12米左右。迎水面为垂直，浆砌块石，湾内为部队基地水池花园。

第二节　堰

堰，亦称堰坝。东钱湖设堰七处，1960年梅湖垦为农场后，梅湖堰、栗木堰已失去作用。堰顶的形式有两种：一为车堰，即堰顶设置活泥船道，堰身狭窄，两旁设辘轳，人工运转，拽船过坝。另一称为磨堰，堰身较阔，上下游斜坡较平缓，小船只过堰，用人力互相交错磨盘而上。堰的作用为，平时堵蓄湖水、通舟楫，洪水时作溢洪泄水之用。

莫枝堰：湖西北莫枝堰塘两侧。东堰长4米，阔10.4米，堰顶高程3.87米，边坡系数为上游1:4.8，下游1:4.7。堰上原设船坝，1965年废。西堰长19.84米，阔10.56米，堰顶高3.83米，边坡上游1:4.9，下游1:7，堵水溢流。西堰于1965年12月改为升船机。升船机已破损，即将毁。

平水堰：旧名平湖堰。湖之西湖塘村平水桥之上。石堰，长14.56米，阔9.6米，堰顶高程3.95米，边坡系数为上游1:4，下游1：5。堰上设堰坝，堵蓄湖水，溢流兼通舟楫。清道光二十八年（1848）巡道麟桂、署守徐敬重修。1968年，船坝废。

大堰：湖之西大堰头村口。石堰，长11.54米，阔9.92米，堰上设船坝。堰顶高程3.89米，边坡系数为上游1:5.5，下游1:5.4。堵蓄湖水，溢流。清道光十五年（1889），里人戴其仁请赈济款援以工代赈例修整完固。大堰村2004年全部拆迁。船坝已废。

高湫堰：湖之西南高湫塘南端，石堰，长11.04米，阔8米，堰上设船坝，堰顶高程3.96米，边坡系数为上游1:5.4，下游1:5.0。堵蓄湖水，溢流兼通舟楫。清道光二十八年（1848）修。1980年代中期，船坝废。1958年曾修缮，政府出资。

钱 堰：又名前堰，湖之北钱堰村头，石堰长10.4米，阔5.12米，堰顶高程3.96米，上下边坡系数为1:3.9。堵蓄湖水，溢流。清道光二十三年（1843）八月，大风雨，堰坏。二十五年（1845）里人钱启暄重修。1958年四周塘加高时，堰重修完固。

梅湖堰：湖之北西高钱梅湖村东南。石堰，长11.84米，阔9.6米，堵蓄湖水、溢流。清光绪二十六年（1900）里人忻锦崖集资修，加阔6.3米。1960年梅湖垦为农场，此堰失去作用。

栗木堰：湖之正北，东吴镇栗树塘村。石堰，长4.6米，阔3.2米，堵蓄湖水、溢流。梅湖废，此堰失去作用。

第三节　碶闸

东钱湖旧有水闸四座，小斗门一座，用于泄放湖水。1960年梅湖垦为农场，梅湖碶废。1960年代大堰建新碶，1971年郭家峙建新碶，东钱湖自此共有六碶。

莫枝碶闸：湖之西北莫枝堰，原长5.12米，阔4.16米。1960年代重建后为二孔，净孔径2.9米。1992年改为单孔，孔径2.5米，闸底高程1.1米，经常泄流量12.7立方米/秒，最大泄流量17.5立方米/秒。岩石基础，水泥石砌，钢筋混凝土闸门板，电动启闭。此堰的过桥上刻有"道光五年（1825）重修"。

大堰碶闸：湖之西大堰头。初在葑田之上，屡坏。明洪武二十七年（1394）工部差监生郑彦藩徒碶凿石山岩，遂以坚固。单孔、净孔径2.0米，闸底高程1.15米，经常泄流量13.8立方米/秒，最大泄流量17.8立方米/秒。岩石基础，水泥石砌，玻璃钢平板闸门，1996年改造闸室，改为电动启闭机启闭。1986年浙江省水利科学研究所试用玻璃钢闸门。此堰闸采用玻璃钢闸门在省内属先进，目前使用经常。

大堰新碶闸：湖之西大堰头，岩石基础，水泥石砌，单孔，净孔径2.9米。建于1960年代，1993年改造闸室，钢筋混凝土闸门板，电动启闭，闸底高程0.55米，经常泄流量13.7立方米/秒，最大泄流量18.6立方米/秒。

钱堰碶闸：又名前堰碶，湖之北，高钱乡钱堰头村万灵庙右侧。原碶长4.8米，阔4.4米，1960年代初重建后为二孔，净孔径2.9米。闸底高程1.40米，经常泄流量13.2立方米/秒，最大泄流量17.9立方米/秒。岩石基础，水泥石砌木质平板闸门，螺杆启闭。

郭家峙碶闸：在湖西南郭家峙。单孔，净孔径3米，岩石基础，闸底高程1.13米。钢丝网混泥土平板闸门，螺杆启闭，经常流量12.7立方米/秒，最大流量17.5立方米/秒。此碶建造于1971年，同年开挖寨基河配套工程。

梅湖碶闸：湖之北，高钱梅湖村，二孔净孔径3.15米。闸底高程0.45米，岩石基础，水泥石砌，木质平板闸门，螺杆启闭。1960年梅湖废后，已失去调节湖水功能。今碶已废。

第四节　湫阙、小斗门

湫阙是设置在塘中间或两端的放水缺口，阙底较碶闸底为高，设置插板门。旧志所载有八：高湫塘湫阙、平水塘湫阙、方家塘湫阙、莫枝堰西堰塘湫阙、高湫堰南迎旭庵附近湫阙、栗木塘北湫阙，有一处失考。共和国初期（1950

年)尚有高湫、平水、方家塘、钱堰四座湫阙,改建后称小斗门,另新建小斗门7处,共计11座。今一座改闸,其余已废。为后人查证,将四座湫阙及上虹桥梅湖塘西小斗门分列如下:

梅湖塘西小斗门:长2.56米,阔1.15米,斗门底高程1.90米。木质平板闸,螺杆启闭,泄流量3.22立方米/秒,配渠道871米,子流灌溉青山、高钱、建胜、姜郎湾等村80公顷(1200亩)农田,昔传系王荆公(安石)所建,共和国初期改建,梅湖废后向河渠引流。

平水堰北小斗门:孔径0.8米,高1.7米,长3.04米,斗门底高程2.49米,木质平板闸门,螺杆启闭。泄流量1.46立方米/秒,配渠道长800米,灌溉农田11.47公顷,原为平水湫阙,清道光二十八年(1848)修,共和国初期改建小斗门,今已废。

方家塘小斗门:方家塘北,孔径0.68米,高1.7米,长3.04米,底高程2.87米,木质平板闸门,螺杆启闭。泄流量1.46立方米/秒,配渠道长870米,灌田22.73公顷。原为方家塘湫阙,清咸丰元年(1851)修。共和国初期改建成小斗门,今已废。

国七寺小斗门:方家塘之南,孔径0.8米,高1.55米,底高程1.95米,木质平板闸门,螺杆启闭,泄流量1.50立方米/秒。渠道10.5米,灌溉建设村(陶公山建设村)40公顷农田。今已废。

高湫塘小斗门:高湫塘南端,原为高湫堰湫阙,长2.72米,阔3.84米,清道光二十八年(1848)重修,共和国初期改为小斗门,孔径0.93米,高1.6米,底高程3.63米,木质平板闸门,螺杆启闭。泄流量1.55立方米/秒,渠道1250米,灌溉跃进村(湖塘村)40公顷农田,今已废。

上虹桥小斗门:孔径1.5米,底高程1.69米,钢筋混凝土闸门,螺杆启闭,泄流量5.2立方米/秒。灌溉梅湖农场,1963年改建为闸,孔径2.5米,1989年重修。

第五节 湖流

湖流是东钱湖下泄之水的去向,湖水经水闸,堰坝下泄后进入鄞东南平原河网,尾闾之水经沿江水闸进入奉化江、甬江江道。

莫枝堰碶下注水：入中塘河，出八字桥，历黄苏桥、沙家垫、五港、杨树桥迤北为鹅颈汇，西折历泗港、潘火、杨家桥，至横石桥与前塘河会合，尾闾之水经四眼碶、延芳桥、白鹘桥、"古大石碶桥"，由大石碶入奉化江。

大堰新碶下注水：入长山港，经观音庄、前徐，西南横溪来水会于凰山大桥，水出云龙碶，经过颜桥，折西南而经石桥，又经荷花桥，又折西南徐东埭，又折正南甲村，又经蔡郎桥经过俞家埭，孙家庄至奉化白杜一带。而过云龙碶桥其正北胡墅桥，经张村桥，又经安乐万岭（俗称"三桥"），折北又经武陵桥，至横石桥东与中塘河之水汇合，由道士堰碶、大石碶入奉化江。

钱堰碶北注之水：一路历高钱、西亭山、庙下桥、张家瀛，又出陈孟桥、历方桥，至平政桥北，会梅湖碶水（梅湖废于1960年，已无水）绕鹿山西折，出张弦桥、包家小桥、万岭桥、汪洋桥、张家瀛、高塘头（回龙桥）、曹隘、横泾、王家弄，而邱隘、殷隘、松下漕各渠交错其中，其水直趋四眼桥，与后塘河会合，由杨木碶入甬江，一路经五乡、姜家陇，由梅墟碶、甬新闸入甬江。

郭家峙碶之水：由寨基河经丁湾、栎斜入凰山大桥，入前塘河，至横石桥东，会中塘河之水，由大石碶入奉化江。

梅湖碶之水：梅湖1960年垦为农场，梅湖碶已无作用，为备后人查阅，今述如下：北注鹿山，西折出平政桥，会钱堰之水，经月儿湾、包家大桥，直注汇牵桥，历五乡碶、鄞镇渡桥、丁家山大桥、东冈碶、长山桥、义成碶，湖水至小港一带属镇海。其末至汇牵桥，于五乡碶北分注梅墟、龙山诸渠，直下镇海小港，旁出楼家碶，其西流历鄮山桥及莘桥（新桥是莘桥之误）、盛垫、福明、镇东四桥，至张斌桥（已拆）、彩虹桥（已拆），经镇安桥半里许为三塘河（大河即后塘河尾已填为中山路）总汇，西折经四眼桥同注大石碶入奉化江。

附：湖流所经鄞、奉、镇三县七乡区域和村落一览

老界乡：宋赤城里，在县东（江东区），总甬东隅及一都、二都、三都、四都。

甬东隅：

一图：甬东司前（海曙区）、半边街（江厦街）、天后宫前（江厦街）

二图：百丈街（江东区）、葛家桥（江东区）

三图：七塔寺、花娘巷（江东区）

四图：镇安桥、买席桥、百丈街底（江东区）

五图：包家道头、智福庵、米行桥（江东区）

六图：太保庙、五河桥（江东区）

七图：包家道头、水仙宫（江东区）

八图：江北岸李家（江北区）

九图：江北岸引仙桥（倪家偃、江北区）

十图：江北岸孙家、鄞定桥（江北区）

一都

一图：张斌桥、下茅、孔夫堂、天官第家、大墩徐（江东区）

二图：金驾桥、余隘、四柱桥、牛郎漕（江东区）

三图：七里垫、周家漕、曹家、李家汇、后陈、下茅、王家湾（江东区）

四图：朱桑、虞家、阳胜桥、下张

五图：福明桥、张隘（江东区）

二都

一图：栎木庙、潜龙漕、荷花庄、舟孟桥、章家桥（江东区）

二图：王家弄、柳隘、外河沿柳（江东区）

三图：小应隘、松树下漕、后新屋、柳隘、古郎漕、新市（邱隘镇）

四图：金家桥、横泾、上新桥、陶家漕（邱隘镇）

五图：横泾河头（邱隘镇）

六图：殷隘、曹隘（邱隘镇）

七图：张郎漕、高塘头（回龙村）、葛家漕（潘火镇）

八图：高塘头（回龙村）、葛家漕（潘火镇）

三都

一图：高钱河西（东钱湖镇）

二图：高钱河东、下王（东钱湖镇）上万令、月儿湾（邱隘镇）

三图：康家耷（东钱湖镇）界牌桥、姚村杨家（邱隘镇）

四图：东雅桥、马车桥、郑杨村、西雅桥、张家瀛（邱隘镇）

五图：上邱隘、盛垫桥、六驾桥（邱隘镇）

六图：下邱隘、中万令、盛垫桥（邱隘镇）

七图：下迈岭、夏家汇头（邱隘镇）

四都

一图：化成庵、邵家、花汀邵（邱隘镇）

二图：新盐场、大漕、涨浦桥、杨木碶（梅墟）

三图：梅墟街、上王（梅墟工业区）

四图：梅墟（梅墟工业区）

五图：潭河头、梅墟街、徐家宂（梅墟）

六图：涂田张、美家衕、潭河头、滕家园
丁家漕、徐村（梅墟）（江东区）

七图：新盐场（梅墟）

阳堂乡：宋太白里，在县东，总五都、六都、七都、八都、九都、十都、十一都。

五都

一图：盛垫桥、新桥、钟家桥、高隘岙、新屋乐家、高隘、项家漕、
卓家滩、五都王宋（邱隘、五乡）

二图：鄮山桥、龙山下、江底张、彭家漕、沈家庄、天童庄、陈郎桥、
柴邵（五乡镇）

六都

一图：汇牵桥、五乡碶、后蟠龙、何家洋（五乡镇）

二图：五乡碶夹塘、李家洋、郑家桥（五乡镇）

三图：下庄施家、同岙、省岙、横岙、四都掌（五乡镇）

七都

一图：宝幢、小白河头（五乡镇）

二图：明堂岙、小白、生姜漕、沙沿河头（五乡镇）

八都

一图：赵家庄、天童街、东吴、南昌岙（山乡）

二图：凤下溪、天童寺、三塘头（山乡）

三图：天童寺僧都（东吴镇）

（编者注：八都1~3图实与东钱湖水系无涉属后塘河水系）

九都

一图：周家岙、画龙、戚家耷、沙地（东吴镇）（属后塘河水系）

二图：东吴街（东吴镇）

三图：瓶窑、史家湾、唐家湾、栗树塘（山乡）

十都

一图：石山弄、钟家沙（五乡镇）

二图：前堰头、梅湖堰、章隘、旧宅、方桥、水门漕、鹿山头（东钱湖镇）

三图：绿野岙（东钱湖镇）

四图：下水河头、大慈岙（东钱湖镇）

十一都

一图：天打岩、周河塘、大嵩塘溪（咸祥）

二图：瞻埼、东坑、舵艟、张家寮、周家寮、张家山（瞻岐镇）

三图：大嵩所（山乡）

四图：大嵩所（山乡）

（编者注：十一都1~4图与东钱湖水系无涉，应属大嵩江水系）

十二都：翔凤乡，在县东南宋沧门里总十二都、十三都、十四都、十五都、十六都。

一图：盐场、竹窦（大嵩）

二图：管山、犊山、罗浦、竹窦（管口、大嵩）

三图：邹溪、大碧浦（塘溪、大嵩）

四图：大盐场、横山（咸祥、大嵩）

五图：蔡家墩（咸祥）

（编者注：十二都1~5图实与东钱湖水系无涉，应属大嵩江水系）

十三都　一图：上周岙、童家岙、童夏家、沙家桥（塘溪镇）

二图：塘头街、施家桥（塘溪镇）

三图：西岙、方里、黄土岭、坊前、张齐岙、东淘岙（塘溪镇）

四图：管江、上陈（塘溪镇）

（编者注：十三都1~4图与东钱湖水系无涉，应属大嵩江水系）

十四都　一图：上水街、范岙、横街（东钱湖镇）

二图：俞家塘（东钱湖镇）

三图：叶公山、钱家山（横溪镇梅岭）

四图：北岙、蒋家潭、华家岙（塘溪镇）

（编者注：十四都2~4图实与东钱湖水系无涉，应属大嵩江水系）

十五都　一图：韩岭、马山、象坎、西山下（东钱湖镇）

二图：观音庄、郭家峙、高湫堰湾、（东钱湖镇）杨岙、水仓里、钱家漕（云龙镇）

三图：湖临头（东钱湖）、顿岙（云龙）、岭后、寨基、郭家峙（东钱湖镇）

四图：隐学岭、茶亭下、象坎（东钱湖镇）

十六都　一图：莫枝堰、后王（东钱湖镇）、打石衕、前徐（云龙镇）

二图：方边、戴家岸、捭竹庙跟、郑隘（东钱湖镇）、范家漕、上史（云龙镇）

三图：青山岙、殷家湾、河上桥徐、莫枝堰、郑隘、师姑山（东钱湖镇）

四图：陶公山、曹家、史家湾、薛家山、陈野岙（东钱湖镇）

五图：毛竹园下、许家岙、湖塘下（东钱湖镇）

六图：湖塘下、大堰头、周家岸（东钱湖镇）

七图：陶公山西（东钱湖镇）

手界乡：宋赤城里，在县东南，总十七都、十八都、十九都、二十都、二十一都、二十二都。

十七都

一图：舒家岸、五港口、河上桥、林家、邵家弄、长漕、沙家店、
　　　　上阳、黄隘、谢家墓、田畈王（东钱湖镇）

二图：大悲桥、许家、汪家、姜村、中埠漕（潘火）

三图：四港、汪家宅跟（潘火镇）、奤里王柴家（下应镇）、海月塘（潘火镇）

四图：江陆、史家墓、西徐、方杨蒋、沙滩桥、陆家桥（下应镇）

十八都

一图：三桥、大河沿、十八都李家（陈婆渡）

二图：陆村、观月桥、黄龙港、章四港、秦家亩（陈婆渡）

三图：雅应、尖漕、天王庙后（下应镇）

四图：雅应、西港、傅家漕、西应（下应镇）

十九都

一图：搬火桥、童王（潘火镇）

二图：四港、横石桥、天林庄、童王（潘火镇）

三图：白鹇桥、宋诏桥、道士堰、仇毕、前后盛、双桥（江东区）

二十都

一图：周宿渡、缪家桥、高古塘、邹家塘（江东区）

二图：长路头、慧灯寺、金家漕、廿四间（江东区）

三图：庙堰头、庙前张（姜山镇）

四图：李师堰、严家漕、林夏畈、青墩（姜山镇）

二十一都

一图：虹桥头、庙前陈家、萧皋碶、三桥鲍家、陈婆渡、张六四房（姜山镇陈婆渡）

二图：桃港（陈婆渡）

三图：鳌洋、桃港、姜村、陈张（陈婆渡）

四图：湖墅桥、定桥、前陈浪岸、后陈浪岸、谢堰头、双桥、傅家、
　　　　宝林寺跟（云龙镇）

五图：姚家浦、云龙碶（云龙镇）

二十二都

一图：王甲岙、许家峙、茂屿（东钱湖镇）、陆家堰、秦家、碶港村、长桥头（姜山镇）、上郁、下郁、叶家（云龙镇）

二图：石桥、张家花园、杜村、潼家漕（云龙镇）

丰乐乡：宋姑干、石柱里，在县东南，总二十三都、二十四都、二十五都、二十六都。

二十三都

一图：栎斜保福地、丁湾、竺家庄（横溪镇）

二图：横溪河头、孔家潭、周夹岙、陆广桥村（横溪镇）

二十四都

一图：道陈岙任家、朱家澍、青塘头、夏凉（横溪镇）

二图：上任、下潘（金峨）

三图：大岙任家、芦花桥、东山岙、黄通岙（金峨、梅岭）

（编者注：二十四都1～3图与东钱湖水系无涉）

二十五都

一图：横溪街南、陆广桥、山西、西岙、钱岙姑干（横溪镇）

二图：田王、陈歧（云龙镇）、横溪（横溪镇）

二十六都

一图：横山后、新让里王（姜山镇丽水）

二图：前蔡郎桥、柯何董、高家桥、丽山后计家村宅前（姜山镇丽水）

三图：蔡家衕、官来衕、应家埭、孟家埭、下俞埭（姜山镇丽水）

四图：余家埭、孙家庄、河东岸、让里、王港骆、王家垫、盛吴（姜山镇丽水）

鄞塘乡：宋姜山里，在县南，总二十七都、二十八都、二十九都、三十都、三十一都、三十二都。

二十七都

一图：侯家、姜山头、郑家庄（姜山镇）

二图：张华山、俞家（姜山镇）

三图：任家横、施家桥、下李家、郁家坟头（姜山镇）

四图：徐董塛东头、荷花桥（云龙镇甲村）

五图：甲村上王家桥（河北）、郏家塛（云龙镇甲村）

六图：甲村下王家（河南）（云龙镇甲村）

七图：徐董塛后小房（云龙镇甲村）

八图：王家塛、励港岸、陈监桥、上李家、凌家弄（云龙镇甲村）

九图：陈家段、西任家横、赵家横（云龙镇甲村）（甲村归云龙镇）

二十八都

一图：伙飞庙前、长车漕、居敬桥、倪家、柴九房、上唐王家、井亭前后、百丈张黄、上下张程、后岸（姜山镇）

二图：陈婆渡、程家堰、鲍家弄（姜山镇）

三图：石家、石路头（姜山镇）

四图：前周、后周、虞家（姜山周韩）

五图：高塘桥、三里李家（姜山镇）

六图：江口桥、姜山、骆公桥、后庄上境、青墙衖上境（姜山镇）

七图：姜山里、上李家、下唐、骆家唐（姜山镇）

八图：姜山青墙衖下境（姜山镇）

九图：青墙弄西、姜山（姜山镇）

十图：青龙桥、马池头、姜山、水仓（姜山镇）

二十九都

一图：景江岸、陈托桥、新塘沿、王伯桥（姜山镇）

二图：南林寺、西楼、唐家汇（姜山镇）

三图：胡家坟、杨家衖、唐家汇、王伯桥、胡里塛（姜山镇）

四图：周家塛、东楼（姜山镇）

五图：虎啸周（奉化）、孙家漕（下江）（姜山镇）

六图：东林寺跟（姜山镇）

三十都

一图：荒田畈、石柱头、下施孙施侯（姜山镇）

二图：楝树碶、周韩（上河与下江）（姜山镇）

三图：铜盆浦（姜山镇）

四图：任家堰、李化桥、上何、西张（姜山镇）

五图：翻石渡、任家（姜山镇）

六图：舒周（下江）

三十一都

一图：陈家垫、高田塍（下江）、西马（姜山镇）

二图：红叶虎啸、凤仙桥（下江）（姜山镇）

三图：董家跳（下江）、东张、清和桥上钱、应袁潘（姜山镇）

四图：沈风水、五港（下江）（姜山镇）

三十二都

一图：里河、茑区（姜山镇）

二图：徐家花园、张俞、董王（下江）（姜山镇）

三图：茅山、斗门桥、孙家山（下江）（姜山镇）

四图：走马塘（下江）（姜山镇）

奉化县（奉化市）

金溪乡：宋昆山里，该属二十八都、二十九都。

二十八都 二图：白杜、柴家堰、陈港沿、马岭河（白杜镇）

三图：泰桥（白杜镇）

二十九都 一图：孔峙、埋界桥、金家堰、镇海县（北仑区）

镇海县（北仑区）

崇邱乡：宋长城里，所该属总崇一（一图、二图、三图）、崇二（一图、二图、三图）、崇三（一图、二图、三图）、崇四（一图、二图、三图）。

一都 一图：道头、沿江、漕头前、后袁、小道头、盐司后、朱家河头、衙前、后街、康郎桥、王家洋、郑家埠（北仑区小港）

二图：竺山、泥湾、铺前、桐木（北仑区）

二都 一图：宋家弄、场头乐、沙湾头、里宅13处（北仑区）

二图：下黄、皋余、直下河、斗底陈（北仑区）

三图：石门、符家汇、前黄（北仑区）

四图：陈山前、上倪桥、沈家山下（北仑区）

三都 一图：新碶下、剡岙、金家斗（北仑区大碶）

二图：胡家弄、金墩、田洋乐（北仑区）

三图：王瓦屋、梯子岭、山家唐（北仑区）

四都

一图：姚山头、上邵、下周隘、下新屋、堰头、高港、上周隘、牵渡头、严家庄、石磁头、丁山下前漕、丁山下后漕（北仑区）

二图：庄家河头、姚屿岙、黄满堰、东岗、高路头、鲍家洋、朱家洋、姚家斗、张家洋、丁邵（北仑区）

注：（ ）内是2010年行政区划名称。

第六节　湖功能

东钱湖自形成以来，除湖之本身利益外，以灌溉为主，总库容4428.9万立方米，1985年9月被确定为浙江省风景名胜区。2001年8月，宁波市确定东钱湖为旅游度假区，并成立了相应的管理委员会，对湖泊之功能重新进行定位，对其水位特征也重新作了测定。

水位特征：死水位：1.77米

生态环境水位：2.3～3.77米

防洪限制水位：3.37米

正常蓄水水位：3.77米

设计洪水位：4.2米（50年一遇）

校核洪水位：4.34米（300年一遇）

2000年以来，最低水位1.93米（2003年11月7日～10日），最高水位4.45米（2000年9月15日）。多年来平均水位：3.19米。

库容特征：死库容：950万立方米

限制使用库容：1924万立方米（最低生态水位2.30米）

兴利库容：2805万立方米

防洪库容：1640万立方米

调洪库容：1905万立方米（校核洪水位）

换水周期：280天

灌溉：东钱湖目前灌溉鄞东南平原，包括鄞州、奉化、北仑、江东，一市三区十三个镇的2.465万公顷（369795亩）农田。

防洪：防洪保护范围为鄞东平原、鄞州中心区以及部分村镇。

淡水养殖：东钱湖原本是浙江淡水鱼主要产地之一，养殖面积19.9平方千米，人放天养。现在养鱼转制，养少捕多，鱼虾连年减少，年产在60万斤左右。20世纪80年代～90年代末，在陶公山前、谷子湖、殷家湾、道士湾一带有河蚌养殖，珍珠不少，2004年之后被清理，以确保东钱湖水清。

供水：1960年代之前是宁波市主要自来水源。三溪浦、横溪水库建成后，互相配合，每年为宁波市提供水量5000万立方米有余。现在宁波市、鄞州都用宁海白溪水库之水，东钱湖之水已作备用水和供东钱湖镇自来水用。

水运：在公路交通不发达时，沿湖村民的交通以水上船只航运往来为主：有莫枝至下水往来，莫枝至韩岭往来，莫枝至后庙湾往来，莫枝至霞屿寺往来，下水至陶公山往来，钱堰至张迈岭往来，莫枝堰埠头有介甫楼码头，经电动坝船只下中塘河，后塘河去鄞东南各乡镇，交通相对便利。2005年之后，水运逐步停船，唯有游艇、画舫、小渡船为旅游服务。除小普陀码头、陶公岛码头、陶公山湖蓬外码头和湖滨公园码头外，其余都废。

旅游：东钱湖是浙东有名的名胜风景区，1985年8月被列为浙江省风景名胜区，原有东钱湖十景：陶公钓矶、殷湾渔火、白石仙枰、百步耸翠、霞屿锁岚、双虹落彩、二灵夕照、上林晓钟、芦汀宿雁、余相书楼。2001年8月，东钱湖成立旅游度假区，新建福泉山景区、钱堤景区（湖心八景）、岳庙景区、霞屿寺景区、二灵景区、沙山景区、陶公岛景区、南宋石刻公园、庙陇山湖滨景区、小蓬山王安石公园、庙陇山八达岭景区、雅戈尔动物园、启新高尔夫球场、王安石庙（忠应庙）、十里四香景区、绿野谷度假村。下水南宋丞相村有待开发建设。

第十七章 水利（二）
DiShiQiZhang ShuiLi(er)

第一节 10万立方米以上水库

东钱湖在群山环抱之中，有山必有岙，有岙必有水。东钱湖之东南群山中，有10万立方米以上库容的水库5座，分别是龙潭水库、寨基水库、南岙水库、谷洞岙水库、茅岭水库。其中建成最早的是寨基水库，始建于1957年。最大的是龙潭水库，库容为19万立方米。

龙潭水库：在湖之东南，横街村到底，水源出自福泉山西和东道岭山脉。始建于1958年，粘土心墙，集雨面积2.5平方千米，坝高13.05米。正常库容19万立方米，溢洪道深11.08米，宽20.0米。放水洞洞径40厘米，灌溉横街村500亩农田和农民用水。余水汇上水溪，注入东钱湖。1960年10月倒坍后重建。

南岙水库：在湖之东南，下水南岙，水源出自福泉山北麓的李坪坑、中央坑和西坑。始建于1958年，集雨面积2.1平方千米。粘土心墙，坝高12.0米。正常库容16万立方米。溢洪道9.8米，宽20米，放水洞洞经45厘米，灌溉下水东村三四队500亩左右农田以及下水居民用水。余水汇南岙溪，经下水桥（原名枕湖桥），注入东钱湖。

寨基水库：在湖之西，郭家峙寨基之内，源自顺风旗山及栎斜山麓。始建于1957年，集雨面积1.4平方千米，粘土心墙，坝高11.50米。正常库容14万立方米，溢洪深9.50米，宽14.0米，放水洞洞经40厘米，灌溉寨基、郭家峙500亩农田。余水注入寨基河。

茅岭墩水库：在湖之东南，韩岭村云南山之南，水源出自云南山和北岙岭山脉。始建于1960年，集雨面积0.53平方千米。粘土心墙，坝长80米，坝高12.0米，溢洪道深2.0米，宽4.0米，放水洞洞径30厘米，正常库容12万立方米，灌溉茅岭韩岭200亩农田。余水汇韩岭溪，经韩岭桥，注入东钱湖。

郭潼（谷洞）岙水库：在湖之东南，属俞塘村，是东钱湖东南背山之水库，源自谷洞岙山脉。始建于1958年，集雨面积为1.54平方千米，粘土心墙，坝高16.60米，溢洪道深14.90米，宽10米，放水洞洞径40厘米，正常库容20.7万立方米，灌溉俞塘村700余亩农田。余水经碑牌桥、界牌桥、大溪桥，流入大嵩江。

第二节　1万~10万立方米山塘

1万~10万立方米山塘，又称山塘，工程规模小，设施简单，施工简便，在半山区、山区广为修建，东钱湖地区有28处。东钱湖最早的山塘是横街糯稻头水库和绿野岙张夹岙水库，都建于1956年。当时由鄞县水利会郑胜丕设计施工。山塘水库可解决一岙、一畈的灌溉用水，灌溉面积较小，使靠天田变成水灌田。

表17-1　1万~10万方立方米山塘水库

序号	水库名称	乡镇	村	开工年月	流域面积（平方千米）	库容（万立方米）	大坝坝型	坝长（米）	高度（米）	溢洪道深度（米）	宽度（米）	放水洞洞经（厘米）	灌溉面积（公顷）
97	畈坑	东钱湖	城杨	1972	1.00	5.00	粘土心墙		12.2	2.7	10.0	φ20	6.7
98	金夹岙	东钱湖	城杨	1971	0.50	4.00	粘土心墙		11.5	1.6	4.7	φ20	6.7
99	小路下	东钱湖	俞塘	1957	0.10	3.20	粘土心墙		7.9	0.9	4.0	φ20	10.7
100	泗水亭	东钱湖	俞塘	1958	0.17	5.20	粘土均质		5.3	1.1	2.7	φ20	10.0
101	召夹岙	东钱湖	俞塘	1958	0.10	4.30	粘土均质		4.8	1.4	3.0	φ16	13.3
102	塔沙岙	东钱湖	韩岭	1966	0.20	1.50	粘土均质		5.5	0.8	2.0	φ285	4.0
103	黄泥潭	东钱湖	韩岭	1957	0.30	3.50	粘土心墙		9.5	1.2	3.5	φ15	10.0
104	万岙	东钱湖	马山	1971	0.15	1.20	粘土心墙		7.0	1.2	2.0	φ16	4.0
105	石板川	东钱湖	横街	1973	0.73	6.50	粘土心墙		12.0	1.5	10.0	φ20	6.7
106	杨排岭	东钱湖	横街	1972	0.30	1.10	粘土心墙		7.0	0.9	6.7	φ15	3.7
107	塔沙岭	东钱湖	横街	1964	0.50	2.00	粘土均质		6.0	0.8	3.6	φ15	6.7
108	宝岙岭	东钱湖	横街	1971	0.10	1.00	粘土心墙		6.0	0.8	3.4	φ15	2.3

109	糯稻头	东钱湖	横街	1956	0.08	4.00	粘土心墙	5.8	0.8	2.3	φ15	10.0
110	陶公庵	东钱湖	福泉山	1965	0.10	1.00	粘土均质	6.0	1.5	2.0	φ15	2.3
111	大寺岭	东钱湖	福泉山	1970	0.04	1.50	粘土心墙	8.7	0.5	5.0	φ15	2.3
112	烂田跟	东钱湖	福泉山	1972	0.05	1.60	粘土均质	9.0	1.5	2.0	φ15	3.3
113	小毛花	东钱湖	福泉山	1968	0.04	1.80	粘土均质	8.4	1.4	3.0	φ15	6.7
114	新岭岙	东钱湖	下水东村	1975	0.06	1.00	粘土心墙	8.0	1.0	2.0	φ20	6.7
115	木公岭	东钱湖	洋山	1958	0.64	2.00	粘土心墙	8.0	1.2	2.1	φ20	6.7
116	新洞	东钱湖	洋山	1972	0.20	1.20	粘土心墙	7.5	0.9	1.5	φ15	2.7
117	门坑	东钱湖	洋山	1968	0.20	2.00	粘土心墙	10.0	1.5	2.0	φ20	4.0
118	岙里跟	东钱湖	绿野	1958	0.55	4.00	粘土心墙	11.0	2.5	6.3	φ30	8.0
119	崔夹岙	东钱湖	绿野	1970	0.12	1.80	粘土均质	11.7	1.4	1.4	φ20	3.3
120	张夹岙	东钱湖	绿野	1956	0.20	4.00	粘土均质	8.4	0.8	4.1	φ15	6.7
121	盛夹岙	东钱湖	绿野	1968	0.15	2.30	粘土心墙	8.5	0.9	6.0	φ15	4.0
122	黄泥岭墩	东钱湖	绿野	1974	0.30	1.20	粘土均质	8.0	1.0	3.0	φ20	6.7
123	里湾	东钱湖	绿野	1968	0.06	2.00	粘土均质	8.0	1.7	0.8	φ20	3.3
124	烂田	东钱湖	绿野	1967	引水	3.00	粘土均质	3.0	0.5	0.5	φ15	6.7

第三节　1万立方米以下山塘水库

东钱湖群山中，1万立方米以下山塘水库共计49座，占全鄞州区554座的8.85%。总蓄水塘容为24.45万立方米，灌溉1230亩左右的靠天田。详见下表：

表17-1　1万立方米以下山塘水库

所在村	名称	库容（万方）	所在村	名称	库容（万方）
俞塘	乾隆里	0.5	西村	拜鸡岭	0.7
城杨	长坑	0.4	西村	西岙底（上）	0.45
城杨	凤山岙	0.3	西村	西岙底（下）	0.45
东村	市岙	0.6	西村	滕岙	0.45

东村	马岙	0.7		洋山	阴家山	0.5
东村	外家史	0.6		洋山	屋后	0.5
东村	史家舍	0.5		洋山	马腰池	0.4
东村	水竹岭	0.5		洋山	庵跟	0.6
绿野	丁家岭	0.8		洋山	庵跟（小）	0.2
绿野	燕子窠	0.8		洋山	黄洞岩	0.6
绿野	五亩	0.6		洋山	龙王塘	0.3
绿野	东塘	0.6		洋山	万工池	0.5
绿野	西塘	0.6		洋山	小塘	0.4
绿野	中庵后	0.7		洋山	串水岩	0.6
绿野	烂田	0.8		洋山	古年头	0.4
绿野	荷花塘	0.3		建设	小梅岙	0.4
绿野	朱家塘	0.3		青山	赤道岙	0.8
绿野	里夹岙	0.5		青山	青山岙（上）	0.4
东村	袋底	0.5		青山	青山岙（下）	0.5
东村	畚箕斗	0.3		洋山	木公岭（小）	0.2
横街	石小娘	0.4		上水	下庄	0.5
横街	水木岭	0.3		象坎	竹头坪	0.5
西村	清湾（上）	0.6		横街	塔沙岭（小）	0.5
西村	清湾（下）	0.4		西村	保化树	0.6
西村	国下	0.4				

第四节　止水墩

　　止水墩，又称柳汀，在沿湖村庄边，距离30～40米左右，呈长条形；在湖中的止水地带又称墩。一般宽5～10米，长50～80米，高出湖水面0.5～0.8米，上种喜水性柳树，东钱湖风高浪急时，防止湖浪直冲湖边民宅。止水墩之内，也是湖上船只的避风港。止水墩还能改善湖边绿化环境，东钱湖有止水墩16处之多，有的还存在，有的已经废。

下水止水墩：在下水江口乌贼山嘴头之外江，就是现在的下水港口灯塔附近，宽约5～6米，长100米有余，起到保下水村风水作用，上有杨柳成荫。俗话讲："心直无家几，河直无风水。"1964年造下水湖田时被毁。

沙家山止水墩：在沙山村前，长约80米有余，宽在8米左右，上种杨柳。

郭家峙止水墩：在郭家峙湖中，此柳汀较长，分成三四段。

大堰头止水墩：大堰头村隔水之墩，上种杨柳，长300米左右。

象坎园前止水墩：在象坎村外裴君庙边，1966年造公路时被毁。

井头湾止水墩：在陶公山大岙底之前，已成为公路。

烟屿止水墩：在陶公山忻家祠堂外。

湖蓬外止水墩：南安桥隔水之墩，已成为"湖心八景"的眠牛山市广场。

曹家山头止水墩：原为阻止曹家山头的东钱湖南风浪，长达200米有余，宽在10米以上，是著名的湖上柳汀。

史家湾止水墩：在史家湾湖外，原长300米左右，宽20米左右，上种柳树。今已毁。

殷家湾止水墩：在殷湾村郑家祠堂的湖外，墩内是殷家湾渔民船只的避风港，墩上杨柳茂盛。分有四五段，宽15米左右，长500米。

韩岭止水墩：韩岭下爬山和裴君庙隔水之墩，毁于何年不详。据了解，此墩宽15米左右，长200余米，上种杨柳。

马山止水墩：马山周家祠堂隔水之墩，毁于何年不详。新建有堤。

上水止水墩：在上水江口鸡山头之前，隔水40米有余。

钱堰头止水墩：在钱堰头村隔水湖中，是东钱湖上最长的止水墩。根据民国《鄞县通志》地图计算，长度在1000米左右，是一道柳汀风景线。

周家止水墩：在周家裴君庙隔水之渚，长约110米，宽10米左右，上有残杨。

庙弄止水墩：庙陇山隔水之墩，墩上种杨柳。

第十八章　水利（三）
DiShiBaZhang ShuiLi

关于东钱湖，早在晋朝时就有记载。陆士龙在《答车茂安书》中说："西有大湖，广纵千顷……遇长川以为陂，燔茂草以为田，火耕水种不烦人力，决泄任意，高下在心。"清李暾认为，书中所言"大湖"指的是东钱湖。他在《修东钱湖议》中说："陆士龙答车茂安书言，鄮治东临大海，西有大湖，盖因鄮县未徙时，湖在鄮城之西，可知晋时已有湖矣。"西晋的时间年限是公元265年～316年。假定陆士龙的《答车茂安书》作于公元300年前后，也说明东钱湖至今至少有1700年的历史。在这1700历史中，东钱湖经历了开拓、浚湖、除葑、修塘、加堤、清界，以及废湖和保湖之争，成为浙东大地上镶嵌的明珠。

第一节　唐治湖

唐天宝三年（744），鄮县令陆南金相度地势，将湖之四周的八个缺口，接连筑塘，即大堰塘、方家湖塘、平水堰塘、钱堰塘、木楮堰塘（莫枝堰）、梅湖堰塘、梅湖塘和栗木塘八堤塘，宋嘉祐年间（1056～1063）筑四堰，即大堰、木楮堰（莫枝堰）、钱堰、梅湖堰，废田121213亩（合今30303市亩），灌溉鄞县、奉化和镇海的老界、阳堂、翔凤、手界、丰乐、鄞塘、崇邱七乡农田450余万顷。

后梁开平三年（909），武肃王巡句章（慈溪）复巡明州，命郡县令广开之，修筑堰凡七，即钱堰、大堰、莫枝堰、高湫堰、栗木堰、平水堰、梅湖堰等，灌溉鄞、定、海等七乡之田5000顷，奉、定亦沾其利。

第二节 宋治湖

天禧元年（1017），郡守李夷庚重修湖塘，开拓增广，浚东钱湖。

庆历八年（1047），县令王安石重清东钱湖界，起堤堰、决陂塘，历东西十四乡。（《宝庆四明志·魏王恺札子》）

嘉祐年间（1056~1063），置莫枝、大堰、钱堰、梅湖四碶，立水平石于左右作为放水标准。四碶均筑在岩基上，构筑牢固，形式划一。

治平元年（1064），主簿吕献之重修六堤，即方家湖塘、高湫塘、梅湖塘、栗木塘、平水塘、钱堰塘，全长2566米，并于青山岙湖堤旁创建嘉泽庙，祭祀陆南金、李夷庚。

乾道五年（1169），张津以直秘阁知明州，乞开葑莳，赵伯圭踵其后，遣县令杨布详细丈量。估计除葑浚湖经费共需钱165888贯，米27678石。因费用过大未实行。

淳熙元年（1174），宋孝宗子赵恺判明州，转请于朝廷，出内帑金5万贯，义仓米1万石，大浚东钱湖，又差拨水军协助，按照受益田亩出人夫、工具，并遣司马陈延年、某长史莫济往来监视，历时三个月，去葑21200余亩，由于所除葑草未清除出湖堤，随着水涨复填淤于湖。后因治湖居民因茭葑淤塞，嘱托清田，开垦为田或恃强侵占，种植菱荷，湖面逐渐减少。

嘉定七年（1214），提刑官程覃代理鄞县令，筹措经费33600贯，置田千亩，每年收租谷2400石，开设湖局，将谷贮于月波寺和隐学寺内，专人管理，鼓励农民在农闲时采葑，每船按船只大小，路途远近，以酬稻谷，每年能去葑2万船。但后任县令奉行不力，田租收入移作他用，湖益湮。

宝庆二年（1226），以兵部尚书知庆元府胡榘郡守，当时葑草淤塞日益严重，胡请于朝廷，得度牒百道，米1.5万石，按受益田出人力，并令水军协助，轮番迭休。于十月动工，先修理沿江碶闸，将湖水放入河道，清除湖中葑草，历时一年，基本完成。胡榘浚湖后，尚有余钱28347缗，用以置田，每年收谷3000石，命令翔凤乡乡长顾咏之主其事，分渔民500户为一隅，每人每年给谷6石。每隅设隅长1人，队长5人。并在陶公山建烟波馆、镜湖亭，随葑草之生绝其种。县丞以时督察，并命提举常平司董其事。经过这次清除葑草，其后16年无葑草之患。百姓建造太山庙祭祀胡榘。

淳祐二年（1242），陈恺以秘阁修撰知庆元府兼沿海制置使，知府陈恺实行买葑之策。清理过去年置湖田收入，叫制干林元晋、签制石孝广在农闲时节按船只大小，葑草多少，听农民自愿交售，交葑给钱。刚开始时有数百人，后来增至千余人，农民捞草交卖踊跃。

第三节　元治湖

大德年间（1297～1307），由于湖部分淤浅，势家有以湖浅淀，请以围田若干，以其租缴官，当时都水营田分司追断，禁田复湖。这就是东钱湖历史上第一次废湖保湖之争。

第四节　明治湖

正德十二年（1517），寇天叙知宁波府，尝浚治东钱湖，连年雨多弥漫，上下用功。当时土地不多，经常有议屯田者，废湖为田，寇天叙阻止废湖屯田。这就是东钱湖历史上第二次废湖保湖之争。

嘉靖八年（1529），黄仁山以吏科给事中谪任鄞令，严立条约，清革隐弊。宁波卫军请求东钱湖垦为农田。黄仁山请当地父老严讪，讲清楚废湖成田的利害，言勘覆不行。这也是废湖保湖之争。

嘉靖十一年（1532），柯相知宁波府事。他悉心水利，浚东钱湖，挑葑去浅，民无旱熯之忧。后调任武昌。

万历四十四年（1616），沈犹龙以进士除鄞县知县，东钱湖系七乡水利，湖中茭葑民尝取以粪田，至是为缙绅专据，私征其税，故取葑者少而湖日淤，复有投牒当路，请官收其税者。犹龙力持不可，且严禁私税，由是茭葑日去，潴水日深，而湖下之田不虞熯旱。

天启二年（1622），张伯鲸以进士知鄞县事，浚双湖，又增东钱湖碶板二尺以防泄，所溉东乡农田8000余顷。

第五节　清治湖

顺治二年（1645）袁州佐以荐知鄞县。总兵王之仁欲废东钱湖为屯，州佐中阻。营弁周某又请废梅湖，州佐复移牒曰："东钱湖废田积水，民输湖米，则已纳田租矣，今复废之为田，是虚征也。且梅湖即钱湖别名，特其东北隅耳，自钱堰至高懒岭长堤计三千七百步，欲屯梅湖，须借此堤以堵水，必加高五六尺，其间下无石脉，高则必溃，所屯之田仍为湖淹。又梅湖塘下有旱田三千七百亩，另设小斗门，细流分注，若屯梅湖以遏其源，旱田必废，弃此成彼，亦复何益。或谓可引钱堰之水灌之，岂知湖碶之下各有所归，从高湫、平水而下者，专灌奉化、横溪一带。从大堰、莫枝而下者，专灌十七、十八、二十都、陶江、云龙一带。从钱堰而下者，专灌一、二、三、四、五都一带。从梅湖而下者，专灌六七都及镇海崇邱乡一带。钱堰与梅湖相去十里，中隔大山，岂有相通之理。梅湖废而六、七都及崇邱之乡亦立槁矣。大湖之下皆泥，故葑多。梅湖下皆沙石，莼茨不生，即废之，终不可田。"复作《乡屯问答》，始得罢议。（蒋学镛《水利考》）又有进言梅湖即不可塞，而湖旁天涨沙涂可以兴屯。之仁又下檄。州佐上言："天涨沙涂皆湖田也，侵之则不塞而自塞矣。湖旁土豪固有侵沙涂以为田者，方议廓清，奈何尤而效之，因请严加丈量，凡侵湖址为田者，皆加其赋，使助军需，既可以杜侵湖水之害，而于饷亦不无少补。"之仁从之，未及行而明亡，变服行遁山中，其后不知所终。

顺治年间（1644～1661），沿湖生齿日繁，侵占湖田的人很多，又有废湖之说，绅士陆宇大怒，报告朝廷，申明严厉禁止废湖屯田。

嘉庆八年（1803），周镐以举人知鄞县。东钱湖四面环山，山缺处设碶闸，滨湖之民私利佃渔，赂闸夫泄水，稍旱即涸。镐为严启闭之令，添设闸板，实泥其中，滴水不漏，而封其锁匙于库，非旱不开。湖之西南八十里有范家湫堰，为内河锁钥，逼江易倒，对岸为董家跳，董姓之田距湖既远，遇大旱湖水不能及田，而江之淡潮可以引灌，往往抉堰去之，近湖之民岁与构讼。镐审度地形，徙堰于董姓田上，厚其基址，甃以巨石，使堰下之田取给江潮，堰上之田取给湖水，两造称便。十六年去任，县人立祠祀之。

道光二十三年（1843）八月，大风雨，堤塘、堰塘水毁严重。道光二十五～二十八年（1845～1848），巡道麟桂、郡守杨钜源、署守徐敬、里人钱启皑等筹资，对钱堰塘、前塘、方家塘、平水堰塘、平水堰、平水堰湫阙、大堰塘、高湫塘、高湫堰、高湫堰湫阙、梅湖塘、湖里塘等维修加固。

同治五年（1866），镇海人胡枢等请于剑河漕凿山开河，引分湖水分灌镇海太丘、灵岩、海晏三乡（今育王岭东大碶、柴桥一带）农田。巡道史致谔、知府边葆，札委玉环同知黄维诰履勘，具查鄞镇两县地势之高低，因工程艰巨，鄞县农民亦竭力反对而中止。奉总督左宗棠批示勒石永禁，碑立府城隍庙。

光绪十四年（1888），萧福清任宁郡水利分府，至二十二年（1896）三月，巡道吴引孙委福清履勘全湖情形，四月偕县人张锡藩、忻锦崖至湖上察验禀覆，后屡次召锦崖商议浚湖事宜，首捐廉以倡，一面延请算学师丈量绘图，设局兴办，颇具热肠，因高太守英被顽绅阻止，事遂寝。

光绪二十年（1894），程云俶任宁波知府，决意浚湖，缘忻锦崖以东钱湖图及章程十一条呈览，遂偕水利分府萧福清商议浚湖事宜，并邀集郡绅筹款，愿首捐千金以为之倡，惜事未就而病，绵惙时犹谆谆谓家人曰："浚湖事吾虽不及观其成，然吾殁必助此款，毋忘吾言遗吾憾也。"后旬日，其子方矩、方轨遵遗命，贷千金送交郡绅，郡绅皆慨然，以太守加惠兹土意良厚。然工巨成否不可期，姑待之为辞。嗣是署郡守庄人宝继其事，亲诣履勘，筹拨款项，购备机器，于1898年秋冬，用民夫开浚，得四千二百三十余方，又修梅湖堰塘。庄公去后，高太守英莅宁，收捐办工具有端绪，会有以巨费难继为言者，事遂中止。

第六节　中华民国时期治湖（1912～1948）

民国壬子年（1912），湖工局筹备湖工事宜，至癸丑年（1913）八月起，先行作坝，开放湖水，雇夫开浚梅湖，至是年十月止，浚土方一万二千丈，又修理梅湖塘以及栗树塘，共计用费银四千圆，至是年十一月起，陈协中接办，雇夫开浚梅湖土方二十七万五千丈，又浚梅湖十字港，阔四丈七尺半，深六尺，长一千三百四十五丈，支港阔二丈六尺，深三尺半，长三千一百六十五丈，去葑草，搭草厂等共用费银元四万三千圆。

民国甲寅年（1914），中华民国大总统对镇海乡绅陈济易（字协中）概输巨帑、独任要工、疏浚里湖、纂修湖志等事迹，特例褒奖，是年11月28日奉批令，应准题给"功在钱湖"匾额，褒扬陈济易。此匾收藏在黄隘村民家中，仇国华处存有照片。

1943年（民国三十二年），汪伪鄞县县政府，以梅湖淤塞过甚，遂开垦为田，得3000亩（200公顷），抗日战争胜利之后，因镇海农民反对，又恢复为湖。

第七节　中华人民共和国时期治湖（1951～2000）

1951年8月，政府拨款24000元，雇民工3000余人，历时40天之久，清除葑草240公顷。

1952年8月，政府拨款13000余元，历时20天，清除东钱湖所有葑草。

1955～1956年，清湖界，废弃沿湖低处田屋，修理湖塘、堰坝、碶闸、扩大湖面积400多亩，湖容量从3000万立方米增加到3600万立方米。

1958年，加高湖塘50～60厘米，提高蓄水位20厘米，增加蓄容量800万立方米，总蓄容量达到4400万立方米。并新建大堰碶闸1座，改建新建小斗门11座。

1960年秋，鄞县境内连遭旱涝灾害，为解决当时粮食之急，又因三溪浦水库建成，于是宁波市重废梅湖屯田，建立国营鄞县梅湖农场。

1963年，从三溪浦水库至东钱湖上虹桥，兴建7.1千米引水渠道，扩大东钱湖引流量，增加入湖水源。

1965年~1970年，加高湖塘，清湖界，填高沿湖低处房屋443间，增加湖域面积7.3公顷。

1964年~1965年，横溪区下水公社，在下水三江口，围湖造田近10公顷，由东西两个大队耕种。

1971年，开辟寨基岭引水河渠，新建郭家峙引水闸一座。

1976年，以疏浚湖泥为目的，自陶公山湖蓬外至下峰岸，新建湖心塘，长1800米，建碶桥3座，宽0.5米，高出水面1.5米。以调挖湖水，轮番疏浚。堤塘建成，疏浚未果。

1983年，湖里塘加固，套井治漏。

第八节　中华人民共和国时期区管会治湖（2001至今）

2002年，拓宽湖心塘，重建桥梁，构筑"湖心八景"，即清风桂香、钱堤烟波、霞屿锁岚、山僧呼舶、澄湖明月、眠牛山市、柳松拂岛、月波映楼，紫红色路面，两旁植四季花木。

2003~2005年，相继建成韩洋公路、福泉山公路、环湖南路、环湖北路、环湖东路、虾公山隧洞，环湖公路形成。湖上水路交通逐步减少。

2004年~2009年，拆迁沿湖房屋46万平方米（拆除上水、马山、韩岭外围、茶亭、西山下、大堰头、沙山村、毛竹园下），清理渔笼虾球39万只，围网33万平方米，搬迁沿湖企业61家，对8家污染企业进行全面整治。

东钱湖综合治理：

污染源治理：沿湖民居迁移；生活、服装业污水处理；农业面源治理；环保疏浚。

生态修复工程：河口湿地建设；湖滨带生态修复；湖区生态修复；湖岸整治。

非工程措施：人口规划控制；旅游污染控制管理；产业结构调整；社区环境管理；运行管理与保障措施；湖泊水资源保护法规。

2009年湖底泥疏浚治湖

东钱湖由于长期没有疏浚，有机物沉淀严重，并因航道功能及水上运动区水深的需要，确定17个疏浚区，沿岸带环保疏浚12条段，总长度15.6千米。平均宽30米，内河疏浚3条，陶公村内河及下水村口河道等，清淤面积5.19平方千米，疏浚面积占东钱湖面积的26.08%。清淤总量为296万立方米，清淤厚度根据需要0.8～0.3米不等。疏浚后湖底高程0.8～1.2米。

排泥场分陆域排泥和水中排泥。陆域排泥场有梅湖陆上排泥场，占地26.10公顷。郭家峙之前陆上排泥场，平均堆泥厚度4.2米。其中水中排泥场一是在茶亭村附近。离岸500米堆湖中岛，面积0.2平方千米，堆泥53.44万立方米，二是在湖心塘南侧，南湖水域距小普陀风景区50米处堆岛一座，面积0.033平方千米，堆土7.81万立方米。

工程总投资为46245.16万元。尚在施工中。

表18-1 东钱湖底泥疏浚工程量汇总表

序号	位置	淤泥厚度（米）	现状平高程（米）	疏后平高程（米）	清淤厚度（米）	清淤面积（公顷）	清淤方量（万立方米）	扩大工程量（万立方米）
1	谷1	0.8	1.30	1.00	0.3	3.90	1.17	1.29
2	谷2	1.3～1.5	1.50	1.00	0.5	16.10	8.05	8.86
3	谷3	1.3	1.50	1.00	0.5	15.80	7.90	8.69
4	谷4	0.8～1.3	1.40	0.80	0.6	17.10	10.26	11.29
5	北1	1.5	1.85	1.20	0.6	31.30	18.78	20.66
6	北2	1.0	1.75	1.15	0.6	52.30	31.38	34.52
7	北3	1.0～1.3	1.60	0.80	0.8	6.00	4.80	5.28
8	北4	0.6～1.3	1.40	0.80	0.6	16.80	10.08	11.09
9	南1	0.7～1.0	1.30	0.80	0.5	5.80	2.90	3.19
10	南2	0.7～1.0	1.30	0.80	0.5	10.30	5.15	5.67
11	南3	0.7～1.0	1.60	1.00	0.6	34.30	20.58	22.64
12	南4	1.0	1.35	0.95	0.4	91.00	36.40	40.04
13	南5	1.0～1.2	1.60	1.00	0.6	83.30	49.98	54.98
14	南6	1.0～1.2	1.60	1.00	0.6	7.87	4.72	5.19
15	南7	0.8～1.0	1.50	1.00	0.5	41.10	20.55	22.61

16	南8	2.0~2.3	1.70	1.10	0.6	33.50	20.10	22.11
17	南9	2.0	1.50	1.10	0.4	1.70	1.88	2.07
18	严岸带环保疏浚	共12条段,总长度15.6千米,平均宽度30米			0.3	46.80	14.04	15.44
19	河1	陶公村内河			0.3	0.72	0.22	0.24
20	河2	下水村河道			0.3	0.50	0.15	0.17
	全湖合计					519.19	269.09	296.00

自唐天宝三年（744）东钱湖开拓以来,历经唐、宋、元、明、清、民国到共和国时期,长达1267年,筑塘修堤、浚湖除葑、废湖保湖等比较重要的事件达39件,其中废湖保湖之争有9次。以上是东钱湖历代兴废经过。关于东钱湖的整治,出谋划策者很多,其中以明代邱绪所提出的八议最有见识：固堤防、明水则、严侵塞之禁、重泄漏之罚、去茭葑之塞、长水草之利、筑堤以通道、因土以成山。

附：历代诸家论湖

民国《鄞县通志》论湖

东钱湖,在县治东南十三公里至十九公里,一名万金湖,因其利溥而言。亦曰钱湖,上承钱埭之水故名。唐曰西湖,以古鄮治在鄮山,湖居其西,故名。宋曰东湖,以宋县治在江之西湖居其东故名。其支湖,南曰谷子湖,以笠大山师姑山为界,界外即外湖。东北曰梅湖,以五里塘为界,界外即外湖。合谷子湖、梅湖、外湖,统名曰东钱湖。四周皆山,受七十二溪之水。汇为巨浸。其溪之著者曰上水溪,一名五路溪,源出福泉山西,长约三公里,经横街村,又经溪堰村、上水万安桥入湖。韩岭溪,源出泗水岭,北经韩岭市下街,鉴湖桥流入於湖。下水溪,源出福泉山北,长约六公里,经洋山岙村,又经绿野岙村,过下水村,德行桥入湖。郭

新编东钱湖志

童溪，源出郭童山，经寨基村前入湖。象坎溪，源出象坎山，经象坎村溪桥入湖。柴场溪，源出柴场岙，汇合支溪入湖。三峡溪，源出三峡山，会三溪之水入湖。青山溪，源出青山岭，经青山寺旧址入湖。黄菊溪，源出黄菊岙山，经忻氏晚香庄前入湖。椅子溪，源出宝华山，经椅子岙村前入湖。范岙溪，源出范岙山，经范岙村前入湖。泉月溪，源出泉月庵后新岭，经泉月庵前入湖。郭屿溪，源出郭屿山，经郭家屿村前入湖。塘岙溪，源出塘岙，会合二支溪入湖。大慈溪，源出山，经过官驿河头村前入湖。为堰者七：北曰钱堰、曰梅湖堰，东北曰栗木堰，西曰莫枝堰、曰大堰、曰平水堰、曰高湫堰。为塘者九：曰梅湖塘、曰梅湖堰塘、曰栗木塘、曰莫枝堰塘、曰大堰塘、曰方家湖塘、曰平水堰塘、曰高湫塘、曰钱堰塘。此皆借以蓄水也。就堰旁置碶者，曰大堰碶，所洩之水通前塘河，从云龙、贝则、萧皋、栎木诸碶入江。莫枝堰碶通中塘河，直至校场碶入江。钱堰碶水通后塘河，从杨木碶入江。梅湖堰碶水亦通后塘河，注镇海崇邱乡，从东岗碶入江。凡此诸碶，水入则蓄之，雨不时则启之，灌溉鄞县、奉化、镇海三县八乡（鄞老界、阳堂、翔凤、手界、丰乐、鄞塘六乡，奉化金溪乡，镇海崇邱乡）之田。《东钱湖志》谓溉田五十余万亩，又为阙四（旧有八，今存四。相传莫枝堰、西堰塘上有湫阙，高湫堰南近迎旭庵亦有湫阙，栗木塘北有湫阙，又有某处湫阙其名未存），曰高湫塘湫阙、平水堰湫阙、方家湖塘湫阙、钱堰塘湫阙。阙之为用，借以漏水以济各乡之河流，然据《东钱湖测绘报告书》，高湫塘及钱堰之阙下面，淤塞非高水面不得漏水，若平水堰左右二阙，平时湍流不息，如瀑布，然每小时流出水量竟达二十一万五千六百四十立方英尺，则阙不啻湖之大漏卮。湖中有霞屿山，四面环水，与月波山南北遥对，沿湖居民稠密。若殷家湾、陶公山诸村，皆负山为屋，高下相次。湖自梅湖堰至象坎，南北斜长八公里，又百分之七十自平水堰至虾公山，东西径约四公里又百分之六十五，周约二十九公里又百分之七十。旧志称周八十里，面积约二十一方公里又百分之九十，旧志称湖面阔十万亩。水最深处约三公尺又百分之三十九。最浅处约二公尺又百分之四十四。深浅相差一公尺又百分之五十二。平均为三公尺又百分之二十。以《东钱湖测绘报告书》水准基点推算。旧时交通，全恃舟楫。今自莫枝堰至韩岭镇，已通行吃水二尺之汽油船。

《鄞县志》论湖

东钱湖位于福泉山麓，上游集雨面积为81.4平方公里，入湖水源占全灌区水资源的14%。湖水主要通过中塘河连通平原河网。多年正常水位为吴淞基面5.5米，高于鄞东平原地区平均高程1.5米左右，故在灌区的部分区域内形成自流灌溉。东钱湖多年平均水位的水面面积为19.89平方公里，总湖（库）容4428.9万立方米，其中死库容650万立方米，防洪库容500万立方米。东钱湖与横溪、三溪浦水库和鄞东河网组合，灌溉着鄞、奉、北仑、江东等二县二区的27个乡镇的36.98万亩农田，其中自流灌溉4370亩，并且每年为宁波市区提供5000多万立方米工业和生活用水。

东钱湖形成于第四纪最后一次海侵的海退中，有文字可考的人工开拓始于唐中叶。其后历代不断有清界拓湖之举，且除葑浚湖也成为东钱湖水利事业的一项特色。宋元以来，江南耕田垦拓几尽，遂常有谋湖为田的举动，也随之有保湖之争。其中梅湖因有三溪浦水库取代其蓄水功能而终于垦为耕田。

固堤清界 唐天宝三年（744），鄞令陆南金组织人力填塞了湖西数个缺口，成塘8条，堰4座，废塘堰内土地121213亩（每亩约为今0.25市亩），增加蓄水量。成湖后，废去的湖田赋税，由得到灌溉的鄞、奉二县的老界、阳堂、翔凤、平界、丰乐、鄞塘、崇丘七乡土地公摊补偿，每亩加米0.376升。宋天禧元年（1017）明州知州李夷庚重修湖塘，据全祖望《万金湖铭》记载，其时又分东、西两部开拓增广，西湖先成，灌田5400顷，东湖后辟，灌田500顷。然东钱湖形势尚可断为南北两湖，而难分东西两部，故何处为东湖，当存疑。庆历八年（1048），鄞县知县王安石厘复湖界。嘉祐年间（1056~1063），置莫枝、大堰、钱堰、梅湖等4座碶闸，四碶均筑于岩基上，构建牢固，形式划一，并立水平石于碶边以定放水标准，此为浙江早期水则之一。治平元年（1064）年，主簿吕献之重修方家塘、高湫塘、梅湖塘、栗木塘、平水堰塘及钱堰塘等6条堤塘，全长2566米，并于青山岙湖堤旁建嘉泽庙以纪念治湖有功的陆南金、李夷庚。清道光二十三年（1843）八月大风雨水毁湖堤。二十五年（1845）至二十八年（1848）宁绍道台麟桂、知府杨钜源、知县徐敬及里人钱启皑等集资全面维修加固了钱堰塘、钱塘、方家塘、平水堰塘、平水堰、平水堰湫阙、大堰塘、高湫塘、高湫堰湫阙、梅湖塘和湖里塘。同治五年（1866），镇海人胡枢等请于剑河漕凿山开河，引湖水分灌镇海太丘、灵岩、海晏三乡农田。训道史致谔、知府边葆咸，札委玉环同知黄维诰，为此踏勘实地后认为，鄞镇两县地势高低，工程艰巨，鄞县农民亦竭力反对，此议遂罢。后又奉总督左宗棠批示勒石永禁引水。

1955～1956年人民政府重清湖界，拆迁沿湖低处田屋，修理湖塘、堰坝、碶闸，扩大湖面400多亩。湖容量从3000万立方米增加到3600万立方米。1958年又加高湖塘50～60厘米，使蓄水位提高20厘米，增加蓄容量800万立方米，总容量达4400万立方米，该年在大堰头新建碶闸1座，在各堤改建、新建小斗门11座。1963年，从三溪浦水库至东钱湖上虹桥兴建长7.5公里引水渠道1条，扩大引流量。1965～1970年，为加高湖塘，填高房屋443间，浸没农田109.5亩，1971年，开辟寨基岭引水河渠，新建郭家峙引水闸1座。1976年为以后浚湖之需筑成分湖塘一条，东起沙家山，连通霞屿岛西接大公，全长1700米。1983年加固湖里塘，以套井止漏。

除葑疏浚 宋乾道五年（1169），茭葑遍湖，明州知州张津报请朝廷拨款除葑，未有结果，后任赵伯圭遣鄞县令杨布丈量勘察，预算除葑浚湖需钱165888贯，米27678石，因经费无从落实而作罢。淳熙四年（1177），知县姚枢复请开湖，当时皇子赵恺遥领明州，乃转请朝廷，遂出内帑金5万贯、义仓米1万石，又差拨明州水军协助；地方上按受益田亩出人夫、工具，并由司马陈延年、长史莫济督办，东钱湖遂得大浚。历3个月，去葑21200万亩。由于所除葑草未清出湖堤，湖边多淤塞成陆，居民遂或请开为田，或恃强侵占，湖面逐渐减少。嘉定七年（1214），提刑官程覃代理知县，设开湖局，鼓励农民在农隙时采葑。开湖局筹措经费33600贯以置田千亩，将每年所收2400石租谷，贮于月波寺隐学院内，定专人掌管，按除葑船只大小、路途近远酬以谷子，每年能去葑约2万船，后任县令奉行不力，田租收入移作他用，湖面日湮。宝庆二年（1226），知府胡榘报请朝廷，得度牒百道、米1.5万石。遂按受益田亩出夫，并令水军协助。军民轮番迭休，开始全面浚湖。是年十月动工，先修沿江碶闸，再将湖水放入河道，以清除湖中葑草。历时一载，基本完成。浚湖后，又用余钱28347缗，购置水田，每年收谷3000石，作日后疏浚经费，遂将沿湖500户渔民分为4隅，每隅设隅长1名，队长5名，在翔凤乡乡长顾咏之主持下，随葑草之生而除之，每人每年给谷6石。此后16年未有葑草之患。淳祐二年（1242），知府陈垲实行买葑之策，令制干林元晋、签判石孝广清理历年湖田收入，在农闲时农民买莳，按船只大小，莳草多少交莳付钱。农民捞草交卖者初时数百人，后增至千余人，湖渐复旧貌。至元代，农民将莳草作肥料，采割以卖，官方亦坐视征税。元大德间（1297~1307），势家以湖身淤浅，请围田若干亩，以其租缴官。都水营田分司获悉后追断而复为湖。明洪武二十四年（1391），乡老陈进奏朝廷遣官督办治莳，草茎虽割而根犹在，不久莳草复生，且溪涧泥沙随雨留下，历久不治，壅涨成淤，居民各划界营筑。宣德间（1426~1435），家居下水的参政王士华恃势侵垦湖面，成田千亩，七乡民众动愤，公诉于监司，方得终止。正德、嘉靖间（1522前后），宁波卫屯军屡请废湖为田以增军费，遭知府寇天叙、知县黄仁山拒绝而作罢。明末鲁王监国，总兵王之仁因兵饷不足，欲废湖屯垦，遭知县袁州佐申阻；营弁周某又请废梅湖，州佐又移牒力阻，户都主事董守谕亦以死争之，不久王之仁兵溃，废湖之议也告结束。清顺治中，沿湖人口日繁，屡有侵湖为田事件，废湖之说亦兴，乡绅陆宇鼎言于朝廷，政府方申明厉禁。清顺治初（1644），滨海忻、曹、周、戴等姓多占滩盖屋，康熙、雍正间（1700年前后），又有农民在老堤近岸堆草加泥，渐作田地，且搭茅舍，建瓦屋侵蚀湖面。道光二十三年（1843）八月，大风坏堤，乡绅议请以沿湖所侵土地充官变卖作修葺费用，遭周道遵力阻而未成。至清末，莳草漫湖，光绪十八年（1892）年，乡人张祖衔及弟子忻锦崖为筹款浚湖，相继奔走呼号，历二十余年，1913年，镇海富商陈协中助以巨资，在青山岙设湖工局，先浚梅湖，后及全湖，历三年告成。县政府以梅湖淤塞过甚，遂开垦为田，得田3000亩。因镇海农民反对，又恢复为湖。抗战后期，湖面又被莳7000余亩，湖塘、碶闸、堤阙等也年久失修，1944年5月，专员俞济民发起成立东钱湖塘工委员会，次年为鄞、奉、镇三县共同参与的东钱湖整理委员会，又次年，宁波旅沪同乡会成立宁波整理东钱湖协赞会，愿集资协助浚湖，但终因当局无能而告罄。

1951年8月，人民政府拨款2.4万元，发动民工3000余名，动用船只200余艘实施除莳，历40余天除莳草3600余亩；1952年8月，又拨款1.3万余元，历20余天，清除全部莳草。其后，由于湖内大量养殖青鱼等食草鱼类，抑制了莳草的生长。1961年因自然灾害政府为扩大粮食生产，又因三溪浦水库建成，重废梅湖，建立了国营梅湖农场。1971年，县水利局购置挖泥船一艘，配以四只水泥驳船，以进行常年疏浚。其后将所挖淤泥送庙后砖瓦厂烧砖，使之一举两得。

■ 新编东钱湖志

民国《东钱湖志》论湖

东钱湖在鄞县东三十里，周围八十里，灌田八百顷，夏侯曾先《地志》云，其湖承钱埭水，故号钱湖。唐天宝三年（744），县令陆南金开广之。皇朝天禧元年（1017），郡守李夷庚重修。（《乾道图经》）一名万金湖，以其为利重也。在唐曰西湖，盖鄞县未徙时，湖在县治之西也（《宝庆志》）是湖受七十二溪之水，凡有七堰：钱堰、大堰、莫枝堰、高湫堰、栗木塘堰、平湖堰、梅湖堰。（《乾道图经》）水入则蓄，雨不时则启闸而放之。鄞、定海（今镇海）七乡之田，资其灌溉。（鄞手界、翔凤、阳堂、老界、丰乐、鄞塘六乡，镇海崇邱乡之八里，《宝庆志》）庆历八年（1048），县令王安石厘复湖界。嘉祐中，始置碶闸。治平元年（1064），重修六堤。乾道五年（1169），守臣张津乞开茭葑。赵伯圭踵其后，遣知县杨布量步亩计徒佣，以费用不赀中辍。淳熙四年（1177），知县姚桤复请开湖，魏王恺言于朝，大浚之，令长史莫济、司马陈延年往来监视，计开葑二万一千余亩。（《魏王劄子》）然当时所除茭葑，未出湖堤，既复填淤。嘉定七年（1214），提刑程覃摄守，捐缗钱置田收租，岁给浚治之费。而后来有司奉行不虔，田租浸移他用，湖益湮。宝庆二年（1226），尚书胡榘守郡，请于朝，得度牒百道，米一万五千石，又浚之。惧无以继，奏以赢钱增置田亩，令翔凤乡长顾咏之主之，分渔户五百人为四隅，人岁给谷六石，随茭葑之生则绝其种。立管隅一人，管队二十人以辖之，县丞以时督察，仍命提举常平司董其事，自此不薙葑者十六年。淳祐二年（1242），郡守陈垲因岁稔农隙，令制干林元晋、签判石孝广行买葑之法，随舟大小、葑多寡听其求售，交葑给钱。棹舟至者日千余。（《宝庆志》）元大德间，势家有以湖为浅淀，请以捺田若干亩入官租者，都水营田分司追断复为湖。后乡民告有司举行开湖故事，拘七乡有田食利之家，分亩步高下标拨湖葑，随田多寡阔狭俾浚之，积葑于塘岸。然宿葑春泛冬沉，明年复生，所行为具文。（《至正志》）原置买葑田亩自元收以入官，明因之。洪武二十四年（1391），耆民陈进建言水利，差官来董其事，于农隙之时令七乡食利之家出力淘浚，虽少除葑草，而根在复生，况湖上溪涧沙土随雨而下，久不除则渐成瓤亩，而上下水田者无虑数千亩。宣德间，下水王士华以参政家居，因田其中，七乡之民陈之监司，得中止。(《雍正府志》)正德间，郡守寇天叙阻屯田之议。(《堇山集》)嘉靖九年（1530），宁波卫屯军复请为田，知县黄仁山用父老严它言，勘覆不行。(《雍正志》)鲁王监国，总兵王之仁又欲废湖为屯，知县袁州佐申阻。营弁周某又请但废梅湖，州佐复移牒力阻。(蒋学镛《水利考》)户部主事董守谕亦以死争之，得免。然侵湖为田者日多。清顺治中，故绅陆宇鼎复言之，乃申厉禁。(《鲒埼亭集外编》)同治五年（1866），镇海人请于剑河槽凿山引河，以鄞县梅湖之下水，灌镇海太邱等乡。巡道史致谔、知府边葆诚札委玉环同知黄维诰履勘，具查鄞镇两邑地势之高低，镇海通县钱粮之加减，议格不行，详奉总督左宗棠批示，勒石永禁，碑立府城隍庙。(《光绪志》)其后东钱湖淤塞尤甚。光绪十八年（1892），鄞人张祖衔建议挑浚是湖，与就地绅耆接洽，未及兴办而祖衔卒，其弟子忻锦崖，志师之志，历二十余年之久，不惮勤劳，俾鄞、奉、镇三县八乡皆得沾水利。顾自古相传，湖水溉三县七乡之田，锦崖沿流溯源，询于奉化绅耆，知湖水所沾，共计一百三十二图，而奉化所属者为金溪乡，故谓之三县八乡。民国二年（1913），镇海商民陈协中助以巨资，乃于青山寺立湖工局，先浚梅湖，将以次及于全湖，而协中遽卒，锦崖思复合众力竟其功，由是八乡之田始不复有旱干之患矣。

南宋乾道五年（1169）守臣张津奏

东钱湖容受七十二溪，方圆广阔八百顷，傍山为固，叠石为塘八十里。自唐天宝三年（744）县令陆南金开广之，国朝天禧元年（1017）郡守李夷庚重修之。中有四闸七堰，凡遇旱涝，开牐放水，溉田五十万亩。比因豪民于湖塘浅岸渐次包占种植菱荷，障塞湖水。绍兴十八年（1148），虽曾检举约束，尽罢请佃。岁久，菱根蔓延，渗塞水脉，致妨蓄水，兼塘岸间有低塌处，若不淘浚修筑，不惟浸失水利，兼恐塘埂相继摧毁。乞候农隙趁时开凿，因得土修治埂岸，实为两便。从之。

南宋淳熙四年（1177）判明州赵恺札子

　　臣奏照对四明被山带海，山高于田，田高于海，水有所泄，每岁不若水而苦旱。前古因山形有不合处筑为长短塘，受涧谷之水七十有二，号东钱湖，亦号万金湖。唐天宝中，鄞县宰陆南金益浚而广之，其长八十里，灌田一百万余顷，至本朝天禧中，守臣李夷庚因旧废址增筑坚固，自此七乡之民虽甚旱而无凶年忧。庆历八年（1048），县令王安石重清湖界，嘉祐中，始置碶闸。至治平元年（1064），复修六堤，立陆南金、李夷庚之祠于堤旁，皆有遗迹，又碑刻可考。惟是自治平元年至今百有余岁，湖浸湮废，茭葑生之至二万余亩，潴水不多。旧年于湖内取水灌注田亩，一岁凡三次，今止放得一次，不能遍及，郡人病之。乾道五年（1169），守臣张津乞开茭葑，得旨依奏。赵伯圭踵其后，遣知县杨布量步亩计徒佣，当用钱一十六万五千八百八十八贯，米二万七千六百七十八石，工役至大，费用不赀，以故中辍。自臣到任，恭承前后所降诏书，指挥兴修水利。今年四月，据知鄞县事姚栻乞开东湖，委长史莫济、司马陈延年相视基址，询访湖边父老以及士大夫，皆以为当开，遂委官量步亩实数，具奏以闻。在法农田水利，并以食利众户共力修治，合是民间出财。陛下圣慈，爱念黎庶，为之出内帑会子五万贯，义仓米一万石，臣仰体圣意，凡用竹木支犒赏搬运茭葑，并用本州钱以佐其费，缘其地界阔远，分作四隅，差官董役，复选择士人有心力者相与办集，令莫济、陈延年往来监视，计开葑二万一千二百一十三亩三角一十六步，至十月三十日毕事，但搬运已开茭葑增广塘岸，或积在山坳，更须月余方得净尽，民间见百余积弊一旦扫除，无不称颂圣德，臣亦忻快忭蹈，良自庆幸。臣本州官吏除长史莫济、司马陈延年已蒙圣恩除职外，其余提督官以下委有劳效欲乞睿旨，许臣开具保奏推赏，庶几为民兴利之官有所激劝，三省同奉圣旨依议。

南宋淳熙三年（1176）赐皇子判明州魏王恺诏

陂湖川泽之利，或通或塞，存乎其人。四明为州实治鄞，鄞之乡东西凡十四，而钱湖之水实溉其东之七，吏惰不虔，葑荿芜翳，利失其旧，农人病焉。卿临是邦，乃能讲求利便而浚治之，遂使并河七乡之田，无异时旱干之患，其为泽岂浅哉？剡奏彻闻，不忘嘉叹。

南宋嘉定七年（1214）摄守程覃札子

窃见庆元为郡，濒海近江，并无陂塘，全仗东钱湖及广德湖、它山水灌溉田亩。广德湖久已成田，饷水军，不敢复议。惟有东钱湖为民利甚溥，湖面阔约十万亩，灌田一百万余顷，尔后葑荿湮塞，向者郡守控告期定陈，乞钱一十六万有余贯，米一万七千有余石，雇役民夫开浚葑荿，未蒙允可。魏王判庆元日复行申奏，蒙圣旨出帑五万缗，义仓米一万石，本府均官民户有田之家出人夫器具，又差拨水军同共搬葑积于湖中，候有水方行搬载。暨有水之时，欺罔官司，将葑复行平摊在湖，徒费钱米，无补纤毫。其时葑荿尚少，今乃不然，民间因葑荿之涨塞并皆托嘱请佃，或持强侵占为己业，种荷裹田。今则湖中之水，通舟如线，夏初缺雨，尽开湖闸，灌田无多。幸而朝廷祈祷即应，遂得一熟。士庶陈述利害，覃同通判亲往相视，委实湮塞，若欲科率民户有田之家亩头出钱，则骚扰尤甚，复差水军，非惟无补水利，且妨教阅，覃区区管见，不可求速效，当磨以岁月，合置田一千亩，每亩常熟价值三十二贯官会，计钱三万二千贯，每岁得谷二千四百余石，如义仓例，轮委近乡户物力最高者掌管，分在近湖寺院安顿，每岁农隙之时，许民间判取淤葑，计船之大小，论取葑遥近里数，葑之多寡立为定则，酬以谷子，一年会计，可以运二万余船，若能去二万余船葑，则可潴二万余船水，年年开浚，水利日广，十数年之后，必可复见旧湖基址，诸乡之田虽旱无忧，若不早为之计，他时庆元之田既无水利可恃，则与仰天山田等耳。覃备员摄郡撙节浮用，经备上项三万两千缗，责付等户一面置田，条画规式，置立板榜，但其间除月波寺、隐学寺、嘉泽庙、前堰四处旧有荷池许留栽种，见委县丞县尉置桩钉立界至存留外，余外盗种强占或有已裹成田并合开掘，如仍前盗种强占，不问官民户，定行追治监责，覃窃思所立规模，今年置田，明年收谷，农隙兴工，后年田家方得其利。如是，则来年缺雨，农家岂不利害？覃今再备钱三千余缗，糶谷二千余石，一面收买淤葑，庶几向后可以仿此施行，事大体重，若非朝廷力赐主盟，他日必有复萌侵占者妄行，陈乞更改，伏望特赐敷奏行下，本府常切遵守，不许妄将上件谷子别有移用，如违，许民越诉，照常平条法施行，伏候指挥奉旨依所申事理施行。其月波寺、隐学寺、嘉泽庙、前堰四处荷池，亦仰一体尽行开掘，仍出榜禁戢，今后不许复有侵占，如或违戾仰本府追人根勘其情犯申留书省内，命官取旨镌责，其官民户定重作施行。

南宋宝庆二年（1226）郡守胡榘札子

窃见本府负郭膏腴，连亘阡陌，劝农之政，莫急水利。鄞县七乡，岁不苦旱，所资以为灌溉之利者，惟东钱湖。湖面阔十万亩，周围八十里，受七十二溪之水，所归水盛可潴，旱干则放，凡湖下之田，受灌溉者百万余顷，年来茭葑障塞，官司失于开淘，以致水面日狭，积水浸少。今年春夏之交，偶缺雨泽，委鄞县丞从事前去开闸，放水下田。据称所放一二板，而湖水所存已无几，若因循度日，不行经理，深虑浸致湮淤，坐失水利，委涉未便契勘。提刑程覃来摄府事，尝创开湖一局，拨府钱三万二千缗，欲买田一千亩，岁收租二千四百余石，募民岁取茭葑二万船，可添潴水二万船，迟以十数年，东湖之葑可以尽去。然自置局之后，有司不曾举行，已买之田岁收租谷未免将作应付修路之用，未买之钱见充留于库，不曾买田，今湖中茭葑日生月长，无有穷已，根株滋蔓，日吞水地。昨因士民有请，榘即躬亲前往相视，继委通判蔡奉议重行检踏，据称自前堰挐舟，先登二灵山，一览尽见积葑充塞，殆十之八九，惟上水、下水与梅湖三节粗存水面，既已得其大概，乃即易舟前迈，令舟人以竿刺水，步步考验，根株之下，虚实相半，最深渺处不过数尺，惟是葑积岁久，势虽浮上，根实附下，其间又杂茭苇，彼此丽属，重以荷荇莼蒲之类，生生无穷，异类同党，其近山岸处积湮更甚，亦有因而为塍渐成畎亩者。及询问父老审订事宜，皆云东湖自魏王临镇之时申请浚治一次，今逾四十年，有司未尝过而问焉。失今不治，加以数年，茭葑根盘，水不可入，虽重施人力，亦终无补。会稽之鉴湖，盖可鉴也。倘蒙有司申请开浚，则湖下两县田业，可以岁享灌溉之泽。湖上四望，渔户可以日获锱铢之利。号令一出，其谁不然？且魏王开湖之始役，兼资于兵民，功具举于表里，故事立就。其后有司非不念此，而或废于卤莽，或牵于事力，或坐视不治，或粗举无益，因循积累至于今，极矣。至于所用日时，必须于农事之隙，八九月之交，水势稍退，兴工并作，则民有余力官无浚期，或缩或伸，惟吾所命，实为至便，今具条列用功次第下项：

一、所开湖葑，众议欲自月波寺筑至二灵山，横绝渡湖，延袤八百余丈，工役尤大，不可轻为。今者之议，欲自邵家山头筑至杨家山头，才三四百丈，工役减半，可以举行。

一、昨程提刑申请不许民户种荷，已蒙朝廷行下，尽令屏除，今未十年，荷塘已占三之一，茭葑因占三之二，今若浚湖，势须尽行屏去，自后不许种植荷莲，如或违犯，许人陈首追人根勘。

一、浚湖必当放水，先须修整诸处碶闸，放运河水以入于江，然后放东湖之水以入于河，河水潴蓄稍多，庶几湖田之民来春不失灌溉之利。（案：原文四条，光绪《鄞志》节录其三，今从之。）

《宝庆四明志》论湖

东钱湖，县东三十五里，一名万金湖，以其为利重也。在唐曰西湖，盖鄮县未徙时，湖在县治之西也。天宝三年（744），县令陆南金开广之。皇朝屡浚治，周围八十里，受七十二溪之流。四岸凡七堰，曰钱堰，曰大堰，曰莫枝堰，曰高湫堰，曰栗木堰，曰平湖堰，曰梅湖堰。水入则蓄，雨不时则启闸而放之。鄞、定海七乡之田，资其灌溉。茭葑莼蒲荷芡滋蔓不除，湖辄湮。淳熙四年（1177），皇子魏王镇州，请于朝，大浚之。然当时所除茭葑，未出湖堤，既复填淤。嘉定七年（1214），提刑程覃摄守，捐缗钱置田收租，欲岁给浚治之费，朝廷许其尽复旧址。而后来有司奉行不虔，田租移他用，湖益湮。宝庆二年（1226），时尚书胡榘守郡，请于朝，得度牒百道、米一万五千石，又浚之。十月，命水军番上迭休，且募七乡之食水利者助役，各给券食，祈寒辍工。明年春夏之交，役再举，农不使妨耕，兵不使妨阅，募渔户徐毕之。十月七日告成，诏劳功有差。尚书犹惧其无以继也，奏以赢钱二万八千三百四十七缗有奇，增置田亩，合旧谷食俾赢三千，令翔凤乡长顾咏之主之，分渔户五百人为四隅，人岁给谷六石，随茭葑之生则绝其种，立管隅一人，管队二十人以辖之，府县丞以时督察。有旨悉如请，仍命提举常平司董其事，即陶公山立烟波馆、天镜亭，郡人宝文阁学士史弥坚记。

自此不薙葑者十六年，几无湖矣。淳祐壬寅（1242）冬，制守陈垲因岁稔农隙，命制干林元晋、签判石孝广行买葑之策，不差兵，不调夫，随舟大小，葑多寡，听其求售，交葑给钱，各有司存。初至数百人，已而棹舟裹粮至者日千余，可见远近乐趋向也。淘湖所收，率以佐郡家支遣，至此方全为淘湖之用。

《至正四明续志》论湖

东钱湖，在县东二十五里，一名万金湖，以其为利重也。唐天宝三年（744），县令陆南金开广之。屡经浚治，周围八十里，受七十二溪之流，四岸堰凡七，曰钱堰、大堰、莫枝堰、高湫堰、栗木堰、平水堰、梅湖堰，水入则蓄，雨不时则启闸而放，鄞县、定海七乡之田资其灌溉。茭葑莼芦荷茨滋蔓不除，湖辄湮。宋淳熙间请于朝，大浚之。嘉定间，提刑程覃摄守，捐缗钱置田收租，岁给浚治之费。宝庆间，尚书胡榘守郡请于朝，得度牒百道、米一万五千石，又浚之，犹惧其无以继也，奏以赢钱增置田亩，令翔凤乡长主之，分渔户五百人为四隅，人岁给谷六石，随茭葑之生则绝其种，至此凡十六年不举淘湖之政。淳祐壬寅（1242），郡守陈垲，岁稔农隙，行买葑之策，不差兵，不调夫，随舟大小、葑之多寡听其求售，交葑给钱，各有攸司。入国朝大德间，势家有以湖为浅淀，请以捺田若干亩入官租者。时都水营田分司追断，复为湖。延祐新志所谓欲塞钱湖，此其渐也。至□□间，乡民告有司举行淘湖，拘七乡有田食利之家，分亩步高下标拨湖葑，随田多寡阔狭俾浚之，积葑于塘岸。然宿葑春泛冬沉，次年复生，则有司所行为具文尔。近年重修嘉泽庙，有濯灵之异，茭葑向春不泛，荷芡莼芦生之者鲜，然未足恃也。每遇大旱之年，放水湖下，一举而涸，因知其积淤年久，蓄水至浅，东乡河道又皆浅涩。旧称一湖之水可流三河半，近仅及一河而竭，是可忧也。又况职守者不谨启闭，碶闸傍湖，土坝通同，渔户每于水溢之时乘时射利，私自开闸网鱼，泄水无度，沿江堰坝又失修理，日夜倾注于江，防旱之策果安在哉？此农事正官所宜究心者，观于古今之得失盍致意焉。

《嘉靖四明志》论湖

城东有东钱湖，鄞县未徙时，湖在县西，故又名西湖。湖水阔十万亩，前古因山麓断处续堤合之，受涧谷水七十二，环里八十。为堰于堤者七，曰钱，曰大，曰莫枝，曰高湫，曰栗木，曰平湖，曰梅湖。而堰之有碶闸者四：钱、大、梅湖、莫枝。湖水高决以注河，凡得三渠半，溉田百万余顷，故东之乡，合鄞、奉、定为七，率无凶年，惠利甚溥，故又名万金湖。盖因田为之故，以原供之赋均之七乡以为常，实唐天宝中县令陆南金开广之，而继治则宋守李夷庚，二公功最高。至王安石亦勤其事，厘复湖界。嘉祐间置四碶闸，立平水石于左右，启闭蓄泄，应时而治。治平元年（1064），复修六堤，始庙陆、李于堤旁，曰嘉泽庙。淳熙四年（1177），皇子魏王镇州，请出内帑金钱五万贯，义仓米万石，佐除湖葑费，差拨水军，不问官民家，凡食湖利者计亩头出力为役，凡去葑二万余亩，但所除葑不出湖外，辄复填淤，徒费金钱无补。嘉定七年（1214）提刑程覃摄守，乃议用官缗钱买田千亩，岁收谷二千四百余石，如义仓例，使高赀富人有心计为人信伏者掌之，分顿近湖僧寺中，每岁农隙，募民剃取淤葑，计船大小、地远近、葑多寡数，酬谷有差。会稽之，一年可去葑二万余船，益潴水如葑数。近湖堧渐涨，又茭藕其中，有力者与奸民相嗾田之，因渐致湮废，乃尽请复旧址。天子可其奏，田者论如律，著为令，刻板榜之。即月波、隐学二寺，嘉泽庙、钱堰，古有塘植荷者，亦一切罢，不许。后有司坐视莫举，田租浸移他用，湖日就湮。宝庆二年（1226），胡榘以尚书出守，复修覃议，条画较详，次第可举用于农隙时八九月间，水势稍退，先用水军船，尽去茭葑，务薙其根。至十月，始募湖下有田之家，出夫力助。先修运河诸硬闸，令放河水入江，然后放湖入河，河水潴，春农不失灌溉，湖既干，然后去淤积，乃请于朝，得度僧牒百道，常平仓米万五千石，治之如前议，而兵不妨阅，农不妨耕，民甚称便。又以赢钱置田若干亩，储谷以需后费。又十六年，陈垲因岁稔农隙，竟行市葑之策，兵农俱罢遣，随舟大小、葑多寡，听民茭葑给钱，至者日千余人，益称便矣。而田之所收，至此始全为湖用。计今殆三百年，于兹时移物改，田无所稽，而漫然一湖，莫有过而问者。侵水者不独淤葑，而芦苇莼蒲之属杂生其中，日以滋蔓，最深渺处以竿刺之，不及数尺。平波浩淼，即载轻舟行，不得其故道，辄胶不前。近岸山坳间壖涨者，又茭藕之因，为塍陌，渐成献亩，而上下水田者，殆数千亩，怙势嗜利之家皆私有之，不惟侵蚀湖水，而因之私决硬闸，便其树艺，漏泄无常，七乡之田乃无岁不以旱告。此实废湖之渐，而西之广德，越之鉴湖，可镜也。司民社者，诚如程覃奏请故事，嗜利者或缩缩退去，而浚湖市葑之策要，亦不可不行。议者又谓聚茭葑淤泥即其中径直处而堤之，起邵家山，跨杨家山麓，如杭之苏堤，计丈者不过四百，堤成不惟可尽除茭葑，而行旅往来便甚，盖计无过此者。昔人议欲起月波，接二灵山，为丈者余八百，信功巨难成矣。今度七乡田，计亩赋财，择高赀富人、有心计为民信伏如前云者，使督役，不以属吏，民未有不鼓舞而趋者。

明戴鳌《论湖事》

钱湖，邑东三十五里，四山回合，旧蓄水可放三河半，今淤葑侵塞，宜亟浚治。湖中筑堤，其说始于宋守胡榘札议。云欲聚淤葑筑为一堤，始度自月波寺，横绝二灵山，延袤八百余丈，今将自邵家山筑至杨家山，才三四百丈，功力裁省，可以举行。当时尚书省盖已画可，不知何以竟格也。今舟经湖中，往往有触风颠溺者。诚如钱塘西湖，横筑一堤，于中不独可以区画淤土，而行舟者亦有所赖，其为民利亦大矣。或谓浚湖工费劳巨，不若增筑湖堤，堤益高则水益蓄而深，其说似矣。不知堤高则易以溃坏，湖旁居民岁虞沉灌，势必盗决，其害不可一二数也。夫君子之为政，必有继也，诚有今日益堤以储矣。不数年，湖且复淀，将复益之乎？浚湖之举，宋人盖屡行之，今历百年而不能浚者，非湖之罪也。

清袁州佐《书〈东钱湖志〉后》

鄞邑滨江海，当百谷最下，水极易泄，故堰碶之修，岁时惟谨。而当其既溢，则田之洼者，复以水为灾，所以东钱一湖，专受七十二溪之水，汪洋渟蓄，则下田无溢患。若旱也，则启碶闸放之，遍溉七乡，而高田无亢忧，讵非万世之利哉？今读往志，综厥大旨，惟宜淘浚，而不宜湮塞。宜潴蓄，而不宜走泄。宜全七乡大利，而不宜见小贪细，贻亢溢之大害也。客有献策屯湖者，其是非固未可深辨，但此湖必先泄水而后可田。既田，将益不利于蓄水，是无湖也。无湖，则七乡百万余亩溢无所蓄，而旱无所灌，是并无田也。夫舍七乡现成之田而求湖田难成之利，智者不为矣。善乎邱绪八议，其言之详也，有曰严侵塞之禁，既定水则，凡水所不及有自僭为业者，必严加丈量，重则起科而藉之，以排花流水，使无所隐，是在厉禁，以杜侵湖。若夫去葑之策，万万不可废，而愧予之未能也，敢以告后之贤者。

清李暾《修东钱湖议》

鄞治东三十余里，有湖曰东湖。曾南丰云，鄞邑东乡之田，钱湖溉之。又名西湖，亦名万金湖，言利溥也。陆士龙《答车茂安书》言，鄞治东临大海，西有大湖，盖因鄞县未徙时，湖在鄞城之西，可知晋时已有湖矣。唐天宝三年（744），鄞令陆南金开广之，废田十二万一千二百一十三亩，即将其赋派入沾利之田，每亩加

新编东钱湖志

米三合七勺六杪，于是以为周围八十里之东湖。筑八塘，曰大堰塘、方家湖塘、平水堰塘、钱堰塘、木楮堰塘、梅湖堰塘、梅湖塘、栗木塘。筑四堰，曰大堰、木楮堰、钱堰、梅湖堰，以受七十二溪之流，蓄水三河有半，灌溉鄞、奉、镇三县老界、阳堂、翔凤、手界、丰乐、鄞塘、崇邱七乡之田五十余万顷。宋李夷庚、王安石补废完固，经理尽制。清波浩淼，皎洁圆莹，若大镜悬空，光映日月。大堰，坐翔凤乡，有从云龙碶入江者，有从萧皋碶入江者，有从贝则碶入江者，有从楝木碶入江者。木楮堰，坐翔凤乡，从大石碶入江者。钱堰，坐老界乡，从杨木碶入江者。梅湖堰，坐阳堂乡，其水直至镇海县崇邱乡，从东冈碶入江者。诸堰之水，条分流别，而总以东冈碶为出水之要地。东冈碶在镇海县地方有二碶，一新碶，属鄞县所辖者。一老碶，属镇海县所辖者。地既旷野，下通小港，无居人稠密，碶夫与近地不法之民，得易营私，排篊捕鱼，放船一只得钱若干为生计，曾不知东冈碶者，乃东乡大利大害之区也。四五月间，时雨连旬，太白诸山山水大发，常有一夜竟成巨浸，故上则大石碶，中则杨木碶，下则东冈碶，并一路小碶堰，必先半日而开之，则田中稻秧得迟一日之害。而且水之退也，亦先一日半日，其间厉害，岂不悬绝哉？若以东冈碶徒为出水之地，则谬矣。大雨之后，必有大旱。雨意已除，水势稍退，即当上板筑泥，以蓄河水，故东钱湖之塘堰尽为出水之计，而东冈碶之设，固为泄水计，而实为蓄水之计也。启闭得时，旱潦不惧。论东乡之水利，其要尽于是矣。至一路塘堰，共有七十余所，惟梅墟塘为最长，而且江河相隔，止有一堤，一有冲决，江水入河，东乡之田皆为咸卤之地，可不深虑而预防哉？湖中之侵占，不可不禁也。沿山居民原有老堤与湖为界，始则于近岸处堆草加泥，为种作计，渐搭茅屋，今竟起造大厦矣。又有将傍岸之地，图布种射利，既种低洼之田，惟借偷泄湖水以冀收成，如此效尤，必致湖尽为屋、湖尽为田而后已。湖中茭苇，原亟宜除。昔魏王赵恺大浚之，提举常平司程覃又大浚之，尚书胡槩成二公之意，农不妨耕，兵不妨阅，给渔户钱，没水取苇。是时东湖千顷草莱荒翳之场，复澄泓如镜之旧。但所除滋蔓，不能挑出湖堤，大雨大水随即填塞，亦无可如何也。秘书修撰陈垲行买苇之策，巡按御史张景有开浚不如加塘之说，欲继前美者，皆可酌而行之也。

清全祖望《万金湖铭》

甬东七十二溪之水,会于横溪,而以其泄入江流也,潴之为湖,其名曰万金湖,亦曰钱湖,言其利之重也。其支则有所谓南湖、沧湖、梅湖之属。唐人谓之西湖,宋人谓之东湖,说者以为前此县治置于江东则西之,其后迁于江西则东之。然观厚斋先生《七观》,唐有西湖爰在东郊,湖姓以钱亦处东鄙,其称西湖溉田五百顷,东湖溉田五千四百顷,则似原分东西二湖者。湖势东高而西下,其水皆自东而西,或者西湖先成,东湖后辟,其究混而一之欤?石塘周围八十余里,有七堰焉,有四闸焉,派注阡陌直至定海崇邱乡而止,盖四明东道一巨浸也。李、陆二公之德远矣。特湖为堰闸所限,莼菰菱芡莲苕之流,杂生其间,滋蔓不治,则渐淤。宋庆历七年(1047),王荆公尝浚之。治平初元,主簿吕献之重新诸堤,其时尚未闻葑泥之患。乾道五年(1169),张津乞开湖中潴水灌田,则湖流尚有余也。是后始日以葑泥为患。淳熙四年(1177),魏王恺以鄞令姚枟之请大浚之,而不得其道,去葑泥无尺许,复积于山间之隈。当时虽平望渺茫若已奏功者,未久葑泥又泻注于湖中,湮塞如故。于是有为买葑之策,欲运诸海者,亦不果。嘉定七年(1214),提刑程覃摄守,置田千亩收租,欲岁募人浚之,且请禁陂塘之侵占种植尽复旧址。朝议许之,程未及成功而去,有司奉行不虔,田租浸移他用,湖又废。宝庆二年(1226),尚书胡榘来守,又大浚之,以孟冬命水军番上迭休,且募鄞、定七乡之食水利者助役,各给券食,祁寒暂辍。明春,役再举,农不妨耕,军不妨阅,农军所不暇赴,则以渔户毕之,是冬告成,天子玺书褒功有差。犹惧其无以继也,增置田,使岁储谷三千,令翔凤乡长主之。以渔户五百人分主四隅,人给谷六石,沿湖稽察,随芡菰之生而绝其种,管隅者一人,管队者二十人,皆辖之府,而以鄞县丞董司之,朝议皆报可。于是立烟波馆、天镜亭于陶公山,守牧亦时往游豫焉。是时湖上称大治。胡之后不浚湖者十六年,葑复为患。淳祐二年(1242),陈垲始行买葑之策,不调农,不拨军,随舟之大小多寡而售之,交葑给钱,各有司存。其初不过数百,已而至者千余。前此淘湖之田所收,率以佐郡家别项支遣,至此方尽于湖用之。郑清之作诗以美其事。(或曰买葑始于程覃,未知所据。）盖自程提刑而后，三大吏皆实心水利之政，不徒以一时之计塞责，足以配食李、陆二公而无愧。虽胡制使生平不为清议所许，指为二史之私人，然其尽心于是湖，则固不可以其人废也。自元时（1271）以买葑田入官，于是淘湖之举稀矣。大德间，势家有以湖为浅淀，请以捺田若干入官租者，营田都水分司拒之，复请为湖。清容纪之《志》中，以为塞湖之渐。时拘七乡食利之家责以去葑，其所行大都如魏王时，旋去旋生。至顺中（1332），宣慰太平谋复置田买葑，然不果，而鄞尉王世英之治湖则有劳焉。至正中（1335），重修嘉泽庙，有濯灵之异，葑泥向春不泛，荷芰俱鲜生者，总管王元恭喜而纪之《志》中，然亦忧其不足恃而戒后人以善治之。明洪武初，又浚之，其弊如大德，而据为田者竟不下数千。宣德间（1426~1435），下水王士华以参政家居，开田甚多，七乡之民讼之，稍阻。正德、嘉靖中（1522~1566），卫军屡请以为屯田，一则郡守寇天叙拒之，再则县令黄仁山拒之，盖湖之危而仅免者屡焉。至嘉靖以后而又一变，先是湖民之薙葑也，以为无用，故多积之山隅。欲运之海，则劳费甚侈，其后知其可以粪田，故争自薙之，而势家竟私征其税，于是有司闻之遂欲分其利，势家得其大半，以其羡余归有司，其实未尝申之宪府。先侍郎自宦归，有山庄在湖上，因得闻其害，以语监司而禁之。万历中（1573~1620），有司复私取之，先宫詹自宫归，复请之，盖是时湖民之得稍苏者，吾家再世之功为多。天启元年（1621），复有投牒有司请收葑税者，鄞令沈犹龙以为葑税出则薙葑者少而湖日淤，乃大禁之，苟有私征者必治，于是税乃止。截江之役，兵饷不足，搜山括海以厉民，大将武宁侯王之仁方请塞湖，户部主事董守谕以死争之得免。向使之仁策行，江师旋破，无补于军赋，而湖堤一决不可复修，其害大矣。然而据湖为田者日多，顺治中（1644~1661）故观察陆宇燝复言之，申明厉禁，嗣是亦屡有谋塞湖者，当事颇知其妄，不之许。呜呼！城西之罂湖盖久塞矣，然犹可望它山之水自仲夏以救之，若是湖则何望乎？徒谓湖之可田，而不知将并旧有之田而失获也。近者淤泥日积，湖身日高，足以注三河者且给一河而不足，不肖之徒尚私泄诸闸以取鱼，殆将不塞而自满，可无惧乎？说者欲大浚之，取淤泥以为堤，固之以石，或自月波山接二灵山，其广八百丈有余。若自邵家山跨杨家山，则稍近易成。葑不至复注湖中矣，而未有能行之者。是为铭曰：

湖山兀兀，湖云溶溶。美哉！保嘉泽以佑我勇东。谁其尸祝，李、陆是宗。亦有三大吏，嗣克奋庸。有元收田，贻厉莫穷。有明黄、沈，廓清而疏通。廷争息壤，先公所同。危而得存，哀哉此疲农。前此卫湖，买田治葑。胡后之人，欲塞湖为功？三犀未立，双鹄是恫。遗民惟董、陆，倦倦苦衷。吁嗟，民牧尚惜哀鸿。筑堤固堰，先哲有遗踪。重湖可保，仁卜屡丰。莫师楼异，有觍我祠宫。

《光绪鄞县志》论湖事

旧志云，一湖可满三河半，今仅及一河而竭。蒋氏《水利考》亦云，少时及见一河，今又减半，时为乾隆五十三年（1788），而今又几及百年矣。湖葑之淤积，湖田之侵占，湖塘湖碶之泄漏，日以滋甚，而且东冈碶一废，梅湖之水直泻小江。虽近时开凿孔峙岭引取湖水之举，已奉大府禁止，而湖淤不去，湖界不清，湖罅不塞，其患终非浅鲜也。如平水北之湫阙，本置千劢大石，高与堰平，为全湖蓄泄之则，今于大石下山林凿去一尺有余，湖水日夜漏泄，又梅湖堰塘之小斗门虚设闸板，水从板下奔泻，其旁石塘亦多崩圮，此皆不可缓之要工，举宜修治。当饬乡长图保不时看管。其碶旁旧有庵者，即令住僧典守，量给薪水，如往时东冈碶之永丰庵、大石碶之永利庵故事。（平水堰北有屋三楹，今住尼、僧，屋后即湫阙。案：今已改为渔源乡自治公所。）春夏之交，请用官封黏贴碶门，加锁牢镭，即留钥于官署，放水请领，立时颁发。如有私开偷泄之弊，许乡长、守僧禀诉。守僧徇情私放，并许近湖者民禀诉，立法以重，有犯必惩，庶几湖无漏厄。蓄水日满，则侵佃者既以苦潦妨播种，而捕鱼者亦不敢贪微利而冒严法，湖其日有益矣。转移之权视乎守令，今即不能清界如荆公，浚淤除葑如魏王诸贤，守而救目前之急，以延东七乡之民命，愿为留心民事者急切言之也。

清巡道史致愕详文

为详请事，据前署台州府知府正任、玉环同知黄维诰、摄理宁波府鄞县秘云书、同知衔宁波府镇海县凌卿云为详请事，窃卑维诰于二月十六日奉宪台札开，据宁波府边守禀称，奉藩宪札，奉抚宪批，镇海县详请疏凿河渠，据情勘议一案，奉批兴办水利为地方要务，该绅民所议疏凿河渠，意在久利农田，为功桑梓，深堪嘉尚。惟自剑河漕至林隘，及板桥河至水井头，居两山之中，疏凿不易，且虑山水涨发仍弃全功，必须节节履勘，确有把握而后举行，方不至废于半途。仰布政司即转饬宁波府督同该县亲往察勘，明确究竟，有无窒碍之处，再行妥议，详办仍候督部堂批示缴等因。奉查是案，前奉宪台批饬会议当经转饬鄞、镇二县，邀同两邑绅士，确核志乘，与鄞县水利形胜有无关碍，悉心议详，去后未据具覆。兹奉前因，并据鄞县绅士张恕等以镇绅胡枢等攘取水利，大有关碍，请委勘永禁等情，禀奉宪台札饬督勘，卑府自应遵办，惟现届春祭之期分应随班致祭，且各县时有解审之案，例应依限勘转，势难远离，查有前署台州府知府正任、玉环同知黄丞在浙年久，熟悉地方情形，且为该二邑官绅所信服，现因查勘南田差竣来宁，合无仰恳饬委黄丞督同鄞、镇二县会齐两邑绅士，确切履勘妥议详辨实为公便等情，据此除禀批示外，合行札委该丞立即督同鄞、镇二县邀集两邑绅士，前往疏凿处所，确切履勘究竟于鄞县水利形胜有无关碍，据实妥议详候核办均毋违延等因，奉此卑职云书、卿云均奉札同前因，卑职维诰谨于四月十六日由省起程，十九日到宁，次日改装易服，从东钱湖四围周历，湖宽四五十里，湖心淤塞过半，存水无多，湖流至镇邑崇邱乡。东钱湖水尽处剑河漕地方，舍舟登陆，度茶漕岭，此岭高五六丈不等，过林隘、李隘二村，居民稠密，约二千余户，距三四里许，度牛窝同，此岭高亦四五丈不等，从此三里而东，即崇邱乡。尽处与镇邑灵岩乡交界，地名水井头，以上陆路约计十二三里，若如镇邑绅士呈请开河，其中庐墓不无关碍，估计需费至十三四万串之多，成功不易，且引湖水东下添溉灵岩、泰邱、海晏三乡，计田十余万亩，湖水之涸可立而待。缘东钱湖坐落鄞之东乡，向来灌溉七乡，如老界、阳堂、翔凤、手界、丰乐、鄞塘六乡，皆属鄞，内鄞塘与奉化白杜等处共为一乡，其余则镇海所属之崇邱八里为一乡也，遍询士人，云七乡遇旱尽敷三十日车戽，并无盈余，此卑职维诰明勘访之实在情形也。勘毕进镇海县城会晤卑职卿云熟商，传到原呈绅士六人，初犹胶执，前此公呈据《镇海县志》，有湖米均派崇邱、灵岩、泰邱、海晏之语，诘以《志》载，有邑人谢兆昌《丁家山灵岩寺碑记》有云，东钱湖，唐天宝三年（744）开拓之，易田为湖，以其田赋赋之七乡，每亩计米三合七勺三杪。按所称七乡系指现受湖水之七乡。而言又《镇海志》载东钱湖为巨浸，其经流所遍鄞有六乡，镇有崇邱八里等语，遍查该县田赋项下，灵岩、泰邱、海晏三乡亦未注明添派湖米字样，原额例定米数较他乡为少，是原呈查据志载派三乡湖米一层无从征信，再三商办，众绅稍有悔悟。嗣后卑职卿云亲往该处履勘，传集各乡绅者，勘得剑河一带居东钱湖下游，一经开河，势若建瓴，不但东钱湖水一泻入海有损于鄞，实无益于镇，兼之开凿茶漕、牛窝弄二岭深至五六丈不等，纵或成功，倾圮亦易，况向来沾受湖水之七乡，窃恐未必甘心縻费巨款，今日之水利未兴，后日之隐祸无穷也。众绅佥以为然，愿寝前议，众口一词，并无勉强。卑职云书得闻此信，传集鄞邑绅者，谕以镇绅不复新开河渠，湖水无恙，照旧灌溉七乡，亦皆允服，佥求详覆是以未经会勘卑职维诰等会商意见相同，理合将奉委查勘会议缘由据实具申，仰祈宪恩据情转详督抚二宪暨咨藩宪，俯念东钱湖水实为七乡灌溉之源，由晋迄今，一千余年，不准擅变旧章，致起争竞，实为公便等情，到道据此职道查开凿河渠借资灌溉但可保卫农田原不必分此界彼疆。乃胡枢等议请开河之处适居东钱湖下游，于鄞邑水利大有关碍，且所拟开凿二岭工程浩大，庐墓攸关，倾圮亦易，现据该县等勘详情形实系有损于鄞，无益于镇。即镇邑绅民亦知损人不利已，已俱愿寝前说，似应俯如所议，并请永禁开凿，毋得轻变旧章以杜纷更而免争竞，是否如斯。合将饬委会勘缘由据情转详仰祈宪台察核，俯赐批示，祗遵实为公便，为此备由呈乞照验施行。抚部院马批：据详以悉，仰布政司即便转移饬禁。督部堂左批：详覆各情甚为明晰，应即勒石以垂久远。（《光绪志》）

永禁镇海剑河漕凿引湖水碑文书后

民生莫切于水利，前人之所经画，具载志乘，然必亲历其地，而后形势之高下，江河之原委，疆理之界限，堰塘坝闸之兴废，其确有可征者，信之。其不可信者，以无征置之。可也。若第据乎志乘，即所载有，难尽信者矣。尝读乾隆五十三年钱《志》，分任水利者为象山倪韭山先生，倪非鄞产，而于城乡内外河渠未及留意，只取旧志档册而录之，当时蒋樗庵先生已哂其陋。又考雍正十一年曹《志》，称东钱湖所溉合鄞、奉、镇为七乡，又称湖因田为之，故以原供之赋均之七乡。夫所谓七乡者，在鄞则老界、翔凤、阳堂、手界、丰乐、鄞塘六乡，鄞塘南接奉化。在镇则崇邱乡八里之接鄞地者。叶恒《嘉泽庙记》亦言湖水及翔凤等乡并定海旁近之田。定海，今镇海。镇人谢兆昌《净岩寺碑》亦只言崇邱八里得沾湖水，是则湖水所溉及东冈碶而止，此则《志》之可征者也。至言镇之江南三乡，若灵岩、若太邱、若海晏，重山可阂，当时议凿阿育王山岭引湖水灌之，故以湖米均摊于四乡之田，且言灵岩、太邱、海晏三乡空输湖米之赋，是镇乡居其四而鄞奉反居其三。是说也，实为后日凿引湖水之地当日纂修者不加详审，留此曲笔，此则《志》之无足征者也。同治四年（1865），镇人胡枢等果据是说，请于剑河漕尽处王家溪凿冈为渠，以引湖水。余亟白于监司史公，备言鄞地湖高于田，田高于河，河高于江，势若建瓴，若引注镇之江南三乡，则下流趋为巨浸，而鄞之上河涸矣。史公然余言，乃札玉环同知黄公履勘全湖堰闸及镇邑江南乡地势，实属有害于鄞无益于镇，并查镇邑赋册，江南四乡之赋减于江北各乡，乃知四乡均派湖米之说，亦属子虚。天下事之误于笔墨者，往往如是。黄公会同镇令凌公，据实详报史公，于是转详大府，勒石永禁，树碑郡庙正殿之东偏。是役也，史、黄两公实心讲求，力破成说，以惠吾民，其功非浅鲜也。今史公去矣，黄公未几亦去，吾民于二公其能忘乎？史公名致谔，江南常州人。黄公名维诰，江西新淦人。若夫浚淤治葑以复民生，二千年农田之利更有望于今之官斯土者。（《南兰集》）

清袁州佐《乡屯问答》

屯人曰："今大敌未靖，军兴未已，馈饷不继，请屯梅湖以益军饷。"乡人曰："吾湖惟蓄水以防旱潦耳，子之欲屯之也，若何？"屯人曰："吾非尽决东湖而屯之也，请由前堰长堤塞两桥以断大湖之水，然后启梅湖碶泄之。则梅湖皆田矣。子谓不可田，请得问难，以竟其说。"乡人曰："诺。"屯人曰："吾闻之父老,曰湖之水可供三河有半,今屯梅湖,仅减有半之水耳,害少利多,宜若可为也。"乡人曰:"不然。旱涸之日,勺水如膏。半河之水,设旱可支十日,此十日者得雨则丰。若河涸而加十日之旱,则苗且立枯,后虽有雨,岂能泽我枯苗乎?异日者不旱则已,旱则七乡之怨必萃子矣!"乡人又曰:"湖水之泻,各有所归。从梅湖而下者,专灌鄞之六七都,定之崇邱都一带。设梅湖泄而不蓄,则枯槔奚赖乎?"屯人曰:"吾于前堰碶决大湖水而下,别开一道以达各都,灌溉如旧矣,夫何患?"乡人曰:"以子之见,犹井蛙之拘墟而未达也。夫旱涸放湖,百万之田,枯槔并力如万鲸吸川,近者犹不餍,岂能枉道以及远乎?子计屯而不为各乡计水,非策也。"屯人议去梅湖之碶,乡人曰:"不可。恃梅湖而为溪壑者不可胜计,碶毁则尽注下国,而禾苗浸没矣,奈何?"屯人曰:"梅湖溪壑之水,下注诚有之,然沿江诸碶一启则泄之,惟恐不足,何至于浸没乎?"乡人曰:"吾不能辨以胜子,请誓之庭坳之间,大雨骤注,虽有沟不能遽流,则水必及阶除上矣。启碶之说,何以异是?况碶夫无籍,遇急辄遁,而淹没已成。方是时,子又岂关其肥瘠耶?"屯人曰:"梅湖屯成而数万金可立致也。"乡人曰:"子何言之易欤?吾谓其难成者有四,惟子详之。吞水冲激,田禾漂摇,一也。湖底沙砾,虽耕不育,二也。大湖水盛,漫堰淹屯,三也。堰基石虚,水激易毁,屯仍为湖,四也。若加筑堰堤,则必尽伐湖山之木,尽征湖民之役,期年而功不就。功不就则屯虚,屯虚则军民益病矣。"乡人又曰:"微直此也,异日屯旱,子能保不借大湖之水乎?况水漫前堰,屯将患潦,子又能保不启闸碶以泄湖水乎?如此则诸碶非七乡所得有矣。恐攘斗嚣陵必自是而莫止也。"屯人曰:"若是其甚欤?请从子已之。"于是七乡之人咸欢欣加额而退。监国鲁王元年四月望前一日,沸水袁州佐书。

JIAOTONGBIAN
交通编

　　东钱湖的功能之一是水上交通，20世纪50～80年代可谓是东钱湖水上交通的鼎盛时期，有航船、汽轮船、渡船等等。随着公路网的四通八达，陆上汽车代替了水上船只，船只已成为人们休闲旅游之水上活动工具，古老的岭、道、亭、洞桥等已逐步在人们的记忆中淡化。目前，东钱湖的公路已达160千米有余，实现"村村通公路"。我们对路、街、桥、亭、古道、码头等做了具体调研。

■ 新编东钱湖志

第十九章　路（街）
DiShiJiuZhang　Lu(Jie)

第一节　环湖路（按现行环湖31.5千米计）

环湖北路：西东走向，西起高钱清泉山庄生态村，绕高钱生态村、比华利别墅群，穿梅湖农田，至上虹桥，全长4700米，宽12~24米，黑色沥青路面，建于2004年，是环湖的主道之一。

环湖东路：西东转南走向，西起上虹桥，穿虾公山隧洞，经纪家庄山庄、十里四香景区，右转过下水村边、官驿河头、大慈寺、福泉山茶场、横街岭、横街村、南宋石刻公园、九眼桥、范岙、马山、至韩岭的71省道交口处，全长13000米，宽7~24米，沥青路面。始建于1982年，延长于2005年。

韩水公路：是环湖东路后一段，下水至韩岭，北南走向，东起下水十里四香农庄，西到韩岭去咸祥叉口，全长9400米、宽9米。初建于1982年，重修于2004年，黑色沥青路面，由下水过官驿河头村边，绕刀子山沿山下过大慈寺，穿横街岭、过横街，经慈云寺，走过南宋石刻公园门口，经上水村边，过范岙、过范岙岭、马山之上路，过韩岭桥，至韩岭村口，亦称环湖东路，该路至天童又称韩天公路韩水段。

环湖南路：即宁横公路韩郭段，东西走向。东起韩岭村口、西到郭家峙隐学岭下，全长7460米、宽9~15米。初建于民国廿三年（1934），重修于1990年，再重修于2004年，由单车道改双车道，沥青二级路面。由韩岭经过启新高尔夫球场门口，过象坎山庄之门口，经西山下，过茶亭村边，到郭家峙隐学岭。

郭大公路：南北走向，南起郭家峙村，北到大堰头村口，全长3400米，宽9米，沥青路面，始建于1952年左右，重建于2009年。郭家峙412医院路段未修。路经郭家峙村，穿过迎旭寺旁，直过高湫堰塘、到大堰头，即现在柏悦酒店门口。亦可称环湖南路延伸环湖路。

陶公岭路：南北走向，南起大堰头，北到国七寺，经过大公岭、后庙湾裴君庙，路过陶公岛景区，到国七寺角七湾的三叉路口。沥青路面，全长2900米，宽12米，是环湖西湖的始段。

国莫公路：南北走向，南起国七寺三叉路口，北至莫枝堰坝湖滨西路头。经过方家湖塘，由平水桥向东转弯，经过湖滨西路，到机动坝止，全长2400米，宽8米。始建于1960年，重修于2009年，方家湖塘亦属省道，水泥路面，湖滨西路为镇路。亦称环湖西路。

兴凯路：南北走向，隐学岭，经隐学山庄边、观音庄东，过凤凰桥，到方家湖塘南端，连安石路，亦是71省道段，全长2700米，宽20米，始建于1935年，重修伸展于2004年，水泥沥青路面，以兴凯湖命名。

西　街：南北走向，南起莫枝机动坝，北至莫枝三角地，全长500米，宽7米，是不见湖面的连接段。原建于1958年，沙石路面，1987年改建为沥青路面，地处中河塘西岸，与东街相对，故名西街。

莫枝东路：西东走向，西起八字桥（三角地），东至青山村，全长1170米、宽8米～10米，水泥路面，始建于1965年。其中黄泥岭至东海舰队路段，现改名为连心路，2009年重建。由青山村左转弯去高钱，直至部队驻地，为盛垫至石沿国防公路支线，1971年初建，1989年改建为三级公路，1991年4月再次改建，2009年重修，现亦名连心路，属县道公路，鄞州编号X007，全长2.975千米。

青梅公路：南北转西东走向，南起青山村口，东止于梅湖毕华利别墅区，全长4400米，宽9米，沥青路面，始建于1980年，重建于2008年，过赤塘岙，至高钱村右转弯，经过海字工区后山，直经到毕华利别墅群。

注：以上是东钱湖四周的环湖公路，全长31.5千米。

第二节　大道、主路

东钱湖大道：南北走向，复式双复式公路，北接锁岚路，南连谷子路。建于2005年10月。南起岳王庙平水桥的莫云公路丁字路口，北至下应黎明村，全长2.43千米，宽44～122米，沥青水泥路面，中间河道宽50～60米，两侧绿化带各宽10米，道路各宽26米，有桥15座，其中跨河桥有永丰石桥、仙枰桥、双虹桥、二灵桥、霞屿桥、芦汀桥六座。

鄞县大道：鄞州编号X014，东西走向，东起东吴镇，西至横街镇。东钱湖境内的路段东起梅湖农场，西至下应江陆站。路面为沥青路面，路基宽27米，主干道2×8.5米，机动车道2×3.5米，中央设1.5米绿化带，有波形钢板护栏，沿途经过梅湖村、雅戈尔动物园、东海蓄电池厂、红舒村、莫枝北路、中海东湖观邸、黄隘村，穿甬温高铁桥下，到江陆村站，全长6000余米。始建于1996年1月10日，1998年12月26日通车。

71省道：编号S215，北南走向，北起盛垫，南至横码，始建于1933年7月，1935年1月竣工。老宁横公路在原大通桥北的中塘河大通桥，为单跨大桥。过湖塘下，穿观音庄边，过隐学岭到郭家峙，沿西山下至韩岭去横山码头。抗日战争时期，大通公路桥被炸，路也毁（现在的镇政府处横垮，1970年左右还有桥被炸的两端遗存）。1960年改道从盛垫到丘介、沙家垫、红林、莫枝八字桥，过莫枝西街，转湖塘到国七寺，过大公岭、大堰头、高湫堰、羊角岭，到郭家峙，再转西山下、象坎，到韩岭去横山码头。1989年12月又改建，按1933年的公路路线运行。原中塘河大通桥位置向北移了500余米，名为钱湖大桥。2004年，沿东钱湖的环湖南路改建为双向车道，宽2×8.5米，中间为2～4米的绿化隔离带，东钱湖境内的路段北起回龙桥，途经沙家垫、红林、莫枝、湖塘下、国七寺、观音庄，过隐学岭，经郭家峙寨基、茶亭、象坎启新高尔夫球球场、韩岭、过泗水岭，到俞塘大桥，全长20千米左右。

注：陶公山国七寺弯道三叉口起到隐学岭为兴凯路。

莫枝南路：原名钱湖南路。东西走向，东起上八字桥，西与安石路相接，全长901米，宽9米，水泥路面，建于1975年。因地处镇中心之南，故名。途中穿越供电路，沿途主要单位有粮管所、莫枝菜场、电管所、东钱湖往复泵厂、区公安分局、方边公园。根据宁波市地名办2011年6月1日通知，钱湖南路更名为莫枝南路。

钱湖西路：东西走向，东起八字桥，西与安石路相接，全长900米，宽9～11米，水泥路面，建于1990年。因地处镇中心之西，故名。途中穿越有青春路、供电路，沿途主要单位有旅游学校、中心小学、钱湖新村。

莫枝北路：原名钱湖北路。南北走向，南起八字桥，北至邱隘镇回龙村，长3852米，宽25～43米，水泥路面，建于1958年（其中红林村边段始建于1935

年），重建于1987年，途中经过莫高路口、安石路口，穿越鄞县大道、黄榭路、介甫路、黄苏东路、黄苏西路、兴建路、雁归路、上杨路、龙漕路。沿途行政单位有东钱湖镇政府、红林村、黄隘村、沙家垫村。沿途企业有仁达公司、可挺公司、明成公司、新盛公司、汇丰公司、鸿迪公司、回龙机电和天益公司等企业。

湖滨东路：北南走向，北起莫枝堰碶闸，南至师姑山莫枝村委会。全长375米，宽6米，水泥路面，建于1979年。该路沿东钱湖东岸而筑，故名。沿途为民房。

湖滨路：南北走向，北起莫枝堰碶闸，南至电动坝，全长60米，原莫枝堰坝。2008年改建湖滨小公园，建有介甫桥、安石亭。

湖滨西路：东西走向，东起莫枝老教堂，西至安石路相接，全长930米，宽8米，水泥路面，建于1958年，沿湖西岸而筑，故名。沿途过岳鄂王庙、湖滨公园、儿童城、"小八达岭"景点以及城建监察中队。

百步路：南北走向，南起新街，北止钱湖东路，全长30米左右，宽5米，水泥路面，建于1979年，是全镇最短之路，取传统钱湖十景之一"百步耸翠"的"百步"两字为名。沿途有农业银行、地税所。

青春路：南北走向，南起莫枝西路八字桥，北止钱湖桥，全长737米，宽8米，水泥路面，建于1979年。沿途有旅游学校、东钱湖中学，故名青春路，寄以青春焕发之意。

供电路：南北走向，南起莫枝南路供电桥，北至安石路，全长387米，宽10米，水泥路面，建于1977年。附近有供电所，故称为供电路。沿途有新村居民会、镇中心幼儿园。

渔源路：南北走向，南起殷湾村口，北止莫枝东路（连心路）黄泥岭，全长758米，宽6～8米，水泥路面。建于1978年，该路段地处殷湾村，在传统的"殷湾渔火"十景之一附近。民国时期有称渔源乡，故名为渔源路。沿途有殷湾村、汇丰纺织厂。

湖影路：南北走向，南起莫枝东路小八字桥口，北至外稻田。全长235米，宽6米，水泥路面。建于1979年，路边有影剧院，把东钱湖和影剧院合而名之为湖影路，沿途有建设银行、工商分局、文化中心、嘉悦广场。

安石路：曾名启新大道，北南走向，北起东钱湖标志牌楼，南至平水桥，即莫云路口，全长2748米，宽9～16米，水泥路面，1992年由71省道拓宽而成，为纪念王安石任鄞县县令时整治东钱湖有功而名。平水桥小蓬山建有王安石公园（2001

年建），沿途有东钱湖房管所、郑隘村、钱湖景苑、电管站、成教中心、广电中心。

东街：北南走向，北起莫枝桥，南至湖滨东路，全长341米，宽5米，原为莫枝主要商业街、有过街楼、石板路。1977年改建为水泥路，中塘河上游，把商业街分为东西两边，是镇区主要街道之一。

新街：西东走向，西接东街，东至无名店，全长111米，宽8米，1978年改为水泥路面，是新建街，故名新街，沿途有印刷厂、种德堂药店、彩虹药店、小旅社、新江厦商场、一言堂大药房。

仙枰东路：南北走向，南起连心路、东钱湖艺术家村边，北至白石仙枰景点入口，全长256米，宽5米，水泥路面。1978年建，地处白石仙枰东麓，故名仙枰东路，路下有东钱湖艺术家村（由钓鱼台改建）。

仙枰西路：南北走向，南起莫枝东路，北至莫高路，全长367米，宽5米，水泥路面，建于1978年。地处"白石仙枰"西麓，故名仙枰西路。附近有基督教堂、家具厂。

邮电路：南北走向，南起邮电局，北至建工路，全长228米，宽6米，1981年建，因邮电局而得名.

建工路：南北走向，南起大通桥，北至莫高路。全长460米，宽6～8米，建于1987年。

菜场东路：北南走向，在莫枝市场之东，全长200余米，宽6米，水泥路面。建于1975年。

菜场西路：北南走向，在莫枝市场之西，全长238米，宽6米，水泥路面，建于1975年。

陶公路：西东转南走向，西起镇自来水厂，南至湖心堤，全长2600米，宽7米。1996年新建，2002年改建为沥青路面，是鄞州编号X027县道（湖塘至小普陀）的后半段。

高王路：东西走向，东起高钱，西至下王村，全长6000米，宽8米，水泥路面，建于2001年。

莫高路：南北转西走向，南起东钱湖牌楼，过钱湖人家外线，到高钱村，全长约4500米，宽9米，水泥路面。建于1994～1995年，1999年被鄞县大道覆盖2500米，沿途经钱湖人家、环卫站、公路管理所，到高钱梅湖村。

钱白公路：北走向，八工区至小白河头，全长15400米，宽7～16米，沥青路面，建于1971年。

水洋公路：北南走向，北起下水村口，南至洋山村老洞桥边，全长4500米，宽8～9米，沥青路面。始建于1982年，2004年改建，沿途经叶氏太君墓地、千华庵、新岭岙、灵佑庙、绿野牌楼、新凉亭到洋山村，直上可到古道大嵩岭起点。

洋穆公路：西东走向，西起洋山村村口，东至穆公岭岭顶，始为石子小道，2004年改为水泥沥青路面，全长3000米，宽8米左右，过岭可去戚家耷、画龙、东吴、天童寺，为韩天公路（编号X005）中韩水公路的最后一段。

大陶公路：由福泉山大慈寺经山至陶公庵的乡道公路（鄞州编号Y015），全长13.039千米，1979年、1980年二期分建。原为砂石路面，2004年改建成单车道、硬路肩、沥青混凝土路面，路基宽5.5米，路面宽4米，是一条旅游路线。

大五公路：大慈寺至陶公庵公路（鄞州编号Y016），终于五塔，全长1.652千米，原建于1983年，砂石路面，2004年改为单车道，硬路肩，沥青路面，路基宽5.5米，路面宽4米，为乡道公路。

山茶公路：福泉山顶至茶一队公路（鄞州编号Y017），自乡道大慈寺至五塔公路5K+500右弯处起，终于茶场一队，全长2.213千米，始建于1983年12月，原为砂石路面，2004年改建为沥青水泥路面，单车道，硬路肩，路基宽5.5米，路面4米，公路有27道涵洞，为乡道公路。

天嵩公路：福泉山麓天打岩至大嵩岭公路（鄞州编号Y018），全长4.653千米，始建于1979年和1983年，由福泉山茶场自建。砂石路面，2005年改建成沥青水泥路面，路基宽5.5米。路面4米，单车道、硬路肩，线内有48道涵洞，为乡道公路。

俞杨公路：俞塘至城杨公路（鄞州编号Y012），自俞塘东站至城杨村，长3.4千米。始建于1981年，砂石路面，2005年改建成双车道硬路肩，水泥混凝土路面，路基宽5米，路面宽3.5米。线内有桥梁2座，长26.3米，涵洞36道，桥涵涉及为乡道公路。

黄谢路：东西走向，东起莫枝北路，西至黄隘村，路宽8米，全长600米，水泥路面，沿途有新盛厂、立明厂、东利厂到斐戈公司，建于2001年。（"谢"原指谢家墓自然村。该村因造跑马场拆迁。）

介甫路：西东走向，西起莫枝北路，东至长漕路，全长300米，路宽8米，建于2001年。

天宝路：南北走向，南起黄苏东路，北至河道，全长200米，路宽8米，建于2001年。

长漕路：南北走向，南起鄞县大道，北至河道，全长400余米，建于2001年，砼路面。

黄苏东路：西东走向，西起沙家垫村口莫枝北路，东至工业区新路附近，全长600米，路宽17米，建于2001年。

黄苏西路：东西走向，东起沙家垫村口，西至黄苏桥，全长270米，宽10米。

雁归路：东西走向，东起莫枝北路，西至中塘河河道。路宽10米，长300米，建于2001年，砼路面。

上杨路：西东走向，西起莫枝北路上杨桥，东至上杨村，全长400米，宽5米砼路面，建于2001年。

宝源路：南北走向，南起鄞县大道，北至黄苏东路，全长约350米，宽10米，建于2002年，砼路面。

双渔路：西东走向，西起宝源路，东至稻田，全长500米，宽6米，建于2003年，砼路面。

南金路：东北转东走向，南起工业区，东至长漕路，全长200米，宽6米，建于2002年，砼路面。

兴建路：东西走向，东起莫枝北路，西至河道，全长150米，宽7米，建于2001年，砼路面。

沙家垫路：东南西北走向，东南起莫枝北路，西北至村前河道，全长500米，宽6米，建于1995年，砼路面。

天池路：北南走向，北起鄞县大道，南至住宅区，全长500米，宽26米，沥青路面，建于2005年。

锁岚路：北南走向，北起鄞县大道，南至东钱湖大道北端，全长1030米，宽12~24米，建于2005年，沥青路面。

白石北路：西东走向，西起东钱湖大道，东至中海住宅，全长788米，宽26米，水泥路面，建于2011年。

玉泉南路：北南走向，北起东钱湖大道二灵桥，南至兴凯路，全长2630米，宽20米，沥青路面，建于2008年。

谷子路：南北走向，南起莫云路，北至东钱湖大道南端桥，全长200米，宽20米，沥青路面，建于2005年。

莫云路：莫方公路的延伸，东西走向，东起安石路，西至云龙碶，全长约4500米，宽7米，二级砼路面，建于1996年。再延伸到奉化方桥镇，全程17780米，称为"莫方公路"。

紫金南路：东西走向，东起东钱湖大道，西至稻田。

陶公路：在陶公山，西东走向，西起方家湖塘，东至湖心景区，全长2600米，宽12米，沥青路面，西段始建于1958年宁横公路，东段建于1997年，2006年命名为陶公路。

大堰路：东西走向，东起大堰头，西至71省道，凤凰桥，全长7600米，宽9.5米，建于1996年，沥青路面。

高钱大道：南北走向，南起白鹤大桥，北至鄞县大道，全长500米，宽10米，水泥路面，建于1999年。

方桥路：东西走向，东起蓄电厂，西至旧宅村，全长1000米，宽5米，水泥路面，建于1991年。

白鹤路：东西走向，东起高钱白鹤大桥，西至青雷寺，全长500米，宽9米，水泥路面，建于2004年。

堰头路：南北走向，南起前堰头村口，北至环湖北路，全长600米，宽5米，建于1969年，重修于1990年，沥青路面。

龙漕路：东西走向，东起莫枝北路，西至沙家垫工业区，全长200米，宽5米，水泥路面，建于2001年。

御相路：下水绿野岙村中主路，南起牌门楼，北至射猎殿，原是石蛋路，1980年改为水泥路，全长600米左右，宽3～5米，2009年重修。为纪念四明史氏命名。

梨园路：下水绿野岙中峰溪洞桥，到下水溪韩天公路丁字路口。路旁种梨子，故名。全长400米，宽3～4米，始建于1986年，重修于2004年，水泥路面。

八行路：下水绿野岙，史诏墓道之前，原名横山路，1968年开辟村到中庵的横山路，为纪念八行公史诏，故名。2005年自村洞桥至史诏墓道修成水泥路，全长300米，宽3～4米。

第二十章　古道
DiErShiZhang　GuDao

第一节　跨境古道

大嵩岭：北南走向，北起洋山村，南止大嵩岙村，全长4.5千米有余，路宽1.20米左右，鹅卵石路面，每隔15～20米有石阶，两边草木茂盛，1956年之前是大嵩、象山去宁波交通要道。大嵩岭北面中途有一座古老独孔石拱桥，乱石砌成。

黄菊岙岭：西南东北走向，西南起绿野岙村，东北至东吴王宾岙村，全长约3千米左右，宽0.8～1.0米，石子路面，路相对较陡，有石阶分段，是跨镇界之岭，现存。

新　岭：西南东北走向，西南起下水新岭岙，东北止东吴古野岙，全长3千米左右，宽0.8米，路陡，是跨镇界之岭，现存。

北岙岭：西北东南走向，西北起韩岭云南岭，东南止北岙村。

横街岭：北南走向，北起横街，南止里北岙村。

东陶岭：西北东南走向，西北起横街吴将亩，东南止东陶岙村。

五塔岭：北南走向，北起横街村，南止西岙村。

亭溪岭：东南西北走向，以城杨村亭溪命名，东南起城杨村，西北止龙华堂石家，鹅卵石路面，2011年被评为"鄞州十大古道"之一，牌挂城杨村。

茅　岭：即韩岭，又称泗水岭，就是韩岭至俞塘的71省道的小岭，1956年之前是咸祥、大嵩、象山去宁波的主要交通要道，已废。

第二节　境内古道

里高头岭：南北走向，南起下水广度庵，北止柴场岙，路很窄，石子路面，现损坏严重。

慈云岭：南北走向，南起慈云寺，北止大慈山溪，全长约800米，卵石路面，宽0.8米，南宋时是史家祭祖之路。1958年之前是横街村到下水的必经之路。现已荒芜。

拜祭岭：南北走向，南起上水村，北止下水官驿河头，是下水至韩岭的主要古道。卵石路面，全长约3千米，宽0.8～1.0米，原岭顶有一株胸围三抱的大松树，2005年左右被毁。行人已无，路岭荒芜。

安石岭：东西走向，东起下水港口石棺材，西止掘断湾福应庙，全长300米左右，路很窄，石板卵石路。为纪念北宋王安石而命名。

塔沙岭：西东走向，西起韩岭广济亭，东止横街村。

云南岭：西东南走向，西起韩岭岭下山麓，石子路面，东南至十方云南寺，全长2500米左右。

第二十一章　桥、洞
DiErShiYiZhang　Qiao.Dong

第一节　古桥、老桥、重建桥

1. 鉴湖桥：在东钱湖韩岭溪入湖口，桥外是韩岭船埠头。本为单孔拱桥，桥西端有二人合抱的大樟树一株，两端石阶有桥栏，供村民休闲。1991年为通车方便改为小平桥，桥名石立于原船航埠头边，上有"鉴湖桥道光元年（1821）秋月"字样。

2. 万安桥：在东钱湖上水龙口，又称九眼桥，原有桥孔九眼，每孔眼三块桥梁，每眼桥宽1.5米，长3.5米，高1.8米，离水面0.8米，总长30余米。已毁，尚留一眼。在离桥30米处，新建上水桥，长30米，宽16米，建于2003年，水泥砼桥。

3. 临湖桥：在东钱湖下水，1958改建为建飞桥，石拱桥。原桥六亩田下边有临湖亭，约在1968年左右被拆，现为水泥桥，名下水桥。

4. 上虹桥：在东钱湖之北，五里塘东南之头，始建于宋，明清重修，单孔石拱桥，后被毁，改建为水泥砼桥，长4米，宽2米，高2米。已拆。

5. 下虹桥：在东钱湖之北，五里塘西北之头，始建于宋，明清重修。原石桥长5米，宽3米，今已改建为水泥桥。桥名栏石上尚存"下虹桥"三字，为民国三十四年（1945）戴东原所书。

6. 大通桥：在东钱湖镇政府旁边，原为有石阶和桥栏的条石板石桥，是莫枝堰去沙家垫、河尚桥的必经之桥。单孔大桥，长6～7米，宽2.5米，高2.0米左右。1960年建公路时被改建为洞桥。现为公路桥，长12米，宽12米，改建于2005年。

7. 八字桥：在东钱湖旅游学校边，民国十四年（1925）里人李志芳重修（《鄞县通志》），原是志芳学校到河东之桥，横跨中塘河，二孔条石板石桥。上桥下桥都是石阶，上下大约是12步。桥下东边有桥带，便于船只拉牵之路。此桥宽约4米，长约12米，高约4米。现拆为双曲拱水泥砼公路桥，是莫枝东路和西路连接之桥。中间有隔带，宽2×4.8米，长15米左右。

8. 莫枝碶桥：在莫枝碶上，是单孔三板石板桥，桥栏石重修于清道光年间，桥长4米，宽2.5米，尚在使用。

9. 天镜桥：在东钱湖陶公山，为古石桥，今已无存。

注：宋胡榘浚东钱湖时，在陶公山井头湾湖滨造天镜亭、天镜桥。

10. 凫 桥：在百步山下，为古石桥。

11. 偃月桥：在梅湖捣臼湾，为古石桥。

12. 南安桥：在陶公山与许家峙连接之单孔桥，原为九眼木桥，1948年改为钢筋水泥桥。陶公山忻氏明代自福建南安县迁来，此处多为忻氏后裔，故名"南安桥"。桥名为清代末年进士高振霄所书，桥两边有桥栏，目前仍在原地，长12米，宽4米，高3米。

13. 五港桥：在中塘河沙家垫对河之五港，清咸丰四年（1854）里人凌正泰重修，民国二十一年（1932）里人重修，现原桥拆，1974年改建为公路桥。长50米，宽6米，钢筋水泥结构，2000年重修。

14. 官驿桥：在下水官驿河头村进口处，是东钱湖上最短之桥，由三块长石板组成，宽2.1米，长3米，高1米，因官驿河头得名。

15. 蔡义桥：在下水港口，下水溪之水上，原下水溪出口入东钱湖处，三孔石板桥，长12米，宽1.2米，高2.5米，已被填。

16. 善德桥：又名屯呑桥，下水屯呑石壁潭口，三孔石板桥，长8~9米，宽2.0米，高3米，1987改为水泥桥，宽为10米，高3.0米。

17. 鸟鸣桥：在下水叶氏太君墓道之前。据史氏家乘记载，史氏祖宗在选叶太君墓地时，走到此桥听到百鸟鸣，故名。桥宽3米，长1.5米，高0.6米，是东钱湖最小古桥。

18. 德行桥：在下水西村史氏宗祠边，南呑溪上，为纪念宋八行公史诏而造，清重修，三孔石板桥，长10米，宽1.7米，高2米，当地称新桥头。又说，此桥原在庙跟，1939年史杏福重建此桥，移到现在地方，老百姓得益，故名"德行桥"。

19. 林染桥：下水西村染店弄，在南呑溪上，南宋时有此桥，根据史料记载，四明史氏第二代就落脚在此桥边。三孔石板桥，长10米，宽2.4米，高2米之余，当地称大桥头，下水绿野呑史氏称绿野中峰溪出口石拱桥为林染桥。

20. 庙前桥：在下水上溪坑南峇溪上，因原忠应庙在桥之东，故名庙前桥。三孔石板桥，2009年改建为钢筋水泥桥，长8米，宽1.5米，高1.9~2.0米。

21. 滑塔桥：在东钱湖下水上街头之上，原是下水去绿野峇必经之桥，三孔石板桥，长8米左右，宽1.4米，高2米，下水溪之上，1998年改为水泥砼桥，长9.8米，宽2.5米。

22. 田建桥：在大慈溪上，近竹头坪，慈云岭下，原石桥小桥，1982年建韩水公路时改为石拱桥，2004年又移位5米，为新石拱桥，长8米，宽7米。

23. 戴婆桥：又名万年桥，在东钱湖湖塘下，建于1884年，重建于1918年，三孔石梁桥，长20米，宽2米，高3米。现已改建为钢筋水泥桥，长25米，宽8米。

24. 凌云桥：在俞塘亭溪上，清光绪十一年（1885）建，民国十八年（1929）里人改建。1981年改为钢筋砼桥，长17米，宽5.5米。

25. 永安桥：东钱湖城杨村，旁有永安亭，1920年里人建造。据亭内碑载，该桥由杜月笙、金庭荪等先生捐资建造，重建于1930年，水磨汀钢筋桥，有桥栏。桥长16米，宽4米，高4米，现存完好。

26. 平水桥：在平水堰下坡之上，原是古石拱桥，1960年公路建造时名为"创造桥"。71省道修建时，新建现在的平水桥，桥长16米，宽14米，高4米。

27. 涌月桥：在高钱村中，建于嘉靖年间。原是高钱最热闹之处，桥头两头有小店。单孔石桥，有石栏，桥名写在桥栏上。

28. 凌　桥：高钱市场边，单孔水泥桥，有栏杆，长11米，宽7.5米，高3米的小石桥。

29. 西亭桥：西亭桥江上，始建于清，南为鄞县大道，北为高钱香草园。古石桥，长5米，宽2米。

30. 土　桥：高钱河上，始建于清，石桥，1968年为机耕桥，2005年改为水泥砼桥，长3.5米，宽9米。

31. 沙家桥：在沙家垫村，清光绪年间里人郑世忠与其妻丁氏重修，横跨中塘河，原石板栏杆已拆。1974年改建为水泥砼桥，长30米，宽8米，高4米。

32. 小八字桥：在莫枝北路南端，在中塘河支流口，原为石桥，1958年改为公路桥，1993年重建钢筋水泥桥，长10米，宽9.5米。2013年因沿山河工程新建大桥。

33. 二眼桥：在莫枝中塘河第一口桥，又称上八字桥，原木结构，1958年改为公路桥，1980年改建为钢筋水泥桥，长20米，宽9米。

34. 黄苏桥：在沙家垫桥东南，横跨中塘河，东接中塘河路通长漕里村，西通鲍家桥村，一孔拱板，结构同八字桥一样。已改为三眼水泥砼桥，长60米，宽22米，高5米。

35. 蚂蟥桥：在湖塘村口，始建于清末民初，三板石桥，1980年重建，长20米，宽5米。

36. 金墩桥：在东钱湖大堰头，笠大山南边，建于清代，三孔石梁桥，架于笠大山下河与大堰田畈河之上，长15米，宽2.5米，高2.5米，乾隆十七年（1752）重修，有1891年所立石碑两块。现存。

37. 万金桥：在韩岭后街赵家弄口，是前街与后街的主要通道，桥两边有铜扶手栏杆，又称铜桥头，长5米，宽2米，1960年拆去扶栏，通手拉车。

38. 新桥头桥：在横街村上水溪上，民国时期陶公山曹兰彬为母做60大寿用做寿钱建造此桥，钢筋水泥桥，长8米，宽3.5米。

39. 游览桥：在方桥江上，方桥江至长河之上，始建于民国二年（1913），分别于1990年和2007年两次修缮，后板桥长3.5米，宽2米。

40. 后福桥：在耷河村后江河上，古石桥，长4米，宽3米，建造年份不详。

41. 宝佑桥：在高钱村，在钱河之上，建于道光年间，长3米，宽2.5米。

42. 均安桥：在耷河村前江河上，石板桥，长3米，宽2.5米，建造年份不详。

43. 太平桥：在耷河村前江河上，石板桥，长3米，宽2.5米，建造年份不详。

44. 福寿桥：在方水村，钱河之上，建于清末。

45. 培民桥：在殷家湾郑三房湖畔，建于1935年，长3.5米，宽2.5米，石桥。

46. 李家桥：又名永兴桥，李志芳修建，在沙家垫村中塘河，沿河石桥，一眼三板，有桥栏，有桥名，长4米，宽2.5米。

47. 永丰桥：在东钱湖大道中心河道上，俗称永丰桥江，南北走向，三眼八台阶九石板，有桥栏、石桥，北有土地堂、凉亭，建于清光绪年间。

48. 宝兴桥：在郑隘村河东，长6米，宽3米，古石桥，建造年份不详。

49. 小桥头桥：在下水黄泥山下，始建于宋，石桥，2009年改为水泥砼桥，长13米，宽2米。

50. 河上桥：在红林村林家，始建于清，原为石桥，2001年改为水泥砼桥，长

16米，宽4米。

51. 青雷桥：在青山湖滨，青山溪入湖处，石桥。青山村已拆迁，桥待拆。

52. 陈孟桥：在高钱村之东，高钱至方桥江上，桥长约42米，宽约9米，改建于2000年。原为石桥，现为钢筋水泥桥。

53. 白鹤大桥：在高钱村高钱河上，长42米，宽9米，改建于1985年，为钢筋水泥桥，原是白鹤村之前的石桥。

54. 包家大桥：在下王村，原为石桥，建于清、鹿江之上，北起钟家沙，南至鹿山头，2001年改建为钢筋水泥桥，长14米，宽6米。

55. 包家小桥：在下王村，原为清建石桥，鹿山江至万令江之上。2001年改建为钢筋水泥桥，长6米，宽4米。

56. 张弦桥：在下王村，张弦江上，已改建为钢筋水泥桥，长10米，宽3米。

57. 三家桥：在梅湖村，原为清代石桥，已改建为水泥钢筋桥，长16米，宽6米。

58. 三星桥：在下王村，鹿山江至长河槽之上，已拆除。

59. 三贤桥：在梅湖村，清石桥，已改为钢筋水泥桥，长30米，宽6米。

60. 三眼桥：在后江河上，清石桥，1971年改建为水泥砼桥，长8米，宽3米。

61. 平政桥：在方水村，鹿山江至梅湖江之上。已为重建桥。

62. 方　桥：在方水村，方桥江至鹿山江之上。已为重建桥。

63. 下王大桥：在梅湖江高下路上，改建于2002年，长12米，宽5米，钢筋水泥桥。

64. 下王小桥：在梅湖江高下路上，改建于2002年，长10米，宽5米，钢筋水泥桥。

65. 庙下桥：在高钱村，钱河至康家畚之上，已被拆除。

66. 汪洋大桥：在高钱大寺畈高钱河上，南北走向，去邱隘方向。单孔白石桥，始建于清代，2000年改建为钢筋水泥桥，长7米，宽9米。旁有青云寺，已废。

67. 醉月桥：在章隘村，已拆除。

68. 兴河桥：在高钱周家山。

69. 张家庄桥：在高钱河上，始建于清的石桥，2000年改建为水泥砼桥，长4米，宽7米。

第二节 拱桥

1. 大慈寺古桥：在大慈山史弥远墓之前，单孔长条石拱桥，建于南宋绍定六年（1233）。宽6.5米，长3米，高1.5米，是南宋原物。

2. 大慈拱桥：在大慈山福泉山茶场内，单孔长条石拱桥，长3米，宽2米，高1.8米，是宋代最小石拱桥。

3. 洋山拱桥：在下水洋山村村口溪上，桥宽3.5米，长6米，高4米左右，用乱石砌筑，建于南宋，2004年重修。

4. 绿野岙拱桥：在下水绿野岙婆箩庵边，绿野中峰溪之上，桥宽4米，长6米，高4.5米，用乱石砌筑，为宋代古桥，又称"林染桥"，现存。

5. 长生拱桥：在东钱湖城杨村，宋代始建，民国重修，块石拱桥，长8米，宽3米，高5米。

6. 大嵩岭拱桥：在大嵩岭北坡，离洋山1.5千米半山腰上，块石拱桥，年代久远，长5米，宽2.5米，高3米，下为下水溪之源。

7. 创业拱桥：在下水绿野岙大田畈绿野溪出口处，原名德行桥，建于1982年9月，单孔拱桥，长8米，宽9.5米，高3.0米，由块石砌成。仇国华书桥名并设计，宁海葛文达施工，鄞县交通工程队周祖岳审核。

8. 自力拱桥：在下水市岙溪出口处，建于1982年9月，桥长6米，宽9.5米，高3.0米。是用月亮山下石人、石马凿开块石所建。仇国华书桥名并设计，宁海葛文达施工，鄞县交通工程队周祖岳审核。

9. 创造拱桥：在湖塘平水桥下，建于1960年左右，公路大拱桥，桥长6米，宽10米，高在4米左右。已有新建平水桥，此桥被废，桥体保存完好。

10. 跃进拱桥：大堰头堰下桥，始建于1959年，石拱桥，长6米，宽约10米。

第三节　现代桥

1. 凤凰桥：在大堰村出口，冠英庄边，金墩桥之西200米左右，笠大山之西，是71省道上的主要大桥，通往长山江上，桥长150米，桥宽16米。桥名"凤凰桥"为书法泰斗沙孟海在1989年所书。

2. 韩岭桥：在韩岭湖滨，建于1980年，2004年重建，是韩岭至下水的公路桥。桥长35～40米，宽12米，高4米。

3. 钱湖桥：在广电中心门口（71省道），安石路上五孔水泥砼桥，也是架在中塘河上进入东钱湖的第一座大桥，始建于1991年，重建于2002年，长78米，宽32米。

4. 供电桥：在莫枝菜场西，水泥钢筋桥，连接钱湖南路和钱湖西路。因200米外有变电所，故名供电桥。始建1980年左右，重建于2010年。桥长25米，宽10米。

5. 陶公岛桥：建于1995年，去陶公岛必经之桥，是水泥桥，一孔中桥，架在黄鱼跳，距上乘古庵大道门口30米处与国七寺后庙湾埠头连接之桥，因陶公岛而得名。桥长35米，宽10米。

6. 烟屿桥：在陶公山湖畔，建于1998年，长11米，宽6米，钢筋水泥结构。

7. 陶公桥：在陶公村与湖蓬外连接桥，是在陶公山大弄口与湖心堤码头连接之桥。为纪念陶朱公和忻门杨氏金鲤婆婆，取名为陶公桥和金鲤桥。桥长20米，宽6米，建于1999年，桥名分别为仇国华与李德和所书。

8. 影月桥：在湖心堤，始建于1976年，2002年重建为五孔拱型式，水泥浆切块石结构，拱洞式桥，长54米，宽6米，因旁建月波楼，故取名"影月桥"，桥名由陈启元所书。

9. 锁岚桥：在湖心堤，始建于1976年，2002年重建水泥浆砌块石，一孔拱桥，因"霞屿锁岚"得名，桥名由郑玉浦所书。

10. 二灵桥：在湖心堤，靠近下峰岸，是下峰岸和霞屿山连接之桥，始建于1977年，重建于2002年。原为步行石阶孔拱桥，2009年改为水泥砼桥，水泥浆砌块结构，长24米，宽4.2米，近二灵山，故名"二灵桥"。

11. 普陀桥：是湖心堤与霞屿山连接之桥，始建于1976年，经多次修理，水泥板块石结构，2002年重修，近普陀亭，故名"普陀桥"。

12. 连心桥：在连心路，近沙孟海书学院，架在道士湾与东钱湖连堤之上，始建于1964年，水泥圆桶结构，2008年重建连心路（东钱湖东路）时，又拆除重建，长12.5米，宽20米，钢筋水泥桥，由军民出资，故名连心桥，桥名是张忠良所书。

13. 海字桥：在尊教寺湾堤，部队基地口湖滨公园的堤塘上，水泥砼结构桥，无名。

14、莫枝桥：在安石路钱湖景苑边，架在莫枝去云龙的前横河之上，三孔水泥砼结构桥，始建于1960年。1991年拆除重建，桥长57米，宽32米，钢筋水泥桥。

15. 大金桥：在舒江岸。

16. 上阳1号桥：在上阳江支流上，钢筋砼桥，长22米，宽16米，建于2004年。

17. 上阳2号号桥：在上阳江支流上，钢筋砼桥，长26米，宽16米，建于2004年。

18. 上阳桥：在莫枝北路西终端处，樟树桥江上，钢筋水泥桥，长11米，宽40米。建造年份不详。

19. 莫高路一桥：在鸿兴集团东侧河上，莫高路口起，是莫枝北路与钱湖人家小区口连接之桥，水泥结构桥，长25米，宽8米，建于1995年。

20. 宝源路桥：在工业区宝源路上，长15米，宽9米，建于2005年，钢筋水泥桥。

21. 创门桥：在郑隘新村口，长18米，宽10米，建于2001年，钢筋水泥桥。

22. 介甫桥：在机动坝之下，是西街与介甫公园连接之桥，长10米，宽2米，水泥浆砌块石结构，建于2001年前后，是一座人行桥。

23. 茶亭桥：在71省道上，靠近下河茶亭村田畈，故名，长43米，宽35米，钢筋水泥结构，建于2009年12月。

24. 新文胜桥：71省道冠英段，杨岙江上，钢筋水泥桥，建于1992年，长40米，宽9.5米。

25. 邵家弄桥：在邵家弄后横河上，建于2005年，钢筋水泥桥，长40米，宽18米。

26. 战备桥：在前堰头村口，环湖北路小峡江上，始建于1960年，改建于2000年，钢筋水泥桥，长15米，宽12米。

表21-1　东钱湖大道上东西向桥梁一览表（建于2005年）

序号	桥号	地址	走向	桥长	桥宽	载重	结构
27	1号桥	前横河上	河西南向东	39.9m/1垮	17.5m	城—A	钢筋砼
28	2号桥	前横河上	河东北向西	47.9m/3垮	31.5m	城—A	钢筋砼
29	3号桥	永丰江岸	河西南向东	47m/3垮	31.50m	城—A	钢筋砼
30	4号桥	永丰江岸	河东北向西	21.6 m /1垮	23.50m	城—A	钢筋砼
31	5号桥	永丰江岸	河西南向东	21.6 m /1垮	23.50m	城—A	钢筋砼
32	6号桥	永丰江岸	河东北向西	49.5 m/3垮	26m	城—A	钢筋砼
33	7号桥	永丰江岸	河西南向东	33.9 m/3垮	23.5m	城—A	钢筋砼
34	8号桥	永丰江岸	河东北向西	59.9 m/3垮	23.0m	城—A	钢筋砼
35	9号桥	永丰江岸	河西南向东	28.9 m/3垮	23.5m	城—A	钢混
36	仙坪桥	永丰江上	三垮	49.6 m	26m	20T	钢混
37	双虹桥	永丰江上	三垮	60 m	23m	20T	钢混
38	二灵桥	永丰江上	三垮	47.8 m	26.5m	20T	钢混
39	霞屿桥	永丰江上	三垮	61m	25.2m	20T	钢架结构
40	芦汀桥	永丰江上	七垮	56m	22m	20T	钢混

表21-2　东钱湖大道附近桥梁一览表

序号	桥号	地址	桥长	桥宽	结构	建年
41	白石公路1号	中塘河上	60m	28.5m	砼	建于2011 始建于1985年
42	白石公路2号	近东海观邸	25m	32.2m	砼	建于2011
43	白石公路3号	后横 河上	16.7m	26.8m	砼	建于2011
44	白石公路4号	后横河上	31m	36m	砼	建于2011
45	东海观邸1号	后横河上	33.3m	33.2m	砼	建于2011
46	东海观邸2号	后横河上	55.5m	5m	砼	建于2011
47	东海观邸3号	后横河上	53m	11m	砼	建于2011

48	莫方路1号	后家江河上	13m	12m	砼	建于1996
49	莫方路2号	后家江河上	5.7m	12m	砼	建于1996
50	莫高路1号	大通桥江上	27.9m	9.5m	砼	建于1986
51	莫高路2号	前江河上	30.8m	10.3m	砼	建于1986
52	玉泉南路1号	后江河上	93.5m	33.2m	砼	建于2008
53	玉泉南路2号	后江河上	93.5m	33.2m	砼	建于2008

表21-3 钱湖人家区域内的桥梁一览表（建于2003~2004年）

序号	桥号	地址	桥长	桥宽	最大载重	结构
54	1号	前江河上	40.5m	4.2m		砼
55	2号	前江河上	40.5m	4.2m		砼
56	3号	前江河上	40m	12.5m		砼
57	4号	前江河上	40m	15.5m		砼
58	5号	前江河上	42m	15.5m		砼
59	6号	前江河支河上	20m	12.5m		砼
60	7号	前江河支河上	20.4m	9.5m		砼
61	8号	前江河支河上	33.4m	12.5m		砼
62	9号	前江河支河上	28.6m	12.5m		砼
63	10号	前江河支河上	10.10m	12.5m		砼
64	11号	前江河支河上	13m	3.7m		砼
65	12号	前江河支河上	14.8m	4.1m		砼
66	13号	前江河支河上	10.4m	3.5m		砼

表21-4 鄞县大道在东钱湖区域内桥梁一览表（由西向东，建于1999年）

序号	桥号	地址	桥长	桥宽	最大载重	结构
67	25号	"芦汀宿雁"之东面	42m	27.4m	20T	砼
68	26号	百汇家具之南	50m	27.4m	20T	砼

69	27号	黄隘村之南	26m	26.5m	20T	砼
70	28号	顺迈广告之南	29m	34.6m	20T	砼
71	29号	英伦水岸之北	43.3m	34.6m	20T	砼
72	30号	天福寺西北	39m	26.4m	20T	砼
73	31号	中石油加油站西北	33.2m	26.4m	20T	砼
74	32号	中石油加油站东北	20m	26.4m	20T	砼
75	33号	钱湖人家三期之北	33.6m	26.4m	20T	砼
76	34号	莫高路西北	54.9m	26.4m	20T	砼
77	35号	高钱教堂东北	39m	26.4m	20T	砼
78	36号	东海蓄电池西南	52m	26.4m	20T	砼
79	37号	梅湖农场西北	58m	26.4m	20T	砼

80. **珠山桥**：在陶公山沿湖路上，长21米，宽15米，建于1996年，钢筋水泥桥。

81. **连湖桥**：在陶公山沿湖路上，长28米，宽15米，建于1996年，钢筋水泥桥。

82. **建新桥**：在陶公山利民村口，长10米，宽7米，建于1976年，水泥砼桥。

83. **建兴桥**：在陶公山建设村口，长14米，宽12米，建于1996年，水泥砼桥。

84. **高湫堰桥**：在迎旭寺边，高湫堰坝之上，长15米左右，宽10米左右，钢筋水泥桥。

85. **环湖东路1号桥**：在屯岙油车跟，下水溪上，长18米，宽12米，钢筋水泥桥，建于2005年。

86. **环湖东路2号桥**：在下水屯岙溪出口处，长10米，宽12米，钢筋水泥桥，建于2005年。

87. **爬水桥**：在下水溪上，大溪坑头，始建于1982年，韩水公路的过水路面，1995年改建为钢筋水泥桥，长19米，宽10米。

88. **下水桥**：在南岙溪入湖处，始建于1982年，韩水公路的公路桥，长12米，宽7米，水泥砼桥，无桥墩。由仇国华设计、施工，鄞县交通工程队周祖岳审核。

89. **南岙桥**：在南岙的南岙溪上，建于2009年，水泥砼桥，长7.6米，宽5米。

90. **朱南桥**：在南岙朱南南岙溪上，建于2009年，水泥砼桥，长7米，宽3.5米。

91. **创新桥**：在下水庙岭头，下水溪上，建于2001年，水泥砼桥，小桥。

92. **崔家堰桥**：在下水绿野村前，崔家堰上，建于2001年，长12米，宽4米，水泥砼桥。

93. **新村桥**：在千华庵附近，下水溪上，建于1988年，水泥钢筋桥，长17米，宽3.3米。

94. **横街桥**：在横街村口上水溪上，建于2000年，水泥砼桥，长15米，宽8米。

95. **后竹山桥**：在横街村上水溪上，建于1975年，水泥砼桥，长11米，宽3.5米。

96. **新　桥**：在前堰头，连湖田湾，建于2000年，长10米，宽4米，水泥砼桥。

第四节　隧道（洞）

虾公山隧道洞：环湖东路虾公山穿洞，洞长140米，宽9米，洞高4.5米，2005年建成。（遂道之上有一条古道，称外高头岭。）

横街绿野洞：不详。

部队基地洞：不详。

第二十二章　亭
DiErShiErZhang　Ting

亭，又称亭子，也称凉亭，古代建在路边、四面无遮或三遮的单层房屋，有单排式、四角式、六角式、八角式、圆式。后来河塘、桥头也建起亭子。亭子的作用，一是为行善人提供施茶之处，让行路人或农民劳作休息时喝杯茶，茶水有清开水、臭花茶、菊花茶。二是为苦难乞丐人夜里打盹入睡，避风躲雨。亭子上有一副对联："坐片刻无分尔我，吃一盏各自西东。"

第一节　古亭

1. 剪云亭：在下水宝华寺路口，石柱木梁，小青瓦结构，硬山顶，建造年代大约在南宋末元初，已经多次民修。

2. 享　亭：在下水大慈史弥远墓前，石木结构，五开间，濒临倒毁，是东钱湖上最古老的亭子，约建于南宋绍定六年～端平三年（1233～1236）。亭内原有石橱柜，已被盗。

3. 新凉亭：在张夹岙口，洋绿公路之间，石柱木桁青瓦屋面，四脚凉亭，建造年代不详，穿桁已无。

4. 拜祭岭亭：在拜祭岭顶，大松树下，四石柱式石木结构，1958年左右被毁。原有胸径三抱的大松树，2005年左右被毁。岭上留有四石柱。

5. 外高头岭亭：又外高伦岭亭，在虾公山上，四石柱木石结构，60年代被毁。

6. 范岙岭亭：在范岙岭，四脚凉亭，供有山神，2008年公路改造时被拆。

7. 永安亭：在城杨永安桥头，架在亭溪之上，由上海杜月笙、金庭荪等于1930年出资建造，水泥结构面，四石柱，内有碑刻记载。

8. 广济亭：在韩岭岭南山下，又名岭南亭。三开间八柱砖石木结构，建于北宋初期，1913年曾重修，是韩岭的主要凉亭之一，尚在使用。

9. **济众亭**：在陶公山曹家山头，四脚石柱，砖木桁梁结构，里人曹兰彬始建于民国七年（1918）秋，济众亭匾额为伪满洲国总理郑孝胥所书，并立有济众亭碑，也为郑孝胥所书，尚在。

10. **泗水亭**：在韩岭之南的泗水岭路上，里人郑明礼始建于清道光四年（1924）冬，子元成、元位重修，砖石木结构。

11. **侯舟亭**：在张迈岭下湖边，建于民国年间，硬石木结构，尚在使用。

12. **观音亭**：在韩岭茅岭石观音堂前，民国十四年（1925）里人募建，北行韩岭，南行俞塘，东南行大桥，设有茶会。石砖木结构，已拆。

13. **沙家桥亭**：在沙家桥边，已拆。

14. **天寿亭**：在黄苏桥旁，民国二十年（1931）里人募修，已拆。

15. **莫枝堰亭**：在莫枝，东行殷家湾，西行至方边戴家，北行至八字桥，西南至行平水堰，已拆。

16. **平水堰亭**：在平水堰，南行湖塘下大堰头，西边行方边戴家，东行莫枝堰，已拆。

17. **方家塘亭**：在方家塘，民国十七年（1928）众姓募捐建，东行陶公山大堰头，北行湖塘下，已拆。

18. **茶　亭**：在茶亭村口，是清代六脚二开间亭，施茶用。东行韩岭、象坎，西行郭家岙、寨基。村以亭为名，以后改建为三开间，八柱朝南，有上地祠，有石沏茶具，三面围墙，建造宁横公路时被毁。新亭建于1995年，在村口建六角石亭。

19. **解放亭**：在大堰头村口，建于1908年，含妇女解放之意，亭名为戴东原题，1950年左右被毁，后重建为重檐六角亭。

20. **品山亭**：在茂屿山庄，圃寒涧，沈嘉则命名，已废。

21. **步虚亭**：在琴山上，已废。

第二节　重建亭

1. **望海亭**：在福泉山顶，建于2003年，区管会造，水泥结构，东望象山港，西望宁波市，是东钱湖地处最高之亭。

2. **望湖亭**：在福泉山腰，位于海拔350米处，八角亭，重建于2003年，政府出资建造，西望东钱湖，下俯吉祥安乐山和横街村。

3. **望湖亭**：在霞屿山，四角亭，始建于宋代，后毁。重建于2002年，有联曰："目极湖山千里外，人在水天一色中。"匾额为仇国华所书。

4. **侯船亭**：在原后庙湾埠头，建于1985年，由东钱湖镇政府出资，砖混结构，已毁。

5. **雅水亭**：在下水河头。原在现公路临湖边，名临湖亭，木石砖结构四脚凉亭，1968年前后被拆。湖边另建小亭。

第三节　新建亭

1. **挹秀亭**：在湖心堤口，2002年9月建，亭匾是张忠良所书，楹联是曹厚德所书，钢筋水泥结构，园亭式。

2. **钓矶亭**：在湖道外东头，2002年9月建，在湖边有块大石，犹如陶公钓矶新景，故名钓矶亭，亭联为胡茂伟所书。

3. **未名亭**：在湖心堤上，水泥结构园亭，建于2002年，亭名为毛翼虎所书。

4. **闻涛亭**：在湖心堤上，水泥结构四方亭，建于2002年，亭名为李兴祥所书。

5. **听荷亭**：在湖心堤上，月波楼边，建于2002年，水泥结构，亭名为张忠良所书。

6. **半月亮亭**：在湖心堤上，近补陀亭，建于2002年，水泥结构，形为半边月亮，故名。

7. **补陀亭**：在湖心堤上，始建于1984年，由里人罗美乐发起，捐资建造，水泥结构，六角亭，亭靠小普陀得名，亭名由谢长源所书。

8. 呼舶亭：在霞屿山湖边，又名"山僧呼舶"，始建于2002年，水泥砖混合结构，长廊式亭。亭名和亭联为沈元魁所书。

9. 迎旭亭：在"小八达岭"之上，水泥混结构，六角亭，能观早晨东方日出，故名为迎旭亭。建于1990年，由镇政府出资。

10. 半山亭：在王安石公园湖边，石结构双层六角亭，是东钱湖上唯一双层六角石亭，建于2001年，由镇政府出资。亭匾、亭联为陈启元、李忠庆、沈元发所书。2009年被拆，改为钢筋亭。半山亭以王安石号半山而命名，经调查，旧亭被推倒在原址湖中。

11. 鄞女亭：在王安石公园内，四角石亭，建于2001年，以王安石女之名命名，由镇政府出资。亭名为曹厚德、周节之所书，亭联由仇国华、毛燕萍所书。

12. 介甫亭：在莫枝堰坝，原介甫楼码头旧址之上，六角石凉亭，有石栏，建于2002年秋。为纪念王安石，取名介甫亭。

13. 鄞鄮亭：在白石山上，水泥六角亭，建于1994年，由东钱湖政府出资，亭匾和亭联未郑玉浦所书。

14. 迎旭亭：在白石山"白石仙枰"之东，水泥三角亭，建于1994年，由镇政府建造。

15. 蝴蝶园亭：在"小八达岭"之南的湖滨公园，建于1991年，由镇政府出资，2009年已被拆除。

16. 月荫亭：在莫枝三角公园，单檐攒尖顶水泥六角亭，建于1986年，2009年重修，镇政府出资。亭匾为张性初所书。

17. 思亲亭：在后庙湾埠头，建于1988年，水泥六角亭，由港胞戴钦才出资，现尚在，已被弃废。

18. 盛福亭：在莫高公路周夹岙，四脚石凉亭。原亭在山下河自然村，建于1989年。2006年全村拆迁，亭移至周夹岙内，距白娘娘庙100米，由红舒村出资。

19. 悦心亭：在高钱清泉山庄内，石凉亭，建于2006年，由高钱村出资。

20. 四方亭：在钱堰头村前，砖混结构，建于1995年，由钱堰头村出资。

21. 中正亭：在方水平政桥，砖混结构，四方凉亭，建于1990年前后。

22. 哑鹊亭：在钟家沙河边。

23. **无名亭**：在"小八达岭"后山，砖木结构，四方亭，建于1993年，是小八达岭的配套工程，由镇政府出资。

24. **湖边亭**：在原韩岭乡乡府办公楼湖边，水泥结构，六角亭，建于1986年。

25. **望月亭**：在大堰金墩桥，砖混结构，重修于1983年，由大堰村出资。

26. **祖恩亭**：在大堰村口，坝上湖边，建于1991年，石料六角亭，由华侨出资，2004年大堰村全村拆迁，该亭移至前裴君庙西侧，为重檐六角石亭。

27. **墨瀚亭**：在沙孟海墓园之内，在沙孟海书学院后山上，水泥结构，六角亭，因沙孟海擅长墨瀚，故名。

28. **东旭亭**：在上水村口路边，水泥结构，建于2001年，由村集资捐建，已成为公交车站。

29. **四方亭**：在岳庙边湖滨公园。2009年10月被拆。

30. **圆 亭**：在岳庙边湖滨公园里。2009年10月被拆。

31. **隐学亭**：在隐学寺路口，石质六角亭，下有亭座，可以拆移。1995年，由善男信女出资建造，亭在隐学山下，故名隐学亭，亭中有碑，楹联由沈立言撰、张世鸿书。

32. **茶 亭**：以茶亭村村名为名，石质六角凉亭，建于1998年，由茶亭村出资，茶亭村2004年拆迁，茶亭尚存。

33. **迎春亭**：在象坎村口，石质六角亭，1995年由村出资建造。

34. **如归亭**：在象坎村，石质六角亭，1995年由村出资建造。

35~38. **沙山未名1~4亭**：在沙山村头，2004年建造，水泥制作，由南山公司出资，共建有四个亭子。

39. **水云亭**：在城杨村村口去白云寺路边，1995年由村出资建造，水泥结构。

40. **凌云亭**：在俞塘和城杨交界之处的凌云桥边，原名双溪步亭，民国十八年（1929）里人任水杨捐资重建并更名。2005年重修，砖混结构，由村出资。

41. **上七旬亭**：在俞塘村亭溪岭，砖混结构，建于1980年前后，由村民集资。

42. **下七旬亭**：在亭溪岭上，建于1980年前后，由村民集资。

43. **六角亭**：在城杨村白云寺路边，1990年前后建造，水泥砖混结构，由白云寺出资，2010年被拆。

44. **四方亭**：在城杨村上白云寺路边，建于1990年前后，由村民出资，砖混结构，尚在。

45. 东祝亭：在下王村车站，建于2000年，砖混结构，由下王村出资。

46. 绿野站亭：在绿野岙村口，候车之用，亭子间小，砖混结构。

47. 花桐亭：在韩岭"花桐古迹"门口广场。

48. 二灵亭：在二灵寺旁，2011年10月新建。

49. 教师亭：在东钱湖初级中学教辅室边，2005年新建。

50. 八角亭：在前堰头湖边，建于1995年。

51. 颐年亭：在东钱湖旅游学校南，水泥结构，六角亭，建于1991年，2003年由张守志老师出资装饰。

第四节　墓园亭

安德亭：钱湖公墓内，石质六角亭，建于1990年前后。

怀乡亭：钱湖公墓内，石质六角亭，建于1990年前后。

怀思亭：钱湖公墓内，石质六角亭，建于1990年前后。

未名亭：钱湖公墓内，石质六角亭，建于1990年前后。

无名亭：钱湖公墓内，石质六角亭，建于1990年前后。

无名亭：钱湖公墓内，石质六角亭，建于1990年前后。

祭先亭：钱湖公墓内，石质六角亭，建于1990年前后。

第二十三章　码　头
DiErShiSanZhang　MaTou

第一节　古码头

1. **莫枝堰坝南岸介甫楼码头**：自古以来就有东钱湖莫枝、下水、韩岭、陶公山来往交叉船只的埠头，1998年，鄞县船运公司下水、韩岭、大公船班停航，坝上民房和客运休息处的介甫楼被拆，建成公园，上有介甫亭，下有介甫桥。以王安石的字"介甫"命名。

2. **下水河头码头**：在下水三江口，长40米，宽6米，始建于2003年，水泥混凝土结构，因公路交通便利，埠头自动弃废，尚有雅水亭，有少数渡船和快艇停靠。

3. **韩岭后街码头**：在韩岭公路桥之内，原鉴湖桥边，因公路交通便利，船只停航，埠头自动弃废，原处无船只。

4. **曹家山头码头**：在曹家山头湖滨，原陶公钓矶附近，是韩岭、下水、钱堰船只中途停靠埠头，钱堰船只很少，从2000年起逐渐废弃。

5. **后庙湾码头**：在国七寺后庙湾内，是大堰、大公乘客到莫枝来回的船只停靠码头。埠头上有一座凉亭，由港胞戴钦才捐资建造，已废弃。

第二节　新造码头

1. **小八达码头**：在岳王庙后，"小八达岭"东，是小渡船和快艇码头，建于1996年。旧码头尚存，但已经不再使用。其一长22米，宽4米，浮埠15平方米左右，其二长43米，宽1.7米。

2. **湖滨公园码头**：在湖滨公园，岳王庙右侧，2009年投资2400万元新造，有小渡船，有快艇，有画舫。旅游客可选择船只，到小普陀、湖心堤、陶公岛或游湖。码头长80米左右，宽3.5米左右，浮埠300平方米左右。

3. **陶公岛码头**：在黄鱼跳陶公岛景区，由陶公岛景区建造，码头长60米，宽3米，浮埠250平方米左右，引埠长20米左右，为陶公岛游客服务。

4. **湖心塘码头**：在湖心堤901车站南边湖滨，有小渡船和快艇，水运小普陀、沙山村、韩岭等地，亦可为游湖。码头长15米，宽3米，浮埠80平方米左右，2005年新建。

5. **霞屿寺码头**：在呼舶廊南沿湖滨，有小渡船和游艇，码头长30米，宽5～6米，有浮埠180平方米左右，靠补陀亭画舫和快艇码头，通湖滨公园。2002年改建，始建于1984年。

第二十四章　船
DiErShiSiZhang　Chuan

第一节　客船

双层客船：木制，20世纪80年代使用，已废。

渡　船：木制，小渡船，平底，单支橹，现在还在使用。

航　船：木制，是韩岭、下水、陶公山、莫枝到宁波新河头的客船，双支橹或三支橹，有风帆，分白天船、夜航船。

杉板船：木制，比小渡船阔，可以双支橹，摇橹过头顶。

乌篷船：木制，篷盖是竹制的涂黑色桐油漆，船窄且长，易波动，称乌篷船，捕鱼为主，也载客。

第二节　游船

快　艇：机动摩托快艇，小巧快捷，无遮阳，6～8人。

游　艇：机动船，如同小轮船，乘客20人。

画　舫：机动船，仿古的画舫船，乘客20～30人。

脚踏船：可2人脚踏轮转带动船外叶板前进。

第三节　货船

河调船：木质制造，有方头和二头尖，船身长，底宽，是湖上农民装柴货的主要船只，比较高挑，可以改用为航船。

田庄船：木质或水泥制成，20世纪60年代之前以木质为主，之后以水泥钢筋网为主，船形方头方尾，舟身短而浅，船底较宽，平稳，是农民装稻谷，捻河泥之用，也有载客之用。

鸭　船：木制，长约3米，宽1.2米的小木船，是两头方形，底阔而浅，是养鸭人在河面赶鸭子之用。

牵　渡：木制，在河上天桥，离两岸不远的水面上用绳子拉而能过渡的小木船，湖上用于止水墩两岸过渡。

打水机船：装有抽水机，以抽水冲击的作用，使船只移动，后来改为驾浆机船，是湖上农用船之一。

第四节　渔船

大对船：东钱湖人与外海渔民得捕鱼之船，有挂帆，有摇橹，有机器。

乌贼船：海上捕乌贼之船，形同大对船，但体积同湖上的小渡船，是近海作业捕鱼之船。

脚划船：木制，是平划、脚划式平摇的小木船，形同乌篷船，但无篷，船形窄长，底小，有一个活水仓，可以寄养活鱼，是渔民必用的主要生产工具，捉兜鱼，放游丝网、钓饵、钓鱼等使用。

第五节　赛船

龙　舟：木制，窄长，宽约80厘米，长约在12～15米，有18支划桨，备有铜锣、锣鼓、长划脚，每年端午节或中秋节、九月半庙会有龙舟竞渡。

帆　板：玻璃钢制，是国外引进的一种湖上或海上比赛的小船，以改变风帆驾驶方向行驶，以风帆为主，运动员站立的帆板上，在20世纪末，曾有湖上比赛。

划　船：木板式玻璃制成，两头尖，中间坐一人，一人划双桨，以背面方向前进，是国外引进的划船赛艇。解放军八一划船队，曾驻郭家峙海军四一二医院东首。

第六节　机器船

小火轮：在普通的木质平底船上安装柴油机、螺旋桨，是专门拖拉其它船只的领头船。本船仅少量载客，往来于莫枝（塘河）至宁波新河头、莫枝（湖上）陶公山、下水、上水、韩岭。1920年前后兴起，1990以后逐步退航。《鄞县通志》载：民国初东钱湖汽船公司有两艘汽船，分别往来莫枝—韩岭、下水—陶公山。

小轮船：木制的装有柴油机的载客船，柴油机功率一般在100匹左右，装在船的后舱。中前舱载客，驾驶在最前面。船身长为18～17米，宽3.5米左右，能载30～40人。已停止使用。

第二十五章　坝
DiErShiWuZhang　Ba

第一节　滑泥坝（流泥坝）

莫枝堰、平水堰、高湫堰，在堰坝顶上的两边，装有人工转动的轱辘，左右轱辘上是竹缆或钢丝缆，坝上有青泥滑道，当船只从上湖（下河）到下河（上湖）时，钢丝缆套在船尾，两边轱辘由人工推动，一般船只是六人一边，随着轱辘转动，钢缆收短，船只在青紫滑泥道上移动，直到过坝。船尾撤掉钢缆，船下水。莫枝堰坝在1966年改建成电动坝，流泥坝已废。

第二节　升船机

莫枝堰1965年12月建造电动坝，能一次同时过两艘3吨船，1979年采用了"高低轮惯性"式电动坝，1996年企业转制，升船机站转让给自然人张苗成。2001年曾修缮一次，由于湖上交通大幅度减少，一年只有几只船过坝，已无力再修升船机，目前处于半瘫痪状态。

第二十六章　陆上交通
DiErLiuShiZhang　LuShangJiaoTong

第一节　汽车

宁波汽车东站，原址在奉化江口，即现在的江厦桥东岸处，有三间楼房。80年代移至宁穿路西底、曙光路边，即现在的老东站五金商场。90年代移至七里垫，即现在的东站。

莫枝汽车站：在大通桥边（镇政府处），始建于1958年前后。后移至八字桥三角地，又移至莫枝新街药店门口，改建于2001年前后，已废。

大公汽车站：在大公岭墩，始建于1958年前后，已废。

郭家峙汽车站：在郭家峙海军四一二医院门口，始建于1958年前后。

韩岭汽车站：在韩岭去咸祥的三叉路口，始建于1935年前后。

上水汽车站：在上水九眼桥头，始建于1982年。

横街汽车站：在横街村口，始建于1982年。

大寺汽车站：在福泉山茶场门口，始建于1982年。

下水汽车东站：在下水丁字路口，始建于1982年。

绿野汽车站：在牌门头口，始建于1982年。

俞塘汽车站：在俞塘村口。

城杨汽车站：在城杨村口。

宁波—横山码头汽车，绕东钱湖，始开于1935年1月。

宁波—莫枝汽车，始开于1958年。

宁波—横溪汽车，绕东钱湖之西，始开于1960年。

宁波—下水洋山汽车，绕东钱湖之西、南、东，始开于1982年。

宁波—城杨汽车，绕东钱湖之西、南。

第二节　公交汽车

环湖公交：966路：客服中心始发，环湖一周回到客服中心
　　　　　968路：雅戈尔动物园北门—沙山度假村
境内公交：960：洋山—丘介
　　　　　901：湖心塘—汽车东站
　　　　　903：客服中心—火车东站
　　　　　905：客服中心—梅墟
　　　　　906：象坎—汽车南站
　　　　　907：客运服务中心—汽车东站
　　　　　902：动物园南门—宁波中医院
　　　　　106：雅戈尔动物园北门—妇儿医院
　　　　　603：城杨—汽车东站
　　　　　962：莫枝—钱堰头
　　　　　961：莫枝—梅湖
过境公交：629、109、621、620、107、165、388、609、158、660

公交站、停车场：

沙山站：开通968路客车，2009年建成。
雅戈尔动物园北门站：开通106路客车，2003年建成。
洋山岙站：开通960路客车，1982年建成。
前堰车站：开通962路客车，2000年建成，占地500㎡。
郭家峙车站：占地50㎡，通过路车。
城扬车站：开通654、603路客车，占地35㎡。
八工区车站：1978年通车，2007年改为八工区车站。
象坎906车站：开通906路客车，2009年设点，占地1300㎡。
湖心景区车站：开通901路客车，2000年建，占有9000㎡。

雅戈尔动物园南门停车场：占地5000㎡，2004年建。

雅戈尔动物园北门停车场：占地29000㎡，2003年建。

湖心景区停车场：占地6000㎡，设901车站，2003年建。

东钱湖露营地停车场：占地3000㎡，968路车，在地上水村，2010年6月建。

第三节　机动车

本区无出租汽车公司，但有宁波及鄞州等地的出租公司和私人出租车（客运或货运），还有摩的和私家车。

第四节　人力车

本区以三轮车为主，脚踏和马达并存。全区有人力三轮车300辆左右。

MINGSHENGGUJIBIAN

名胜古迹编

　　东钱湖周边有一百多座山丘峰峦，有七十余条山泉清溪，形成了碧波万顷的东钱湖，山灵水秀的湖畔深处，名胜古迹星罗棋布，根据不完全的考证和调查，湖边坐落着庙祠、寺庵、观堂、教堂、古迹、牌坊、金石、石塔、窑址、窑厂、墓冢、古村、老街、老宅、古村（旧时归属鄞县阳堂、老界、手界、翔凤四乡）。

第二十七章 名胜古迹
DiErShiQiZhang MingShengGuJi

第一节 全国重点文物保护单位

叶氏太君墓道石刻：南宋丞相史浩曾祖母墓道，2001年6月25日被列为全国重点文物保护单位，在下水无量寿庵左侧，墓道原有石牌坊一座，石笋二具，羊、虎、马、武将、文臣各两座。"农业学大寨"时，石牌楼、石笋和墓道石阶被下水东升二队拆去建造水渠。文臣、武将各一座也被敲碎修水渠。目前，武将碎块、石碑尚存，现有的两具石笋是从别处移来的，石狮四座、石羊及叶太君墓碑是原物。原有古松49株，已毁。

史诏墓道石刻：南宋丞相史浩祖父墓道，2001年6月25日被列为全国重点文物保护单位，在下水绿野岙相亭山。原有石臣、石将、石马、石虎、石羊俱在。石椅缺少右边一把。原石牌楼拆去供水利建设之用。史诏夫人徐墓志铭，于1976年在墓穴中出土，保存在绿野村办公室里，为研究四明史氏文化提供了重要佐证资料。

史弥远墓道石刻：史弥远是南宋丞相史浩三子，任相26年。史弥远墓道，2001年6月25日被列为全国重点文物保护单位，在下水大慈山麓.此墓规模宏大、墓道长约1000米。本有大牌坊，四方柱削角，约60厘米×60厘米，井字形，高11米左右，屹立在通往下水方向的大道上。1982年造韩水公路，牌坊被拆除，石料用于造石拱桥，桥尚在。还有史弥远神道碑和被两分的赑屃，在"农业学大寨"时被拆除造田。墓穴之前有享亭，进口处有南宋石拱桥。享亭之前有两株800余年的古银杏树，墓道所有石刻都被移至南宋石刻公园。今有省政府立的全国重点文物保护单位标志碑。

史渐墓道石刻：史渐又名史若渐，南宋丞相史浩堂弟，南宋丞相史嵩之祖父。史渐墓道于2001年6月25日被列为全国文物保护单位，位于上水下庄辩利寺山麓。墓道的石臣、石将、石马是原物，石虎、石羊是从下水大慈山下史弥远母亲墓道石刻移来的。史渐墓道的牌坊也是由外地移入。墓道左边为南宋石刻公园二期工程，移放原件石刻约240件。另有30余件仿制品石翁仲，现已泛黄开裂。三座石牌坊从外地移入。右边三期是新设计的，体现东钱湖的耕、樵、渔、佛、孝、茶文化，八座牌楼从外地购入，都是半旧半新的。最末脚的牌楼"节孝坊"是从鸡山头移来的，是未被解剖的原物。

余有丁墓道石刻：在隐学山麓隐学禅寺之左，明朝吏部尚书相国余有丁墓道前，2001年6月25日被列为全国重点文物保护单位。尚存的石臣、石将、残马、石虎、石羊、残石笋和华表7～8件都是原物。还有石刻墓志两件，写有建造年份。

庙沟后石牌坊：在韩岭金氏宗祠向东1千米处，2001年6月25日被列为全国重点文物保护单位。1982年鄞县文物普查时发现，该牌坊系宋明时期官宦墓前神道坊，墓主无考，墓穴及构筑物已无存。它是按照宋《营造法式》建造的仿木结构石牌坊，保护范围以牌坊为中心，向东12.5米，向西8米，向南10米，向北10米。

二灵塔：在东钱湖二灵山上，2013年6月被列为全国重点文物保护单位，建于宋政和年间（1111～1118），为7层方形石塔，高9米，中空，每层有腰檐，设壶门佛龛，雕有坐佛39尊，金刚3尊，底层东壁镶有"政和□年"。1986年，鄞县人民政府出资重修。修前塔顶是方形，修后成尖顶。2013年6月之前是浙江省重点文物保护单位。

第二节　省级文物保护单位

二灵塔本为省级重点文物保护单位，现升级为国家级文保单位。

第三节　区（县）文物保护单位

"补陀洞天"石窟：位于东钱湖霞屿岛上，南宋吏部尚书史岩之为方便其母拜佛所凿，清后期洞口自然堵塞，1976年重新发掘。洞全长41.4米，高2.86米，宽3.0米，洞口门额刻有"补陀洞天"隶体大字，内有佛龛，中雕观音坐像一尊，右壁镌四爪游龙一条，左壁雕韦驮立像一具。

忠应庙：位于东钱湖畔下水乡西村，建于清嘉庆年间，进深26米，宽16.8米，大厅五开间，天井前有戏台。庙祀王安石。1985年，当地群众集资重建，书法泰斗沙孟海所书"王安石纪念馆"横匾悬挂大门正中，边厅设有"王安石在鄞史迹陈列"。

岳鄂王庙：位于东钱湖莫枝堰之南，俗称"西瓜庙"，建于宋端平元年（1234），时隔岳飞被害72年。清乾隆十三年（1748）重建，又经五次重修，民国十年（1921）是民国年间最后一次修缮。1990年百姓集资196000元，总投资252000元有余，历时170余天，重修岳庙。庙宽21.41米，纵深41.8米，已被列为爱国主义教育基地。

窑岙窑址：位于鄞县韩岭乡上水村窑岙山东坡，为晋代和五代—北宋两个时期的窑址。山坡南侧属早期堆积层，主要器物有碗、盂、钵、盘口壶等，面积200平方米。窑址晚期堆积面积约13300平方米，主要有碗、杯、盅、盘、碟、粉盒、执壶、盏托等，釉色发青，胎质细腻，部分由花卉纹饰。瓷片标本曾参加"中华人民共和国古窑址瓷片展览"，到英国、日本和澳大利亚展出。

金忠墓：位于茶亭村后山，晒经坪右边百步尖山山麓，是明代兵部尚书金忠墓，附近有金氏祖墓群。

第四节　市级文保点

南宋仇悆墓道石刻（尚存五件），在上水沙山。

明代戴东泉墓道石刻，在奕大山之东山麓。

三夹岙青花窑址，在柴场三甲岙。

下水刀子山窟址，在下水西村刀子山下。

亭溪岭古道，在城杨村亭溪边。

亭溪岭营垒及祥云寺，在亭溪岭上。

云南山古道及岭南菩萨摩崖石刻，在韩岭岭下山麓。

东钱湖的堰、碶、坝群，在东钱湖四周。

韩岭古建筑群，在韩岭村老街。

陶公山古建筑群，在陶公山沿山，沿山面湖建筑。

殷家湾古建筑群，在殷家湾平满山沿山，沿山面湖建筑。

俞塘裴君庙，在俞塘村村口。

下水灵佑庙，在下水绿野村村口。

城扬永丰桥与亭，在城杨村亭溪上。

大堰奕大山明代石牌坊，在奕大山之东山麓。

绿野岙中峰溪石拱桥，在绿野岙村口。

皇坟畈石拱桥，在皇坟畈。

横街石刻群，在韩岭横街村金屿山一环带。

城扬永安桥及亭，在城杨亭溪之上。

沙家垫李达三旧居，在沙家垫村中。

高钱钱氏宗祠、爱日堂，在高钱村河西。

史岩之墓道石刻，在尊教寺湾。

第五节　地下文物

表27–1　东钱湖古墓冢、古窑址一览表

名称	位置	时代	发现时间	说明
前夹岙墓群	高钱乡姜朗村西1千米	汉	1983.4	已暴露的均为券顶砖室墓，其中一座保存完整，出土陶瓷器、铜、镜等20余件，内有2串玻璃珠，地下尚有一批古墓
前大山墓群	高钱乡高钱村南钱大山北	汉	1983.4	已暴露的均为券顶砖室墓，其中一座保存完整，出土陶瓷器、铜、镜等20余件，内有2串玻璃珠，地下尚有一批古墓
金童山墓群	高钱乡金童山坡	汉	1983.4	已暴露的均为券顶砖室墓，其中一座保存完整，出土陶瓷器、铜、镜等20余件，内有2串玻璃珠，地下尚有一批古墓
老鼠山墓群	莫枝镇郑隘村南	汉	1974	山坡周围墓葬较多，零星出土有釉陶壶、罐及红陶罐等10余种

上刀子山窑址	下水乡西村刀子山西南山坡	东汉	1982.6	面积约300平方米，破坏严重，有双系罐、洗、钵等器物，主要窑具是三足支钉
郭童岙窑址	韩岭乡郭家峙郭童岙王家弄坡下	东汉、五代—北宋	1982.10	南坡东汉窑址，面积约300平方米，堆积层厚1米，器物有碗、罐、杯等，窑具有筒形垫座、三足支钉，北坡五代—北宋窑址面积约300平方米，堆积层厚1~1.5米，器物以碗、罐为大宗，主要窑具为匣、钵、垫圈等
窑岙窑址	韩岭乡上水村窑岙山东坡	三国、五代—北宋	1982.10	面积约6000平方米，保存较好，堆积层厚1~1.8米，三国窑址器物有碗、水盂、钵、双系罐等，胎质灰白，釉色青中带灰，窑具为喇叭裤筒形垫座和三足支钉，五代—北宋时期窑址分布较广，器物有碗、杯、盅、盏托、粉盒等，胎质灰白，釉以青色为主，纹饰以莲花瓣为大宗，亦有水草花鸟等，窑具有垫圈、匣体等
郭家峙窑址	韩岭乡郭家峙村南约100米处隐学山坡	五代—北宋	1962年	内有窑床4处，匣钵工场1个，面积约2万平方米，堆积层厚2米，器物有碗、水盂、粉盒、盏托、执壶等，胎质灰白，釉色青中带灰，纹饰有莲花瓣壁刻，盘心刻叶瓣、水草、花鸟，窑具有匣钵、垫圈，该窑址面上于1987年建造海军疗养院
蛇山窑址	下水乡官驿河头蛇山坡下，紧倚东钱湖的东面	宋	1982.6	面积约150米，堆积层厚1米，器物以韩瓶为主，亦有四系罐、壶、碗等，纹饰有荷花、水草等，产品简单，工艺粗糙，窑具有扁或圆的匣钵与垫座
窑棚窑址	韩岭乡范岙村0.5千米，靠近东钱湖	北宋	1987.10	面积约50平方米，堆积层厚1.5米，器物以碗为主，另有盖、罐，胎质灰白，釉多青色，碗多素面，少量刻花，窑具有匣钵、喇叭形垫座和小垫圈
三甲岙窑址	高钱乡前堰头村东约3千米的三甲岙中部，西近东钱湖	明代	1983.9	面积约40平方米，堆积层厚1米，主要器物为白瓷、青花碗，亦有少量黑釉罐，釉色白中略带灰，窑具有垫饼、扁鼓形垫座等
下刀子山窑址	下水乡西村刀子山西坡	五代—北宋	1982.6	面积约600平方米，堆积层厚1~1.8米，保存较好，主要有碗、壶、粉盒、罐、盏等，胎质灰白，釉色青色，纹饰有荷叶、水草、花鸟，以划花为主，也有印花，工艺水平可与本县著名的郭家峙窑址相媲美，窑具有复钵形喇叭口垫器及垫圈

第六节　收藏于鄞县文管会文物

玉器、金属器珍品

琉璃珠项链：汉代制品，1983年9月高钱馒头山东汉墓出土。珠蓝色透明，1串共269颗，呈腰鼓形，中有1颗胸坠。

青铜器

铜编钟：西周乐器，1974年韩岭龙口山出土。编钟每面各有6组，每组3枚，圆锥状，钟柄中空，与腹腔相通，肩面饰雷云纹。

铜短剑：战国兵器，1980年在东钱湖出土。全长40.5厘米，呈柳叶状，剑身起脊，刃部锋利，剑柄有铺首图纹。

四神四乳规矩镜：汉代制品，1977年5月莫枝出土。圆纽、柿蒂、纹座、外连规矩纹，间置4乳，乳周有青龙、凤凰等图饰。

五段重列式神兽镜：三国制品，1975年10月在莫枝青山岙出土。大圆钮，纽外列神9尊，饰螭兽及四灵。

注：1983年9月，南京大学历史系考古专业班师生30人来高钱古墓群做古墓葬发掘实习，清理汉、晋古墓20座，出土文物110余件。

第七节　第三次全国文物普查新增"国保"单位

金忠家族墓葬群，在茶亭村。

燕子窝墓前石刻，在横街村。

余天任墓道，在高钱村。

金字山牌坊群，在西村。

史涓墓道，在上水村。

包楫墓道，在上水村。

第二十八章 庙祠
DiErShiBaZhang MiaoCi

第一节 庙祀

据《宁波府志》称，唐代为适应民间信仰的需要，州城内逐渐兴建了各类庙祀建筑。如州城东南方有纯孝庙，甬水村建有鲍盖庙……这些祭祀建筑，寄托了民众多样的情感心理，满足了民众多样的信仰需求。东钱湖庙宇众多，有18座裴君庙，18座鲍盖庙，嘉泽庙、岳鄂王庙、王安石庙等庙达58座，祭祀从晋鲍盖庙到明余文公祠，充分体现了东钱湖人民对有功之臣的爱戴和怀念。

东钱湖祭鲍盖庙：

1.青山庙：祀英烈王鲍盖，始建于唐天祐年间，名显迹，岁月颓毁，宋嘉定年间里人陈伯墅捐资重修，并舍田十余亩，及卒，县令赵崇岩令乡民立像衬祀焉。青山庙座东钱湖梅湖青山脚下。据《四明谈助》记载：阳堂山，俗名青山，此山四面悬绝，下有鲍郎庙，即鲍君生前居地。整个庙宇在青山脚下拔地而起，飞檐翘角，金碧辉煌，建筑雄伟，气势恢宏，俗称青山大庙。此庙在"文革"时被毁，用于建设高钱公社石棉厂。

新建青山庙在高钱方水村峰山。此山位于方水村周杨家，东接青山，北眺鹿山，离雅戈尔动物园二里左右，距原青山大庙一里许。山远观形如巨龟，鳌头北昂。庙宇建在巨龟山脊，气聚峰环，庙貌壮观。庙门前石刻狮子一对，是原青山庙遗物，属宋代石刻。庙内有宋代石碑一块，明隆庆年间石香炉一只。新建青山庙由里人钱友娣等老人管理。从20世纪80年代开始，他们尽心竭力，奔走乡里，发动百姓集资，精心设计，尽力恢复原大庙的面貌，使昔日的青山大庙重放异彩。

青山大庙有三节：①庙戏：农历九月初十至九月十五日，演戏五天五夜。②迎神会：农历九月十四至十五。③鲍神庙会：农历六月初一至六月初四。

2.**西亭庙**：在西亭山上，祀晋顺助侯英烈王子、宋节度使钱亿，建于北宋建隆年间（960～963）。1956年庙废，1987年造莫高公路时被拆。在西亭山旁新建三间，又因造鄞县大道而被拆。2008年，由里人钱书宏发起，百姓筹资百万元人民币，在青雷山青雷寺边新建西亭庙，庙宇坐北朝南，占地2000平方米，前后两进，六开间，建筑面积为600平方米，天井较大，可搭台演戏。

3.**洋山庙**：在下水洋山岙，分祀鲍盖，20世纪80年代被拆，已无存。

4.**小梅庙**：在观音庄东南，复兴桥西堍，分祀晋鲍盖，建于清光绪十四年（1888），民国二十二年（1933）重修。春秋两季演戏敬神，亦名青山行祠，现已重修，部分新建。

5.**叠石庙**：在寨基，分祀晋鲍盖，清乾隆五十一年（1786）建修。农历九月十六日为神诞期，尝南词敬神。《东钱湖志》载：在钱湖西南寨基，分祀晋鲍盖。此庙20世纪60年代已废，尚存破败东厢房及庙前古樟树两棵。

6.**顿岸庙**：在墩岙，分祀晋鲍盖，清道光二十二年（1842）建，武陵童以炘有记。光绪十一年（1885）重修，民国二十二年（1933）又修。农历四月廿二日为神诞期，演戏敬神。八月中旬有戏名功德会，以禁祠下之赌。1995年择新址重建。

7.**府主庙**：在湖塘下方家湖塘下，分祀晋鲍盖。庙不大，整体整齐。20世纪90年代，里人出资重修。2010年湖塘村全村拆迁，此庙尚在，有可能被拆。

8.**画船殿**：在陶公山忻家，分祀晋鲍盖，建时未详，农历九月十六出神迎赛。此庙是全木搭拆式结构的活动庙殿，共和国初期废弃。1988年由里人忻贤明等人发起，在陶公山大岭墩建画船殿。2010年，里人忻元祥、忻宝康、忻贤明，趁忻氏宗祠重建，召集百姓捐资30万元，于许家屿忻氏宗祠东侧重建画船殿。

9.**永兴庙**：在下水官驿河头，分祀晋鲍盖。《东钱湖志》云："此庙无碑碣、匾额可考，未详祀何神？《光绪志》谓祀鲍盖，不知何据？"此庙在20世纪70年代被用作农业队队间，坐北朝南，三大间，后被拆。今东、西庙地已被居民所占，中间一间原地重建永兴庙。

10.**山前庙**：在瓶窑，分祀鲍盖。

11.**山后庙**：近大涵山，分祀鲍盖，道光七年（1827）里人王齐文等重修。

12.**南亭庙**：在栗树塘，分祀鲍盖，民国十九年（1930）重修。

13.**东亭庙**：在石山（石山弄）分祀鲍盖，雍正五年（1727）被毁，乾隆三十年（1765）复葺新立。

14.新东亭庙：在天龙山麓，乾隆年间由东亭庙分建，分祀鲍盖。

15.圣迹庙：在鹿山之北数十步，分祀鲍盖。

16.万灵庙：在钱堰湖滨，分祀鲍盖，现改为村办公处，后殿已倒。重建于钱堰后山中段，规模较小。

17.青山行祠：在高钱下王，分祀晋鲍盖，清光绪二年（1876）重修，1956年大台风被毁，已无存。

鲍盖庙鄞县共有68座，东钱湖应有18座，因为东钱湖有"鲍十八，裴十八"之称。现查到17座鲍盖庙，其中以青山大庙最为著名。

东钱湖祭裴君庙：

裴君者，裴肃也。唐贞元十四年（798），明州镇将栗锽在光溪（今鄞江桥，唐明州治）刺杀刺史卢云，发动兵变，攻陷浙东诸县郡，裴肃率官兵征讨，次年二月擒获栗锽。裴肃带兵纪律严明，军队所到之处，秋毫无犯，百姓感德，后世建庙奉祀。东钱湖畔建有18座裴君庙：

1.中堡庙：在横街外二里许，分祀唐裴肃，宋乾道七年（1171）建，清乾隆十四年（1749）修，年久失修，殿堂已毁。1994年，里人横街村民捐资，同上堡庙合二为一，重建于横街村与慈云禅寺之间的半山坡上，占地面积约1500平方米。

2.俞塘裴君庙：在俞家塘岙村口，分祀唐裴肃。始建于明嘉靖十年（1531年），位于村前金字山左侧（现前山庙坎墩），约百年之后因山洪暴发被毁。清顺治十年（1653年），在蟠山脚下重建新裴君庙。到民国初期，该庙年久失修，门栋颓折，殿宇倾欹。里人俞增廷、俞增加、俞祥智决定原地重建庙宇，并按祀卜要求，殿宇朝西南移三分，民国八年（1919）动工，民国十年（1921）完工，耗银万两，义工万余。《俞家塘岙裴君庙碑记》所载的，就是至今保存完整的俞塘裴君庙。2013年5月，里人俞惠定发起，集资200余万元，修旧如旧，重修此庙。

据民国《鄞县通志》记载："裴君庙，在俞家塘岙东，旧由于首办理庙事，民国由乡公所组织庙保管委员会，屡修葺，民国十年（1921）扩建，费万金，民境下278户，旧例正月演戏三日，八月十一神诞，演戏二日，今正月灯戏照旧。"庙宇占地760余平方米，建筑面积1196平方米，是鄞州地区首屈一指的裴君庙，俗称俞家塘岙大庙。整座建筑为晚清风格，乡土味特浓，有较明显的地域文化特色。

3.城杨裴君庙：在城杨岙东（今城杨村），分祀唐裴肃。清代始建，民国六年（1917）重修。自民国十八年（1929）起，正月灯戏停止。共和国初废，今已原地重建，旁有一棵大银杏树，有五百年以上树龄。

4.郭家峙裴君庙：在郭家峙东边，原建在郭家峙姜岙，明末清初移到现地址，分祀唐裴肃。民国十一年（1922）由里人徐孝瑞、闻高生、闻如兴筹资银洋万余，重建庙，民国十四年（1925）完工。20世纪60年代被麻纺厂占用，1969年遭火灾毁，片瓦无存。1990年原地重建，规模很小。

5.象坎裴君庙：原址在象坎村近湖边阻水墩，分祀唐裴肃，建于清道光年间，有匾额落款题为"清道光乙巳岁（1845）清和月吉日"。20世纪90年代，里人将庙迁至象坎公墓地附近的狮子山，庙貌尚可。

6.西山裴君庙：在西山下，分祀唐裴肃，清道光六年（1826）重修，农历三月廿三日为神诞日，1958年建畜牧场后被毁。今已废，无查证。

7.后庙湾裴君庙：在后庙湾，分祀唐裴肃。20世纪90年代在旧址重建。

8.韩岭裴君庙：在韩岭市狮子岩下鉴湖桥边，建于明清之交，坐东朝西，背山面湖，建筑宏伟，气势轩昂。1941年7月，日军一把火把裴君庙烧掉，只剩门前一对石狮子，被韩岭人推入东钱湖，至今仍在湖中。旧址在共和国时期被作为粮站，裴君庙迁至狮子岩下，同花桐殿为邻，规模较小。

9.柳山裴君庙：在范岙岭北，分祀唐裴肃，旧址已拆，已迁至范岙岭南，公路之东的前山岗上，2009年新建，规模尚可。

10.鸡山裴君庙：在鸡山头，分祀唐裴肃，抗战时期被日军烧毁。抗战胜利后里人重建，三间大殿。1956年大台风倒毁未修，已废。

12.凤山裴君庙：在上水，光绪癸未年（1883）建，分祀唐裴肃。20世纪90年代重修，现在面积300平方米左右，凤山庙匾额落款为1999年6月，为仇国华所书。上水村已拆迁，凤山庙濒临倒毁。

13.上堡裴君庙：在横街，分祀唐裴肃，正厅已倾圮。1994年由横街百姓发起，将中堡庙和上堡庙合二为一，于距慈云禅寺300米东侧重建，规模很小。

14.周家裴君庙：在大堰周家龙口，分祀唐裴肃。根据庙内碑记载，此庙在民国初年由里人周千镪发起，捐资重修，于民国十年小春月（1921年10月）落成。共和国初期至70年代办过小学。2004年周家居民房屋被拆，此庙无人管理，庙宇建筑尚完整，濒临被拆。

15.大堰村前裴君庙：在大堰村村口，分祀唐裴肃。此庙原在大堰坝碶前门旁，建于1240年~1250年，年久失修倒毁。清同治四年（1865）迁至现在村口，庙宇建筑完整。旁有柏悦大酒店。为建酒店，2004年大堰村整村迁拆。

16.奕大山裴君庙：是新建裴君庙（右为姜子牙殿，左为鉴湖禅寺），位于金墩桥笠大山麓，由大堰村书记余文斌同各方协调筹建。耗资300万元，占地800余平方米，按旧裴君庙的形式新建，分祀唐裴肃，2010年8月竣工。

17.建设村后裴君庙：在建设村后，分祀唐裴肃，始建于明末清初，属清代建筑。20世纪50年代被鄞县农药厂占用，后被砖瓦厂占。1995年，里人王惠乔、许阿多发起重建，耗资30万元，均是百姓捐资。新建庙宇占地1000平方米左右，建筑壮观。

东钱湖传说有裴君庙18座，今查到17座。其中以俞家塘岙裴君庙最为著名。

嘉泽庙：祭祀唐陆南金、宋李夷庚。根据《鄞县通志》记载："（庙在）永平乡（莫枝）青山岙外，祀唐县令陆南金、宋郡守李夷庚。旧在东钱湖之青山，宋治平元年（1064）鄞簿吕献之建，关杞有记。嘉定间，赐庙额，加封陆令，为孚佑候，李守为惠应候。元至顺二年（1331）宣慰都元帅资善重建，程端学有记。至正二年（1342）郡守王元恭增修，且清加封爵，叶恒有记。明庙圮。《闻志》谓：清康熙二十六年（1687），知府李煦据闻性道呈，毁下塔山五通祠，改祀李陆二公。又记：唐天宝中陆令、宋天禧中李守皆浚湖兴利，民德之故合祠。水潦旱蝗，有祷必应。"又据《东钱湖志》载，今庙址为青山支脉。

上塔山庙：在庙弄湖畔，祀宋郡守李夷庚，其左龛祀鄞主簿吕献之。《光绪志》以为合祀陆南金，有误。此庙建时未详，清应朝光有记。20世纪50~60年代作为村仓库，办过大食堂。1995年由里人罗美岳、忻贤明发起，重修现存后大殿（前厅、中台在1970年左右拆除），祀三神：中为陆南金、左为吕献之、右为李夷庚。农历九月十一及十月十五日演戏敬神。

撺竹庙：在老鼠山西头。《东钱湖志》曰："平水堰下，有撺竹庙，祀郡守李夷庚，附祀主簿吕献之。"清道光二十七年（1847）重修，陈伯庸有记。此庙已废。

福应庙：又称王文公祠，在菊岛之内，建于南宋年间，祀宋庆历年间荆公王安石。王安石为鄞令，修钱湖有功，民德之，立祠纪念。1998年、2000年、2002年，三次都由里人罗美岳发起重修，新建王安石碑亭，有现代书法名家石碑14块。

忠应庙：在下水村口，分祀宋王安石，清嘉庆年间所建。农历正月十二日为神寿诞演戏敬神。同治年间重修，立碑于庙内，尚存。20世纪60年代办过西村大食堂，70年代为生产队仓库和工厂，也做过牛舍。1986年里人史永和等发起，按照修旧如旧的原则，重修忠应庙。著名书法家沙孟海、周慧珺、韩天衡、刘江、凌近仁、张性初、谢长愚、吴永良等名家为大厅书联额，沙孟海书"王安石纪念馆"。1989年被列为鄞县重点文物保护单位。

灵佑庙：绿野岙村口外西1千米，分祀王安石，始建年份同下水村口忠应庙。庙门口有两株银杏树，形似庙前旗杆，是宁波的唯一活旗杆。此庙20世纪60年代由王阿毛发起重修，后被作为绿野村四队队间。市级文保单位，目前濒临倒毁。

白石庙：永乐乡（莫枝）白石山北麓，祀唐薛仁贵。明时建，民国八年（1919）庙下里人李志芳重修，春冬两季演戏敬神，20世纪60年代庙宇被拆，80年代原地复建，后因造莫高公路迁至大岭桥山下，90年代再次遭劫，里人捐资再次重修，专人管理，庙貌一新。农历十月初三神诞演戏敬神。

岩官庙：在王夹岙乡，王夹岙西南，祀汉梅福，清道光二十八年（1848）、清光绪三十二年（1906）、民国十一年（1923）三次重修。农历二月初九为神诞期，演戏祭神。又俗称祖老岩官庙。其左侧山冈有神树庙，今属云龙镇，情况不详。

岩官庙：在高湫堰之右，祀汉梅福，今已废。

胡墅庙：在莫枝堰镇（东钱湖镇莫枝）八字桥西，老鼠山西麓郑隘，分祀宋郡守胡榘。胡榘宋宝庆中治东钱湖有功，民德之，于湖滨立庙祀焉，清郑世洽有记。此庙在20世纪60年代办皮毛厂，70年代卖给私人。老庙已废。90年代里人于老鼠山东侧复建胡墅庙，1998年5月里人集资重修，2011年秋又拆造重建，庙貌一新。

太山庙：在莫枝老鼠山之东麓，分祀胡榘，1958年老鼠山大炼钢铁，拆庙造炉，今同胡墅庙合建于老鼠山东侧，小巧玲珑。

丰乐庙：在钱湖西南栎斜村相近，祀宋学士魏清，元至正年间所建，明成化年间里人张宗勉修，清嘉庆六年（1801）重修，清竺之侃有记。已圮。

岳鄂王庙：《鄞县通志》和《东钱湖志》通称"岳公行祠"，旧名下塔山庙，俗称西瓜庙，位于莫枝堰，宋端平年间所造，祀宋岳武穆飞。岳飞以神常显灵于此，故里人祀之，岁以二月中奉牲祭神。又相传旧五圣庙，后改岳庙。根据史料记载，此庙为岳公行祠，始建于南宋端平元年（1234），屡毁屡修。清乾隆十三年重建（1748），其后又经五次修缮，民国十年（1921）重修。20世纪50～60年代开始办工厂，庙宇被作为渔业队办公处。1990年，东钱湖风景名胜区集资150000元人民币，其中私人捐资114000元，历时170天，重修岳鄂王。庙古庙重修，重放异彩。已被列为鄞县重点文物保护单位。

文武帝庙：在东钱湖滨薛家山，祀文昌、关圣二帝，文武殿，建造年代不详。向不迎赛，亦无确定日期演戏。今已废。

胡公祠：在永安乡（陶公山）曹家山头，祀宋郡守胡榘。宋宝庆间胡榘由尚书来守庆元府，修浚钱湖有功，立祠祀焉，每逢农历九月十二日迎神赛会，会停戏照演。亦称胡墅庙。在曹家山头，庙前有济众亭，庙貌小巧玲珑，建筑完好。

湖亭庙：又称贺公祠，在隐学岭南郭家峙湖岭头，郭家峙村口，祀唐秘监贺知章，清光绪二年（1876）重修。农历四月初四为神诞期。此庙在20世纪60年代设为供销社，70年代被拆，目前尚存胸径2.0米左右大香樟树，被列为名木古树。

关帝殿：在下水市岙，新岭岙口之间，又称茶亭，祀汉关壮谬羽，建时未详。农历五月十三日磨刀日，里人坐夜。1958年里人林氏集资重修殿宇，重塑关羽、关平、周仓神像，殿貌一新，并施臭花茶（防中暑），1966年以后被毁。现新建千华庵，是关帝殿地基。韩岭航船埠头亦有关帝庙，今已废。

关帝殿：在莫枝堰坝上，祀汉关壮缪羽，清时建。农历五月中奉牲祭神。已废。

文武帝殿：在殷家湾，祀文昌、关圣二帝，清时建。农历二月、五月，各会友轮值祭神。俗称文昌殿，为郑氏私庙，民国十九年（1930年）设有私立郑氏第一初级小学。旧址卖给私人建宅，殿未建。

文昌殿：在韩岭下街，祀文昌帝君，1941年被日寇焚毁。

花桐殿：在韩岭狮子岩下，祀花桐娘娘，始建于建文元年（1399），毁于火，重建于清嘉庆二十五年（1820），殿内碑记有记。大修于1988年，沙孟海书"花桐古迹"横匾。又俗称东钱湖"妈祖殿"，也称"神医殿"。目前，韩岭裴君庙、广济庵搬迁重建，与花桐殿为邻。农历初一、十五香火旺盛，七月十一为庙会。

龙公殿：在郭家峙村口，祀龙神，建造年代不详，尚存小庙。

射猎殿：在下水绿野岙岙底，祀药王菩萨，建造年代不详，尚存小庙。当地人称茶罗殿，典故不详。

景贤祠：在青雷山下，祀唐宋以来有功于治湖之人，今已废。

余文敏祠：在月波寺内，祀明余有丁。今已废，原址为成部队基地。

第二节　祠堂

1．史氏宗祠与八行堂：在东钱湖下水德行桥边，是四明史氏祖堂，现存建筑为清代风格。宋徽宗于大观二年（1108）十月赐四明史诏为"八行高士"，于是史氏宗祠大厅尊称为"八行堂"。在20世纪90年代之前，祠是下水乡中心小学。2002年史氏宗亲捐资重修，修旧如旧，基本保持晚清风格，是目前保存完好的宁波四明史氏最古的祖堂。

2．钱氏祖祠与爱日堂：在东钱湖高钱，钱氏祖祠俗称大厅，始建于明洪武年间，于明末清初大修。爱日堂原系钱氏十六世孙"钱公昂十"筹资建造，"昂"者日卯也，象征旭日东升，似日中天，因而起名"爱日堂"。经宁波市文保专家考证，钱氏宗祠距今有400余年，被鉴定为历史古迹。2009年11月12日《宁波日报》《宁波晚报》《东南商报》及《钱江晚报》分别对其作了报道。至今保存完好。

注：钱氏宗祠具庆堂，始建于清嘉庆年间，位于高钱镇河西岸北侧，道冠山东麓，占地面积约6500平方米，建筑面积1800平方米，共和国成立前后都是高钱乡中心小学。20世纪70年代初宗祠被拆，今已无存。

3．金氏宗祠与万松堂：在东钱湖韩岭古村狮岩山麓，坐东朝西，初建于明，重建于清道光十二年（1832）。第一次大修是在民国十九年（1930），再修于2001年，重修、大修有石刻碑文记载，建筑三进七间，面积1800余平方米。整个祠堂古朴整洁，庄严肃穆，工艺精湛。"万松堂"系宗祠大厅之名，意指松树有挺立寒风之刚劲，有经年常青之英姿，故先祖冠金氏宗祠堂名为"万松"。

4．戴氏宗祠与传礼堂：在东钱湖大堰头村口，始建于咸丰元年（1851），占地面积约540平方米，清代江南建筑风格，主体木结构，建筑面积406平方米。1954

年~1971年作国家粮库之用，1999年10月由戴敦宙发起重修，2001年10月竣工。2004年5月28日，因建造柏悦大酒店，全村庄拆迁，宗祠保留在原地。"传礼堂"意在励志柏舟，报本追远，毋忘祖宗。祠堂内有咸丰六年正月所立建造祠堂碑记，2001年10月立重修戴氏宗祠碑记。此堂已迁址新造。

5．**郑氏宗祠与庆袭槐堂**：在东钱湖殷家湾湖畔，始建于清初，距今400年左右，几经毁坏，修葺保持原有风貌，建筑以木为主，有九进十明堂。1947年曾大修。1950年由村接管，1951年~1999年2月，被东钱湖养鱼场占用。1999年5月~2000年1月重修宗祠，2010年又重修，修旧如旧。宋端平二年（1235年），祖公郑清之拜左相兼机密史，理宗赐御书"辅德明谟阁"、"大通宣显府之第"，额曰"庆袭槐堂"，此为大堂名之由来。今被列为宁波市级"十大名祠"之一。

6．**忻氏宗祠与四合堂**：东钱湖陶公山许家屿滨湖忻氏宗祠，原有亦政堂，始建于清嘉庆元年（1796），由族人忻东园自筹出资建造，1988年因建大公中学被拆。还有听彝堂、本仁堂、竹介堂，均已废。2007年陶公村忻氏后裔忻阿祥、忻宝康、忻贤明、忻阿惠等发起，集资450万元，在原亦政堂旧址新建忻氏宗祠，砖木结构，建筑宏伟，保持原亦政堂风格，背屿面湖，占地910平方米，建筑面积810平方米，为纪念原四堂之名，堂名取"四合堂"。百岁老人忻礼轼书写"忻氏宗祠"四个大字。

7．**王氏宗祠与树德堂**：在东钱湖畔陶公山建设村，始建年份不详，乾隆三十年（1752），王氏宗祠火毁，民国四年（1915）至民国八年（1920）建造新祠堂。1919年~1980年，被国有粮站和供销社占用。1998年族人集资重修王氏宗祠，堂名由太原堂、三槐堂后易为"树德堂"，祠内存民国廿三年（1934）石碑一帧。

8．**项氏宗祠与惇叙堂**：在东钱湖殷家湾西村湖畔，依山而筑，拾阶而上，保持明清时代风格，祠貌亘古犹新，堂曰"惇叙堂"，占地面积约1000平方米，建筑面积约750平方米。祠前两棵大香樟树，约在明末清初所植，三人合抱之大，树龄约400年左右，被列为鄞州区保护名木。

附：东钱湖区域姓氏宗祠现状一览表

所属姓氏	祠址	堂名	现状
穆	郑隘		2010年4月被拆
王	建设	树德堂	重修完好
余	建设		做村办公室
许	建设		修缮完好
忻	陶公	四合堂	2009年10年新建
曹	陶公		已拆除
史	史家湾		堂沿
忻	利民		新建四合堂
周	大堰头		2005年拆除
戴	大堰头	传礼堂	原址重修，尚好
袁	大堰头		2005年拆除
何	奔河		70年代拆除
毕	奔河		70年代拆除
钱	高钱	爱日堂	祠已拆，保留爱日堂
陈	前堰头		已拆除
徐	前堰头		不详
史	前堰头		已拆除
俞	洋山岙		80年代拆除
闻	郭家峙		做老年活动室
徐	郭家峙		做村办公室
徐	象坎		不详
金	韩岭	万松堂	2001年古祠新修
孔	韩岭		堂沿无查
施	韩岭		火毁
郑	韩岭	崇德堂	1956年台风毁
孙	韩岭		1941年日本人烧毁
周	马山		2008年前拆除
袁	上水		无宗祠
钱	上水		2008年前拆除
朱	上水		2008年前拆除
谢	横街		办企业用
毕	横街		办企业用
史	横街		办企业用
俞	俞塘	树德堂	树德堂已拆，绳武堂、五福堂完好

陆	城杨	补政	已拆除
杨	城杨	一本堂，四知堂	已拆除
陈	茶亭		2003年全村拆除、移民
姜	姜浪		2002年已拆
毕	方水		卖给个人
余	梅湖		不详
章	章街		全村拆迁
陆	旧宅		全村拆迁
陈	旧宅		全村2010年拆迁、移民
王	下王		已做仓库
史	下水西村	八行堂	完好，已重修
蔡	下水东村		下水东山庵，已拆除
王	下水东村	三槐堂	下水王庵，已拆除
陈	下水东村		上街头，已拆除
史	绿野岙		现改建为大会堂
张	湖塘		2009年拆除
周	湖塘		2009年拆除
叶	湖塘		2009年拆除
张	师姑山	百忍堂	办厂使用
钱	师姑山		老年活动室
项	殷湾村	悖叙堂	古祠完好已重修
郑	殷湾村	庆袭槐堂	古祠完好已重修
陈	殷湾		不详
孙	殷湾		破旧，办厂使用
叶	青山		2009年拆除
曹	庙弄		保存尚可
任	庙弄		不详
谢	红林		已拆除
林	红林		保存尚可
诸	红林		不详
舒	红舒		不详
张	红舒		尚存
李	沙家垫		后井古祠尚好
石	沙家垫		已拆除
励	沙家垫		已拆除
王	撺竹庙跟		已拆除
葛	撺竹庙跟		已拆除

第二十九章 宗 教
DiErShiJiuZhang ZongJiao

第一节 寺庵

1. 隐学禅寺：在隐学山麓，唐建中二年（781）建，号隐学寺。宋大中祥符二年（1009）赐额"栖真寺"，有放生池，后仍名隐学，元至正二十五年（1365）毁，明洪武十年（1377）重建，永乐十四年（1416）又毁，宣德八年（1433）重建佛殿、方丈、山门以及四顾庵，后复毁，嘉靖间重建，万历间至迁寺山旁，清康熙间重建，元徐本原撰《隐学山寺记补遗》有记。隐学寺，现名隐学禅寺，1990年众信徒复建，2010年扩建，为东钱湖之开放寺宇，也称"唐代古刹"，山门前有隐学亭，寺内有栖真放生池碑一帧，为宋绍兴十九年（1149）之碑。寺宇占地面积约4000平方米，建筑面积2500平方米，仿清初建筑结构。比丘尼释慈惟住持隐学禅寺。2013年新建大雄宝殿。

2. 大慈禅寺：在下水大慈山麓，始建于后晋天福三年（939），后毁。重建于南宋绍兴二十年（1150）。南宋嘉定十三年（1220）丞相史弥远创为功德寺，赐"教忠报国"额，前有万工池及七塔，明洪武四年（1371）毁，住持沙门南宗定公收合余烬，结屋集徒，蚁穴蜂房，上雨旁风，无所障盖。于是建上蒙堂以居之，竺昙瑞师建了竺昙构居，曰"四华世界"。明洪武十五年（1382）定名大慈，后毁，嘉靖间重建，复毁，清顺治、康熙间以次建复，民国时期大慈规模已小。1950~1958年归下水西村管理，1958年国办福泉山林牧场，转卖为国有。1997年众信徒重修，2000年3月31日鄞县民宗局发鄞民字〔2000〕8号文件，恢复大慈禅寺，港胞陈定华捐资120万人民币，兴建大雄宝殿，住持为释常定，目前已经通过全寺复建规划，规划建设到南宋时期的规模。

3. 霞屿禅寺：在东钱湖湖心霞屿山，南宋大资史岩之凿岩为观音洞，且割田以赡，明洪武十九年（1386）废，永乐二十年（1422）修复，宣德八年（1433）重建，后废，1976年鄞县建筑陶公山至霞屿山至下峰岸湖心塘时，发现"观音洞"，名为"补陀洞天"，与《东钱湖志》所载"霞屿山，东钱湖中，四面环水，上有霞屿寺，有望湖亭，有观音洞，名小普陀"相符。根据县民宗局有关文件精神，安清师太于1989年首任复建霞屿寺住持，征田24亩，从1992年动工到2006年，历经安清、月莲、了觉三任主持，先后建圆通宝殿、天王殿、三圣殿、伽蓝殿、地藏殿、药师殿、石刻西方船、石刻观音亭、七星如来塔、东西厢房、石刻九龙壁等。占地面积16000平方米，建筑面积2400余平方米。"水天佛国"霞屿寺重现世人面前，"补陀洞天"被列为鄞县重点文物保护单位。2010年释妙明任霞屿禅住持。2013年重修圆通宝殿。

4. 二灵禅寺：在湖东南二灵山，山灵水灵故名，宋初钱文穆王命韶国师建石塔七层，有庵曰"金澜"。宋熙宁年间，左正言陈文介公禾筑室读书其中，后延知和禅师居之，有二虎作侍，命其院曰二灵，当时名播江浙，法席鼎盛，宣和年间重修塔院，建炎年间兵毁。绍兴年间复建，赐额普光，淳熙年间有名僧妙云，高僧了宣居之。元时都寺允恭栖此，以猿为侍，古鼎铭公知退居焉。天渊禅师居山，明太祖赐有勉官说，又赐住山诗13首，兴建山房。明洪武十四年（1381）毁，永乐间并于天童，后毁，成化元年（1465）重建又毁，清康熙二十一年（1681），僧德介重构禅堂于山麓，康熙四十三年（1704）监院普觉徒建于山顶。民国十四年（1925）僧雪郎重建，又建二灵山房三间，相传为月浦陈氏之功德院。戴良有记，陈锡嘏亦有记。共和国初期，濒临倒毁，常住常全修修补补，直至1987年去世，后有信徒杜凡入住到2000年。此寺1999年被批准为合法宗教活动场所。2001年6月15日由宁波市佛教协会派释乘戒住持二灵禅寺。寺宇现有占地面积5496平方米，建筑面积3465平方米，已成为东钱湖二灵山景区。

5. 迎旭禅寺：在东钱湖南岸，高湫堰旁，原名迎旭庵。根据《方志记》记载，自陆南金围湖筑塘、李夷庚重修湖塘到吕献之重修六塘的320年间（744～1064），亦设有工程部，此后便有比丘尼相继居以为庵。此庵很小，1904年后已无人居住，几乎虚荒。1994年象定法师入住，十方支持迎旭庵。2001年，经鄞县民宗局批准，易庵为寺。1997年，释海超入寺，住持迎旭禅寺，全寺的扩展工作在进行之中。

6. 白云禅寺：在城杨村白云山，宋乾德五年（967）建，大中祥符三年

（1010）赐白云延祥额，明洪武十五年（1382）定名白云，后毁。正统间重建佛殿山门，万历间复废，清顺治五年（1648）重建佛殿廊楼。清康熙元年（1662）建方丈殿、影堂，毁又重建。道光初年（1821）再遭破坏。民国十年（1921）重建山门，1941年农历五月初一，被日军焚毁。民国三十年（1941）有僧居住，重建山门，1949年重建大雄宝殿，地藏殿及寮房。1966年～1976年，此寺几成废墟。1989年后，里人捐资，重建大雄宝殿、天王殿、地藏殿、观音阁及厢房。建筑面积近1400平方米，已被列为合法宗教活动场所。2002年释本宏住持白云禅寺。

7. 广度禅寺：在下水屯岙底，原名广度庵，清光绪年间改为佛首庵。根据调研，广度寺中现存一只石经幢，六面深浮雕刻天王，天王着宋代服饰将士。其中一位天王托喇嘛塔，文物专家杨古诚认为，此是宋末元初时代作品，石经对角52厘米，边长27厘米，高31厘米，由此推测其最晚在宋末元初已存在。广度庵原大殿，在1958年建造下水南岙水库时，作为炸药库，夏季大雷雨，雷电引爆大殿被毁。2002年8月起恢复。小寺，占地面积1100平方米，山门由东改为南方位，释智宗任住持。

8. 延寿王寺：在下水洋山岙门坑。旧号延寿王院，晋天福二年（937）建，宋熙宁元年（1068）增"寿圣"二字，绍兴三十二年（1162）改额"广福"，后毁。明宣德间重建佛殿，并造福泉、锁翠、万岁、宝珠四桥。明嘉靖间建法堂僧房，清顺治十年（1653）重建佛殿，康熙间重修，1940～1950年释永定主持，1950年后由释吉青、文虎和文利管理，1967年被拆，木材被姓俞复员军人用于建造私房。寺毁塔留，延寿王寺塔，为二节四方塔，刻四大天王，石塔刻有"绍兴三年"、"石匠吴仁安"，说明延寿王寺在南宋时期佛事兴旺。（此塔现存南宋石刻公园）该寺1993年重建，1995年起，无明确和尚住持，现成野山荒寺。

9. 慈云禅寺：在横街慈云岭下，原名慈云庵，又名新庵。此庵原址上庄，正德四年（1509）明威将军包浩，墓葬上水横街慈云岭，迁庵于此，立为新庵。1949～1979年，为横街五金厂。1981年农历十一月，住持释海会集资重修和扩建，占地4535平方米，建筑面积880平方米，寺貌一新，并更为现名。

10. 善应庵：在韩岭上街，俗称上庵。此庵建于何年不详，有传在元代已有比丘尼结庐定居，小庵虽破旧，但一直没有被破坏，已被列为合法宗教活动场所，是典型的四合院式的小庵。近代由延龄师太住持，达60年之久。延龄师太年逾八旬，在此庵虔心修行70余年，于2009年圆寂。今由青年和尚当家。

11. 居士林：在东钱湖殷家湾后山。据调查，居士林始建于18世纪，称拜经堂，后为修民学校。20世纪40年代，里人项莲生出资，把拜经堂改建为三间大殿，遂改名为居士林。已被列为合法宗教活动场所。

12. 青雷寺：在青雷山之北。原名清泰庵，明永乐年间建。根据调查和寺中古石碑记载：清嘉庆二十一年（1816）该寺毁于大火，后重修。共和国初期至20世纪80年代，为农民占用。1980年之后，里人出资重修。2000年明心法师，受居士邀请来青雷寺任住持。至2010年，青雷寺占地面积近13300平方米（20亩），建筑面积近2500平方米，已建天王殿、大雄宝殿、三圣殿、地藏殿、财神殿、厢房、食堂等，建筑宏伟，高大雄伟，在东钱湖上首屈一指。

13. 平峨寺：在莫枝平峨山巅，俗称小灵峰。相传，东晋太和年间（366～371）平峨山巅始建平峨寺，历来奉祀葛仙翁，为道佛合璧寺院。屡建屡毁，清顺治甲申（1644）重建，同治鼎旺，共和国初期大殿已毁，住一通僧，1976～1978年为镇五七干校。20世纪80年代里人章阿菊等集资重修三间平屋，2000年董鹏年独资造修大路1200米。2001年起，里人吴加兴、董鹏年发起集资300万元，重建天王殿、大雄宝殿、观音殿、葛仙翁殿、地藏殿等殿计2875平方米，占地4900平方米，已恢复原建规模。

14. 天福寺：在舒港岸，就是东钱湖镇红林村，俗称观音庵，《东钱湖志》上无记载。共和国初期到20世纪90年代，为农民集体占用。90年代后，法师释照良任当家，寺殿建筑有序，按寺宇规格建设。是闹市中的静修之地，信徒慕名而来。占地面积5000平方米，建筑面积3000平方米。

15. 先照庵：明时复旧，清行浩重修，在福泉山旧称福泉精舍，原名先照庵。共和国初期，庵仍在，1958年被福泉山牧场改为牛舍，后改为茶队，2004年拆除，在地基上造了"茶室"。今已成为景区，清李邺嗣著有《福泉精舍记》。

16. 埋云庵：在福泉山，明时重建，清李邺嗣有《里田岭五里大风雾至埋云庵》诗记。今已废，无处可查。

17. 佛路庵：在福泉山麓。庵僧古镜俗称大嵩倪氏，道德远闻，皈依甚众，人称为倪古佛庵，因名"佛路"，为寿昌普同塔院。此庵已无可查，毁于何时不详。

18. 自在庵：在福泉山麓洋山岙门坑之外的一岙中，已是倒庵。此庵溪畔有世界珍稀动物"棘螈"。

19. 宝华寺：在大慈山，为丞相史弥远功德寺。宋嘉定十三年（1220）建，后废。明洪武间，僧并延庆寺。天顺元年（1457）重建佛殿、方丈，及建庄于宝华桥，清康熙十八年（1679）重建。元袁士元有诗。今寺已废，在下水剪云亭向南而进，毛竹园中，尚有宝华寺遗迹和构筑物。

20. 上林寺：在上水横街，旧号寿宁院，宋乾德年间建，久废。清康熙年间僧超济重构，更名上林寺。此寺的面积很小，笔者1964年去拜访法师，看过小寺。后因造横街小学被拆，尚有遗址。是东钱湖十景之一的"上林晓钟"的所在地。

21. 灵隐庵：在上水横街，已废。

22. 龙聚庵：在上水湖滨，宋史浩所建。屡毁屡修，清嘉庆年间裔孙史义震捐资重修，后为农民占用。2005年拆除，龙头移入石刻公园保存。

23. 无量寿庵：在下水冀国夫人叶氏墓侧，南宋忠定王史浩所建，后殿奉赠冀国公史简夫人叶氏，赠越国公史诏夫人徐氏像。清嘉庆裔孙史义震捐募重修，并增毁典，史浩、史蒙卿有诗记载。此庵共和国初期保存完好，塑有太君叶氏和简公、诏公和夫人徐氏神像。1958年被占用。1968年时，仇国华到访时无量寿庵已成牛舍，红底金字"状元"匾一块尚在，70年代后全成废墟。史义震是江东张斌桥史氏后裔，史氏31幅画像由他收藏，直至其下代保存完好，被定为中央级文献资料，由宁波江东档案局保管。1988年之后，宁波王氏姐妹自筹资金，在原庵基础上，重建无量寿庵，形成居士林模式，让老年人安度晚年，现庵貌重辉。

24. 千华庵：在下水，原福林寺之千华阁址，下水新岭岙口向北100米左右，原庵在1968年之后被拆除，住持信钦。现建大雄宝殿在原关帝殿的殿基之上，2011年冬重建，易名为千华禅寺。

25. 宝福庵：在椅子岙，已废。

26. 吉兆庵：在瓶窑，俗称东庵，已废。

27. 广灵庵：在瓶窑，俗称西庵，已废。

28. 镇福庵：在大涵山麓，相传即焦征君舍遗址，已废。

29. 紫霞庵：在大涵山西唐家湾，已废。

30. 东圆庵：在石山弄，一名天龙院，已废。

31. 黄岩寺：在鹿山之马岭，俗称马岭庵，原在岩上，咸丰间移建今地，已废。

32. 龙圣寺：在鹿山麓，旁有龙眼井，久旱不枯。

33. 秀水庵：在阳堂乡青山庙侧，已废。

34. 观心堂：在梅湖滨姜郎湾，光绪年间建，姜郎湾村2001年已整村拆迁，观心堂废。

35. 白鹤庵：在陈孟桥东数十步，在高钱陈孟桥之东的小山下，办过高钱公社胶木厂，因厂房扩建，20世纪80年代被拆除。

36. 尊教寺：晋天福三年（938）建，原名慧日寺，宋治平元年（1064）赐今额。元至正间重修，明宣德间废，正统十四年（1499）重建佛殿。位于陈野岙之左，现为部队基地机关办公处，1964年建部队基地，旧寺已废。宋舒亶有诗，见本志文献编。

37. 小天王寺：在赤塘岙，在莫枝赤塘岙。

38. 觉济寺：又名国七寺，在奕大山下，久废，清康熙年间僧如恺重建，咸丰八年（1858）兵毁，同治十年（1865）重建。在谷子湖之东，奕大山下，俗称国七寺或角七寺。共和国初至20世纪80年代为工厂占用，建有东钱湖管理所。2004年之后全拆，旧址上改建东钱湖湖区办公楼及东钱湖自来水厂。

39. 月台庵：在平水堰下，久废。

40. 上乘庵：在谷子湖旁，又说在黄鱼跳内。2004年后，改建为陶公岛景区，祀财神范蠡。已建新殿，旧庵无存，"上乘"古庵匾还在。

41. 鉴湖庵：在大堰侧，2000年拆除，地基造银湖山庄。1990年被废。2011年在笠大山麓，新建鉴湖禅寺，在前裴君庙之左，面积约800平方米。

42. 祇园禅寺：原名泉月庵，在郭家峙右隐学山左，旧在岭上。清僧智园改葺，民国三年（1914）僧雪来又拓大之，併改今名。此庵在海军412医院之后，旧庵部分尚在，内有国民党元老大书法家于右任书写石碑"松声琴韵"一块，寺已废。

43. 世忠寺：在钱湖之东，宋咸淳间建，久圮。明天顺二年（1458）重建，正德十六年（1521）建僧堂，后殿毁，仅存僧堂，清康熙九年（1670）重建殿宇，世忠寺在下水宝华寺之内，寺久废，有宋史弥坚墓道石刻，已移至石刻公园。

44. 择阳寺：在择阳山，汉乾裕二年（949）建，宋治平元年（1064）赐额"悟真"。明洪武年间定名"择阳"，嘉靖间废为墟墓，清康熙五年（1666）去寺里许构庵，同治元年（1862）兵毁，六年（1867）重建，王应鹏有诗。1960年前后为部队所用，现为陆军汽车营驻地，寺废。

　　45．镜中庵：在西山晒经坪下，即梅园庵旧址，近旁房屋后被工厂占用。20世纪90年代经里人重修，基本回复原状。2010年被拆，旧址建九塘别墅群。

　　46．云在庵：俗称晒经坪，在西山下，茶亭村之上，金忠墓之左，原庵拆除，木料用作建设韩岭乡政府办公楼，久废。今建有九塘别墅群。

　　47．广济庵：位于韩岭，原在下街，现移建韩岭花桐殿旁。据《鄞县通志》载：殿久毁，清同治八年（1870）拓石重建。

　　48．青山寺：在青山，晋天福三年（938）建。唐天佑元年（904）中元日，有十六僧现于山顶，又名其寺曰"罗汉院"。宋大中祥符三年（1010），赐额"惠安"。宋陈居仁建罗汉院，元僧祖铭建钟秀阁，明洪武年间定名"青山"，寻圮。天顺年间重建方丈佛殿，万历年间毁。清顺治十五年（1658）重建，寻毁。光绪年间僧广昱重建，宣统元年（1909）废寺为钱湖两等小学，施改景贤祠于后堂。民国二年（1913）八月，鄞奉镇三县设立湖工局。民国三年（1914）五月间忻锦崖进京呈请大总统立案。奉大总统命令，湖工局内正厅建立遗爱祠，自唐宋以来开辟钱湖、有功于湖者议合诸公皆祠祀焉。寺址虽存，不得作佛寺论，故列于此。寺已废，旧址现为部队通讯总站及部队驻地。宋卢慎徽、清张起宗有《青山寺记》，见本志文献编。

　　49．悟空寺：在大慈山，为丞相史弥远功德寺，明洪武三十一年（1308）毁。今废，下水大慈竹头坪存有遗迹。

　　50．辩利寺：在大慈山，宋端拱年间建，旧为上水保安院，丞相史弥远请为功德寺，赐今名。今废，原址应在上水石刻公园之内。

　　51．庙智寺：在大慈山，为丞相史弥远功德寺，宋嘉定中建，明洪武十九年（1386）废。在下水大慈岙，剪云亭左边沿山下，俗称庙智，是庙智寺遗迹处。

　　52．保福禅寺：在大梅山，唐贞元间，法常禅师初结茅之所，建院曰"北兰"，大中元年（847）改"报国仙居"，似梅子真尝隐于此。宋大中祥符三年（1010）赐"大梅保福"额。明宣德间，住持普沾建荷衣、松花二堂，取法常禅师"荷衣松食"之句也。近寺右有西涧庵，初结茅之所，有古迹遗存，应是白云寺。

　　53．东山禅寺：在湖上正东，唐大顺二年（891）建，名安国院，宋政和二年（1112）赐"福昌"额，淳祐七年（1247）丞相郑清之增田重建，赐"慧福"额，明洪武十五年（1382）始名"东山"。据载在湖上正东，应在下水。下水姜炳生墓道东侧有东山庵，原为东村三队占用，已拆。

54. **广福寺**：在湖上东北，应在栗木塘一带，寺废，今已无查。

55. **灵山寺**：在湖上东北近广福寺，也无处遗迹，寺废。

56. **五峰禅寺**：在湖东南，晋天福六年（941）建，宋大中祥符间赐"五峰崇福"额，清顺治间重建，久废，今已无查。

57. **福圣寺**：在湖上正东，旧号东山，乾德四年（966）建，治平元年（1064）赐额，久废，今已无查。

58. **兴善庵**：在湖上东北，在下水，临济派显慧住持，久废，今已无查。

59. **永福庵**：在湖上东北，今已无查。

60. **梅园庵**：在湖上正南，即镜中寺的前身。镜中寺2010年被拆。

61. **月涛庵**：在湖上正南，今已无查。

62. **瑞峰庵**：在湖上正南，今已无查。

注：以上三庵相近，原在茶亭西山下，茶亭村一带，现皆拆除。

63. **吉祥庵**：在湖上正东明堂岙山水乡，旧名积庆庵，为史锡孙之香火庵，后史在琏原配陈氏移居明堂岙长岗，改庵名在此修行。已毁，无查。

64. **元津庵**：在湖上正东，今已无查。

65. **慧日庵**：在湖上东南，今已无查。

66. **云峰庵**：在湖上东南，今已无查。

67. **金沙庵**：在湖上东南，今已无查。

68. **栖霞庵**：在湖上东南，下水洋山岙。此处原有金沙、自在、栖霞三庵，栖霞、金沙已无遗迹可查，自在庵濒临倒塌。

69. **万缘庵**：在湖塘乡戴婆桥，金寿当家。已废，无查。

70. **观音庵**：在观音庄乡观音，东房妙善，西房雪林。

71. **接峰庵**：在五山乡隐学岭后，久废。2005年左右，里人重建于岭北之右山上，并改名接峰寺。

72. **月台庵**：原为永康乡揎竹庙跟，现为光辉村揎竹庙，已废，无查。

73. **观音庵**：在史家湾，旧名小梅庵，已废，无查。

74. **佛心庵**：在永乐乡和尚桥，今属红林村，已废，无查。

75. **贞节庵**：在梅梨乡姜郎湾，属高钱姜郎湾村，全村2002年被拆，庵废。

76. **天寿寺**：在永福乡黄苏桥，今莫枝沙家垫前的黄苏桥，久废，无查。

77. **新庵**：在莫枝堰镇八字桥，旧名成仙庵。

78. **仙灵寺**：在永平乡赤塘岙，应是赤塘岙小天王附近，久废。

79. **定心庵**：在下水乡西村，上溪坑黄泥山头下，民国十九年（1930）比丘尼善清募建。民国和共和国时期，先后作为乡公所、下水乡政府、下水公社、下水管理区、下水乡政府办公之处。1982年为建下水乡政府办公楼，定心庵迁至复性庵旧址。庵已废，旧址在。

80. **龙兴庵**：在横街乡横街，善明当家，久废，无处查。

81. **复性庵**：在下水乡羊角潭下，照德当家，民国六年（1917）比丘尼云良募建，1982年造下水公社时拆除，现在下水东村村民委员会办公处就是复性庵旧址。

82. **观音经堂**：又名石观音，在俞塘泗水岭，慧仙当家。久废，2005年新建。

83. **唐公庵**：在横街乡，觉妙当家。庵已废，现为福泉山茶场的茶厂点。旧庵尚存部分，庵前大桂花树茂盛。

84. **广德庵**：在永泉乡沙家桥，志愿当家，久废，无查。

85. **迎丰庵**：又称上庵，在陈扬乡杨家，久废。

86. **福仁庵**：又称下庵，在陈扬乡，久废。

87. **报恩庵**：在俞塘乡裴君庙跟，久废。

88. **福寿庵**：下水南，清乾隆年间建，根据通志地图位置应是下水王庵，已被农民改建为民房，遗迹尚存。

89. **云南寺**：在韩岭之南，岭下山上四乡北岙岭，华德当家。2009年由里人金绍品等人发起重建，立重建石碑。又称十方云南寺。

90. **月波寺**：在东钱湖月波山麓，宋淳熙五年（1178）越王史浩建，请赐"慈悲普济"额，创月波楼，叠石成岩，为"宝陀洞天"，又在寺建四时水陆道场。明洪武十五年（1382）定名月波，二十年毁，正统十四年（1449）重建，后又毁。万历间相国余有丁建五柳庄，御书"名山洞府"，赐以建坊。清康熙十年（1671）在余氏旧地重建殿宇，寻于西虎附祀有丁。光绪二十六年（1900）僧桂芳募建山门，民国五年（1916），僧颥月募建右寺。石洞中放置佛像，又立有"四明洞府"石碑，为余有丁所书，已断裂，仅存"洞府"二字。"宝陀洞天"尚在，寺已废。

91. **大庵**：下水南岙里家史口，1949年做避难之所，60年代被拆毁。

92. **南岙庵**：在南岙水库东坪上，1958年造南岙水库时被工地食堂占用，庵名不详，俗称南岙庵。已毁，遗迹尚存。

93. **中庵**：在下水绿野岙相亭山左侧，应是宋越国公史诏香火庵。20世纪90年代村里卖给个人办厂，庵的主殿尚存。

94. **极乐庵**：在陶公山后山之上，20世纪里人集资在旧址上新建，小庵。

95. **婆箩庵**：在下水绿野岙村口，原是小庵，办过初级小学和夜校，后归农民使用。2011年里人集资，在旧址重建婆箩庵。

96. **济公庵**：在横街，1958年拆除，无遗迹。

97. **草庵**：在横街，已废，有遗迹。

98. **洞桥庵**：在城杨，已废，有遗迹。

99. **范岙庵**：在小马山，1966年前住持为定英。

第二节 道观

1. **显忠旌德观**：据文献记载，宋丞相史鲁公母齐越国夫人葬于大慈山中，建观赐额，是为功德所。经调查，此观在大慈岙底福门之上左边坑的茶园里，1969年前后是种牛场，笔者在务农时去过，当时尚有遗迹。今废，遗址垦为茶园。

2. **清修怡贞观**：在大慈山，宋丞相史鲁公建，今废。宋陈元平有诗，见本志文献编。

3. **太清悟真成道宫**：在大慈山，宋丞相史鲁公建，今废。下水地区统称"三观"为太清宫。

4. **道观**：在椅子岙，名称不详，已无迹。

5. **平峨堂**：在莫枝小灵峰山上，据传高仙葛仙翁在此炼丹，现为平峨禅寺。

第三节　教堂

1. **莫枝新教堂**：基督教堂，2008年新建，牧师朱光朝。在莫枝仙枰西路路西，建筑面积30米×50米左右，约1500平方米。

2. **高钱新教堂**：在莫高公路之边高钱山下，新建，建筑面积600平方米左右。

3. **韩岭新教堂**：在韩岭村口，2004年新建，建筑面积600平方米左右。

4. **下水教堂**：在下水村口，私人所建，很小。已废，新址在东村茶亭后山。

5. **莫枝老教堂**：在莫枝堰坝之西，湖滨西路口，建于民国后期，今已不再使用但也未废，面积200平方米左右。

第三十章 古迹、金石
DiSanShiZhang GuJi.JinShi

第一节 古迹

周代

1. 徐偃王宅：在隐学山，旧名栖真，徐偃王隐学于此。一云在翁州，王十朋《会稽赋》载：翁州访偃王之庐隐学山有栖真碑，刻于宋绍兴十九年（1149），今存，详述栖真之事。宅已圮，有隐学寺。

2. 陶朱公钓矶：在钱湖西北陶公山，世传陶朱公尝隐于此，有钓矶在焉。陶公钓矶在曹家山头，原去史家湾途中的船埠头外。浅水滩向东北约20米之外的一块出水面之石，为陶公钓矶处。今水位提高，石被水淹。新景移至曹家山头对河岸，钓矶亭前的大石湖边。明洪性、清忻孝则有诗，见本志文献编。

宋代

3. 二灵山房：在东钱湖，中有山突然，曰"二灵"，宋熙宁间左正言陈禾筑室读书其中。元戴良有记，清全祖望有诗，见本志文献编。二灵山南侧，二灵寺附近，今已无查，只能按旧记之。

4. 郑鲁公梦溪：在东钱湖，郑鲁公若冲微时，梦入东湖深处，见金碧陆离中有"尝充达庵"四字，若御书，然莫能解也。及安晓贵，偶与穆陵语之，穆陵即书此四字，悬之鲁公墓庄，因呼其溪曰梦溪。郑若冲有诗，清忻思忠有诗，见本志文献编。郑若冲为宋丞相郑清之之父。梦溪应在其郑鲁公墓庄附近，至今亦无法查实，待后查证。

5. 东湖书院：宋丰有俊（字宅之）创建。据袁燮记，东湖书院是胡榘浚湖之后，由通守丰有俊倡议，"经始于辛未（1211）之仲秋，而告具于仲冬"，"合三十四间"，"门庭堂宇、宏丽崇深、庖福嚣用、咸备无缺"。详细地址无记载。

6. 史八行避地居：史诏，字升之，大观二年（1108）有"孝友睦姻任恤中和"八行之举，遂与母避居邑东大田山，人称八行先生。有两种说法：1. 史八行避地居在东吴大涵山。2. 史八行避地居在下水绿野岙大田畈。大田畈在绿野岙享亭山之前，原绿野村第三队耕田，俗称大田畈。又绿野岙有史氏八行堂（1980年拆），而且史诏墓道又在大田畈的北山享亭山，故推测邑东大田山应该是绿野岙大田畈。

7. 焦征君讲舍：在大涵山麓。焦公路原为山东布衣，绍兴中至四明，寓此，《鄮峰真隐漫录》中有记载。《鄮峰真隐漫录》是宋史浩著作，清全祖望有记，其中有这样一句："吾观大涵山之墟，其山嶒屹以秀，其水清越以长，因应为高人所托足。"可见到清时，该舍已是废墟。

8. 东湖别墅：在史魏公家。刘应时有诗，其中二句为"倘伴绿野春波上，徒倚石楼烟霭间"。绿野岙应是史魏公家。

9. 竹村居：在下水史氏别业。从史浚的诗中分析，此居在万竹之中，门前有水流，也有猿鹤往来，一般很少有客人上门。应在绿野岙有竹有溪之处。

10. 东湖书院：祀宋陈公禾，今称其遗族者多。《鄞县通志》记载：陈禾为宋左正言。

11. 天镜亭：在东钱湖陶公山上，宋宝庆三年（1227）郡守胡榘所建。天镜亭在既能看到陶公钓矶，也能远眺翠微深处（清忻恕有诗）的陶公山后山上。今已重建。

12. 烟波馆：在东钱湖陶公山上，宋宝庆三年（1227）郡守胡榘建。宋史弥坚有《烟波馆》诗，写出了烟波馆之环境："浪从门外撼，月向水中浮，绕路青栽竹，看尽万山秋。"

13. 沧州堂：在绿野岙。袁清容尝于九月望日过东湖上，山僧能道嘉定间事，出示史忠宣公所制《沧州堂上梁文》袁桷诗注："案：史忠宣之沧州为宁宗御笔。"堂在绿野岙何处，无细节可查，根据推测，应为原绿野岙八行堂之前身。

14. 史文靖宅：在东钱湖上。公名弥忠，为史渐长子。弥忠之宅具体地址不详。

15. 读书台：在梨花山，史嵩之读书处。梨花山在钱堰头之北后山，最高达100.2米。读书台在梨花山何处，无详记载。

16. 高县尉宅：在高钱山。高友文，字仲章，号寓斋。初为泰州如皋尉，亲殁筑室湖山墓左，屡荐不起，偕同里钱埛，抗谈古今，名其地曰高钱。年久，详址无查。

17. 钱深云宅：在高钱山。钱埛，字深云，世居湖上，好学有节概，与同里高友文以谈经史相资，晚年别筑一室，植松竹以自娱。根据史料记载，钱氏世居下水，后史氏居下水，钱氏遂移高钱，宅在何处，案无记载。

18. 刘隐君南窗：在青雷山。隐君名准，当宋末，教授生德绝意仕进，卜筑青山之原，学者称南窗先生。清全祖望有诗。具体地址无详细记录，无查。

19. 月波楼：在湖之北月波山。宋淳熙五年（1178）越王史浩创建月波楼，叠石成岩，为"宝陀洞天"。今擂鼓山月波山下，为部队基地所驻，月波楼已圮，"宝陀洞天"尚在。2002年，在湖心堤南湖边重建二层新"月波楼"，集沙孟海"月波楼"额、郑玉浦书"月临三宝地，波荡万金湖"联。清忻涵清、忻自淑有诗记，见本志文献编。

20. 徐进士宅：在象坎，为宋徐日宣宅。徐日宣。字淳化，号冠云，生外家史氏，八岁时迁居东钱湖之象坎，登淳祐七年（1247）进士，授迪功郎，后召至京师。文天祥闻日宣就见之，郑清之望其声名，钦其德行。象坎山庄，现找不到徐进士宅。

元代

21. 种德堂：在黄菊花岙。董文玙，字茂本，本居城中，厌其烦扰，于是到东湖岙隐焉，堂名"种德"，吟啸其中。黄菊花岙即湖东福应庵之内岙，元时此堂已无遗址可查。莫枝有个药店，旧名种德堂。此堂不是药店，是修学之处。

22. 东湖书院：在鄮麓，元泰定年间由邑士陆天祐及其子居敬、思诚所建，奉紫阳朱子，以教乡里子弟，且捐田以瞻。至正间翰林编修马易之建先进、思怡二祠，元程端学有记立石。居敬、思诚，按照其父陆天祐之遗命，于元泰定二年（1325）始建，至元泰定五年（1328）建成东湖书院，挂紫阳朱熹之像。兄弟卖田150亩办学，供乡里子弟授学。被浙东师本斋王公名为"东湖书院"，厅名"育英"。鄮麓应在东钱湖之北，土肥物阜，民居鳞集。在高钱、东吴一带，地址待考证。

23. 叶编修宅：在湖西北青雷山南麓，村名青山，编修叶恒所居。有张即之书《醉翁亭记》屏。叶恒，东钱湖青山人，元代翰林国史编官，著名文人，为余姚州判官，筑海塘21211尺，下广90尺，上高15尺。元至正二十七年（1367）诏封仁功候，赐庙额"永泽"。青山村2004年整村拆迁，叶编修宅无处可查。

24. 二程学舍：在湖上，元泰定间（1324～1328）。程敬叔、时叔兄弟二先生讲学于湖山间，四方来学者众，才德行谊为乡所宗。有《句余士音》诗，学舍是现在的讲堂，已无查处。

25. 吴征君寓居：吴志淳，字主一，无为州人，避兵于鄞。时天台毛彝仲、钱塘杨彦常、临安刘庸道、永嘉柴养吾、丰城揭伯防、魏郡边鲁生辈皆生后寄迹于鄞，词章翰墨，人为传。详址无处可查。

26. 爱竹轩：在青雷峰，已无存。元戴良有诗，见本志文献编。

明

27. 白云先生宅：在韩岭。金华，字宗实，隐居自乐，笑傲湖山，明成祖召见，赐以白金文绮，不受，成祖称之为"迂叟"，人称白云先生。白云先生宅在韩岭老街，现尚在，称"老宅金氏门楼"。金宅门楼共有两个，另一个是金忠之宅。

28. 金忠襄第：在韩岭，白云先生弟、兵部尚书金忠故居。韩岭老街有"新宅金氏门楼"，即为金忠襄第。

29. 东湖别业：在湖上，章闾故居。《甬东诗括》中有章闾自作"老去厌城郭，湖上最情亲"之诗句，表现其厌城喜湖山之心情。已无查。

30. 杨氏义门：义士杨苗，成化间应诏输粟二千五百石助边，旌立义门。宅在丁湾，古迹尚有，一池中架石梁，相传为其宅内厨房暑天藏食物处。杨苗有"粒谷种九年，梅湖做秧田"、"富可敌国"之传说，古迹已无查。

31. 茂屿山庄：旁有龟山、蛇山、琴山，象形酷肖。张尚书时彻构庄其上。门左琴山上有步虚亭，后有浦空涧在门，梁石而渡，小山幽靓，花木涓，亭曰品山，由沈嘉则命名。一时文学之士多有陪侍之章。茂屿山庄在陶公山之前的烟屿，俗称许家屿，明沈明臣、余寅雨、谢滩、黄元恭、高瀛、李生时、张子中、杨明、包玉、鲍道亨、钱公达、洪漠、戴良才、包大炘、张壸、王嗣爽有咏茂屿山庄诗作，见本志文献编。

32. 咏归堂：在茂屿庄内，明倪珣有诗，见本志文献编。已无查。

33. 望湖亭：在东钱湖中，霞屿山上有望湖亭，大慈岙亦有望湖亭遗址。湖中望湖亭在霞屿山东北峰顶，2002年重建，为四角飞檐式亭子。福泉山山腰于2004年新建望湖亭，但不是在遗址之上。明张时彻、清忻超有诗，见本志文献编。

34. 五柳庄：在东钱湖上，相国余有丁所构，即月波寺废址也，以神宗御书"名山洞府"四字为坊。余氏自为之记，全文1700余字，把五柳庄"名山洞府"的花园写得淋漓尽致。五柳庄内设亭台楼阁25处：日涉园、常关门、犹存经、不远途、归来堂、遗世居、情话室、觉是斋、寄傲窗、消息所、衡宇、植杖场、窈窕壑、袅熹亭、翳景轩、临柳阁、筼筜谷、流憩庵、始流泉、舒啸楼、矫首台、易安阁、怡颜窝、崎岖丘、知还洞。明万历帝赐"名山洞府"额。此庄已圮，目前为部队驻地，军事禁区。明沈一贯、李玮、王嗣奭、李邺嗣、吕时有诗，从李邺嗣诗中"尚有门墙在，遗民昔问游"可是清时尚有遗址。神宗为朱翊钧，即明万历皇帝。

35. 舒园：亦相国余有丁园，徐振奇有诗"相公林下高如何，灌木阴阴古月波"，说明舒园在月波山。今已废，为部队驻地。徐振奇诗，见本志文献编。

36. 梅湖山房：在梅湖，已无查。明沈一中有诗，见本志文献编。

37. 镜轩：在钱湖中，《明州杂谣注》有记。已无查。

38. 大慈山房：在东湖大慈寺，为余寅读书处。已无查。

39. 思旧馆：太常寺丞全大程自江上归，弃家入东湖穷山中，躬耕山田十亩糊口，大程《簿社吟序》云，石雁从管江突围出，过予山馆，适予他出，儿子固留之，不肯，竟去，中道被难，不得一诀，而嘿农诸子亦予命矣。爰署此馆，曰"思旧"，以志山阳之悼。全大程有诗，见本志文献编。已无存。

40. 徐户部山居：徐振奇以户部郎参瓜里军事，国亡，弃家入东钱湖青雷山中，凡二十年。徐振奇有诗，见本志文献编。已无存。

41. 梅园精舍：在九磊山麓，在茶亭镜中寺梅园庵旧址，曰梅园精舍。今已无处可查。清陈锡嘏有记，见本志文献编。

42. 醉碧楼：在殷家湾，清钱维乔有跋，见本志文献编。为郑氏之楼，主人蓉峰，居湖滨，并写"树兹"二字以赠。

43. 金鲤堂：在陶公山，忻氏所居，清陈励有《金鲤堂记》，见本志文献编。金鲤堂已拆，有金鲤桥纪念。

44. 袁氏始基堂义学：在大堰，道光五年（1825），里人袁万径、万振建，置田40亩。大堰村已于2004拆除，义学无查。

45. 郑氏思本堂义庄：在殷家湾，同治七年（1868）里人郑怀亨建，置田80亩以恤族之孤寡，构屋三楹为资给之所。清董沛有记，见本志文献编。遗址无查。

46. 爱竹轩：在青雷山，元编修叶恒宅中书房，无存。元戴良有诗，见本志文献编。

第二节　牌坊

1. 冀国夫人叶氏太君神道牌坊：在下水无量寿庵神道口，高在5米以上，六角柱，宽4米左右，笔者在1965年之前见过。"农业学大寨"时，被东村第二生产队拆筑抽水机渠道，石笋成为溪上渠道的柱石。

2. 越国公史诏神道牌坊：原在享亭山下，"农业学大寨"时被拆，供造水库之用。

3. 会稽王史弥远神道牌坊：原在大慈的大道上，现在的竹头坪下的茶园中间，牌柱四方，边长60厘米左右，井字牌楼，高在12米以上。1982年造下水至大寺公路，在跨越大慈溪时要筑拱桥无石料，遂拆牌楼取石。自慈云岭下右边往下水的小拱石桥之料，就是牌楼石。

4. 史渐神道牌坊：原牌楼已拆除，今牌楼是造石刻公园时由外地移入，此墓道翁仲石兽也改动，非原貌。

5. 金舍罗牌坊：在下水南岙里家史进口处，牌楼高约5米，规模不大，2008年为砍伐虫病树，被拖拉机撞倒，已毁。

6. 庙沟后牌坊：在韩岭庙沟后，是宋明之间的仿木结合桁式石牌坊。今保存完好，被列为全国重点文物保护单位。

7. 金字山牌坊群：在下水里岙金字山，应是史氏墓葬群牌坊，分东、中、西三座，八棱柱，井字形结构。应建于南宋，保存相对完整，已在申报国家级文物。

8. 屯岙甘坑蝴蝶山牌坊：在下水十里四乡屯岙蝴蝶山半山腰，1965年之前还存在，农业学大寨时，建造水库和造窑山顶渠道时拆除，用于造抽水机渠道。

9. 金忠神道牌坊：在百步尖晒经坪，金忠墓道之前，现尚有残柱和横梁。被列为县级重点文物保护单位。

10. 余有丁神道牌坊：在隐学山余有丁墓道前，已倒掉，尚有华标柱一座，牌楼有遗迹，已被列为全国重点文物保护单位。

11. 南宋石刻公园牌坊：内前后二牌楼，非史渐墓道原物，2008～2009年政府出资向牌楼贩子高价购置的外地货，不是南宋石刻牌楼。两边有各种牌坊八处，也是外地购置的。其中有一座节孝牌坊从湖畔鸡山头移来。

12. 东钱湖牌坊：在东钱湖安石路与钱湖北路交口处，1990年由东钱湖私企老板捐资建造，仿木结构牌楼，是水泥钢筋斩假石结构，现为东钱湖标志牌楼。

13. 钱湖胜景牌坊：在东钱湖湖滨公园入口处，水泥钢筋斩假石建筑，形式高大，是1989年所建。2004年，湖滨公园、王安石公园、国防园三园改为半山吟公园时被拆除，今湖滨不见牌楼。

14. 绿野古村牌坊：在下水绿野口，是新造的水泥钢筋三门式牌楼，建于1995年。有张性初书法楹联。

15. 象坎山庄牌坊：在象坎村村口，全石质牌楼，建于1998年前后，郑玉浦先生为山庄牌坊题名。

16. 节孝坊：在县东南五十里上水鸡山村，清道光七年（1827）总督孙尔准等为夏维恒妻史氏立。此牌坊已被移入南宋石刻公园。

17. 大岙口石牌坊：在高钱前堰头村大岙口的半山腰中，为明代建筑，呈井字形结构。

18. 金蓖箕山石牌坊：在韩岭里岙金蓖箕山，竹林深处的半山腰中，牌坊呈"井"字形结构，上下二坊，下坊已毁。是明代建筑。

19. 奕大山石牌坊：在大堰头奕大山，4根主柱，2根横梁，直穿4根立柱，形成两个井字形，故称双井字形牌坊。上根横梁中间部分在50厘米断形，左边伸出横梁已断裂。应是明代建筑。

20. 诏旌冠带都宾戴公神道牌坊：在大堰头奕大山南麓，牌坊四柱三井字并列，横梁刻神道牌坊名称，建于明嘉靖十六年（1537），保存完整。

21. 前夹岙石柱：在上水前夹岙，有7根圆石柱，柱外圆直径为35厘米，柱高在4.5米以上。石柱排列成"口"字型，开间较宽，面积大，保存完整，应该是南宋建筑。

22. 正天门牌坊：为宋代牌坊，在韩岭沙湾路口。20世纪末尚有两根石柱，今已无。

第三节　金石

宋

1. 隐学山（栖真）放生池碑：刻立于绍兴十九年（1149年），已断裂，用铁钢坚固，现立在隐学禅寺，天王殿后之左。宋沈迈有记，见本志文献编。李延立、僧元慧重立。

2. 史氏叶氏太君碑：在下水无量寿庵墓道右边。

3. 纯诚厚德元老之碑：在横街金夹岙田坪，已断裂数块，存残片残文，还有断裂石乌龟原地保存，是宋孝宗御书给史浩之碑。

4. 公忠翊运定策元勋之碑：碑已仆，正面没冲，有"御制御书"四大字，靠弥远轩，绍定六年（1233）理宗御制神道碑。在下水大寺竹头坪下茶园中间，原有裂开大石乌龟，1970年左右被全部拆除，已无存。

5. 赠史弥坚资政殿大学士诰碑：立于宋端平元年（1234）世忠寺前史墓。

6. 宋徐氏夫人墓志铭：徐氏为八行公史诏夫人，出土于下水绿野岙相亭山。现收藏于东钱湖绿野岙村办公室。

7. 宋故史希道墓志铭：史希道即史师仲，八行公大儿子，史浩之父，碑盖58厘米×55厘米，铭73厘米×55厘米，夏承撰，王庭秀书，郑谷题，刻于宋靖康元年（1126），现藏东钱湖横街村。

8. 宋左朝奉大夫薛公墓铭：180厘米×93厘米，高闶撰并书，吴秉信篆额，刻于宋绍兴十六年（1146），现藏东钱湖南宋石刻公园。

9. 宋故薛衡州妻气人王氏墓铭：178厘米×92厘米，汪大猷撰，楼琚书，陈居仁篆额，刻于宋绍兴年间（1131～1162），现藏东钱湖石刻公园。

10. 宋故广国夫人杨氏墓志铭：156厘米×78厘米，刻于宋嘉定十四年（1221），现藏东钱湖横街居民家。

11. 宋故淑人黎氏圹记：史弥远撰，现收藏于东钱湖王安石庙（忠应庙）内。

12. 宋故史茂卿墓志铭：134厘米×77厘米，刻于宋淳祐八年（1248），现藏东钱湖横街村。

13．宋故承事郎史尧卿墓志铭：111厘米×60厘米，刻于宋咸淳元年（1265），现藏东钱湖王安石纪念馆（忠应庙）。

14．宋故程公墓志铭：106厘米×73厘米，刻于宋咸淳四年（1268），现藏于东钱湖王安石纪念馆（忠应庙）。

15．宋致政枢密史公墓铭：65厘米×34厘米，东钱湖下水西村出土，现藏东钱湖王安石纪念馆（忠应庙）。

16．补陀洞天石刻：在霞屿禅寺观音洞南进口处，为"补陀洞天"山崖石刻，隶书四字，无岁月、姓名落款。1976年建湖心塘时发现观音洞南口有此碑额，此洞已被立为鄞县重点文物保护单位。

元

16. 醉翁亭记屏风：在青山元编修叶恒故宅，为张即之书。此屏风在1913年，编写湖志者看到过。今已无。

17. 隐学栖真教寺净发田记碑：至元十八年（1281）隐学寺比丘尼维实立石。现在何处，不详。

明

18. 名山洞府石刻：在月波寺废址五柳庄，"名山洞府"为明神宗朱翊钧御笔，今石刻断裂，"名山"二字不知所在，惟"洞府"二字尚在，末题"万历九年"（1581）。冬，臣有丁恭摹上石。此石长三尺，广尺许，想自断裂后移置者，山门外石坊尚存二柱，刻有"大湖流日月，深谷驻乾坤"联语，经采访此石已难查。尚有"宝陀洞天"。

19. 隶书联语石刻：在月波寺大殿后石壁间，句云"山川乱云石，楼榭入烟霄"，未书岁月姓名。在1913年编丙辰《东钱湖志》时，石壁上隶书联语尚存，今已无。

20. 湖山清赏碑：明祝允明，即明代四才子之一祝枝山所书，石高约30～35厘米，长约120厘米左右，青石石刻，今在陶公山忻公一端墓边门作压草石之用。

21. 宁波府知府示东钱湖禁约碑：万历十九年（1591）十月吉立，清水利禁示碑，规定七条。立于东钱湖莫枝堰头。今已无。

22. 宁波府知府订立东钱湖禁约碑：万历四十年（1612）六月，宁波府知府戴、鄞县知县江立石，立于东钱湖莫枝堰头。今已无。

23. 余有丁墓神道碑：213厘米×47厘米，198厘米×47厘米，刻于明万历十三年（1585），两残碑。在隐学山余有丁墓前，已散落在走路边，笔者考查过石刻。今尚在，已列为全国重点文物保护单位。

清

1. 忠应庙公禁碑：在下水忠应庙侧壁上立，立于同治四年（1865）额题，永远碑记，后有道光二十九年附记。今存。

2. 青山庙捐田助供灯祭碑：清同治四年（1865），立于方桥青山庙，额题勒石碑记，陈恭通立。今立新庙内。

3. 迎旭寺碑：在迎旭寺中立有三碑，分别立于高湫堰桥边寺内。

4. 陈梅友墓题诗石刻：下水陈墓，乾隆十四年（1749），汤以瑾、郭永麟、柴存仁、倪湖源、李自泽、袁德近撰诗于皇清儒林陈梅友陈公墓石刻。此墓无查，石刻不详。

5. 祇园寺"身到蓬莱"石刻：在郭家峙隐学山祇园寺中，清乾隆十五年（1750），由郑锡书。又称寨基祇园寺，属同寺。

6. 重修钱堰记碑：立钱堰头，乾隆年间中叶，由闻善撰，钱长书，已找不到此碑。

7. 邵洪题额石刻：在下水黄泥山，金歧周墓前，乾隆年间，陈鸿渐等题诗。此墓在20世纪60年代被拆，称挂壁灯盏。在笔者老宅西南200米山上，今已无存。

8. 万安桥捐资题名碑：清嘉庆十七年（1812）立于上水万安桥边。在上水九眼桥，九眼尚近一眼，老桥拆新桥已建水泥桥。碑已无。

9. 重修月波寺记碑：清道光二年（1822），立于月波寺内。在180年之前，月波寺重修,今已无。

10. **广济庵亭会施茶碑**:道光十一年(1831)立于韩岭市下街,今已无。

11. **裴君庙圣姓会置田碑**:清咸丰八年(1858)立于韩岭裴君庙,今已无。

12. **月波寺崇祀余文敏公有丁记**:清咸丰九年(1859)立于月波寺,徐时东撰并书,寿北高刻,今无。

13. **包氏宗祠捐资建行千华庵碑**:清同治十年(1871)立下水千华庵内。今已无。

14. **新东亭庙琉璃会田碑**:清光绪二十二年(1896)立于新东亭庙。

15. **岳鄂王庙公禁规约碑**:清光绪二十四年(1848)立于岳鄂王庙内,今尚在,立于岳庙东边厢房的墙上,被列为县文保单位。

16. **千华庵茶亭捐资题名碑**:额题茶亭碑,清光绪二十六年(1900),庚子年,立于茶亭,茶亭实是关帝殿,此碑原筑在围墙之上,20世纪70年殿拆碑毁,笔者亲见过。

17. **岭脚庵茶会捐资题名碑**:清光绪二十九年(1903)立于俞塘村岭脚庵,墓事吴永明、杜庆延、陆维新、徐正阳、吴财顺、叶徐英、俞贵房立。

18. **宁波府知府禁革庄首碑**:清光绪三十二年(1906)立于莫枝堰关帝殿,已无。

19. **七佛兰盆会田碑**:清光绪三十二年(1906)立于莫枝岳鄂王庙,郑门金氏立,今庙在,碑已无。

20. **鄞县知县禁止莫枝堰居民偷挖碑板捕取鱼虾告示碑**:清光绪三十二年(1906)立于莫枝中街,应该为东街中段。已无查。

21. **清邑庠生蔡君年孙启辉墓志略**:清光绪三十三年(1907),立于下水无量寿庵经山,忻祖光撰并书。今已无。

22. **东钱湖农民出议碑**:清宣统元年(1909)立于莫枝平湖亭,新题"永远勒石",今已无。

23. **莫枝堰农民公议碑**:清宣统元年(1909)立于莫枝堰关帝殿内,内容同东钱湖农民公议碑,今无。

24. **黄泥岙矸表**:清宣统二年(1910),由清末代进士忻江明撰,高振霄书,立于黄泥岙何处不详。

25. **天寿庵茶会捐资题名碑**：清宣统三年（1911），额题永远茶会，立于黄苏桥边，今已无。

26. **重修花桐殿碑**：在韩岭花桐殿内，立于清嘉庆年间。

民国

27. **济众亭记碑**：民国七年（1918），由书法家郑孝胥撰并书，立于曹家山头济众亭后，胡公祠的西墙外。此碑已被人损坏三行，立于原址。

28. **改建裴君庙捐资题名碑**：民国十一年（1922），立于俞家塘岙裴君庙，额题：碑记，幹首俞增廷、国楣树、安嘉增公启。此碑尚在，此庙尚好，有待进一步修缮。

29. **重修青山庙特别捐之碑**：民国十三年（1924），立方桥青山庙，陈又新撰并书，今无。

30. **史氏宗长会议分派祀田价合同议据碑**：民国十八（1929），立于大慈寺内。今大慈已恢复十余年，未见此碑。

31. **姜炳生先生忠汾生圹记碑**：民国十八年（1929），由葛恩元撰文，王禹襄书，此墓在下水东山庵跟墓穴被盗，墓前石刻尚存，无损。

32. **万缘社茶会碑记碑**：民国十九年（1930），由童第德撰文，童第锦书，立于韩岭，今已无存。

33. **重建永安桥碑记碑**：民国十九年（1930），立在杨家永安桥边，由任水阳撰，今存。在桥亭之内.

34. **永安桥捐款题名碑**：民国十九年（1930），立于陈扬永安桥凉亭内，由任水阳撰，今碑立于原地，字迹清楚，有杜月笙、金庭荪之名。

35. **凌云桥捐款题名碑**：民国十九年（1930）立于俞塘杨家，由任水阳撰文。尚存。

36. **曹赤堂、赤铉生圹记**：民国二十二年（1933），由陆仰渊撰，冯度撰书，下水新岭岙口大田坪，墓已拆，石刻无查。

37. **曹赤露、赤钧、赤锳墓记**：民国二十二年（1933），由族弟国华撰，同曹赤堂墓地同地，20世纪60年代被拆，今已无。

38. 于右任书"松声琴韵"石刻：民国二十二年（1933），立于郭家峙祇园寺内，出自国民党元老、大书法家于右任手书。

39. 冀国夫人叶氏太君墓碑：民国二十四年（1935），立于墓前，由史涓公支余姚闰二房重建，此碑立于墓道左侧，尚存，字已不清楚。

现 代

1. 史浩故里碑：1998年立，由宁波市文博学会立，正面由曹厚德先生书，背面碑记由仇国华撰文，周宗毅书，立于下水史氏宗祠德行桥旁。

2. 王安石碑亭：在湖东黄夹岙福应庙，由里人罗美岳集资兴建，有毛翼虎、桑文磁、郑玉浦、沈元魁、周律之、曹厚德、李德和、仇国华、周宗毅、李兴祥、毛燕萍、张世鸿、忻通、陈道生、虞善来、屠嘉伦等宁波市、区名家书法碑刻。始建于1999年～2000年。

3. 王安石诗词碑：2001年立于东钱湖王安石公园，有25块名家诗词石刻碑，包括书法名家：刘恒、沙更世、张星亮、周律之、胡茂伟、曹厚德、桑文磁、郑玉浦、李忠庆、陈启元、沈元发、张性初、毛燕萍、李德和、张祥仙、李兴祥、虞善来、周宗毅、张忠良、仇国华等书作。2010年东钱湖旅游度假区管委会，把钱湖胜景的湖滨公园、国防园（张爱萍国防部长题字）、王安石公园（沙更世题字）三园合并成半山吟公园，石刻被毁，东钱湖上唯一的双层石亭被就地推入湖中，新建钢铁凉亭。25件石刻碑，尚存两块，其余不知下落。

4. 大慈禅寺奠基碑：2001年立于大慈禅寺大雄宝殿东首墙中，香港隐名士大德即港胞陈定华先生。

5. 十方云南禅寺重建碑：2010年秋，由金辅康撰文，立于十方云南禅寺内，即韩岭岭下山之上。有古碑4件。立于同处。

第四节　古塔

1. 二灵塔：二灵塔突兀于湖中的半岛山峦，原名为蛇山，传说古时蛇山上有巨蟒危害渔民，有一得道高僧在蛇山的项颈上建造一座塔镇之，从此蟒蛇再也不能作祟了。这座塔即二灵塔。二灵塔为正方形石塔，北宋政和年间（1111～1118）宋穆王命诏国师所建。塔四面七层，高9米，四周密封，塔心中空。四壁有壸门佛龛，刻有浮雕佛像，两旁有金刚立像。这是一座省内现存少有的北宋石塔，已立为浙江省重点文物保护单位。2013年秋，塔下地宫被盗，后升级为全国重点文物保护单位。

2. 延寿王塔：本在下水洋山呑延寿王寺内，上面刻有"绍兴三年（1133）石匠吴仁安刻"，现存于石刻公园内。

3. 大慈寺七塔：在下水大慈禅寺万功池之上，全部石质形同西湖三潭印月塔，内中坐佛像。传说：天童七塔不如大慈寺一塔。20世纪70、80年代，被福泉山林牧场拆除，已无遗物。

4. 广度庵石经幢：在下水广度寺内，是六面天王石塔，直径52厘米，高31厘米，现存广度寺中。

5. 石经幢：在东钱湖畔，岳鄂王庙湖边，有两件石经幢，何地而来不详。

第五节　方响（古钟）

惠安寺铁方响：铸于明景泰六年（1455），在青山寺（《东钱湖志》），今已不知去向。

第三十一章 窑冢
DiSanShiYiZhang YaoZhong

第一节 古窑址

1. 窑山顶古窑址：在下水屯呑兆山顶，1967年建筑渠道和挖沿山河时，挖掘了大批小瓷瓶，色同越窑瓷一样，此山俗称为窑山顶。尚有歪头瓷瓶和瓷片散落在窑山顶湖畔。

2. 刀子山古窑址：在下水官驿河头对面，公路去大寺拐弯处，曾有大批瓷片瓦砾在建造韩水公路时被清理出来，现在在刀子山靠外呑方向还有剩片。

3. 十坑九垄古窑址：在下水东村叶太君墓道东首隔山山坑，称十坑九垄，有大量古瓷片。

4. 郭童岙龙窑窑址：在郭家峙寨基，有龙窑窑址八座，其中YI窑址，全长41.42米，大堂最宽处1.8米，其开烧时间为东汉，停烧时间约在北宋时期。

5. 郭童岙馒头窑窑址：在郭家峙寨基，有馒头窑窑址三座，是东汉后期的古窑，同龙窑属同一区域。窑址保存完好。

6. 三夹岙青花窑址：在上虹桥笔架山以北之三夹岙（三甲岙）之内，有大批青花窑址，亦又称在栗木塘的窑头山，是晋代时期的古窑。

7. 上水窑岙窑址：上水窑岙在上水村东侧窑岙山窑，是三国时代窑址，被列为县级文物保护点。

第二节 窑厂

郭家峙轮窑：是相对先进的烧红砖的窑，一般轮窑有个出口，便于轮流烧窑，一列为2×5×10的红砖，此窑已拆，地基卖给宁波广博集团有限公司，建造御景园别墅群。

青山岙轮窑：在青山岙，已拆除。此地为建设宁波东钱湖"国际教育论坛"，由政府卖给宁波华茂集团公司使用。

陶公山轮窑：2007年停业，2012年拆除。

湖塘下青瓦窑：在平水堰湖塘下，祖传生产小青瓦瓦片，窑外径约5～6米，高4～5米，烧柴、烧煤都可以。湖塘村拆迁，小窑已停。

下水青瓦窑：青瓦窑下水分布最多，下水屯岙溪入湖处有1座，乌贼山有1座，纪家庄有1座，后岭港石棺材有4座，园型石砌中空，烧煤或烧柴，基地主窑大约园径8～10米，高5米左右，专烧小青瓦和青砖"二五十"。20世纪90年代停窑，尚有7座瓦窑在原地保存。

大堰平瓦窑：在大堰碶闸边，20年代末停止生产大平瓦，窑已无。

茶亭平瓦窑：原在茶亭村以北的原71省道的靠湖边，专业生产平瓦，一张平瓦抵过二十张小青瓦，20世纪90年代停止生产，已无此窑。

光辉青瓦窑：同下水湖塘的小青瓦生产基本相同，20世纪90年代停止生产。

此外，上水西津畈、范岙河头、马山湖边、沙家山湖边都有青瓦窑，均已废。

第三节　墓冢

周

徐偃王墓：在隐学山，旧名栖真。

北宋《徐氏谱》谓：王葬明州之隐学山。《延祐四明志》谓：院隐学山，徐偃王隐学于此。又据《东钱湖志》载："延祐、成化、嘉靖三志皆曰：隐学山，徐偃王隐学于此。于是谱牒之家纷然谓偃王于此曾立书院，教养生徒。此皆无稽妄说，求隐学之说，不得而强为之解者也。案：古字多以音近假借，隐者，偃也。班固《古今人表》曰徐隐王，师古曰即偃王也，最为确。据《楚辞》称，偃王行仁义。王逸注曰：偃，谥也。而《周书》谥法解，但有隐谥，而无偃谥。北宋《徐氏谱》曰：王死，从亡之臣谥之曰隐，则隐之即偃，晓然可见，乃其旁证复有三端。左僖元年，公败邾师于偃。《公羊春秋》院公败邾师于缨，其证一。《诗·鱼丽传》曰：士不隐塞，释文曰：隐本作偃，其证二。匽偃二字通，《广韵》训院匽者，隐也，其证三。盖偃王既葬是山，后世即以其谥名之，无可疑者，而学字则不知其义，或当为此域之域，无征不信，姑阙疑焉。然则三志及谱牒之说，又可见王墓实在是山，何则使是山本名偃学而曰偃王葬此，犹疑其因山附会之也。今山名隐学，葬者乃是偃王，而向之说者，又不知偃隐同字之义，然则苟非实有相承之说，乌得凭空而鼓舌哉。"道光二十八年（1848）临川裔孙宁波知府徐敬修墓镌碑，20世纪80年代徐氏后裔重修立碑。元徐本原有诗，见本志文献编。

晋

鲍王墓：在阳堂山（又名青山），即灵应庙神鲍盖尸解之所。据《东钱湖志》载："故老相传鲍王墓在鹿山西偏危岩下，树林阴翳，过者起敬。距青山二里许，岂以庙在青山，遂混而一之欤？"经调查，此墓于20世纪六70年代被拆，大树被毁。

唐

刺史黄晟墓：黄晟与其母高阳郡太君齐氏、妻颍川县君钟氏，俱葬于隐学山。（《简要志》作大慈山）。一云乾化二年（912），黄晟改葬于象山县常乐寺后。山寺为黄晟所建。

宋

殿中丞陈翊墓：在郭童岙山。

郭先生维墓：在西湖之原。此西湖即钱湖，维自河南徙鄞，卒葬西湖。

左正言谥文介陈禾墓：在二灵山，子学士曦祔。熙宁间左正言陈禾筑室读书其中，后即葬此。在二灵山至今没有找到陈禾之墓。明董琳、钱豹，清王信德有诗，见本志文献编。

居士楼奔墓：在阳堂乡梅湖，楼钥撰墓志。

遗逸陈之翰墓：在翔凤乡隐学山，陈瓘撰墓志。

徽猷阁直学士谥庄简蒋猷墓：在翔凤乡隐学山，汪藻撰墓志。蒋弘宪有诗，见本志文献编。

宝文阁学士两知明州兼制置使仇悆墓：在沙家山，上水外半里许。仇悆，字泰然，益都人，大观三年（1109）进士，两知明州，抑豪强，扶善弱，学宫兵火，力新之，斥厨钱以廪诸生，撤佛祠材甓以修州廨，行乡饮酒礼，岁歉发官储赈民。蒙谗乞休，退居奉化，助郡学田百六亩。仇悆筑奉化沙堰七百余丈，老百姓建立善塘庙纪念，仇悆卒葬于鄞。现墓穴被盗，墓前石刻尚存4件，其余石构件已被盗作他用，石刻为全国重点文物保护单位之一。根据仇氏宗谱记载：墓建于南宋初1146年左右，墓道石刻是南宋早期作品。

赠太子少保史成墓：刻木招魂于下水，建享堂（五祖堂）纪念。也有传安葬在下水月亮山下，即俗称石马堰滩。朝东北。墓前石刻在1982年用于建造市岙溪自力桥。

史冀国夫人叶氏墓：在东钱湖下水长乐里山，即无量寿庵后山东首，楼异撰墓志。墓道石刻破坏严重。里人史永和等将从别处移来石笋等石刻陈于墓道。今立有浙江省人民政府颁发的全国重点文保单位石碑一块。清史在鼎有诗，见本志文献编。

赠太师越国公史诏墓：在绿野岙相亭山。危素撰墓表。石刻在原址保存，缺石椅一把。今立有浙江省人民政府颁发的全国重点文保单位石碑一块。史弥大有诗，见本志文献编。

赠太师越国公史师仲墓：在金家岙上水横街，建教忠报国寺奉祀，夏承撰墓志。配洪氏，封越国夫人。墓前石刻移于南宋石刻公园。

端明殿学士金书枢密院事兼参知政事，赠金紫光禄大夫（进士）史师才墓：在叶太君墓左垄，墓道栽松160余枝，到1980年有49棵，2002年被松材线虫病侵害都毁。配孙氏，赠太宁郡夫人。

乡贡进士补上舍赠太师封卫国公（进士）史师木墓：在阳堂乡官样山之原，建瑞芝庵奉祀。配戴氏，赠卫国夫人。

郡庠掌阁史师光墓：在下水大慈岙，宝华山世忠寺，。

史师禾墓：在上水保安院（辩利寺）后山。筑居甬东卖席桥。

太师丞相保宁军节度使封会稽郡王、谥忠定王（进士）史浩墓：在上水横街（金夹岙）吉祥安乐山，建报国寺。楼钥撰神道碑，墓入《防护录》。配贝氏赠越国夫人，配周氏赠齐国夫人（史弥远母），配陆氏封安国夫人（史弥坚母）。墓前石刻移至南宋石刻公园，墓穴为拱石穴，现毁。

补朝奉郎知江阴军史渊墓：在阳堂乡南麓尖峰山下。配姚氏、李氏，并封宜人。

补承议郎通判湖州兼管农事史溥墓：在辩利寺后山，上水。配洪氏，卢氏并封孺人。

补修职郎监绍兴曹娥监场史源墓：在金家岙岭南，横街。配贝氏，赠硕人。

承议郎佥判南康军赠中散大夫史涓墓：辩利寺山，上水。配卢氏，马氏并封孺人。现南宋石刻公园之右山岙口，政府出资将近70万元，已重修此墓。气势宏伟，有石阶，可拾阶而上。

朝请大夫婺州通判史浚墓：在阳堂乡包家山。配舒氏，封宜人。

赠宣议郎史若冲墓：不详。

封修职郎史若湛墓：翔凤乡茅岭之原。配申屠氏，封孺人。

赠太师齐国公史若渐墓：在上水辩利寺后山。配莫氏，高氏，并赠齐国夫人。叶选撰墓志铭。全国重点文保单位石碑一块。

赠承奉郎史溶墓：在上水，辩利寺山。配申屠氏、张氏，并赠儒人。

赠承议郎史济墓：在辩利寺山垄。

赠中散大夫史浤：在宝华寺山父史师禾墓侧。

礼部侍郎敷文阁诗制（进士）史弥大墓：在上水横街（金夹岙）吉祥安乐山。配高氏赠魏国夫人，配丰氏赠越国夫人，林氏赠鲁国夫人。墓前石刻移至南宋石刻公园。

朝奉大夫直敷文阁浙西提刑赠少保（进士）史弥正墓：在金夹北岙，建崇报寺于上水。配陈氏，赠泰国夫人。

太师中书令保宁昭信两军节度使丞相，封卫王谥忠献王（进士）史弥远墓：在大慈山。配潘氏，赠齐国夫人葬大慈东太清宫。因其母周氏葬于此，故称大慈，后史弥远亦安葬于大慈山。今墓在，现存享亭前有两株，近800年的银杏树。享亭将倒毁，墓道石刻移至南宋石刻公园，列有全国重点文物保护单位石碑。2014年地方政府拨款重修。元刘仁本，明李堂、屠隆、沈一贯，清董沛有诗，见本志文献编。

宣奉大夫兵部尚书赠太傅资政殿大学士谥忠宣（进士）史弥坚墓：在钱湖宝华山之南麓。配新安郡主赠鲁国夫人，郑清之撰墓志，建世忠寺以奉香火。明王应鹏有诗，见本志文献编。

赠奉直大夫史弥高墓：在下水南麓。配陈氏，赠恭人。下水南麓，应为南岙，有金舍罗牌楼，不详。

朝议大夫知宝庆府史弥迥墓：在下水洋山岙外，穆公岭之原。

承务郎上饶县丞史弥进墓：在下水藤岙蝴蝶山，建祠堂及云岩庵。此神道牌楼在1967年造窑山顶渠道时被拆。

登仕郎户部酒库干办公事史弥文墓：在翔凤乡茅岭之原。配严氏，封孺人。

资政殿大学士金紫光禄大夫赠少师保宁军节度使齐国公谥文靖（进士）史弥忠墓：在阳堂乡省岙，建寿国寺、贸溪书院。配孙氏，封齐魏国夫人。

中奉大夫江西通判除刑部郎官（进士）史弥愈墓：在翔凤乡隐学山。配邹氏封令人，赠硕人。

朝议大夫（进士）史弥忞墓：在阳堂乡官样山之原，建瑞芝庵奉祀。配翁氏，封恭人。

朝请大夫知彬州（进士）史弥应墓：配石氏，封资国夫人。

承节郎史弥年墓：在上水辩利寺山。配吴氏，赵氏、何氏，并封儒人。

承信郎史弥谦墓：在辩利寺山之垄首。

朝奉郎通判安吉县（进士）史弥谨墓：在辩利寺山垄。配姜氏，封儒人

朝奉大夫知武康军史弥炳墓：在阳堂乡大岙。配丰氏、赵氏，并封令人。

陕州教授中奉大夫（进士）史弥巩墓：在阳堂乡官样山。配臧氏，赠华国夫人。

朝奉大夫主管绍兴府史守之墓：在上水吉祥安乐山。配朱氏，封宜人。

朝奉郎知楚州宝应县赠中散大夫史宗之墓：在吉祥安乐山横街。配楼氏，赠令人。

中散大夫大理寺少卿知温州史宜之墓：在上水集云山，建寿宁寺（即上林寺）。配厉氏、郑氏，并封令人。

中奉大夫直华文阁湖北运副赠银青光禄大夫史定之墓：在翔凤乡宝庆寺侧。配钱氏，封硕人，赠安康郡夫人。

朝奉大夫浙东安抚司参议史安之墓：在上水辩利寺后山。配刘氏，封宜人。

名胜古迹编

修职郎赠朝奉大夫史实之墓：在上水横街吉祥安乐山。配李氏，赠宜人。

奉直大夫直秘阁提举福道市舶司赠金紫光禄大夫史宣之墓：在辩利寺后山。配徐氏，张氏并封安人。

朝奉郎直宝谟阁赠中奉大夫史宽之墓：原葬大慈著衣亭，后葬上穴，建妙智寺。

观文殿学士正奉大夫（进士）史宇之墓：在金家岙寿山之原，横街。配洪氏、郡主赵氏，王应麟撰墓志。

奉直大夫直宝谟阁太府寺薄除安吉州史之墓：在翔凤乡史家山屏前。配魏氏，封恭人。

朝奉郎知上虞县赠大中大夫史崇之墓：在上水史家山屏前。配石氏封硕人。

朝议大夫户部郎中直敷文阁诗制湖北道转运使赠中奉大夫史宾之墓：在宝华世忠寺右。配王氏，叶氏并封宜人子森卿撰圹志。

奉直大夫知饶州沿江制置使史抑之墓：在下水南麓。配何氏，陈氏并赠恭人。

迪功郎监海县丞史揆之墓：在上水鼓欵山。

儒林郎婺州司户参军（进士）史拴之墓：在上水大竹园辩利寺北。

文林郎涟州水军禄参（进士）史道之墓：在西岙。配赵氏、王氏，并封安人。

朝奉郎大理寺丞（进士）史岢之墓：在阳堂乡柏董之原。配楼氏、王氏，并封安人史弥忠作圹志。

吏部尚书沿江制置副使赠开府仪同三司公（进士）史岩之墓：在东湖尊教寺后山。配孙氏封河南郡夫人，赵氏封吴郡夫人。此墓道石刻尚有2件，现存在海军东航司令部门口。

中奉大夫直秘阁知宝庆府劝农事（进士）史尧之墓：在罗家岙。配孙氏，封令人。

奉议郎通判饶州赠朝奉郎（进士）史仝之墓：在隐学山。配孙氏，封安人。

中奉大夫荆湖北道提点刑狱（进士）史肯之墓：在官样山。配赵氏赠硕人，周氏封令人，王应麟撰墓志。

朝奉郎通判泰州史肖之墓：在阳堂乡方湖。配臧氏、刘氏，并赠安人。

通判鄂州大中大夫赐绯银鱼袋（进士）史育之墓：在下水穆公岭之原。配赵氏、吴氏，并封安人。王应麟撰墓志。

朝奉大夫京寺丞（进士）史有之墓：在大田山，请明觉寺。配宋氏，封宜人。

朝散大夫知建德府（进士）史胄之墓：在阳堂乡山家岙之原。配虞氏，赠恭人。

朝议郎知嵊县史司卿墓：在上水安乐山。配郡王赵氏。

承直郎史汉卿墓：在翔凤乡北岙，建思爱庵。

承议郎通判广德军史茂卿墓：在上水寿宁寺侧。配孟氏赠安人继杨氏（宁宗慈献皇太后侄孙女）特封荣。

朝请郎知贺州史齐卿墓：在上水北岙报国寺侧。配张氏、钱氏，并封宜人。

朝请大夫通判处州史显卿墓：在北岙。配惠氏封宜人。

朝议大夫知衡州史长卿墓：在潘家岙。配王氏封恭人。

承事郎特除直秘阁浙西安抚使干办公事史尧卿墓：在下水西岙。配陈氏。

朝奉郎京局粮科院干办（进士）史舜卿墓：在下水罘罳山。配赵氏，封安人。

奉直大夫监枢密院详检诸房公事（进士）史周卿墓：在翔凤乡黄泥岙。配赵氏，范氏并封令人。

朝议郎大社令通判徽州（进士）史唐卿墓：在下水李家潭。配郡主，赵氏子昂妹，封孺人。

承奉郎史昭卿墓：在八位山。配金氏。

宣议郎太府寺丞镇江通判史吉卿墓：在上水金家岙。配孙氏，封安人。王应麟撰墓志。

承事郎史嘉卿墓：在下水金家岙。配潘氏，赠齐国夫人葬大慈东太清宫。

史韦卿墓：在金家岙。配陶氏，袁桷撰墓志。

承事郎两浙准备差遣史熹卿墓：在金家岙寿山。配陈氏。

朝奉大夫知南恩州史森卿墓：在钱堰沧州府山背。配郡主赵氏。

承务郎温州永嘉县尹史椠卿墓：在阳堂乡宝华山，世忠寺东侧。配郡主赵氏。子收孙撰圹志。

文林郎（进士）史世卿墓：在下水南麓。配杨氏。

承节郎史晋卿墓：在东吴华家山。配赵氏。

承奉郎金书常德府判官（进士）史瑚卿墓：在天童石沧岙。配冯氏，封安人。

宣教郎知临平镇史鳞卿墓：在辩利寺左。配卢氏。

将仕郎史景卿墓：在文靖公墓左杨家井旁。配张氏。

从仕郎史仪卿墓：在华家岙。配郑氏。

从仕郎乐清县尹史普卿墓：在华家岙。配赵氏，封令人。

江阴军学教授，景陵尉（进士）史蒙卿墓：在阳堂乡穆公岭之原，建友于庵。配陆氏，赠安人，袁桷撰墓志。

文林郎鄂州司户参军遂安县丞史芳卿墓：在佛陇寺山之原。配刘氏继谢氏。

承事郎赠秘书郎史莘卿墓：在项家岙山。配孙氏，封宜人。

文林郎史锡卿墓：在翔凤乡塔岭建积庆庵。配朱氏。

文林郎监淮南总所籴场史仁孙墓：在祥符寺侧。配朱氏。

扬州司理（善书大字）史徽孙墓：在越王墓侧。配郭氏。

新恩知州（绿野岙宗支）（进士）史纪孙墓：在下水西坞八位山。配金氏

承奉郎史辰孙墓：在阳堂乡郭岙。配赵氏。

德清县税务提领史文孙墓：在世忠寺外马龙岙。配胡氏。

将仕郎（子为省岙，下庄宗支）史综伯墓：在文靖公墓左。配赵氏。

工篆兼写山水竹石史塾孙墓：危素撰墓志。配杨氏。

仁和县尹（进士）史孙墓：在龙山尖。配孙氏。

直秘阁广东提刑徐子寅墓：在翔凤乡隐学山。

赠少师礼部侍郎谥宪敏高闶墓：在青山。墓入防护录。

赠通议大夫袁文墓：在阳堂乡穆岭之原，子燮撰墓表。

赠直华文阁通判舒州谥端宪沈焕墓：在翔凤乡象坎山龙尾，周必大撰墓碣文。清全祖望有诗，见本志文献编。

学士谥正献袁燮墓：在阳堂乡穆公岭，长子乔撰圹志，杨简撰墓志神道碑。载入《防护录》。

枢密院签书谥清敏陈卓墓：在青山。

赠太师鲁国公郑若冲墓：在东湖梦溪。

著作郎傅行简墓：在栗木塘。

兵部尚书兼吏部尚书谥正肃袁甫墓：在绿野岙。真德秀撰墓志。

乡进士舒衍墓：在丰乐乡栎斜，袁燮撰墓志。

武节大夫处州兵马铃辖袁任墓：在翔凤乡青山，袁甫撰墓志。

刑部尚书余天任墓：在青山，青雷寺后面山岙。

训武郎荆湖北路兵马都监顾义先墓：在翔凤乡青雷峰之原，燮撰墓志。

宣教郎饶州乐平县丞袁橪墓：在翔凤乡沧门里钟保岙，兄燮撰墓志。

梅逸隐君林泽墓：在青山祖父墓旁。

安抚使陈宁孙墓：在高伦岭。

提领朱元吉墓：在赤塘岙。

元

妙心居士韩君厔墓：在东湖盛峰山，刘仁本舒庄为著铭诗，大书勒诸隧道。

海盐州学教授袁裒墓：在阳堂乡绿野岙正肃茔旁十步，袁桷撰墓表。

赠礼部员外郎叶逊墓：在翔凤乡青山之原，王祎之撰墓铭。

赠中奉大夫江浙行中书省参知政事翰林侍讲学士谥文清袁桷墓：在翔凤乡上水庆远岙，苏天爵撰墓志。也又说在横山。元柳贯有诗，见本志文献编。

赠承事郎同知奉化州事袁瓘墓：在钱湖黄夹岙。清全祖望有诗，见本志文献编。

征君吴志淳墓：在东钱湖上。

明

秦府教授郑本忠墓：在福泉山东北洋山岙。

兵部尚书谥忠襄金忠墓：在象坎山晒径坪，杨士奇撰墓志。墓道牌楼已毁，墓碑墓穴完好，已被鄞县人民政府列为县级重点文保单位。

征士安节先生纪宗德墓：在十都钱家岙牛脊山。

白云先生金华墓：在象坎山晒经坪。墓在金忠墓右侧，此地皆是金氏祖墓集中地。

宾州知州俞得儒墓：在阳堂乡万金湖玉印山，黄润玉撰墓志。

长芦都转运使金达墓：在范家山先茔之次，魏骥撰墓志。

颐庵处士包甸墓：老界乡先茔之左，黄润玉撰墓志。

布政使丰庆墓：在钱湖南钻天凤。

明威将军包浩墓：在上水横街慈云岭侧，李廷学撰墓志。浩字民化，号东园，冠带官，正德四年（1509）应诏，加官定海卫指挥金事，封明威将军，以次子朴贵赠广西都司都事。此墓已报政府将出资重修，在南宋石刻公园内。

右都御史戴鳌墓：在鹿山。村名下王，墓入防护录。张时彻撰墓志。20世纪

60年代建高钱公社下王筷厂时拆除，已无踪。

赠太保建极殿大学士户部尚书谥文敏余有丁墓：在东湖隐学山，许国撰墓志后迁南郊之冯家湾，赐祭葬。此墓穴已无，牌楼已毁，华表尚在，尚有站立文臣两件，倒石马一件，石虎完好一件，碑刻两件，立有浙江省人民政府颁立的全国重点文保单位石碑一块。

南京广洋卫经历包大中墓：在梅湖父茔，张时彻撰墓志。清李承列有诗，见本志文献编。

赠太子太保兵部尚书凤阳府推官李生威墓：在赤塘岙，子德先升祔。清李承烈有诗，见本志文献编。

赠光禄寺卿监察御史吴吴礼嘉墓：在栗树塘。

顺天教授纪光祖墓：在东钱湖钱家岙之阳，董其昌撰墓志。

赠太保兵部侍郎谥忠义李枟墓：在丁湾。

苏州府同知周应浙墓：在东钱湖黄家岙山，应浙自撰生圹记。

宁国知府钱敬忠墓：在钱湖之青山，全祖望撰神道碑。

开州知州谥节愍黄嘉隽墓：在陈野岙。

寒灰道人钱光绣墓：在高钱山之阳，全祖望撰，钱征君述。

工部司务傅奇遇墓：在东山头。

霜皋先生徐凤垣墓：在顿岙，林时跃撰墓志。

蓉镜重生傅攀龙墓：在唐家湾。

清

怀远将军倪士奇墓：在高钱山之阳。

墨云先生董允霱墓：在梅湖栗树塘之尹岙，全祖望撰墓志。

临江知府李昌昱墓：在赤塘岙。

举人郑圣飏墓：在姚村之原。

举人袁世恒墓：在恋屿山之麓，徐时栋撰墓碣。

清处士忻延寿墓：在钱湖东北珠山湾之麓，配袁氏，高振霄撰墓表，子锦崖墓附焉。

民国

姜炳生墓：民国十八年（1929）造，在下水东山庵跟。庄园式墓，有亭，有池，有墓庄。今尚在，墓穴被盗，撰生圹记。

曹赤镗墓：民国二十二年（1933）造，在下水茶亭跟旱地上。20世纪70年代平整土地，被绿野峜农民拆除。

曹赤铭墓：民国二十二年（1933）造，同曹赤镗并列之墓，同时被拆除。

洪宸笙墓：宁波实业家洪宸笙于民国三十五年（1946）建于陶公山徐家岙（建设村）。

现代

现代书法泰斗沙孟海墓：在万柳园后山，庭园式墓区，1992年鄞县人民政府出资建造，有翰墨亭，天书。占地面积约50米×70米，约3500平方米。

原中共浙江省委副书记浙江省省长沙文汉墓：在万柳园后山，同其兄沙孟海同一墓区。沙文求、沙文斌、沙文度三人衣冠墓穴同在此墓区。夫人陈修良，曾任中共南京市委书记。

著名企业家港胞王宽诚墓：在万金公墓，墓区气派豪华，宽阔墓道，亭子。建于20世纪90年代。

工人作家胡万春墓：在钱湖公墓，是20世纪60年代著名的工人作家。

第三十二章 古村老街
DiSanShiErZhang GuCunLaoJie

第一节 古 村

莫枝堰：唐开发东钱湖时在筑坝时，有许多木褚树，以木褚称为堰名，叫木褚堰，后来写为莫枝堰。莫枝村居沿中塘河起头东西两边分居，东经121°37′，北纬29°47′。横跨中塘河有八字桥和小木桥。东街上是师姑山，西街上是庙陇山。附近有"白石仙枰"、"芦汀宿雁"、"小八达岭长城"、湖滨公园、月荫亭，及岳鄂王庙、太山庙、胡墅庙、白石庙，还有小灵峰、平峨寺、基督教堂、沙孟海书学院、旅游学校（前身是志芳学校和鄞县七中）、钱湖医院（前身是普益医院）。在民国二十四年（1935）之前，这里没有乡、镇名称。民国二十四年（1935），国民政府设莫枝堰镇，管辖21个村落。师姑山麓是莫枝村驻地，莫枝北路1号是东钱湖镇驻地，现为东钱湖区域的政治、经济和文化中心。

师姑山：在莫枝堰东向北，距镇政府南偏东1.5千米，东经121°47′，北纬29°47′。以背山师姑山山名为村落名，背山面湖，带状地块，到殷家湾的渔源路口。是莫枝村的驻地，现有448户，1081人（2004年数据）。

殷家湾：根据史料记载，殷家湾是姓殷人家先居，在平满山下，东经121°38′，北纬29°47′，东钱湖上一湾，称为殷家湾，呈带状形的村落随着时代的发展，于明洪武（1368~1398）年间从郑姓河南荥阳迁入居住，殷姓人家逐步减少和外迁，整个村落现以郑、项、孙为主姓。这里有"殷湾渔火"景点，有"九进十明堂"的郑氏宗祠，南宋丞相郑清之及其父郑若冲是此地人。有文昌殿、居士林，有廿四间、万里里、祥兴里老宅，是殷湾村的驻地，现有人口408户，1006人（2004年数据）。

赤塘岙：距镇政府东偏西2千米，以塘岙命名，属殷湾村，临湖而居，百姓外迁，岙中有小天王寺，已圮，现为东钱湖管理所。

青山村：距镇政府东偏南2千米，以青山命名，东经121°39′，北纬29°48′。在青雷山岙口，临湖而居。叶姓人家宋时从福建迁居到青山定居，因此主姓叶。宋叶恒是青山人，封仁功侯。百姓在余姚建永泽庙祭祀。2009年青山村落被拆，消失。青山茗湖山庄为东钱湖旅游度假区管委会驻地。

庙弄：距镇政府东偏南3千米，东经121°39′，北纬29°47′。庙弄村驻地，现有84户，202人（2004年数据），主姓曹。元时由曹家山头曹姓分居此地。村中心有上塔山庙，民房建在庙的东西二旁，庙前无民房，从湖上望去像一条弄堂，故称庙弄。

陈野岙：距镇政府东偏南4千米，背山面东钱湖。陈野村驻地，1964年夏，因部队基地建设需要，移至前堰头。岙在村消失。

擂鼓山：距镇政府东偏南4千米，背山面东钱湖。属陈野村，1964年夏同陈野岙一样，迁入前堰头，山在村消失。

前堰头：又名钱堰头，距镇政府东4千米，是前堰头村驻地，东经121°40′，北纬29°47′。现有609户，1364人（2004数据），以史为主姓。南宋中叶下水史氏后裔在此定居。村因建在钱堰旁而得名。钱堰以其堰之利重而命名。在湖周诸堰中该堰建得最早，故也称前堰头。该村落近外湖与梅湖交界处。有五里塘，有"双虹落彩"、"余相书楼"景点。堰的旁边有万灵庙和古香樟群，南边是部队基地，有"宝陀洞天"和"名山洞府"古迹。

姜郎湾：距镇政府东5千米，背山面梅湖，原属姜郎村。2003年9月，为建造雅戈尔动物园，整村拆迁，百姓移居钱湖人家，村落消失。

纪家庄：距镇政府南10千米，属下水西村，原是纪姓坟庄，人口繁衍成村。1958年划给镇鸭场，1960年划给梅湖农场，到20世纪70年代还是畜牧场。2010年遂改造成为湖山宾馆，名"纪家庄"，2011年8月开业迎客。

下水：距镇政府东偏南9.5千米，东经121°41′，北纬29°46′。福泉山为源的三溪汇入注东钱湖，故称为下水，文人称雅水。1949年5月以东西向街为界分东村和西村。西村主姓史。北宋1045年左右，四明史氏第二代自江苏溧阳至嘉兴再迁慈溪再迁至东钱湖畔下水，号称"一门三宰相、四世二封王"。在南宋152年中，史氏执掌朝政近60年左右。东村主姓蔡，由山东经苏州，迁至下水定居。还有王、陈之姓。下水历史名人有史简、叶太君、史诏、史浩，史氏前后九代在下水林染桥（大桥头）繁衍。古迹众多，有叶氏太君墓道、史弥远墓道、忠应庙，保存完好，已列为全国和县级文保单位。西村现有462户，1100人，东村现有403户，1043人（2004数据），分为二村管辖。

官驿河头：在下水湖边，主姓董，南宋时从董家跳迁入定居。因南宋史氏望族都叶落归根在下水，大慈有墓地，此地为船只停泊之地，建有驿亭，百姓称官驿河头，属下水西村。

西岙：距镇政府南偏东10千米，俗称上庄，属下水西村。20世纪70年代庄屋倒坍，住户外迁。近期猪舍、鸡舍已建。

沈岭岙：在下水沈岭脚下，传说在北宋时期，北方沈姓迁入定居，并合力筑一条去东吴的山岭，名为沈岭，今尚存。岙称沈岭岙。清中叶陈姓又从旧宅迁入定居，属下水东村管辖。今称新岭岙。

绿野岙：距镇政府东南11千米，下水进去2.5千米，东经121°43′，北纬29°46′。为绿野村驻地，现有394户，985人（2004数据）。山村自黄菊岙岭下向南至村口，一边溪坑一边村。主姓史，北宋徽宗政和年间，史惟则带子从江苏溧阳到嘉兴，史成带简再转慈溪到东钱湖下水定居，史曰"父成，濒湖而居"。成为宋代的四明望族。南宋丞相史浩之子史弥忠号绿野，以其号为地名。此村旁有四明史氏第四代八行公史诏墓道，已被列为全国文保单位。有灵佑庙、射猎殿、婆罗庙。绿野水库之下有一株近千年的古银杏，已被列为县级保护树木。

洋山岙：距镇政府东偏南13千米，下水进去5千米，东经121°44′，北纬29°45′。洋山村驻地，现有256户，667人（2004年数据）。北宋时有杨姓在此定居，又在山岙之中，称杨山岙。南宋时，俞姓从下水迁入，发展为主姓，遂改为洋山岙。在大嵩岭岭北，有古老的洞桥，村屋后大香樟树群休闲小公园，以及五代时建造的延寿王寺。

大慈：在下水大慈岙底，南宋史弥远母安葬于此，因以大慈为名。原大慈禅寺火毁之后，成废寺，外地（余姚、黄岩）人迁入，1958年为福泉山农牧场，现为福泉山茶场，有大慈禅寺、史弥远墓道，已被列为全国文保单位。

沙家山：距镇政府南偏东7.5千米，东经121°42′，北纬29°43′。背山面东钱湖。2004年为建造东钱湖管委会宾馆，村民外迁到钱湖人家及附近村落。破旧房屋拆除，保留有价值的老房子，建成沙山宾馆。

鸡山：距镇政府南偏东10.5千米，在上水向西的湖畔，现有104户，288人。主姓陈，宋时从奉化迁入定居，后山为鸡形，名鸡山，以山名为名。属上水村，2011

年全村拆迁，村落消失。

上水：距镇政府南偏东10.5千米，东经121°40′，北纬29°44′。上水村驻地，现有425户，941人。主姓钱，明中叶从塘溪迁居而来。村中有一只古井，根据《东钱湖志》记载，古井涌上泉水，称逆水而上，即上水。故村以"上水"为名。下庄有石刻公园。该村2011年全村拆迁，村落消失。

范岙：距镇政府南偏东10千米，村民都姓郭，50年代外迁马山和上水，现在建设东钱湖温泉酒店，景区称马山湿地。

马山：距镇政府南偏东10千米，东经121°39′，北纬29°44′。马山村驻地，现有161户，359人。村民主姓周，明时从望春藕缆桥迁来定居，村旁有山，形如马头，名马山，故村名马山。该村于2009年，整村拆迁。马山村落消失。

韩岭：距镇政府南10千米，东经121°39′，北纬29°44′。是韩岭村驻地，现有668户，1693人（2004年数据）。村以岭得名。聚落沿着两山形成的夹角由南向北呈喇叭形展开，北临东钱湖，姓氏众多，有金、孙、郑、孔、赵、陆、聚、施、郭，周.其余姓氏都属"聚姓会"。南宋时期（1127～1162）郑氏由宁波迁入定居，元至正年间（1341～1367）孙姓由河北保定府清苑县迁入定居。明初金氏从姚江迁入定居。该三姓为韩岭大族。韩岭是鄞东著名古村，名胜古迹众多，有裴君庙、花桐殿、上庵、下庵、十方云南寺、小沙井、广济亭、庙沟后牌楼、郑氏大夫第等。明兵部尚书金忠及其兄金华白云先生是韩岭人。中国第一位女留学生金雅妹是韩岭人（《鄞县志》记载：金雅妹是鄞县梅墟人）。浙东卷烟厂创始人金吟笙是韩岭人。此地可称得上"人杰地灵"。2005年被列入为宁波市首批市级历史文化名村。

金斗房：距镇政府南9千米，属象坎村。1998年为建造启新高尔夫球场，村民移至象坎和韩岭，村落拆迁，消失。

象坎：距镇政府南偏东10千米，东经121°38′，北纬29°44′。象坎村驻地，现有268户，623人（2004年数据），主姓徐，宋时从丽水来此定居，村落东靠象鼻山，山麓呈台阶形状，俗称坎，故名象坎。村中有裴君庙，村后钱湖公墓和万金公墓，村东有高尔夫球场。

西山下：距镇政府南7千米，百步耸翠之麓，原属茶亭村，临东钱湖之水。2003年春，为建造环湖南路公路绿化带，整村拆迁，移至钱湖人家。村落消失。

茶亭下：距镇政府南7千米，是茶亭村驻地，原有歇肩乘凉茶亭，1959年造公路拆除，村以茶亭为名。在晒经坪山麓，村落东有镜中寺。2003年春，为建造环湖南路公路绿化带，整村拆迁，移至钱湖人家，开发房地产，村落消失。

寨基：距镇政府东9.4千米，主姓任，清中期横溪上任姓迁入。据传，明朝时，为防倭寇，在此和百步山一带扎营驻军，这里为营寨基地（据传在太平天国时，忠王李秀成在东钱湖训练水兵时，也扎营于此地），遂称寨基。属郭家峙村。寨基之内是青瓷窑之址的遗址，有龙窑和馒头窑计11座，已被回填保护。

郭家峙：距镇政府南偏西9千米，东经121°38′，北纬29°45′。郭家峙驻地，现有509户，1188人（2004年数据），沿湖而居。明朝中期，郭氏从郭洞岙迁此定居，地处东钱湖畔，有隐学山伸向湖中的山脚，俗称峙头，遂名此地为郭家峙。明末时徐姓从横溪禄广桥迁入，发展成为主姓。这里有裴君庙、贺公祠、龙公殿、祇园寺，祇园寺内有于右任书写的"松声琴韵"之碑，又有海军412医院、"八一"划船队基地等。

高湫堰：距镇政府南4千米，属大堰村，为建造柏悦大酒店，2004年8月与大堰头同时拆迁，村民移至隐学山庄居住，原村落消失。有迎旭禅寺。

大堰头：距镇政府南4千米，东经121°39′，北纬29°46′。大堰村驻地，陶公山南边，多以捕鱼为生，村落里遗存大批古宅、祠堂、庙宇、古街，逶迤绵延，长2千米之余，沿湖步行，山村水廓，烟波渔舟，如入山阴道中。大堰的堰名，为村落之名，主姓戴，元至正十三年（1353）从鄞西桃源乡迁入定居。背山面湖，座西北朝东南，是钱湖上最佳的地理位置。现存石堰长12米，阔10米，坝高6米，是蓄水防洪之水利工程。堰坝一侧的岩基矸闸勒石表明，明洪武二十七年（1394）工部监生郑彦藩采石建闸。为了建造柏悦大酒店，2004年6月11日东钱湖拆迁办公室发文规定，对大堰头三个自然村，即大堰头、周家和毛竹园下于2004年8月开始全部拆除，有651年历史的古村落消失，村民移至隐学山庄等新村居住。

周家：距镇政府南偏东4千米，东经121°38′，北纬29°46′属大堰头村。为建造柏悦大酒店在2004年8月同大堰头同时被拆，移至钱湖人家或隐学山庄，村落消失。

毛竹园下：距镇政府南偏东4千米，属大堰村。为建造柏悦大酒店在2004年8月同大堰头同时被拆，移至钱湖人家和隐学山庄，村落消失。

王家：又名建设，距镇政府东南4.5千米，东经121°38′，北纬29°46′。为建设村驻地，现有313户，737人（2004年数据）。背陶公山，面临东钱湖，沿湖而居，据传明时有王、余、朱、方诸姓来此,以避战乱兵突,相继定居,故村又有王家、余家、朱家、方家等小地名。附近有裴君庙。"建设"是1956年建立高级农业合作社时取名。

陶公山：距镇政府南偏东4.5千米,东经121°38′,北纬29°46′。是陶公村驻地,现有423户,1572人（2004年数据）,据传说：越国大夫范蠡,功成身退,为避勾践偕西施隐居伏牛山麓（民国《鄞县通志》称龙虎山）,自改名陶朱公。为追念其兴越之功,把伏牛山改称陶公山。该村主姓忻,村落背山湖面,沿湖而居,明时从福建南安迁至定海,后又迁至陶公山定居。村口建有南安桥,桥名由高振霄书。这里既有胡桀的划船殿,又有通向霞屿寺的"湖心八景"：钱堤烟波、清风桂香、澄湖明月、山僧呼舶、柳拂松岛、陶公钓矶（新）、眠牛山市、万金渔舟。还有重建的忻氏宗祠等名胜风景。2014年7月被列为为宁波市第二批历史文化名村。

曹家山头：又称曹家,距镇政府东偏北4.6千米,东经121°36′,北纬29°46′。现是利民村驻地,该村现有596户,1490人（2004年数据）。曹家山头主姓曹。据传是元时从曹隘迁来定居,该村南连忻家（部分）,北偏西连史家湾、薛家山,沿湖而居。曹家山头有陶公钓矶、济众亭等古迹。

史家湾：在曹家山头沿湖之西,属利民村,传说是元初由下水史家迁移而居。又因地处湖之一湾,主姓史,故名史家湾。

薛家山：在史家湾以西,筑居面湖背山,背有座小山,传说是薛家居山而筑,遂名薛家山。明后忻氏迁入此地,发展为主姓,属利民村。村前有一蚌壳山,形似复盖的河蚌壳,故名蚌壳山。有蚌仙听涛的传说。

湖塘下：距镇政府西偏南2千米,东经121°37′,北纬29°46′。因地处东钱湖方家湖塘之下,故名湖塘下。叶姓明时从山东郭山迁居来此定居,现称湖塘村,是村驻地。现有675户,1592人（2004年数据）。2010年,整村拆迁,村落消失。

横街：距镇政府南偏东11.5千米,东经121°41′,北纬29°44′。横街村驻地,现有404户,1047人（2004年数据）。主姓史,次姓毕、谢、赵等。明嘉靖（1522~1566）年间从西乡青石桥迁来。村中有一条东西走向大道,供村民集市之用,称为横街。此村有"上林晓钟"景点遗址。上有龙潭水库,1960年10月2日被大水倒毁,毁房数百间,死亡48人。笔者亲眼见过。村附近金夹岙的吉祥安乐山是史氏第五代、六代、七代的归宿之地,有大批遗迹和文物。

赵家：距镇政府南偏东11.5千米，原属横街村，20世纪80年代，迁入横街，此址上建敬老院。

俞塘：距镇政府南偏西12.8千米，东经121°39′，北纬29°42′。在韩岭进东过泗水亭右弯进去山村，东经121°39′，北纬29°42′。俞塘村驻地，现有512户，人口1415人（2004数据）。主姓俞，明永乐年间（1403～1424），从下水洋山岙迁此定居，因附近有溪、塘，遂命为俞塘，俗称俞家塘岙。这里有著名的俞家塘岙裴君庙，是鄞东保存最完整的一座古庙。建议列入县级文保单位。

汤家山头：主姓汤，明时从华山李家耷迁来，据传最早为唐时汤姓，建房于山头，故名汤家山头，是一个很小的山村，属俞塘村。

杨家：距镇政府南偏西18千米，东经121°38′，北纬29°22′。城杨村驻地，过韩岭泗水亭右转弯的山村，现有174户，469人（2004年数据），主姓杨。明代中叶由塘溪迁入定居，以姓为村名。此村上山有白云禅寺，为日本禅宗圆觉寺派祖庭，下有亭溪，溪上有永安桥，溪西有亭溪岭，村后为百步尖，上有古城堡，为太平军扎营基地。村旁裴君庙附近有一株北宋时种植的古银杏树，胸径近1.5米，已列入鄞州古木保护范围。

陈家岙：杨家岙溪之岙中。主姓俞，清时从横溪梅岭迁入定居。明时陈姓最早居此，地处山岙之中，故名陈家岙。现有172户，463人（2004数据）。属城杨村。

郑隘：距镇政府西偏南1.8千米，东经121°37′，北纬29°37′。以郑姓为主，根据史料记载，明洪武年间（1368～1398）从河南荥阳迁居到殷家湾，以后分族来此，其定居地是往南乡的隘口，故名郑隘。是郑隘村驻地，现有245户，552人。有捭竹庙，及其他古桥古迹。

方边：又名方边戴家，清初有方姓和边姓分别从宁波和姜山迁来，以两姓定名"方边"。清中叶，大堰头戴家有人迁入定居，故称方边戴家。该村落已于2004年全拆，建成钱湖景苑，地名和公交站名称方边。

沙家垫：又名李家，据传宋时有沙姓在此定居，因该地地势低，遂称沙家垫，东经121°37′，北纬29°48′。在中塘河之东，距莫枝堰2.5千米。明时有李氏分族到此定居。（《鄞州地名志》）后沙氏迁居至塘头街梅溪，即沙孟海先生的故居地，沙孟海先生生前曾说"我的祖籍是在沙家垫"。实业家李志芳，李达三是该村落人。沙家垫村驻地，有人口503户，1225人（2004年数据）。

前五港：在沙家垫隔中塘河的村落，地处在五条河流叉口汇合处，称五港，为与邻村有别，故称前五港。主姓励，于清时迁入定居，何处来失考。后五港亦同姓励。两五港基本相同，同属沙家垫村。

邵家弄：距东钱湖镇西偏北3千米，与下应交界，靠近鄞县大道，宋时邵姓首居，以姓名地。明时祖籍山东福山县和朱姓入住发迹，发展成为主姓，属沙家垫村。

黄隘：距镇政府北偏西3千米不到。东经121°37′，北纬29°48′。宋时，有黄姓从下应迁来定居，因地处莫枝、下应之间的交通要冲，故称黄隘。明时又有叶姓，从叶公山迁入定居，发展为主姓，黄隘村驻地。现有149户，309人（2004年数据）。

谢家墓：在黄隘南边，已被跑马场拆迁，属黄隘村。在采访中据传因该地原有谢家大墓，又有坟庄，村落遂名谢家墓，村落消失。

撺竹庙跟王家：距镇政府西偏南2千米。东经121°38′，北纬29°47′。主姓王，明时从甲村迁来定居在撺竹庙跟，为有别于其他王家，所以加撺竹庙跟王家。这里有撺竹庙，祀胡絜。清时葛姓从宁海迁来，原成一村落，称葛家二村落合二为一，合作化时高级社社名为光辉，象征前程光辉灿烂。今是光辉村驻地，人口380户，733人（2004年数据）。2005年整村拆迁，迁成钱湖丽园。

范家漕：距镇政府西偏南2千米，主姓高，祖籍山东胶州高密县。宋时从建康句容县迁至宁波西乡。清时又分迁于此，该地最早居者姓范，地处河槽边，故称范家漕。属光辉村，2005年被迁拆，村落消失。

舒江岸：距镇政府东偏北2.5千米，东经121°38′，北纬29°48′。村旁有条河流称舒江，故名舒江岸。合作化时建为红舒社。主姓戎。宋时从河南迁苏州，后从苏州分族来舒江岸定居。有天福禅寺，原称观音庵。现为红舒村驻地，现有347户，772人（2004年数据）、2004年部分拆迁，建钱湖人家新村，为红舒村驻地。

林家：距镇政府北1千米，东经121°37′，北纬29°48′。为红林村驻地，现有367户，人口850人（2004年数据）。红色代表革命，红林是"红色"的林家。主姓林，祖籍福建莆田，宋时迁至鄞县，明时分居来此。

长漕：距镇政府北1千米，主姓曹。宋时迁至潘火桥曹隘，后分支来此定居，因村旁有个较长的河漕，故名长漕。属红林村。

上杨：距镇政府北1千米，最早姓杨，从横溪来此定居发族。其分支分居三村，即上杨、中杨、下杨。后因中、下杨火灾外迁，上杨也因外姓迁入增多，于是把上杨改为上洋。莫枝北路的上杨桥还是称"上杨"。属红林村。

下王：距镇政府北偏东6千米，东经121°49′，北纬29°49′。为下王村驻地，现有324户，716人（2004年数据）。宋时王姓来此定居，何处而来失考。分上王和下王，上王因遭火灾消失。元时，陈姓又从福建迁来下王定居，发展为主姓。

鹿山头：距镇政府北偏东6千米，近下王边，主姓陈。元时在福建迁居来此，村因在鹿山之下，故名鹿山头，属旧宅村。

旧宅：距镇政府东偏北5千米，旧宅村驻地，东经121°49′，北纬29°49′。现有212户，479人（2004年数据）。主姓陈，宋末元初从福建迁来定居，多以捕鱼为业，其时因生活困难，住在破旧弃屋，成为旧宅，久成村名。

高钱：距镇政府东偏北4千米，东经121°39′，北纬29°48′。为高钱村驻地，现有785户，1856人（2004年数据）。主姓钱，宋时钱坝，从河南开封迁此定居，与高友文谈论经史，成为知己，两姓合而为地名"高钱"。又传钱氏从河南迁至下水，后宋时史氏发迹，钱氏遂迁于此地，同高友文结为好友，此地称高钱。高钱有青雷寺、清泰庵、高闵井、东亭庙、西亭庙。2006年起，开始拆迁，移至清泉山庄高钱新村。

康家耷：距镇政府北偏东3千米，东经121°38′，北纬29°48′。为耷河村驻地，现有404户，985人（2004年数据），以康姓为主，南宋时从河南扶沟迁此定居，因地处河旁高地故名康家耷。

山下河：又名山下何，属耷河村，同康家耷邻近，主姓何。宋时从西乡望春迁入定居，旁有平峨山，山下有河，故名山下河，又称山下何。2009年起，已拆迁。村落消失。

章隘：距镇政府北偏东5千米，东经121°39′，北纬29°49′。是章隘村驻地，现有196户，487人（2004年数据）。主姓章，明时从福建（家谱载"新昌"）迁来定居，地处去邱隘要道，故名章隘。

方桥：距镇政府北偏东5千米，东经121°39′，北纬29°48′。为方水村驻地，现有293户，709人（2004年数据）。主姓毕，南宋时山东战乱逃难来此定居，以村旁古石桥"方桥"为村名。有祀鲍英烈王的青山大庙。

水门漕：属方桥村，主姓陈，元时从旧宅分支来此定居，旁有河漕名水门漕，遂以此为名。

梅湖：又名青山，距镇政府东偏北5千米，东经121°40′，北纬29°48′。梅湖村驻地，有224户，503人（2004年数据）。附近有梅湖碶而得名，主姓余，明时从象山迁来定居，东邻梅湖农场，南为雅戈尔动物园。

第二节　老街

韩岭老街：在韩岭，上起韩岭龙门桥头，下至下步滩湖滨，全长600米，宽5米，路面都用鹅卵石铺砌，三排齐列，两边店铺二层砖木结构。内外柜台排门装置，排列整齐。始于南宋初期，历宋、元、明、清、民国至1950年，迭次兴旺。有固定店铺120余家，可归类为：南北果品、糕点茶叶、家禽肉铺、鲜咸水产、酒酱油醋、山货土产、嵌镶木器、绸布广货、中西医药、打铁农具、五金杂货、建材贳器、饭店客栈、棕棚弹花、箍桶小木、理发照相、钟表染坊、竹木薪炭、烟厂酒坊、酱园茶坊、邮政报纸。有"小宁波"之称，衰退于1950年工商业生产关系调整之后。

大堰老街：是由里村、外村的两条横路，即上横路和下横路串连十几条巷、弄组组成了集镇街道，沿街房屋呈连排店铺，下横路为中心长街，冠名为大同街，有店铺50余家，农历四、九为集市，较大的两条弄为文治路和武备路，直街左右有弄，有袁家弄、陈家弄、许家弄、唐家弄、祠堂弄、鸭厩弄、穿堂弄、大房弄、毅房弄等等。沿街铺店的有排门式、双扇门式、单门框台式……从街面店铺，有肉店、米店、烟酒店、百杂店、打铁店、绸布店、广货店、理发店等等。在1935年，大堰头作为乡驻地，大同街编列搪瓷蓝底白字门牌，古街长达2千米有余。2004年被拆毁。

第三节　大宅（老宅）院

郑氏繁懋：位于韩岭后街裴君庙跟，坐东朝西，初建于清咸丰年间，宽檐木柱石础，大墙门开在西面的大墙正中，正屋三间，中设客堂间，北边五间厢房，檐下有侧门通墙外大路；南边六间厢房，皆为木结构大屋，前院宽敞，后院狭长墙外即为韩岭庙后山，前后院铺红石板。宅院东西宽25米，南北长30米，楼高6米。业主为精通六国语言的上海滩名人郑晋卿，目前各姓混居，已显陈旧，保存尚完整。

郑氏荥阳小筑：即天源米行的宅院，位于韩岭后街鉴湖桥东，坐东朝西，隔河即为韩岭航船埠头，建于民国年间，宽檐木柱石础，硬山结构，两间楼房，院子几成90度扇形，内有花坛，西面大墙中部开设大墙门，宽檐下北面山墙处有侧门，宅院四周皆可走路。具有"民国江南别墅"的特色宅院东西宽14米，南北长11米，楼高6米。业主为天源米行的郑美俊，目前其后裔居住，已显陈旧，保存尚完整。

中国韩岭烟厂：宁波大红鹰卷烟厂前身，位于韩岭下步滩，坐西朝东，建于民国初年，宽檐木柱石础，硬山结构，三间楼房，北有厢房一间，院内铺红石板，内有花坛，东面大墙南端呈环形，开设大墙门，门外即为韩岭航船埠头。宅院东西宽13米，南北长13米，楼高5米。业主为买办金吟笙，目前其后裔居住，已显陈旧，保存尚完整。

邹家墙门：位于韩岭后街柴场跟，坐东朝西，初建于清同治年间，宽檐木柱石础，大墙门开在西北角大墙上，由三级石阶进去，有门厅，正屋为五间楼房，中设堂檐间。北侧有厢房一间，大墙门的门厅一间，皆系平屋，院内铺精致鹅卵石。宅院东西宽16米，南北长19米，楼高5米。业主初为邹氏，目前董氏居住，比较陈旧，保存尚完整。

金氏六房之良房：位于韩岭后街柴场与赵家弄之间，坐东朝西，初建于清末民初，宽檐木柱石础，大墙门开在西面的大墙正中，大墙门直冲正屋的中央间，这样的建筑格局向来是民居的大忌，体现了改良主义的思想。正屋五间两弄，中设客堂间，檐下朝北有内墙门通向孔氏大宅院，北边、南边各有两间厢房，皆为木结构大屋，前院宽敞，后院狭长墙外即为后街大路，前后院铺红石板。宅院东西宽25米，南北长25米，楼高6米。业主为金忠后裔，目前各姓混居，已显陈旧，保存尚完整。

孔氏当店：位于韩岭后街柴场中段，紧靠金氏良房，建于民国初期，中西合璧结构，南北平行两排各三间楼房，西侧有厢房一间，楼上有回廊栏杆，宽檐下朝西开设墙门，通柴场，体现了西风东渐和民国时期的"当铺特色"。宅院东西宽12米，南北长22米，楼高5米。业主为孔复兴，目前各姓混居，已显陈旧，保存尚完整。

西山下人墙门：位于金氏良房西侧、孔氏当店南侧，坐北朝南，建于民国初年，中西合璧结构，有三间正屋，两侧各一间厢房，楼上有回廊栏杆，宽檐下朝东开设侧门，通当店弄，南侧大墙的东端开设有大墙门，门外为韩岭后街之赵家弄。宅院东西宽11米，南北长15米，楼高5米。业主不详，目前孙姓居住，已显陈旧，保存尚完整。

郑氏大夫第：位于韩岭后街郑家，由五进连通的大院组成，东西总长100米，南北最宽为50米，目前除了郑氏祖堂崇德堂北侧第二排的五间两弄大宅，于民国年间毁于火宅之外，另外四进，虽遭受破坏，但基本格局尚在。分列如下：

郑氏大夫第之主院：位于韩岭后街郑家，坐东朝西，建于清道光年间，宽檐木柱石础，房屋高大，结构考究，正屋为七间楼房，中设郑氏崇德堂分支郑竹房堂檐，内有体现"科举制度"文化的二十八张捷报单，北侧南侧各有两间厢房，皆为楼房，正对正屋的东面为一整排长廊，取名"道聚庭"，屋顶有"福禄寿"浮雕，体现了"官商合一"特色。北墙西端开设大墙门通向后街大路，道聚庭北侧开有内墙门联通新万丰，正屋宽檐下南侧有墙门通郑氏鉴湖学堂和老万丰酒坊。前院方正，后院狭长，铺有红石板。后院台阶上另有一个院落即为郑氏后仓屋。宅院东西宽28米，南北长28米，楼高7米。业主为清国学生郑明理、清太学生郑元成父子，目前各姓混居，已显陈旧，保存尚完整。

郑氏大夫第之账房：位于韩岭后街大街东侧，坐北朝南，建于清道光年间，宽檐木柱石础，大墙门开设在宽檐下，两间楼房，前后有院子，皆铺红石板。宅院东西宽7米，南北长14米，楼高6米。业主为郑清之后裔郑元成家族，目前属于拆迁户腾空的房屋，已显陈旧，保存尚完整。

郑氏大夫第之新万丰：位于韩岭后街郑家，坐东朝西，建于清咸丰年间，宽檐木柱石础，为三间一弄结构，北侧南侧各有回廊，房屋高大，结构考究，有体现建筑风水的"拼柱"结构，大墙门开设在北墙之西端，有门廊，体现了"官商合一"的特色，前后都有宽敞院子，皆铺红石板，西面有高大砖砌大墙，大墙中段，开有内墙门，通新万丰酒坊和郑氏账房，后院东面围墙北段廊下有内墙门通向郑氏大夫第主院。宅院东西宽22米，南北长16米，楼高7米。业主为清太学生郑元成第三子、清奉政大夫布政司郑忠堃，后归其长孙郑云亭，目前混居，已显陈旧，保存尚完整。

郑氏大夫第之后仓屋：位于韩岭后街郑家，坐东朝西，建于清道光年间，宽檐木柱石础，正屋为五间两弄楼房结构，有体现古代"粮仓防潮"的建筑特色北侧厢房，大墙门开设在北侧西端，有门廊，外有五级石阶，南侧大墙上开有内墙门通大夫第后院，木制大门上尚有"郑竹房"黑色大字可辨。前院宽敞，后院狭长，皆铺有红石板，后院墙外即为韩岭后街之沿山路，路东侧石阶上曾有郑氏家庵。宅院东西宽18米，南北长23米，楼高6米。业主为清太学生郑元成家族，目前各姓混居，已显陈旧，保存尚完整。

郑氏大夫第之鉴湖学堂：位于韩岭后街郑家，坐东朝西，建于清同治年间，原为大夫第荷花池，宽檐木柱石础，正屋为三间楼房结构，有独立院墙和墙门，有反映"屋脊斗檐"交叠的传统建筑特色。院内铺红石板，周围皆为郑竹房私家房屋，清末至民国开设私塾，取名鉴湖学堂。宅院东西宽15米，南北长12米，楼高6米。业主为清太学生郑元成家族，目前各姓混居，已显陈旧，保存尚完整。

金氏天生银楼：位于韩岭后街中段，坐北朝南，建于清末，内院三间正屋，东西各一间厢房，有反映清代"银楼票号"的建筑风格。院内铺红石板，南面有高大砖砌大墙。外廊为平屋，面东，正中为门厅，青石台阶七级，两边是橱窗式偏屋，大门外即是后街钥匙弯。宅院东西宽18米，南北长13米，楼高6米。业主为金忠后裔，清代至民国年间开设天生银楼，解放后各姓混居，目前有一位陆姓老妪留守，已显陈旧，保存尚完整。

金贵宏宅：位于韩岭后街中段，坐东朝西，建于清末民初，正屋为三间北面南面各有两间厢房，为皆两层楼房，西侧围墙的北端开设大墙门，有门厅，外有七级台阶，大门外即为后街，宅院东面、北面为后街溪流环绕。院子四方，铺有红石板。宅院东西宽20米，南北长20米，楼高6米。业主为金忠后裔金贵宏，20世纪50、60年代曾作为韩岭公社的办公场所，目前各姓混居，已显陈旧，保存尚完整。

橘子树下宅：位于韩岭后街小井埠头西侧，建于清末民初，坐北朝南，正屋为三间两层结构，东侧宽檐下开设墙门，出门即为小井埠头，北邻金贵宏宅。前院宽敞，后院狭长，皆铺有红石板。宅院东西宽12米，南北长15米，楼高6米。业主为待考，目前张姓居住，已显陈旧，保存尚完整。

橘子树下金波宅：位于韩岭后街小井埠头东侧，建于清末民初，坐北朝南，正屋为三间两层结构，西侧宽檐下开设墙门，出门即为小井埠头，北面山墙外郑家弄。有前院，铺红石板。宅院东西宽15米，南北长15米，楼高6米。业主为金波，目前金氏后裔居住，已显陈旧，保存尚完整。

花桐树下宅：位于韩岭后街金波宅东南侧，建于清末，正屋三间坐东朝西，前排为平屋，三开间，中设门厅，东向面朝正屋，出墙门有直道接后街溪上路。有院子，铺红石板。宅院东西宽21米，南北长16米，楼高6米。业主为待考，目前金氏、李姓共居，已显陈旧，保存尚完整。

金氏六房之安房：位于韩岭后街狮子岩下，坐北朝南，建于清咸丰年间，安房大宅隶属于金氏公懋建筑群，因规模独立故专称为安房。正屋为五间两弄结构，东西各有两间厢房，房屋高大，结构考究，体现了"望族巨富"特色。南面高大砖砌大墙，东西两端皆有泄洪门，通公懋大宅，平时此两门基本关闭，台风季节若遇洪水施虐，才作开启。院落宽敞，铺红石板，宽檐西侧开设大墙门，大门外为后街溪上路，宽檐东侧开有内墙门，通安房私家偏屋。宅院东西宽24米，南北长24米，楼高7米。业主为金忠后裔金廷祥，目前各姓混居，已显陈旧，保存尚完整。

金氏公懋：位于韩岭后街狮子岩下，坐北朝南，建于清道光年间，正屋为五间两弄结构，东西各有两间厢房，房屋高大，结构考究，南面高大砖砌大墙，前院方正，后院狭长，体现了"望族大户"特色。后墙之后即为金氏安房，因公懋子孙繁衍，后各自分房，因此两大宅院相接处通向安房的两道内门成为了泄洪门，此两门在洪水泛滥等重要时刻才作开启。正屋宽檐西侧开设大墙门，门外即是后街溪上路，东侧厢房的南侧宽檐下，有内墙门通公懋私家偏屋。宅院东西宽24米，南北长23米，楼高7米。业主为金忠后裔，目前以金姓为主各姓混居，已显陈旧，保存尚完整。

金氏六房之瑚房：位于韩岭后街太平池，建于清咸丰年间，南、东、西、北三面皆为木结构楼房，南面为高大砖砌大墙，正屋坐北朝南，五间楼房，中间为金氏分支的祖堂，成为小堂檐，东侧有四间一弄，弄外原为金氏祖堂万松堂，后因遭洪水冲毁，现已挖掘为韩岭水街河流，西侧为两间楼房，宽檐下朝南开设墙门，门外即为太平池。宅院东西宽25米，南北长20米，楼高6米。业主为金忠后裔，目前以金姓为主各姓混居，已显陈旧，保存尚完整。

金氏六房之琏房：位于韩岭后街中段，坐北朝南，建于清咸丰年间，南依瑚房，瑚琏两房唇齿相依，而独立成院，五间两弄结构，造型与韩岭其他老宅有所差异，楼上为挑楼，房屋高大，结构考究。檐下西侧开设大墙门，门外为韩岭前街溪。宅院东西宽25米，南北长15米，楼高6米。业主为金忠后裔，目前以金姓为主各姓混居，已显陈旧，保存尚完整。

金氏合利里：位于韩岭后街中段，太平池东侧、小沙井北面，建于清末，具有"亦商亦居"的特点，曾开设专营南北杂货的老字号商铺，由南往北，第一进坐北朝南，五间楼房，墙门开设在宽檐西侧，门外即为韩岭后街，第二进坐北朝南，五间楼房，东侧有一间厢房，墙门开设在宽檐西侧，门外即为韩岭后街，宽檐东侧亦有墙门通金氏八房聚居地，此院已遭破坏，其后为坐东朝西的前后两排楼房，外面一排有十间楼房，由南往北第七间和第十间处各有一个门弄通道，在最北面的门弄外大墙上还留有镂刻的"南北杂货"等字样。宅院东西宽20米，南北长70米，楼高6米。业主为金忠后裔，目前以金姓为主各姓混居，已显陈旧，保存尚完整。

金氏三盛之全盛：位于韩岭后街中段，坐北朝南，建于清咸丰年间，东临后街小沙井，西邻二房弄，为五间两弄，东西各一厢房结构，东西皆有三级马头墙，弧形墙头，宽檐木木石础，房屋厚实，做工考究，有传统工艺。中为中央间，院中铺有红石板，南侧高大砖墙正中为圆月洞门，两侧有精致花坛，西厢房前有一水井，冬暖夏凉，水质甘甜，体现大户人家和融祥和的家居特色。正屋宽檐东首山墙处开设有大墙门，又有门廊，墙外即为韩岭后街，门外大墙上有《金信记箍桶》等字样。宅院东西宽28米，南北长20米，楼高7米。业主为金忠后裔，目前以金姓为主各姓混居，已显陈旧，保存尚完整。

金宝泰洋房：俗称财宝洋房，位于韩岭后街小沙井南侧，为韩岭唯一的西洋风格的建筑，建于民国年间，系南洋金氏后裔金财宝所建，坐东朝西，五间正屋，南北各有一间厢房，北侧厢房后有露台，楼上阳台围拱，启用当时十分时尚的铁雕工艺，前院方正，铺红石板，后院宽敞，另有附属用房。正屋中央间正对大墙门，门头头砖石雕刻，正中书写"松苞竹茂"四字，有五级台阶。整幢大宅建造在三尺高的台基上。宅院东西宽13米，南北长24米，楼高7米。业主为金忠后裔，目前各姓混居，已显陈旧，保存尚完整。金氏回乡，洋中沉船，合家遇难。有亲属接管。

金氏六房之财房：位于韩岭后街上段与二房弄交汇处，坐北朝南，建于清末，宽檐，有木柱石础，五间楼房结构，东西侧各有厢房一间，屋檐东首开有大墙门，院内铺石板，与韩岭其他大宅相比，院落结构相对朴实简单，但地位不容小觑，是金氏"三盛六房"的组成部分之一。宅院东西宽22米，南北长20米，楼高6

米。业主为金忠后裔，目前以金姓为主各姓混居，已显陈旧，保存尚完整。

金氏六房之校房：位于韩岭后街上段，坐东朝西，建于清代咸丰年间，左靠连接韩岭郑金两姓宗祠的横屋，右邻金宝泰洋房，前对韩岭"三岗"，后依狮子岩下，据传是文脉之地，正屋为七间两弄结构，是韩岭正屋长度最长的一处大宅，宽檐，木柱、石础皆十分考究，有精湛木雕，院子宽敞，石板和鹅卵石相间，大墙门开设在西面高大砖墙上。该大宅为中国第一位女留学生金雅妹故居，慕名而来者络绎不绝。宅院东西宽18米，南北长34米，楼高6米。业主为金忠后裔，目前各姓混居，已显陈旧，保存尚完整。

金氏三盛之德盛：位于韩岭前街上段，建于清咸丰年间，紧邻发源于茅岭墩和发源于塔沙岙两溪汇合后的韩岭街溪，该宅院属于江南式样的四合院，院内铺红石板，东西各一排正屋，都是五间两弄结构，分别有中央间，南北各有一间厢房，宽檐木柱石础，与精致木刻。东面楼房宽檐的南北两侧各有墙门，西面楼房后有狭长院子，大墙上开设墙门，门外即是韩岭前街，与明清两朝著名酒坊"上酒坊"隔路相望。宅院东西宽32米，南北长25米，楼高6米。业主为金忠后裔，目前各姓混居，已显陈旧，保存尚完整。

凌氏泰和宅：为凌永基住宅，位于韩岭前街中段陆家弄与孙家岭首尾相接处，建造在扑鹅狸鸡山缓坡上，地基高抬，坐西朝东，建于民国年间，是为凌姓肉铺商私宅拓碑泰和，正屋为三间楼房，宽檐木柱石础，与韩岭的其他大院相比，规模和构造较为简单，南边有厢房两间，楼上有阳台，北面有厢房一间和大墙门的门厅，墙门呈拱形造型，该宅院有古今结合和中西合一的趋向。宅院东西宽16米，南北长20米，楼高6米。业主为民国富绅凌永基，目前各姓混居，已显陈旧，保存尚完整。

杜家墙门：位于韩岭前街中段，坐北朝南，建于清末，紧靠昔日十分繁华的韩岭街市，杜氏不是韩岭的大族，但却在韩岭重要地段建造了大宅院，另在韩岭龙门桥北端造了杜氏宗祠，其渊源值得考证，该宅院，正屋三间一弄，高大宽敞，用料考究，大墙门开设在西侧宽檐下，门外即是韩岭街，院子狭长，铺红石板，南面砖墙高大。宅院东西宽20米，南北长14米，楼高6米。业主为民国富绅凌永基，目前各姓混居，已显陈旧，保存尚完整。

许家大屋：位于陶公山许家（206号），西南朝向，清代晚期建筑，由主楼、倒座和东西厢楼组成四合院式，占地面积745平方米左右，当地人称之谓"大屋里"。

史家宅院：位于利民村史家湾，为晚清民居建筑，由主楼和前、后天井的四间厢房组成的院落，占地面积459平方米左右，主楼东北朝向，五开间，硬山重檐楼屋，穿斗结构，进深13米左右，面宽20米，主楼前、后有天井，厢房为单檐。前廊、天井均铺青石板，大门位于前廊之东。是东钱湖上晚清时期传统民居。

忻家宅院：位于利民村史家湾，东北朝向，为晚清传统建筑，占地面积约400平方米。硬山重檐楼屋，穿斗结构，明间中层无楼板，厢房一间已倒，大门位于天井之东，是东钱湖上保留了原来典型的晚清民居建筑。墙外侧墙角立石，上刻"忻史公墙界"。

林家民宅：位于红林村林家，系晚清建筑，主楼东南朝向，三开间重檐硬山顶楼屋，穿斗结构，三开间宽12米，进深8.5米，主楼后小天井，单檐四间，牌坊式砖雕门楼，位于天井之西，整体保存较好。

地房民宅：位于下王村桥边（133～137号）坐北朝南，晚清建筑风格，主楼三间二弄，重檐硬山，顶楼房，宽度16.7米，明、次间及弄各宽4.5米，4米和2.1米。主楼进深9.5米，穿斗梁架。明间原为小堂沿，现墙面建筑，主楼后有天井，东西厢房各一间，其中后天井一侧厢房已倒。据查由现任屋主陈氏祖传。祖上有举人。在该宅东西两侧，各有一进三间一弄楼房，连成一排，分为三兄弟居住。总占地面积900平方米左右，该宅整体保存完好，是传统居民。

河东大屋：位于郑隘村河东，坐北朝南，为晚清建筑，由主楼和东西厢房组成院落。占地510平方米左右，主楼重檐硬山楼屋，穿斗梁架，五间二弄。明间为堂前，主楼前两侧各二间单檐厢房，后小天井，前顺西侧大门进出。

史长发当店：位于利民村史家湾，为清末民初建筑，由主楼，东西厢楼和后天井西侧厢房组成院落，占地面积420平方米左右，主楼东北朝向，五开间重檐楼房，东西厢楼二楼阳台有瓶式栏杆，檐下雕饰花草，均与主楼相连。东侧墙门，进门屏风是一个正楷"孝"字，朝天井侧为"廉"字，字高1.6米。主楼后有小天井口。

上酒坊：位于韩岭前街口（71～74号）清代建筑，以酿酒闻名，尚有台门，照壁有及若干老屋。台门坐西朝东，面宽2.3米，进深1.5米。照壁位于台门之前，左侧残损，现有部分长5米，高3.8米，厚0.4米，是韩岭古村有名的作坊。

新二十四间大宅：在殷家湾129号，回字型院落，面有东南西北。重檐硬山顶楼房，南、北二排各七间二弄，东、西二排四间，近称24间，南边二侧为进出二大门，系清末民初建筑，其中中间是长方形天井，红石台阶，中间一条长6米有余，宽0.5米，厚0.25米，天井为细铺红石板。占地面积在1216平方米，天井138平方米，整幢保存尚好。住有居民。

老祥兴宅：位于殷家湾东村（殷湾51号），墙门朝大路，进墙门，是二排重檐硬山顶楼房，系清末民初的建筑。

新祥兴宅：在老祥兴宅附近，夹路近湖畔，这是一幢单檐硬山顶，是马楼回廊式的回字形楼房，中间天井，细红石板铺饰，一楼层高在3.2米左右，通排是花格落地玻璃门，四周共十四间二弄，南北排各五间，东西排各二间一弄，东西二弄为进出之门。是民国初期的仿西式住宅，保存完好。原回廊栏栅，落地花格玻璃门都保存完好。同东钱湖上原莫枝八字桥志芳学校的建筑风格相仿。

大昌宅：位于下水西村林染桥弄，系清末民初的建筑，重檐硬山顶，五间二厢房，后有小天井，坐西朝东，南北侧是进出大门，四周围墙，长约22米，宽约20米，占地面积约440平方米，是下水有名大宅。

第四节　故居

韩岭金雅妹故居：在韩岭后街。
沙家垫李志芳故居：在沙家垫。
陶公山忻礼轼故居：在陶公山梅树下。
陶公山曹兰彬故居：在陶公山。
陶公山忻江明（清代进士）故居：在陶公山。

第五节　古村归属

古村在宣统三年之前（1911）属乡里建制。

阳堂乡太白里：

九都三图：栗树塘、唐家湾

十都二图：前堰头、梅湖堰、水门漕、章隘、旧宅、芳桥、姜郎湾、鹿山头

十都三图：绿野岙

十都四图：下水河头、大慈岙

翔凤乡沧门里：

十四都一图：上水街、河头、范岙、横街

十四都二图：俞家塘

十五都一图：韩岭、马山、象坎、西山下

十五都二图：观音庄、郭家峙、高湫堰、杨岙、堰湾、钱家漕、水仓

十五都三图：湖岭头、墩岙、岭后、寨基

十五都四图：隐学岭、茶亭下、象坎

十六都一图：莫枝堰

十六都二图：方边、戈港岸、戴家坪、撺竹庙跟、河上桥、郑隘、范家漕

十六都三图：青山岙、殷家湾、莫枝堰、郑隘、师姑山

十六都四图：陶公山

十六都五图：毛竹园下、湖塘下、许家岙

十六都六图：大堰头

十六都七图：陶公山

手界乡赤城里：

十七都一图：舒江岸、五港口、邵家弄、长漕、沙家垫、上阳、黄隘、谢家墓、田野王

老界乡赤城里：

三都一图：高钱河西

三都二图：高钱河东、下王

三都三图：康家耷

生态旅游编
SHENGTAILVYOUBIAN

　　21世纪以来，东钱湖已经敞开了她的胸怀，迎接五湖四海的宾朋好友，来东钱湖的游客，自2010年从70万人次，增加到200万人次，新近开辟的景区有湖滨岳庙景区、白石仙坪景区、石刻森林景区、范蠡湿地景区、沙山二灵景区、十里四香景区等等。配套设施不断完善，建有五星级、四星级和三星级宾馆，近50余家会所和农家乐，成了人们休闲、度假的好去处。

第三十三章　馆院地园
DiSanShiSanZhang　Guan Yuan Di Yuan

第一节　院、馆

1. 沙孟海书学院：在青山村边，泥丘山上，始建于1992年，占地面14468平方米，建筑面积1995平方米，是由鄞县人民政府出资，为纪念沙孟海先生，由原钱湖区委办公楼改建而成。后山为万柳园墓区，长眠着沙孟海先生夫妇、沙文汉先生和夫人陈修良女士，以及沙文威、沙文求、沙文度三先生的墓穴（衣冠冢）。

2. 周尧昆虫博物馆：建于沙孟海书学院之后，始建于1996年前后，占地面积8000平方米，建筑面积1500平方米，收藏着周尧先生昆虫标本4200余帧。为纪念周尧先生在昆虫学研究的贡献而建。

3. 南宋石刻公园：又称石刻博物馆，位于东钱湖之东，上水村与横街村中段，以辩利寺山史渐墓道为中心主轴，左侧为南宋石刻群，右侧为三字经广场。公园占地250余亩，园中有宋、元、明、清石刻240余尊，属国家级文物。石刻文臣、武将、立马、蹲虎、跪羊，分别代表了"忠、勇、义、节、孝"。按照国家文物法规定"文物只能原地保存，移地就不称文物"，但由于石刻确实从湖畔各处南宋墓道收集而集。石刻应是国家之物，有"宋天石魂"之称。园势三面环山，一面近路和广野绿林之地。山势由北向南起伏逶迤，溪水潺潺，迂回跌宕，树林葱郁，绿草成茵，水草摇曳，小桥流水，亭台楼阁，转曲廊桥，亲水栈道，石雕牌楼，石板小道，富有江南特色，诗情画意之美景。

公园中有南宋石刻群、百代师表、墓道遗址、"三字经"广场、耕织图、十二生肖广场、观音阁、渔樵耕读、孝园、梵塔林影、八仙传奇。登上196级台阶是石兽坪，坪台上沐浴清新山风，呼吸新鲜空气，远望翠微深处，百鸟争鸣，俯视涧溪流水，鱼翔浅底。这里自然与人文交融，宁静与幽雅一体，风新、水灵、山秀、物有情。整个公园政府投资达9800万元。正门有碑题为：全国重点文物保护单位，东

钱湖石刻群,浙江省人民政府立,公元二〇〇一年六月二十五日。(刘平平供稿整理)

4、东钱湖艺术家村:在黄泥岭下仙坪东路,连心路的北面,始建于2009年,由原钓鱼台改建,投资1400万元,是近水亲水式庭院,占地面积约20万平方米,建筑面积约800平方米。目前暂无藏书和艺术家驻村。

第二节 园、阁、场、地

1. 王安石公园:在平水堰之东,小蓬山半山沿湖边。始建于2000年,建有王安石治湖石刻群像,半山亭、鄞女亭及王安石诗词碑石刻25块,近五吨重的梅园石,由沙更世题"王安石公园"五个大字,占地面积16000平方米,沿湖畔建有检阅台。2009年被拆除,改建为半山"公园。所有半山诗词石碑被毁、被盗,东钱湖上唯一的双层石亭"半山亭"被拆。石刻诗词碑改为水泥碑,细平红石板改为塑料地板,石亭改为钢亭,石扶栏改为塑钢护栏。"王安石公园"大石碑无踪,老百姓还是称"王安石公园"。

2. 蝴蝶阁:在湖滨后山山麓,有仿古式楼阁三幢,1990年建成,楼阁内曾放世界各地蝴蝶标本。汪道涵题"蝴蝶阁"匾额。2010年在改造湖滨公园时匾被窃,蝴蝶标本已经移到别地。蝶飞楼空,楼阁待修。

3. 小八达岭:在庙陇山之东,1989年仿北京八达岭长城而建,张群洁题"小八达岭"之名。上有迎旭亭,有毛泽东手书的"不到长城非好汉"碑刻。

4. 启新高尔夫球场:在湖之南,在韩岭与象坎之间,始建于20世纪90年代。占地面积1800亩,由荣高棠题名,宁波启新高尔夫球场内又建了许多别墅。

5. 大红鹰跑马场:在鄞县大道之南,中塘河之西,是黄陞村、利民村和谢家墓自然村土地,共计700余亩,1998年以宁波少年体工学校名义上报土地490亩,经省批准、成立宁波大红鹰跑马场,只有跑过一次赛马,后被政府通知关闭。场地被卖给中海地产,现为中海房地产公司建造别墅群。

6. 马山湿地:在韩岭向北二千米,范岙口,湖畔,2006年建成,岙内有温泉酒店。

第三节 动、植物园

雅戈尔动物园：在距宁波市区东南15千米的东钱湖景区，于2004年4月28日开园，由雅戈尔集团投资2.7亿人民币建设，地处高钱村以东，鄞县大道以南的姜郎湾村地块，总占地面积为1900亩。并有原宁波姚江动物园和东钱湖寨基动物园参入。这里水系纵横，南临东钱湖梅湖，绿茵芬芳，景色绮丽，珍禽异兽，千姿百态，园中有各种动物100余个品种。门票能维持各类动物新鲜食品。年参观人数55万。

植物园：选址在湖东上水横街，仍未开发建设。

第四节 农、渔、茶三场

梅湖农场：位于东钱湖之东北，距宁波市区东南约20千米左右，1960年宁波市政府，实行退湖还田，在鄞县东钱湖东北面梅湖垦为农田，总面积3680亩，周长10千米，水深1.5米。动员下放干部，工厂职工和社会青年900余人，陆续拓垦梅湖。1960年9月18日成立地方国营宁波市梅湖农场，属农垦企业，宁波市鄞县分设后，归鄞县农业局管理。与东钱湖以湖里塘为界，经几冬开沟排水，清除湖底蒿草，共造良田1427亩，征地220亩，山地33亩，到1971年职工人数为410人，经济亏损1.03万元。1975年底，经济利润300元。1976年12月，在梅湖农场中划出田地201.9亩，由48名干部职工归鄞县良种场。1977年在梅湖椅子畚建第一个机械化万猪场。1999年10月经宁波市府批准，改制为宁波梅湖实业股份有限公司，下设宁波光华电池有限公司、宁波色母粒有限公司、宁波梅湖牧业有限公司、宁波梅湖草制品有限公司、鄞州祥盛铜业有限公司。1999年到2010年十年已上交国家税收累计51279万元。目前职工年人平均收入32000元左右。总公司已累计企业资产53000万元，目前有2000亩土地，已被东钱湖管委会租用，用于挖湖堆污泥。（忻吉良供稿）

东钱湖养鱼场：筹建于1950年12月，场址在东钱湖畔殷家湾郑家祠堂，1951年春正式成立地方国营鄞县东钱湖养鱼场，由浙江省水产厅管辖，地点是殷家湾郑家祠堂，养鱼场管辖东钱湖及梅湖水面，水面在3万亩以上。淡水鱼主要白鲤、黑鲤、青鱼、草青以及鱼种繁育。年产量平均在 70～100 万担。最高年份达 120 万担。1999年春,场部郑家祠堂归还给莫枝村。2001年企业改制,东钱湖养鱼场解体,归镇政府,实行个人承包,职工退休和转业。2002年彻底解散。

福泉山茶场:位置在东钱湖之东,东经121°42′,北纬29°44′,福泉山群山之中,场部在大慈山下。1958年7月,宁波地委、行署联合发文,组建成立宁波专署福泉山牧场,建场时职工人数202人,归宁波地区行政公署管理。1971年11月9日划归地方管理,更名为鄞县福泉山林牧场。当时山林面积36500亩。农旱地面积189亩。1979年由国家农业部与地方联合投资在福泉山林牧场建立了240亩我国北方茶叶良种繁育示繁场,同年,7月更名为鄞县福泉山茶场,最后定名为宁波市鄞州区福泉山茶场。

茶场现为国有事业单位,现有面积15750亩,其中茶园3600亩,茶叶为"东海龙舌",是名牌茶叶。有名优绿茶、福泉白茶、福泉乌龙、珠茶等品名。是宁波占地面积最大,茶树品种最多的著名高山云雾茶场。"东海龙舌"既是品牌,又是浙江省著名商标,世称"世外茶园"。现年产茶叶8000担。

茶场现有正式事业编制职工104人,合同制职工40人;现有总资产2052万元。近十年上交国家税收2067万元。现在职工年平均工资44000元左右,全年利润在237万左右。目前总投资11421万元,建造宁波茶文化博物园。(仇平供稿)

第五节　风俗与节令

1. 九月半庙会:庙境百姓纪念当地庙神诞辰的祭祀活动,东钱湖以陶公山九月半庙会最热闹。九月半庙会,即上塔山庙会在庙弄口,祀治湖有功的宋知府李夷庚和主簿吕献之。分两堡,有庙脚3600户,11000余人。分住在陶公山忻家、史家湾、曹家、薛家山、陈野岙、庙弄等村。每年农历九月十一至十五日演戏敬神,此时正值渔汛,陶公山渔民除了与各地庙会相同的祀神娱神外,主要特点为祈求渔民人船平安,满舱而归,而举行龙船大赛和会戏。届时各村巷街头,修缮一新,又在湖连船搭起"河台",几班戏文,同地演出,各地甬上戏剧演员多以为成名机会,所以斗奇争胜、百花争艳。陶公山各房龙船及大堰头、史家湾、前徐、云龙、前后陈、渔郎岸等地渔民齐来参赛。龙船毕集于曹家山头。从陶公钓矶开始，绕过蚌壳山孤岛，重返钓矶，来回近千米，优胜者得黄酒两坛。

分九月十一日及十月十五日二次庙会。

东钱湖畔庙会有：

农历八月二十二日：后庙湾裴君庙祀裴肃

农历八月十六日：陶公山画船殿祀鲍盖

农历八月十七日：老鼠山胡墅庙祀胡榘

农历五月十三日：莫枝关帝殿祀关羽

农历二月中旬：下塔山庙祀岳飞

农历二月五日：殷家湾文昌殿祀文昌关帝

农历八月廿六日：大堰头裴君庙祀裴肃

农历正月　日：俞家塘岙裴君庙演戏三日祀裴肃

农历八月十一日：俞家塘岙裴君庙演戏二日祀裴肃

农历九月十六日：郭家峙寨基叠石庙唱南词敬神

农历七月　日：韩岭花桐殿祀花桐娘娘

农历四月初四日：郭家峙隐学岭湖岭头湖亭庙祀贺知章

农历三月二十三日：象坎裴君庙祀裴肃

农历正月　日：城杨裴君庙灯戏祀裴肃

农历九月十二日：曹家山头胡公祠祀胡榘

农历正月十三日至十八日：韩岭裴君庙祀裴肃，灯节戏六天，有庙产十姓轮值，1949年后停止。

农历四月初一日至初六：韩岭裴君庙祀裴肃，戏六天，十姓轮值，祝风调雨顺，1949年后停止。

农历十月十六日：韩岭裴君庙祀裴肃诞辰日，轮值致祭

农历九月十三日：高钱青山庙祀鲍盖

农历正月十二日：下水绿野岙灵佑庙祀王安石

农历八月十六日至二十四日：高钱西亭庙祀晋贤助侯鲍盖王子

农历正月初八及八月十六日：高钱康家岙演戏祀鲍英烈王子

农历正二月间：上水凤山庙演戏祀裴肃

农历七月初十：上水鸡山庙演戏敬裴肃

农历正月十二日：下水忠应庙演戏敬王安石

农历九月十五日：下水官驿河头永兴庙演戏敬鲍盖

农历正月灯节：横街南中堡庙演戏祀鲍盖

农历十月初十：横街南中堡庙奉牲祭鲍盖，不演戏

2. 正月灯会

农历正月十三日为上灯日，正月十八日为落灯日，正月十四夜为灯节，沿湖家家户户上灯祈祷，求国泰民安，风调雨顺，五谷丰登。晚上举行提灯会，并赶老底子风俗。

注：旧节：春节、元宵节、寒食节、清明节、立夏节、端午节、黄金水节、晒经日、七夕节、中秋节、重阳节、腊八节、祭灶节、除夕。

新节：元旦、三八妇女节、五一劳动节、五四青年节、六一儿童节、七一建党节、八一建军节、九十教师节、十一国庆节。

3. 集市

在集市上，山民交易薪炭竹木，渔民交易虾鱼蛳螺，农民交易蔬菜瓜果，屠夫交易猪牛羊肉，商人交易绸布绫罗、百杂日用、五谷大米……

东钱湖湖畔的集市，按农历计日有：

莫枝堰市：每逢一、四、六、九日，后改为逢双日隔天市

冠英庄市：每逢三、七日

殷家湾市：每逢三、八日

大堰头市：每逢四、九日

陶公山市：每逢二、七日

忻家三、四房市：每逢三、五、八、十日

曹家山头市：每逢一、六日

碾子弄市：每逢二、七日

韩岭市：每逢五、十日，五、十大市，每天小市

下水市：每逢四、九日

横街市：每逢四、九日

高钱市：每逢三、八日

方桥市：每逢一、六日

第六节　耕、渔、樵工具

1. 木犁：用驼背弓形的树木原料，由木制扁平直杆板（可上下调节），木制长方形犁底，木制上细下粗的犁尾和切手，生铁铸的犁镜和犁碗，以及弓形木制成的牛轭组成。现在山区小地块还在使用，品种有木犁、步犁、铧犁，是牛拉耕地田的主要耕作农具。

2. 耙：有平耙、滚耙、落田耙之分。

平耙是用两根扁平横木，上有扁铁耙齿，又两根长方，方木固定横木成平耙，人站在横木上，用牛拖行在水田里，起平田碎泥和平水田平面作用，现在很少见到。

滚耙是从20世纪60年代开始使用流行，同平耙相似，但中间一只有360度能转的带横刀的滚筒，起到碎泥作用，现在很少见到。

落田耙：20世纪60年代之前，山区农民种植间作稻时，在生晚青稻之前，在早稻行距之间，手工耙田，起清除水草、小耕耘作用。早稻收割之后，在晚稻行距之间，手工落耙田，俗称"落秋田"，起清除早稻根株而耕耘作用。耙长40公分，宽30公分，面钉铁齿，背生长竹杆约4～5米。现无。

3. 河泥夹：是平原地区，农民采集河中污泥之用的竹制类农具。农民站立在船边，双手推夹河泥到船舱。现在已无。

注：还有一种是用麻袋，在口安装四方铁边，放在河中，船行拖河泥，称为"捻河泥"。

4. 拗棚：是山区农民抗旱用的室外农具之一，在水田边的池塘中取水用的一种棚。两只三角中连一根横梁，拗杆是以4:1左右的比例分上下两段，中间有只扣脚，下段带石梁，上段顶带乌竹杆，细长，外圆约3厘米，长约5米，竹杆下端挂水桶，人站在池塘边的悬梁上，人工上、下取水，山民称这个农活为"拗水"。此架叫拗棚。分有左、右拗棚。

5. 水车：用以灌溉农田，在河溪中取水之车，分两种：手摇水车和牛车。

手摇水车：有车叶和窄长有底车架及摇柄组成，车叶连接件，称龙骨。山区农民应用较广泛，现在已无。

车盘：俗称牛车盘，是田野的抗旱主要农具之一。由大水车和大转盘组成，采用360度大转盘齿轮带动水车横连齿轮，使车叶转动，车叶将河、湖之水连续不断地运到车盘渠中，大转盘用牛拉，包住它的眼睛，使之360度走动带动车盘取水，在湖畔、河塘边有牛车盘，今现无。（后改抽水机抽水，今又改为电动抽水。）

6. 风箱：是木制成扬谷农具，有箱斗和箱体组成，箱斗是四方喇叭形箱体主要器件是6~8片木片的风叶，当谷从箱斗下来时，手摇动风叶，粃子被吹出箱外，实谷经过箱斗，进入箩筐，是起洗粃谷作用，农户人家都用，现在很少看到。

注：另有稻桶、稻桶床、脚踏打稻机、电动打稻机、遮粮、晒谷耙、马嘴、簸箕、筛谷晒、谷拢、蓑衣、冲杠、扁担等农具，已逐步消失。

7. 碾子：是石木混合制成的碾谷成米的大型工具，由碾槽、碾饼、碾架、拖耙组成用牛360度转拉。碾槽是U字型，宽59厘米、深60厘米左右，有若干个成360度连接的圆形碾槽，直径大约6米。碾饼、石制，直径约160厘米，厚25厘米左右，圆周U字圆角，能在碾槽360度转。下水、韩岭、俞塘都有碾子。

8. 渔网

大网：冬捕时用两只机器船拖拉之网。

天打网：又称撒渔网，渔工站在船头撒网捕鱼之网。

游丝网：拦在河中，让鱼自进自缚之网。

板缯网：在固定位置上，有竹竿支撑，绳子拉索之网。

坑缯网：活动性大，有竹杆支撑，手板长杆之网。

横网：用两根竹杆支撑成似小方帐篷之网。

捻夹网：是渔民冬捕，捕兜鱼之网。

另有挚网、银鱼网、差鱼网、括括网、桨虾网、料海网。

9. 钓钩

弹弓钓：用竹筋或用钢筋制作成弹弓形的钓钩。

拉钓：用钢筋制作的锋利如针尖似的钓钩。

垃圾钓：用小钓钩扎在绳头，绳子盘在竹晒之钓，也称鳗钓。

撑钓：L字形，由长竹杆和短竹杆组成，钓钩生在短杆上，在河畔坎逢钓鳝、鳗等。

另有绷钓、虾钓、朋鱼钓。

10. 鱼罩：又称"扒罩"竹制成，上小圈，下大圈，罩浅水地段的鱼。

鱼亮：又称鱼养，竹制网式编制而成，成对放在水面，盖有革命草等，春捕鲤鱼、河鲫鱼。

鱼笋：竹制，渔人将鱼放在笋中，笋放在水中，以使捕上的鱼在活水中养。

虾斗：竹丝编成，放在湖中，上有一根标杆，捕虾之用。

黄鳝笋：又称倒不笋，竹制编，有倒撑，只进不出，水田捕鳝鱼之用。

藤虾笋：竹编半圆笋筐，捕虾、丝螺之笋。

第七节 名点、佳肴

湖产：清蒸鳜鱼、清蒸湖蟹、盐水河虾、剔骨锅烧鳗、冰糖甲鱼、咸菜土哺鱼、咸菜桑子鱼、银鱼炒鸡蛋、红烧乌鲤鱼、红烧鲫鱼鲞、青鱼划水、红烧泥鳅干、鳝鱼糊辣、葱烤鲫鱼、青壳丝螺。

山产：清水行鞭笋、冬笋咸齑、野山小笋。

野产：咸齑炒角麂、红烧野猪肉、红烧烤野鸭、红烧野兔肉、雉鸡。

海产：咸菜大汤黄鱼、新风红膏枪蟹、三矾海蜇头、新风鳗筒、蚶子、蛏子。

地产：罗汉豆麂、洋芋艿、芋艿、萝卜、茭白、蕃薯、地力。

汤团、汤果、圆子：糯米经水泡浸一昼夜后水磨成米汁，盛入布袋以草木灰抽干，嵌入芝麻粉馅或黄糖豆沙馅搓成球丸状，沸水余熟即可食用，称汤团。馅子如用猪油芝麻粉做成，即是猪油馅汤团。糯米粉不裹馅子，仅加糖煮汤，叫汤果。糯米粉搓成小球状，以糖、豆沙或酒酿烧成汤，称圆子。

年糕、糍：年糕以粳米为原料，或干辗成粉，或水磨成糊，抽干刨粉蒸熟后在石臼中捣烂制成条状。糍以纯糯米蒸熟为饭，亦在石臼中捣烂，制成饼状。

金团：水磨糯米粉抽干成粉，粉蒸熟后嵌豆沙或芝麻白糖馅，放入雕花模子中制成饼形，涂以松花，可冷食。

雪团：糯米粉嵌甜性馅子成团，蒸熟，外面滚上糯米蒸饭粒，洁白如雪。

麻团：又称"沙鸡"。糯米成饭，趁热在锅中略捣糊，制成团，外滚以白糖芝麻粉，质白表黑，食之富有香甜感。

米鸭蛋：糯米粉加糖蒸熟搓成鸭蛋形，外滚以松花粉。其色鹅黄，冷热均可上口。

灰汁团：把上等早稻草烧成灰，淋出灰汁，加水磨糯米粉浆，抽干成粉，加黄糖，蒸熟后色如松脂，呈半透明，冷食清香爽口。

黑饭：春季采山上黑饭树叶烂熟后取汁烧糯米饭，以箩头盖平铺拍实，凉后切成方形，冷食有异香。

猪油扁子：把猪油汤团拍成饼状，油炸成金黄色，蘸糖吃，外酥内糯，香甜可口。

蜂糕：糯米粉以发酵粉发酵，撒上红丝绿丝，蒸熟后切成菱形，其质松软，其味爽口，且伴有酒香。

米馒头：米粉浆以酒酿发酵后，用勺舀在铺布蒸笼上，蒸熟后成馒头状。该点心中间多孔，质地疏松，极易消化。

南瓜麦个："麦个"即北方所说的馍馍。把南瓜除瓤，蒸熟去皮后掺入糯米粉，加糖，揉成粉泥做饼，蒸食。其色金黄有清香，冷热均宜食。

箬壳粽：糯米加碱水，浸泡后，用大张毛竹箬壳包扎成粽子，熟透后香粘易消化。

蚕豆糯米饭：初夏时节取新鲜蚕豆剥肉烧糯米饭，配以茶叶蛋蘸绍兴老酒和精盐，为立夏时的节令佳品。

酒酿：粳糯混合米煮成饭，加白药，趁微热装入瓦甏，压实，中挖一浅孔，瓦甏外裹以棉花保温。24小时后孔中积上酒汁，该酒汁香甜微醉，四时均宜。

百宝饭：糯米饭装碗中后，嵌猪油豆沙，压实，上铺，各种果辅以桂花作佐料，加白糖。其味极甜醇。

白糖印糕：白糖拌糯米粉，用雕花模子制成，形如铜钱大小的糕，烘干后酥脆可口。

小黄糕：白糖糯米粉制成方形小长条，烘干。口感松酥。

汤果糕：糯米粉加糖、薄荷、香料，做成汤果形，蒸熟。清凉糯口

绿年糕：绿豆沙糯米粉加麻油、白糖，以模子制成筒形，味油甜而不腻。

麦芽糖：糯米白糖：麦芽糖加薄荷、香料，切成小块，滚以糯米粉。食后兼有止咳化痰功效。

蛮糕：干磨糯米粉加糖成小方块，烘干即成。

冰米糖：用糯米爆成米花，加饴糖做成块状。小孩子尤喜食此糖。

蕃薯脯：俗称蕃薯屑。以熟蕃薯烘干成条形，色泽光洁透亮，边吃边软

化，别有风味。此物宋代时作为明州贡品上贡朝廷。

祭灶果：以糯米粉、芝麻、豆类、芋艿等为原料，加糖及香料或炸成饴成各种条、球、块状果品，由红球、白球、麻枣、乌脚骨、白脚骨、冻米糖、豆酥糖等集成。

金柑白糖球：选大个金柑用白糖腌透，用细竹串成冰糖葫芦棒。

臭豆腐：豆腐臭化后用油炸成焦黄，以细竹丝成串，蘸米醋或辣酱吃。臭中有香，有闻之越臭食之越香的特点。

面结：用豆制百叶（俗名千层）包各色荤素馅制成条状，沸水中汆之即可食。

另外还有牛肉细粉、碎米羊肉粥、糖孩、木莲冻。

第八节　茶、烟、酒

茶叶：有野生和人工栽培的，常绿灌木丛，每年清明谷雨采摘茶叶，再以手工或机器加工。福泉山有茶园3600亩，绿野、洋山、俞塘、城杨、韩岭各村都有茶园。

茶厂：是专业加工绿茶和红茶的厂，茶叶采摘下来，立即炒制，此茶为绿茶。茶叶采摘下来，经过发酵工艺，再加工为成茶，色褐，称为红茶。福泉山茶叶外贸出口，原以生产珠茶为主。福泉茶场三面群山环抱，一面临海，方圆10千米，有茶园3600余亩，分布在海拔200～500米的山地上。这里植被茂盛，土层深厚又多腐植质，年平均温度16.2℃，无霜期230天，雨水充沛，云雾飘荡，形成山地独特气候，为生产名茶创造了得天独厚的生态环境。现在引进优良茶树品种36个，有鸠坑、迎霜、毛蟹、劲峰、翠峰、福丁、翠云等。现有名茶，诸如"东海龙舌"、"云雾春"、"佛茶"、"白茶"等，其中"云雾春"、"东海龙舌"多次获省、国家金、银奖，书法家沙孟海为"东海龙舌"题词。福泉山茶场是我国"天坛牌"珠茶生产基地、浙江省名茶生产基地、茶树良种繁殖基地、无公害农产品基地、中国名茶之乡之一，也是宁波市占地最大、茶种最多的茶场。现拥有5个茶场，是浙江省三大产茶基地之一。

烟叶：是山地种植的烟草，采摘叶子用薪柴焙烘成烟叶。50年代之前，下水、韩岭、茶亭都有烟草种植。

烟窑：是烧制青烟草为燥黄色的烟叶的窑，它的特点是：四面为黄泥墙，墙上有排气孔，内有横放毛竹架，架上平放小竹杆，小竹竿夹架烟草，用薪炭和柴焙烘，一般同民房一样大，下水西村大桥头边曾在一座烟窑。50年代后期拆除。此种烟窑，是20世纪初韩岭烟厂金吟笙于韩岭首创。

烟厂：韩岭船埠头有一家金吟笙创办的烟厂，是生产烟丝和卷烟的厂家，即宁波卷烟厂的前身。烟厂旧址已被保护，并塑有金吟笙半身像。

酒：是嗜好品，由五谷烧制而成，分白酒和黄酒，微量补身体。

白酒：用高粱烧制，也有用蕃薯烧制，俗称吊烧酒。无色透明液体，酒精含量在36°~58°。

黄酒：是用糯米或粳米，煮饭堆酵、榨液，热淘加色而成酱红淡色透明液体，酒精含量12°~16°。

酒坊：即酒厂，是酿造酒的作坊。20世纪40~50年代之前，大户种田人家有自制酒的酒坊，也有专业的酒坊。酒坊里最多的生产器具是七石缸，酒坊小则几十只，多则上百只"七石酒缸"。大堰头，湖塘下、下水、洋山、俞塘、韩岭、莫枝、殷湾各地都有酒坊。

第九节 宾馆、酒店

游客服务中心：在湖滨公园安石路之西，悦庄大酒店旁边，占地22500平方米，内有商场，服务中心，东钱湖公交始发站，原是宁波市军训射击场。

华茂东钱湖宾馆：在湖西北钱隆山庄附近，始建于1990年，原名宁波东钱湖宾馆，馆名是著名书法家谢稚柳所书。有大、中、小会场，客房，餐厅。后因种种原因，以8000万人民币转让给华茂集团公司，属私企性质，更名为华茂东钱湖宾馆，属四星级。2014年春停业。

柏悦会所：也称柏悦大酒店，坐落在湖之西，即原大堰头村。为建设柏悦会所，具有600余年历史，以大堰命名的大堰村全部拆迁。柏悦会所坐西北，朝东南，背山面湖，是东钱湖上的最佳地理位置之一。会所从2005年开始建设，到2011年6月建成对外营业，属超五星的宾馆，占地面积10万平方米，建筑面积5.6万平方米，单体建筑97幢。凯悦国际酒店集团投入13亿人民币，在大堰畈建有柏悦别墅群。

悦庄大酒店：在谷子之西，王安石公园和平水桥边，由原张爱萍将军所题名的国防园拆除建造，背山面湖朝大路，属四星级酒店，有餐厅、客房和会议厅。

沙山宾馆：在湖之东沙家山村，沙山村全面拆迁，利用老式民房，新建仿古式庭院，是专门为政府部门接待来宾的宾馆。现又拆建改造为国宾馆。

向阳渔港：在岳鄂王庙之后，始建于2000年之前，原名"万金酒楼"，后改名为"万金大酒店"，有客房、餐厅、小会议厅、洗浴中心、茶座、保龄球馆。后保龄球馆、洗浴中心、茶馆歇业，酒店转让给"向阳渔港"作专业餐厅，全称为"向阳渔港私家菜馆"。

纪家庄会所：在湖东下水港口纪家庄，原是畜牧场，即1958年开发的北京填鸭场，隶属于福泉山农牧场，后为梅湖农场的养猪场，1996年左右停办，仅作为梅湖农场仓储之用。2009年梅湖农场自行开发，建成小型休闲会所，有茶吧、酒吧、游泳池、餐厅、客房。

山水一号：在下水屯岙，2009年由奇奇田园开发公司建设，占地250余亩，有茶室、酒吧、歌吧、餐厅，是带有田园色彩的休闲会所。

二灵温泉酒店：在湖东范岙之内，尚在建设之中。

双虹阁：在上虹桥边，是一个小型农家乐，以餐饮为主，占地30亩。

绿野谷：在下水绿野岙对面的盛夹岙口，是具有山寨风貌的休闲会所，以经营餐饮为主。2009年租用土地200余亩。

第十节　别墅、新村

中海东湖观邸别墅群：在鄞县大道以南，莫枝北路以西，原宁波大红鹰跑马场地基。跑马场歇业后，转让给中海地产公司，建造别墅群，名曰"中海东湖观邸"。占地700余亩，建筑面积33万平方米，住的都是富豪。

九唐别墅群：在湖南原茶亭村，茶亭村2003年全村拆迁，有英式或意式别墅群。

柏悦别墅群：在湖之西，大堰头柏悦酒店之内，是东钱湖最佳位置的别墅群，每幢别墅售价为5000万元左右。有别墅97幢，属柏悦会所。

御景苑别墅群：在湖之西隐学山之南，东为郭家峙，背靠隐学禅寺，由宁波广博集团公司开发。占地200余亩。

启新别墅群：在湖之南启新高尔夫球场之内，是高尔夫球场公园（俱乐部）开发建设的内部使用的别墅群。

卡纳湖谷别墅群：在湖之西南寨基村内，原是野生动物园，后与雅戈尔动物园合并。野生动物园原址由华润公司开发建设卡纳湖谷别墅群，占地487亩，水面90亩，山林70亩，别墅480幢。寨基水库名为天鹅湖。地理位置朝北。

比华利别墅群：在湖之东北，原姜郎湾村，姜郎湾村整体拆迁，部分划给雅戈尔动物园，部分建别墅群，占地面积约180亩，建筑面积13万平方米，有别墅344幢。在钱堰湖里塘之北，也有别墅群，属雅戈尔集团公司开发建设，占地面积在600亩左右。

香醇湾别墅群：在东钱湖大道之东，由雅戈尔集团公司开发，是一种连体式别墅群，在光辉村拆迁后建设，占地面积160亩。2009年已建好别墅群。

南苑钱湖四季苑：在湖之东北，柴场岙口到岙底，全岙面积因600亩以上。挖山造路平地。规划名为东方花博苑，苑内已建别墅20余幢，湿地15000平方米，尚在建设中，由宁波南苑集团投资建造。

御府别墅群：在高湫堰，大堤之南的大堰村农田上，估计占地面积在400亩左右。

钱隆山庄：在湖之西北，庙弄村以北，此处原称"谢落荷花"。此山庄始建于1990年左右，建筑面积33万平方米，已有别墅80幢。

仙坪别墅群：在桃树湾畔，沿湖而筑，占地170余亩，有别墅50余幢。由于管理不完善，仅有一户本地人家居住，成为外地人的临时驻地。

美丽阳光城：在湖之南，郭家峙之前，占地面积大约在300亩以上，建造一部分，属半建半荒一部分。2009年，全部拆除。

新村：

清泉山庄：又称高钱生态村，在高钱村，占地总面积400余亩，是高钱旧村拆迁户的新村住宅，也是浙江省样板村。宅占地约350亩，建筑面积23万平方米。户数1848户，幢数107幢，人口3586人。

钱湖人家：在莫高路以西，鄞县大道以南，红林、红舒以东的农田上建成,占地面积600亩,建筑面积633000平方米。分为一期、二期、三期。设有钱湖人家小学、幼儿园。已居住拆迁户和新户。户数4889户,幢数207幢,人口11947人。

隐学山庄:在隐学岭之北,顿峰山之北的河网地带,将原河填平,使公路同农田连接,占地面积150余亩,建筑面积15800平方米,已住入居民1125家。幢数207幢,1182人。

钱湖景苑:在安石路之西,莫云路之南,由原方边居民区、郑隘部分农田开发建设而成,是镇城建公司开发建设,建筑面积14万平方米,已入住居民。户数919户,幢数38幢,人口1853人。

钱湖丽苑:在东钱湖大道之东,郑隘村之西,占地大约500亩,建筑面积165000平方米,已入住居民1276家,有幼儿园。幢数36幢。

万金人家:在中塘河之东,鄞县大道之南,近邻中海东湖官邸(一河之隔),占地面积大约300亩,建筑面积185767平方米,已安排拆迁户入住。

第三十四章 景区
DiSanShiSiZhang JingQu

第一节 老十景

1. 陶公钓矶：在陶公山之北，去史家湾的曹家山头湖畔外的一个小突兀的湖中小丘。目前已被湖水淹没。相传春秋时期的越国大夫范蠡，功成名就身退，偕西施隐居伏牛山，自改名为陶朱公，在此临湖垂钓，故其名为"陶公钓矶"。伏牛山改为陶公山。清忻宇春有诗曰：平吴霸越谢成功，退隐湖滨做钓翁，自有石矶留胜迹，此山依旧属陶公。

2. 余相书楼：在湖之北，部队基地处。明万历年间（1573～1620）相国余有丁在月波寺废址建造庄园，面湖枕山，大可百亩，明神宗曾御书"名山洞府"。余晚年就在此读书自娱。又名为"五柳庄"。内有日涉园、归来堂、觉是斋、晨曦亭、矫首台，总称"舒园"。林园之胜，极一时之盛。后人称之为"余相书楼"。清人忻宇春有诗曰：五柳庄开辟地幽，高低亭榭接书楼，而今零落埋荒草，剩有波声带月流。

3. 百步耸翠：在湖之南的最高峰，突兀于群峰，远望如金字塔，海拔4米。其山峰似苍剑刺天，状貌峻奇，故亦称"百步剑"。真是"一山屹立万山朝，壮观棱棱倚碧霄"。后人称其为"百步耸翠"。清人忻宇春有诗曰：尖尖百步绝跻攀，屹立湖南第一山，何日登峰能造极，芒鞋踏破翠云岚。

4. 霞屿锁岚：在湖中的霞屿与烟屿遥相照应，是湖中双壁。霞屿山虽在湖心中，其地在依福泉山之崇山峻岭，山岚终年郁积，特别是春季和深秋，湖面水气弥漫，岛有锁岚之雾，呈景凝云霭之感，故称"霞屿锁岚"，朝雾暮霭，春雨秋岚，四时不同，美之无穷。清人忻宇春有诗曰：霞光倒映水光灵，装点弧山入花屏，一自洞天新琢就，晴岚锁住佛头青。

5. 双虹落彩：在湖之北，有五里塘，是清道光二十八年（1848），利用浚湖淤泥在梅湖邵家山至杨家山之间修筑长堤，长五里，称"五里塘"。塘的东头有上虹桥，西头有下虹桥，暮春初夏，雷阵雨止，从陶公山望五里塘，常有七色彩虹挂空，此时，霓虹在空，双虹在下，山水映辉，景色艳丽，取李白"两水夹明溪，双虹落彩桥"之意。名此景为"双虹落彩"。清人忻宇春有诗曰：走马梅塘五里通，洞桥高架各西东，不嫌明镜从今破，道是双虹降半空。

6. 二灵夕照：在二灵山，在湖之东，突兀于湖中，取"水灵山灵"之意乃名，山有古刹二灵寺。宋钱文王命韶国师在山上建方形石塔七层，曰"二灵塔"。1985年鄞县人民政府重修二灵塔，复其旧貌。每当夕阳西落，斜照二灵塔，光从石孔横穿，塔影倒映湖中，为二灵最美之时，世人称其为"二灵夕照"。清人忻宇春有诗曰：竟说山灵与水灵，连环看似卧龙形，独留青冢埋忠骨，终古残阳照石屏。

7. 上林晓钟：在湖东横街村之东，宋乾德年间（963～968）此处有"寿宁禅院"。清康熙年间（1662～1722），僧超济重构佛殿，更名为"上林寺"。"文革"时，为造横街小学，小寺被拆。目前尚有遗址，昔日，每当寺僧早课，击钹撞钟，山鸣谷应，其声可传数里。小寺南有龙山、凤山，北有鸡山、大岙，使之钟声回传。清人忻宇春有诗曰：山回水曲路街横，中有丛林拓宇宏，湖上月沉天越晓，敲残云里几钟声。

8. 芦汀宿雁：此汀本在西瓜庙（岳鄂王庙）前约百米处，隐伏着一片芦洲，由蒟胶组成，上有芦苇一片，如天然屏障，秋深鱼肥，北雁南飞时，逢月明星稀，湖山沉寂，风动芦枝，惊动宿雁，惊鸿哀鸣飞扑，缘岳庙盘桓，世人称"芦汀宿雁"。此汀在除蒟清湖时已清除，如今碧水清波，无芦汀宿雁之遗迹，只留"芦汀宿雁"碑立在岳庙边。

9. 殷湾渔火：在湖北殷家湾，背靠平满山，面向东钱湖，昔日山顶松树如帽，今已毁。湖心渔舟棋布，今已无。本来每当夜色朦胧，星月无光，水湾深处，渔火闪烁，此时临湖赏景，能见水面浮光跃金，舟影横移，四周万籁俱寂，渔歌清晰，有诗曰：水阔烟深望渺然，霎时渔火满前川；客舟过处添愁思，疑是寒山寺外眠。故称"殷湾渔火"。

10. 白石仙枰：白石山在湖之西北，是东钱湖之西北高峰。传说八仙过海时，曾在此山逗留观景，又有两仙姑到此弈棋，却偶为牧童窥见。牧童见仙姑风骨不凡，不敢出见，等到二仙升空，云散雾去，天机识破。后人称之为"白石仙枰"。真是对局弹棋坐碧琴，曾留片石到于今。

第二节　湖心十景

2002年9月上旬，东钱湖管委会常务副主任吕齐铭委托仇国华，邀请宁波文化名人毛翼虎、桑文磁、郑玉浦、周律之、沈元魁、曹厚德、叶元章、毛燕萍、仇国华诸先生为湖心堤景点取名，分别取有"钱堤烟波"、"清风桂香"、"澄湖明月"、"山僧呼舫"、"眠牛山市"、"松岛拂柳"、"万金渔舟"、"半月桃坞"，俗称湖心八景。再加"水上观音"、"月波秋色"，合为"湖心十景"。

1. 钱堤烟波：以湖心堤为主，不论春雨绵绵的烟雨天，还是秋岚水气的朦胧日，不论从陶公山上观湖心堤，还是从下峰岸看湖心塘，总是感到水气弥漫，水波不兴，水云相连，故名"钱堤烟波"。有联曰：烟霞偶学陶公钓，山水常怀史相游。又曰：万顷波涛唐美波，满塘花木宋苏堤。

2. 清风桂香：此处在湖心塘之西头，连陶公山的进口处，有两个榭廊，一名清风，一名桂香。北眺梅湖，东望福泉山，南观百步尖，西连陶公山，有联曰：曲经九回常驻足，清风百度化开怀。又有联曰：一湖秋水操琴韵，千树桂花满路芳。

3. 澄湖明月：在新建月波楼和影月桥一带。是湖心堤之中心，有影月桥、未名亭、月波楼、听荷亭、闻涛亭。著名书法家陈振濂题有"澄湖明月"石刻，放在月波楼广场之前。有联曰：桃花柳叶连双屿，月色涛声共一楼。该联把烟屿，霞屿和月波楼写得淋漓尽致。

4. 柳拂松岛：在湖心堤中段北面的水岛上，岛上万柳迎风而拂，松岛已成柳岛。"松岛"二字刻在一块直立的圆石上，突兀于湖心堤之外，鹅卵石小湾。可谓是轻风杨柳万千条，在松岛上南望百步，北见双虹，有联曰：南向悠然见百步，北边仿佛有双虹。

5. 山僧呼舫：在霞屿寺东北的港湾，后有霞屿山，右是二灵桥，霞屿山麓近湖之畔，建有呼舫廊，廊前停靠着小渡舟和小游舟。小舟可以过二灵桥洞至霞屿寺山门，小舟也可摇到二灵寺和福应庙，在呼舫廊有联曰：呼招明月临湖榭，舫向红楼近酒家。

6. 补陀洞天：在霞屿寺边，1976年发现，洞上刻有"补陀洞天"四个隶书大字。据史料记载，南宋吏部尚书史岩之为娱盲母去普陀山烧香而筑凿观音洞。已被列为县级文物保护单位，洞中有观音菩萨坐像，石刻浮雕的五爪金龙和护法佛像。正是：晴岚翠屿有渔家，梵唱声声伴彩霞。

7. 万金渔舟：在陶公山的湖蓬外，这里榭廊楼台，楼对万金湖的十平方千米的北湖，是龙舟竞渡的水上赛场。入冬时有渔舟在这里柯兜鱼，故名"万金渔舟"。这里是"四面湖山铺锦绣，一亭风月待豪吟"，"茶舍细浪迎朝日，十里长堤闻嶂暮钟"。

8. 眠牛山市：在陶公山湖蓬外的万金渔舟之东山麓是陶公山居民集市之处，盛集东钱湖的湖鲜，冬鲫夏朋和梅虾。陶公山似伏牛饮水之态，为湖山增色，正是"山似眠牛还自在，云行天马欲何云"。

9. 水上观音：在普陀亭之前的湖中屹立，是用净白的汉白玉雕琢而成，精工细刻，神态安详，是游客必拜之处，正是：大慈大悲观世音，日夜守护为黎民。

10. 月波秋色：在月波楼，2002年新建四面环水。原月波楼在部队基地擂鼓山下，早已无存。旧称"翠微深处月波楼"，现在是"澄湖明月月波楼"。郑玉浦先生书有"月临三宝地，波荡万金湖"的楹联挂在月波楼。

第三节　福泉九景

1. 巅峰望海：在福泉山顶峰，向东南远眺，能见到蜿蜒曲折的象山港，烟波浩淼的东海，海风吹来，使人感到心旷神怡。在夏日的凌晨，若登上山巅，可观东海日出。

2. 五台观日：在福泉山第二高峰，既可观东海日出朝霞万里，也可看西山日落晚霞百垂。

3. 茶岭碧波：福泉山有高山云雾茶3600余亩，茶树在山坡上犹如轻浪碧波，一浪高一浪，特别是到望湖亭之上，茶岭更显波浪式的茶行。游客称之为"茶岭碧波"。

4. 仙照藏龙：在福泉山山顶，旧有仙照庵，又称福泉精舍，前是水池大龙潭。传说中有福泉山老龙潜在潭中。每年立夏左右，老龙为东钱湖外海渔民护航,初秋护洋回来,又潜福泉山顶龙潭。现在的龙潭茶室就是仙照庵的旧址。

5. **龙潭清泉**:在福泉山巅原仙照庵之右,即现在的茶室之右,有龙泉井,水清见底,井小泉涌,久旱不涸,人称"龙潭清泉"。

6. **凤凰醉谷**:在福泉山上石板穿水库和茶山一带,在水库山上有茶树种植的"凤凰"二字,坡下是百鸟戏水之水库,故名"凤凰醉谷"。上有平台,可观赏此景,能触景生情。

7. **龙凤品茗**:在福泉山巅的龙泉茶室,是男女游客品茗谈情说爱的好地方,中国传统是男为龙,女为凤,故称"龙凤品茗"。

8. **枯木逢春**:在大慈寺西的史弥远墓道享亭之前的银杏大树,此树在"文革"期枯死,有枝无叶。"文革"结束,在枯枝上新发枝叶,现在二树挺立,根深叶茂。此银杏按史料记载,建造史弥远墓道之时,应栽于绍定六年(1233年),距今约780年历史,现列入区名木保护树木。

9. **万功清影**:在大慈禅寺前,即大慈寺万功池,是教忠报国寺的寺前放生池,现修缮一新,池中碧水清影,四周红枫绿叶,有万木倒映碧水天之感,游者称"万功清影"。

第四节 湖畔十景

1. **平峨仙境**:即白石山之北平峨山之巅平峨寺。春、秋早晨,从沙孟海书学院后山眺望,春天春雾弥漫,秋季岚气绕山,平峨在烟雨岚气朦胧之中,身临其境,又似仙境。曾有葛仙翁在此炼过丹,故称"平峨仙境"。

2. **竹海丛林**:即群山竹海。白云禅寺地处城杨白云山之中,白云山毛竹如海,故称白云寺为"竹海丛林"。

3. **丹桂飘香**:福泉山下唐公庵,有一株千年桂花树,是金桂,树冠在12米左右。每年八月底九月初,金桂盛开,满山闻香,每年能产花末约120斤。人称"浙江桂花王",已被列为国家保护古木。

4. **长城望月**:在湖畔岳王庙边的庙陇山上,1990年莫枝镇政府出资,在庙陇山上,仿八达岭,建造了小八达岭长城。长城上有望月亭,中秋时节夜晚,登上小八达岭长城,望东山明月升起,形成水天双月,故名"长城望月"。是中秋赏月的好地方。

5. **半山碑林**:碑林是石碑林立的地方,半山是王安石的号,安石公园有25件梅园石和青石的碑刻,由宁波著名书法家所书。2009年王安石公园改为"半山忆"。毁掉了半山亭和25件石碑。又在小蓬山脚,用水泥做成"摩崖石刻",刻有40件书法作品,现已开始风化。此改建时,区管会主任是朱至珍。

6. **启新挥杆**:湖南的启新高尔夫球场,建于1990年左右,面积约1800亩,有18洞,是一个富人、贵人的挥杆之处。

7. **唐代古刹**:在湖之西南,隐学岭下的隐学禅寺,始建于唐建中二年(781)。至今有1230年历史,比宁波七塔寺早50余年,是著名的唐代古刹,屡毁屡建。现寺重建于1980年之后,有隐学亭,有宋绍兴十九年刻的放生池碑,旁有全国文保单位余有丁墓道石刻,后山有周朝以"仁义治国"的徐偃王墓道。

8. **菊岛碑亭**:在湖东福应庙,是纪念王安石的王文公祠。2001年左右,由陶公山罗美岳发起,新建王安石亭和纪念王安石诗词碑刻,在亭的中心、内外墙上都刻有碑刻,由宁波文化名人毛翼虎、郑玉浦等20位书法家所书。此亭称为"碑亭"。前有菊岛,后是王夹岙,所以称其"菊岛碑亭"。

9. **蚌仙听涛**:在湖西北湖中有一座复盖形蚌壳山,在史家湾村之前的湖中,东钱湖在东南风来时,湖水白浪滔天,风高浪急,涛声澎湃。蚌壳山上时有蚌仙影现,此山此景称"蚌仙听涛"。

10. **南宋石魂**:即上水辩利寺之南宋石刻公园。详见本编第一节之石刻博物馆。

一期为史渐墓道。

二期为南宋石刻。

三期为儒家文化。

第五节 韩岭十景

韩岭又称韩岭市,在湖之东南,原是浙东的主要商贸重镇,又是名胜古迹云集之处,史上有"韩岭十景"之称:

1. 狮岩夕照：狮子岩在韩岭后街花桐殿后山，狮岩色近赤色，是火成岩的岩石，此山近三分之一是赤色岩石，有似狮子卧伏之状，故名狮子岩。夕阳西照时狮子岩更显得色彩显眼。故称"狮岩夕照"。

2. 岭南残雪：岭南即岭下山，岭下山向韩岭市的一面是朝西偏北。隆冬大雪纷飞，整个岭下山是白雪皑皑，天晴之后韩岭象鼻山、狮岩山积雪融化，唯岭南朝西北积雪难融，形成为"岭南残雪"。

3. 象鼻奔水：在韩岭象鼻山，在马山湖边向南望去，象鼻之鼻直朝湖畔伸去，故称"象鼻奔水"。象鼻嘴头小山已为215省道去咸祥、下水、宁波的三叉路口。

4. 花桐古迹：在韩岭狮子岩，沙孟海先生手迹"花桐古迹"，是百姓为纪念花桐娘娘而建的殿，又名花桐殿。

5. 柴场晓市：是早晨山民集市之处，原在韩岭万金桥与鉴湖桥之间，通往裴君庙的大路上。已废。

6. 龙门溪声：在韩岭上街龙门桥，秋雨时节，山溪奔腾，云集龙门桥头之上韩岭溪，奔腾之水到龙门桥，发出溪流奔腾之声，故称"龙门溪声"。

7. 上庵晓钟：上庵在韩岭上街的善应庵，是四合院式的小经堂，清朝晚期建筑。僧尼早晨做早课，晨钟暮鼓呼醒世间名利客。钟声回绕于善应庵上空，故称"上庵晓钟"。

8. 大池观鱼：韩岭后街有一个正方形太平池，供过去太平消防之用、、又有并大香樟树，池中有鱼，又能观赏，韩岭人称"大池观鱼"。2011年已被拆除开溪。

9. 古井流芳：韩岭小沙井，是鄞县名井，详见小沙井记载。人称"古井流芳"。

10. 鉴湖秋色：鉴湖桥上，西望碧波万顷的东钱湖。湖畔银杏、枫叶增添深秋之色，故名"鉴湖秋色"。

第六节　新开十景

1. 五桥揽月：在东钱湖大道有永丰河，河上有五桥：仙枰、双虹、二灵、霞屿、芦汀。

2. 韩岭遗风：在韩岭有古村，老街，旧居，老宅，古庙，古祠，古桥，古井。

3. **诗画长廊**：在湖滨公园，平水桥北，有诗书浮雕画廊。
4. **观壁问古**：在湖滨公园，平水桥北，有北宋王安石浮雕石刻。
5. **阡陌人家**：在东钱湖大道以西，是下应镇属村落。
6. **水网纵横**：在东钱湖大道两边，水网纵横，交错如网。
7. **贝影湖光**：在道士湾养殖河蚌珍珠，正是贝影湖光。
8. **山林出壑**：在环湖东南路山麓之上，有成片混交林木，是溪水奔流入湖之源。
9. **十里四香**：在下水西村屯岙奇奇田园至洋山岙，有书香、菜香、果香、花香。
10. **芦汀飞雁**：在东钱湖大道西入口，锁岚路交口处，有种植芦苇和安装铁艺飞雁。

第七节　景区

湖滨景区：在谷子湖之西，景点有岳鄂王庙、芦汀宿雁碑、半山忆公园（王安石公园）、治湖石雕、半山诗词碑刻、蝴蝶阁、小八达岭、湖滨码头。

白石仙枰景区：在白石山四周，有沙孟海书学院、周尧昆虫博物馆、白石仙坪、鄞鄮亭、白石庙、迎旭亭、小灵峰、艺术家村、道士湾。

湖心景区：在湖心堤，有"湖心十景"、钱堤烟波、普陀亭、水上观世音、九龙壁、补陀洞天、霞屿禅寺、望湖亭、沈从文石雕、霞屿锁岚、山僧呼舶、澄湖明月、二灵桥、月波楼、影月桥、清风桂香、揖秀亭、桃花坞、眠牛山市。

福泉山景区：在下水大慈岙，有"福泉山九景"，茶园3600亩，望湖亭、望海峰、望海亭、大慈禅寺、万工池、千年银杏、宋丞相史弥远墓道、千年石拱桥、享亭、陶公庵、树龄800余年丹桂。

沙山景区：在湖东沙家山，宋代明州太守仇悆墓道、游乐园、王安石碑亭、福应庙、二灵禅寺、二灵亭、北宋二灵塔、二灵夕照。

南宋石刻景区：在湖东上水辨利山，有南宋石刻公园史渐墓道，及文臣、武将、义马、节虎、孝羊、千年钟、石牌坊、松竹楼、佳月铺、三字经坊、溪声桥、百兽亭、廿四孝、石观音、千僧塔、节孝牌坊八座、清风亭、慈云禅寺、森林公园、裴君庙、横街南宋古墓群。

环南湖景区：在环湖南路，有占地45000平方米的水上花园，设有湖泊世界馆、科普教育中心、高尔夫球场、观赏游览区、阳光水岸沙滩培训中心。

马岙湿地：在湖东范岙，有九眼桥、上水龙口、范岙湿地、范岙裴君庙、温泉酒店。

十里四香景区：在湖东下水，有奇奇田园、广度禅寺、无量寿庵、叶氏太君墓道（全国文保单位）、忠应庙、八行堂、灵佑庙、古樟群、古银杏树（活旗杆）、南宋林染桥、德行桥、官驿河头、永兴庙、千华禅寺、雅水果艺园、纪家庄会所。

陶公岛景区：在谷子湖之东，由上乘古庵改造而成，有黄鱼跳、上乘庵、陶公祠、陶公亭、春秋宫、财神殿等。由民营企业租赁40年新建景区。

第八节　休闲路线

环湖线：自启新高尔夫球场起，经过韩岭、范岙湿地公园、龙口森林博览城、南宋石刻公园、横街岭、大慈禅寺、官驿河头、十里四香、纪家庄、虾公山遂道、东方花博园、雅戈尔动物园、青雷山寺、高钱岭、沙孟海书学院、莫枝三角地、湖滨西路、岳王庙、王安石公园、方家湖塘、陶公大堰岭、高湫堰塘、田螺山、郭家峙、南湖景区，全长31.5千米。

休闲线：自王安石公园，穿方家湖塘，过国七寺自来水厂前，进陶公岛景区，全长为7千米。

福泉山线：自福泉山下福门起，进八十一弯道，入山岭茶园，东海龙舌原产茶叶基地，到望海峰、观海亭登高远眺，正是"一山观湖海，万翠拥福泉"。盘山公路大约28千米。

历史文化线：自王安石湖滨公园，过方家湖塘、国七寺自来水厂前，经大堰头岭、穿高湫堰塘、绕羊角岭、穿郭家峙、穿南环线景区，左转韩岭、马山、范岙、上水，到辩利寺山南宋石刻公园，全长约12千米。

山地越野线：自南宋石刻公园至东钱湖森林博览城，相连接的山地越野赛道一圈为2.5千米。

人物编

RENWUBIAN

一方水土养一方人，灵秀的东钱湖养育了一大批优秀人才，历朝历代涌现了大批清正廉官、文人墨客、高僧大德、革命先烈、企业英杰，他们以德、以文、以身为国为民作了很大的贡献。其中有以仁义治国的徐偃王，治暴安良的裴肃，舍己为民的鲍盖，筑堤开湖的陆南金，清界决坡的王安石，除葑清湖的胡榘，抗争保湖的袁洲佐，毕生奔波为治湖的忻锦崖，"钱湖诗魂"袁士元……足以为东钱湖山川生色，与湖光相辉映。本编遵循"生不列传"的原则，将优秀的历史人物分类入志。

人物编

第三十五章 贤人名士
DiSanShiWuZhang XianRen MingShi

第一节 周朝

徐偃王（公元前992～前926） 名诞，字孺，是位以"仁义"治国而闻名千古的国君，生活在西周周穆王时代（公元前1015～926年）。南宋爱国将领、名士文天祥所撰《徐氏世系考》中记载，偃王母初感瑞有孕，昭王三十六年（公元前1015）丙寅岁正月二十日癸酉时，生下偃王，偃王"修德而奠安子民，而诸侯翕然向从关，及穆王遨游无道，偃王见几遐举逃于越城之偶，投玉几砚于会稽之水，去之泊里山下，故子孙有居于此者，复传偃王，又徙于明州东海瀹山，又迁于龟山之钱湖，子太一，太二，太三。而偃王卒，葬于明之隐学山。"

徐偃王是古徐国的中兴君主，"行仁义"，"德"治子民，反对武备征战，因而"坠其城池，束其兵甲"。在楚国大军兵临城下时，徐偃王考虑的是"积骸洒血，斯民无辜"。因此，徐偃王放弃决战，"不战而去"北走彭城。徐偃王遁迹，徐国被楚所灭，时为周穆王三十五年（公元前926）。

徐偃王以八十九年高寿仙逝，安葬于东钱湖畔隐学山之阳。此墓尚存在。云龙镇前徐村徐氏后裔，每年清明、冬至有来祭祖。

第二节 宋朝

叶玉英（1033～1118） 明州慈溪人。四明史氏第三代史简夫人，生于宋仁宗明道二年（1033），卒于宋徽宗重和元年（1118），寿终八十五岁，殡殓两年，后葬于宣和元年（1119），葬于鄞县阳堂乡长乐里之源（即东钱湖下水鸟鸣桥无量庵山）。史浩建无量寿庵，以奉香火。封宋冀国夫人，尊称叶氏太君。

叶氏太君幼少素受四书礼仪的熏陶。宋仁宗庆历年间，其祖父叶道传任明州甬东郡教授。将钟爱的孙女儿叶玉英嫁于史简，时隔六年，叶氏二十五岁时，简公亡故，自己已怀孕七月，在上有萱堂婆母，下有幼女弱子，极为凄苦，接着弱子病殇，日夜抱幼女而泣。四壁萧然，家境贫寒，身处逆境，决意居家，守其本分，含辛茹苦，青灯守寡，日指望遗腹生男，史门有后，结果确生一男，名诏。白日悉心教子，晚上纺纱织布做草鞋。史诏在母亲膝下，读圣贤书，徽宗期间，朝廷赐于史诏"八行高士"。孙子史才又考取进士。当是明州郡太守楼异为其草堂题联："黄卷教成遗腹子，白头亲见起家孙。"从此，史门振兴。

史 简（1035～1058） 字廉夫，父亲史成，早年在东钱湖濒湖以居，耕读为生。有一天，慈溪叶世儒游东钱湖，偶见史成朴素清雅，因憩其家，他的儿子简甫十岁，举止端方，气宇开展，从容至前，长揖而侍，执礼甚恭。世儒感到好奇，于是为孙女择配，许配给简为妻。史简从王致游，学问大进，后任郡吏，廉勤从事。孝顺后母任氏，有一次城河举办龙舟竞渡，母想去看看，兄弟俱贫，史简独自当了吏服，陪后母挽亲友出游西湖，观看龙舟竞渡。郡守召史简，简未穿吏服即至，郡守恚其不告，推折之，史简因愤得病而逝，年二十有三。后赐太师冀国公。

史 诏（1057～1129） 字升之，四明史氏第四代。父亲冀国公史简早亡，诏为冀国夫人叶氏太君的遗腹子。他小时聪明伶俐，有远大的志向，喜欢济人利物。他同丰稷、舒亶是同学，受教于城南的楼郁先生，他不但学到学问，而且学到了做人的高尚品德。以德行推，奉母纯孝，他经常讲："无母之节，就没有史氏。"史诏娶鄞县徐氏为妻，生五子，仲、才、木、禾、光。陈忠肃瓘贬四明，诏常与游从，学问为士大夫称道，以孝行闻。遇大比，辄引避，誓终身母子不相离。母好施予，诏委曲承顺，贫不能自给者，岁时周之以为常，故旧子弟教养于家，有鬻女偿官逋者，阴遗之钱不令知。出于已嫁遗女二十余人，丧不能举者，买山葬之。大观二年（1108），诏举八行，赐"八行高士"，乡人以诏应命，遂与母避于东湖之大田山，郡守迹所往，迫使就道，誓不赴。建炎三年（1129）卒，年七十有三，后赐太师越国公，世称"八行公"。子师仲、才、木、禾都知名。才为参知政事，木、禾皆为乡贡进士。

第三节　明朝

杨 苗（生卒不详） 字德成，鄞县人，慷慨多大略。成化年间，诏民输粟助边，一时未有应者，苗独出粟二千五百石，躬输至边，特赐玺书，立义门旌之。

第三十六章　治湖官吏
DiSanShiLiuZhang ZhiHuGuanLi

第一节　唐朝

陆南金（生卒不详）　字季孙，盛唐时吴郡苏州人，自幼习书、史，言行修谨，初为太常奉礼郎。开元初，太常少卿卢宗道以罪流放岭南，后逃归。其时陆南金以母丧居家。卢宗道事急，假称吊丧，造访陆南金，言其实情，陆南金怜而纳之。不久，卢宗道事为其仇人所告发。诏令侍御史王旭逮捕卢宗道，并以包庇罪逮捕了陆南金，欲绳之以重法。陆南金弟赵璧到王旭处，自言藏卢宗道，请代兄死。陆南金称其弟是自诬，愿自己以法论罪。兄弟让死，王旭怪而问其缘由。其弟赵璧说："兄长是嫡长子，又能干家事，亡母未葬，小妹未嫁，都需要兄长调理，而自己年幼顽劣，生无所益，故自请死。"由是王旭遂列状上呈，上司哀其孝友，特赦宥之。陆南金由是大知名。天宝二年（744），出任鄮县令。率众浚治东钱湖（时称西湖），灌田五万亩。民为之歌功颂德，立祠湖旁以资纪念。当朝左丞相及太子少保陆象先都很器重他。陆南金官至库部员外郎，因病转为太子洗马。享年五十余岁。

第二节　五代

钱镠（852~932）　字具美、小字婆留，安国人（今杭州临安）。五代时期吴越国开基国王。吴越国拥有苏南、浙江、闽北一带，统率一军十三州、八十六县、五十五万七百户。

吴越国发展经济首先发展农业，着重兴修水利，水利工程遍及全境。

据《吴越书》记载，后梁开平三年（909），武肃王巡句章、复巡明州，命鄮县令广开之，东钱湖周围八十里，受七十二溪之流，方圆广阔八百顷。四岸筑堰凡七，曰钱堰、大堰（一作大都堰）、莫支堰、高湫堰、栗木堰、平水堰、梅湖堰等。作堰后湖高于河，不时开闸下注。涝时蓄水，旱时注水，可溉鄞、定、海等七乡之田五千顷。奉定亦沾其利。

第三节　宋朝

王安石（1021～1086）　字介甫，号半山，抚州临川人（今江西抚州）人，北宋时政治家、文学家，唐宋八大家之一。庆历二年（1042）王安石中进士，被任命为淮南判官。1047年，调知鄞县。到任后，当年十一月，他组织和带领县吏考察鄞之水利，历时十三天，查访鄞县东西十四乡，行程数百里，摸清了全县基本情况后，立即着手兴惠除弊。动员百姓修治水利，浚治东钱湖。考虑到鄞县渔民春汛出海捕鱼而青黄不接的困难，王安石决定将县府的常平仓储粮以低息贷给渔民和农民，秋收后还粮付息，让他们度过春荒，政府也得到收入。王安石知鄞期间，对人才的教育和培养很重视。1048年，创办了鄞县第一所县学，以孔庙为学舍，延请杜醇、楼郁等为老师，招收学生，鄞县的教育事业为之改观。又着手调整当地的一乡五里制，把相邻的十家组成一小保，十小保为一大保，十大保为一都保，各级都有保长。以此来加强社会治安力量。治鄞三年（1047～1049），使鄞县灾情缓解，农田水利得到修复，生产和人民生活有所改观。王安石治鄞时的主要措施的实行，为以后革新变法积累了经验。鄞县任满后，王安石在各地任地方官。神宗即位后，起知江宁府，上《本朝百年无事札子》，提出变革弊政的主张。熙宁二年（1069）拜参知政事，次年拜相。主持变法，陆续颁行农田水利、青苗、均输、市易、免役、方田均税等新法，史称王安石变法。因守旧派的反对，熙宁七年（1074）王安石罢相，出知江宁府，八年复相，九年因变法派内部分裂和儿子王雱夭折，悲伤之中辞去相职。出判江宁府，退居江宁半山园。封荆国公，世称荆公。

李夷庚（生卒不详）　宋天禧元年（1017），以吏部员外郎直史馆知明州。时有花楼神为祟，李夷庚毁其祠，在镇明岭，建州学文庙。后人立祠纪念其浚东钱湖、广德湖，大兴水利之功。

宋真宗天禧年间（1017~1021）时，李夷庚任明州（即宁波）郡守，筹资万金，组织百姓、工匠，重修、加固东钱湖塘，又重整广德湖湖界，筑堤十八里。四闸七堰，凡遇旱涝，开闸放水，溉田五十万亩，比因豪民于湖塘浅岸渐次包占，种植茭荷，障塞湖水，绍兴十八年（1148）虽曾检举约束，尽罢请佃，岁久菱根蔓延，渗塞水脉，致妨蓄水，兼塘岸间有低塌处，若不淘浚修筑，不惟寝失水利，兼恐塘埂相继摧毁，乞候农隙趁时开凿，因得土修治埂岸，实为两便，从之。（《宋史·河渠志》）朝廷追封其惠应侯。百姓感其恩，缅怀其德，相继建擭竹庙、嘉泽庙、遗爱祠、上塔山庙。这些庙已圮，20世纪90年代，百姓重修上塔山庙，祭祀陆南金、李夷庚、吕献之等治湖功臣。

吕献之（生卒不详） 东平人，宋治平元年（1064年）作为鄞县主簿，吕献之主持重修了沿湖六塘。即方家塘、高湫塘、梅湖塘、栗木塘、平水堰塘和钱堰塘。六塘加固增高之后，湖区蓄水增加，更好地发挥了东钱湖在抗旱排涝中的作用，造福百姓。

吕献之是县主簿，管的是县里的典籍文书等的日常事务，相当于现代的秘书长。他身为县里的长官，能亲历艰辛，为老百姓办实事，造福乡里，因此百姓深感其恩，缅怀其德。在湖边的湖塘下老子山头建造了"擭竹庙"，来祭祀郡守李夷庚和主簿吕献之，至今香火不绝。

清人陈伯庸记下了当时的传记：古代的文人武将，名人高士，生有功于世，殁后则屡显灵异。相传过去湖边山民贩竹到胡家市去卖，在竹筏经过祭祀李夷庚、吕献之的庙宇时，祈祷神灵保佑，必定有求皆应。为酬神佑，每次都擭株毛竹放在庙前，由此积累了资金，庙宇也日渐扩大起来，后来大家就把这座庙叫作"擭竹庙"。

张　津（生卒不详） 乾道三年（1167）以直秘阁知明州，五年乞开茭苇。奏言东钱湖容受七十二溪，方圆广阔八百顷。傍山为固。垒石为塘八十里。自天宝三年（744）县令陆南金开广之。国朝天禧元年（1017）郡守李夷庚重修之，中有四闸七堰。凡遇旱涝，开闸放水，溉田五十万亩，比因豪民于湖塘浅岸渐次包占。种植茭荷，障塞湖水。绍兴十八年（1148）虽曾检举约束。尽罢请佃。岁久菱根蔓延，渗塞水脉，致妨蓄水，兼塘岸间有低塌处，若不淘浚修筑，不惟寝失水利、兼恐塘埂相继摧毁。乞候农隙趁时开凿，因得土修治埂岸，实为两便，从之。

赵伯圭（生卒不详） 宋孝宗同母兄，在明州知府任上十年。赵伯圭虽然出身皇族，贵为高官，但他能体恤民情，了解民间疾苦。东钱湖的治理是他日夜操心的大事情。其时明州守臣张津首先向朝廷提出了"清葑"之策。赵伯圭又利用其皇帝阿哥的特殊身份恳切地向皇帝上奏，得到了朝廷的允准。赵伯圭立即派遣知县杨某负责安排人员，经过仔细丈量，估算出浚湖需用钱约165888贯，米27678石。因工程所需耗费浩大，初获安定的南宋朝廷根本拿不出钱来。忙碌一番之后终于未能实施。赵伯圭这一举措虽然没能实观，但是东钱湖的治理已经引起了朝廷的重视，为以后他的侄儿魏王赵恺的浚湖作了铺垫。

赵　恺（1146～1180年） 是宋孝宗的第二子，他为人厚道，精心吏治，又心系黎民。他利用其与皇帝的特殊关系，说动朝廷，拨出了内帑金五万，义仓米一万石作为治湖经费。赵恺又制定了按受益田亩来摊派人役和工具的政策，还差拨了大批水军来搬运"葑积"，并派遣长吏莫济，司马陈延年往来监督施工。浚湖历时半年，清葑21213亩。朝廷封赵恺为雄武、保宁节度使，进封魏王于婺州义乌，判宁国府。被赵恺断然拒绝，并指出："政出多门，吏民纷竞不一，徒见其扰。""长吏、司马应分管钱谷、讼牒，最后呈由赵恺审批。"理顺上下关系，有利于吏治。当时南宋政权官吏繁冗，百弊丛生。赵恺身体力行，改革弊政，爱民保民．深得朝野好评。赵恺还十分重视教育。他在判宁国府时曾上奏朝廷要求增加士人贡额。到淳熙元年（1174）改判明州时，他下令停征所属县邑的田租，用这此田租来办学，推动和促进了明州的教育事业。淳熙七年（1180年）赵恺卒于明州任上，年三十五岁。宋孝宗素服发哀于别殿，赠淮南武宁军节度使，扬州牧兼徐州牧，谥"惠宁"。由于赵恺在明州勤政爱民，深受百姓的爱戴，"薨之日，四明父老乞建祠立碑以纪遗爱"。

胡　榘（生卒不详） 字仲方，庐陵人。宝庆二年（1226），以兵部尚书知庆元府事。先是钱湖湮塞，摄守程覃用缗钱买田贮谷薙葑，计划最为详备，日久寝驰，榘修覃议于农隙，水退时用水军船薙去葑根，至十月，募湖下有力家出夫助力，先修运河诸碶闸，放水入江，复放湖入河，湖涸易施挑浚，而运河贮湖水，仍不妨春农。请得僧牒百道、常平米万五千石，治如前议，民甚便之。复以赢钱28347缗增置田亩，以其入分给渔户，人岁六石，令随时薙绝葑根。之后十六年无葑茭，水清。因其对整治东钱湖有功，当地百姓在莫枝堰八字桥老子山建太山庙祭祀。

石昼问（生卒不详）字叔访，新昌人。淳熙十一年（1184）知鄞县，开东钱湖，付之食利户，治绩为浙东诸邑之最。

程　覃（生卒不详）字会元，嘉定七年（1214）以西浙提刑摄庆元府。时东钱湖岁久葑淤。覃议用官缗钱买田千亩，岁收谷二千四百余石，贮近湖僧寺，属富人有心计为民信者掌之，以农隙募民驾船薙葑，计船大小、地远近、葑多寡为酬谷差，一年可去葑二万余船。复禁奸民之植茭藕湖壖者，请于朝，得报可，刻板月波、隐学二寺中。复拨钱及田，造器服以劝学者。蠲海错果蔬之征，公府、廨宇、城郭、戎器、仓场、桥道及乡饮器具，纤悉毕备，其吏事精勤如此。

陈　垲（生卒不详）字可斋，长乐人。淳祐元年（1241）以秘阁修撰知庆元府兼沿海制置使，命制干林元晋、签判石孝广行买葑之法，听民交葑给钱，初止数百人，已而棹舟至者日千余。

第四节　明朝

陆　偁（1467~1550）字君美，号碧洲。弘治六年（1493）进士，官至福建按察副使。正德三年（1508），致仕归，监司行部每见咨访，辄缕缕陈说利害，如障陂东湖，增石它山堰，皆惠利一乡者。嘉靖廿九年（1550）卒，享年八十四。

钱　琎（生卒不详）字廷珍。幼好学，负胆识。父象，为建阳典史。邓茂七犯治，象率民壮二千人击却之，有冒其功逸于监军曹吉祥，遂逮治，琎偕象听鞫者詈之。琎曰："父子，天性。有父受枉而子侍者乎？"鞫者即以父子之道为首题，令作七艺，琎立就，鞫者叹曰："象有子若此，何必为卑官。"事大白。登景泰五年（1454）进士，除广西道监察御史，历任云南、江西按察使。琎居梅江，念濑江田多淹没，归里后与兄珪倡筑长堤，广计二百八十丈，被其利者三县七乡共一百二十六里，民德之，称为钱公塘。琎复筑梅庄，吟咏啸傲于其间。生平好义，常以己粟赈关西，诏授正七品，除承事郎。

葛　理（生卒不详）　字葵轩。成化十六年（1480）举人，为当涂知县，宽厚廉简，甚得民心。适有寇难，筹办军需，不辞劳勚。归里后敦尚孝友，为人排难解纷，共服其公。时万金湖沿淤塞，出赀疏浚之。

邱　绪（生卒不详）　字继充，诸生，世居邱隘。父铿，娶余，而妾黄生绪，以不得于余被出适江东包氏，未几转适他所。后二十年，绪辗转询问至台州之王碧川，始觅得之。有浚东钱湖议，足裨邑政事，闻表其宅曰："孝友。"绪自幼好学，博综群籍，执经闻业者履满其户，闾里莫不感动。绪事余母孝，处兄弟友爱纯笃。

李　玮（生卒不详）　字伟卿。世为农，父喜藏书，玮尽能读之，作诗有奇语。及壮，游京师。归，杜门著书。于舍东构草亭，莳菊数百本，每黄花初盛，竖一竿如酒帘状，上书曰："酒熟花开，高怀者来。"足迹罕入城市。性孝友，留心风土利病。著《国课论》、《东钱湖赋》，胪列农田水利事甚详，见者重之。年逾九十，神气不衰，好学如故。

林时对（1623~1713）　字殿飏，号茧庵。崇祯十三年（1640）进士，授行人。鲁王监国，累迁副都御史，力争东湖之不可塞，得罪于王之仁，于是方国安以东林遗孽纠遂在国。丙戌后与孙荣旭、齐世振、林必达徜徉诗筒酒社，泉石间。康熙十四年（1675），当事以遗逸荐，时对与荣旭等皆以疾辞，人称"甬东四节"。卒年九十一。

陆宇鼎（生卒不详）　字周明，一字赣庵。父世科（子），南京大理寺卿。宇鼎性亢直，邑中东钱湖贵家多侵为田，每偷泄水以害七乡之稼。宇鼎抗陈大害，得以禁止。鲁王监国，授监纪同知，俄进按察副使。

曾　直（生卒不详）　字叔温，吉水人。进士，弘治十七年（1538）知鄞县，廉勤简朴，狱无留滞，公庭阒若无人。直博求邑中典故，如东湖水利，究心尤悉。累官至大理卿，以清操闻天下。

寇天叙（生卒不详）　字子惇，榆次人。进士。正德十二年（1517）知宁波府，为政务崇大体，不屑细苛，下车物色贤士大夫，而摈其溷浊者。有干请，即权贵人亦拂衣起。尝浚治东钱湖，连岁雨多弥漫，上下用功。无地，时有议屯田者，天叙阻止之。升应天府丞。

黄仁山（生卒不详）　字元静，新淦人。嘉靖八年（1529）以吏科给事中谪任鄞令。严立条约，清革隐弊。宁波卫军请钱湖为屯田，仁山用父老严詷，言勘覆不行。升太仓知州。

柯　相（生卒不详）　字元卿，池州人。进士。嘉靖十一年（1532）知宁波府事。朔望视学，进诸生，问难可否而惩劝之。又悉心水利，浚东钱湖，挑葑去浅，民无旱燢之忧，以刚直忤时，调武昌去。

魏成忠（生卒不详）　字荩卿，号鹏池，高淳人。万历戊戌（1598）进士，筮仕余干，有政声。二十九年（1601）调繁来宁，留心水利，尝遣驺从乘叶舟，往来阅视穷乡。王嗣奭《密娱斋诗注》尤尽力于东冈碶，增为十三洞，躬挽石运砖，以作众气节。赢金贸田四十余亩，筑室三间，召僧主之，以供守夫补弊之资。又从东乡云龙等碶修筑，以及西乡石塘等碶，殚勤夙夜，利罔弗兴。

张伯鲸（生卒不详）　字瀚伯，一字绳海，江都人。万历四十四年（1616）进士，天启二年（1622）知鄞县事，惩鄞俗奢靡，躬行俭约。浚双湖，复城中故渠，出沙砾护长春塘，新西津坝，并葺堤堰之将圮者，又增东钱湖碶板二尺以防泄，所溉东乡田八千余顷。累官兵部左侍郎，摄尚书，疾作告休，明亡，守扬州，城破自刭死，谥忠节。

董守谕（生卒不详）　字次公，少受业于黄道周，讲学大涤山中。天启四年（1624）举人，七试南宫不第。鲁王监国，授贵州户部司主事。定海总兵王之仁请塞东钱湖以为田，守谕疏言湖不可塞，之仁大怒，欲杀之。守谕慷慨无所惧，议竟寝。

宋继祖（生卒不详）　字汝孝，汉州人。由进士知定海县，任定三年，筑湖塘，廓学宫，皆为士民兴百世之利。先是崇邱乡田引鄞东钱湖水以资播艺，旧有蛇堰逼小，浃江一决，则水势若建瓴尽注于江，故湖水与河渠未干而先涸，三农病之。继祖躬履其地，去旧堰二十里所，地名东冈山，筑堰其下，又去堰二十余所，筑碶堰以蓄水，碶以泄水，相水势以为启闭，于是东冈以上江尽为河，潴渟留蓄，崇邱无旱患，鄞之七乡亦胥被其利。

第五节 清朝

袁州佐（生卒不详） 字秋水，济上人。乙酉，避地浙东，以荐知鄞县。总兵王之仁欲废东钱湖为屯，州佐中阻。营弁周某又请但废梅湖，州佐复移牒曰："东钱湖废田积水，民输湖米，则已纳田租矣，今复废之为田，是虚征也。且梅湖即钱湖别名，特其东北隅耳，自钱堰至高懒岭长堤计三千七百步，欲屯梅湖，须借此堤以堵水，必加高五六尺，其间下无石脉，高则必溃，所屯之田仍为湖淹。又梅湖塘下有旱田三千七百亩，另设小斗门，细流分注，若屯梅湖以遏其源，旱田必废，弃此成彼，亦复何益。或谓可引钱堰之水灌之，岂知湖碶之下各有所归，从高湫、平水而下者，专灌奉化、横溪一带。从大堰、莫枝而下者，专灌十七、十八、二十都、陶江、云龙一带。从钱堰而下者，专灌一、二、三、四、五都一带。从梅湖而下者，专灌六、七都及镇海崇邱乡一带。钱堰与梅湖相去十里，中隔大山，岂有相通之理。梅湖废而六、七都及崇邱之乡亦立槁矣。大湖之下皆泥，故蒡多。梅湖下皆沙石，莼芡不生，即废之，终不可田。"复作《乡屯问答》，始得罢议。（蒋学镛《水利考》）又有进言梅湖即不可塞，而湖旁天涨沙涂可以兴屯。之仁又下檄。州佐上言，天涨沙涂皆湖田也，侵之则不塞而自塞矣。湖旁土豪固有侵沙涂以为田者，方议廓清，奈何尤而效之，因请严加丈量，凡侵湖址为田者，皆加其赋，使助军需，既可以杜侵湖水之害，而于饷亦不无少补。之仁从之，未及行而国亡，变服行遁山中，其后不知所终。

袁世恒（生卒不详） 字镇北，又字贞斋，号月楼，经之子。自少失恃，事后母以孝谨闻，昆弟五人怡然敬爱，仲弟为人后所。后母与大母两世嫠居，皆端庄寡言笑。世恒百言劝慰，时一为之解颜。仲弟孱弱，常身支其家。钱湖水利溉民田数十万亩，迩年堤堰败坏，佥议兴复，而大堰塘数十丈，与其旁湫阙为湖上要害，当道度世恒能任事，且近其家，举以委之，会淫雨，水大至，每下石，辄漂决，世恒持盖着屐，无晓夜，立道上指挥工匠，未尝言劳也。始，其地谣曰："堰塘崩，袁氏兴。"塘崩，世恒以副车中道光丙午（1846）举人，季弟伯子先后入庠序，比当修举，形家者阻之曰："将有灾中作。"仲弟夭没，复阻曰："将更有灾。"世恒皆不听，弟殁百日，世恒亦卒，年四十四。世恒所为塘坚密抗庄，异乎他役。方兴修时所筹画与当道不合，持谕侃侃，义形于色，当道数使人讽世恒，幸见过，世恒不往。曰："吾为吾事而已，非媚世者也。"其风骨如此。子三：顺则、顺宾、顺实。

袁信芳（生卒不详） 一名顺宾，字以燕，号苇孙、世恒子。精制艺通经术，常携诗书易白文坐对，终日不倦。晚年好苏诗，每拈韵辄飘飘欲仙。尝有品茶句云："时宜知不合，满腹幻槎枒。"盖自道其胸臆也。清光绪丙子（1876）举人，丙戌（1886）成进士，援例指省江西，署广昌县知县。先是癸未秋患潦，大堰塘几坏，当事者以信芳父世恒曾修塘，前所修处坚密无损，因以其事相属，郡守某与某绅难其事，估工料费二万金，议捐沿湖水地，既定稿具详。信芳力持不可，谓民居水利，并重捐之，适滋事，修筑不过白金三千足矣。及塘成，用如数，而功极坚牢。其生平遇事率真类如此。子从周，字月孙，己卯中举人。

张　恕（生卒不详）字贯一，号铁峰，郡城人。道光六年（1826）优贡，考取八旗官学教习。八年中式本省举人，同治辛未（1871）重游泮宫。事母至孝，里中善举靡役不与，尤究心水利，镇海县民将由剑河漕疏凿山麓以通鄞东水道，恕谓此河一开则东钱湖立涸，鄞东沃土皆瘠坏矣，请官禁止。光绪初，与修《鄞县志》水利一门，皆恕所为也。

张祖衔（生卒不详） 字品阶，宁府优附生。清光绪己丑（1889）秋八月，山洪暴发，损禾稼，坏庐舍。鄞北湾头塘河，自明嘉靖间宁波府同知种公祚修浚后三百余年，至此受害实甚。祖衔过其地，恻然伤之，乃与同县张锡藩等，谋浚是河，按亩捐钱，而所计无多，工用不足。一日雨中，祖衔棕笠芒鞋，求助于陆编修廷黻，陆感其诚，诣太守胡元洁，请援以工代赈例，得番银一千六百元田之，事稍稍集。祖衔寻斥私产以益之，河乃大治。《镇亭山房集》有记。壬辰（1892），建议浚东钱湖，接洽鄞奉镇三邑绅耆，具呈各当道。其时，浙学使者仪征陈彝莅鄞，陆为之言，陈因书"为仁有本"四字额署其间。越二年卒，湾塘居民闻而走哭其家，且异其柩而葬其乡。复牒有司，请附祀清湾种公庙。祖衔以湖事未及兴办，病革时犹切嘱其弟子忻锦崖曰："湖之事未就，余之心未了也。汝能为之，余在地下当为汝佑矣。"不数日而逝。由是锦崖承其训，继其志，复邀集同志，奔波二十五年不辍。

程云俶（生卒不详） 字稻村，江西铅山县人。清光绪二十年（1894）任宁波知府，决意浚湖，缘忻锦崖以东钱湖图及章程十一条呈览，遂偕水利分府萧福清商议浚湖事宜，并邀集郡绅筹款，愿首捐千金以为之倡，惜事未就而病，绵惙时犹谆谆谓家人曰："浚湖事吾虽不及观其成，然吾殁必助此款，毋忘吾言遗吾憾也。"后旬日，其子方矩、方轨遵遗命，贷千金送交郡绅，郡绅皆慨然，以太守加惠兹土意良厚。然工巨成否不可期，姑待之为辞。嗣是署郡守庄人宝继其事，亲诣履勘，筹拨款项，购备机器，用民夫开浚，得四千二百三十余方，又修梅湖堰塘。庄公去后，高太守英莅宁，收捐办工具有端绪，会有以巨费难继为言，事遂中止。

周　镐（生卒不详）　字怀西，号犊山，无锡人。乾隆四十四年（1779）举人，嘉庆八年（1803）知鄞县。东钱湖四面环山，山缺处设碶闸，滨湖之民私利佃渔，赂闸夫泄水，稍旱即涸。镐为严启闭之令，添设闸板，实泥其中，滴水不漏，而封其锁匙于库，非旱不开。湖之西南八十里有范家湫堰，为内河锁钥，逼江易倒，对岸为董家跳，董姓之田距湖既远，遇大旱湖水不能及田，而江之淡潮可以引灌，往往抉堰去之，近湖之民岁与构讼。镐审度地形，徙堰于董姓田上，厚其基址，甃以巨石，使堰下之田取给江潮，堰上之田取给湖水，两造称便，镐撰《水利纪略》。十六年去任，县人立祠纪念。

萧福清（生卒不详）　字勉夫，江苏吴县人。清光绪十四年（1888）任宁郡水利分府，至二十二年（1896）三月，巡道吴引孙委福清履勘全湖情形，四月偕县人张锡藩、忻锦崖至湖上察验禀覆，后屡次召锦崖商议浚湖事宜，首捐廉以倡，一面延请算学师丈量绘图，设局兴办，颇具热肠，因高太守英被顽绅阻止，事遂结束。

陈　励（约1817~1899）　字子相，号泳桥，鄞县人。道光十七年（1837）拔贡，廷试第二，授广西知县，念亲老无余丁以养，不一载投牒归。同治元年（1862）举孝廉方正，授江苏知县不赴少能，诗工书法尤精。小学读经有心得，先儒成说，熟乡帮，掌故徐时栋校宋元四明六志，与相往复签札积寸，县有修志之役，用力尤勤，著有运瓦斋诗文集，光绪十九年（1893）十一月十二日先后禀奏道、府、县文，并拟浚湖大略，计十五条。

史积兰（生卒不详）　字挺标，性孝友。仲季早世，抚其孤子俱成人，任卹三党，凡寡居乏嗣者毕力周之，复置房，以赡合邑穷孀，又集同为广济堂，便利浮桥交通。桥东旧有船埠鳞次栉比，与桥下行船相撞倾覆。积兰出资购地，离桥二十余丈，别筑新埠，遂无覆舟之患。东钱湖民私利佃渔民赂碶泄水，稍旱即涸，积兰修陈堰碶诸事宜，勒石永禁，并立水则以慎启闭，享年七十四岁。

第三十七章 官宦进士
DiSanShiQiZhang GuanHuanJinShi

第一节 晋朝

鲍 盖（267～316） 晋会稽人。永安三年（306年）由会稽赴鄞邑任县吏，居高钱青山村。鲍盖为官清正，两袖清风，除暴安良，保境安宁，德重乡里。建兴四年（316年）天闹灾荒，百姓家破人亡，流离失所，适逢鲍县吏押粮归鄞，见途饿殍遍野，群众跪地哀求，鲍盖悲感交织，泪流纵横，毅然将公粮沿途发给挨饿乡民，终以难交公差，而投江自尽，薨年五十。同年七月十五日葬於鄞之阳堂山太白里鹿山。当地百姓深受其恩，均立祠塑像奉祀，以颂其德。鲍盖薨后三十年为神，仍以匡时济世爱民为怀。南朝梁大通间，有奴贼名益，倡诱群盗，奴贼抄兵寇郡邑，官兵战而不胜，明州刺史萧祗得盖之助，将奴抄兵歼之余姚，众临於淖，溃溃如醉，官军悉缚之。祗奏其异，武帝遗增大祠宇。唐圣历二年（669年）县令柳惠古迁祠于县，建明州鲍君永泰王庙。宋宗宁二年（1103）尚书丰稷奏明州鲍君永泰王庙额犯哲宗皇帝陵名，乞改名灵应。政和八年，郡旱甚，至龙图阁栖身祷之，雨应如期，诏加封惠济。宣和四年六月，睦州剡魔巢洞盗发，去郡绝二十里。太守李公友闻告急于祠下，神示梦讨之，御贼不犯侵，奏加封威烈。宣和六年，侍郎路允迪奉使高丽求庇于神，若行平陆，奏加忠嘉。建炎四年，广宗航海南巡，神阴护之，风涛不作，乃御书加封广灵。元至正二十年，中原梗塞，由海道水漕运万户，倪可久奏言，借神荫庇扶粮船，风波不兴，舟人无恐，竟抵京都，以济国用，请加褒封蒙玺书改封神忠嘉圣惠济广灵英烈王。晋以来鄞县城乡有鲍盖庙68座，东钱湖高钱方水村建有祖庙青山大庙，宁波有灵应庙，辉映鲍盖功德，世祀不朽。

第二节 唐朝

裴 肃（生卒不详） 河南济源人。生於唐玄宗天宝年间，朝政昏庸、奸相专权、蕃镇割据、民不聊生。宋贞元十二年（796），明州镇长栗锽叛乱造反，占山为王，时任明州刺史卢云，征讨遭害。当时叛贼栗锽居于鄞慈之南、奉化西北之山中，越种以今地鄞州伐霸河、慈溪钟乳山、奉化箬坑等地扩充军力。攻陷郡县，其居住之地均为山越骚扰，民不聊生，此时府君裴肃任常州刺史，奉诏赴明州戡乱。府君裴肃，智勇过人，深谋远略，察地理，合民情，于翌年直捣贼巢，将贼讨平。于天台擒贼首叛逆栗锽，押解至京伏诛。

当时，裴肃将军所经过之处，能捍贼锋，军士露宿街头，不扰民力。沿途百姓加倍敬重。裴肃直捣贼巢于天台，不怕疲劳，不辞艰辛，转道邹溪、管江，翻山越岭沿途所经之处，秋毫无犯。鄞奉沿途人民欢欣鼓舞，夹道迎送，嘉惠于民，其功德家喻户晓，人人皆知。

鄞县东钱湖人民，为缅怀唐观察史裴肃将军戡乱爱民丰功伟绩，立庙纪念，东钱湖畔先后沿湖建立了18裴君庙。

第三节 宋朝

仇 念（1082~1146） 字泰然，宋代抗金官吏，青州益都（今青州）人。北宋大观三午年（1109）进士，初任邓城县（今湖北襄阳北）令。二任浙东宣抚使，明州（今宁波）太守。

任武陟县（今属河南）令，时金兵南侵，官军数十万过境，主将纵士兵抢掠，他与军队交涉，保证军需供应，但不得让军队骚扰百姓，后任沿海制置使，又以淮西宣抚使知庐州（今安徽合肥）。宣和四年年（1122）降金的刘豫之子刘麟会同金兵南侵，宣抚司统制张琦派武士数千持刀威胁他，要他一同南逃，他说："你们不负责保卫国土，我当以死殉国。敌人还没来，就仓皇逃走，老百姓依靠谁来保护？"他神色镇定，人心遂安。金兵临近，出奇兵攻击寿春城，金兵大败，退回淮北。后来刘麟又增兵来攻,再次被他击退。

后改任浙东宣抚使,知明州。他在明州挫豪强,惩奸猾,开仓救灾。又改任湖南安抚使,知潭州(今湖南长沙),有政绩,加宝文阁学士,任陕西都转运使。时金人无故提出要归还侵占的疆土,他上书力陈敌人的诡计叵测。时秦桧正力主和议,把他视为异己,削了他的职。不久,金人果然又重新占领了所归还的郡、县。他又以徽猷阁待制再知明州,改知平江府(今江苏苏州),累官至左朝议大夫,封益都伯。

蒙谗乞休,退居奉化,赡郡学田106亩。筑奉化长汀沙堰堤700余丈。宋绍兴十六年(1146)病逝,享年65岁,赠左通议大夫,奉化百姓建善塘庙祭祀。安葬于鄞县东钱湖畔沙家山。墓道始建于1146~1148年之间,墓前石臣、石将、石兽,坐南朝北。

到2011年4月10日考察时,墓穴被盗,墓碑被拆,尚有五件石刻被古藤缠绕,倒在原墓地。墓道遗址列为宁波市文保点,墓道五件石刻被列为全国重点文物保护单位。

史　才(1083~1162)　字德夫,一字闻道。享年80岁。四明史氏第五代,是鄞县下水村人,八行公史诏的二儿子。政和八年(1118年)登进士第。是四明史氏第一位入朝为官之人。

孝宗朝宰相史浩之叔。绍兴十七年,任国子监主簿。二十四年,除端明殿学士、签书枢密院事兼权参知政事,为明州史氏登宰执官之始。为遂昌县丞时,方腊起义军攻占遂昌城,史才复集合溃兵,重得县城。后,仕途一帆风顺。然在秦桧专政时,拱默不言。

政和八年进士,为遂昌丞,睦州贼陷衢、婺,犯县境,官吏惊溃。才即日集勇士举兵复邑。历迁令,倅温州。以李光荐除右正言,劾吏部尚书林大鼐,进右谏议大夫。绍兴二十三年,上言浙西民田最广,而平时无甚害者,太湖之利也;近年濒湖之田多为兵卒侵据,累土增高,长田弥望,名曰"坝田"。旱则据之以溉,而民田不沾其利;水则远近泛滥,不得入湖,而民田尽没。望尽复太湖旧迹,使军民各安,田畴均利。从之。迁端明殿学士、除签书枢密院事兼权参知政事。二十四年,御史中丞魏师逊、右正言郑仲熊言:"才尝受李光荐,不惮数千里贻书于光,谋为国害。诏以旧职奉祠。师逊等再论,遂落职。自秦桧独相执政二十八年,人皆世无一誉。柔佞易制者,如史才、魏师逊、郑仲熊之徒,率拔之冗散,遽跻政地，既共政，则拱默而已。"

陈　禾（？~1129）　字秀实，鄞县走马塘人。元符三年（1100）进士，累迁左正言，俄除给事中。未拜命，首抗疏劾童贯，复劾黄经臣怙宠弄权，愿急窜之远方，论奏未终，上拂衣起，禾引上衣请毕其说，衣裾裂。上曰："正言碎朕衣矣。"禾曰："陛下不惜碎衣，臣岂惜碎首以报陛下，此曹今日受富贵之利，陛下他日受危亡之祸。"上变色曰："卿能如此，朕复何忧。"内侍请上易衣，上却之曰："留以旌直臣。"翌日，贯等相率前诉，谓国家极治，安得此不祥语。卢航奏禾狂妄，谪监信州税，遇赦，得自便还里。东钱湖有山峭然，曰"二灵"。禾筑二灵山房，读书其中。复起知广德军，移知和州，寻遭内艰。服除知秀州，力辞，改汝州，辞益坚，久之，知舒州，命下而禾卒。赐中大夫，谥文介。子曦，字元和，号雪窗，后自知制诰知濠州，政称第一，召拜翰林学士。初，曦祖谧喜藏书，曦复为藏书记，告其后人勿坠素业。建炎三年（1129）八月卒，与父禾皆葬二灵山。1986年秋，陈氏第十九代世孙俊伯于遗址立碑曦曾孙大震、元孙伯鼎，俱登翰林，时人称为"祖孙三学士"。

史　浩（1106~1194）　字直翁，鄞县东钱湖下水人，四明史氏第六代，生于鄞县城。绍兴十五年（1145）进士，任余姚县尉。时黠贼出没无常，偷窃民舍，史浩设计擒贼首九人。他立了功，却不说是自己获贼，县令非常奇怪，史浩说："捕贼是我作县尉的本职。这九人要处分惩办。我一个人领赏，实是于心不安！"县令甚为赞叹。余姚任满后，史浩曾为温州教授，又升国子博士。他对宋高宗说"普安、恩平两皇子，宜择其一立为太子，以系天下所望。"高宗以为是，遂命史浩为王府教授。有一次，高宗给普安、恩平两王各赐宫女十人。史浩劝普安王说："这些宫女，你应以庶母之礼对待她们。"普安王听从了，过了几天，高宗把宫女召了回去。普安让宫女完璧而归，但恩平王却把她们尽数玷污。于是高宗就立普安王为太子。史浩也升晋安王府教授兼直讲官。史浩对晋安王谆谆教导，多有所匡正。绍兴三十二年（1162）任起居郎兼太子右庶子。是年六月。普安王赵昚即位（即宋孝宗），史浩为中书舍人兼侍读。孝宗问他施政何以为先，史浩回答说："莫如保固边鄙，收拾人才。当年秦桧辅政，妒贤嫉能，名士多被废黜，现在应以礼召还，加以重用。张浚、张焘、辛次膺等人都是人才，应该重用。"他又推荐周葵、胡铨、张戒、王十朋等人，均为孝宗所用。隆兴元年（1163），史浩为尚书右仆射同中书门下平章事兼枢密使。他首先提出赵鼎、李光无罪,岳飞之冤狱应昭雪,对因冤案而受牵连罢官的官员都应一一平反。这些孝宗都采纳实施了。金国派刘蕴古伪降南宋,别人都没有识破,刚巧当时万余人应募去北方营田,刘蕴古要求率领前去。陈康伯、张焘、辛次膺等都表示赞成。史浩却独持异议说:"这一定是奸人来诈降,伎无所使,就借这件事返回金国!"他当即召来刘蕴古,问他说"樊哙想以十万人横行匈奴,议者均认为可斩;今你得一万乌合之众,有什么作为?"刘蕴古大惊失色道:"这万人固然无家可归的,带他们到北方营田,决不会发生意外。"史浩反唇相讥道:"这万人固然无家,但你的家在何处?"当时刘蕴古伪降,家小仍留在金国境内的幽燕之地。他自知失言,恐惧而退。后来刘蕴古果然私派他的仆人向金密献南宋军机,事发而伏诛。人皆称佩史浩的先见。在对付金兵、收复失地这个重大问题上,史浩与大将军张浚等人意见不一致。浚以忠义之心,一心想北伐,想报仇雪恨。但史浩以内部兵力、国家财力角度考虑,反对贸然出兵,又力主孝宗不能亲征。这些主张,为主战派所反对,还遭到王十朋等人的弹劾。于是史浩于隆兴元年罢相。乾道四年(1168),出任绍兴知府并两浙东路安抚使,做了一些兴利除弊的事,如兴修水利,减免租税,赈恤贫苦,推荐人才等。八年(1172),判福州。淳熙三年(1176),任少保,观文学殿大学士。五年(1178),任右丞相。他看重朱熹,上奏把朱熹从建宁山中调出来。七年(1180)任少师。他推荐江浙名士十五人,如杨简、陆九渊、叶适、袁燮等,这些人都为朝廷所用。后判建康府。十年(1183)致仕归乡,封太保、魏国公。归乡后,史浩在县城月湖边筑阁建堂以度晚年。宋光宗绍熙五年(1194)卒,封会稽郡王。史浩历官高、孝、光三朝,资历深厚。在朝论事,意见常与诸大臣不合,但他能包容涵养,无愤疾怨恨之心。史浩一生著作有《尚书讲义》《周官讲义》《仙源类谱》《鄮峰真隐漫录》等十余种。

史 渐(1124~1194) 字进翁,号东皋,浙江鄞县人,四明史氏第六代。逝世后,葬于东钱湖上水下庄黄梅山南坡辩利寺后山(今南宋石刻公园),太常博士哲学家叶适为其撰写了墓志。

公元1164年,史渐辞参知政事官职,居今宁波江东张斌桥附近,以书塾先生安度晚年。其教子有方,共有八子,其中五子中进士,后有"五子登科"之誉。史渐长子史弥忠官至少师保宁军节度使、龙图阁大学士,弥忠子史嵩之官至南宋宰相。祖以孙贵,因此史渐被累封为太师和齐国公。次子史弥巩继承家业,增建独善坊。于嘉定元年（1237）出任提督江东刑狱。创造了四明史氏父子二代连中进士的纪录。安葬在东钱湖畔横街辩利寺山，就是现在的南宋石刻公园之内，墓前石刻被列为全国文物保护单位。

史弥忞（1124～1194） 字泰叔，鄞县东钱湖下水人，四明史氏第七代，享年70岁。淳熙十四年（1187）登进士第，管任通判江州。仕至中奉大夫，江西运判使，刑部侍郎。鄞县开国男史渐之子。

史　浚（1129～1203） 字尧翁，才之子，鄞县东钱湖下水人，四明史氏第六代。以父泽补将仕郎，监潭州南岳庙。乾道六年（1170），调古田尉。兄浩帅闽，避亲不赴。魏王恺知明州，辟为沿海制置使司，率备差遣。东钱湖积葑蔓䕸，王欲开治之，以属浚，浚引嫌辞，又白王曰：“今为民兴利，所费既多，军士当必乐趋，第严为纪律，毋令扰民足矣。请列杙岸旁，取葑积之，久自成堤，若属之官吏，必致烦扰民，疲于奔命，吏急于言功，止得目下弥漫可观，根蔓不除，适滋后害。”已而皆如浚言。淳熙四年（1177），知新昌县，朱熹为提学，一见如旧，即以滞讼委之。浚资明而健决，两词至前，情伪立见。十三年差权通判婺州，所至有惠政。积官至朝请大夫。嘉泰三年（1203）卒，年七十有五。

史弥大（113～1193） 字方叔，鄞县东钱湖下水村人，生于1134年11月28日，卒于1193年，享年59岁。四明史氏第七代，是史浩的长子，右相弥远之兄。乾道五年（1169年）登进士第，官至礼部侍郎。历秘书丞，知宁国府，终礼部侍郎，谥献文。宋楼钥《攻媿集》卷九三《纯诚厚德元老碑》："绍兴二十有九年，太师、会稽郡王名浩以国子博士奏事殿中。（高宗）曰：'浩今日有用之才也……'（浩卒），享年八十有九。子四人，弥大，故通奉大夫、充敷文阁待制、新知宁国军府事，赠银青光禄大夫……弥大、弥远皆登进士第。" 安葬于横街吉祥安乐山采坑父史浩墓左侧。

史弥忠（1161～1244） 字良叔，鄞县东钱湖下水人，史渐子，四明史氏第七代。淳熙十四年（1187）进士。为鄂州咸宁尉，秩满归，囊中装填甚多，其父大怒，集里人，悉发箧以视，皆书帙。开禧二年（1206）监文思院，杨简称其质直有才。知庐陵有能名。后守南安吉州，治有方，提举福建盐茶事，事定功赏，丝毫不受。其从弟史弥远久在相位，弥忠数劝其归。年未七十，首乞致仕。有二子，即史嵩之、史岩之。嵩之为丞相，迎父至京就养，未一年而归，不以显赫为贵。淳祐四年（1244）卒。

史弥远（1164～1233） 同叔，鄞县东钱湖下水人，史浩第三子，四明史氏第七代。淳熙六年（1179）补承事郎，后转宣义郎，考绩时获第一名，又到建康府粮料院、沿海制置司等处任职。十四年（1187）举进士。绍熙元年（1190）授大理司直，又迁为太社令、太常寺主簿，诸王宫大小学教授。他建议朝廷大力表彰廉洁之士，对举贤的人给予奖励；要求朝廷发展农业生产，重视农田水利基本建设，训练士兵，巩固国防。这些意见都相当中肯，当时丞相京镗对他学识甚为器重，曾屏退左右对他说："你今后功名事业，必定大大超过我。"庆元四年（1198），授枢密院编修官，迁太常丞，又兼工部郎官。嘉泰四年，提举浙西常平。开禧元年（1205），授司封郎官，兼国史编修、实录检讨。次年，兼资善堂直讲，封鄞县男，兼权刑部侍郎。时韩侂胄倡议大起边兵，对金作战，收复失地。杨皇后素忌韩侂胄专权，早想把他杀掉，就派皇子在宁宗前说："侂胄再启兵端，将不利于社稷。"宋宁宗意未决，将此事交臣下讨论。而史弥远也与韩侂胄有隙，他反对对金用兵，上疏说："所谓先发制人，后发制于人，这在作战中用于一胜一负之间是对的。但如今用兵，事关国体宗庙社稷，所系甚大。怎可举数千万人之生命于轻易一掷？派兵外出，京师根本重地必然空虚，一旦盗贼内起，派谁来抵御？要紧的是整顿沿江屯驻之兵，使其各当一面，既可防备边地，又可拱护行都。"杨皇后见史弥远之见与己甚合，就派人与其谋韩之事。开禧三年（1207）十一月，史弥远联络侍郎张镃乘韩侂胄上朝之际将其诛杀，并遣使赴金求和。嘉定元年（1208），任参知议事，拜右丞相兼枢密使。十七年（1224），宋宁宗病笃，史弥远称诏立赵昀为皇子，又废赵竑为济王。宁宗卒后拥立赵昀即位，是为理宗。理宗感其立己之功，仍命其任右丞相，又拜太师封魏国公，被坚辞。宝庆二年（1226），拜少师。绍定五年（1232）拜太傅，六年（1233）拜太师，袭父荫号封会稽郡王。其官爵封位，至是时显赫之极。是年卒。理宗辍朝三日，追封其为卫王，谥忠献，享尽哀荣。史弥远爱惜人才，对心腹之人也依才量用。他的堂兄弥茂，好友周铸、甥夏周篆，与他关系极为密切，人家认为他们必然显贵。但事实并非如此，这三人都未获高官。史弥茂甚至连终生未有一官半职。史弥远在宁宗时任丞相十七年，又在理宗时拜相九年，专权用事长达二十六年，史载："一时之君子，贬窜斥逐，不遗余力。"民国《鄞县通志》承认史弥远"虽非贤相"，但又说他"承韩侂胄乱政之后，守法持重，礼贤爱才，又惜名器，抑幸功、饬国防、戒开边衅"，做了大量安国利民之事。至于废济王立理宗，是他"急切图治之时"，"必须不得已者"，这些"宫闱涂秘,皇嗣贤否。国人固不得知之,弥远苦心不为人谅,其势然矣。"至于杀韩侂胄且与金议和,《鄞县通志》认为"宗室自南迁而后,国势益蹙。战固难能,和亦非易,然民间仇外之心日积而深。侂胄虽败,而其主战之议实是掀一时上下之沉念。弥远反之,此其所以不利于众口乎!"史弥远任编修,检讨等文职官多年,经其手撰的诏书、文告颇多,如《高宗宝训》《孝宗宝训》《绍兴求贤手招》等。

史守之(1166~1224年) 字子仁,祖籍鄞县东钱湖下水,四明史氏第八代。南宋时期诗人、学者、藏书家。字子仁,是宰相史浩之孙,史弥大之子。以承事郎监平江府粮料院。从杨简、袁燮游学,非其叔史弥远所作为,以朝奉大夫致仕。史守之中年避势远嫌,退居月湖,著《耳闻录》,杜门讲学,宋宁宗御书"碧沚"二字赐之。又学古文于楼钥,不与时谐,以道自任,史弥远甚畏之,每有所为,辄戒其家弗使十二郎(史守之)知。史守之自署"九六子",藏书最富,吴中藏书家有"旧学史氏"及"碧沚"印者,皆为其遗书。

史弥应(1168~1245) 字定叔,鄞县东钱湖下水村人,四明史氏第七代,史渐之子,1214年进士,官授海宁县尉,知上虞县,通判扬州。一之之父,弥忞兄,弥忠从弟。嘉定七年兄弟同登进士第,授海宁县尉。罢归。复知连州。最不为弥远所喜,时其家赫奕宠荣,弥应常罹诼,闭门求志。交游来言时事者,退之;谈风月者,进之。凡八年。号"自乐道人",利名莫能汩,行空山中,遇泉石辄发吟咏,皆耿介拔俗之语。有宋镜者,字莹中,能诗。从弥应于山中分韵推敲,殆无虚日;弥应殁,为铨次遗篇,手写付梓。

史弥巩(1171~1250) 字南叔,鄞县东钱湖下水村人,享年80岁。史渐之子,史浩侄子,是四明史氏八行史诏曾孙,四明史氏第七代。仕至直华文阁,知婺州府,鄞县进士录记载。嘉定十年(1217)进士。以迪功郎教授峡州,持论不阿,辟咨幕府事。改知溧水县,规构县治,严庠序之教。端平初,召入监都进奏院。嘉熙元年(1237)出任提点江东刑狱。值岁大旱,饶、信、南康三州受灾,史弥巩谓振荒在于得人,赈济灾民,达一百一十四万多。召为司封郎中。后以兄子史嵩之入相,引嫌乞辞,以直华文阁知婺州。年八十卒。

史弥忞(1173~1259) 字武叔,鄞县东钱湖下水村人,享年87岁。四明史氏第七代,史木之孙,史渐之子。弥应、弥忠弟,弥谥兄。一说淳熙十四年(1187),三兄弟同登进士第;一说嘉定七年(1214)兄弟同登进士第。历知惠安县，累迁龙图阁学士、知吉州。

据鄞县进士录按：史弥忞的题名榜次，民国《鄞县通志》已指出淳熙十四年、嘉定七年两说难以考据，而于各榜皆列其名，今本书为避免人数统计的重复，依榜次序，全部内容收入"淳熙十四年"条。

史弥坚（1169～1232）　字固叔，鄞县东钱湖下水人。浩幼子，四明史氏第七代。少警敏端静，从杨简游，为高弟。累举春官，授通直郎，累官至兵部侍郎。兄弥远入相，以嫌出为潭州湖南安抚使。六年知镇江府，未几，奉祠去。十年，起知建宁府，以兄久在相位，数劝归不听，遂食祠禄于家，居东湖十有四年，不复仕。宁宗御书"沧洲"二字赐之，加封光禄大夫、奉化郡开国公。绍定五年（1232）卒，赠太傅、资政殿大学士，谥忠宣。

郑清之（1176～1251年）　字德源，鄞县人，嘉定十年（1217）进士。教授峡州。调国子监书库官。迁国子学录。理宗即位，迁宗正寺丞。宝庆元年（1225），兼国史院编修官，实录院检讨官。绍定元年（1228）迁翰林学士，三年授参知政事。六年，为右丞相兼枢密使。端平二年，拜特进左丞相枢密使。其以天下为己任，每谓天下之财困于养兵备战。淳祐十一年卒，《宋史》有传。

史嵩之（1189～1256）　字子申，祖籍鄞县东钱湖下水，四明史氏第八代，享年69岁。嘉定十三年（1220年）登进士第，官至右丞相兼枢密使、职至观文殿大学士、封鲁国公。联蒙灭金是他的最大功绩。史嵩之相位五年，据传因其母在怀孕之前梦游嵩山，得到一块珍异宝石，故产后取儿名"嵩之"。嵩之祖父史渐，父亲弥忠。渐同宰相史浩是堂兄弟，弥忠同宰相弥远又是堂兄弟。史渐儿女甚多，教子有方，有五个儿子高中进士。嵩之出生于淳熙十六年（1189年）己酉正月廿九，嘉定十三年（1220年）中了刘谓榜进士，薨于宝祐五年（1256年）丁巳八月廿一，是四明史氏第八世，八行堂第四辈次。

嵩之自幼喜学经济、军事、政治，得中进士时，叔父弥远久居相位，异常喜悦，问侄去何处任职。嵩之便选择襄阳（光化司户）户曹（管理户口粮食）的小官。在担任朝廷官职时，为减轻朝廷与百姓的负担，毅然减少军费十分之六。嘉定十六年（1223年）差充京西湖北路制置司准备差遣；嘉定十七年（1224年）提升干办公务；理宗宝庆三年（1227年）主管机宣文字通判襄阳府；绍定元年（1228年）经理屯田，发展桑粮，使襄阳积仓六十万；绍定二年（1229年）迁军器监丞兼权知枣阳军，不久又兼制置司参议官；绍定三年（1230年）任鄞县安抚制置参议官；绍定四年（1231年）任西京湖北制置副使；绍定五年（1332年）任权刑部侍郎兼知襄阳府赐便宜指挥；绍定六年（1233年）迁刑部侍郎；端平元年（1234年）嵩之调兵遣将，统率精兵二万与蒙军联合奔赴沙场，浴血奋战攻克蔡州。同年，嵩之布告金亡。他秉公执法，两袖清风，把所得胜利宝物和战俘等献于朝廷临安，皇上论其功绩进封"鄞县子"。

史嵩之从公元1220年至1234年的15年时间里，一直沐雨栉风，奔波于襄汉前线。可谓是战功赫赫，从一名管理粮户的小官稳步提升到刑部侍郎，遍历政治、经济、军事等诸方面的管理工作，他呕心沥血，废寝忘食，兢兢业业，忘我操劳，他主张联蒙灭金，是位名符其实的抗金灭金战役中的一位将才。

就在同庆灭金胜利之时，围绕要不要乘胜出兵收复河南，在南宋朝廷里开展了激烈的争论。这时叔父史弥远已经亡故，新任宰相是郑清之，主张出兵收复三京（指洛阳、开封、郑州），而史嵩之考虑的是国家和人民的负担。嵩之以黎民利益为重，挺身而出，禀奏皇上理宗，切勿轻易出兵，理宗不予采纳，还委托他任兵部尚书。嵩之坚决推辞，理宗无奈将其罢官。此战导致宋军攻占三京惨败，军民怨声载道。

嵩之是在宋军进攻"三京"惨败后再受到理宗重用。他被理宗请回朝廷，任命为隆兴（今江西南昌）知府兼江西安抚使，后理宗想安排其为刑部尚书，嵩之竭力推辞。当蒙军攻打江陵时，嵩之遣良将孟珙等支援，攻克二十四寨。

嘉熙元年（1237年），嵩之进华文阁学士京西荆湖安抚制置使，庐州解围后，进封鄞县伯。嘉熙二年（1238年）汉阳受攻，嵩之帅师从江陵出发前往解救。嘉熙三年（1239年）授宣奉大夫右丞相兼枢密都督两淮、四川京西湖北军马，进封公。这就是他当官的鼎盛时期。

嵩之拜相后身居高位，竭力推荐贤臣良将入朝治理国事，请董槐、吴潜等到朝廷任职。光复信阳后，立即以督府的粮米来拯救淮民之饥，深受百姓爱戴。

据史美珩先生编著的《中华姓氏谱》中提到嘉熙四年（1240年），天久旱不雨，嵩之提出要求解除自己职务；当年发生地震，他又几次上疏要求免官回家，都不允许。淳熙元年（1241年），他提议起用范仲淹抗御西夏，没有采纳。淳祐二年（1242年）向理宗进高宗、孝宗、宁宗帝纪、孝宗经武要略、宁宗实录日历会要，进金紫光禄大夫。这期间他五次提出辞职回家，理宗不允许。淳祐四年（1244年）九月，父弥忠亡故，他又提出辞相回家服丧，所以前后六次提出辞职回家，理宗才得同意。从此，嵩之在家闲居13年，宝祐五年（1256年）八月薨，享年67岁。赠少师、安德军节度使，进封鲁国公，谥忠简，以家讳，改谥庄肃。安葬于余姚车厩史家村的西天福地。2012年余姚史氏后裔捐款重修。

史弥逊（生卒不详） 鄞县东钱湖人，四明史氏第七代。史才之孙。庆元二年登进士第。历迪功郎、萧山县主簿。

宋楼钥《攻媿集》卷一〇五《朝请大夫史君墓志铭》："君讳浚，宁尧翁，世为明州鄞人，今为庆元府……嘉泰三年九月旦，卒于家，享年七十有五……君尤笃于教子……长子中第……子男五人，弥逊，迪功郎、绍兴府萧山县主簿。"

史弥谨（生卒不详） 鄞县东钱湖人，四明史氏第七代，史浩之侄，庆元五年（1199）登龙榜进士，官为朝奉郎通判安吉州，历知海盐县。安葬在上水辩利寺（石刻公园山中）。

史岩之（1193～1270） 字子尹，祖籍鄞县东钱湖下水，四明史氏第八代，享年78岁。嘉定十年（1217年）登进士第。官至历礼部尚书兼实录院修撰，知临安、知福州府。授长兴尉，绍兴（定）二年（1229），升长兴知县，迁真州通判，权知真州。端平三年（1236），转大府卿，知临安府。淳祐二年（1242），知绍兴府，历华文敷文显谟龙图阁学士，四年，除端明殿学士，仍知绍兴，改知福州、福建路安抚使，开庆元年（1259），除资政殿学士、荆湖南路安抚使，知潭州，复改福建安抚使，冬命为沿江制置司，寿昌军应援鄂州，为贾似道所忌，除资政殿大学士，提举明霄宫致仕，娱母开凿东钱湖霞屿山"补陀洞天"观音洞。

安葬于绍兴府余姚县龙泉乡梅梁山。又说安葬于东钱湖尊教寺后山。

史宾之（1188～1251） 字子西，号渔乐，祖籍鄞县东钱湖下水，四明史氏第八代，弥坚长子。少事邱崇，开禧二年（1206）以祖泽授承务郎，绍兴务监酒。三年，改江西提举司干办公事。四年，知武康县，改知宝应。嘉定四年（1211），除建康分司粮料院。十一年，调江西榷院。十五年，迁知漳州。宝庆改元（1225），知宝庆府。三年，知饶州。端平二年（1235），知衢州，寻知徽州。嘉熙二年（1238），知严州，凡六为郡守，皆以治办闻。升将作大监，湖南提举纠劾州县吏曹干辖等官，及论荐贤否，无不得其当，与台谏不合，遂奉祠，主管云台观,复除户部郎中直敷文阁(全祖望《答万经帖子》作"敷文待制"),转荆湖北路转运。嵩之为相,宾之年未老遽乞休归(《答万经贴子》)。居东湖,遨游山林间。淳祐十一年(1251)卒,年六十三。

史佺之(生卒不详)　字子仙。祖籍鄞县东钱湖下水,四明史氏第八代,史弥忠从子。嘉定十六年(1223)登进士第。

史及之(生卒不详)　字子知。祖籍鄞县东钱湖下水,四明史氏第八代,绍定二年(1129)登进士第。

史宇之(1215~1293)　字子发,祖籍鄞县东钱湖下水。史弥远幼子,四明史氏第八代。初补承事郎。绍定六年,赐同进士出身。授司农太府少卿,集英殿修撰,淳祐八年(1248)守婺州。比岁旱饥,出资籴浙右米三万石以赈贷。易守处州,民苦赋税,以俸代输,农户感悦。宝祐二年(1254),召为兵部尚书,又知绍兴府、浙东安抚使,以宽和抚民,复义田。景定二年(1261)进资政殿大学士,知建宁府,崇安、松溪大水泛滥,民携抚入郭,桥梁几坠,史宇之急募舟枻拯救,严惩阻渡攘利之徒。后再召入京,进观文殿学士。

史本之(生卒不详)　字子立,祖籍鄞县东钱湖下水,四明史氏第八代。嘉熙二年(1238)登进士第。

史能之(生卒不详)　祖籍鄞县东钱湖下水,四明史氏第八代,史弥巩之子,胄之兄。淳祐元年(1241)登进士第。历官朝奉郎。

史胄之(1212~1268)　字子奕,祖籍鄞县东钱湖下水,四明史氏第八代,史弥巩子,能之弟。淳祐元年(1241)登进士第。仕至扬州参军。(《鄞县进士录》)

史常之(生卒不详)　字子经。祖籍鄞县东钱湖下水,四明史氏第八代,宝祐四年(1256)登进士第。

按:《宝祐四年登科录》正奏名进士中无史常之,是否为《登科录》阙落之人,或为特奏名进士,待考。

史介之(生卒不详)　字子石。祖籍鄞县东钱湖下水,四明史氏第八代,开庆元年(1259年)登进士第。

史望之(生卒不详)　字子雅。祖籍鄞县东钱湖下水,四明史氏第八代,史弥忠子。绍定二年(1229)登进士第。

史即之（生卒不详） 字子温。祖籍鄞县东钱湖下水，四明史氏第八代，宝祐四年（1256）登进士第。

史俊卿（生卒不详） 字景灵。祖籍鄞县东钱湖下水，四明史氏第九代。淳祐十年（1250）登进士第。（《鄞县进士录》）

史唐卿（生卒不详） 祖籍鄞县东钱湖下水，四明史氏第九代，咸淳元年（1265）登进士第。官至累迁徽州通判。

史蒙卿（1247～1306） 字景吕，后易字景正，号果斋，自号静清处士。祖籍鄞县东钱湖下水，四明史氏第九代。咸淳元年（1265年）登进士第，官至江阴军教授，以朱熹为法，人称"果斋先生"。七岁善属文，十二入国子学，江万里、常挺时为大、小司成，器待之。会父肯之提刑湖北，往省。从巴川阳岊学《春秋》。一年归，复通《周官》兼词赋。咸淳元年进士，授景陵县主簿。鄂帅吕文德檄人幕，命谕蜀帅温和解正阳围。温疑吕猜阻，不肯发。蒙卿微语撼之，即就道。调穿山盐场，改江阴教授，转平江归，遂不复仕。自号静清处士，为诗多感愤。自喻初四明之学祖陆九渊，蒙卿始由阳氏以溯朱学，著书立言，一以朱子为法。晚岁罹厄穷，讲道不辍。从者益众，称为"果斋先生"。父肯之。安葬于鄞县阳堂乡（下水）穆公岭之原。

第四节 元朝

史同孙（生卒不详） 祖籍鄞县东钱湖下水，四明史氏第十代，泰定帝泰定元年（1324年）左榜进士，官至国子助教，史弥巩曾孙。

叶 恒（生卒不详） 字敬常，逊之子，世居青雷山，治《春秋》，善文辞。泰定初，以荐被旨入胄监研精请学，昼夜弗倦，擢春官第。至元四年（1338），为余姚州判官，有干局，数延见父老行谊之士，询咨政理，锄奸抑强，百废兴举。州东北际海，岁被风涛害稼，尝以竹石筑土堤以捍，率不能久，州人病之。恒视堤曰："欲去此患，非石堤不可。"于是请计田出粟，择人以司之，恒往来相度，苦心督治，长亘二十里，二万一千二百一十一尺，下广九十尺，上半之，高十有五尺，因旧为新，包山限海，东西为一无复部分。越三年，为至正改元，而堤始成。民不知劳，堤南旧有汝仇、余支二湖，废斥几四十年，堤成而湖复潴水，时其启闭，田获灌溉，海潮之患遂绝。复作公署，延孙元蒙行乡饮酒礼于姚庠。后迁翰林国史编修官，时安南遣使入贡，诏为馆伴使，送使者出境，馈以金绘珍玩，一无所受。迁国子助教，调淮安路监城尹，民多不律，恒辄法其尤横者。台察文荐，将大用而卒。余姚民请庙祀于朝，至正二十七年（1367），诏封仁功侯，赐庙额"永泽"。

第五节 明朝

张邦奇（1484～1544） 弘治十八年（1505）进士，是张时彻的族侄，世称"叔侄二尚书"和东钱湖有缘。由庶吉士授检讨，累官至礼部尚书。他是一个节操高尚又很有学问的人。以母亲年迈请求改任南京兵部尚书，死后赠太子太保，谥文定。张邦奇家在鄞县西乡布政张家潭村，却喜爱东钱湖周边的山水。曾写过一篇《择峰记》，对湖西择阳山的风景赞不绝口："踞峰而坐，四顾旷然，心神超豁。群山环迭，如列几案。瞻望孔岙，金溪诸峰皆在其北峰之下……"或许正是那次游历，张邦奇决定将来长眠于此，他认为这里是能够庇荫子孙的风水宝地。不过，墓葬的地点却有两说：一说是在择阳山北孔岙，一说是在择阳山南栎斜。但墓葬的规模，一致认定相当壮观：全长100多米的墓道上，有四柱歇山顶石享亭、四柱三开间九脊顶单檐石牌楼和石戏台各一座。墓道两侧，并列石虎、石羊、石马、石笋和石翁仲文臣武将，威武肃穆，守护墓室。又据说，这是严嵩为了感恩而替张邦奇建造的。因为他是借张邦奇辞职退居的光，才得以高升的。然而斗转星移，人非物也非，如此宏伟的坟墓早已荡然无存了。

经过横溪孔家潭一带调查，张邦奇的墓道在孔家潭对山的横山大桥之北山上，在"大跃进"年代被拆除。老百姓称之为"张居正墓道"。

张时彻（1500～1577） 字维静，号东沙，布政张家潭人。与张邦奇同族，辈分大张邦奇一辈，系邦奇叔父，然小邦奇16岁，少年师事张邦奇，二十岁中举人。嘉靖二年（1523）中进士，授南京礼部主事，又调兵部任武库员外郎，后仍调礼部任议制郎中。十年（1531），升任江西按察副使，督学政。他选拔人才，唯德才为标准，淘汰了许多门第高而无德才的学生。学风为之一正。但也触犯了权贵既得利益，刚巧宫庙遭祝融，他受到弹劾，被罢了官。十二年（1533）出任临清兵备副使，所治甚有政绩。不久转任福建右参政。闽地徭役从无固定标准，地方官员可以任意增加，人民不堪负担。张时彻经周密调查研究，著文《徭书》，规范徭役数额，给后任地方官员定下标准，百姓为之欢呼。福建任期满后改任山东右布政使。二十年（1541）以父亡居丧，丧期满后赴湖广任职。适逢楚王世子之变，诸司出入均陈兵卫，张时彻把兵卫撤去，说："谁敢改天子之法？"湖北遭灾，他以库银先运输漕粮，缓征田赋。又迁河南左布政使。二十五年（1546）擢升为右副都御史，巡抚四川。蜀王放纵属员贩盐、贩茶牟利，张时彻不畏权贵，对违者依法惩处。嘉靖二十六年（1547），平定白草番有功，升任兵部右侍郎。后又讨平马猓番。是年四川饥荒，他赈济甚有成绩，然遭忌者嫉妒，被解任回家。两年后又任江西巡抚。次年升南京刑部侍郎。以北边虏警而调往兵部任职。当时大将军仇鸾与侍郎商大节有怨，商被下狱论死。张时彻劝仇鸾释商大节，招仇之恨，派张去艰苦地方治兵，企图让张在战斗中死亡，但终未能如谋而加害。仇鸾患疽病死，张时彻聚合数百官员向皇帝上疏，为商伸冤，结果触犯龙颜，谓张目中无君，被连降两级。不久，母亡，去职居丧。三十三年（1554）倭寇进犯，迫于形势，又出任南京兵部尚书。届时，张服丧未满，墨缞从事。次年七月，倭寇70人自太平窜攻南京，张闭城自卫，三个月后倭寇自行退去。时遭御史弹劾，更兼权臣严世蕃排挤，遂于是年离职归休。张归休后读书著述编地方志，亦治农事，收获超过寻常种田人一倍，故自称"上农夫"。他又钻研医学，收集良方。一生著作繁富，有《东沙史论》《善行录》及《续录》《宁波府志》（包括东钱湖）、《定海县志》、《奏议》、《天地寺集》、《老子解》、《说林》、《急救良方》、《摄生众妙方》、《芝园定集》和《别集》、《续集》、《胜游集》、《皇明文苑》、《四月风雅》、《交游书翰》等二十余种。

金　忠（1353～1415）　字世忠，韩岭村人。少年时钻研《易经》，长大精通占卜之术。其家贫困，其人慷慨有谋略。兄戍通州归乡，金忠补戍，家贫不能行，妻子衣衫褴褛于市上啼哭甚哀。相术家袁珙见了说："这个女人是贵妇人相啊，何悲啼如此！"又给金忠相面，说："必大贵"，袁珙解囊资助，金忠才得以成行。既至通州，编入卒伍，金忠就在北平市上卖卜，占卜甚验，市人传以为神，时燕王朱棣好友僧道衍将金忠善卜告知于朱棣，朱棣召金忠至王府，卜得"铸印秉轩"之卦，金忠说："此象贵不可言。"于是他深得朱棣信任，能自由出入王邸,并常以所占之象劝朱棣"速举大事"。建文元年(1399)金忠向朱棣推荐袁珙。于是密召袁珙至北平,金、袁两人同在王府密谋起兵之事。"靖难之役"起,朱棣自署官属,任金忠为王府纪缮,守通州。建文帝的军队久攻而不克。不久又被召回任右长史,参与军务,是朱棣主要谋臣,为其南下进军取得帝位出谋划策。朱棣即帝位后,金忠以辅佐有功,任工部右侍郎,旋升任兵部尚书,并辅导世子。朱棣次子高煦的同党邱福等人力劝朱棣册立高煦为太子。金忠竭力反对,他对朱棣列举了历史上废长立次的教训。朱棣不能决断,找解缙、黄淮、尹昌隆等人商议,解缙等人均认为金忠之见为是,加上袁珙又说世子朱高炽有"天子相",朱棣才立世子为皇太子。太子立后,金忠为东宫辅导官,以兵部尚书兼詹事府詹事。永乐六年(1408)又兼辅皇太孙。七年(1409),朱棣亲驾北征蒙古,留金忠与蹇义、黄淮、杨士奇辅太子监国。当时高煦阴谋夺取太子之位,到处散布诋毁太子谣言,京城内流言四起。十二年(1414),朱棣北征还都,听到蜚语,即将东宫官属尽数逮捕入狱。唯有金忠因旧功勋卓著而未问罪,并密令其审察太子事。金忠上奏言太子并无越轨行为,触怒朱棣。金忠流涕顿首,脱冠保证说,愿以连坐以保太子。为此太子籍以不废,黄淮等人也赖以获全。金忠出身行伍,身居高位后,待人接物仍亲切热情,与僚友相处不作极端之举,与人交谈知无不言,但遇到机要之事却能很好保守秘密。永乐十三年(1945)卒于官,诏命给驿归葬,葬于家乡东钱湖畔百步尖山麓,并命有司治其祠。洪熙元年(1425)追赠荣禄大夫少师,谥忠襄。其墓被列为鄞县重点文物保护单位。

范　钦(1506~1585)　鄞县人,嘉靖十一年(1532)进士,授湖广随州知州,迁工部员外郎,因揭发武定侯郭勋贪污而外放,辗转各地,最后以都察院右副都御史巡抚赣闽粤鄂四省,提督军务。平定叛乱有功,擢升兵部右侍郎。但不久即遭诬陷弹劾,致仕回乡。他酷爱典籍,为官多年,每至一地,广搜图书,嘉靖四十五年(1566),建藏书楼"天一阁",屹立至今,是中国乃至亚洲最古老的私人藏书楼,居世界第三,因此名垂青史。

当时宁波还有兵部尚书张时彻、兵部侍郎屠大山,和范钦一起并称"东海三司马"。他们都政绩卓著但不阿顺权奸严嵩,因而被劾相继归里,于是相约组织东山诗社,"无月不会,无会不倾隐衷而赓赋咏。或约登四明、扪石窗、观烟云日月之去来,踞海门、看苍冥、见长波大风之回荡。"当然东钱湖也是他们赋咏的对象。而范钦在这三人中，相对更执著于现实，对自己的命运耿耿于怀，因此，他吟诵东钱湖的诗歌，也常常流露出此类心态。例如《隐学寺》：

<blockquote>
独坐空山里，荒碑大道功。
墟迷栖迹地，池忆放生年。
乱苈含风整，寒花裹露鲜。
无能留宝带，空尔学逃禅。
</blockquote>

范钦游览隐学寺时，寺已荒芜，尚存宋代沈辽写的《隐学山复放生池碑记》，碑文说隐学寺的放生池建于唐代，"方天下凿放生池，而此寺最为胜者"。又说放生的意义，"使有生之命，享无穷之乐，于是为圣人之泽其至乎！"并且发表议论道："余以为放生池者，以好生之德被乃群物，尧舜之事也。为政者以尧舜之事事于上，其可不谓贤于人乎？"范钦读罢，想必感慨系之，遂有"无能留宝带，空尔学逃禅"。意思是自己没能保住官位（宝带），无法继续"以尧舜之事事于上"，只好逃避佛门。他的《泛东湖》，应该是同时创作的："澄波四望空，画舸溯冷风。野寺轻鸥外，人家细雨中。菰蒲临水映，洞壑与天通。即拟寻真去，花源杳未穷。"在这里，范钦把美丽的东钱湖比喻为仙真居住的桃花源，他很想找到他们并跟着去，只可惜音踪杳然，未能穷追啊。

范钦亦曾游览史弥远陵墓。由于深受奸相严嵩之害，所以对也有权相之称的史弥远表现出厌恶。在五律《史相墓》中，批评他活着时独霸朝纲，"间关百计属身图，废置君王掌上雏"；指责他死后还不死心，"已去游魂胡不灭？犹将家事瞩诸奴"。宏伟肃穆的史弥远墓，在范钦眼里是"荒山浊雾昼冥冥，无数鼠狐窟墓庭"。他在正德年间就曾听说，有詹姓盗墓贼来偷墓中珍宝，竟将史弥远的尸体扔出墓外；又为发掘御碑下的波斯金丸，深夜用炸药爆破，伐林木照明。御碑倒下时声如轰雷，林谷皆鸣。

余有丁（1527～1584）　字丙仲。嘉靖四十一年（1562）进士第三名（探花），授翰林编修，草诏敕。隆兴时授实录纂修官，升洗马兼修撰，又升左谕德兼侍读。万历初任南京国子祭酒，手校"二十一史"，重新印刷。升太常卿兼国子祭酒。又在礼、吏两部任侍郎，充会典副总裁，万历十年任礼部尚书兼文渊阁大学士，参与最高机务。张居正又荐举余有丁为相，与张四维、申时行共事，彼此毫无猜嫌。晋太子太保，累晋太傅兼太子太傅，建极殿大学士，卒后谥文敏。

史起钦（生卒不详）　字德明，号敬所。民籍。治《易》。祖籍鄞县东钱湖。万历十七年（1589）进士第二甲第二十名，赐进士出身。礼部观政后，初授福建福宁州知州。历官常州府同知，迁员外郎，升郎中，升宁国知府。

史　敏（生卒不详）　祖籍鄞县东钱湖人，明正统十年（1445）年登进士第，历官参议。

史立诚（生卒不详）　字克明。民籍。国子生，治《易》。祖籍鄞县东钱湖。明正德六年（1511）进士第三甲第六十一名，赐同进士出身。初授福建漳州府龙溪县知县，历官刑部郎中。

王　相（生卒不详）　字懋贤。生而颖慧绝伦，少受家学，长即沉酣经史，尝授徒高钱山中，每夜灼一灯，诵读不休，饥则拾蹲鸱火而啗之，或竟夕不眠，邻佣厌苦之，窃议曰："何物怪孽，欲以是博官耶？"相闻之，迄不为止。正德十六年（1521）举进士；选庶吉士，愈自攻苦如寒士。嘉靖元年（1522），授编修。三年，上主张璁之说："欲考兴献帝，举朝争之，不能得相与。"同里学士丰熙等同疏东华门外，哭谏声闻大内。上大怒，命系为首者八人于狱。次日，即拷讯，杖三十，逾旬再杖之，相竟卒，年三十七。隆庆初，赐官，荫其子熄为国子生。相素豪迈尚志节，事亲笃孝，家贫屡空，晏如，里党莫不贤之，学者称之为"宋塘（一作介塘）先生"。

沈犹龙（生卒不详）　字云升，华亭人，万历四十四年（1616年）中进士。鄞县知县，慎于征科，地头恶棍，包揽收租取税，霸行霸市悉被禁止。仿古社仓之法，出陈易新，以备凶荒。农事间隙，常带干粮视察县内水利工程，把长春门外的泥塘修筑为石塘。洋河、狗颈两塘，间有横渠被江湖冲击，沈为之筑塘，民称之为"沈公塘"。

东钱湖葑草蔓生，湖面日淤，他严禁缙绅占湖，鼓励农户取葑草为肥料，湖面遂之广阔。沈犹龙办事精明，案无积牍。天启初（1621）征为御史。后在抗击清兵时中箭而亡。

第六节 清朝

史大成（生卒不详） 字及超。顺治十二年（1655）进士第一名（状元）。授翰林院修撰。十五年任会试同考官，历任翰林学士、礼部右侍郎。康熙十五年（1676）知贡举。时科场条议甚苛，虽点划小疵常致落第。史大成但严科场舞弊之防而对文法字迹则放宽，首尾披阅，勤慎有加，闻着莫不感悦。以疾归里，年六十四卒。

史在甲（生卒不详） 字甡忠，号慎斋。康熙、雍正时人。刚出世而父殁，八岁又丧母，由从父史大成抚养成人。勤于学，补诸生。康熙五十二年（1713）年四十余中进士第四名（传胪），选入庶常，授编修。雍正二年（1724）出知汾州府。居官以廉慎著称，被雍正帝召见并誉为"晋省第一清官"。擢淮阳道，未上，改广东盐运使。不久晋升为山西按察使。旋升通政，命督理宁夏渠工，疏惠农、昌润二渠，复开新渠，又建西河长堤，筑贺兰山后定远营城，事峻，历任左副都御吏、礼部右侍郎。雍正十二年三月以足疾乞休归里，卒年六十四。著有《盐政全书》。

章　鋆（生卒不详） 字采南，号酡芝，鄞县东钱湖章隘人。咸丰二年（1852）廷试荣士第一甲第一名。初授翰林院修撰，迁国子监祭酒。视学福建、广东，以勤劳卒。东钱湖藏有章亲笔题写的匾额。

忻江明（1875～1941） 字绍如，又字祖年，晚号鹤巢，谱名元彭。世居鄞县陶公山。幼承家学，淹通经史。清光绪二十八年壬寅科乡试中举，光绪三十年甲辰科殿试为进士。授安徽桐城县知县，历署望江、亳州、潜山。有平盗、治河、恢复社仓诸惠政。辛亥革命后为浙江省国民大会第一届议会议员。晚年在上海助张寿镛编辑《四明丛书》，设馆授课。抗战事起时，归鄞县江六村隐居，后卒于家，享年六十七岁。

忻江明继承近代鄞县大儒董沛之志，他所编纂的《四明清诗略徒稿》及助张寿镛所编的《四明丛书》集宁波一郡地方文献大成。

忻江明善古文，著有《鹤巢文存》四卷、《鹤巢诗存》一卷（刊入《四明丛书》），编撰《四明清诗略续稿》8卷。

第七节　近现代

戴敦宙（1911～2008）　小名阿福，鄞县东钱湖大堰头人，家境贫寒，父母早亡。家有兄弟五人，戴敦宙排号老五。早年投笔从戎，抛妻别子投考黄浦军校，毕业于炮科十四期（一总队）。毕业后参加抗日战争，参与长沙三次会战。

抗日胜利，日本投降，戴敦宙立即被派赴台湾，从日本人手里接管台湾海防要塞。从此守土要责，直至退役，任少将军衔。60年代解甲归田，以经营山地，种桔为生。

戴敦宙身在海峡，心系故里，东钱湖是他日夜思念的地方，至亲骨肉是他刻骨铭心的牵挂。90年代初，戴敦宙终于有机会回家探亲。相隔半个多世纪，大堰头物是人非。年老回乡探亲的戴敦宙总要尽自己的绵薄之力，做一些公益事业。如带头出资修复戴氏宗祠，祠堂前建"祖恩亭"，亭碑上撰写大堰头戴氏寻宗追祖史，供村民休息；修复戴氏在明万历年间的东泉太公祖茔，启发修补大堰头戴氏宗谱；念念不忘在故乡建造小学。

沙文汉（1908.1～1964.1）　原名文沅，又名文舒，字叔起，曾化名房山、陈叔温、陈元阳、张登、阿三，浙江省鄞县（现宁波市鄞州区）塘溪镇沙村人。祖籍东钱湖沙家垫，长眠在东钱湖畔万柳园中。1925年入党，职业革命家，城市地下党工作领导人。建国前长期在江苏省委、中共中央上海局从事文化、宣传、统战与策反工作。建国后出任第一任浙江省省长。

在省长任上，他由于建议党内民主，批评党政不分现象，因言获祸。1957年被错划为"右派"。后他支撑着病体，潜心研究中国社会的发展特点，写出了"中国奴隶制度的探讨"的书稿。1964年1月在贫病中含冤逝世，安葬在东钱湖畔万柳园中。1982年，所谓的"右派"错案在沉冤25年后始得彻底平反昭雪。沙文汉一生善思辨，擅诗文，待人宽厚以仁，责己严格而周，是一位文人型的革命家。他的主要著述收集于1998年出版的《沙文汉诗文选集》。

忻元锡（1919年～2003）　出生于浙江定海，祖籍鄞县东钱湖陶公山，在第二次国内革命战争时期参加革命，担任过新四军军部总兵站站长、华中对外贸易局长、华中银行行长、上海市财委副主任兼中国人民银行上海分行行长、上海市财政局局长、国家财政部副部长和上海市副市长等重要职务。于2003年3月4日在上海逝世,享年85岁。

沈明才(1901~1988) 东钱湖人,早年毕业于南京金陵大学,历任国民政府嘉兴、丽水等地区专员。抗日战争时期任国民党八十八军上校教官。浙西沦陷期间,任浙西敌后行署行政长官处长官,兼崇德县县长。抗战胜利后,任国民党浙江省省党部执委、浙江省政府视察员兼国民党鄞县县党部书记长。1949年初,沈明才弃政退居办学。他热衷于教育事业,曾在嘉兴任嘉兴中山中学校长,1949年初在鄞县五乡碶创办了鄞东初级中学并担任校长。1950年将鄞东中学并入横溪正始中学。沈明才去宁波市思想训练班学习,1976年回家后,被宁波市人民政府安排在江东。历任宁波市政协第六、七、八届常委,宁波市统战部顾问。1988年去世。

石祝三(1929~2013) 浙江鄞县人。1946年6月参加革命工作并加入中国共产党,在进步团体益友社从事党的地下工作。1948年11月转入解放区淮阴华中党校学习。1949年5月至1955年11月在上海市公安局社会处、政保处、政保二处任内勤、机要员、副协理员。1955年11月到1964年8月任上海市公安局办公室科长,局政法干校教研室负责人、校办公室主任。1964年8月起先后任上海先锋电机厂、上海第一机床厂、上海锻压机床厂"四清"工作队队委、队长,上海纺织工业局"四清"工作二团秘书组长。1966年6月任上海市公安局办公室副主任。"文化大革命"期间下放上海劳改五队劳动。1973年8月至1984年1月,先后任上海市公安局政保四处负责人、党总支副书记,上海市公安局办公室副主任、主任。1984年1月至1985年5月任上海市公安局副局长、党组副书记。1985年5月至1988年4月任中共上海市委常委、市委政法委书记。1988年4月至1993年3月任上海市人民检察院检察长、党组书记。1993年3月至1996年2月任上海市政协副主席。1996年5月离休。

他先后是中共十三大代表,中共上海市第五、第六次党代会代表,上海市第九届市人大代表,第八届市政协委员。2013年在上海去世。

第三十八章 高僧名尼
DiSanShiBaZhang GaoSengMingNi

第一节 宋朝

笑翁妙堪（1177~1248） 慈溪人，俗姓毛。出家受具戒。初参崇岳，次谒净全，言下领旨。全越州翁氏子，字无用，临济宗大慧宗杲法嗣。住育王。淳祐八年（1248）三月入寂，寿七十二。初道冲住天童。淳祐甲辰，有旨移住灵隐。居亡何。伐鼓辞众，归隐金陵。育王虚席，朝论以大觉故家不轻畀付，特召冲于隐所。三返，卒不奉诏。嘉定十三年至十六年（1220~1223），南宋相史弥远，聘笑翁妙堪大和尚为教忠报国寺（大慈禅寺）住持。

大川普济（？~1253） 讳普济，号大川。明州奉化人，俗姓张。济宗杨岐派时为禅宗正统五世法裔上堂举睦州和尚，因僧问如何是祖师西来意，师曰："一队衲僧来，一队衲僧去。"颂曰："一队衲僧来，一队衲僧去。打破睦州关，大地无寸土。"又作《题世尊出山相》："龙章凤质出王宫，肘露衣穿下雪峰。智愿必空诸有界，不知诸有几时空。"师尝纂修五灯会元行世。在1237~1253年任东钱湖上大慈禅寺住持。1253年大川普济大师示寂。

物初大观（生卒不详） 字物初，俗姓陆，鄞县横溪人。初参北磵于静慈悟旨，命典文翰，声称藉甚。后主大慈、育王两寺，说法之暇，尝命工筑大嵩塘田供禅七至。今育王、大慈二塘，皆观之遗泽。在南宋宝祐元年至咸淳三年（1253~1267），任东钱湖上大慈禅寺住持。

无学祖元（1226~1286） 鄞州横溪人，宋代临济宗高僧。在大慈寺西，圆井汲水时豁然"开悟"。弘安二年（1279），日本北条时宗（当是日本还处于战国时代，北条是一股地方势力）派德诠、宗英二僧邀请祖元渡日。五月从浙江的天龙山出发，八月抵达镰仓，住进建长寺。弘安五年（1281）十二月，时宗建圆觉寺，请师任开山初祖。开堂之日，曾感群鹿出现之祥瑞，因此山号为瑞鹿山。七年，时宗去世，师欲辞归，然缁素固留不放。九年八月罹疾，九月三日书写遗嘱，示偈"诸佛凡夫同是幻，若求实相眼中埃，老僧舍利包天地，莫向空山拨冷灰。"旋又执笔："来亦不前，去亦不后，百亿毛头狮子现，百亿毛头狮子吼。"书毕，溘然示寂，年六十一。谥号"佛光国师"，后又追谥"圆满常照国师"。弟子三百余人，有《佛光国师语录》遗世。

知 和（？～1117） 号衣和庵主，俗姓张，苏州昆山人。有道释子（乾道图经）隐居雪窦山，蓄养二虎不离身边，驯伏如家畜，或跨之以游。海尊者，师苏台玉峰张氏子，儿时习坐垂堂，堂倾瞑目自若，父母异之，因出家往谒泐潭，次谒衡岳辩之，尤器重。元符间抵雪窦之中峰栖云两庵，有志于道者多往。见一僧来礼拜师，问："近离甚处？"曰："天童。"师曰："太白峰高多少？"僧以手作望势。师曰："犹有，这个在。"曰："却请师道。"师作斫额势，僧拟议，师便打。师初偕天童普照问道，盟："吾二人宜踞孤峰绝顶，为世外之人。"自从南岳来雪窦，二十余年不下山。时日陈公禾以计诱师出山，延居二灵，居无长物，惟二虎待焉。宣和七年（1117）四月十二日，盘坐而逝，先是一虎威人，以偈遗亡，其一卧死于烬馀之地，陈公状师引实及示异迹甚详。既逝三年，有僧自蜀来问海尊师者何在。人言此但和公耳。僧曰，正其人也。见其塔曰，此非吉地欤。为石龛易葬之，见舍利盈溢光耀。

第二节 元朝

祖 铭（1280～1358） 字古鼎，俗姓应，奉化人。年十八从金峨寺僧横山锡剃度，学出世法。（危素撰《塔铭》）旅居青山寺，在鄞东湖之滨，创建钟秀阁。浙江行省郎中刘仁本题诗书楼："青山湖上老僧居，百尺危楼万卷书。架插牙签朝旭上，香消古鼎夜窗虚。栏干竹色浮蝌蚪，枕簟芸香落蠹鱼。近忆校雠人未远，雨花零乱独踌躇。"又尝退居湖上之二灵。至正七年（1347），住径山，锡号慧性文敏宏学普济禅师。年七十九，书偈而逝。塔铭载"洞彻元微，踔厉纵横"。袁桷、黄溍、虞集、欧阳元皆称慕之。著有《四会语录》。

第三节　明朝

清　浚（生卒不详）　字天渊，黄岩人，祖铭入室弟子，开法于邑之万寿寺，退隐东湖二灵山。洪武四年（1371），召见，太祖劳问甚至，锡赉而还。十六年，召补左觉义，住灵谷寺，御制诗十二首赐之，浚和诗称旨，宋濂尝有序（原"作诗"误，据《宋濂集》改正），送还四明，称其才不下秘演浩初。年六十五示寂。

第四节　清朝

广　昱（生卒不详）　字光煜，初为天童寺住持，后至青山寺，住持二十年，勤慎寺事，寺中屋宇器具，皆其建置，传徒善治，亦克勤寺事。再传后因地方绅士办学，寺遂废。

第五节　现代

安清法师（1922~1994）　俗姓孙，浙江温岭人，生于1922年7月，八岁出家于江东长生庵，年十八于天童受具戒，1942年至1949年任长生庵当家，后住小白永济庵。

安清法师在批准重建之前已悄然来到霞屿，与当地的村民一起对"补陀洞天"的保护出谋划策，她深知，只有"补陀洞天"能保护好，霞屿寺才有重建的可能。宁波市政府在1986年批准重建霞屿寺时，她首挑重建霞屿寺重担，虽年近古稀，仍带众徒弟六人由小白来到霞屿，担任重建寺院的首任主持，百废待兴，艰苦创业，批土地、搞规划、筹资金、办物资，为重建霞屿寺废寝忘食。她平易近人，克己奉公，不谋私利。

曾任鄞县第三届佛协理事，政协鄞县第十一届委员之职。经批准，征用土地24亩，首期使用12亩。1992年动工建造食堂、西厢房。1993年10月经过几年的筹备，动工建造圆通宝殿。1994年3月24日，不幸因公殉职，享年73岁。寺内立有安清比丘尼功德之碑。

第三十九章 文人雅士
DiSanShiJiuZhang WenRenYaShi

第一节 宋朝

高友文（生卒不详） 字仲章。武烈王琼之后。建炎间，子孙随驾南渡，遂家焉。友文性端谨，学问该博，举进士，调如皋尉。初欲仕以养亲，亲没，守墓，不谈名利，客诮之曰："子方筮仕，正宜树立以图显大，何乃独为沉默？"友文叹曰："禄以养亲，亲亡矣，何以仕为？"屡荐不起，年七十有二卒。

钱 埙（生卒不详） 字深云、祖亿，判明州，子孙遂家于鄞，世居东钱湖之里，谈书尚节概，不事侈靡。晚年别筑一室，植松竹以自况，日与同里高友文谈论经史，得一善则佩服不忘，乡人敬慕之，推尊为先进，后人名其地曰"高钱"。

沈 焕（1139~1191） 字叔晦，定海崇邱乡沈家山下（今属北仑区小港镇）人。24岁中举，后入太学，师事陆九渊之兄陆九龄，探究心学大要。南宋乾道五年（1169）进士，任上虞尉，任职三年，砥砺名节，秋毫无私，增葺学宫，训导有法，约束坚明，吏奸莫措。淳熙八年春，诏为太学录，充殿试考官。调高邮军教授。干办浙东安抚司公事，升从政郎。充修奉官，改宣教郎，知婺源县。扬州教授、太学录事，充殿试考官，调高邮军教授、婺源县令、舒州通判，所至能恤民重教。曾一度讲学于定海（今镇海）南山书院。晚年迁居鄞县城内月湖竹洲。卒谥"端宪"。继承陆九渊心学，与杨简、袁燮、舒璘同创南宋四明学派，并称"淳熙四先生"。著有《定川言行编》、《定川遗书》等。安葬于鄞县翔凤乡象坎山龙屋，周必大撰墓碣文。墓入防护录（《光绪志》），《宋史》有传。墓道尚在。

袁 裒（1260~1320） 字德平，袁甫之孙，袁溪之子。他二十岁时宋已亡，隐居东钱湖沙家山，工小楷、行书，诗笔温雅简洁，自号鹿眠山人，后以定书，请他任山长授海盐州儒教授，不去。在东钱湖潜心研究历代书法及其理论，写成了《书学纂要》。这部专著的可贵之处，是在中国书法史上最早提出了"内擫"与"外拓"的理论概念。据专家解释，"拓"、"擫"和"中"是中国书画最基本也是最重要的三种用笔技法，是书画作品形成其特有风格的基本因素。特别是"拓"、"擫"二法，在中含的基础上，实现了笔画从阴阳冲和状态转向偏执一隅的个性化发展，乃是书法作为艺术存在的根本前提，可谓书法界的至高命题。这个意义非凡的至高命题，就是袁衰在东钱湖沙山村发现并命名的。延祐七年（1320）卒，享年六十一岁，安葬于东钱湖下水绿野岙。袁桷是他的侄子。

袁　桷（1266~1327）　字伯长，号清容居士，晚年又号见一居士。父亲袁洪，其生母生袁桷七日而亡，由外祖母张氏抚养成人。从小拜王应麟习"典故制度之学"达十年，又向舒岳祥、戴表元等学习辞章，后来又接见中原文献之渊懿，博览群书，学识渊博。

他先任丽泽书院山长，不久即到朝廷任翰林国史院检阅官，应奉翰林文字兼国史院编修官，翰林修撰，翰林待制，集贤直学士，翰林侍讲学士，位居二品。朝廷制册，勋臣碑铭，多出于其手，在南人中地位较高，文名卓著。他所撰《延祐四明志》是我国现存元代方志中最为后世推崇的佳作，创修于延祐七年（1320），由庆元路总管马泽修、袁桷纂。

大德初年，袁桷受举荐任翰林国史院检阅员，但未及上任。大德五年（1301），朝廷重新任命袁桷为翰林国史院检阅官。他写了《郊祀十议》，献于太常院，旁征博引，斟酌古今，由此而名振。当时朝廷初建南郊，"礼官推其博，多采用之"。大德七年（1303）十月，袁桷又因起草《进五朝实录表》，受到翰林学士承旨阎复的常识，升为初应奉翰林文字、同知制诰兼国史院编修官。大德十一年（1307），升任翰林国史院修撰，参与修撰《成宗实录》。延祐元年（1314）提升为翰林待制，同时也参与此同时《武宗实录》的编撰。同年五月，袁桷第一次随圣驾到开平避暑，说明当时仁宗已经比较信任和倚重袁桷。延祐五年（1318）五月，袁桷升任集贤院直学士，从此进入了仕途比较辉煌的时期。延祐七年（1320）初，袁桷因健康原因辞官归家，致力于编纂《延祐四明志》。

英宗至治元年（1321）二月，袁桷回京，参与编修《仁宗实录》。三月，入集贤院任原职。至治二年三月，袁桷从集贤院转到翰林院，任翰林直学士。八月，英宗、拜住开始施行新政，袁桷积极支持，并参与了一些活动，苏天爵称："郓王拜住独秉国钧，作新宪度，号令宣布，公有力焉。"至治三年五月，拜住推荐袁桷作翰林侍讲学士，英宗依允。八月，铁失弑君、杀拜住，袁桷的政治生涯几乎也走到了尽头。

泰定帝在继位之初，为了争取民心，铲除铁失及其余党、尊崇英宗，昭雪冤案，追封大臣的亲眷。泰定元年（1324），袁桷的父母也得到了追封，但袁桷仍屡屡以健康为由，请辞归故里，泰定帝最后同意。袁桷归里后，绝大部分时间在家中潜心读书，作《易说》、《春秋说》两部书，最终没能完成。泰定四年八月三日，袁桷去世，终年62岁，安葬于上水庆远岙。有《清容居士集》传世。

焦　瑗（生卒不详）　山东布衣，又名公语。隐居在东钱湖大涵山麓，传播"洛学"，在宁波发扬光大尊师重教的优良传统，著名学者沈铢、沈镗、沈铭三兄弟是他的高足弟子。但因朱熹记录的程门学者名册及浙江地方志的"寓贤"名录中，都不见焦瑗的名字，清代无人知道焦瑗。宋史浩在《鄮峰真隐漫录》中记录了焦瑗的其人其事，清全祖望在《史浩文集》中发现了焦瑗，并且亲往当年焦瑗讲学的大涵山麓，找到了遗址，重修书院，然后写了一篇《大涵焦先生书院记》赞扬焦瑗。

林　泽（1220～1276）　字坚叔，雅好梅，自号梅逸。幼颖悟，博学多闻。居亲丧致毁濒死，遂绝意进取，惟杜门教子。家本仅足口，未常言利，而以周急为乐，创惠生道院，延良医，病者药随需不少，靳至鬻产以给，里人赖之。德祐元年（1275）冬，时事孔棘，人皆劝泽入深密，泽谓青山去城一舍，而近祖父墓在焉，必此乎依。明年三月十六日，游骑猝至，执之，协令首路，大骂不屈以死，年五十六。（陈著撰《林隐君祠堂记》）子公辅，字国器，痛父难，语及则泣，继以血，年四十后遂藤冠羽衣，诵庄老言，委家于弟公弼，就父墓左右筑清隐山房而息焉。（《清隐山房记》）

顾义先（生卒不详）　字忠卿，以史浩奏补承信郎，历浙运摧纲军器所受给。军器所久不葺，物多朽腐，增造屋百余间，经画有方，计虑深长，而躬率以公廉，服役者无所容其奸。迁枢密院正将京畿第二。将为义役，首以膏腴倡。钱湖之葑，岁岁滋长，水利日亏。义先纠率乡人每欲买田，岁收其入买葑而远运之，葑减则水增，诚无穷之利。郡守程覃与义先意合，因助成之。然敷买民田官自为之，非私家所得专，数年后，郡计不足，未免移用，而买葑之本浸微，输租稍稽，追逮立至，民又不堪其扰。义先以为此事正如义役，听民之所自为，以官司参之，乃可以经久。将以为请而卒，享年七十七。袁燮撰《墓志》

刘　准（生卒不详）　余姚人。后有名昇者，仕庆元，遂家于鄞。准自幼好学，长而有成，当宋末，知国事日非，隐居教授，绝意仕进，以甬东负郭，非隐者居，卜筑青山之原，依先垄而居焉。以教子读书为事，学者称"南窗先生"。子汝舟，字端父，守父训，无戏言惰容，郡之名士大夫相继来居，一时林下衣冠为盛。汝舟用吕氏乡约身率推行，非其人辄谢绝，不附权势，不事请托，不入城府，不语及州县得失，务本节用，有余则以济人，享年七十二。

第二节　元朝

袁士元（1302～1360）　一名宁老，字彦章。鄞县人。其父官至庆元路儒学教授，善诗工书，士元承家教，幼嗜学，诵读废寝忘餐，父母爱怜而禁止之，其乃端坐默记不少辍。少年时代求学于东钱湖畔的青山岙，在刘潜斋家中与樊天民、卓宜之和刘潜斋结为师友，赋诗作词，切磋学问。十余年的求学生涯和内在的聪慧敏捷，不仅使他成为了学富五车、业精六经的儒学大师，而且也成了一个能文善诗的山水诗人。长大后读书尤勤。年逾四十而未就仕，隐居在县城西郊别墅，种菊数百本，自号菊村学者，作《布衣歌》以明志。元末农民战争时，在元将李佛保军中参谋军务，后被荐任鄞县县学教谕，调鄮山书院山长。中书参政危素荐其为平江路儒学教谕，因道路受阻未行。至正时，士元被授翰林国史院检阅官，命下而卒。袁士元精诗文，有大量诗作行世。

刘仁本（1308～1368）　字德元，号羽庭，是元代黄岩县四进士之一，学问渊博，工于吟咏，历任温州路总管，江浙行省左右司郎中他的主要政绩，是借助方国珍的力量，在大动乱中为浙东乡亲尽可能地保平安、促发展。后人曾评论：甬台温"数百万生灵，不致尽困于方氏水火者，亦仁本之有以潜消而默化之"。

刘仁本常到东钱湖游山玩水，浅吟低诵，创作了不少诗歌。当时民生凋敝、田园荒芜，他想方设法劝谕农民恢复生产，安居乐业。他的一篇《东湖观劝农》，反映了东钱湖民气复苏的感人景象："劝农持酒出东湖，喜见田间民气苏。桃李成蹊春烂漫，郊原过雨土膏腴。花边立仗频嘶马，竹里行厨细脍鲈。远水野航人不渡，夕阳天外下双凫。"字里行间，流露出欣慰喜悦之情。

后来方国珍兵败，刘仁本就擒，朱元璋历数其罪，下令鞭挞其背，皮开肉绽鲜血横流，致使溃烂而死。他所著有《羽庭集》六卷，被收入《四库全书》。

迺 贤（1309~1368） 色目人（西域回族人），本为突厥葛逻禄氏，葛逻禄译成汉语意为马，故迺贤汉名"马易之"。葛逻禄人世居金山（即阿尔泰山）以西、巴尔喀什湖（今哈萨克斯坦境内）以东的地方，元初东徙，散居各地，迺贤家族到了南阳（所以他自称南阳人）。但据迺贤好友刘仁本为其《河朔访古记》所作序言称："易之自其先世徙居鄞越，则为南方之学者矣。"可见其家族不久就迁居鄞县，迺贤是在鄞县出生长大的。淡泊名利，数年后回到家乡，退居山水之间，常与友人泛舟东钱湖，以诗酒自娱，以清贫自守。当时浙人韩与玉能书，王子充善古文，迺贤长诗词，并称"江南三绝"。他博学能文，善以长篇述时事，故亦有"诗史"之称。而且他为人旷达，处事厚道，同时代人贡师泰、危素、黄溍、程矩夫等皆对他的人品、文品给予肯定与赞美。

迺贤与东钱湖的关系，除了泛舟湖上、诗文唱酬之外，最突出的贡献，就是应刘仁本之聘，来当东湖书院山长（学官）。至正二十二年（1362），迺贤得授翰林国史院编修官，正在家待命。刘仁本便趁机请他出任东湖书院山长，一方面也想让他获禄而解贫。但他却以全部学官所入，对书院房舍修葺补苴，并在育英堂东序辟屋两楹，称为"先进祠"，供奉当地十位乡贤。他们是宋代的陈禾、高友文、郑若冲、钱埙、刘准；元代的孙会叔、程端礼、程端学、高于山、郑奕夫。刘仁本非常赞赏，为之撰写《先进祠记》。

一年之后，迺贤奉命北上，就任编修官，从此离开了东钱湖。他曾本奉命南下，代朝廷祭祀南镇、南岳、南海。至正二十八年（1368），他又被派参于枢密院同知桑哥实里军事，结果病死途中。元朝也于是年灭亡。迺贤所著《金台集》后来收入《四库全书》。

戴 良（1317~1383） 字叔能，世居金华浦江九灵山下，故自号"九灵山人"。他早年不屑科举，学经史古文于柳贯、黄潜、吴莱，学诗于余阙，又曾学医于朱震亨。这些人堪称一代宗师，所以博通经史百家暨医卜释老之说，工于文辞，其诗尤负盛名，《四库全书提要》评论为"风骨高秀，迥出一时"。

据《鄞县通志》称："良寓鄞六年，居于东湖。"他常和故元耆儒遗老来往，相与宴集为乐，"眷怀宗国，慷慨激烈，发为吟咏，多磊落抑塞之音"。他描写东钱湖山光水色的诗文，倒是意境高远，满蕴着感情。在他看来："鄞之名山水，不可以一二数，而东湖为最奇。"

戴良在东钱湖的生活相当清贫："漂流何所住，寂寞住湖滨"；"为客忧饥馁，频年仗友生"；"苔径当湖辟，柴门逐水成；牧童时聚笑，穷老一先生"。有人题其画像："其跋涉道途，如子房之报韩；其彷徨山泽，如正则之自放。"但湖光山色有助于文思泉涌，他创作了大量诗文，后来编为《鄞游稿》，多达八卷。只可惜"树欲静而风不止"，洪武十五年（1382）明廷以礼币征召戴良入京师（今江苏南京）。太祖朱元璋授以官职。他虽然是个汉人，可从一而终的原则却高于民族分野，以年老多病坚决推辞，这就犯了忤逆旨意的大罪。但是戴良并不屈服，最终自杀，可谓那个时代遗民的代表。（《人文东钱湖》）

丁鹤年（1335～1424）　字永庚，号友鹤山人，西域回族人。曾祖辈皆为西域巨商，捐献巨资供应元世祖军饷，后来论功行赏，家族进入官场。其祖父苫思丁做过临江达鲁花赤，其父亲职马禄丁任武昌达鲁花赤。鹤年便是出生于武昌，并以父名"丁"为姓。但他不求仕进、拒绝袭荫而励志为学，少年时代就曾表示："吾宗固贵显，然以文学知名于世者恒少，吾欲奋身为儒生！"因此，儒家忠、孝、节、义的观念，对他影响深远。元至正十二年（1352），农民起义军攻克武昌，年仅十七岁的丁鹤年将生母冯氏安顿于城郊，护侍嫡母逃至镇江避难。后嫡母病逝于镇江，他徒步到鄞县投奔做官的从兄吉雅谟丁（马元德）。丁鹤年在鄞县时处境艰难，生活窘迫，但据《鄞县通志·文献志》记载："人有济之者，虽口澶粥之费无所受；然行囊少裕，每好赴人之急。人之享其惠者，盖数数然也。"他曾声称："凡为清士，当以廉为主，义为辅，和为卫。三者备，庶可免于今之世矣。"丁鹤年以身作则，始终保持着"清士"的高尚品格。元亡明兴、社会初定后，丁鹤年回归武昌。然而他永远怀念动乱中收留他的甬上大地，怀念帮助他度过艰困生活的患难之交。他的一首七绝《寄四明诸友》，情真意切，韵味隽永："海上归期苦恨迟，归心日与海争驰。故人有待吾衰矣，一寸寒灰万里丝。"

吴志淳（生卒不详）　字主一，无为州人。工诗，善草隶。元末知靖安、都昌二县，奏除待制翰林，为权倖所阻。濠泗兵起，徙家豫章，复徙居鄞之东湖。入明，遂不仕。晚赋遣怀诗云："为儒已入他州籍，垂老频收故国书。"诵之凄然，增沦落之感。卒老湖上。

陆天祐（生卒不详）倜傥好义，慕性理之学，欲建义塾，未就而卒，遗命其子居敬、思诚，置田度基，泰定二年（1325）创办东湖书院于东湖之里，崇奉朱子像，浙帅王献命名"东湖书院"并手书"育英"二字，割田一顷六十亩以为报祀、饩廪之需，又建先进祠，祀乡先生陈禾而下凡十人，延师讲学，以淑一乡子弟，时人莫不称赞他。著名学者程瑞专撰《东湖书院记》。

叶　逊（生卒不详）　字谦甫，世居青雷山，父年耄病且殆，他祈祷于天，愿减己年以增父寿，恍若见空中有神人示以三指者，病遂愈，后三年乃殁。逊服丧过哀，既免丧，犹不御酒肉，人称其孝。待人无间疏戚，一以诚实。大德年间发洪涝，朝廷命富民出粟以赈贫民，有司择乡里为人素服者，俾第其多寡，逊首被其选。既而病疫大发，叶逊致医者，为人切脉而合药治病，闾闬中赖以全活者甚多。卒年六十七。子叶恒，前有传。王祎撰墓铭。

孔克齐（生卒不详）　字肃夫，号行素，又号静斋，是大成至圣先师孔子的五十五世孙。明代士林中流传着一部四卷本《至正直记》，作者署名"阙里外史孔齐"，写作地点就在东钱湖上水村。"阙里外史孔齐"，经后人考证，应是孔克齐。据孔德成的《孔子世家谱》记载："克齐，字肃夫，号静斋，至正戊子（1348）选充曲阜林庙司乐，由黄冈书院山长升路学教授，已亥（1359）春，经略使荐授翰林国史院编修。"这时，元朝已经岌岌可危，义军四起，战争频仍，孔克齐为避兵乱，携家眷移居东钱湖上水村，在至正辛丑（1361）。因文学家朱右在《游四明东湖诸山五记》中提到，当时他与孔克齐邂逅东钱湖，同游霞屿寺。而居住的时间，至少要到至正乙巳（1365）。因为《至正直记》卷二之《寓鄞东湖》，开头就说："予以至正春二月寓鄞之东湖上水"，结尾又写明是"乙巳闰十月二十五日记"。

第三节　明朝

金　华（1349～1436）　字宗质，金忠兄。其弟金忠在洪武中期从戍燕山卫。以卜事燕王，靖难后，拜兵部尚书。金华内心甚薄之。尝召赐金绮亦不受，明成祖视其为"迂叟"。归居东钱湖韩岭，足不履城府，坐斗室寄情经史，手点书逾万卷，至老不懈。遇朋从往来，诗酒为乐，兴至泛舟湖上，钓风吟月。金忠尝迎金华至金台官舍，未及旬，金华谓金忠曰："汝禄虽万钟，其如我湖上乐何？"遂拂袖而归。金忠卒，复召见赐金绮，金华拜谢曰：臣布衣野人，不敢用此。尝自号"白云野叟"，时人因称为"白云先生"。平生吟咏甚多，俱失传。《明史》有传。

沈明臣（1518～1596）　字嘉则，鄞县人，早年为秀才，多次考举人而不中，遂专意于诗。胡宗宪在浙江抗倭时，他与徐渭、余寅同为幕僚，曾作"狭巷短兵相接出，杀人如草不闻声"而令督抚拍案叫绝。胡宗宪时候，沈明臣沦落江湖，放浪诗酒。当时，王世贞与李攀龙同为文坛盟主，"一时士大夫及山人、诗客、衲子、羽流，莫不奔走门下。片言褒赏，声价骤起"。作为国内三大"布衣诗人"之一，沈明臣也去见过一次。据说是"高坐论诗，气凌其上。世贞虽阳许为布衣之杰，然实心惮之"。

少负异才，性拓落不羁，慕谢安、王猛之为人。补诸生，乡试屡不中，遂以诗自豪，诗名播于府县。嘉靖间，与绍兴人徐渭、鄞人余寅同为浙江总督胡宗宪幕僚，参与抗倭战斗，多献智策。胡宗宪被捕系狱死，宾客星散，明臣走哭墓下，持诔遍告士大夫，为宗宪鸣冤。后沦落江湖间，跌宕自放。过太仓时谒王世贞，高坐谈诗，气凌世贞之上。归里写诗授徒，被主四明文盟的张时彻所推重。时彻卒后，明臣为诗坛耆宿，失职之士，白衣高才，均围聚其门。屠隆、杨承昆等文士均学诗于明臣。晚年被尊为"栎社长"，生活清苦。沈明臣一生未入仕途，著作丰富，诗著有《丰对楼诗选》，方志著作有《通州志》，他与王叔承、王稚登同称为万历间三大"布衣"诗人。

徐振奇　字可贞，一字我庸。少有至行，与钱肃乐善，肃乐成进士，宰太仓，以书招之，不答。及肃乐起事江干，将不次，荐之，固辞而止。国亡，遁入东钱湖之青雷山，弃家不顾，已而沿湖盗起，屡遭厄然，卒不肯去。居山中二十余年，诸子固请，乃返城东，与一二素心人谈忠孝事以励晚节。时高宇泰仿汐社例，举南湖耆旧之会，慎选遗民，共得九人，而振奇年最长，每风日晴和，角巾方袍，扶杖游湖上，经行之地，见者皆让道，虽妇女儿童，亦知为徐先生也。时论以汉王彦方比之。八十后自署"通介道人"。

全大和　字介石，号他山。父天授，岁贡，官应山知县。大和崇祯中以荐举入京，见时事日非，不求仕而归。鲁王监国，钱肃乐荐授大理寺左评事，不受。事败，逃入东钱湖穷山中，旋卒。

全大程（生卒不详） 字襄孙，号式公，大和弟。鲁王监国，授太常寺博士，不受，旋以太常庄辰邀豫城守事，荐授尚宝司丞，复参派置幕府，迁太常寺丞，以所言不用，特劾东归。航海之役，追扈不及，偕大和逃入东钱湖穷山中，然尚与董志宁辈通消息，几罹难，尝以事至禾中，恐衣裳为关津所诃，乃以黄冠行，然终悔之曰："岂有道人而尚走风尘者？"自是不下山，卒年六十。

全吾骐（生卒不详） 字聿青，号北空。大程子，为大和后。当大和避地东湖，吾骐年十八，大和谓曰："汝能绝意人世乎？"吾骐曰："谨受教。"即披野服，随入山。高宇泰尝叹曰："谢皋羽弃其子行遁，终身不相闻问。郑所南则无子。未若全氏之骐聚也。"王家勤来管江，先过吾骐而去，次日被执而死。吾骐为筑"思旧馆"以怀之。王玉书欲葬杨文琦兄弟骨而不克，石门曹思远成其志，吾骐为襄其事，既毕为文哭告于玉书墓。性至峻，子弟至前者不敢妄有言笑。卒年六十八。

周 容（生卒不详） 字茂三，一字鄮山。少即工诗善书画。明亡后弃诸生于青雷山，薙发为僧，其父涕泣劝阻。未几返服，遂放于酒，无日不醉，始容未知名，时为御史徐殿臣所识，至是殿臣避地天童，为土兵缚去，寘平西将军王朝先营，索饷数万。不日，囚水牢中，容挺身往请，殿臣得释。归而朝先部下大噪，谓容受贿，故来请。朝先怒，下容狱，拷掠之，容由是躄，因别著"躄翁"。容踪迹遍天下，所至皆有诗。里中史大成招容往，已而有博学鸿词之辟，容以死力辞。次年卒于京邸，年六十四。著有《春在堂诗文集》。

第四节　清朝

钱 豹（生卒不详） 字文蔚，埙之后。少有才，钱肃乐以同姓厚期之，已而世乱，不复进取，每过榆林，与王玉书、周齐曾相得甚欢。徐振奇避兵青雷，豹从之游，偶入城，则主（住）高宇泰家。钱肃乐常曰："文蔚不涉世味，穆然静远，性所蕴蓄，蔚为声诗，盖刘遗民之徒欤。"

钱承阳（生卒不详） 字启阳，豹之后。道光二十三年（1843），钱湖堤决，平地成巨浸。水退，又苦旱，人以病。越数年，郡守召邑之荐绅，议复其旧，承慨然出赀为乡里倡，且鸠工董其役，堤以复完。（《正谊堂集》）子凤翰，光绪八年（1822）副贡，治诗古文有声。

忻恕（生卒不详） 字汝修，号仰峰，廪膳生，居东钱湖之陶公山，工制艺。嘉庆二十一年（1816）秋试，房官已荐元矣，主司误置落卷中，遂不售。鄞令周镐屡至东钱湖，就恕咨访利弊，恕请清理湖界，侵占之风稍戢。所居曰"近水楼"，镐为文记之。著有《近水楼遗稿》，曾孙锦崖校印行于世，附诗十首，则恕季子肇寅所著也。（《容滕轩文集》）

郑圣飏（生卒不详） 字方金，号弼庵，世居钱湖殷湾，道光二十四年（1844）举人，循例捐内阁中书，以孝友绩学负乡望。咸丰八年（1858），逃军史致芬乱，游民从之者众。圣飏集家族厉以忠义相保，聚邻村数千家，无一人从乱者。十一年，粤贼陷郡城，诡词安民，逼绅士为伪乡官，乃以殷湾属圣飏，传伪檄至时，圣飏已避地塘头，其族知圣飏必不屈，匿伪檄不以告。明年，客至塘头，微及之，圣飏大愤曰："吾身不污伪官，吾姓名已污伪檄，吾何以生为？"遂绝粒不食，七日死。至殁，目不瞑。

李邺嗣（1622～1680年） 名文胤，字邺嗣，号杲堂，又号淼亭，以字行，清初鄞县人。12岁能诗，16岁补诸生，后受学黄宗羲。顺治五年（1648），因父参与四明山寨抗清被逮下狱，他亦被驱至定海，关押马厩70天，同里万泰力救得脱。同年七月再下府狱，不久被释。此后体弱多病，然好义之心不减。1650年，余姚黄宗炎因抗清被捕，将受极刑，偕同同乡义士倾家财救出。1664年，张煌言被执，清军搜得缙绅与张往来书信，欲按籍而杀，他以计令其中止。张煌言就义杭州，他与万斯同等为之营葬。康熙十七年（1678）辞博学鸿词科荐。晚年致力地方文献搜集整理，重辑《甬上耆旧诗》、《鄮里文献录》等。卒后黄宗羲作墓志铭。诗文卓然成家，为黄宗羲所称道。著有《杲堂文钞》《诗钞》《诗文内集》《汉语》《续汉语》等，今有《杲棠诗文集》行世。

全祖望（1705～1755） 字绍衣，号谢山，宁波鄞县人，清代史学家、文学家。雍正七年（1729）贡生，三年后中举。乾隆元年（1736）荐举博学鸿词，同年中进士，选翰林院庶吉士。次年即返里，不再出仕，潜心著述。他上承黄宗羲经世致用之学，勤奋攻读，博通经史，为清代浙东学派名家。

全氏家庭是甬上名门，与东钱湖的关系源远流长。湖上莳草，宋代以来即为水利大患，湖民在清除时，原先都以为是废物，胡乱堆在山脚下，直到明代嘉靖年间（1522～1566），才终于发现葑草是上佳的绿色肥料。于是大家争着去清除葑草，运往自家的农田。是既利湖又利民，没想到却惹得土豪劣绅眼红了，竟私自向老百姓强征葑草税。当地官府听说后，不但不予制止，反而来插一脚、要分一杯羹。结果，好事变成坏事，老百姓又多了一项税负，"势家得其大半，以其羡余归有司"。这时，全氏六世祖全元立来了。他原任南京工部右侍郎，为人正直、忧国忧民，因反对奸枭严嵩专权害贤，遭排挤告老还乡。他患肺病，到东钱湖自家山庄疗养，亲眼目睹征税之害，事实上也"未尝申之宪府"。于是他仗义执言，通过监察机构加以禁止。但到万历中期，此害死灰复燃，利欲熏心的官方又开始私自征税。这时，全氏七世祖全天叙来了。他在万历神宗朝任少詹事兼侍读学士，归里后居城内月湖竹洲，组织林泉诗社，也常到东钱湖吟风啸月。他目睹此害重起，便毅然出手，请求朝廷加以禁止。关于这件兴利除弊的好事，全祖望在《万金湖铭》中有所叙述，并且自豪地声称："是时，湖民之得稍苏者，吾家再世之功为多。"

全氏八世祖大和、大程兄弟，是全祖望的曾祖父。他俩都有强烈的民族意识，积极参加宁波的抗清斗争。翻城之役失败后，他俩死里逃生，最终选择东钱湖穷山为避难之地，誓不入城，老死山中。全祖望的祖父全吾骐，是大程之亲子、大和之继子。当两位父亲避地东钱湖，吾骐年方十八，深明大义，侍奉二老，不怕与世隔绝，在东钱湖穷山中度过了一段艰难岁月。而全祖望自己，也在二十一岁时到东钱湖童岙设塾教书，以束脩奉养双亲，五年后才外出求取功名。

全祖望对钱湖湖名有独特的解释："甬东七十二溪之水会于横溪，而以其泄入江流也，潴之为湖，其名曰万金湖，亦曰钱湖，言其利之重也。"也就是说，他不认为湖名来自上游发源地"钱埭"，而是因为湖水给当地人民带来了不可估量的利益，所以用"钱"、"万金"来命名。东钱湖的命运涉及国计民生，因此他非常关注。那篇《万金湖铭》，实际上就是关于东钱湖治理的史料记载，特别是对于"葑草滋蔓不治则渐淤"之患、历代毁湖与保湖之争，均有简明的叙述。他反对毁湖造田："呜呼！城西之鄮湖盖久塞矣，然犹可望它山之中自仲夏以救之，若是湖则何望乎？徒谓湖之可田，而不知将并旧有之田而失获也！"他在诗歌《嘉泽庙》中更是大声疾呼："昔人置田以卫湖，后人塞湖以求田。昔人置田为买葑，今人但逢载葑欲收载葑钱。古今仍尔不相若！岂知重湖告竭田无年，旧田并与新田捐，区区莳钱益复不足言……何不竟挥神斧施冥诛？"应该说，东钱湖能有今天的太湖气魄，多亏了像全祖望这样的仁人志士前赴后继地奔走呼号啊！

全祖望对于东钱湖的人文景观，也有杰出的贡献。例如，沿湖的陶公山、大堰头、郭家峙、西山下、韩岭、象坎等地，都有"裴府君庙"或"裴将军庙"，祭祀的都是唐代观察使裴肃。然而，东钱湖人为何那么怀念他、普遍地祭祀他？却是"志乘不详、碑版皆灭"，当地父老也说不清楚。全祖望详加考证后，指出是因为裴萧带兵平定"栗锽之乱"路过东钱湖时，裴萧领导的军队能够不骚扰百姓，秋毫无犯，所以立庙，世代纪念。可当时却有人认为祭祀的不是裴萧而是晋公。为了避免"流传日远，遂为非奉之祀"，他应父老之请，撰写了《裴府君庙碑铭》。

此外，全祖望对东钱湖的土特产也很感兴趣，曾经写过《东钱湖食白杨梅》和《东钱湖吐哺鱼歌》。宁波的"荸荠种"杨梅闻名遐迩，核小汁多，味甜微酸，其颜色一般为紫红紫黑。而东钱湖所产杨梅却别具一格，是一种白色杨梅。全祖望格外喜爱，因为他从中看到了自己"负气忤俗"的傲骨和"求自得，不随声依响以为苟同"的学术品格。他一口气写了三首《东钱湖食白杨梅》，其中一首为：

> 赤缥怒结火珠林，沉紫嫣红满翠岑。
> 傲骨不随时令转，皓衣独立矢贞心。

吐哺鱼是东钱湖中一特产，微黑、短粗、像拇指般大小，生活在湖底，春暖花开时肉最肥，所以俗称为"菜花黄"，南宋宝庆《四明志》已记载东钱湖出产此鱼。它有独特鲜味，"吐哺鱼韭菜羹"是东钱湖的一道名菜。全祖望吃后，大加赞美，又大为惋惜，特作《东钱湖吐浦鱼歌》以咏之："姬公下士之残膏，化为浙海波臣侣。一落西泠圣湖滨，一游东甬钱湖渚。春波正动春酒香，春韭调汤味最良。水族虽然多巨子，偏于别种多擅场……我食兹鱼忽一笑，世间遭遇真难料。西湖之种登玉食，东湖寂寞谁相吊？不作庙牲作野祭，留与诗人供品题。"诗歌的意思是：吐哺鱼相传来自周公姬旦"一日三吐哺"所吐之哺，化为此鱼种，一落杭州西湖，一落宁波东钱湖。春季用韭菜做吐哺鱼羹，味道好极啦！我吃了之后非常感慨：同样的鱼，在西湖可以做庙堂的玉食，在东钱湖则只能当野味，供骚人墨客品尝题诗而已。显然，吐哺鱼和白杨梅一样，被全祖望人格化了，寄寓着怀才不遇的情怀。

李　暾（生卒不详）　字寅伯，一字东门。父邺嗣，世称"杲堂先生"。暾负才气，文诗倚笔立就，与郑南溪性、谢北溟绪章、万西郭承勋唱和，号"四明四友"。性好游而喜客，四方之士至甬上，无不叩李氏，暾待之各以其差，百函并发，半面不忘，自朝至暮，不以为倦。尤留心甬上水利，时时为当道言之，有修东钱湖议传于世。卒年七十五。

王　斐（生卒不详）　一名茂德，明季诸生，居钱湖陶麓。国亡，弃衣衿，寝处堂楼中终其身，足不履地。

袁　经（1784～1846）　字纬地，一字苇堤，正献公燮之后，太学生，居弈山，创宗谱，设义田，建塾于所居之侧，教族子弟，匾其堂曰"始基"，奉正献栗主于中。正献墓在穆公岭，岁久芜没，经偕弟芟迹其地，屐齿所履，铿然作声。负锸往开，视之则杨慈湖所作正献《墓志》也，遂营封树以告其宗族，于是，氏子孙散处他邑者皆会葬。其右百步为正献父、通议大夫文墓，并修治之。道光廿六年（1846）卒，年六十二。（董沛撰《墓表》）

袁　乔　讳万振，字声铺，号镜蓉，经从弟，居东钱湖大堰头，太学生。生平多义举，如剖腴田以兴义塾，名其堂曰"始基"，修理正献公之墓，并捐资以崇春秋之祀，其敦本睦族类如此。咸丰二年（1852）卒，年五十六。（王信德撰《传》。）

徐兆昺（生卒不详）　宁波城厢人，清代嘉庆年间（1796～1820）贡生。道光初年做过诸暨县学训导，巨著是《四明谈助》。他的足迹走遍了东钱湖，记载了东钱湖的山川村落，山脉地貌、名胜诗文、人物掌故，他先后到过百步尖、栎斜、顿岙、丁湾、茂屿山、前徐、观音庄、择阳山、隐学山、隐学讲寺、黄刺史墓（黄晟墓）、安石岭、象坎山、二灵山、霞屿、韩岭、韩岭金氏、福泉山、上水、下水、辨利教寺、无量寿庵、裴将军庙、九磊山、梅园精舍、大慈山、大慈禅寺、柴场岙山、玉女峰、鄮麓、罗岙、鹿山、鸡山、梨花山、高钱山、月波山、五柳庄、青山、鲍郎墓（鲍盖）、嘉泽庙、平湖脑、白石山、绿野岙、殷家湾、陶公山……《四明谈助》卷三十九《东四明护脉》（上）中记载得清清楚楚，以山为经，以人物事类为纬，记录所见所闻。

忻成魁（生卒不详）　字占春，世居钱湖滨陶公山。家贫，有孝行，侍父不解衣带，月余医罔效，日奔祷于城南吕祖祠，如是数旬。父恍惚见吕祖临卧榻，视之而去，遂霍然起。其后，成魁常所着内衫不肯易，母强易之，则臂血与布坚胶不解，乃始知刲肉疗父疾也。乡里称之。

徐时栋（1814~1873） 字定宇，号柳泉，学者称"柳泉先生"。住宁波月湖，道光二十六年（1846）举人，两次考进士不第，即不复应试，后以输饷授内阁中书。性喜读书购书，故居烟屿楼，原藏书六万卷。其二十余年来，亦购入将十万卷，尽发而读之，广采博览。其论注则取先秦之说，以经解经，旁及诸子，引为疏证，无汉宋门户之见。论史独推《史记》。班固、范晔以下则条举而纠之，许多议论为前人所未发。于地方文献用力尤深，校刻宋元《四明六志》，附《四明它山水利备览》，考异订讹，著成《四明六志校勘记》三十一卷，董沛作序称其"宏雅好古，留意桑梓"，堪称善本。又辑《四明旧志诗文钞》和《烟屿楼文集》。其主四明文坛三十余年，后起之秀，多出其门。同治七年（1868），《鄞县志》开局，徐时栋受聘主其事，发凡起例，总持大纲。次年，移志局至家，益发自有藏书及同里卢址"抱经楼"、杭州丁丙"八千卷楼"至千数百种，仿照国史馆列传之例，注解证引，排比成文，费力十二年，晚年病重在身，犹强起治事，临殁执友董沛手，郑重相委修志事，语不及私。翌年志成，光绪三年行刊，后人多称光绪《鄞县志》。徐时栋性急公好义，设义庄，兴文学，修东津浮桥，建三桥碶闸，遇事能断，以义行得旌。著有《烟屿楼诗集》18卷、《文集》40卷，其他撰著凡30余种。据他断定，徐偃王墓在东钱湖隐学山。

董　沛（1828~1895） 自孟如，号觉轩。出身于世儒家庭，好读书，7岁能诗。同治六年（1867）举人，光绪三年（1877）进士，以知县分发江西，历署清江东乡、建昌、上饶等县及江西通志馆协辑官。其善于析狱，兴修水利，尤留心地方文献，表彰前哲，深受士民爱戴。为政尝以四语自勉："御下贵严，治狱贵审，催科不求胜于前人，人事不苟同于流俗。"光绪十一年（1885）以疾辞官归里，筑"六一山房"，聚书5万卷，坐卧其中，锐意著述。先后主讲崇实、辨志两书院，以诗、古文负重名，又精史学。时鄞县徐时栋为地方鸿儒大师，士子争投其门下，执弟子礼，董沛虽年少，徐不敢以师道临之。同治五年（1866）董沛纂成编年体地方志《明州系年录》，记载自周代至清同治明州地方大事。同治七年徐时栋主纂《鄞县志》（即光绪《鄞县志》），未竟而卒。临殁执董沛手相托,董沛踵成是书,凡七十五卷。以钱大昕乾隆志为本,补疏辨误,考证精详。又修《慈溪县志》三十六卷。协修《江西通志》一百八十五卷,出力颇巨。此外,其著作尚有《两浙令长考》《甬上宋元诗略》《吴平赘言》《汝东判语》《南屏赘言》《晦暗斋笔语》《周官职方解》《唐书方镇志考证》《竹书纪年拾遗》《甬上明诗略》《甬上诗话》《六一山房诗集》《正谊堂文集》及《今平淮书》《今献遗闻》等。

袁世滋(生卒不详)　字菊洲,世居钱湖大堰头。七岁,父与客弈,蹲于案而观之,客沉吟,辄指其道,父以是负怒扑之,堕于下。少顷,则又蹲矣。稍长,读书城中。郑起凤有弟子刘姓者,设局城隍庙,世滋往观之,刘问:"孺子亦善弈乎?"对曰:"何善也,愿学焉尔。"刘强之弈,始颇易之,既而败,复之又败,刘大惊,尽邀其故侣,迭对之,则皆败,众骇异。是时年才十二,以是名大起。闽人董文琪,号国手,闻世滋之善弈也,来鄞与之弈,世滋稍逊之。七日夜不倦,业遂进,盖与文琪敌矣。尝客杭州,登吴山观音阁,偶与一人弈,弈者扣其姓,诡曰"方",比十数下,弈者敛棋曰:"吾审子音,固疑之。观子貌,又疑之。子必鄞县袁小麻也,奈何讳袁为方耶?"一时能弈者呼为袁小麻。

第五节　近现代

王荣商(1852~1921)　字友莱,今北仑区高塘第三洋人。出身乡村。贾商家庭,其父断文识字。在高塘街开设米店,兼营锡箔生意。楼下开店,楼上设塾授徒,楼名为魁星阁。在光绪八年(1882年)乡试中举,后又成为进士,且进入翰林院多年,先任翰林院庶吉士,再授翰林院编修,复升翰林院侍讲,再转翰林院侍读。一直没有离开教职,曾任顺天乡试同考官、四川乡试正考官等。清光绪廿八年(1902年),被委任为大学堂总办。

王荣商与东钱湖主要结缘在清末民初的东钱湖疏浚工程,他为东钱湖做了三件大事情:一、将浚湖之事启奏朝廷,得到了光绪帝的同意。二、后被推荐担任湖工局总董,促进了东钱湖疏浚工程再次动工和竣工。镇海商人陈协中捐巨款相助,使浚湖工程得有较圆满完成。三、任总纂、编写《东钱湖志》,并于1916

年出版，世称丙辰《东钱湖志》。（罗经衍撰文）

忻锦崖（1865~约1925） 鄞县东钱湖陶公山人。光绪十八年（1892年），其师张祖衔。首先创议疏浚东钱湖，当时忻锦崖28岁，就跟随其师为东钱湖疏浚之事而奔波于鄞、奉、镇三县八乡。据丙辰《东钱湖志》记载："已故生员张祖衔创议修浚，光绪二十二年（1896年）偕其徒监生忻锦崖遍历三县八乡，与各图绅董接洽，徒步周谘，不辞劳勚，其时许可者二百九十余人。"其师过世后，他继承师志。三次进京上告，直至禁地越控，被押解还乡。

他保释后，即被三县八乡绅董推举为开浚东钱湖董事会代表。不但无怨无悔，反而更加积极奔走于乡村与衙门之间，上下联络。在乡间依靠乡绅，发动民众，建立各级浚湖的自治组织，筹集资金，制订资金摊派政策。

民国二年（1913年）五月间，镇海籍人士陈济易（字协中），在天津经商，"因念切桑梓，乐于公益"，"邀锦崖赴津面晤"，忻锦崖欣然前往，赴津面见陈君，详述修浚钱湖之事，得到了陈济易慷慨捐助。

清末民初的东钱湖疏浚工程，自光绪十八年（1892年）起到民国三年（1914年）梅湖疏浚竣工，1916年丙辰《东钱湖志》问世，经历了从清末到民初，先后二十五个春秋。他的一生就是为疏浚东钱湖而奔波和忙碌，直至"年逾六旬，精神渐衰心亦畏"而辞世。（罗经衍撰文）

沙孟海（1900~1992年） 原名文若，字孟海，号石荒、沙村、兰沙、决明，以字行，鄞县大咸乡沙村（今属塘溪乡）人。祖籍鄞县东钱湖沙家垫。父沙孝能，业中医，耽好吟咏，旁及书画篆刻。他幼承庭训，早习篆刻，1911年起先后就读慈溪锦堂学校附小、镇海集成小学。14岁父亡，沙氏五兄弟，他为长子，弟文求（曾参加广州起义，被杀害于红花岗）、文汉（曾任浙江省长，1964年病逝）、文威（曾任全国政协副秘书长，健在）、文度（1942年病逝于延安）尚幼，赖其母陈龄支撑家庭。1920年毕业于浙江省立第四师范学校，先后任宁波屠姓、蔡姓的家庭教师，又一度执教鄞县梅墟求精小学，以所入养家，资助众弟求学。1925年赴沪进修能学社教书，后任教商务印书馆图文函授社。其间，从冯君木、陈屺怀学古文字学，从吴昌硕、马一浮等学书法篆刻，获益良多，书艺大进，章太炎主办的《华国月刊》多次刊载其金石文字，名声渐著。1928年至1929年上半年任职浙江省政府，1929年夏应聘任广州中山大学预科教授，1931年春起历任南京中央大学、教育部、交通部秘书。1941年6月在重庆经陈布雷推荐，在蒋介石侍从室二处任职，从事应酬笔墨文字，业余仍坚持书学研究。1946年至1948年应蒋介石请，参与编纂《武岭蒋氏宗谱》。1949年春躲开蒋介石等纠缠，拒去台湾。新中国成立后任浙江大学中文系教授，1952年任省文物管理委员会常务委员兼调查组组长，1954年兼任省博物馆历史部主任，擘划"浙江历史文物陈列"，1963年任浙江美术学院国画系书法科教授，1979年任西泠印社社长。后任中国书法家协会名誉会长、浙江省博物馆名誉馆长、省文联委员等职。一生亲历民国以来现代书法的发展，50岁以前书法广涉篆、隶、真、行、草各体，晚年尤精行草书，气酣势疾，刚健有力，韵味沉厚，雄浑遒劲，卓然成家，被誉为"书坛泰斗"。擘窠榜书被称为"真力弥满，吐气如虹"。他治学严谨，对书法学、古文字学、篆刻学、金石学、考古学都有精到研究。著有《近三百年的书学》《印学概述》《浙江新石器时代文物图录》《兰沙馆印式》《印学史》《沙孟海论书丛稿》《沙孟海书法集》《沙孟海写书谱》《中国书法史图集》，并主编《中国新文艺大系·书法卷》等。1992年6月，鄞县人民政府于东钱湖畔建沙孟海书学院，同年10月10日沙孟海逝于杭州，安葬在东钱湖畔万柳园中。

沙　耆　（1914年～005年）原名引年，又名贤菖，字吉留。鄞州区塘溪镇沙村人。祖籍在东钱湖镇沙家垫村。当代油画大师。

沙耆早年在上海昌明艺专，上海美专、杭州艺专和中央大学艺术科学画九年。在上海时，因参加共产党的外围组织，被当局反动派逮捕，囚禁数月。1937年春，由其老师徐悲鸿介绍赴比利时深造，入比京国立皇家美术学院，拜该院院长巴斯俭为师。巴斯俭的学位是比皇亚尔培宫廷画家。沙耆于1939年毕业，在比国艺术宫举行受奖典礼，他的油画、雕塑及素描皆获第一，并获得"优秀美术金质奖章"，由比京市长马格斯亲授。

1940年在比京阿特利亚蒙及督阿崇道展览会上，其作品与毕加索等其他著名画家同场展出。1942年在毕底格拉底美术馆参展时，其画作《吹笛女》被比后伊莉莎白选购珍藏。在比利时国期间，沙耆多次举办个人画展，其作品被藏家和画商看好。

1946年10月，沙耆抱病回国，徐悲鸿得知消息后，立即发出聘书，让他担任北平艺专（中央美术学院前身）的西画教授。遗憾的是沙耆因病未能赴任。尔后徐悲鸿给沙耆留了两年席位，按月发薪，并寄药物。徐悲鸿逝世后，沙耆在故乡沙村隐居。

在乡间，沙耆忍受着父亡及妻离子散的痛苦，还要忍受精神疾病的煎熬。沙耆刚回国时，还带有画布和颜料，他画故乡的山、故乡的水、故乡的全景，乃至故乡的一切……传世杰作家中十一幅板壁中的裸体油画，就是用国外带回的颜料创作的。后来画布、颜料用完了，就用毛笔、钢笔、铅笔，用各类书籍、杂志、报纸、本子，乃至民居的墙壁，来画他喜爱的题材。年年、月月、日日如此。他已习惯销声匿迹的生活，只被村民们认为是一个善良的"疯子"画家。

1983年，中国美术家协会、首都博物馆、浙江省博物馆在杭州、上海、北京举办了沙耆画展，整个画坛为之震动。沙耆受到有关部门的重视，先后被聘为浙江省文史馆馆员和上海市文史馆馆员，被尊称为中国油画史的一代大师。1998年北京、上海两地主办了"沙耆艺术研讨会"，2001年北京、上海、台北举办了"沙耆七十年作品回顾展"，2004年在杭州举办了"生命之光——沙耆90华诞艺术回顾展"。他有"中国的梵高"之称，是"中国油画史上一个里程碑式的人物。"（此史美章撰文）

周　尧（1912～2008）　鄞县塘溪镇上周村人。昆虫分类学家，1939年至2008年在西北农林科技大学先后任教授、昆虫所所长、昆虫博物馆馆长，兼任中国昆虫学会理事、陕西省昆虫学会名誉会长、第9届国际昆虫学大会组委会委员、九三学社中央参议委员会委员、政协第六届、第七届委员会委员，圣马利诺共和国国际科学院院士。他创办有昆虫博物馆、《昆虫分类学报》、昆虫研究所、周尧昆虫分类研究奖励基金会、中国昆虫学会蝴蝶分会等东钱湖畔建有周尧昆虫博物馆。

田　辛（1919～1967）　原名毕祥卿，曾用名毕镐铭。东钱湖镇方水村毕家人。民国二十年（1931年）在本村小学毕业，后入宁波效实中学就学。抗日战争爆发，全家迁居上海。民国二十七年（1938）十月，他在上海之江大学参加中国共产党，以读书为掩护，开展学生救亡运动。民国二十八年（1939）冬，任中共之江大学党支部书记，同时组织教育系同学成立工人夜读。民国二十九年（1940）秋至三十年（1941）春，田奉命先后转学沪江商学院、大夏大学，担任上海教会学校学生委员会组织委员，领导上海大、中教会学校及市基督教学生团体联合会工作。

民国三十一年（1942）三月，田赴苏北解放区新四军盐阜根据地，负责解放区和上海敌占区的秘密交通工作。至民国三十（1941）年八月，田先后任中共华中局城工部交通科长、组织科长。在完成大规模撤离和转移任务后，有千名干部出入敌伪封锁线，从未发生过重大事故，人称"地下交通尖兵"。民国三十六年（1947）十月，国民党发动全面内战，中共上海市委决定向华东解放区撤退二千名干部到华中党校建立新一队，田辛任支部书记。民国三十七年（1948）七月，任中共上海市委驻华中（解放区）工作委员会书记。民国三十八年（1949）随军南下。

1949年十月，任上海市静安区区委书记，1950年12月起，兼任静安区区长、区政协主席。1953年，田调市委工业部工作。1956年9月，任机电制造工业部办公厅副主任。1957年10月起任中共华东化工学院委员会副书记、书记。在"文化大革命"中。1967年8月1日被迫害致死。1978年10月23日，华东化工学院召开全体师生员工大会，为田辛平反昭雪，恢复名誉。（陈剑平撰文）

第四十章　贾商乡贤
DiSiShiZhang JiaGuXiangXian

陈济易（1864～1914）字协中，镇海人。祖籍广东新安。父长湉，清咸丰、同治年间来镇海剿匪，安家。嫡母陶氏，海宁夏宜人，在杭州生下陈济易后即亡故。陈济易靠其舅父陶长发携至上海，"习五金业，通英文、称算学，性勤慎"，为洋人所信任，后在天津经商，得知天津水苦、混浊，就创设济安自来水厂，并定救火规则，因此在天津渐有名气，常有人与他合资贸易，生意兴隆，事业兴旺。

他念切桑梓，乐于公益。在清光绪三十三年（1907）间，镇海城内开浚河道，助洋一千元。宣统元年起至三年（1909～1911），经办天津、浙江两等学堂出资金三年，共银洋六千元，民国元年（1912），温州处州水灾，助银洋一千元。

丙辰《东钱湖志》中有这样一段记述："（1913）八月起，湖工董事忻锦崖等与三县联合会雇工设局开浚梅湖，至十月间止，计用银洋三千余元。十一月起，由陈君济易接办湖工，至今年（1914）三月止，计用银洋四万三千元，又拨出纂修东钱湖志经费银洋三千元，共计银洋四万六千元。兹里湖（梅湖）工程已浚，外湖工程尚须筹款，陈君济易於今年（1914）阳历三月四日，阴历二月初八溘然逝世，时年五十岁……""鄞奉镇三县人民同为扼腕应请奖励。"

1914年8月起，由"鄞奉镇修浚东钱湖联合会"按级上报，到1915年1月初，经由当时民国大总统亲题"功在钱湖"匾额，颁给已故商人陈济易，以示褒扬。此匾尚在东钱湖百姓家中。（罗经衍撰文）

李志方（1865～1941）东钱湖沙家垫人。曾任上海三菱轮船公司的总买办，是清末民初实业家。

1921年，李志方出资三万银圆，在莫枝八字桥边筹建了一所当时现代化小学。仿上海圣约翰大学校舍布局，砌建了一幢西式回字形楼房，就是当时莫枝的鄞东"志方学校"。1922年，他就发动殷湾、陶公、莫枝一带乡绅（如曹兰彬等20余人）共同集资，在莫枝志方学校的河对岸，兴建了一所当时现代化医院（现在的钱湖医院前身)。本着为群众"普受其益"的宗旨,取名"普益医院"(当时又称"鄞县第一医院")。聘宁波光华医院院长留美博士杨传炳兼任院长,聘杨之高足弟子金立川医师主持医务,设内、外、妇科。又在30年代带头发起创办股份制的宁湖轮船公司,使中塘河在鄞东率先通行汽船。

《宁波词典》对李志方是这样评述的:"李志方,学徒出身,民国初年为日清轮船公司买办,后任三菱轮船公司总买办、三井公司副总买办等职。1917年在家乡兴办成志小学,1921年在莫枝创建志方学校。后又集资兴建普益医院。为改善宁波中塘河的运输,在30年代发起宁湖轮船公司。此外,还致力于改善家乡饮用水等公益事业。" 1941年1月,他以76岁高龄病逝于上海。(许义泰撰文)

王东园(1874~1950) 名栋,字东园,东钱湖下王人,后迁居宝幢。1906年,梅墟巨绅谢蘅牕等人创办求精学堂,王东园应邀为之奔走,直至西式校舍建成。1910年,他与蔡琴荪等人发起创办《四明日报》,并担任首任经理。后《四明日报》遭军阀政府勒令停办。1911年,武昌起义爆发,宁波光复活动蓬勃发展,他和张葆灵为邻,两人积极参与政治活动。1912年1月,省临时议会成立,王东园被推选为鄞县东乡地区基层议员,出席了省议会。1925年,《宁波商报》社成立,王东园又任经理。1936年,王东园已逾花甲,病居宝幢,应好友乐振葆之请,协助管理宝林小学。1943年,王与沪商任水良向宝林小学、下王小学等33校捐助稻谷39.399万斤,受到时任浙江省政府主席黄绍竑的褒奖。

王东园曾在宝幢大王桥开设一个小型图书馆,每年从工厂收入中抽出四分之一用于购置图书。每只书箱上刻"知不知斋书藏"篆字。后日寇南侵,为防轰炸,把几十只藏书箱寄放天童寺藏经阁,从而得到保存。

他与友人先后创办上海天厨味精厂、天原化工厂、天利淡气厂等,并在天厨味精厂就担任15年经理。1941年日寇占领宁波,王东园隐为居士,任鄞西佛教居士林林长,研究佛经,以避敌纠缠,但对公益事业仍多有关心。1950年,王东园病逝,享年76岁。(戴怀萱撰文)

金吟笙(1879~1939) 大名宏灿,是明朝韩岭白云公金华第十七代后裔。生于清光绪五年(1879)。父辈业小商兼农事,家境清寒。幼少就读于宗塾,资性聪颖而勤奋好学,有深厚的文学底蕴,是村族中的佼佼者。青壮年时受业于上海南洋兄弟烟草公司,业务精通、智识渊博,深为外商器重,从学徒、普工擢升为高职

（买办）。1921年筹资在故乡韩岭创办中国宁波韩岭烟厂。《宁波市志》称"韩岭烟厂是浙江卷烟先声"，金吟笙被誉为"农村发展民族工业的第一人"。宁烟厂为饮水思源，缅怀先辈的巨大贡献，于2005年在韩岭烟厂原址建立"韩岭烟厂纪念馆"和金公吟笙的半身铜像，永为历史性的纪念。（金辅康撰文）

忻信来（1901～1995） 鄞县东钱湖镇陶公山忻家人。20世纪40年代，忻信来正式定居香港创业。积累资金，买进约800平方米土地建造房子。开始涉足房地产行业。与人合股买进铜锣湾新世界百货。1955年以后忻信来独资建立正义置业有限公司，任董事长。

1982年返家乡探亲时，忻信来主动提出捐资为家乡建造一所校舍，亲自审定校舍设计图，捐资60万元港币。浙江省人民政府办公厅发文，批复同意忻信来捐资，新建大公中学教学楼。

忻信来讲："我是穷孩子出身，懂得没有文化的痛苦，所以我愿意为家乡的教育做点事。""我不是大老板，是一点一点节省下来的钱，在我有生之年为家乡教育做点事，是我的心愿。"1983年一所1478.5平方米大公中学教学楼建成。忻信来刻石题字："尊师重道应做好学生，爱国利民要当新青年。"（许义泰撰文）

史致富（1906～1962） 字志礼，号德润，鄞县东钱湖镇下水村人，出生于上海。出身贫寒，幼年丧父，1922年辍学经商，在上海华美药房任职，工余自修英、德文及药科知识。1927年受聘负责中药房营业部，次年任国民药房经理。1933年集资创办万国大药房，任总经理。1935年当选上海新药业公会执行委员。抗战开始后相继在昆明、重庆、南京、天津开设万国药房支店，并在长沙、淮阴等地发展领牌联号。在此期间，他还创办新光化学制药厂、丙康药厂、怡中药厂、华联药厂、万千化工厂、中央药房、国光药房和信大工业原料行等企业，均出任董事长，还在五六十家金融、工商企业任董事、监事。此外还担任四明医院、济民医院、上海时疫医院、南市平民医院、福幼院董事长。抗战胜利后，又兼任上海市新药商业同业公会及药济生公会理事长、华联高级药学职业补习学校董事长、上海市参议员及上海市"国大"代表、上海市商会理事、宁波旅沪同乡会理事、中华麻疯救济协会董事等。1949年2月去台湾，在台湾开设上海联合大药房和纳德行，专营西药，并先后任台湾新药业联合会顾问、台北药济生公会理事长及台湾省药济生公会理事长、台北市宁波同乡会监事。60年代初，又创办亚洲旅行社，任董事长。

王宽诚（1907～1986年）　又名文侠，浙江省宁波市鄞县布政乡宋严王村（今属古林镇）人。早年在宁波经营国内口岸贸易、金融及轻工业。1932年任宁波太丰面粉厂采购主任。1935年在江东泥堰头与人合营维大鼎记面粉号，任经理。未及两年，扩设分号6家。1937到上海开设维大洋行，经营面粉、罐头食品、呢绒、木材等内外贸易，与人合营通合地产公司、祥泰轮船公司、中国钟厂。抗战爆发后，认购公债法币22万元，并投资开张中国国货公司。日军占领租界后，转移100余万元资产至重庆。抗战胜利后返沪，改维大洋行为维大华行，设分公司于香港、伦敦、纽约等地。1947迁居香港，设立维大洋行（香港）有限公司，随后设立幸福企业有限公司及数十家有限公司，经营金融、地产建筑、船务、国内外贸易、百货、食品、木材加工等业务。1949年应邀参加开国大典。后认购人民政府胜利折实公债21万份。历任香港中华总商会会长、副会长、当然永远荣誉会长，兼香港、澳门十余家公司、机构名誉会长、董事、主席等职。新中国成立后，王宽诚先生历任中国人民政治协商会议第二、三、四届全国委员会委员，第六届全国委员会常务委员，第四、五届全国人民代表大会代表；暨南大学副董事长，中国国际信托投资公司董事、中华全国工商业联合会常务委员，香港特别行政区基本法咨询委员会执行委员会副主任等职。此外他还在内地二十余个机构兼任董事、理事、顾问。

1986年去世，墓葬在东钱湖畔万金公墓。

戴行悌（1916～1991）　字振德，东钱湖大堰头人。求读于浙江省立水产学校。毕业后到日本千叶水产研究所渔具研究班学习，回国后又入中央研究院动植物研究所深造。1946年任国立乍浦水产学校校长，翌年当选"国民大会"代表。1949年去台后任"省立高雄水产学校"校长。1950年调往"革命实践研究院"联战班研究。1953年任"省立基隆水产学校"校长。1956年任"中国青年反共救国团"台北市团委会主任委员，同时受聘"经济部"顾问。1962年任台湾省"教育厅"主任秘书。次年任"省立花莲师范学校"校长，其间积极筹划创办中国海事专科学校（后改为海事学院），1966年任该校校长。1971年创立"中华民国海事学会"。戴行悌毕生致力于海洋渔业事业，著有《渔政法规》、《长夜网渔业之改良》、《张网渔业之改良》等书。

戴钦才（1917～？）　东钱湖大堰头人，生于1917年，幼年就读于村内湖滨小学。18岁去沪，白天跟父亲经营商业，晚上去三吴大学攻读法律。抗日战争期间，曾经营钦和烟行、黄金烟厂、旺旺火柴厂、同余钱庄等企业。1950年迁居香港，先后创办华纳毛衫公司、太平洋毛衫公司、大通贸仓有限公司等，1982年退休后迁美。

戴钦才爱交朋友，热心社会公益事业，在沪时曾先后当选为宁波旅沪同乡会、四明公所、四明医院理事、南山中学董事等职，成为沪上社会名流，在旅沪"宁波帮"中与刘鸿生、俞佐宸、金润庠等同被称为"少壮派"。抗日战争前夕曾被推为东钱湖浚湖委员会主任委员，惜因事局突变，未待工兴而罢。

戴钦才子女多在国外留学、就业、定居，他本人也于1982年迁美，并加入美国籍。他在美的寓所题名为"椿萱庐"，并著文自序："……去父母之邦愈远，而风木之思愈切，因署美寓为'椿萱庐'，盖亦慎终追远。华裔岂宜欧化？是亦不忘其本。期示后世子孙，追怀祖荫恩庇，修厥德，永承流泽。"戴钦才居美后常与国内亲友诗文唱和。1987年他捐资修建陶公山张迈岑公路。

陈忠诚（1922~？）　字中绳，号菊轩，祖籍东钱湖薛家山，1922年出生于上海，曾肄业于圣约翰大学经济系，不久转东吴大学改学法律，先后获得学士和硕士学位。1942年~1951年在东吴大学执教民法，并任美国德士古石油公司总公司法律顾问。1951年任最高人民法院华东分院编纂，"土改"时任人民法庭审判员。1952年后先后执教于华东政法学院、社会科学院、上海戏剧学院、上海外语职工学校、上海外国语学院，教授法学和法律、英语等课程，1979年重回华东政法学院。80年代先后去美国和澳洲讲学，1991年秋退休后任上海政法干部管理学院终身教授、上海司法研究所研究员。在长期教育工作中坚持教书育人，注意加强和提高学生实践能力和技能训练。先后发表论文数百篇，出版专著20余种。

郑世彬（生卒不详）　字蔚如，号宜亭，殷家湾东村人。民国时期实业家，与孙家孙祖荫、项家项莲荪并称"殷湾三贤"，被尊称为"世彬先生"。郑世彬祖辈以捕鱼为生，父母早亡，出身贫寒，童年时生活无依，由族人引荐去杭州谋生。进入杭州钱江轮船公司当一名学徒，工作兢兢业业。他用他的诚实和勤劳博得了上司的赏识，后被提为部门管事。《郑氏族谱》中有这样一段对郑世彬的记叙："幼失怙恃，家清贫，立志高远，好学尤勤。"他在而立之年被委为公司总经理助理，不久被推为董事长和总裁。他在原来往来杭州、兰溪的富春江航段的基础上，开辟出苏、杭、嘉等多条航线，也同时为杭州到上海，以及临近上海的长江航运承担了部分业务。郑世彬被世人奉为航运实业的巨子。此外，还集资创办"大中华火柴公司"。20世纪50年代，世彬先生安详仙逝，享年93。（郑经文撰文）

第四十一章　专家学者
DiSiShiYiZhang ZhuanJiaXueZhe

戴传曾（1921~1990）　东钱湖大堰村人。我国第一代核科学专家。1942年毕业于西南联大，先后在西南联大、昆明中山中学、清华大学任教。1947年赴英国留学，从事核乳胶和核反应的研究，利用回旋加速器研究（d，n）反应，并根据剥裂理论研究了这类反应的中子角分布和生成核与宇称，是国际上首批从（d，n）反应中测得自旋宇称的研究者之一。在英国获得博士学位后，于1951年底回国。50年代及60年代上半期，先后任中国科学院近代物理所、物理所副研究员、研究员，二机部原子能研究所九室主任。在此期间，他主要从事各种核测器的研究，研制成卤素盖革计数管和三氟化硼中子计数管，并推广生产。其中卤素计数管首先填补了我国核探测技术领域的空白，达到国际上市售产品水平，故其于1956年获中科院自然科学三等奖。同时又研制成碘化钠闪烁计数器和塑料闪烁体。他研制的中子晶体谱仪和中子衍射谱仪，达到了当时国际先进水平。他对电磁分离器的核心部件离子源做了深刻研究，设计制造了离子源，为我国稳定同位素分离分析工作作出了贡献。1965年调任二机部北京194所副所长，从事反应堆工程和研究方面的领导工作，攻克了许多技术难关，为我国第一座高通量研究堆的建设作出关键性的贡献。1978年调任原子能研究所副所长，不久任所长。1984年任原子能研究院院长，1985年后任名誉院长。他指导开发的"单晶硅中子嬗变掺杂技术"，1986年获国家科技进步二等奖。他指导完成的"微型反应堆的研制"获1987年国家科技进步一等奖。戴传曾又兼任国家核安全专家委员会副主任、核环境专家委员会副主任、中国核学会常务理事、中国计量学位名誉理事、核动力学会常务副理事长、《核科学与工程》及《核动力工程》的副主编。他又是中国科学院学部委员，第六、第七届全国政协委员，国务院学位委员会兼原子能评议组组长。

金雅妹（1864~1934）　一作金韵梅，梅墟人。父是耶稣教长老会牧师，金雅妹3岁时父病逝，遂成孤儿，被父生前好友长老会医生、美国驻宁波首任领事麦嘉谛博士（D.B.Mecartec）收养为义女。1869年，由麦嘉谛携至日本上学，习日、英文。光绪七年（1881）完成中学学业后，入美国纽约大医院附属女子医科大学，开中国女子出国留学之先河，成为中国近代第一位女留学生。1885年以第一名成绩毕业，在纽约医院实习时，技术大有长进，尤精于显微镜，常在纽约医学杂志上发表文章，颇负盛名。光绪十四年（1888）回国，供职于厦门、广州、成都等地医院。因其医德高尚，医术精深，和蔼待病人，求诊者不绝。三十四年（1908）得袁世凯资助，在天津创办医科学校，潜心于医学教育，又任天津妇女医院院长，培养医务人员。1934年春逝于北平，一生献给了医学事业。

《宁波日报》2010年5月5日《东钱湖韩岭村》一文中称："金姓是韩岭村的大姓，中国第一位女留学生金雅妹就出生于韩岭，她的故居是村中'三盛六房'中的'照房'"。

《鄞州日报》2010年7月9日一文章称："同治三年（1864年），金雅妹出生在鄞县韩岭后街小沙井东边的'金氏绍房'（今存，金氏后人居住）。她的父亲金定元是长老会教堂中虔诚的基督教徒，麦嘉缔培植的中国牧师。""1894年，30岁的金雅妹与西班牙籍的葡萄牙音乐家达尔瓦结婚，两年后得子。然而1904年，她的婚姻破裂。她的爱子也在第一次世界大战时牺牲，此后，金雅妹没有再嫁。"（许义泰撰文）

注：金雅妹是鄞县梅墟人，也有讲是鄞县韩岭人。笔者采访世居韩岭金氏家族，年过八十的金氏族人，都不知道韩岭金氏本族有个金雅妹。金雅妹是韩岭人，佐证不足，有待考证。

金立川（1908~1999） 出生在浙江临海县水家洋村。断断续续读了三年私塾，13岁到国药铺当学徒，少年时代就饱尝了人间的疾苦，16岁到镇海回春医院拜师学西医。1928年由老师推荐到宁波光华医院实习进修。1932年由院长推荐，参加鄞县莫枝普益医院的筹建工作，并兼任医务主任。曾当选鄞县第二届人民代表、多届县政协委员。

第四十二章　精英烈士
DiSiShiErZhang JingYingLieShi

史致芬（？~1858）　鄞东陶公山史家湾人。仗义任侠，因殴斗死人，逃陕西，后至少林寺学艺，遇大赦，返乡业渔，时宁波钱业行"过账"法，提取现金，须加收"贴水"，或称"现贴"。咸丰八年（1858）初，银根日紧，"现贴"高达二分之一。陶公山多出海渔民，收入均"过账"钱，支付却用现金，因受害甚烈，致芬乃与王文龙、曹构聪等于七月九日聚众进城请愿，求禁现贴，平米价。知府张玉藻偏袒商号，严词拒绝。渔民愤极，有殴击知府者，适雷雨骤至，轰然散归。府县乃募集壮勇，置备器械，作攻守计。致芬屡召渔民集商，立寨树旗于觉济寺，为久抗计。因筹集粮、饷，得罪当地戴、袁豪族。七月三十日，渔民入城，焚教场演武厅。府城练总李厚建率团勇出击，毙渔民十余人。按察使段光清闻变来鄞，谕减现贴，遣人至湖上招抚。李厚建乘机突袭陶公山，致芬知中计，仓猝指挥应战，山头万民呐喊助威。团勇大溃，杀李等130余人，悬李首级于忻氏宗祠前。九月，复攻大嵩所，获武器无数，委王文龙守泗港。十一月三十日，段光清率原布兴有兄弟的部队围剿，破泗港。次日，攻觉济寺，焚村。致芬遁萧山，段悬赏拘捕。十二月七日夜，致芬回村被段光清买通的村人告密，遂被捕，与王文龙等被杀于县城大教场。李厚建父以银10两贿行刑者，挖致芬心祭其子。

王孝和（1924~1948）　原名王康智。祖籍鄞县福明乡松下漕村，出生于上海。1933年入上海私立承余小学求读，聪明好学，成绩优秀。"八一三"战争爆发，王孝和跟着母亲逃难到鄞县陶公山外婆家，插班入曹家方裕小学求读，并以优异的成绩毕业。竖年春回到上海，考入上海励志英文专科学校。在地下党员许统权等人的影响下，开始接受马列主义。1941年5月参加中国共产党，1943年进美商上海电力公司火力发电厂（今杨树浦发电厂）任厂工会常务理事，积极投身工人运动，组织参加了1945年上海电力工人"九日八夜"的大罢工。1946年4月，上电公司工会成立，他任组训干事,后任常务理事。1948年上海申新第九纺织厂罢工,遭军警镇压,发生"申九"惨案,王孝和代表上电工会积极参加后援会的活动,并在他所在的电厂内发动工人募捐、带黑纱,揭露"申九"惨案的真相。此举引起了国民党特务的不满,1948年4月21日早上上班途中王孝和遭到特务绑架。5月被押至提篮桥"特种刑庭"。在法庭上,他以大量事实揭露刑庭种种卑劣手段,驳得法官哑口无言,被迫休庭。6月28日,"特种刑庭"不顾社会舆论的谴责,以所谓"捣乱社会治安未遂"罪判处王孝和死刑。7、8两月,上海工人协会、全国第六次劳动大会,分别发表宣言通电声援王孝和,对国民党政府提出严正抗议。王孝和本人亦不服这一无理判决,向中央特刑庭上诉。但国民党当局无视全国人民的正义呼声,于9月23日将上诉驳回,核准原判,是年9月30日,王孝和在上海惨遭枪杀。临刑前,他留下了血书遗言:"有正义的人士们,祝你们身体健康,为正义而继续斗争下去!前途是光明的,那光明正在向大家招手呢!只待大家努力奋斗!9月25日被乱杀前之王孝和血书。"

  注:他孩童时代住在东钱湖陶公山外婆家,其妻忻玉英是陶公山长弄里人。

忻元华(1934~1970) 莫枝陶公山人,在乌鲁木齐铁路局任技术员。1963年他关心国家前途,向毛主席及报社投寄信件,陈述"要用扎扎实实的经济工作来代替革命战争年代大规模的急风暴雨般的政治动员"等观点,被判处管制3年。1967年1月,他又写信给毛主席指出文化大革命的路线、方针、政策上的失误,被再次拘留。他又写下了40余万字的笔记,对自己的观点和见解进行系统的论述。1970年5月被错判死刑。

  新疆维吾尔自治区高级法院于1979年12月15日撤销了原来的对忻元华两次错误的判决。1980年7月14日,在忻元华家乡陶公山召开了平反昭雪大会。1981年9月17日新疆维吾尔自治区人民政府,报给中央民政部批准追认为革命烈士。骨灰安放在鄞县革命烈士纪念馆,他的事迹陈列在四明樟村烈士纪念馆中。

钱觉先(1909~2001年) 鄞县高钱乡(今于波市鄞州区东钱湖镇)高钱村人。他心系交通事业,把修路铺桥搭凉亭当做自己的分内事。自1950年以来的40年间,他的善举从未间断。钱觉先辛勤劳作,生活节俭,农田活不能干了,就去放牛,去给单位当门卫。但他却把积蓄下来的钱,投到公益事业上。不仅如此,还不辞劳苦,一次又一次跑至县府机关和乡镇各部门进行募款,动员乡村企业事业单位和个人捐款。1988年在他八十寿辰之时,他又出资1000元,在高钱村造了一个凉亭，在邱隘镇附近修了两段路。他曾组织农民修建钟家沙村雅雀桥，在修桥一个月的时间里，晚上孤身一人睡在凉子里，随叫随到，为人摆渡。他曾修理过从莫枝镇到宁波四眼碶沿中塘河旁的石板路。据他1989年回忆，他新建和修建过的凉亭有60个，造桥18座，修路18处，修建河埠12个等等。他在鄞县城乡有较高的知名度。他执著的精神和无私的爱心感动了众多干部和群众。钱觉先的事迹受到了社会的称赞。1988年，县府授予他"老年精英奖"。1989年，在浙江交通报举办的"浙江交通精英"评选活动中，他又获得"浙江交通精英"的称号。

陈宝林、陈云福父子 鄞县陶公山人，第一次世界大战时，陈宝林在美舰服役，任一等管事。1941年12月太平洋战争爆发时，其子陈云福在美舰服役，参战受伤，美国政府发给优抚证。

忻阿福 鄞县陶公山人，"邓肯号"海员。1949年5月，在泰国参加招商局13艘海轮起义，投奔大陆。

东钱湖畔革命先烈名单：

郑 文 斌（1948.6　河南）殷湾人

郑 品 生（1948.11　淮海）殷湾人

沈 一 波（1949.7　镇海）陶公山人（原名忻永康）

忻 自 沛（1949.12　鄞县）高钱人

郑 迟 宝（1950.5　象山）殷湾人

高 善 富（1951.1　朝鲜）郭家峙人

王 志 成（1952.10　朝鲜）莫枝人

忻 元 华（50年代　西康）莫枝人

忻 元 华（1970.5　哈密）陶公山人

李 定 祥（1977.6　漳州）韩岭人

王 孝 和（1948.9　上海）少年时代生活在陶公山

（括号内是牺牲时间和地点）

第四十三章 百岁坊
DiSiShiSanZhang BaiSuiFang

金信章(1906~2007) 学名祖尧,韩岭金氏第二十代裔孙,仙逝时102岁。世居韩岭小沙井,专业箍桶,凡农用、家用及婚嫁桶钵的制造均有一手高超的技艺,在韩岭老街开设圆木作坊,后改为"金信记桶钵铺",名扬湖上各村和周边乡村,在塘溪、赤堇、管江、上堇山乡有相当的知名度,是著名的"箍桶师傅"。育有六子一女,有四子继承父业,技艺不低于其父。串村下乡便民服务。他为人正直,无不良嗜好,治家严肃,教子义方,家属庞大,和睦相处,无争无讼,又是慈善家庭,堪称忠厚道德之家。

忻信昌(1909~2010) 学名忻元锦,男,东钱湖镇陶公山忻家人,长住厅屋里。生于1909年农历5月18日,于2010年农历8月19日在无病无痛静睡中辞世,享年102岁。原配王氏,育有明大、明祥、明康、明芳四个儿子,早年辞世。继配陈氏,育有明娣、亚明、幼明三个女儿。忻信昌一生务农,识几个眼头字,为人厚道,生活俭朴,好善乐施,子孙旺盛,到2010年辞世之前已有儿、孙九十余人。在陶公山忻氏宗祠四合堂挂有"百岁匾"。

忻礼轼(1910.6~2011.8) 字忠信,鄞县东钱湖镇陶公山忻家人。1921年在陶公山光裕小学毕业去上海昌世中学读书,1927年毕业后在其堂叔忻成洲任买办的美商安定洋行工作,公余之暇,到东吴大学及青年会读商法、英文及会计等课程。1932年考入沪江大学商学院,1936年毕业,经范桂馥推荐,受聘担任浙江实业银行董事长李馥荪创办的联合贸易公司董事经理。1937年抗战爆发,公司停业,又经名会计师奚玉书推荐,受聘担任南洋企业有限公司贸易部经理。1949年5月以后,公司解散。应华东贸易部卢绪章之邀于1950年1月担任猪鬃公司华东区经理,统筹华东五省一市猪鬃业务,为工商界人士担任国营公司经理第一人。翌年,猪鬃、皮毛、蛋品等三个区公司合并为中国畜产公司华东区公司,忻任第一副总经理。1962年去香港,先在王宽诚创办的维大洋行任董事、总经理。1964年创办香港兴茂企业有限公司，任董事长。1972年又成立利民企业有限公司。1984年在深圳高立中外合资中冠印染有限公司，担任副董事长。曾任香港美格伦有限公司董事长、香港甬港联谊会永远名誉会长，并为宁波市政协第十届常委、第十一届委员，宁波经济建设促进协会顾问，宁波海外联谊会名誉会长。1994年在家乡捐资建造莫枝中学忻成珊科技楼，并在该校设立奖学金；1999年2月再次捐资为该校建筑曹阿姣学生公寓，并在宁波投资办厂。1995年10月被宁波市人大常委会授予"荣誉市民"称号。

2010年4月，102岁的忻礼轼先生带领全家回陶公山祭祖踏青，探望乡亲，现在合家定居在香港。2011年8月20日在香港仙逝，享年102岁。

忻杏莲（1910～2010）　女，东钱湖镇大堰头人。原籍陶公山忻家，生于1910年2月1日，有姐妹俩人，杏莲为妹。嫁给大堰头戴家戴仁安为妻。于2010年7月9日辞世，享年101岁，育有金娣、英娣、英娜三个女儿和金裕一个儿子。到2010年辞世前，有儿孙五十余人，其中玄外甥有两人。

她不识字，为家庭妇女，为人厚道，待人热情，相处和睦，生活俭朴，是一位贤妻良母，后半生多以素食为主，头脑一直清晰，双目明亮，实为难得。

第四十四章 在海外的著名人士
DiSiShiSiZhang ZaiHaiWaiDeZhuMingRenShi

李达三： 东钱湖沙家垫人
香港声宝—乐声（香港）有限公司董事会主席
金志亨： 东钱湖韩岭二房弄
香港金星机械电机厂
郑鸿康： 东钱湖莫枝人
香港美国联合碳化有限公司中国部总经理
忻元甫： 东钱湖陶公山忻家人
香港永正实业（中国—香港）有限公司董事长、总经理
郑经训： 东钱湖殷家湾人
香港禾利关系企业总裁

WENXIANBIAN
文献编

　　东钱湖在晋朝已有雏形，到唐天宝三年（744），陆南金发动沿湖和湖下百姓开发建设，让她成为浙东大地上的一颗明珠。她天生丽质，光艳照人，这里处处山山水水，时时明明秀秀，使历代诗人骚客咏吟不休。优越的自然环境，幽邃奇妍湖光山色，吸引了历代名人学士，赋予东钱湖丰厚的文化底蕴，山水、古迹、名胜、名人，踌就了名扬古今的东钱湖文化……

　　在本志各编中，均有东钱湖特色文化贯穿其中，设此专编，旨在传承东钱湖历史文化的精华，又记述各代文学艺术之成果。各类文献著述多不胜收，文学艺术作品浩如烟海。

第四十五章　诗　词
DiSiShiWuZhang ShiCi

第一节　东钱湖漫游诗

东钱湖

东钱湖青山环抱，碧水汇流。唐称西湖，宋称东湖。湖面约20平方千米，湖周约49千米。平均水位2.2米，蓄水4400万立方米，相当于四个杭州西湖。

拥有"西子风韵，太湖气魄"的东钱湖，让历代诗人墨客为她所陶醉，留下了许多弥足珍贵的诗、词、赋、联……

望东湖（五首）

宋·袁　燮

天上金波印水心，水中波浪亦成金。
小舟荡漾金波里，陡觉广寒宫殿深。

澄泓万顷浸冰轮，千尺惊看玉塔新。
满目辉光相照耀，乾坤何处不精神。

世故纷纷赚白头，何如良夜一扁舟。
霜风拂面心神肃，尘虑宁容一发留。

五十颓然一秃翁，湖山清兴渺无穷。
扁舟欲学鸱夷子，未有平吴霸越功。

世上功名姑置之，微茫心事要深思。
水光月色精神好，长使襟怀似此时。

作者简介 袁燮（1144～1224） 字和叔，庆元府鄞县（今浙江宁波）人。淳熙八年（1181）登进士第，宋朝政治人物、教育家、哲学家。学者称其为"絜斋先生"。与舒璘、沈焕、杨简并称为"明州淳熙四先生"，为当时浙东四明学派的代表人物之一。著作有《絜斋集》二十四卷、《絜斋后集》十三卷、《絜斋家塾书钞》《絜斋毛诗经筵讲义》。

望东胡（又二首）

宋·袁 燮

重峦叠嶂巧萦纡，中有汪汪万顷湖。
山色水光相映发，清辉含处妙难摹。

平生酷爱水浮天，每到东湖意豁然。
要识此湖功利溥，旱时无限荫民田。

雨中度东湖

宋·袁 燮

宿霭埋山未肯收，晚风吹雨湿衣裘。
渔舠一叶烟波里，添我胸中万斛愁。

咏东钱湖

宋·史 浩

行李萧萧一担秋，浪头始得见渔舟。
晓烟笼树鸦还集，碧水连天鸥自浮。
十字港通霞屿寺，二灵山对月波楼。

于今幸遂归湖愿,长忆当年贺监游。

注释　十字港,即东钱湖下水港与后岭港交叉处。

作者简介　史浩(1106~1194)　字直翁,明州鄞县(今浙江宁波)人,南宋政治家、词人。南宋绍兴十五年(1145)进士,由温州教授除太学正,升为国子博士。他向高宗建议立太子,以此受知于朝廷. 绍兴三十二年(1162)孝宗即位,史浩任参知政事。隆兴元年(1163),拜尚书右仆射。

东湖游山　庚申居下水

宋·史　浩

四明山水天下异,东湖景物尤佳致。
古来奇处芜没多,极目空余老苍翠。
最称险岙唯福泉,崒嵂万仞摩青天。
屹起精蓝名寿圣,松风飒飒泉涓涓。
一径崎岖通下水,风物人情更淳美。
两椽茅屋何萧然,是即吾庐靠山起。
吾尝终日倚阑干,眼界峨峨碧玉攒。
有时出户一乘兴,枯筇蜡屐随清湲。
攀萝直上上水去,烟霞迤逦僧家路。
龙藏虎蛰天地宽,陟岵歔欷空堕泪。
次经象坎白云庵,阴崖断谷常青岚。
中有村墟号韩岭,渔歌樵斧声相参。
陶公霞屿峥嵘出,秀杰绵延数非一。
鳖山孤立水中央,规圆不赖人镵刻。
地雄山壮泉源豪,七十二溪俱怒涛。
截山突屼起六堰,百尺花蹊金石牢。
鸣桹掷钓渔艇短,数百成群来往欤。
绿蓑青笠若忘归,细雨斜风浑不管。

栖真兰茗唯南隅，闻是徐王旧隐居。
莲塘十里香风阔，凫鹭鸂鶒时沉浮。
一帆迅抵青山寺，丈室云堂高员员。
森森松竹蔽村祠，细读刓碑知故事。
云是皇朝李使君，浚浊澄清利后人。
迄今旱岁赖实利，血食往往长秋春。
破雾穿云梯磴滑，石胁山腰遍金刹。
濯足清流舒啸长，筼筜十亩清风戛。
紫衣道士氏曰朱，高论山前结草庐。
客至石坛无俗物，横琴数曲酒一壶。
对岸二灵只一苇，依约谁家葬龙耳。
夜深疏雨洗遥空，一朵浓云罩山嘴。
金襕禅老今大颠，坏衲蒲团日坐禅。
我行不问西来意，消息还将方寸传。
乌石山头滕吞口，泓澄万丈辉星斗。
过客谁知此地灵，只闻静夜生龙吼。
鉴湖芜没多田畴，临平车马尤喧啾。
纷纷未识兹万顷，神仙窟宅合在南北东西陬，
周游几十里，此兴犹未已。
归来模写笔不停，大匠从其诮狂斐。

注释　庚申为绍兴十年（1140），史浩36岁，居下水。

次韵孙季和东湖二首

宋·史　浩

出郭乘清兴，扁舟一趁风。
山光真黛比，水色与天同。
宿鹭斑斑白，寒枫处处红。
谁知吾胜概，名冠甬勾东。

水拭双鸾镜，山环六曲屏。
云端进朝日，木杪见疏星。
梅坞春长在，柴门夜不扃。
援琴谁写景，思得与君听。

雪夜行舟骂鬼

宋·史　浩

朔风一夜吹寒雪，万里青山变华发。
东湖兴尽回扁舟，两岸芦花照天发。
篙工拨棹光陆离，一衰好景渡头归。
忽惊波面渐幽晦，问讯归程船复退。
空岩有鬼鸣啾啾，鼓楫场波如部队。
须臾夜朗分西东，对岸村虚指顾中。
妖氛孽影叱咤散，人家灯火犹朦胧。
呜呼山鬼尔何错，灭顶于余奚所作。
不能随尔禳祸衅，冷炙残杯图咀嚼。
我有长笺叩上真，我有健步飞如神。
请呼雷公起霹雳，割截汝辈为微尘。
呜呼山鬼听我语，从此逍遥自游止。
如斯搅括枉费力，生死由天不由汝。

与东湖寿老

宋·史　浩

乞得西湖养病身，小园真隐谩颐真。
已将竹院舍幽客，更筑乡畦招可人。
茗碗昼看花堕影，吟窗夜与月为邻。
清凉境界天家予，自是全无一点尘。

因见父老云东湖九百九十顷、七十二溪,故有是作。

宋·史　浩

东湖九百九十顷,七十二溪攒翠波。
乞我扁舟任飘泊,却教明月叫渔歌。

湖上口占

宋·郑清之

卖蓴千艘底处藏,娲天濯热卧湖光。
山云既雨犹相逐,水草无花亦自香。
野径编穿人借问,僧茶旋点客先尝。
翻思举世趋炎者,谁识苹风五月凉。

作者简介 郑清之(1176~1251) 初名燮,字德源、文叔,别号安晚,庆元道鄞县人。南宋嘉定三年(1202)入太学。南宋嘉泰二年(1210),登进士第,调峡州(今湖北宜昌)教授。著有《安晚集》六十卷,《宋史本传》行于世。

三月末泛湖

宋·郑清之

半晴阴更重,乍暖冷犹争。
坠叶蒲芽缀,新莼荇面生。
钟声带雨涩,帆力贮风横。
客至双飞鹤,归与茗可烹。

东湖泛舟

宋·史弥宁

扁舟去隐似乘槎,瞥眼轻鸥掠浪花。

绝爱陶公山尽处，淡烟斜日几渔家。

作者简介 史弥宁（生卒不详）字安卿，鄞县（今浙江宁波）人。约宋宁宗庆元末前后在世。嘉定中，以国子监生莅春坊事，带阁门宣赞舍人，知邵阳。著有诗集《友林乙稿》一卷，入《四库全书总目提要》传于世。

清明前一日友人招泛东湖
宋·陈宗仁

僧舍经旬只病眠，不知春事满湖边。
相携步出城东去，杨柳桃花气欲烟。

令节正逢一百五，轻舟闲泛两三人。
弄珠楼下波如酒，醖碧摇红潋潋新。

作者简介 陈宗仁（？~1268）字元善，号菊壮，明州（今浙江宁波）人。从朱熹学。理宗绍定二年（1229）进士。历知县，擢秘书监。调参谋孟珙军事，珙荐于朝，除四川制置使兼知重庆府。在任六年，乞归。

东湖联句
元·袁裒、袁桷

旧学芜三史，新居隘一廛。煎熬鱼煦辙，奔窜鸟惊弦。
拟整登山屐，（桷）须乘破浪船。出关尘已远，（裒）过埭意争先。
归舶攒桅聚，（桷）浮梁断锁悬。潮浑江荇没，（裒）塍破岸藤缠。
戍栅依樟蜜，（桷）官堤砌石平。机闲茧唤织，（裒）砧响雁传笺。
午静喧烦耳，（桷）犹欣辗转眠。鹊桥华屋废，（裒）鹅汇曲河连。
稛实闲农具，（桷）蹉严绝灶烟。急装红蔽膝，（裒）辫发黑垂肩。
估客编文具，（桷）村家纬木棉。生涯疲割剥，（裒）世路窘迍邅。
龛室休行客，（桷）邮亭叹逝川。輶鹰国猎罢，（裒）联骑纵游旋。

■ 新编东钱湖志

路转分支港，（桷）川明幻别天。鄞城花已暗，（哀）甬水恨空传。
数堞搜唐刻，（桷）题诗纪宋编。会堂夫子像，（哀）汲井隐居泉。
海眼藏龙窟，（桷）山心射鹿田。水鸣知棹急，（哀）岸走讶途迁。
隐见冈峦近，（桷）低昂橘柚鲜。青山犹五里，（哀）绿树已千年。
归犊如云拥，（桷）闲花似火然。芝裳游女净，（哀）芦管野伶妍。
系缆披团氅，（桷）循溪舍竹筿。径香幽菊傲，（哀）土薄假山偏。
灯火精庐古，（桷）衣冠故物全。登门论子姓，（哀）对坐叙姻联。
金魄筛窗影，（桷）丹砂养井渊。萤光飞熠熠，（哀）鹤唳翼娟娟。
斗室横乌几，（桷）方床藉素瓦。魂清时入梦，（哀）意得竟忘筌。
过墓成扁户，（桷）遵湖复扣舷。沧洲远秀麦，（哀）真隐拱朱篆。
碧洞诸天杳，（桷）苍珉帝画镌。梯危频缩武，（哀）像寂且擎拳。
紫府商林歇，（桷）丹书汉泽宣。铜铺苔暗蚀，（哀）径庋燕新穿。
倦鸟辞枯柳，（桷）游龟戴旱莲。古坙开潋滟，（哀）斜縠绉漪涟。
淤塞苀排剑，（桷）洲干蓼糁钿。官征都尉栗，（哀）渔纳水衡钱。
玉绝山灵泣，（桷）祠荒野老怜。纸旗灵社闹，（哀）草广曲河填。
此去真聊尔，（桷）斯言信偶然。柏幽藏魍魉，（哀）潭暗衮蜿蜒。
雅兴呦呦鹿，（桷）劳生踧踧鸢。揽芳真啖蔗，（哀）写绝拟和铅。
辙迹芜菁翳，（桷）麻綦枱耳缘。贞娥郁龙虎，（哀）胄相绍貂蝉。
宰木分神隧，（桷）思亭列石筵。风霜翁仲老，（哀）香火释迦专。
楚些招归魄，（桷）王官慨昔贤。拜峰谁控勒，（哀）篆水自书玄。
屈曲东西路，（桷）纵横南北阡。繁华眸转电，（哀）得失口垂涎。
絮酒悲宗老，（桷）囊空想地仙。房温连梵呗，（哀）市近接渔廛。
破露生衣湿，（桷）登坡弱足胼。卧牛遗扁暗，（哀）眠鹿会容虔。
金刹从兹访，（桷）尘缨合少蠲。伐山灵运躁，（哀）冲雪子猷颠。
桧暖蜂偷蜜，（桷）芦寒鸟啄绵。蟹稀螯数百，（哀）樵伙斧论千。
淡日收人影，（桷）空风涨土埏。蒲葵遮望眼，（哀）茧纸论吟篇。
除道家僮懒，（桷）偷程地主儇。蚁封徒曲折，（哀）驹隙漫拘挛。
碎石行行直，（桷）修篁个个员。深丛惊雉翠，（哀）夹径耸楠梗。
濯锦芙容艳，（桷）飘香桂子骈。雕槛回复道，（哀）斜阁布陶砖。

刻画功难尽，（桷）翚飞势欲翩。奉常陈剑履，（哀）尚服赐纮延。
宪织鲛人网，（桷）帷凝蜀国旃。妖姝污粉烦，（哀）土偶耸高颧。
祛石当时力，（桷）临渊昔日权。只今留旧业，（哀）何处觅幽禅。
燕颔风云会，（桷）龟趺星日躔。蛛窠缘衮服，（哀）风迹上朱筵。
累仆供朝沃，（桷）因僧进午餐。佳城蹲五凤，（哀）素业废三鳣。
胜已穷兰若，（桷）名犹慕偓佺。台空霞佩冷，（哀）殿寂羽幢荐。
观主何年住，（桷）真官永世键。画梁谁复葺，（哀）美荫久频胺。
木已非真李，（桷）僧宜贱寿笺。悲来云幕幕，（哀）恨极水潺潺。
重岭藏椒屋，（桷）斜晖拾蕙榜。暂归心未稳，（哀）欲去眼空眩。
忆昔穷诛辟，（桷）如今猛弃捐。慈山名转赫，（哀）困忝耻谁谫。
积翠林霏悄，（桷）流波海月涓。远钟催宿鸟，（哀）横笛挂乌犍。
柱笏风骚夐，（桷）携壶主仆牵。情怀同黍醴，（哀）臭味比香荃。
圆泽休论旧，（桷）华胥复记前。乳彪号涧侧，（哀）哀狖啸云巅。
惇族盘飧盛，（桷）通家笑语阗。鸡青归浆熟，（哀）舴艋逆风沿。
济胜应难促，（桷）临流且赋遄。鸥夷歌逝矣，（哀）渔父卜终焉。
紫槿遮篱角，（桷）丹枫压庙堧。炼形金骨化，（哀）团础土砂坚。
破屋啼山鬼，（桷）荒碑立老鹮。岁时羞野赛，（哀）水旱祷灵筹。
西帝澄金宇，（桷）东湖铸玉璇。凉飔舟泛泛，（哀）晴日草芊芊。
射鸭縈长戈，（桷）义鱼击短铤。酒庐横野甕，（哀）屠几列肥牷。
炫市僧袍丽，（桷）招虚贩鼓舫。登临难婉恋，（哀）想像费平铨。
更欲南窥海，（桷）谁能北跨燕。同心双茧绪，（哀）狗俗走珠宾。
朗鉴词联写，（桷）玄谈茗更煎。翱翔诚放浪，（哀）匍匐类狂孱。
已乏凌云句，（桷）时思缩项鳊。还家如梦寐，（哀）共点晚霞边。（桷）

叶孔昭为尊公刊《海堤集》喜而有作
元·戴 良

翁昔为州建土功，石堤万丈海争雄。

歌谣德美南阳似，纪载文成吏部同。
要见流传千载远，肯教露落百年中。
谁家有子贤如是，手把新编喜未穷。

作者简介　戴良（1317～1383）字叔能，自号九灵山人，元代浦江（今属浙江诸暨，现为马剑村）人。初为月泉书院山长，曾任淮南江北等处行中书省儒学提举。后至吴中，依张士诚。又复泛海至登莱，拟归元军。《四库全书总目提要》称"其诗神姿疏秀，亦高出一时"。著有《春秋经传考》《和陶诗》《九灵山房集》等。《明史》有传。

十一月十日，纪宗正、夏君衡约游东湖，舟行未数里，雨忽大作，乘夜至湖下，宿高氏墓庐，颓垣败屋，而四顾萧然，君衡呼酒剧饮，谈至夜分，沾醉就睡，亦佳甚。独惜孔昭叶君既行而复止，不得与此清会。次早檐溜不绝，遂泛舟而回，舟中作此，以示同游诸公，且寄孔昭。

元·戴　良

遽睹芳年谢，坐亏清景游。
幸兹舟楫具，肯为晦冥留。
空江已遄济，凝云犹未收。
浦寒雨随作，篷漏霰仍投。
澄湖限遥境，溢潦翻近畴。
急时暗促榜，失路夜迷洲。
老篙泊洄曲，童子栖浪头。
仅寻空馆息，弥动羁客愁。
鸟声入檐急，虎迹当门稠。
人咤久失主，鼠欣新得俦。
障牌挂衣袂，烛灶爇薪楱。
肴核稍罗列，醴醪聊献酬。
仆御竞欢谑，宾朋恣吟呕。

外患悠悠逝，中涓亹亹廖。
已谐安集意，洊为栖宿谋。
扫地藉藁秸，解包出衾裯。
栋溜讶潛滴，础润惊暗流。
偃坐类屈蠖，骈卧剧拘囚。
闷怀仍抑噫，若语重呻嚘。
默誓屏游屐，嘉愿赴归舟。
阴晴分预卜，行乐且复休。
第恨同袍友，近在东家邱。
穷年订期约，此夜阙绸缪。
郁郁蓄良思，依依仰清猷。
兹会已云失，何时复相求。

游东湖

元·戴 良

漾舟疑港断，进帆喜湖广。
境丽趣非一，路迷心已往。
云峰互稠沓，烟波纷滉漾。
梵宇浮镜入，琳宫躡屐上。
浪起孤屿沉，水落众山长。
隐隐草畔堤，悠悠芦际榜。
幽怀自此多，客情复谁奖。
身固脱虞穽，心犹寄尘网。
安得超世姿，来纵山泉赏。

舟次高钱迟孔昭不至诗以速之
元·戴　良

屡约湖曲游，良辰辄蹉跎。
及今风雨夕，一苇凌寒波。
遥遥度墟里，靡靡转坡陀。
暂息泉上楼，倚栏频啸歌。
此时知心友，愆期在山阿。
俦侣徯之久，不至复如何。

注释　高钱，即今东钱湖镇高钱村。

承天渊天叙二禅师下顾适出不及一会而去诗以谢之
元·戴　良

相闻非一日，相会在何年。
行道偶来过，尽兴复言旋。
岂伊尘外迹，合屏区中缘。
去就既殊路，动静讵皆禅。
声名端可遣，物类谅终缠。
悠悠仰高韵，默默阻中悁。

湖上对雨有怀天渊老禅
元·戴　良

空濛暗遥甸，淅沥响高树。
乍縈林表来，复洒重湖去。
潇潇孤兴发，望望寒川暮。
念与道人期，云深不知处。

寒食过东湖

元·袁士元

尽说西湖足胜游,东湖谁信更清幽。
一百五日客舟过,七十二溪春水流。
白鸟影边霞屿寺,翠微深处月波楼。
天然景物谁能状,千古诗人咏不休。

作者简介 袁士元(生卒不详) 字彦章,鄞县(今浙江宁波)人,约元惠宗至正初前后在世。性至孝,隐居不仕,因荐授县学教谕。寻擢翰林国史院检阅官,不赴。筑城西别墅,自号"菊村学者"。有《书林外集》七卷,入《四库全书总目提要》行于世。

和嵊系梁公辅夏夜泛东湖

元·袁士元

短棹乘风湖上游,湖光一鉴湛千秋。
小桥夜静人横笛,古渡月明僧唤舟。
鸳浦藕花初过雨,渔家灯影半临流。
阑酒兴尽归来后,依旧青山绕客愁。

雪后泛东湖

元·丁鹤年

雪后湖山玉作围,小舟乘兴弄清辉。
贪看月里鸾回舞,不觉风前鹢退飞。
云母屏空春阃寂,水晶宫冷晚霏微。
山家一笑乾坤老,谁驭瑶池八骏归。

作者简介 丁鹤年(1335~1424) 字永庚,色目(一作回回)人。元末明初诗人、养生家，京城老字号"鹤年堂"创始人，杰出的回民诗人。有《丁鹤年集》传世。

闲居东湖述怀
元·吴志淳

野水耕锄喜近郊，柴门风雨夜萧骚。
卧龙岂欲烦三顾，老鹤长鸣向九皋。
北阙湛恩新赐爵，近臣传敕旧同袍。
自怜经济全无术，只有山林兴最高。

作者简介 吴志淳（生卒不详）字主一，以字行，无为州人。约元惠宗至正中前后在世。能诗善书。仕元，以父荫为县主簿。滁泗兵起，徙家豫章。与陶主敬、刘基、高启齐名。著有《主一集》，编入《元诗选》传世。

东湖闲居集怀
元·吴志淳

颇觉年来步屣迟，僻居成懒静相宜。
醉眠白石能醒酒，坐爱青山独废诗。
百岁功名心似水，十年江海鬓如丝。
出门稚子如相问，何事山翁倒接䍦。

其 二

几载风尘厌鼓鼙，故园回首意都迷。
避秦直欲寻渔父，访戴惟应入剡溪。
自喜比邻来馈饷，频烦太守问幽栖。
此生不为名拘束，林下何妨独杖藜。

其 三

四十方过暮景斜,晴窗校字岸乌纱。
休夸白首扬雄宅,只说清狂贺监家。
岁月有情空潦倒,田园无计作生涯。
山妻不识朝天服,却笑朱衣似晚霞。

咏游东湖

元·忻 都

草玄阁下任春归,燕子双双欤竹扉。
独向武陵长避世,只应鸥鸟共忘机。
万金湖上还垂钓,千仞冈头且振衣。
老阅人间浑戎极,得逢摩诘好相依。

作者简介 忻都(生卒不详) 元将领,至元初拜高丽凤州(今朝鲜凤山郡)等处经略使。至元十一年(1274)八月,拜征东都元帅。

东湖怀古

明·水卿谟

山行蹊行窄,尚论仰高贤。
几处渔樵别,千家门巷骈。
宝幢蒲作佩,玉几茗堪煎。
遗俗犹然古,书声里塾宣。

作者简介 水卿谟(1553~?) 字禹陈,号海若,鄞县(今浙江宁波)人。治《易》,万历十四年(1586)进士,任吏部观政。

东钱湖绝句

明·李 堂

东湖风景过西湖，史相祠宫列画图。
不用舟人频指点，留诗欲吊岳坟孤。

相公囊括宋山河，凿石穿云作补陀。
若见崖山还好景，慈云宫殿碧嵯峨。

（游普陀洞天）

深山何物仆穹碑，石穴金丸祸已随。
莫叹师王空一槨，穆陵遗事更堪悲。

（仆碑）

梵王宫殿七浮图，殿趾层层漫缘芜。
幸有老松人不剪，满林落日正啼乌。

（大慈寺）

作者简介　李堂（生卒不详）　字时升，鄞县（今浙江宁波）人，约明孝宗弘治十三年前后在世。成化二十三年（1487）进士。官至工部右侍郎，总理漕河。著有《堇山集》十五卷，入《四库全书总目提要》传于世。

东　湖

明·陆　铨

湖日初晴烂晚霞，竹舆披露度芳华。
短苗斜引溪前水，小荻新穿雨后沙。
马踏落花过药圃，莺啼修竹到僧家。
闲来不觉尘心净，坐听鸣桡弄水涯。

作者简介　陆铨（生卒不详）　字选之，鄞县（今浙江宁波）人，约明世宗嘉靖十四年前后在世。嘉靖二年（1523）进士，除刑部主事。与弟编修戈争大礼，并系诏狱被杖。后官广西按察使。讨贼，平之，进广东布政使。

湖边晚泊
明·全元立

落日荒城外，栖鸟匝树阴。
江空浮月早，山暝薄岚深。
远火惊村吠，归舟咽橹音。
乡心正愁绝，飘泊动孤吟。

作者简介 全元立（生卒不详）字汝德，鄞县（今浙江宁波）人。嘉靖十四年（1535）进士，改翰林庶吉士，授检讨，参与修会典，进修撰，充经筵日讲官。严嵩专权，直臣被杀，愤然作《告天文》，陈说被杀诸臣冤状，严嵩甚忌。嘉靖三十五年（1556）迁侍讲学士，因拒作青词，出为南京太常寺卿，兼署光禄寺，任中裁冗丁，汰冗食，清幕僚。继迁南京工部侍郎，终受严嵩排挤，遂致仕。严嵩败后，累荐不赴。慕四明山大韭、小韭胜景，藏书处名为双韭山房，铸印"第九洞天"。孙全祖望。

湖　上
明·金　华

湖头蜂蝶共寻春，只有啼鹃最恼人。
便与黄莺一样打，无人识得是君臣。

作者简介 金华（生卒不详）字宗实，鄞县（今浙江宁波）人，洪武中从戍燕山卫。居东钱湖韩岭，足不履城府，坐斗室，寄情经史，手点万卷书，至老不懈，有朋友往来，诗酒为乐，兴至泛舟湖上，钓月吟风，竟夕而还。自号"白云野叟"，时人因称为"白云先生"。

湖　上
明·包士瞻

槛霁鲜云度，穿花堤上行。
田田新叶翠，款款白鸥轻。

解带凉风至，开尊古木平。
湖光倐绀紫，落日在山荆。

湖 上
明·周元孚

湖干卜筑几人家，竹里疏烟日半斜。
曝背老翁闲扪虱，挟丸童子惯驱鸦。
墙东摘得黄柑熟，邻北能供白酒赊。
乘与不妨歌险韵，待将雪意问汀花。

东 湖
明·周应辰

一自山回汇作湖，稻苗东望水天扶。
因之利薮供渔罟，兼亦仙家列画图。
浪打墓门秋与阔，云藏溪寺月同孤。
菂舟多是莲田壅，有个莼思拟棹无。

雨晴泛湖
明·杨承鲲

谷口湖全白，渔家柳半青。
今朝好晴色，都上水心亭。
水远高于席，山青欲入船。
鸬鹚漫自在，出没大湖天。

作者简介 杨承鲲（生卒不详） 字伯翼，祖籍绍兴镜水，其父美益迁居至鄞县（今浙江宁波）日湖桂芳桥，少工诗，年十五六为诸生。沈明臣一见奇之，呼为"德祖（后汉杨修字）先生"。著有《西清阁诗草》、《碣石编遗集》。

秋色吟浮东钱湖作

明·李 玮

秋色满平湖,我来属新霁。
天回诸峰清,波静孤霞丽。
倚棹一长谣,传杯更流睇。
群动细自婴,此身舟不系。
富贵须鹿由,文章乃雉翳。
只恐雷火藏,岂忧太岳厉。
烟水本相侔,重渊浩无际。
何处芦中人,歌声起鼓栧。

作者简介 李玮(生卒不详) 字伟卿,鄞县(今浙江宁波)人,世务农,能读书,人称"三桥诗叟"。著有《桑麻集》。

游东湖

明·金 镒

湖上放船好,秋高眼独明。
水光浮地白,山影露云青。
把酒卧鸥渚,掀蓬认鹤汀。
笙歌谩缭绕,诗思正纵横。

从张大司马湖上雨归

明·余 寅

冒雨怜于迈,从公又雨还。
万山知汝健,双屐笑人间。
穷海玄阴积,空堂朔气班。
登楼高自遣,犹得俯尘寰。

作者简介　余寅（1519～1595年）　字君房，晚年改字僧杲，鄞县（今浙江宁波）人。万历八年（1580）进士，官至太常寺少卿。著有《农丈人文集》二十卷、诗集八卷及《乙未私志》、《同姓名录》、《吴越游稿》等，均入《四库全书总目提要》并行于世。

将之邹溪过东钱湖作
明·张　琦

眼光久误是非机，今日湖头试道衣。
狎浪凫雏依母出，冲人雉羽挟雌飞。
晚晴沙客归村小，春病山僧下岭稀。
不负风光答佳句，前身谁是谢元晖。

注释　邹溪在东钱湖韩岭进去，今属鄞州塘溪镇

作者简介　张琦（1450～1530）　字君玉，鄞县（今浙江宁波）人。弘治十二年（1499）进士。累官兴化府知府，加布政使参政，致仕归。琦工诗，有《白斋竹里集》七卷，入《四库全书总目提要》传于世。

东　湖
明·包　燮

忆昔避乱东走湖，六月亢阳万壑枯。
老妻足折气力无，皮肉焦死悲道途。
屈指于今忽六秋，杖藜不过心悠悠。
夜来雨歇晴泛舟，七十二溪合一流。
长堤日落渔人聚，烟生细网不知处。
凫鸥逐队来复去，舟人指点沙边树。
陶公岭下多居人，一枝一叶憑有神。
何不化作千万军，与我一扫天下尘。

作者简介　包燮（生卒不详）　明末清初戏曲作家，字惕山，号惕山道人、芦中人，鄞县（今浙江宁波）人。明末诸生。少工诗，善鼓琴，能度曲。曾赋《明月词》，人称"包明月"。入清后，绝意仕进，以谋食奔走于京洛间。曾居于甬东桃花渡。著有《夕斋集》。所撰《云石会》今存于世。

东　湖
明·李生寅

平湖八十里，东望去城偏。
波阔山为岸，春深雨似天。
数村沙上柳，一缕岭头烟。
何物鸱夷子，相呼引钓船。

作者简介　李生寅（生卒不详）　字宾父，号旸谷，鄞县（今浙江宁波）人，宋忠襄公李显忠之后，明神宗万历初年前后在世。隐居不仕，工诗，杨芳称"其名可得而闻，人不可得而见。"有《李山人诗》二卷，《四库全书总目提要》以其音调和谐，思想清淡胜。妻刘氏，《浙江通志》有传。

奉家君避寇东湖
明·董应遵

海宇连烽火，江城迫羽书。
乱离吾辈贱，抢攘故人疏。
算老怜亲健，排愁苦昼余。
苍茫湖上月，偏自照村居。

湖上晓起
明·董应遵

愁深不成寐，早起意偏慵。

野鸭惊渔火,村姑急晓舂。
人稀韩岭市,僧寂月波钟。
忽睹风帆急,心疑报远烽。

湖上竹枝词
明·丰应元

小刀轻刺过沙滩,九月丹枫赛锦霞。
七十二溪流欲遍,只须随路宿山家。

过东钱湖
明·徐凤垣

风微帆易度,天阔水生波。
湖外农家少,村中野寺多。
春田鱼子跳,夏树雀儿歌。
一径斜阳外,群鸥鼓棹过。

泛东湖
明·范 钦

澄波四望空,画舸沂泠风。
野寺轻鸥外,人家细雨中。
菰蒲临水映,洞壑与天通。
即拟寻真去,花源杳未穷。

作者简介 范钦(1506~1585年) 字尧卿,一作安钦,号东明,明代著名藏书家,鄞县(今浙江宁波)人,嘉靖十一年(1532)举进士,官至兵部右侍郎。与张时彻、屠大山并称为"东海三司马"。他是中国现存最古老的藏书楼——天一阁的主人。

泛 湖

明·忻 液

避暑临风六月秋，前山罗列水悠悠。
山花笑待多情客，水鸟飞随不定舟。
衣制芰荷期遁迹，歌翻桃叶欲消愁。
兴酣勿问归何宿，新月澄波一枕流。

湖上杂咏

明·忻 濯

淡烟疏雨两濛濛，杨柳初传花信风。
几许闲情消茗碗，一春生计寄诗筒。
绕湖村路云霞满，隔竹人家鸡犬通。
多少探芳寻胜客，兰桡都在钓矶东。

湖滨新柳

明·忻永锡

春回湖上百花明，柳色先看晓弄晴。
拂岸柔条堪系舸，傍檐新叶待巢莺。
烟笼舞影当杯浅，云拟飞花点席轻。
遥忆征人临此际，依依对景动归情。

同徐可贞高隐学退山兄梅湖观荷

清·钱 豹

西陆蝉声五月天，莲花翰苑似争妍。
山楼共醉归来晚，颠倒骑驴失后先。

作者简介　钱豹（生卒不详） 字文尉，鄞县（今浙江宁波）人，埙之后，少有才。

同徐可贞过湖上
清·钱　豹

片片云归石，风高落雁天。
一湖秋作色，孤屿鸟啼烟。
棋罢见茅店，诗成过钓船。
帘飘古树下，沽饮亦陶然。

其　二

终日湖之曲，扁舟可夕阳。
断霞明细岭，归牧乱横塘。
幽景恰如此，予怀且更长。
登崖隐学士，此别寄沧浪。

游五磊寺
清·钱　豹

雨入溪容湿，晴憐野色青。
寻幽到海岸，古寺得山情。
片月疏松影，千僧一磬声。
老人留予住，语谡见生平。

东钱湖
清·钱维乔

东坡昔日守颍州，复有西湖供谦游。
我今作令明州住，亦有东湖索题句。
三年系清梦，半日驾短篷。
水光山色漾明镜，下上但觉云溶溶。
轻阴远环诸岭翠，落照乍返澄波红。
沿流参差见短屋，隔屿隐约闻疏钟。

兹湖三邑资灌溉，七十二乡众流会。
百夫筑硖慎所防，一舸投罟泄斯害。
频除茭葑蔓未已，或借樊篱占成界。
昔人建议悉良法，俗吏奉行枉秕稗。
我来虽亦图幽寻，采风兼与怀古深。
凫鸥飞散簿书眼，霞月欲荡尘烦襟。
丞相书堂久寥落，不及陶朱钓鱼乐。
古来富贵亦须臾，何况卑官强束缚。
却思胜境晦乃全，此湖僻处犹天然。
我将纵笔拓真本，携归买不费一钱。

福泉精舍呈直庵大师四首

清·李邺嗣

始得称人外，岿然精舍存。
山门浮海面，佛座插云根。
成岁常非候，分天未有痕。
平生避世意，应向此中论。

禅扉徒自启，少有客相寻。
白雾濛昏晓，高云失古今。
佛身蒸有气，鼓面湿无音。
大暑人间酷，难从席上侵。

一径人来处，遥从飞鸟前。
持镜开大雪，负钵上高天。
色让苍宫老，权推白帝偏。
诸方龙象满，谁问定中禅。

直公契阔久，携手此时同。
坐我竹生处，看人云起中。
飘花一水过，鸣磬万山通。
夜静诸天久，还依佛火红。

鄮东竹枝词

清·李邺嗣

东湖水满便堪凭，高下田禾尽望登。
最喜太平王令长，官粮不作十分征。
　　　　　（王忠烈公章治鄞九年，岁征粮输八分即止。）

东钱山水秀堪图，不数城南日月湖。
若使移来绕郭外，十洲三岛任人呼。
　　　　　（东钱湖山水之胜以离城五十里故游者罕至。）

十庙沿堤霞屿孤，东湖本亦号西湖。
爱他千顷烟波阔，不学西头莺脰芜。
　　　　　（东钱湖初在鄞县之西，故亦号西湖。）

湖水趋河河落江，一高一下递相降。
勤修隄阏防开闭，召父曾来治此邦。

（鄮东地势湖高于河，河高于江，江高于海，故滨海而无水害。鄞守令留心水利者，有储仙舟、陆南金、王元暐、李夷庚、李炤、任侗、张峋、邱崇元、程覃、吴潜，诸公俱庙食。）

开田湖畔稍侵千，尽说东钱水面宽。
三县七乡民命重，请将利害问乡官。

（湖水所灌三县七乡，然豪大家每侵为湖田。）

此地陶公有钓矶，湖山漠漠鹭群飞。
渔翁网得鲜鳞去，不管人间吴越非。

（湖上有陶公山。）

福泉山寺忆曾登，佛面常教海气蒸。
夜半开门迎赤日，龙涎窝里卧高僧。

（寺在山顶，面大海，前有老龙潭，光怪常见。）

象坎人家接栎斜，春来白处尽梨花。
树头裹到冬深摘，一颗真消冰雪柤。
（象坎诸村梨以棕皮裹枝上，至腊尽方摘，真快果也。）

肯向王家受尺纁，湖头到处狎凫群。
纵然靖难功臣贵，不及先生一片云。
（金尚书忠有兄曰"华"，风节最高，成祖赐以文绮亦不受，自号"白云先生"。）

作者简介　李邺嗣（1622~1680年）　原名文胤，也作文允，字邺嗣，又字篠亭，以字行，号杲堂，自号"东洲遗老"。鄞县（今浙江宁波）人，宋忠襄公李显忠之后。著有《诗钞》七卷、《西京节义传》二卷、《汉语》二卷、《南朝语》《续世说》等。

湖上书怀

清·忻天锡

水色苍茫岫郁葱，潜居奚必泣途穷。
心闲始薄王侯贵，身健谁知药石功。
破屋岂能巢乳燕，晴云何事滞归鸿。
衡门自有栖迟乐，收拾残杯涤晚风。

陪守道诗僧泛东湖赏莲玩月而归

清·忻 琳

袈裟不着负诗筒,来泛烟波浩渺中。
高下浪声欢羽客,往来船势趁樵风。
莲花有座浮清水,玉镜无台挂碧空。
漫道回头便是岸,篙篙着力路难穷。

作者简介 忻琳（生卒不详） 字华褒,一字碧筠,号筠轩。鄞县（今浙江宁波）人。监生。著有《筠轩诗稿》。

东钱湖泛棹

清·忻涵清

斋头春雨歇,湖光开宝鉴。
食饱无个事,扁舟湖心泛。
水暖鸭头绿,山青螺黛蘸。
个中风景赊,得来岂因赚。
忆昔南金公,芳踪究难淹。
野老沐膏泽,我得张云帆。
所嫌近村涯,近村人语谗。
将拟赤壁游,洞箫声微暗。
湖山放我怀,名利乌足陷。
羁束不风流,只争名利欠。
笑彼好事者,似盗出于览。
我自乐天机,人毋于水监。
妇藏一斗酒,何必鼎须镵。
酒至半酣时,吟诗语入梵。
山僧坐蒲团,无悔焉容忏。

亡何秉性愚，刻舟竟求剑。
放棹不知归，月吐星天镜。
棹歌度前村，村犬声惊阚。

湖上晚归

清·董　沛

绝壑探幽胜，浑忘路几湾。
乱峰秋树碧，危塔夕阳殷。
渔唱前溪晚，僧归古寺闲。
片云飞尽处，独鸟下松关。

作者简介　董沛（1828~1895年）　字孟如，号觉轩，鄞县县城人。嗜学，好藏书，于清同治五年（1866）纂成《明州系年录》，六年中举人，主讲宁波崇实、辨志书院，以诗、古文负盛名。尚著有《两浙令长考》《唐书方镇志考证》《竹书纪年拾遗》《甬上宋元诗略》《甬上明诗略》《甬上诗话》《六一山房诗集》等。

钱湖晓发

清·董　沛

晨光辨熹微，撑船出湖渚。
渔者抱鸥眠，犹闻梦中语。

管江吊三烈士（明诸生杜懋俊、杜兆芘、施邦玠也。）

清·董　沛

管江烈烈三书生，一施两杜人中英。
唐王毕命鲁王走，犹思手夺明州城。
明州城东扼江路，昌国将军内无助。
帛书谋泄华杨擒，山寨悬悬作孤注。
王师水陆分道来，海道已截山险开。

蛟螭潜藏虎豹伏，满山炮石轰惊雷。
英侯（懋俊字）据寨三日战，援绝粮空鼓音断。
倚岩不仆身如竿，飞矢丛丛贯头面。
邦介一炬全家焚，兆茁被缚当军门。
斩十二刀首方堕，呜呼烈士皆绝伦。
吾乡旧号忠义薮，钱张诸公并山斗。
笑彼纷纷卖国徒，一霎荣华变苍狗。
东隅底定二百年，村无惊铎墩无烟。
山农抵掌话前事，须眉凛凛毛骨寒。
鹃花泪红土花碧，猿鸟犹疑畏锋镝。
何人鼎建三烈祠，能使湖光顿增色。

湖上漫题

清·董 沛

龙飞凤舞势雄奇，襟带江湖旧霸基。
二百年留天水祀，十三州奉越王祠。
潮回大礐孤秦石，雷劈阴崖避宋碑。
尚有青山埋骨处，神光夜夜闪旌旗。

同舍弟泛舟东钱湖

清·董 沛

料峭西风送暮寒，片帆摇曳水云间。
无端吹入芦花荡，斜搁船头饱看山。

其 二

山外千家傍水居，炊烟几处影模糊。
萧萧红叶停车路，指点秋岩夕照图。

其 三
最上高峰接翠微，回环石径荷樵归。
陶公去后无人隐，冷落青山旧钓矶。

其 四
水田漠漠鹭鸥飞，半向东来半向西。
两岸湖波太空阔，中流只少白公堤。

其 五
澄碧浮空镜影圆，四围山抱一湖宽。
前村唱出渔舟晚，疏蓼残荷下水滩。

其 六
咳唾随风万里流，沧溟我亦寄扁舟。
莫言观海难为水，如此风光足胜游。

其 七
湖上知交半死生，山邱华屋总关情。
寒蛩野草多衰意，似听秋坟鬼语声。

其 八
旧迹年来惜已荒，平泉莫问相公庄。
千年刹宇依然在，管住名山有梵王。

其 九
归途间向寺门过，留客偏逢衲子多。
却与颖滨同此夕，望湖楼上话东坡。

四月五日，与闻薇畛兄、张生葆斋、史生征甫同泛舟里湖，访史致和兄，遂同游世忠寺，谒史忠宣墓，游罢史兄邀饮其家，冒雨而别，因纪以诗。

清·王信德

欲访前朝寺，名山胜景传。游踪酬此日，古迹认当年。
岂是嬉春地，刚逢入夏天。袂联朋友乐，棹泛水云妍。
少住湖滨好，多情地主贤。招书来已久，导路去为先。
白石平桥度，青松小岭穿。果然开宝刹，宛尔绝尘缘。
宋代留香火，名臣有墓田。清风思越国，大节忆忠宣。
神道碑难觅，科名表尚悬。崇祠凭眺望，高冢任流连。
兴觉同侪倦，归从故道旋。莺花时仿佛，鸡黍谊缠绵。
谈处风生座，来时雨满船。行程都可纪，历历在诗篇。

东湖竹枝词

清·忻 恕

家在东湖一画图，不将西子比西湖。
西湖风景东湖有，西子从来天下无。

古董水利说东钱，李陆功劳自昔传。
只为居民多占筑，几将沧海作桑田。

春风鼓动海生潮，采户年年似叶飘。
潮或怒时风又急，妾魂飞上九重霄。

生长山边近海边，共夸山海味相连，
笋羹麦饭多清淡，怎及黄鱼顿顿鲜。

麦黄秧绿正东风,愁刹田家四月中。
晴碍插秧雨碍麦,半晴半雨好天公。

端午艾旗高挂户,清明杨柳插盈门。
吴中旧事知多少,惟有此风今尚存。

嫁郎须嫁种田郎,做娘须做养蚕娘。
蚕有新丝田有谷,愿将辛苦奉公堂。

烟火湖中九九天,家家儿女赛婵娟。
寒衣不管催刀尺,惟唤卿卿买翠钿。

侬住湖滨打鸭场,劝郎莫打水鸳鸯。
鸳鸯不打双双好,打去分飞各断肠。
寿圣湖头唱竹枝,后来兰惠续新词。
苏台尚在香魂杳,付与东湖明月知。

作者简介　忻恕(生卒不详)　字汝修,号仰峰,廪生,居东钱湖陶公山,工制艺。嘉庆二十一年(1816)秋试,房官已荐元矣,主司误置落卷中,遂不售。鄞令周镐屡就恕咨访利弊,恕请清理湖界,侵湖之风稍戢。著有《近水楼遗稿》,由孙锦崖校印于世。

东湖竹枝词

清·忻　恕

由来烟火话陶公,照得红如赤壁中。
却笑周郎无妙计,东湖不借借东风。

李陆开湖惠四民,吾乡例合受明禋。
有如绿野溪边庙,也塑青苗误国人。

几间小筑傍湖滨，如见当年坐啸人。
明月一楼寒悄悄，谁来洞里认前身。

一竿风月坐东湖，姓范姓陶又姓朱。
而今片石无人管，留与倪迂入画图。

五里梅塘一线牵，弯弯虹影晚晴天。
越王旧日跟随客，走马春风望若仙。

一屿湖心赛普陀，当年妆点问如何。
落霞孤鹜齐飞处，面面波光似镜磨。

山川情性最难摹，叶墓胡为共羡乎。
坟荫人来人荫墓，一门三相古来无。

尚书坟畔白云横，舒卷随心乐一生。
若使当年肯出岫，岂惟难弟更难兄。

山前山后屋高低，一片鱼鳞瓦不齐。
买棹若逢王摩诘，雨中春树句先题。

湖头狂客每狂吟，吟到钱湖值万金。
钱有尽时金有价，何如水利永于今。

重游钱湖姜大雪篁索诗题壁
清·王庆元

中流一幅画图开，小巧舟行日几回。

屿外乱飞霞影去,波心清送月光来。
钩辀鸟语林间渡,欸乃渔讴港口催。
容我布帆留十日,此身翻厌住楼台。

作者简介 王庆元(生卒不详) 字小竹,鄞县人,诸生。著有《小竹诗钞》。

东湖舟次
清·屠继歧

湖上青山照影明,扁舟一叶镜中行。
湖光山色朝昏变,小李将军画不成。

作者简介 屠继歧(生卒不详) 字柱峰,号懒云,又号栎园,鄞县人,监生。

秋夜泛东钱湖
清·黄定齐

湖废买莳之制,利淤求田,前人已言其弊,近岁侵占尤甚,捕鱼者每偷放闸水,而下游之东冈碶复移镇邑,一泄便枯,湖之幸而不废者,几希矣,赋此以告留心水利者。

湖水平堤浅浪生,湖山寥寂月微明。
霜催树秃空秋影,荻稳鸥眠隔橹声。
隐者高踪谁继轨,使君遗泽亘留名。
泊舟无渚沿边荻,枷板喧喧梦不成。

七乡三邑藉沾濡,叠嶂重峦旧曲纡。
雨足九秋菱告稔,天开一镜雁来趋。
引流惯试侵渔伎,漏闸谁珍点滴珠。
欲访月波频阻浅,寺楼钟动更踟蹰。

两探莺脬已平芜，此地金犹拟万呼。
便使沿堤夸十庙，几容绕郭比双湖。
葑钱久罄淤争积，碶石新移泄易枯。
唤起韭翁秋正肃，冥诛曾否奉神符。
（全太史《嘉泽庙》诗：辟草莱者刑不赦，何不竟挥神斧施冥诛。）

流连续社咏成篇，湖利关心溯曩年。
倚浪我来探吞窟，悯时人已隔重泉。
郑溪有梦清殊昔，嘉泽无灵碧减前。
老朽难为知己报，霜凄愁绝拜松阡。

作者简介　黄定齐（生卒不详）　字蒙庄，鄞县（今浙江宁波）人。著有《垂老读书庐诗草》。

东钱湖观荷

清·包　闻

山色远近佳，水光千顷碧。
菡萏涵空明，红粉照颜色。
香风闻十里，隐似招游客。
欸乃橹声中，莲歌荡心魄。
顾影已亭亭，含情但脉脉。
璀璨疑天花，散落万千百。
一一出尘表，未许人采摘。
我欲与之俱，相依永朝夕。
借住郭家峙，遥望陶公宅。
吸此碧简杯，萧然与世隔。

作者简介　包闻（生卒不详）　字在庭，鄞县（今浙江宁波）人。道光壬午岁贡士。

舟中晚望
清·陈 英

湖光含远影,归棹漾微波。
回望云深处,山山奈夕何。

作者简介 陈英（生卒不详） 字南吾,号竹亭,鄞县（今浙江宁波）人,诸生。著有诗钞一卷。

五里塘春晓
清·范 榢

极目春波漾浅沙,荻芦深处见人家。
炊烟缕缕笼新柳,帘影飞飞带晓霞。
宿蝶饱餐三径露,游蜂争逐两堤花。
分明一幅云林画,净扫浮尘点不如。

作者简介 范榢（生卒不详） 字轶云,号撷芸。鄞县（今浙江宁波）人,监生。

东钱湖晚眺
清·应 陶

东湖名胜几经游,镜面新开九月秋。
霞岫石因云树隐,月波寺共水天浮。
木兰舟荡闲鸥逐,芦荻花深客雁留。
薄暮千家烟霭合,渔灯明灭乱中流。

作者简介 应陶（生卒不详） 字协唐,号少荠。鄞县（今浙江宁波）人,诸生。

泛东钱湖

清·谢文运

一叶扁舟破浪行，浪花高起与船争。
远帆宛似穿林出，孤屿低从隔岸横。
临水人家成岛国，谋生渔业代躬耕。
晚来风定篷窗稳，湖面平铺镜样明。

作者简介 谢文运（生卒不详） 字灵甫，鄞县（今浙江宁波）人。著有《东村自娱草》。

甲午孟冬之望与友自甬趁夜航船过东钱湖

周利川

钱湖夜景胜西湖，人远无声鸟自呼。
掀起船窗看夜景，二灵山影压菰蒲。

第二节　东钱湖十景诗

余相书楼

　　万历年间(1573～1620)，相国余有丁用月波寺废址构筑庄园一所，面湖枕山，大可百亩，明神宗曾御书"名山洞府"。余晚年就在此读书自娱，因感《归去来辞》之意，名之为"五柳庄"。内有"日涉园"、"归来堂"、"觉是斋"、"晨曦亭"、"矫首台"，总称"舒园"。后人称之为"余相书楼"。

其　一

明·沈一贯

贵游无事屡通书，书满床头只旧题。

惟有王弘粗解事，一壶相见野亭西。
江湖风物醉还醒，日日山行复水行。
纵是春来多脚疾，蓝舆二子一门生。

作者简介 沈一贯（1531～1615年）字肩吾，又字不疑、子唯，号龙江，又号蛟门。鄞县（今浙江宁波）人。明朝万历年间首辅及诗人。三甲进士，选庶吉士，不久授职检讨。

其 二
清·忻 恕

小筑园林息宦情，湖山从此结新盟。
晓吟竹叶当窗碧，午听茶声入梦清。
自昔山中栖宰相，于今洞里访先生。
游人欲问读书处，夜半楼头月尚明。

其 三
清·忻 鉴

石洞装成背画楼，余公娱老足清幽。
新篁满径迷青眼，好鸟几春伴白头。
对镜地怀唐吏治，憩亭人想晋风流。
于今寥落庄前柳，同慨舒园往事悠。

其 四
清·忻 恕

余相书楼点缀多，迩来凭眺竟如何。
竹窗疏影愁明月，柳岸层阴怅碧波。
叠石洞寒悬巨蝠，望湖亭没架新萝。
不堪遗像萧条在，为想当年击筑歌。

其 五
清·忻宇春

五柳庄开僻地幽，高低亭榭接书楼。
而今零落埋荒草，剩有波声带月流。

其 六
清·董 沛

名山洞府即神仙，户册犹题万历年。
江左风流谢安石，湖中烟景李平泉。
芦汀雪满鸥醒梦，松巘云归鹤倚肩。
豫计归来归未得，绿波空绕寺门前。

其 七
清·李邺嗣

湖山传相国，易世见风流。
作圃培红药，开堂受白鸥。
高怀图上见，余韵鉴中浮。
尚有门墙在，遗民问昔游。

二灵夕照

二灵山突兀于东钱湖中，取"水灵山灵"之意乃名，山有古刹二灵寺。宋钱文王命韶国师在山上建方形石塔七层，每层四面均有精雕石佛。

其 一
清·忻 恕

气昏日夕霭苍苍，独占群峦艳晚妆。

数点飞鸦寒布黑,几株疏树淡描黄。
倒含塔顶现奇彩,返照佛头开宝光。
一幅诗情兼画景,下山樵担者番忙。

其 二

清·忻 恕

晚景东湖入画屏,此间山水更空灵。
长绵菊岙霞分赤,倒影菱湾树透青。
伏虎高僧曾住锡,批鳞学士此谈经。
从来胜地因人重,凭吊几多过客停。

其 三

清·忻宇春

竞说山灵与水灵,连环看似卧龙形。
独留青冢埋忠骨,终古残阳照石屏。

其 四

清·钱 豹

旧时松柏摧残尽,断碣荒崖不可寻。
惟有丹心垂宋史,朝朝白日映波心。

其 五

清·忻 鉴

二灵山水夕阳天,好向晴湖放画船。
黄乱麥畦云暖碟,碧萦苇岸浪澄鲜。
僧房半架留花影,梵塔几层锁树烟。
为爱登临归去晚,岭头复送月娟娟。

霞屿锁岚

霞屿山上旧有霞屿寺、望湖亭、观音洞（即"普陀洞天"）等景观。其地东依福泉崇山峻岭，山岚终年郁积，湖面水气又时常弥漫，有岛锁岚雾、景凝云霭之感，故称"霞屿锁岚"。

其 一

元·戴表元

霞屿风烟接渺溟，老仙万锸敞林扃。
峰前雁起湖云净，池面龙来海雨腥。
阅世僧闲头黑白，游山客爽句丹青。
何缘飞去清凉国，两腋翛翛著翅翎。

作者简介 戴表元（1244～1310年） 元代文学家。字帅初，一字曾伯，号剡源，庆元奉化剡源榆林（今属浙江班溪镇榆林村）人。宋咸淳七年（1271）进士，元大德八年（1304）六十一岁时，被荐为信州教授。戴表元著有《剡源集》《剡源佚文》《剡源佚诗》等。作品今存《剡源文集》三十卷、佚诗六卷、佚文二卷。

注释 锸（chā）：铁锹，挖土的工具；翛（xiāo）：即羽毛残损无光泽的样子。

其 二

明·杨守阯

东游如入辋川图，野鸟沙禽相唤呼。
碧树森罗三宝地，青山环绕万金湖。
人逢首夏衣穿葛，节近端阳酒泛蒲。
一宿招提问禅语，面墙今有达摩无。

作者简介 杨守阯（1436～1512年） 字惟立，号碧川，鄞县（今浙江宁波）人。师事兄守陈，学行相埒。成化十四年（1478）进士。官至翰林侍读学士，南京吏部右侍郎，加尚书衔致仕。守阯博极群书，撰有《碧川文选》四卷，入《四库全书总目提要》与《浙元三会录》并传于世。

其 三

明·张时彻

烟霞探不极，独上望湖亭。
孤屿悬明镜，群峰展画屏。
舠舟浮月白，松桧匝云青。
尽日山中醉，人言是谪星。

注释　舠（dāo）：小船，形如刀。

作者简介　张时彻（1500～1577年），字维静，号东沙，又号九一，汉族，鄞县人。曾为福建参政，官至兵部尚书。编纂《宁波府志》《定海县志》。又留心药理，编《救急良方》。另著有《张司马集》《芝园定集》《东沙史论》《四明风雅》《明文范》等。

其 四

明·胡 琏

水中孤屿若浮螺，来往争传小普陀。
碧洞涵虚开百石，朱甍倒影入苍波。
老僧衣钵千灯后，客子舟航一叶过。
此日登临抚遗迹，满湖秋色暮霞多。

注释　甍（méng）：屋脊。朱甍即红色的屋脊。

其 五

清·钱 豹

无约春风又到门，小山霞影动泉痕。
一樽桂棹同知己，二月桃花出宿根。
鸟立枝头呼我住，石留古意与人扪。
午余倚拊看垂钓，片片湖光入远村。

其 六
清·忻宁春

霞光倒映水光灵，装点孤山入画屏。
一自洞天新琢就，晴岚锁住佛头青。

其 七
清·忻 恕

湖心一架翠回环，烟树晴霞锁小山。
石洞空浮烟水里，梵宫应在有无间。
淡浓墨似新添画，蕴藉人如懒霁颜。
未了梦头回望合，断云残雨碧沙湾。

其 八
清·忻 鉴

夹岸风光百尺浮，一卷横锁雨初收。
洞天霞蔚疏林暮，宫殿黍离古时秋。
雾縠散来青接巘，泪忙卷去翠连洲。
却怜影为蒲帆破，日日樵风送晚舟。

其 九
清·忻 恕

许屿东偏蚌屿南，小山环水锁晴岚。
横穿石洞天开一，近接春帆港别三。
宝殿谁成飞鸟敞，暖崖犹染落霞酣。
西湖亭向湖心架，逊此天然景色涵。

陶公钓矶

相传在春秋时期,越国大夫范蠡不慕荣利、功成身退,偕西施隐居于伏牛山中,改名为陶朱公。后人追念其兴越之功,把伏牛山改为陶公山,其临渊垂钓处也改称"陶公钓矶"。

其 一

宋·史弥坚

架屋成仙馆,烟波一望收。
浪从门外撼,月向水中浮。
绕路青栽竹,凭阑远对鸥。
得闲来自坐,看尽万山秋。

作者简介 史弥坚(1166~1232年) 字固叔,号玉林、沧洲,鄞县(今浙江宁波)人。南宋政治军事人物,为宰相史浩幼子。官至兵部尚书、后转任工部尚书。曾任福建地方官,卒赠资政殿大学士,宋宁宗追谥为"忠宣"。著作有《沧洲诗稿》。

其 二

明·乌斯道

亭中危坐月轮孤,何必西游贺监湖。
白水摇光千顷阔,青天倒影一尘无。
鱼龙不敢生风浪,鸥鹭何须伴钓徒。
当日胡公新解事,此中端不许陶朱。

作者简介 乌斯道(生卒不详) 字继善,号春草,浙江慈溪人,约1376年前后在世。洪武四年(1371)应徵知奉化,后调江西永新令。十年(1377)乞休,民为之立两。长于诗文,精书法,小楷行草,各臻其妙。善画山水,苍劲秀远,在倪、黄之间,亦工写竹。《宁波府志》《春草斋集》《明画录》《慈溪县志》有载。

其 三
清·忻 恕

霸越归来别有天,一竿秋雨一蓑烟。
云山早遣倪迂画,风月先为贺监缘。
白发未曾簪我辈,青袍无奈著当年。
生涯自分惟如此,留与高人问水边。

其 四
清·忻宇春

平吴霸越谢成功,退隐湖滨作钓翁。
自有石矶留胜迹,此山依旧属陶公。

其 五
清·张幼学

陶公山下路,一过一婆娑。
旧麦青三寸,新莎绿一窝。
近村闻牧笛,隔屿听渔歌。
何必分桃李,,春风乐事多。

其 六
清·忻 恕

陶公遁迹羡知几,山麓当年著钓矶。
浪涨深潭红雨堕,烟通孤馆绿阴围。
一竿旧事随流水,片石长存伴落晖。
自有湖天开宝后,骚人多少此因依。

注释　深潭:虾龙潭;孤馆:山上烟波馆。

其 七

清·忻 鉴

渺渺扁舟挂绿蓑,当年会泛洞庭波。
陶公山讶遗名旧,范蠡鱼疑此处多。
装点石矶希胜迹,流连渔子动高歌。
我怀宏景真乡老,会否褰裳忆芰荷。

其 八

清·忻 棣

风起浪花生,持竿对碧泓。
浮沉看世事,吞吐识人情。
物好无非饵,心贪必就烹。
行藏此可卜,漫去倩君平。

作者简介　忻棣(生卒不详)　字及鱼,号萼圃,又号霞屿。鄞县(今浙江宁波)人,监生。

芦汀宿雁

谷子湖畔,有一小岛,状似浮瓜,称瓜屿。岛上有岳鄂王庙,又称"岳公行祠",建于南宋端平年间(1234~1236)。庙前约百米处,隐伏一片沙洲,旧有芦苇一片,逢月明星稀、湖山沉寂,风动芦枝、惊动宿雁。惊鸿哀鸣飞扑,缘岳庙盘亘。"芦汀宿雁"遂成钱湖一景。

其 一

清·忻 鉴

塞雁声声下荻洲,一湖风景接三秋。
花飞共耐风餐苦,水浅难忘露宿愁。

霜冷信传千里外，月明魂转五更头。
应知不是衡阳浦，傍晚遐征别野鸥。

其 二
清·忻宇春
秋水苍茫夜色微，宿芦汀雁浑忘机。
风来瑟瑟忽惊起，明月满湖花乱飞。

其 三
清·董 沛
老桧欹风影已寒，将军遗庙对层峦。
东湖谅比西湖好，故国公垣不忍看。

其 四
清·忻 恕
声断衡阳水国秋，满湖芦荻白花稠。
一生云水家无定，千里关山夜转愁。
夜半西风寒料峭，天高新月影沉浮，
偶焉一宿即飞去，为忆子卿不肯留。

其 五
清·忻 恕
翔雁随阳八字铺，高穿岘榭下汀芦。
霜天信宿谁为主，日夜警巡自有奴。
笋短河豚时欲上，丛深雏鸭此相呼。
何堪点点来秋影，一色花飞白满湖。

殷湾渔火

湖北殷家湾，背依平满山，面向东钱湖。山顶松林如帽，湖心渔舟棋布。每当夜色朦胧，星月无光，水湾深处，渔火闪烁。水面浮光跃金，舟影横移，四围万籁俱寂，渔歌清晰。人称"殷湾渔火"。

其 一
清·忻 恕

晚烟暮霭起湖东，傍岸渔灯点缀工。
远树高连枫叶赤，方塘低透蓼花红。
云深舵尾蒙蒙雨，秋老船头瑟瑟风。
夜半愁眠诗入梦，不知谁是少陵翁。

其 二
清·忻宇春

水阔烟深望渺然，翌时渔火满前州。
客舟对处添愁思，疑在寒山寺外眠。

其 三
清·忻 鉴

烟生晚饭几渔舟，有客相看依画楼。
枫叶芦花相掩映，斜风细雨半沉浮。
鸥眠应怕馀光逼，鱼戏还惊倒影流。
明灭殷湾浑不定，云山夜夜助清幽。

其 四
清·忻 恕

燃竹初红落照馀，轻舟击处且停渔。
杏花坛外烟拖淡，枫叶村前影透疏。

常爱日临争煖酒，不愁星映待烹鱼。
游丝大网分争利，数姓殷湾卜宅居。

白石仙枰

　　白石山，是东钱湖的北高峰。山上白石裸露，青松掩映，玲珑峭拔，状貌清奇。北坡峭崖如壁，南向山势平和。半山腰上有处大约60平方米的大石缓坡，形如棋盘。

其 一

清·忻 恕

铿然逸响破云巅，一局棋摊古树边。
片石当年留胜迹，空山今日认飞仙。
花应落尽秋灯夜，子拟敲残午梦天。
漫说西南风渐紧，层层苔藓锁寒烟。

其 二

清·忻宇春

仙人偶下洞云深，对局弹棋坐碧岭。
惆怅烂柯山寂寂，曾留片石到如今。

其 三

清·忻宇春

磷磷山石白，遗迹想云端。
不许斧柯烂，可曾樵客现。
螺形方壮具，玉局细文完。
仙侣今何在，棋枰各跨鸾。

其 一

清·忻 鉴

湖北磷磷白石巅，何人画局漫争先。
於今鹤上青霄去，终古枰留落照前。
碧藓纵横空坐地，苍松阴翳任谈天。
名山真觉游忘倦，不在峰高在有仙。

其 二

清·忻 恕

欲觉仙踪爱晚晴，登临白石有遗枰。
童颜鹤发空人影，流水长松忆子声。
柯烂谁赏闲岁月，橘剖难记旧输赢。
井文犹在凭惆怅，冉冉湖云傍岫生。

百步耸翠

　　环湖皆山。其东南诸峰，林壑尤美。山之西，又有数峰屏立。其中，突兀于群峰，远望如金字塔者，人称"百步尖"。峰似苍剑刺天，状貌峻奇，故亦称"百步剑"。有"一山屹立万山朝，壮观棱棱倚碧霄"诗句形容其高峻，后人称"百步耸翠"。

其 一

清·忻 恕

百步峰尖孰削成，耸然相对翠烟横。
林间画景偏嫌淡，海外文心不喜平。
踏脚欲随危石转，举头几处怪云生。
登高所向无空阔，笑指诸峰露晚晴。

其 二
清·忻 恕

南屏环列耸观瞻,独出尤推百步尖。
文笔削成凌汉卓,箭锋磨就入云铦。
势摇崱屴千山伏,影落孤寒一镜添。
山下久传端宪墓,高风并峙更何嫌。

注释 文笔:山尖形状象笔尖;铦(xiān):锋利;崱屴(zè lí):高耸貌;端宪:沈焕谥号。

其 三
清·忻宇春

尖尖百步绝跻攀,屹立湖南第一山。
何日登峰能造极,芒鞋踏破翠云鬟。

其 四
清·忻思敏

奇峰钟造化,百步耸岩峣。
峻峭双肩削,园尖一顶么。
众山俱绕膝,高鸟仅翔腰。
倒影湖南下,重重翠浪摇。

其 五
清·忻 鉴

百步峰开秀插天,青青雨霁更鲜妍。
冈头春笋亭亭矗,空际秋螺面面圆。
瀑布浓阴流涧底,晒经绿影乱坪前。
春游绝顶凭歌啸,定有人猜是谪仙。

双虹落彩

清道光二十八年（1848），利用浚湖淤泥在梅湖邵家山至杨家山之间修筑了长堤，长五里，故称五里塘。塘首尾各建石拱桥一座，东称上虹桥、西称下虹桥。暮春初夏，雷阵雨止，常有七色彩虹挂空，其时彩霓在上，弓桥在下，山水映辉，景色艳丽，故名"双虹落彩"。

其 一
清·忻 鉴

梅塘五里架双桥，虹彩何曾向晚销。
南北屏连仙子幻，东西镜落美人娇。
每因残雨添红线，岂借余霞衬绛绡。
好句谢楼思太白，梨花台上景重描。

注释　梨花台：指梨花山。上有史氏书院。

其 二
清·忻 恕

染彩新虹落绛霄，长堤走马夹红绡。
春风五里杨花路，秋雨连湖柳岸桥。
人在镜中游似幻，船如天上坐非遥。
妆成一幅天然景，不借丹青笔细描。

其 三
清·忻宇春

走马梅塘五里通，洞桥高架各西东。
不嫌明镜从今破，道是双虹落半空。

其 四
清·忻 恕

一望晴桥彩挂空，依稀上下架长虹。
纡余倒影双流藻，杳窈分辉两岸枫。
蟾窟路开秋水碧，雁塘槎泛夕阳红。
随时佳景骚人取，经始难忘史相功。

上林晓钟

　　上水溪，缘溪行，桃林夹岸，水曲山盘。小村横街，僻静闲雅。宋乾德年间（963～968）建成"寿宁禅院"。清康熙间（1662～1722），更名为"上林寺"。每当寺僧早课，击钹撞钟，山鸣谷应，其声可闻数里。故有"上林晓钟"之称。

其 一
清·忻 恕

露草烟枝暗几重，老僧常破上林钟。
姑苏城外撞偏早，寿圣屏南听未逢。
四五更传青嶂列，两三声出白云封。
关心缥缈归何处，古木前头隔数峰。

其 二
清·忻宇春

山回水曲路街横，中有丛林拓宇宏。
湖上月沉天欲晓，敲残云里几钟声。

其 三
清·忻 恕

满天风露湿遥空，何处梵宫报晓钟。

四五更残青嶂外，两三声出白云中。
客非寿圣坪南过，信与寒山寺里通。
不待片时天乍白，枝头几处放潮红。

其 四

清·忻 鉴

月落星稀碧汉横，晚钟旋向上林鸣。
竹溪无碓音沉杳，松谷余铃韵答清。
可有云封传早课，不关霜应寄幽情。
山中梦觉知多少，起舞何人灿一檠。

其 五

清·忻 恕

钟声浏浪度遥岑，曙色分明报上林。
龙口吟残蓝水静，鸡头唤出碧云深。
梦惊竹屋樵喧路，歌引兰桡客渡浔。
贝叶莲花经有课，松关几里绿成阴。

第三节　东钱湖名胜古迹诗

嘉泽庙

　　嘉泽庙，青山呑外。唐天宝中令陆南金、宋天禧中守李夷庚，皆浚湖兴利，民德之，故合祠焉。水潦旱蝗，有祷必应。旧在东钱湖之青山，宋治平元年（1064），鄞簿吕献之建。嘉定间，赐庙额，加侯封。元至顺二年（1331），宣尉都元帅资善重建。至正二年（1342），郡守王元恭按行水利，诣庙致祭，因命增修，且建言钱湖为鄞水利至大，陆李二侯有功于湖，功大爵轻，未足报称，请加封爵以示勤民致力之意。入明，庙圮。清康熙二十六年（1687），知府李煦据闻性道呈，毁下塔山五通祠，改祀陆、李二公。（今已有百姓重修，仅存后井。）

嘉泽祠

清·全祖望

昔人置田以卫湖，后人塞湖以求田。
昔人置田为买莳，今人但逢载莳欲收祝莳钱。
古今乃尔不相若，岂知重湖告竭田无年。
旧田并与新田捐，区区莳钱益复不足言。
卫湖良吏三十余，陆令李守乃其渠。
巍巍嘉泽祠，身后犹将积莳驱。
固宜七乡老稚岁岁荐鲂鱼。
辟草莱者刑不赦，何不竟挥神斧施冥诛。

嘉泽庙

清·忻 绅

当年膏泽被褒封，祀事原宜振古崇。
三县讴思新庙貌，七乡沾溉识神功。
满湖碧水春流远，数里青山夕照中。
岁岁嘉禾歌大有，莫忘唐宋两名公。

作者简介 **忻绅（生卒不详）** 字汝弼，鄞县（今浙江宁波）人，诸生。

嘉泽庙

清·忻德镇

青山岙口小祠中，供奉当年李陆公。
四碶六塘遗懋绩，七乡三县被宏功。
不堪罌胆澄波杳，直与梅梁沛泽同。

上塔分符偏阙一，迎神烟火赛年丰。

嘉泽庙
清·忻自聪

长湖渺渺水悠悠，李陆功名万世留。
渟蓄一方劳手足，灌流三县有田畴。
烟萝殿里神灵异，荒草台前庙貌修。
报赛乡村隆祀事，至今嘉泽祀千秋。

题嘉泽庙
清·王信德

万顷汪汪畔，崇祠祀昔贤。
大湖看渺渺，嘉泽诵绵绵。
敕命前朝古，烝尝里老虔。
近今诸守令，兴利孰能焉？

嘉泽祠
清·陈宜坊

荒祠片石立斜曛，唐宋遗徽今尚闻。
十里湖光千载泽，手磨苔藓读碑文。

作者简介 陈宜坊（生卒不详）字萼棠，号修庵，又号菀香，鄞县人。

青山庙

青山庙，青山下鲍王冢墓之所，唐天祐间建，名显迹，岁久颓圮。宋嘉定间里人陈伯野捐赀重修，并舍田十余亩，伯野出文介公之后，素以道义自砥砺，周贫恤寡，人称长者。及卒，县令赵崇岩令乡民立像附庙西庑。（今已移至方水，百姓自发重修。）

过青山

明·沈明成

寂寂山容若有神，月明疑见锦袍人。
布衣供奉清华里，回首于今九百春。

谒青山祠

清·钟 儁

报德宜存祀，褒封屡降书。
地灵龙作窟，天旱雨随车。
绮殿环原沃，荒茔护竹疏。
青山庙食久，余阴遍村庐。

王文公祠

王文公祠，旧称福应庙，在菊岛之内，祀宋庆历年间荆公王安石。为鄞县令，修钱湖有功，民德之，立祠祀焉。（下水有忠应庙，即王安石纪念馆，1988年被列为鄞县重点文物保护单位。绿野岙口有灵佑庙，濒临倾倒，庙前活银杏，是宁波大区唯一的活银杏"旗杆树"。）

咏王文公祠

元·袁 桷

半山执政偏，惠独施鄞土。
斗门东谷间，利泽沾尤普。
漠漠茂草区，谁还问祠宇。

作者简介 袁桷（1266~1327年） 字伯长，号清容居士，庆元鄞县（今浙江宁波）人。元学官、书院山长。20岁以茂才异等举为丽泽书院山长。大德元年（1297），荐为翰林国史院检阅官，时初建南郊祭社，进郊祀十议，多被采纳。升应奉翰林文字，同知制诰兼国史院编修官。在朝20余年，朝廷制册、勋臣碑铭，多出其手。文章博硕，诗亦俊逸。工书法，存世书迹有《同日分涂帖》《旧岁北归帖》。对音乐亦有造诣，著有《琴述》。另著有《易说》《春秋说》《清容居士集》《延祐四明志》等10余种。《延祐四明志》考核精审，为"宋元四明六志"之一。

贺公祠

贺公祠，旧称湖亭庙，郭家峙右，祀唐秘监贺知章。（今庙已废，庙前千年古樟还在，胸围约3.5米。）

题湖亭头贺公祠
清·王信德

飘然一棹赋归休，诏许黄冠越郡游。
身后瓣香仍故里，钱湖可胜鉴湖不？

岳公行祠

岳公行祠，旧名下塔山庙，宋端平间建，以武穆王岳飞常显灵于此，故里人祠之。现称"岳鄂王庙"，1990年被列为鄞县重点文物保护单位。

谒岳鄂王祠
清·谢秀岚

帝已安南渡，臣犹誓北驱。
申循乃伺隙，中贵亦加诬。
心可皇天表，身为群小图。
盈廷多将吏，谁道莫须无。

东钱湖岳王祠
清·董 沛

老桧欹风影已寒，将军遗庙对层峦。
东湖谅比西湖好，故国公垣不忍看。

余文敏祠

余文敏祠，月波寺内。（今已废，为部队基地。）

题余文敏公祠
清·忻宸琛

洞天福地亦佳哉，闲觅风流怀正开。
相与名山重订约，一年定有一回来。

二灵山房

二灵山房，东钱湖，中有山突然，曰二灵，宋熙宁间左正言陈禾筑室读书其中。

二灵山房
清·全祖望

鄞东有湖洞壑清，万山之中推二灵。
二灵又以贤者名，是为文介之居停。
元祐党人渐凋零，文介晚出继其声，辛毗牵裾不足京。
其在诸公后，可与清敏相抗衡。
山房小筑足清致，湖云冉冉窥山扃，滴露研硃点四经。
佳儿聚书过万卷，相与疏通而证明。
了翁遣子受学诚，至今空山风雨夜，佞臣过之凛精英。
吁嗟乎文介不特善廷争，亦复辩奸于未形。
不见定夫康侯皆贤者，妄夸文若误苍生。

作者简介 全祖望（1705~1755年）字绍衣，号谢山，鄞州（今浙江宁波）人。清代学者、文学家，学者尊称为"谢山先生"。雍正七年（1729）贡生，三年后中举。乾隆元年（1736），荐举博学鸿词，同年中进士，选翰林院庶吉士。次年即返里，后未出仕，专事著述。曾主讲于浙江蕺山书院、广东端溪书院。撰《鲒埼亭集》38卷、《外编》50卷、《诗集》10卷。另有《汉书地理志稽疑》6卷，辑补《宋元学案》100卷，《全校水经注》40卷并补附4卷。

郑鲁公梦溪

郑鲁公梦溪，在东钱湖。郑鲁公若冲微时，梦入东湖深处，见金碧陆离中有"尝充达庵"四字，若御书，然莫能解也。及安晚贵，偶与穆陵语及之，穆陵即书此四字，悬之鲁公墓庄，因呼其溪曰"梦溪"。

纪 梦

宋·郑若冲

包括乾坤一环堵，拍手千门辉藻黼。
编茅何事傍云根，川观岩居天固予。
忆昔卧病岁壬午，梦行涧石憩衡宇。
尝充达庵表其门，大楷金字爱仰睹。
吉符应已分行藏，二纪唐捐悟无补。
我生六年哀怙恃，三殇相继泣同乳。
只影危踪巢在幕，孽子孤臣气如缕。
千金不忽坐垂堂，十稔未能酬鞠抚。
六张五角具孤虚，万死一生逃险阻。
矛头淅米剑头炊，耕尝得晴刈尝雨。
菲末莳根有荆棘，鼠牙雀舌皆强御。
意行足下起关山，夕计朝谋成龃龉。
先时败事后失机，转喉触讳默招侮。

新编东钱湖志

贫来富往见交情，言信行忠赇最罟。
一本难令亲者亲，四海何由兄弟普。
数奇常愧李将军，五穷未嗟韩吏部。
人生美恶半乘除，我尝一味无甘苦。
五十知非计已迟，见机而作今犹愈。
结庐兹境了前缘，端居漫作溪山主。
列壑攒峰无耸峭，叠颖飞柯不瞋拒。
一室凝尘号全拙，茶铛酒壶简编聚。
草亭临流倚梦溪，观罢鱼游呼鹤舞。
地饶松竹秀而腴，林生蕙兰香频吐。
泉清洗耳何妨枕，晴轩炙背远堪俯。
采药寻梅度岭去，空翠霏烟迎步武。
乘坚策肥彼何人，藜杖枝筇自撑拄。
人家灯火照篱落，山头月色窥松户。
随云归逐度溪风，自喜此身轻一羽。
意安不厌饭藜蔬，睡美那能候钟鼓。
少壮颜从镜里非，利名心向樽前腐。
长因横逆反忠仁，讵向艰深探城府。
事变起灭真浮沤，身世行藏俱逆旅。
玉堂茅舍一蘧庐，鹖起鹏搏各飞举。
蛮触战争两蜗角，鸡虫得失了无补。
兴废纷纷汗马牛，贤愚泯泯埋尘土。
长啸勿碍天地郛，游思还从竹素圃。
要知岁晏日斜时，此心只与虚空侣。
一觞一咏姑自娱，断不伤今更思古。
力命悠悠讵足论，漫述平生记轩庑。

作者简介　郑若冲　字季真，自号梦溪，鄞县（今浙江宁波）人。郑清之之父。自置私塾，聚书数千卷，虽卧病不废书。尝书壁自警云："一日不以古今浇胸次，览镜则面目可憎。"卒年七十九。

咏郑鲁公梦溪
清·忻思忠

醉卧东湖绕碧溪，鲁公昔日梦何奇。
御书难使婆心解，后事先从角枕知。
果有穆陵题墓道，端因安晚语神辞。
而今水绿藤阴处，郁郁佳城系我思。

史八行避地居

史诏，字升之，大观二年（1108）有"孝友睦姻任恤中和"八行之举，遂与母避居邑东大田山，人称"八行先生"。（八行公故居今在东钱湖镇绿野村，其墓在享亭山，墓前石刻被列为国家重点文物保护单位。）

大田山居
宋·史 诏

斗酒藏春瓮，开轩有客迎。
烹鲜供母箸，督仆佐春耕。
园果霜前熟，山禽雨后鸣。
市朝风味好，输我一般清。

作者简介 史诏（1057～1129年） 字升之，鄞县（今浙江省宁波）人。南宋名士，冀国公史简之子，宰相史浩的祖父。赐"八行高士"的称号。后人也有称史诏为"八行公"，并建"八行堂"以纪念史诏。

史越公奉母堂
清·全祖望

大田山下路，兰叶遍南陔。
烈考原纯孝，孤儿敢不才。
白华真有种，苦蓼莫含哀。

一线酬名德，孤根振死灰。
薪传由正议，征命谢天台。
八行科何羡，终身慕未衰。
北堂遵乐育，孤女广栽培。
讼以观型化，风因锡类开。
招魂怜五世，笃庆在中台。
他日崇家讳，良非雅素来。

焦征君讲舍

焦征君讲舍，在大涵山麓。焦公路，山东布衣，绍兴中至四明，寓此。（今无存。）

过大涵山访焦先生隐迹

清·董文升

胜地留真隐，波光湛若虚。
东州高士望，南渡寓贤居。
洛学传薪火，丰公谢荐书。
溪毛无片席，临吊一踌躇。

咏大涵焦隐居讲舍

清·全祖望

光尧临御日，洛学正褒崇。
乃有游杨侣，偏追箕颖风。
翘车辞上相，微尚托冥鸿。
小隐大涵水，长瞻太白峰。
道高心倍古，德盛礼弥恭。
慨自夷居辈，相寻放诞中。

乍逢惊岳岳，侍久觉融融。
渐醉醇醪味，同游元气冲。
签书传正派，端宪溯芳踪。
学录遗高弟，图经失寓公。
征文原脱落，考献益溟濛。
一线从谁系，陈编赖直翁。

焦征君讲舍

清·忻文郁

理学渊源振浙东，大涵山下寓焦公。
数椽风雨林泉外，几辈英豪谈笑中。
门著清规应养鹿，心甘冥迹是飞鸿。
征君遗事谁人续，赖有陈编史直翁。

东湖别墅

东湖别墅，在史魏公家。（今无存。）

史魏公东湖别墅

宋·刘应时

云抹山容疑泼绿，月涵波影自摇金。
丈夫出处如云月，猿鹤安能识此心。
徜徉绿野春波上，徙倚石楼烟霭间。
只恐苍生望霖雨，未容谢傅老东山。

作者简介 刘应时 宋诗人。字良佐，号颐庵居士。四明（今属浙江）人。喜为诗，与陆游、杨万里善。陆、杨皆为其诗集《颐庵居士集》作序，对其诗大加赞许。陆游指出其诗句若干，以为卓然自得，"虽前辈以诗得名者何以加焉"。杨万里序中更以王安石拟之，四库馆臣以为"未免太过"，并云："应时诗虽格力稍薄，不能与游等并驾，而往来于诸人之间，耳濡目染，终有典型，较宋末江湖诸人，固居然雅音矣。"（《四库全书总目》）著有《颐庵居士集》两卷传世。生平事迹见《宋诗纪事》卷六三。

竹村居

竹村居，在下水史氏别业。（今无存。）

竹村居

宋·史 浚

霜筠万个绕龙孙，中有茅檐据水村。
疏处只容猿鹤过，喜无俗客敢登门。

作者简介 史浚（1129～1203年） 字尧翁，鄞县（今浙江宁波）人。以父恩授监潭州南岳庙。孝宗乾道六年(1170)，调福州古田尉。淳熙中历知绍兴府新昌县、权通判婺州。官至朝请大夫。事见《攻愧集》卷一〇五《史君墓志铭》。

舟过殷湾寄郑时雨

明·李 玮

共指殷湾好，人家若个边。
岭头开鸟道，门口带渔船。
寒事催收黍，歌声出采莲。
浮湖多过客，知有郑庄贤。

注释 殷湾：今东钱湖镇殷家湾。

东湖书院

东湖书院，宋丰有俊（字宅之）创建。（今无存。）

东湖书院

明·李 堂

东湖书院没烟萝，文介家声耿不磨。

自有尊尧同气脉，不须遗族满山阿。

题铭上人东湖书楼

元·刘仁本

青山湖上老僧居，百丈危楼万卷书。
架插牙签朝旭上，香消古鼎夜窗虚。
栏干竹色浮蝌蚪，枕簟芸香落蠹鱼。
还忆校雠人去远，雨花零乱独踟蹰。

作者简介 刘仁本（1308～1367年） 字德玄，号羽庭，浙江天台人。元代黄岩四位进士之一，授江浙行省左右司郎中。著有《海道漕运记》一卷、《羽庭诗集》四卷、《羽庭文集》六卷。

天镜亭、烟波馆

天镜亭、烟波馆，在东钱湖陶公山上，南宋宝庆三年（1227）郡守胡榘建。（今无存。）

烟波馆

宋·史弥坚

架屋成仙馆，烟波一望收。
浪从门外撼，月向水中浮。
绕路青栽竹，凭栏远对鸥。
得闲来自坐，看尽万山秋。

咏天镜亭

清·忻　恕

宝镜开奁晃翠微，高临山馆更渔矶。
千家烟火湖心住，万古灵圆月下飞。

对我自然空色相，停人于此认依稀。
平川十里天光净，何惜登临坐夕晖。

天镜亭
清·忻起林

钓渔矶上径斜通，古岭亭开对海东。
有客每临三五夕，此身如入广寒宫。
霓裳歌罢声何在，螺髻妆残色欲空。
天镜谁将嘉号锡，湖山领袖属胡公。

天镜亭
清·忻灏

天然古色映湖流，不借磨砻雾尽收。
选胜亭从山外筑，寻春人向镜中游。
菱花有影怀前事，碧落无情据上头。
犹想当年胡学士，闲来坐对豁双眸。

作者简介 忻灏（生卒不详）字绍衣，号铭仙，鄞县（今浙江宁波）人，佾生。

月波楼

南宋淳熙五年（1178年），越王史浩创"月波楼"，并叠石为岩，筑成"宝陀洞天"，有钦赐"慈悲普济"匾额，后筑寺。（2002年在湖心堤重建月波楼，沙孟海先生书"月波楼"三字。）

月波楼
清·忻涵清

月涌冰轮色似银，波光倒映净无尘。
岩悬水际清涵影，楼近湖边淡接人。

螺髻分明开古镜，佛头仿佛认前身。
我将花下衔杯酌，醉里吟诗句未醇。

月波楼

清·忻自淑

欲访名人迹，乘舟到月波。
越王穿洞古，余相筑亭峨。
倒影仍流藻，余辉别映萝。
而今成佛宇，骚客费吟哦。

二程学舍

二程学舍，在湖上。元泰定间，程敬叔、时叔兄弟二先生讲学于湖山间，四方来学者众，才德行谊为乡人所宗。（今无存。）

句余土音

杨李宗槐堂，心学于斯在。其时独善翁，师友实一辈。
文孙有静清，别绍考亭派。乃授之二程，连舟得津逮。
时叔谈春秋，经学良精粹。敬叔分年程，蒙求亦攸赖。
当年黉舍中，弦歌发青籁。太白庄高东湖深，杖履到处有清音。
如何尚书忘家学，屈身异代玷故林。

刘隐君南窗

刘隐君南窗，在青雷山。隐君名准，当宋末，教授生徒绝意仕进，卜筑青山之原。学者称"南窗先生"。（今无存。）

南窗先生

清·全祖望

庆元际宋末，比屋皆故家。
国亡遭悍吏，摧困如虫沙。
隐君早识微，高卧湖水涯。
湖水深复深，弋者所不加。
南窗足寄傲，天半贡晴霞。
春来莼菜滑，和以新芦芽。
绝似西山蕨，不卖东陵瓜。

东湖别业

东湖别业，在湖上，章闾居。（今无存。）

东湖别业

明·章　闾

老去厌城郭，湖上最情亲。
疏雨断山蕨，东风采涧萍。
鸟啼花树晚，鹿下野塘春。
当路多雄士，谁能访隐沦。

茂屿山庄

　　茂屿山庄，旁有龟山、蛇山、琴山，象形酷肖。张尚书时彻构庄其上。门左琴山上有步虚亭，后圃寒涧在门，梁石而渡，小山幽靓，花木涓涓，亭曰品山，沈嘉则所命名也。一时文学之士多有陪侍之章。（今无存。）

茂屿即事

明·沈明臣

才到东山好，身心每晏如。
满浮春院酒，高枕夜床书。
松响山连阁，蛙喧水近居。
五更残梦醒，月落曙窗虚。
不识尚书贵，山中幽事多。
渔来卖鲜鲤，客有馈生鹅。
雨外新楼阁，云间旧薜萝。
野人成独往，醉起和农歌。

作者简介 沈明臣（1518～1596年） 字嘉则，号句章山人，晚号栎社长，鄞县（今浙江宁波）人，明代诗人。平生作诗七千余首，与王叔承、王稚登同称为万历年间三大"布衣诗人"。著有《丰对楼诗选》四十三卷、《越草》一卷，及《荆溪唱和诗》《吴越游稿》《通州志》等。

归自茂屿呈司马公二首

明·余寅雨

冒雨怜于迈，从公又雨还。
万山知汝健，双屐笑人间。
穷海元英积，空塘朔气斑。
登楼高自遣，犹得俯尘寰。

老去主人强，高怀殊未央。
施情无不可，冒雨亦何妨。
浊世频掀袂，浮生一举觞。
安知天地外，别有姓名香。

茂屿山

清·李邺嗣

东沙宾客盛当时，茂屿湖庄共泛卮。
一自江干包十死，谁同卢九斗新诗。

茂屿庄

明·谢滩

几年怀胜赏，此日共徜徉。
幸侍东山屐，欣开绿野堂。
回溪晴散碧，曲径夜生香。
一自离城市，尘嚣已顿忘。
夹道秋光满，登临兴不孤。
名园千树发，高会七贤俱。
石屋云为障，霜花锦作图。
山中余载酒，未许戒归途。

茂屿庄

明·黄元恭

品山亭下品山人，日日山中不记春。
一自白云邀鹤驾，但从绿野狎鸥邻。
春风秋月酥门啸，翠竹明沙锦里巾。
借问岩峦谁第一，欲分方丈迭为宾。

茂屿庄

明·高瀛

空江渺何许，微茫半村雨。
何当披元云，风月来相主。

白云亦自好,白雨一江秋。
长年陪谢傅,著屐过西州。

茂屿庄

明·李生时

结屋云间寄此身,图书四壁静为邻。
扶筇谁作看山侣,鼓枻偏过载酒人。
黄菊紫萸堪共挹,青苔白石不生尘。
尊前漫有吟秋兴,况值湖天月色新。

茂屿庄

明·张子中

连峰起天末,积水下烟桡。
时菊擅殊色,群芳空复凋。
相欢一尊酒,共味白云谣。
缱绻临兹夕,流光去莫邀。

茂屿庄

清·杨 明

出郭骋遐望,郊原总是春。
带烟芳草绿,收雨碧山新。
鹤引登皋杖,风吹洒酒巾。
蓬邱移茂屿,尘世有仙人。
连日淹春醉,朝阴又夕曛。
静听鸣涧瀑,间看度山云。
旧梦花前说,新题竹下分。
风尘都莫问,只与鹤为群。

咏茂屿庄
清·包 玉

夙有怜春兴，寻芳到碧山。
岩花沾雨润，野鹿卧云间。
绝壁泉为带，虚台斗可攀。
十年劳梦想，容与不知还。

咏茂屿庄
清·鲍道亨

岂有烟霞癖，寻春入翠微。
溪云流树湿，山雨带花飞。
引水声喧座，巡帘香袭衣。
清狂何太甚，竟夕欲忘归。

咏茂屿庄
清·钱公达

何处神仙宅，湖山启画图。
乔松蟠古洞，鸣鹤伴幽隅。
白社盟初结，黄化兴不孤。
栖迟人境寂，真拟学潜夫。

咏茂屿庄
清·洪 漠

每有登临兴，停舟湖屿东。
云根穿曲窦，木叶堕秋空。
鹤啄苔余绿，霞飞日映红。
清幽人迹罕，宛似辋川中。

别茂屿
清·戴良才
家故空山里，看山意正浓。
若为辞尔去，又与世人逢。
行处无芳草，帆前失数峰。
定知今夜梦，犹自倚孤松。

别茂屿
明·包大炯
三月春光暮，飞花半落溪。
山深云自住，日午鸟频啼。
问字余将笈，寻芳谁杖藜。
远从司马御，此地足幽栖。

作者简介　包大炯（生卒不详）　字明臣，号鹿田，鄞县（今浙江宁波）人。传载《甬上耆旧诗》。撰有《越吟》。

别茂屿
清·张　壑
神仙湖上窟，春日远跻攀。
酌酒看明月，题诗品众山。
松云当户落，溪水到门闲。
洛社遗风在，追陪有白纶。

别茂屿
明·王嗣奭
山中日倍长，空翠集草堂。
得意看群动，无心赏众芳。

烟霞谭尘妙，笋蕨食单香。
酣适方思卧，风筜归石床。

作者简介　王嗣奭（1566～1648年） 字右仲，号于越，浙江鄞县人。明代文学家，万历举人。官至涪州知州，明亡返乡。清兵南下，迫诱在乡官绅至杭州朝见，嗣奭坚拒不出，并誓不剃发，不穿清服。嗣奭初治《易》，四十三岁起研究杜甫诗，至八十岁，始撰成《杜臆》，对于杜诗意旨颇有阐发。

咏归堂

咏归堂，茂屿庄内。（今无存。）

咏归堂

明·倪　珣

鲁国有狂生，旷然沂水滨。
乐景会单夹，好风生暮春。
童冠有佳叙，迈往迷隐沦。
翱翔万仞上，孤凤鲜可伦。
达人解尚友，千载揖芳芬。
撰履陟山椒，返棹即河漘。
朝邀烟霞友，暮引猿鹤宾。
元黄曷隘宽，日月偕走奔。
云英契已远，洙泗调弥真。
世累遗未俗，获心在古人。

望湖亭

望湖亭，在东钱湖中，霞屿山上。（始建于宋，后毁。2002年重建望湖亭。福泉山巅亦有望湖亭。）

霞屿山望湖亭

明·张时彻

烟霞探不极，独上望湖亭。
孤屿悬明镜，群峰展画屏。
舠舟舒月白，松桧匝云青。
尽日山中醉，人言是谪星。

望湖亭

清·忻　超

装点湖亭足玩游，钱湖风景望中收。
二灵层塔青霄接，五里双桥碧水流。
槛外烟横山远近，窗前浪折鸟沉浮。
其间妙处深无极，载月归来一叶舟。

别湖庄

明·余有丁

年来屏迹大湖滨，共说先生隐是真。
此日忽随青雀舫，逢人不制白纶巾。
烟霞应解牵行骑，猿鹤终能迟主人。
无奈骊驹催物役，野心仍自恋湖春。

作者简介　余有丁（1526～1584年） 　字丙仲，号同麓，鄞县（今浙江宁波）人。明嘉靖四十一年（1562）中进士第三名。授翰林院编修。此科座主袁炜，靠写青词入相。著有《余文敏公集》、《余文敏公集》十五卷、余有丁曾亲自校订"二十一史"。

湖上余楼书感

明·李 玮

忆昨登临湖上楼,留情落日放归舟。
扪萝紫翠洞天冥,问事渔樵山径幽。
花下相怜吾白发,人间将变此沧洲。
十年不到池台主,烟锁空门生暮愁。

五柳庄

五柳庄,在东钱湖上,相国余有丁所构,即月波寺废址也,以神宗御书"名山洞府"四字为坊,自为之记。(后毁已废,今为海字地。)

吊五柳庄四十韵

明·王嗣奭

赴召楼工急,严期戒落成。
塓濡烧炭炙,甃晚运沙平。
移树疑前种,栽花促早荣。
宾朋穷阀阅,冠盖咽轩楹。
劈哺麟膏望,吹箫凤语清。
华筵攒水陆,高会错筹觥。
指景杯中赏,题诗席上赓。
平湖增浩淼,列岫转峥嵘。
归去辞元好,追摹意更精。
楼缘舒啸得,轩以觉非名。
窈窕怜丹壑,奔趋念镐京。
终期盟白石,暂起为苍生。
痛饮穷宵月,严装趁晓程。
酒船纷祖帐,扈骑尽军营。

鱼鸟辞鞭镫，风云逐旆旌。
烟霞青嶂隔，剑履玉阶行。
龙衮亲三事，鹓班首六卿。
山元鸣玉佩，御缥出金茎。
黼座晨犹暖，边烽夜不惊。
入朝随首辅，退食从优伶。
狎客移珠履，妖姬弄玉笙。
三槐殊不恶，五柳若为情。
猿鹤生愁思，林泉起怅声。
物情迷止足，天道识亏盈。
台柱苍茫折，天杠惨淡横。
自从冰作鉴，无复火为城。
去日朱轮重，归途素旒轻。
候门嗟稚子，植杖负村氓。
衡宇秋烟冷，南窗夕照明。
　名山珍御墨，洞府闷榛荆。
鼠穴穿雕槛，蜗涎蚀绣桁。
坏墙莓薛合，堕瓦薜萝擎。
屏柏疏寒翠，岩桃剩晚英。
园丁新玉树，牧竖窃金橙。
过客无酬对，孤云管送迎。
野人初佐筑，废苑又分耕。
只说桑麻长，谁知陵谷更。
秋声占丛竹，春事属流莺。
熊掌凭人取，鸿冥孰我争。
如何金马客，多负白云盟。

舒园

舒园,亦相国余有丁园。(余晚年就此读书自娱,名之为"五柳庄"。内有"舒园"。今无存。)

忆东湖余相公舒园

明·吕 时

遥忆东湖上,拏舟泛若邪。
荷翻人摘藕,枝动鸟衔花。
石磴随峰转,烟楼隔岸斜。
虽云丞相墅,俨似野人家。

作者简介 吕时(生卒不详) 一名时臣,字仲父,鄞县(今浙江宁波)人。约明神宗万历初前后在世,年七十岁。早岁有诗名。以避仇远游,历齐、梁、燕、赵间,寄食衡王、潘王诸邸。为人贞介廉洁,为诸王所重。衡庄王尤爱其诗,为刻其集。年六十,即自治生圹于句章之名阳里,自撰墓铭。后客死涉县。时所著诗稿曰《甬东山人稿》,凡七卷,《四库全书总目提要》颇为陈子龙所称。亦工散曲,稿已不传。

余相国舒园

明·徐振奇

相公林下事如何,灌木阴阴古月波。
梵呗一空余吹舞,绮纨犹自长藤萝。
洞深滴翠狐狸窟,径窄埋云乌鹊窠。
最惜神宗亲洒翰,苍苔断石费吟哦。

梅湖山房

梅湖山房,在梅湖。(今无存。)

梅湖山房夜宿

明·沈一中

霜露惊时变，庭除隐月光。
茫茫烟水阔，霭霭岫云凉。
虎啸山疑裂，鸡鸣夜转长。
有怀愁不寐，明发举秋尝。

作者简介 沈一中（生卒不详） 字长孺，鄞县人。生卒年均不详，约明神宗万历二十三年前后在世。万历八年（1580）进士。官至布政使。一中富于才藻，有《梅园集》二十卷，《四库全书总目提要》传于世。

讯余君房读书大慈山房

明·张时彻

岂是逃禅客，栖迟湖上峰。
看书亲佛火，旅食借僧春。
夜坐频邀月，晨兴每候钟。
自便尘市远，日日断过逢。

思旧馆

思旧馆，太常寺丞全大程自江上归，弃家入东湖穷山中，躬耕山田十亩糊口。大程《薄社吟序》云，石雁从管江突围出，过予山馆，适予他出，儿子固留之，不肯，竟去，中道被难，不得一诀，而嘿农诸子亦并命矣。爰署此馆，曰思旧，以志山阳之悼。（今无存。）

署思旧馆

明·全大程

果能从孺子，或得脱芦中。

慷慨甘兵解，仓皇哭道穷。
旧盟寒息壤，遗恨志元宫。
把臂同杨华，骑箕上碧空。

作者简介　全大程（生卒不详） 字襄孙，号式公，鄞县（今浙江宁波）人。鲁王监国，授太常寺博士，不受，旋以太常庄元辰邀豫城守事，荐授尚宝司丞，复参派置幕府迁太常寺丞，以所言不用，特勒东归……偕大和逃入东钱湖穷山中，卒年六十。

徐户部山居

徐户部山居，徐振奇以户部郎参瓜里军事，国亡，弃家入东钱湖青雷山中，凡二十年。（今无存。）

庚子山居九日前夕有感

明·徐振奇

去年重九楼头月，今夜皑皑满鬓丝。
寂寞遥天虚怅望，荒残旧井剧愁思。
追陪戏马非吾事，俯映流萤彼一时。
明拟登临聊遗放，不知谁许惬幽期。

作者简介　徐振奇（生卒不详） 字可贞，一字我庸。少有至行，与钱肃乐善，肃乐成进士，宰太苍，以书招之，不答。及肃乐起事江干，将不次，荐之，固辞而止。国亡，遁入东钱湖之青雷山，弃家不顾，已而沿湖盗之，屡遭厄然，卒不肯去，居山中二十余年……八十后自署"通介道人"。

己亥山中九日之作

避乱偏逢乱，因贫又益贫。
天行兼盗发，海沸杂嚣尘。

佳节当今日，欢心得几人。
黄花笑白发，红泪湿青巾。

爱竹轩

爱竹轩，在青雷峰下。（今无存。）

题叶敬常爱竹轩

元·戴 良

诗尝咏淇澳，律亦鸣解谷。
逖听岂不怀，希声竟谁续。
有美幽隐人，早厌喧嚣俗。
作室临地偏，开轩爱筠绿。
雨叶媚晨观，烟梢延晚瞩。
攀枝想龙化，摘实迟鸾宿。
贤思晋士七，逸慕唐人六。
清游茂林下，沉饮回溪曲。
喧飚荡昏旦，层辉丽川陆。
至乐非外求，深情自为足。
谬循游士踪，偶睹高人躅。
可随竹畔风，潇洒归君屋。

张即之书壁

张即之（号樗寮）书《醉翁亭记》屏风，在青山元编修叶恒故宅，已无存。

重访张樗寮书壁诗并序

清·张 莺

东钱湖青山岭南叶氏，有宋张樗寮书壁其上，为欧阳公《醉翁亭记》，左则杜少陵《寒食舟中作燕子来舟中》诗，右则《赠韦七赞善严中丞枉驾见过》诗也。岁乙酉，予尝走阅，流连忘归。丁未十一月二十三日，偕董佩公、周屺公再访焉。览诵之余，如逢故人，喜而成咏，与二子同之。

廿年重问字，不改旧山青。夕照分高下，湖光上窈冥。
烟埋彝鼎色，鬼泣鸟虫形。幸有探奇约，题诗慰草亭。

青山寻宋学士张樗寮墨迹

明·邱胤玉

张子迟回面石冈，客来山馆一藜床。
耽书尚肯谈戈法，却饮时能录酒方。
市近水村鱼昼集，门迎竹坞笋冬香。
翛然木叶凭双肘，无恙沙鸥卧夕阳。

徐偃王墓

徐偃王墓，在隐学山，旧名栖真。（今在东钱湖隐学山隐学禅寺后山之阳。）

徐偃王墓

元·徐本原

周穆日盘游，九鼎几欲移。
造父御八骏，万里觞瑶池。
邦家叹无主，神器将安归？
诸侯悉朝徐，瑞应维其时。
忽闻黄竹歌，拒战非所宜。

避位向吴越，直至东海涯。
　　德义感人心，臣庶争相随。
　　山以隐学名，上有栖真祠。
　　翁仲翳草莱，再拜空嘘嘻。
　　辽鹤竟不返，祔葬冢累累。
　　子孙繁且衍，谱牒能相贻。
　　零落千载下，恻然起遐思。

谒偃王墓

清·徐士琛

　　十望九王裔，况当坟墓乡。
　　追源虽已远，数典讵容忘。
　　隐学山名古，栖真院业荒。
　　残碑犹在望，瞻拜敬维桑。

注释　徐堰王墓，在东钱湖畔隐学山，栖真寺已废。

左正言谥文介陈禾墓

　　左正言谥文介陈禾墓，在二灵山，子学士曦祔。熙宁间，左正言陈禾筑室读书其中，后即葬此。（今已无查）

文介陈禾墓

明·董　琳

　　甬东山色翠嶙峋，文介佳城近水滨。
　　细雨落花啼谢豹，淡烟荒草卧麒麟。
　　犯颜只欲除奸党，碎首无惭列荩臣。
　　识陋亦叨风纪职，敢将忠鲠继前人。

寻陈文介公墓

清·钱 豹

旧时松柏摧残尽，断碣荒崖不可寻。
惟有丹心垂宋史，朝朝白日映波心。

二灵山怀陈文介公

清·王信德

谪官遇赦托沈冥，高卧湖山羡二灵。
折槛朱生甘报国，下帷董子爱谈经。
佳儿书聚牙签富，高弟名传骨鲠馨。
惆怅荒茔何处觅，忠魂空傍一峰青。

二灵山访陈文介公墓

清·徐锡垚

如此山灵与水灵，固宜文介此居停。
烟涛终古环三面，风雨当年守四经。
黼座衣裾惊宦寺，明州人物重熙宁。
一抔荒土愁将没，欲采溪毛荐墓庭。

注释　文介即葬此山，遍访得之，仅一荒丘。

作者简介　徐锡垚（生卒不详）字敬夫，号悔庐。鄞县（今浙江宁波）人，嘉庆戊寅恩贡士。著有《悔庐诗文钞》。

徽猷阁直学士谥庄简蒋猷墓

蒋猷徽猷阁直学士，谥庄简，墓在翔凤乡隐学山，汪藻撰墓志。

登先学士公墓
明·蒋弘宪

叠巘围深谷，先茔隐碧峰。
碑残苔半蚀，石圮草全封。
华表存遗迹，丹青忆旧容。
衣冠灵气在，感慨白云重。

史冀国夫人叶氏墓

史冀国夫人叶氏墓，在东钱湖上长乐里山。楼异撰墓志。（今东钱湖镇下水西村，墓前石刻毁于"农业学大寨"时期，今石刻是别处移立，已被列为全国重点文物保护单位。）

谒史冀国夫人叶氏墓
清·史在鼎

生前苦节耐时光，漠漠幽魂节更长。
春露秋霜六百祀，墓旁犹觉姓名香。

登叶墓有感
清·忻恺

多为儿孙变虎豹，指点峰峦胡取闹。
何以叶墓未葬前，先出坚贞与大孝。
只使此地秀灵钟，亦为死者食其报。
堪笑游人耳食多，从前之墓穷未到。

赠太史越国公史诏墓

赠太史越国公史诏墓，在绿野岙。危素撰墓表。（今东钱湖镇下水绿野岙相亭山，墓前石刻是原物，已列为全国重点文物保护单位。）

谒越公墓
宋·史弥大

满眼松楸护石茔，此来倍觉暗伤情。
烟云深处眠翁仲，俎豆香时荐特牲。
一寺近回溪水曲，万山青向墓门横。
杨花无限萦春思，送我轻舟十里程。

作者简介 史弥大（116~？） 字方叔，鄞县（今浙江宁波）人，宰相浩之子，右相弥远之兄，乾道五年进士，历秘书丞、知宁国府，终礼部侍郎。

赠直华文阁通判舒州谥端宪沈焕墓

赠直华文阁通判舒州谥端宪沈焕墓，在翔凤乡象坎山龙尾，周必大撰墓碣文。墓入防护录。（在第三次文物普查发现，墓在原址。）

端宪沈焕墓
清·全祖望

签书父子尽醇儒，更有征君厌道腴。
再世衣冠同翕聚，一林抚楷尚扶疏。
崇邱山下薪传杳，真隐堂中蕙帐枯。
乡里义田乃余事，可怜高谊亦荒芜。

宋丞相史弥远墓

史弥远墓，在东钱湖镇下水大慈山。墓前石刻被列为全国重点文物保护单位，今已被移入石刻公园内。

宋丞相史弥远墓

元·刘仁本

山行十里乱峰回,相国坟茔紫翠堆。
石马秋风两翁仲,杜鹃春雨几亭台。
慈云塔下苍苔满,旌德观前红杏开。
为忆当年莼菜美,短篷萍末过湖来。

宋丞相史弥远墓

明·李　堂

梵宫地畔七浮屠,殿址层层漫绿芜。
幸有老松人不见,满林落日正啼乌。

宋丞相史弥远墓

明·屠　隆

霜落苍藤老树枯,眼看巨石压重湖。
墓前只有山僧住,黄叶青灯照野狐。
田夫自说史王孙,满径蓬蒿秋掩门。
世上人磨铜雀瓦,玉钗一半古苔痕。
朱门早起乱鸣镳,留得寒江吊暮潮。
一片黄沙销白骨,碑阴仿佛记前朝。

作者简介　屠隆(1543～1605年)　字长卿,一字纬真,号赤水,浙江鄞县(今浙江宁波)人,明代文学家、戏曲家。万历五年进士,曾任吏部主事、郎中等官职,后罢官回乡。屠隆是个怪才,好游历,有博学之名,尤其精通曲艺。著有《栖真馆集》《由拳集》《采真集》《南游集》《鸿苞集》等,然其中佳作不多。

史相墓下作
明·沈一贯

落日低垂丞相阡,狐狸穿冢出平田。
大碑已断无文字,惟有山僧说岁年。

史相墓下作
清·董 沛

丞相坟前野草枯,御题碑碣半模糊。
不知此地牛眠老,胜似天童岭上无。

东钱湖史卫王墓
清·范 麟

古磴参差百尺崇,好从绝顶筑幽宫。
生前位已跻臣极,死后魂犹作鬼雄。
断碣漫寻荒草里,颓垣犹峙夕阳中。
恩仇抵死成何事,枉说当年定策功。

作者简介 范麟(生卒不详) 字文辉,鄞县(今浙江宁波)人,贡生。

赠太傅资政殿大学士谥忠宣史弥坚墓

赠太傅资政殿大学士谥忠宣史弥坚墓,在钱湖宝华山南麓,建世忠寺以奉香火。

资政殿大学士史弥坚墓
明·王应鹏

丞相丰功在史臣,至今人重玉堂亲。
我来细剔残碑藓,拱木阴阴鸟自春。

作者简介 王应鹏(生卒不详) 字天宇,鄞县(今浙江宁波)人。正德三年(1508)进士,知嘉定县。嘉靖(1522~1566)中进左副都御史,因建言忤帝,下诏狱。

资政殿大学士史弥坚墓

明·王应鹏

忆昨东京走使轺，六陵风雨草潇潇。
何如累叶平章者，处处云楼五凤翘。

袁桷墓

赠中奉大夫江浙行中书省参知政事翰林侍讲学士谥文清袁桷墓，在翔凤乡上水庆远岙，苏天爵撰墓志。（今无查。）

翰林侍讲学士袁桷墓

元·柳　贯

十年渍酒绵，不到文清墓。
遥遥许剑心，梦寐伤迟暮。
千里来东州，九仞縻逆旅。
谅哉生刍束，耿耿复谁语。
空怀郭林宗，不见王文度。
山风吹空林，更绝重湖步。

吴志淳墓

征君吴志淳墓，在东钱湖上。

征君吴志淳墓

清·全祖望

曹南诗篆雁山推，晚慕澄湖避地来。
应叹膏缘明被祸，九灵竟向狱中栽。

李生威墓

赠太子太保兵部尚书凤阳府推官李生威墓，在赤塘岙，子德先德升祔。

谒太保少峰公墓

清·李承烈

摄衣登崖巍，屈曲穿云翠。
古寺苔半扉，空庭花满地。
出门一俯瞰，斗觉眼界宽。
万家若棋布，一水如带盘。
前山隔云树，中有先人墓。
披荆入蒙茸，惝恍不知处。
山灵如诏余，草际豁樵路。
纡回复纡回，长松卷风怒。
峨峨神道碑，瞻拜起悚惧。
地僻绝人迹，台高印虎步。
迤逦出波头，樵子争登舟。
双桨弄秋水，满载青松楸。
湖光更皓洁，倒映群峦列。
回顾雨处峰，残阳补山缺。

先照庵

先照庵，明时复旧，清行浩重修。在福泉山巅，旧称福泉精舍，今名先照寺。（已被毁，今改为"龙泉茶室"。）

宿先照院

明·徐凤垣

绝巘悬萝入，层峦鸟外分。

灯然松殿月，僧卧石床云。
海阔鱼龙隐，天空风雨闻。
一尘常不到，猿鹤应同群。

埋云庵

埋云庵，在福泉山。明时重葺。

里田岭五里大风雾至埋云庵

清·李邺嗣

出门未十丈，万状吻以闟。
大风来雷行，白雾如雨潎。
鹍黎啼不已，腾蛇尽离蛰。
势推两仪翻，声驱百灵急。
黄父咽浆饱，魅彪跳毕集。
山夔一脚仆，彷皇雨头絷。
漫漫数步迷，飔飔诸窍入。
将叹不成噫，欲住足难拾。
暗堕即百仞，举身蹈兀岌。
我生历众死，奇险性所习。
渐老出危涂，岂谓兹游及。
五里憩埋云，飞廉威始戢。
坐久面色回，稍得舒呼噏。
太阳复吐光，借照衣裳湿。
百年有颠倾，微躯杖独立。
失足慎须臾，斯义倘终执。

延寿王寺

延寿王寺，洋山岙之南。旧号延寿王院，后晋天福二年（937）建，宋熙宁元年（1068）增"寿圣"二字，绍兴三十二年（1162）改额广福。后圮。明宣德间重建佛殿并甃福泉、锁翠、万岁、宝珠四桥。嘉靖间建法堂、僧房，清顺治十年（1653）重建佛殿。康熙间重修。（今东钱湖镇洋山村门坑水库对面，列入保留寺院，年久失修。）

延寿王寺

明·郑 驹

梵王殿阁倚秋高，山势盘桓压巨鳌。
望望已应千虑息，登登稍觉一身劳。
翠明石磴悬萝薜，雪暗林栖敬羽毛。
清景悟人僧爱客，烹茶松下听松涛。

白云寺

白云寺陈杨乡白云山，宋乾德五年（967）建。大中祥符三年（1010）赐"白云延祥"额。明洪武十五年定名"白云"。正统间重建佛殿、山门。万历年间复废。寻毁重建。咸丰三年修大殿。民国期间重建山门。（现为保留寺院）

白云寺

清·忻 鉴

白云山上寺，冬日客来游。
路绕悬崖曲，门遮古木稠。
群峰环宝殿，神佛护经楼。
别有天开处，登临寄兴幽。

白云寺

清·陆友朋

大梅山下梵王宫，斜照宫墙一株红；

眼底白云皆可爱，欲寒半角入囊中。

大慈寺

　　大慈寺，在大慈山。始建于后晋天福三年（939年），后毁。宋绍兴二十年（1150）重建。嘉定十三年（1220），丞相史弥远创为功德寺。钦赐"教忠报国"额，前有万工池及七塔。明洪武四年（1371）毁，住持南宗定重建，并建上蒙堂，竺昙构居曰"四华世界"。十五年（1382），定名大慈，后毁。嘉靖间重建，复毁。清顺治、康熙间以次建复。（今在东钱湖镇大慈山下，列为东钱湖镇保留寺院，大殿已重建。七塔在"农业学大寨"时被茶场毁，万功池已重修。）

赠大慈寺诵翁开士
宋·史守之

挂锡云飞处，心闲境亦闲。
万缘空俗想，一钵饱松关。
身幻从兹化，风高未许攀。
繁华满眼底，付与水潺潺。

大慈寺
元·贾实烈门

东湖湖上放船游，路入大慈山更幽。
薜荔月凉猿啸夜，菰蒲水暗雁啼秋。
每知燕坐禅心定，自笑劳生幻影稠。
欲问三车成未往，独依天北望龙楼。

四华世界
元·揭　法

祥光慧景起东垂，坐拥诸天万法随。

海外高僧来问偈，日边过使请题诗。
蒲庵月满思亲处，桂室云生出定时。
悟得佛中无量寿，好将清泰祝皇厘。

作者简介　揭汯（生卒不详）　字伯防，傒斯子。以荫补秘书郎，迁国史编修官。历官至肃政廉访司事，守建宁。

四华世界

明·郑　驹

相君别业独湖山，楼阁参差紫翠间。
地接慈云开墓道，天分灵鹫隔尘寰。
秋风松桂池亭老，宿雨莓苔石笋斑。
愧我重游多感慨，梦魂应共鹤飞还。

大慈寺

明·杨承鲲

钟鸣千峰静，僧徒候寺门。
溪晴积水乱，殿阁岚尚屯。
惠剑久缺折，慈波浩无源。
风吹琉璃灯，金碧宛然翻。
至今熟食祭，多是史相孙。
道傍三大冢，石马古制存。
其上积云气，其下多草根。
犹有百年木，烈风无朝昏。
呜呼神明力，冥漠古今魂。
当其发策时，赤手撑乾坤。
沉吟彗日阁，此座何其尊。
君看泡影悲，可以悟仇恩。

游 寺

清·王 章

莲社仍多竹，云峰尚见花。
昔来何幻化，今到忽春华。
泉瀑危吞石，梅飞绿就沙。
清风更飘举，不动万山斜。

作者简介 王章（公元1812～1863年） 初名搏霄，一作搏云，字雨岚，上元（今南京）人。诸生。工书、画、山水、花卉均超劲，偶仕女亦佳。精度曲，能诗，题画之作亦苍厚。著有《静虚堂吹生草》《扬州画苑录》《清画家诗史》《清代画史补录》《清代碑传文通检》。

泛钱湖八寺

明·徐 渭

花雨净气埃，仙舟镜里回。
湖平孤屿出，天阔万峰来。
云掩全藏寺，山青尽点苔。
惟余孟夫子，迢递独寻梅。

作者简介 徐渭（1521～1593年） 初字文清，后改字文长，号天池山人，或署田水月、田丹水，又有青藤老人、青藤道人、青藤居士、天池渔隐、金垒、金回山人、山阴布衣、白鹇山人、鹅鼻山侬等别号，山阴（今浙江绍兴）人。明代文学家、书画家、军事家。民间也普遍流传他的故事传说，主要是关于他年轻时如何聪明，后来如何捉弄官宦等故事。

大慈寺
明·李 堂

梵宫池畔七浮图,殿址层层漫绿芜。
幸有老松人不翦,满林落日正啼乌。

同余君房泛舟东湖入大慈寺
明·董应延

水府探奇入,因君一溯洄。
绀园青嶂合,碧涧白莲开。
鸟向屏间度,舟从天上来。
自来参了义,不独游炎埃。

大慈寺访汉电
明·徐凤垣

山鸟啼深竹,莲峰涌化台。
经过僧话旧,扫榻客重来。
古木埋云黑,幽花夹水开。
空悲陵谷改,石路遍苍苔。

大慈寺
清·李邺嗣

渐远山麓行,风轻拂五里。
细麦秀畦畦,野色亦可喜。
为慕赞公房,遥寻烟霭里。
竹色拥山门,浮图漾池水。
坦步登山堂,静气肃席几。
坐处一峰尊,双峦夹恭峙。
幽岚四面来,松涛入倾耳。

延我上绳床，传瓷亦移晷。
叙别惜匆匆，后期愿相俟。
旁有宋相坟，飨亭若初起。
六陵一塔瓶，此公翻血祀。
大龟扠碑倒，遗笑冷人齿。
岂得山川灵，报应夺常理。
重把冬青枝，太息追所始。

宝华寺

宝华寺，大慈山，丞相史弥远功德寺。宋嘉定十三年（1220）建，后废。明洪武间，僧并延庆寺。天顺元年（1457）重建佛殿，方丈殿，及建庄于宝华桥。清康熙十八年（1679）重建。（今存遗址，在东钱湖镇下水大慈剪云亭附近。）

宝华寺

元·袁士元

宝华风景画难成，殿阁一层高一层。
老翁到此足先倦，输与往来行脚僧。

丈室萧然斗一方，梅花为帐竹为床。
山僧睡起无余事，自向晴窗割蜜房。

宝华寺

元·戴　良

失脚江湖鬓欲花，寻僧姑啜赵州茶。
卓泉不复问飞锡，说法空传见雨花。
水曲隔林迷梵呗，云衣入户乱袈裟。
同游赖有兰台客，时出新诗斗彩霞。

宝华寺

明·王 来

湖上行来第几山，白云半掩老松关。
于今台殿重轮奂，昔日喧哗总是闲。

文昌阁

文昌阁，在东钱湖镇殷家湾。

题文昌阁

清·徐沛然

青山绿水鸟声中，闪出楼台气吐虹。
王勃文章如再世，此神定助一帆风。

作者简介　徐沛然（生卒不详） 清末民初鄞县（今浙江宁波市）大嵩人。终身训蒙。遗诗散尽。

经五峰寺

明·李 玮

残寺无僧住，深春有客登。
画廊阴护竹，诗壁雨垂藤。
大法何龙象，名山亦谷陵。
我来闲吊古，吟望暮云层。

雪后经五峰寺

明·李振玘

雪积遥峰映曲溪，琼台时得续前题。
云初向霁连天碧，鸟尽惊寒宿树低。

僧舍白分梅绽岭，竹篱黄见笋生泥。
寻幽喜得从莲社，忘却南山日影西。

无量寿庵

无量寿庵，在下水。冀国夫人叶氏墓侧。宋史忠定王浩所建，后殿奉赠冀国公简夫人叶氏与赠越国公诏夫人徐氏像，屡圮屡修。清嘉庆间裔孙史义震捐募重修，并增祀典。（今有居士居住，寺庵格局，史氏太公太婆坐像未塑。）

下水庵晓望偶题

宋·史　浩

疏树梢头露晓星，薄寒侵榻睡初醒。
沙鸥何处惊飞起，点破遥山一抹青。

无量寿庵

宋·史蒙卿

生平安乐地，不爱名利煎。
其中一空阔，寥寥无色天。

作者简介　史蒙卿（1247～1306年）　字景正，鄞县（今浙江宁波）人。乡人称"果齐先生"（《至正四明志》卷二）。度宗咸淳元年（1265）进士，授景陵簿。十年，改江阴教授，复改平江。宋亡不仕，自号"静清处士"，侨居天台山中。元大德十年卒，年六十。事见《清容居士集》卷二八《静清处士史君墓志铭》。

二灵寺

二灵寺，在湖东南二灵山，钱湖中。山灵水灵，故名。钱文穆王命韶国师建石塔七层，有庵曰金襕，宋熙宁间，正言陈文介公禾筑室读书其中。后延知和禅师居之，有二虎作侍，名其院曰"二灵"。宣和间重修塔院，建炎兵毁，绍兴间复建，赐额普光。淳熙间有名僧妙云，高僧了宣居之。元时都寺允恭栖此，以猿为侍，古鼎铭公知退居焉。天渊浚禅师居山，明太祖赐有勉官说，又赐住山诗十三首，兴建山房，九灵戴良有记。有室曰"光明"，恕中温公在诗。永乐间并于天童，后圮。成化间重建，后迁于山下，又圮。清康熙二十年（1681），天童西堂德介贸地建于山麓，四十三年（1704），监院普觉徙建于山顶。（今在东钱湖二灵山下，建筑雄伟，是东钱湖镇保留寺院之一。）

住栖雪庵
宋·知和禅师

竹笕两三升野水，松窗五七片闲云。
道人活计只如此，留与人间作见闻。

移住二灵
宋·知和禅师

自从南岳来雪窦，二十余年不下山。
两处住山身已老，更寻幽谷养衰残。

十方世界眼前宽，抛却云庵过别山。
三事衲衣穿处补，一条藜杖伴清闲。

黄皮裹骨一常僧，坏衲蒙头百虑澄。
年老懒能频对客，攀萝又上一崚嶒。

访二灵
宋·张商英

昔年二虎归何处，今日当门一片湖。
识取湖光与虎迹，高风肃肃万年孤。

作者简介　**张商英（生卒不详）**　字天觉,号无尽居士。北宋蜀州（四川崇庆）新津人。从小就锐气倜傥,日诵万言。最初任职通州主簿的时候,一天,进入寺中看到大藏经的卷册齐整,生气地说:"吾孔圣之书,乃不及此！"欲着无佛论,后来读《维摩经》,看到"此病非地大,亦不离地大",深有所感,于是归信佛法。

寄天渊老禅

元·戴　良

路入钱湖诗二灵,玻璃影里树冥冥。
木杯几渡源头水,贝叶长翻笈内经。
禅室夜开容虎卧,法筵朝讲使龙听。
何时去结东林社,待看昙花瑞世青。

二灵寺

元·释祖铭

为爱山灵与水灵,一庵高古白云层。
风光只在阑干外,半属渔樵半属僧。

作者简介　**释祖铭（1280～1358年）**　俗姓应,字古鼎,奉化人,元代高僧。二十五得度,通经论,旁及百家之学,善诗文,工书法。圆戒后,参元叟于灵隐,言下廓然。元统初;主昌国之隆教,复历宝陀、中天竺。垣受兵,避居云居庵,明年寂焉。有《四会语录》及《外集》行世。

寓二灵寺

元·丁鹤年

二灵古称山水窟,兴来独往亦一奇。
叩舷时闻小海唱,夺卷复睹长江诗。
月中听鹤坐不寐,烟外盟鸥归每迟。

桃源流水倘得路，便应黄发为渔师。

同高辰四访二灵不值
清·钱 豹

太空涵流水，游意恰秋分。
十里湖光尽，扁舟石磬闻。
焚香惟侍者，画壁两山君。
溪午分僧饷，婆娑见白云。

二灵访千石
清·钱 豹

喜得小航便，卬须我友过。
不衫亦不履，登塔又登阿。
人意同秋水，山情在薜萝。
茅堂侍二虎，云影自婆娑。

月波寺

月波寺，在东钱湖月波山下，宋淳熙五年（1178）越王史浩建，请赐"慈悲普济"额，创月波楼，叠石成岩，为宝陀洞天，又于寺建四时水陆道场。明洪武十五年（1382）定名月波，二十年圮。正统十四年（1449）重建，后又圮，万历间相国余有丁构五柳庄，御书"名山洞府"，赐以建坊。清康熙十年（1671），余氏归地重建殿宇，寻于西庑衬祀有丁。（今已无存，遗址为海字地。）

游 寺
元·金原素

独上高楼思渺然，月华波影净娟娟。
姮娥手种天边桂，洛女神栖水上莲。

醉倚朱阑歌白雪,卧听铁笛起苍烟。
此中足遂追游乐,不问西湖买画船。

游 寺
明·刘 鼎

满目湖光水镜开,上方楼阁绝尘埃。
三秋风露清如洗,万叠冈峦翠作堆。
结社肯容陶令醉,赋诗独羡已公才。
此时情思殊萧爽,恰似蟾宫晓梦回。

游 寺
明·胡 琏

水边楼阁郁嵯峨,一棹清秋看月波。
南竺老禅能梵语,东解狂客舟吴歌。
天垂断岸明何动,云拥长松独鹤过。
亦有风流如贺监,画船载酒共婆娑。

冬步月波
明·徐振奇

寒岩古洞少人游,性癖山行未肯休。
草木尽枯飞鸟绝,僧伽无语灶烟收。
四围静观皆真意,一种闲情自暗投。
梅玉尚含春信杳,澄波相对漫悠悠。

月波重构
明·徐振奇

弈棋世事不胜哀,汉殿吴官尽已灰。
时代屡更山色在,兴亡无定水纹洄。

招提曾作高歌地，宸翰今随深洞埃。
和尚挈波成满果，蒲团一个见如来。

和我庸月波寺韵
明·徐凤垣

老至名山不厌游，寻真采药未甘休。
湖沙晴日寒相映，石屋朝岚雨乍收。
卧佛信如僧入定，归云还与鹤分投。
先朝有赐残碑在，知尔登临秋思悠。

月波寺
清·董 沛

晓色起寒岚，招客入幽胜。
修竹环寺楼，云深不知径。
天半忽闻声，悠然度清磬。

登寺楼望百步尖
清·董 沛

兀然上高楼，湖光豁晴眺。
空翠无定姿，翳林媚初曜。
十丈青芙蓉，凌虚耸孤峭。

观音洞
清·董 沛

盘盘凿奇石，剥落青苔衣。
洞口微云生，雨至不失时。
乃知天地气，山泽呼吸之。

月波寺

清·张志铭

万叠晴岚映竹扉，悠悠波月伴云衣。
西来峰影陶公迹，东去梅林钱氏矶。
门静不嫌过客扰，山空何碍落霞飞。
湖光潋滟清如镜，更有钟声彻翠微。

游　寺

清·朱　石

秋来新水入湖多，载泛兰舟访月波。
上下楼台含倒影，玲珑岩石响鸣珂。
雨花梵呗空中起，云影天光镜里过。
此去濯缨尘虑息，沧浪犹复听清歌。

游　寺

清·王信德

滨湖小筑最清幽，胜地偏从世外留。
僧卧白云和梦冷，山含微雨入庭秋。
越王洞里烟长获，余相庄前水自流。
凭吊空余陈迹在，夜深蝙蝠上书楼。

尊教寺

　　尊教寺，晋天福三年（938）建，名慧日。宋治平元年（1064）赐今额。元至正间重修，明宣德间废，正统十四年（1449）重建佛殿。（今已无存，遗址为海字地。）

尊教寺

宋·舒亶

竹碾缘寒渚,松蹊藉绿苔。
楼台隔林见,花木带云开。
溪旱常流水,峰青自隐雷。
月华岁万顷,谁棹酒船来。

作者简介 舒亶(1041~1103年) 字信道,号懒堂,慈溪(今属浙江)人。治平二年(1065)试礼部第一,即状元(进士及第),授临海尉。神宗时,除神官院主簿,迁秦凤路提刑,提举两浙常平。后任监察御史里行,与李定同劾苏轼,是为"乌台诗案"。进知杂御史、判司农寺,拜给事中,权直学士院,后为御史中丞。崇宁元年(1102)知南康军,京以开边功,由直龙图阁进待制。翌年卒,年六十三。《宋史》《东都事略》有传。今存赵万里辑《舒学士词》一卷,存词50首。

平峨寺

平峨寺,平峨山巅。(《光绪志》)(在东钱湖镇平峨山巅,已修缮一新。)

平峨寺

清·董庆酉

峰外钟声寂,林间翠霭凝。
深山人不到,独坐看云僧。

隐学寺

隐学寺,在隐学山。唐建中二年(781)建,号隐学寺。宋大中祥符二年(1009),赐额"栖真寺",有放生池。后仍名隐学。元至正二十五年(1365)圮,明洪武十年(1377)重建,永乐十四年(1416)又圮,宣德八年(1433)重建佛殿、方丈殿、山门及四顾庵。后复圮,嘉靖间重建,万历间迁寺山旁,清康熙间重建。（东钱湖镇的唐代古刹，已有1230年历史，已修缮一新，是东钱湖镇保留寺院之一。）

和游栖真寺

宋·舒亶

曾是谈经一草堂，千年金碧欲飞飏。
顶峰有路青天近，绝壑无尘赤日凉。
月底露惊猿鹤梦，云中风动薜萝香。
芝菱茶灶平生念，遥谢仙人白羽觞。

游栖真寺

元·徐本原

访古叩禅关，招提尽日闲。
乌啼青嶂里，僧语翠微间。
今日栖真地，前朝隐学山。
石坛芳草碧，墓道落花殷。
德洽民心服，身罹国步艰。
代周知逊位，命楚及羞颜。
凤去彭城路，龙潜越水湾。
惟留翁仲在，不见令威还。
碑薛应难认，烟萝已倦攀。
陇云同杳杳，涧水自潺潺。
暝合千峰紫，春残一径斑。
夕阳归兴缓，清磬隔尘寰。

重 游

明·薛敬

薄言山寺去，两度出东郊。

湖草添新涨，山禽改旧巢。
烟霞野纳路，鹿豕故人交。
钟磬云深处，来听几度敲。

游寺书壁

明·徐　渐

病骨逢僧健，藤床听佛经。
有鸡方觉旦，无鼓不知更。
树作门墙立，山呈几案清。
昨宵松竹近，频问雨声鸣。

咏隐学寺

清·陆　学

谷口秋云薄，芙蓉一水香。
荒台凝露白，残碣护苔苍。
事去留陈迹，人来对夕阳。
百年回首意，欲别更凄凉。

中秋后一日访栖真寺

清·范鸿儒

秋色遍江津，菰蒲露气新。
乱山迎拄杖，落叶趁行人。
白业吾知己，青松佛作邻。
云心与水性，仿佛悟前身。

宿　寺

清·罗　岩

乘兴游来值暮时，因过梵宇一栖迟。

梅含宿雨香偷雾，柳怯严寒绿暗丝。
钟鼓声声惊客梦，烟霞处处发诗思。
当年隐学知谁氏，代远人遥信转疑。

择阳寺

择阳寺，在择阳山。汉乾裕二年（949）建，宋治平元年（1064）赐额"悟真"。明洪武间定名择阳。嘉靖间废为墟墓。清康熙五年（1666），在寺一里外建庵。同治元年（1862）兵毁，六年（1867）重建。（今已无存，遗址为陆字地。）

择阳寺

明·王应鹏

仄径穿云上，名山此地寻。
偶因六月暑，来坐万松阴。
树杪飞晴瀑，林间起夕禽。
平生劳役念，争似野人心。

青山寺

青山寺，在青山。晋天福三年（938）建，宋大中祥符三年（1010）赐额"惠安"。唐天祐元年（904）中元日，有十六僧现于山顶，又名其寺曰"罗汉院"。宋陈居仁建罗汉院。元僧祖铭建钟秀阁，洪武间定名青山，寻圮。天顺间重建方丈佛殿。万历间圮。清顺治十五年（1658）重建，寻圮，光绪间僧广昱重建，宣统元年（1909）废寺为钱湖两等小学校，旋改景贤祠于后堂。民国二年（1913）八月，鄞奉镇三县设立湖工局，民国三年（1914）五月间忻锦崖进京呈请大总统立案，奉大总统命令，湖工局内正厅建立遗爱祠，自唐宋以来开辟钱湖有功于湖者议合诸公皆祠祀焉。寺址虽存，不得作佛寺论，故列于此。（今已无存，遗址已成为海字地。）

和刘谊翁留题惠安寺

宋·舒亶

坞云过雨翠成堆，天淡平湖一鉴开。
万林号风韵丝竹，千峰带月上池台。
静无俗驾金铺地，闲有高人玉满杯。
闻道碧桃看欲发，刘郎何事不归来。

十里松行翠插天，暗溪嫩草半芊绵。
笙歌自满萧郎宅，琴鹤空随贺老船。
未分旧游云寂寞，遥知归梦蝶联翩。
故山幸好宜回首，还见人间换一年。

题钟秀阁

元·爱理沙

楹外澄湖平不流，窗间叠嶂屹将浮。
烟霞五色锦屏晓，风月双清瑶镜秋。
罗卜浓香吹法席，芙蓉凉影荡仙舟。
结巢拟傍云松住，回首朝簪愧未投。

题青山寺钟秀阁

明·陈锐

手开楼阁罗诸象，面对湖山卫百灵。
玉镜夜寒通沆瀣，翠屏秋净倒空青。
避烟鹤起檐间树，行雨龙归几上瓶。
我亦逃禅云水客，便应萧散共松扃。

青山寺

清·董沛

钱玉颇佞佛，寺创晋初年。
门近山光入，楼低树色连。
鹿归云护洞，龙蛰井生泉。
涵得清虚象，平湖好放船。

题青山寺

清·胡宋铨

湖波一掬石崚嶒，村落人家屋几层。
寺外青山山外水，隔花犬吠看云僧。

霞屿寺

霞屿寺，东钱湖之心，小屿兀然于其中，大资史岩之凿山为观音洞，仿宝陀之山因建寺，且割田以赡。明洪武十九年（1386）废，永乐二十年（1422）修复。宣德八年（1433）重建。今废。（1976年筑湖心堤时，发现"补陀洞天"。1986年经市县人民政府批准，重建霞屿寺。现成为东钱湖上名刹，是东钱湖镇保留寺院之一。）

用吕啬斋和郑以文望霞屿寺韵

元·袁士元

倚林立湖曲，夕阳明远屿。
隔水见招提，游兴浩难阻。
轻舟荡轻波，鱼吹浪花吐。
四望山意佳，推篷吟复伫。

霞屿寺

明·李锷

孤屿晴霞映竹关，楚王宫殿水云间。

微□回与人相绝,幽寐只宜僧自闲。
最爱灵岩如赤壁,从题形胜作金山。
平生素有烟波癖,到此悠悠忽忘还。

霞屿寺

明·胡 琏

水中孤屿若浮螺,来往争传小补陀。
碧洞涵虚开白石,朱甍倒影入苍波。
老僧衣钵千灯后,客子舟航一叶过。
此日登临抚遗迹,满湖秋色暮霞多。

游补陀洞天

明·李 堂

相公囊括宋山河,凿石穿云见补陀。
若见崖山还好景,慈云宫殿碧嵯峨。

霞屿山洞

清·史在稷

孤屿横波凿洞宽,娱亲有意壮游观。
遗踪未改山如旧,古额犹留字半残。
岩挂枯藤石骨隐,月穿高窦夜光寒。
渺茫四面皆流水,莫作风涛险处看。

霞屿观音洞

清·陈宜坊

古刹经营记昔年,凿成小小洞中天。
老僧卧起浑无事,收拾残霞补衲肩。

访僧（吉祥庵）

清·史大成

春草迎人绿，山僧静自怡。
搓柑香在手，刻竹沥为诗。
夜寂江声近，林深磬韵迟。
偶寻支遁语，不觉性情移。

游上林寺

清·忻孝本

弥望树葱茏，精庐积翠封。
深林来舞鹤，古涧欲蟠龙。
水曲横开路，云闲浅露峰。
玩游人未倦，夕照落疏钟。

注释 上林寺，在东钱湖镇横街村，1968年为造小学拆除，今存遗址。

作者简介 忻孝本（生卒不详） 字立先，号烈仙，鄞县（今浙江宁波）人。

元津庵

元津庵，在湖上正东。（今无存。）

元津庵

清·张幼学

欲问元津津久迷，等闲尘路破禅扉。
双虹居士何貂续，二水先生已雁题。
不可扫除苔满地，总难通晓鸟喧溪。
现前一句僧知否，卷尽残云日已西。

清修怡真观

清修怡真观，大慈山，宋丞相史鲁公建。（今废，已为福泉山茶园。）

宿大慈山悟真观

宋·陈元平

终南道士学弹琴，门外松萝锁翠阴。
濒海八龙朝出洞，隔山群鹿夜归林。
琪花过雨金风澹，玉树笼烟碧月沉。
三十六坛钟鼓寐，云璈声接步虚音。

杨梅

杨梅，产东湖者色白，名"酪蜜脚"。范奆杨梅味甚佳。

东钱湖食白杨梅

清·全祖望

萧然山下白杨梅，曾入金风诗句来。
未若万金湖上去，素娥如雪满溪隈。

赤熛怒结火珠林，沉紫嫣红满翠岑。
傲骨不随时令转，縞衣独立矢贞心。

闻说山中果熟时，游人檀板竞歌词。
应将白纻垂垂舞，别写仙人冰雪姿。

竹枝词

清·李邺嗣

象坎人家接栎斜，春来白处尽梨花。
树头裹到冬心摘，一颗真消冰雪柤。

第四节　东钱湖山水诗

大慈山

大慈山，在东钱湖下水南岙，宋丞相史弥远葬母之地，以此著名。后弥远亦葬于此，有慈云寺，接东陶岭，又西北有高伦岭。

游大慈山

元·戴　良

水行境谓尽，陆出路旋通。
乃即苍松径，步入青莲宫。
连嶂既崷崒，密林亦葱茏。
地涉清净界，身游紫翠重。
临流玩广沿，企不眺奇峰。
寒镜湛秋夕，碧玉划晴空。
兰若与岩峻，象筵缘教崇。
谒祠慨卿相，寻僧扣禅宗。
契理已无像，观念岂有穷。
愿绝区中缘，永依尘外踪。
嗒然遗身世，年齐天地终。

福泉山

福泉山，在钱湖之东南，古有龙井，水泉澄碧。东北有洋山岙。（在东钱湖东南，海拔556米。）

自大嵩岭上二十里至福泉精舍作

清·李邺嗣

舍舟上樵径，晴眺分纤毫。
循涂凡屡盘，获奇随所遭。
崩崖露云根，长风势渐饕。
诸峦徐束体，始识身已高。
过雨忽足下，发上天气交。
在与尚苦疲，何况异者劳。
首虐乘人车，筋力嗟尔曹。
斗上复梢垂，豁然辟林坳。
老松得成鳞，岩土抽春毛。
梵僧构幽栖，人龙同一巢。
入门气得苏，豆笋罗山庖。
到此渐浮名，徒为猿鸟嘲。
我何不径然，将家住藤梢。

福泉精舍呈直庵大师

清·李邺嗣

禅扉徒自启，少有客相寻。
白露濛昏晓，高云失古今。
佛身蒸有气，鼓面湿无音。
大暑人间酷，难从席上侵。
直公契阔久，携手此时同。
坐我竹生处，看人云起中。
飘花一水过，鸣磬万山通。
夜静诸天永，还依佛火红。

福地灵泉

清·王子鱼

胜迹应夸造化功,奇岩怪石伴梵宫。
名山端得藏名刹,千古钟灵一碧泓。

清溪绕带

清·王子鱼

晴岗叠翠覆船浮,暮鼓晨钟几度秋。
南北清溪如绕带,滔滔各向海东流。

游福泉山

明·李 玮

忆昨与人游福泉,乘风如步昆仑巅。
山行十里不逢樵与牧,但见千岩筠桧摇春烟。
白云满谷响流水,碧峦深处开琼田。
茂林仿佛数椽屋,花间午饭庞眉禅。
饭我胡麻能不饥,示我服术能长年。
更引数杯探异境,朗吟惊动蛟龙眠。
龙宫金碧最高顶,扪萝直上愁夤缘。
身依云外蔚蓝色,手拈海上蓬莱仙。
穷奇历险欲咋指,山灵见我应相怜。
别来如复能再往,却令东望心悠然。

咏福泉山

明·陆 宝

虚空直上孑然身,五色分悬一掌轮。
山化为云微有脊,天垂入海沓无垠。
衰来试杖神犹主,险到供诗料总新。

渐喜岳游家尺咫,何论婚嫁毕前因。

咏福泉山

明·屠 隆

坐览湖山上,高霞淡空色。
疏花竹床深,暝叶松门积。
荒坡绝人行,但有苍麇迹。
劲风带洪波,浮天摇崱屴。
阴崖石气寒,古洞水痕泐。
云堂晚钟微,日落野烟白。
僧定香转清,猿啼境逾寂。
学道割情恋,胡为眷泉石。
崛堁日纷轮,欣赏此晨夕。
挂冠来何迟,永愿谢鞿勒。

游福泉山

清·王玉书

久向奇观绝可看,道人不会也盘桓。
啼山止有鸟双晓,卧壑还多龙一寒。
入海秋容真善变,凭高远思判逾难。
兹来已领山灵讯,赢得烟霞客带宽。

福泉山

清·李邺嗣

福泉山祀忆曾登,佛面常教海气蒸。
夜半开门迎赤日,龙涎窝里卧高僧。

磨岭

磨岭，在下水大慈岙。

咏下水磨岭脚

清·李邺嗣

登舆纵新览，山川喜重霁。
解颜与舆夫，徐徐缓前气。
适冒皇天威，微生飘一蒂。
汝曹倾命力，触除良不细。
安步莫忘危，豫防在既济。
蹶垤不蹶山，圣戒所深记。
五里落水磨，始得践原地。
回瞻憩脚所，理扉亦天际。
半下尚云中，绝顶安可计。
昨来卧山床，真与飞鸟逮。
片片尧时岚，从斯入梦寐。

泛舟东湖同徐霜皋作（下六章登福泉山诗）

清·李邺嗣

结游慕春馀，迟契得吾友。
爱此古郯湖，荡舟下水口。
柔浆听风行，湖光四面受。
遥色秀山家，馀晖带门柳。
一峰领众岚，茏葱尽俯首。
孤霞插中流，兹意非可耦。
湖山相淡潋，披襟与之久。
世人徒趋名，游观事亦有。
歌吹喧西湖，尽在白苏后。

未若兹湖佳，幽寻自不偶。
千年隐学处，静气寄岩薮。
终日惟单舟，烟澜集吾手。
发与既我曹，奇唱庶无负。
风迹留古今，斯文倘同朽。

白云山

　　白云山，在东钱湖之南。唐僧巘云居于是山，恒有白云覆其屋上，因以名山。有乐安侯墓，五代之孙邰也，唐末为左拾遗，朱温篡位，著《春秋无贤人论》，归隐此山。山北有亭溪岭。《东钱湖志》案曰：此即《敬止录》所云居钱湖北，与大梅邻延祥寺之白云山也。《闻志》：亭溪岭在白云山之北，实指此山，非明堂岙之白云山。（白云延禅寺今已重修，现为东钱湖保留开放寺宇之一。）

登白云山绝顶
宋·楼　钥

天近罡风吹面寒，绣衣玉立白云间。
沧波万顷海南海，翠碧几重山外山。
自觉登临无限意，维思富贵不如闲。
前峰若个神仙客，指点烟霞见一斑。

登白云山
明·杨承鲲

入山知山美，入水爱水居。
霏微白云路，仿佛仙人间。
绿溪掇瑶草，石空窥素书。
洞门阴阴苔藓湿，瀑水迸流雪花入。
独行不语亦不旋，虎啼谷响松风急。

游白云山

宋·舒亶

高低深浅逐阴晴,一簇林峦画不成。
谁道青山怕云点,白云点处转分明。

四山面面玉成围,只许闲云去又归。
更有小轩人不到,落花狼藉点苔衣。

孙拾遗净慧社操

清·全祖望

芒砀云深兮,真龙所出。
胡今不然兮,天狼猖獗。
白马波沉兮,清流泣血。
危哉侍郎兮,以诈坠笏。
归来王宫兮,仅而得脱。
其余霸府兮,更无人物。
罗郎正议兮,足壮吴越。
惜哉斯人兮,尚参记室。
　吾将隐兮,明山之窟。
参彼净慧兮,逃彼禅悦。

霞屿山

霞屿山,东钱湖中,四面环水,上有霞屿寺,有望湖亭,有观音洞,名"小普陀"。

游霞屿山

明·杨守阯

东游如入辋川图,野鸟沙禽相唤呼。

碧树森罗三宝地,青山环绕万金湖。
人逢首夏衣穿葛,节近端阳酒泛蒲。
一宿招提问禅语,面墙今有达摩无?

同王水功周囊云范静庵游霞屿

清·钱 豹

无约春风又到门,小山霞影动泉痕。
一樽桂棹同知己,二月桃花出宿根。
鸟立枝头呼我住,石留古意与人扪。
午余倚拊看垂钓,片片湖光入远村。

咏霞屿山

清·忻孝则

水中孤屿映晴霞,结石还摹小普陀。
地近二灵分夕照,岸悬四面绕苍波。
禅房日久成荒土,佛洞春深桂碧萝。
句咏湖山谁得似,白瓷盘里一青螺。

咏霞屿山

清·忻 恕

浮屿青青秀色多,湖中妆点竟如何。
千年佛洞留香国,一片螺痕俨普陀。
雨歇前头霞半抹,波围四面镜新磨。
何人挖尽湖心景,谱得春词入棹歌。

咏霞屿山

清·忻自淑

小屿一卷浮,晴霞向晚收。

鹜飞秋水碧，花散洞天幽。
带日烘前渡，和烟锁半流。
登临须放棹，相望思悠悠。

咏霞屿山
清·忻起林

为怜霞屿水环潆，多少诗人好问津。
落日界开螺顶黛，晴岚锁住鸭头春。
一天洞辟禅堂邃，四面亭迎翠巘新。
胜迹而今俱已杳，不堪指点说前因。

霞 屿
清·董 沛

岚气浮晓烟，中流蓄湖势。
奉母游补陀，奇想辟天际。
凿石置洞天，隐起佛光瑞。
四面开云霞，朝朝丽山寺。
笙歌天外声，姬侍拥冠帔。
到今七百年，台宇尽荒废。
古树经秋霜，寒鸦向人坠。
我来凭吊时，怀古发遐思。
昔闻凤凰山，宫庙有图记。
淮安飞渡江，宸居作酒肆。
粤海厓山中，乘舆曾野次。
慈元旧行殿，转眼水同逝。
兴废本无常，喷击唾壶碎。
何况梵王宫，秋岩剩空翠。

二灵山

二灵山，在东钱湖东。《曹志》：山灵、水灵，故名二灵山。

咏二灵山
宋·王安石

海上神仙窟，分明作画图。
山云连太白，溪水落东湖。
路觉行边断，亭从僻处孤。
直教殷处士，城市迹全无。

作者简介 王安石 (1021～1086年) 字介甫，号半山，封荆国公。汉族。临川人（今江西省抚州市区荆公路邓家巷人），北宋杰出的政治家、思想家、文学家、改革家，唐宋八大家之一。官至宰相，主张改革变法。有《王临川集》《临川集拾遗》等存世。诗作《元日》《梅花》等最为著名。

游二灵山
宋·袁燮

何人题作二灵山，千古佳名不可刊。
欲识此声非浪得，试于高处一凭栏。
湖山秀美冠东南，况此山椒枕碧潭。
眼界宽平无限景，个中好处不容参。

二灵山
元·戴良

路入湖钱是二灵，玻璃影里树冥冥。
木杯几度源头水，贝叶长翻笈内经。
禅室夜开容虎卧，法筵朝讲使龙听。

何时去结东林社，待看昙花瑞世青。

二灵山

明·乌斯道

东湖阔处二灵山，龙吐双珠落水间。
四面乱峰云气白，半天孤塔雨花斑。
当年驯虎归何处，今日轻鸥只自闲。
问讯老僧诗句好，清风谡谡满松关。

二灵山

明·张　忱

欲访山灵与水灵，夕阳如锦照禅扃。
鸦披秋色归深树，雁带寒光逗远汀。
花木楼台明绀碧，烟霞屏障列丹青。
须臾影落湖天暝，钟梵微茫度杳冥。

二灵山

明·吴志谆

芒鞋竹杖望湖亭，觅得渔船访二灵。
芋子煨残明月上，两三知己话芦汀。

二灵山

明·王士华

二灵山上白云稀，水国茫茫日色微。
烟罩野塘含晚翠，波浮渔艇带余晖。
树连苍霭天将暝，岩倚空青鸟半归。
风景满前吟不尽，那知尘世是和非。

游二灵山
清·王玉书
烟没湖波晓过滩，少停佛塔石残残。
前岩花懒僧机静，下濑萍枯鱼况寒。
水气连云浑作雨，松风打壑总吹澜。
渔师白浪全无怖，赢得游人急眼看。

游二灵山
清·忻涵清
湖东山作卧龙形，看到山灵水亦灵。
浪里孤鸥惊塔影，林间二虎侍禅扃。
一抔土葬忠臣骨，四面峰围云母屏。
竟日此中寻古迹，芒鞋踏处草青青。

二灵山
清·忻自淑
屈曲复回环，湖东一卧山。
屏峰遥接翠，镜水别成湾。
塔影迷烟处，钟声觉梦闲。
陈公高冢在，终古白云间。

题二灵山
清·王信德
为访名贤迹，扁舟到二灵。
山低云护白，寺小竹围青。
古墓悲湮没，忠魂叹杳冥。
归途增感慨，聊为夕阳停。

题二灵山

清·李邺嗣

鲍郎射鹿几时回,不数将军没石才。
遗庙至今传伏腊,墓前狼藉数花开。

题二灵山

清·董 沛

一箭穿云贯六峰,汉家飞将可追踪。
神仙信有非常技,射鹿归来又射龙。

大涵山

大涵山,在梅湖之东,为湖山外围。

题大涵山

明·沈明臣

悠然大涵山,山下云如海。
不因濯足来,寻得渔矶在。

鹿山

鹿山,在梅湖北。相传鲍郎尝见鹿,射之。就视,乃石室。今遗镞尚在。默而摇之,则动,语则不动。上有六峰,其东有岭,曰"马岭"。

鹿山

明·李文缵

鹿山咫尺旧家邻,石罅虚通一线文。
霜降况逢天日好,登临忘却病余身。
如拳小石破山纹,肤寸浮根岂是云。

拂袖欹眠偷一晌，奚童剥藓费殷勤。
谁家射却箭锋来，逐鹿人亡事可矣。
我亦躯奇石亦怪，只堪携伴共衔杯。

东石山

东石山，一名稽山，出石。其石细腻，胜于西石山。《敬止录》作"鸡山"，今石已将开尽，几如一拳矣。

大石鸡歌

清·全祖望

大石鸡，应扶桑。其声直与黄钟之宫无低昂。
何以年来默默闷声光，或云是鸡不鸣则已一鸣天下昌，是以三缄其口卧高冈。
于今正直文明代，定有清声报玉皇。
山中昨又来瑞翅，晨鸣善哉夕贺世，俯视百鸟俱非类。
百鸟亦复笑且詈，独有是鸡三点头，似欲引为同声相应同气求。
大石鸡，尚长鸣，吾令是鸟和汝清商音。

梨花山

梨花山，在钱堰。春月梨花盛开，为东湖之胜概，上有史丞相读书台。

梨花山

宋·史宜之

梨花飞雪满春山，错认寒梅露玉颜。
几日登山寻乐境，香风满袖送船还。

梨花山

明·卢 镇

湖上佳山水，况逢春日来。
梨花飞白雪，凫鸟点苍苔。
曲径穿云上，芳樽待月开。
徘徊问遗事，唯有读书台。

作者简介 卢镇（生卒不详） 字砚溪，奉化（今浙江奉化）人。工谔弟子，工山水，并能画美人，兼写真。事见《宁波府志》。

咏梨花山

施江涛

山号梨花谁锡名，支山月浸见纵横。
梨花不谢山山影，枢密风流剩月明。

敝屣遗来宰相荣，梨花同梦订山盟。
钱湖何处无佳胜，才属签书便有名。

云径穿来路欲迷，祠荒忠定额犹垂。
只余一片空蒙色，未改当年烟雨奇。
千峰浮白水悠悠，谁仰山高接近流。
一自忠宣重肯构，梨花风月敌沧州。

山游尽处复乘槎，且向烟波醉落霞。
莫叹繁华易零落，旧家大半是梨花。

月波山

月波山，东钱湖西北，与霞屿相峙，有二石洞，史相凿以娱母，名宝陀洞天。

咏月波山
清·忻起林

泛棹湖滨引兴长，月波山色暮苍苍。
此间不贮三潭石，何处还寻五柳庄。
多少亭台曾倒影，参差松竹自分行。
从来胜地推名士，未识何年属梵王。

青山

青山，峰峦叠翠，春时胭红粉白如图画。

青 山
宋·史弥宁

青山见我喜可掬，我见青山重盍簪。
石鼎车声煎玉乳，竹炉云缕试花沉。
三杯暖热渊明酒，一曲凄凉叔夜琴。
莫怪相看能冷淡，交游如此却情深。

青 山
元·袁士元

弹铗归来感旧游，天涯何处话离愁。
青山有分长为客，白发无情忽上头。
冠盖尽随云影散，楼台近逐电光收。
闻君近卜江边宅，仍许闲情共白鸥。

庚子山中午日

明·徐振奇

闻说楼船将出澥，炰烋叱断昼行人。
诛求物力空皮骨，供应军储达夜辰。
壮士愿言终复楚，穷民何计可逃秦。
徒怀孤懑霜盈鬓，蒲酒相亲自苦辛。

蒙泉高钱月夜见访索诗袁遂即席以赋

元·袁士元

广文踏月来相访，应见高情念故人。
坐久不知烧烛短，醉来惟觉索茶频。
十年客去青山在，半夜诗成白发新。
岁晚相逢莫相笑，老梅已报玉堂春。

过高钱探子章及禅寂咏心源不值

元·袁士元

载酒东湖岁已阑，拟同朋旧醉开颜。
长须吟客近入郭，多病老禅才出山。
霞屿寺连寒水远，月波楼锁暮云闲。
停舟自对梅花酌，雪压孤蓬夜未还。

戊戌十一月十九日，过高钱旧馆，宿金子亨书楼古钱宅夜饮

元·袁士元

客楼昨夜东风急，村径今朝宿雨干。
马上看山晴更好，人间行路古来难。
官桥柳眼先春意，故苑梅花自岁寒。
别久情怀要顷倒，醉来狼藉任杯盘。

西亭山

西亭山,青山之北,层峦叠翠,下瞰深渊,人拟赤壁之胜。并山而居者多高、钱两姓,又名高钱山。宋钱埙居东湖,与高友文为邻,人称其里曰"高钱",亦以名山。

游西亭山

元·戴　良

屡约湖曲游,良辰辄蹉跎。
及今风雨夕,一苇凌寒波。
遥遥度墟里,靡靡转陂陀。
暂息泉上楼,倚栏频笑歌。
此时知心友,愆期在山阿。
俦侣俟之久,不至复如何?

白石山

白石山,其山清秀,与东钱湖相对,人多游览焉。山有白石,故名。上有神仙石棋枰,下临东钱湖,一名火石,海舶见以为怪。

白石山

清·忻思敏

磷磷山石白,遗迹想云端。
不许斧柯烂,可曾樵客观。
螺形方状具,玉局细文完。
仙侣今何在,棋枰各跨鸾。

东 山

东山,在横溪之东。横溪距钱湖不远,相传晋谢灵运曾游于此。宋鄞县令谢凤采菁茅憩焉,因以谢安东山事名之,有丁家岭。

东山别墅
明·杨承鲲

始从东山游,遂为东山客。
缘峰溯涧道,望烟诣岩宅。
郁纡行莫展,傲耽情自得。
岚彩生阴寒,日气相喷射。
濯溪拾紫茸,窥洞计灵液。
仙人逝已久,古迹纷狼藉。
溜溜阴风生,蔼蔼素霞积。
鼋鼍宿深渊,鸿鹄游大泽。
轩冕良傥来,乐全我所适。

茂屿山

茂屿山,在钱湖西南,距湖数里。有张氏世居焉。明大司马张时彻尝构山房。旁有龟山、蛇山、琴山,象形酷肖。

茂屿山
明·沈明臣

吾道在青山,高风貌自攀。
穿月分落照,坐石俯潺湲。
碧障闻狼啸,青天见鹤还。
渔樵处处有,何用白云关。
旷达恣幽讨,其如白日何。

地深山木老，天空水云多。
石髓难逢得，吾曹且啸歌。
不须劳梦寐，兴至许相过。

初至茂屿

明·沈九畴

清溪窈窕觅仙踪，临水看云面面重。
山过雨声侵薜荔，风吹秋色满芙蓉。
湖天浩渺悬孤屿，海日东南引万峰。
岂是桃源无路到，扁舟今日使人逢。

作者简介　沈九畴（生卒不详）　字箕仲，鄞县（今浙江宁波）人。少好学，有诗名。万历五年（1577）进士。仕刑部主事，升郎中，迁江西学政，改四川右参政，万历十八年任山东左参政分守登莱道，仕至江西左布政使。

陶公山

陶公山，在东钱湖，山下多朱姓居之，世传陶朱公尝隐于此，有钓鱼矶在焉。宝庆三年（1227），守胡榘建烟波馆、天镜亭于其上。今所居者姓忻，多无朱姓。山形如孤龙突出湖中，沿山居民数千家，耕读捕鱼为业。

忻氏草堂

明·傅攀龙

寄隐东湖上，风尘不复来。
堂从山足起，门向水边开。
虎豹号残夜，松楸响废台。
桃源何处足，此地亦悠哉。

忻氏草堂
清·李邺嗣

此地陶公有钓矶,湖山漠漠鹭群飞。
渔翁网得鲜鳞去,不管人间吴越非。

忻氏草堂
清·张幼学

陶公山下路,一过一婆娑。
旧麦青三寸,新莎绿一窝。
近村闻牧笛,隔屿听渔歌。
何必纷桃李,春风乐事多。

登陶公山
明·洪 性

霸越平吴此息机,蓑衣终日坐渔矶。
一竿风月高名在,千古江山旧事非。
春雨荒台苔藓合,夕阳古渡钓船归。
采奇欲试登临兴,流水无情白鹭飞。

作者简介 洪性(生卒不详) 明代人,工诗,著有《菊泉集》。

陶公山
清·董 沛

陶公山下水深深,苔覆渔矶树覆岑。
绝代红颜容一舸,起家赤手致千金。
秋风蔓草宫游鹿,寒月芦花浪打禽。
闻说烟波曾置馆,旧时台榭费追寻。

烟 屿

烟屿,旧称许家屿,在陶公山南数十步,低浮水面。忻氏祠堂在焉。

宿许家屿
清·董 沛

山色青青四面堆,湖中悬岛一楼开。
枯流碍棹无游舫,高树当门有钓台。
过岭云随飞鸟去,隔堤人唤卖鱼来。
良朋鸡酒宜良夜,明月清风共举杯。

隐学山

隐学山,在东钱湖,其下有栖真寺放生池。徐堰王隐于此。山北有隐学岭。

隐学山
元·徐本原

周穆日盘游,九鼎几欲移。
造父御八骏,万里觞瑶池。
邦家叹无主,神器将安归?
诸侯适朝徐,瑞应惟其时。
忽闻黄竹歌,拒战非所宜。
避位向吴越,直至东海涯。
德义感人心,臣庶争相随。
山以隐学名,上有栖真祠。
翁仲翳草莱,再拜空嘘嘻。
辽鹤竟不返,附葬冢累累。
子孙繁且衍,谱牒能相贻。

零落千载下，恻然起遐思。

宿隐学岭刘安宇宅

明·李 玮

尘劳攘攘叹浮生，云卧山堂夜气清。
竹并阴崖常冻色，雨余回涧已春声。
寻梅短杖从人健，剪烛深杯恰意倾。
隐学山中赋招隐，刘安丛桂不胜情。

百步尖

百步尖，为湖山之最高峻者。北为栎榭山，栎榭山下为金溪山。

百步尖

宋·袁 燮

一山屹立万山朝，壮观棱棱倚碧宵。
惆怅古人埋玉处，高名千古共岧峣。

注释　故交：谓沈国录也。沈葬象硊，在百步尖之下

咏百步尖

清·忻思敏

奇峰钟造化，百步耸岧峣。
峻峭双肩削，圆尖一顶幺。
众山俱绕膝，高鸟仅翔腰。
倒影湖南下，重重翠浪摇。

咏百步尖

明·徐家鳞

逢人小立问桑麻，那许狂吟又冷嗟。
屐齿偏当丰草入，山颜不使乱云遮。
鸥依近渚春将逝，竹抱低垣我欲家。
倦向茅庵聊趺坐，老僧留试雨前茶。

江城子

宋·史　浩

片帆初落甬勾东，碧湖空，满汀风。
回首一川，银浪飐孤篷。
且架两橡烟雨里，凭曲槛，挹空蒙。
闲移拄杖上晴峰，莫匆匆，伴冥鸿。
笑指家山，蘋叶藕花中。
脚力倦时呼小艇，归棹稳，月朦胧。

家园即事（十三首选四）

宋·郑清之

新竹地肥方怒长，幽花晚发自欣荣。
飞来野蝶多情思，不逐晴蜓点水轻。

池荷岸竹闷寒清，肱枕欹眠梦欲成。
珍重西邻知好事，隔河送过读书声。

千岩万壑自秋春，静处观山能几人。
叠得假山人竞看，世间宜假不宜真。

老红拟占春光住，嫩绿枝头更娇妩。

随风宛转未肯落，犹作霓裳羽衣舞。

泛东湖风浪作复止

宋·孙应时

万倾重湖东复东，意行得怕打头风。
故畦遗穗粼粼在，野水寒林处处通。
鸿雁汀洲涉葭苇，牛羊篱落见儿童。
衣冠尘土空头白，惭愧扁舟把钓翁。

闰十月十日自鄞城同史子应如东湖宿月波寺

宋·孙应时

不到东湖便十年，短篷还得泛霜天。
千林脱叶风如剪，万里无云月满弦。
照影婆娑吾老矣，可人潇洒故依然。
敲门款语僧窗夜，挑尽寒灯久不眠。

作者简介 孙应时（1154～1206） 字季和，自号烛湖居士，余姚人。淳熙二年（1175）进士，调台州黄岩尉。厉泰州海陵丞，知严州遂安县。后知常熟县。传有《烛湖集》二十卷。

东钱湖

元·杜国英

地汇东南秀气多，水涵一碧浸星河。
迢迢山势围霞屿，淡淡烟光罩月波。
十八里来平似镜，两三船去小于梭。
当时不立庸田法，几作农畴种稻禾。

作者简介 杜国英 字臣杰，鄞县管江人。元初曾为进义校尉，后任从仕郎，杭州路税课提举。善作诗，著有《东州诗集》。

【南吕】一枝花·题东湖

元·任昱

纤云曳晓红，远树团晴翠。

好山如凤凰，新水似琉璃，巧画屏帏。

壮观蓬莱地，东湖景最奇。

两三行鸥鹭清闲，七十二峰峦秀美。

作者简介　任昱　字则明，宁波人。活动于元代后期。少年出入妓楼歌馆，以擅词曲著名。晚年锐意读书，工诗。

游东湖醉中歌

元·袁士元

青山偃蹇不可呼，我行青山如画图。
荡舟春波并山去，青山尽处横陂湖。
周湖一百二十里，湖波极处山孤起。
下临沧海上青天，南有浮屠抱山址。
事幽兴集天风来，乘风便欲归蓬莱。
忧长未释天地隘，眼阔稍觉心颜开。
酒酣重踏孤舟发，此兴平生浩难遏。
横山西去复清沟，屠苏巧构林岩幽。
园翁剪花春在手，蟠回石磴穷雕锼。
兴尽归来月犹在，盘礴解装春暧暧。
呼童置酒复徘徊，明月清风如有待。
临水轩窗次第开，玉山自倒非人推。
吁嗟劳生快意少，故园茅屋今苍苔。
明朝阴晴未可必，携手重游定何日。
借我仙人九节筇，直欲挂上太白峰立头。

作者简介 袁士元（1302～1360） 字彦章，鄞县人。稍长后在东钱湖畔的青山岙求学。历任西湖书院山长，鄮山书院山长。后以危素之荐，出为平江路儒学教授，召授翰林国史院检阅官，不赴。筑城西别墅，种菊数百本，自号菊村学者。著有《书林外集》七卷。

东 湖
元·刘仁本

一带山如画，东连百顷湖。
水腥龙吐气，月莹蚌含珠。
畎浍浮香稻，沤波没短蒲。
渔人撑小艇，来往疾如凫。
倚仗东湖上，行人鸥鹭边。
几番风雨度，一曲水云连。
胜概多山寺，膏腴剩稻田。
芙蓉涵倒影，荡漾采菱船。

东湖观劝农
元·刘仁本

劝农持酒出东湖，喜见田间民气苏。
桃李成蹊春烂漫，郊原过雨土膏腴。
花边立仗频嘶马，竹里行厨细脍鲈。
远水野航人不渡，夕阳天外下双凫。

中秋游东湖登霞屿寺
元·刘仁本

东钱湖上值中秋，载酒吟诗作胜游。
一色水天涵万象，四时风月属群鸥。
冯夷漫奏霓裳曲，太乙还乘莲叶舟。
中有补陀霞屿寺，玲珑楼阁似瀛洲。

次韵南阳马易之东湖书院杂诗（十五选五）

元·刘仁本

悠然天地一闲身，每对青山独岸巾。
万插牙签堆架数，一椽茅屋住湖滨。
乘车司马题桥处，问字扬雄载酒频。
啼鸟一声春已去，落花无数点苔茵。

昼静时闻伐木歌，隔林啼鸟落花多。
酒边白发人空老，湖上青山翠不磨。
上树健童身似犊，采菱游女髻堆螺。
水云万顷迷双桨，一雨凉生鸥鹭波。

万顷寒漪漾夕晖，杨花燕子傍人飞。
湖头水竹清如洗，雨后桑麻绿正肥。
樵唱数声山鸟和，棹歌一曲钓船归。
苍烟赤子骑黄犊，断岸人家半掩扉。

流水柴门暝不关，天边孤鹭倦飞还。
草深牧子骑牛过，沙净鸥群对客闲。
红涨一溪花雨外，青连数点屋头山。
先生忘却功名事，断送春光诗酒间。

晨起还招馆下生，日长喜听读书声。
门前白鸟来自往，屋上青山相送迎。
水满池塘鱼罟入，笋穿墙壁燕巢成。
平湖雨过添新绿，颇觉诗怀分外清。

作者简介　刘仁本（？~1367）　字德玄，号羽庭，浙江天台人。以乙科进士，历温州路总管，元顺帝至正十九年（1359）任江浙行省左右司郎中。方国珍据温、台，刘仁本入方幕，后被朱元璋捕获杀害。今传有《羽庭集》六卷。

霞屿山

元·金元素

此地名霞屿，人云拟补陀。
寺荒僧迹少，林静鸟声多。
石洞藏云雾，松房挂薜萝。
谁能来此住，日日看湖波。

作者简介　金元素（？~1378）　原名哈喇，字元素，号蔡阳，元文宗赐姓金，也里可温（基督教）教士，拂林（一说在君士坦丁堡附近，一说在西亚地中海沿岸）人。文宗天历三年(1330)进士。官江南浙西道廉访佥事，累迁福建行省参政、江浙行省左丞。方国珍当政时期，曾在宁波一带活动。至正二十八年（1368）以枢密院都事随元帝北去，不知所终。所著有《南游寓兴》诗集，今藏日本内阁文库。

东　湖

元·乌斯道

东湖天阔岸萦回，一曲中间有镜开。
渔艇每从山后出，佛灯多落水中来。
凌寒身在清虚府，访古人行紫翠堆。
鲍盖庙前情不尽，白沙青石荫苍苔。

二灵山

元·乌斯道

东湖阔处二灵山，龙吐双珠落水间。

四面乱峰云气白，半天孤塔土花斑。
当年驯虎归何处，今日轻鸥只自闲。
问讯老僧诗句好，清风谡谡满松关。

作者简介　乌斯道（1314～1390） 字继善，号春草，慈溪人，入明，征为石龙县令。洪武八年（1375）改为永新令。坐事调戍定远，寻放还。著有《秋吟稿》、《春草斋集》。

春游（三首选一）

元·吴志淳

山中兰麝香满林，故人清游能远寻。
燕来已觉社日近，寒过始知春意深。
山光入眼凝远翠，花影到湖生夕阴。
慈云咫尺不一去，薄暮还家空复吟。

夏日园中清暑（三首选一）

元·吴志淳

东湖万顷波渺茫，人家多在云水乡。
竹杖调短谁家女，桃叶歌长何处郎？
疏林归鸟度花影，近水流萤浮竹光。
东山坐待月已出，不觉凉露沾衣裳。

作者简介　吴志淳（生卒不详） 字主一，号雁山老人，山东曹县人（一作安徽无为州人）。以父荫历靖安、都昌二县主簿，浙东帅府都事。元末兵乱，避地鄞之东湖。著有《环碧轩集》、《柳南渔隐集》。

游东湖和沈凤峰韵

明·丰 坊

滟滟湖光一鉴开，行行五马自天来。

省方直到鼋鼍窟，吊古时登鸶鹭台。

荡桨最怜翻紫荇，题诗不惮破苍苔。

兹游还是忧民日，几处渔歌动草莱。

作者简介　丰坊（1492～1563） 字人叔、存礼，更名道生，更字人翁，号南禺外史，鄞县（今浙江宁波）人。嘉靖二年（1523）进士，授吏部主事，改南考功主事。嘉靖六年（1527）坐事谪同知通州，罢归，益自诞放，晚年卒于僧舍。著有《万卷楼道集》等。

霞屿寺

明·张时彻

烟霞探不极，犹上望湖亭。

孤屿悬明镜，群峰转画屏。

舠舟浮月白，松桧匝云青。

尽日山中醉，人言是谪星。

乙丑春三月游茂屿山庄同诸彦作（十首选四）

明·张时彻

谁言春色暮，还见百花妍。

屋里青山入，天边紫涧县。

徐穿栖鹿径，来课种芝田。

更有清溪在，垂纶亦自便。

寻芳不一月，结伴又来过。

种竹未成径，栽花复几何。

泉分云窦细，鸟语夕阳多。

已自足胜幽，还闻白雪歌。

何事频停棹，山中有蕨薇。
穿林披露叶，拂石破云衣。
门望青天尽，溪涵碧树辉。
只缘春欲去，一倍惜芳菲。

披云竹海旬，冲雨入山庄。
正爱梨花白，空迟明月光。
蛙声喧水国，鸟影落河梁。
共有题诗兴，相酬不尽觞。

作者简介 张时彻（1500～1577） 字维静，号东沙，又号九一，鄞县（今浙江宁波）张家潭人。嘉靖二年（1523）进士，授南京礼部主事。嘉靖十年（1531），升任江西按察副使。历官至南京刑部侍郎。嘉靖三十四年（1555），离职归休。著有《芝园定集》等。

东湖杂作

明·余有丁

山中风细白云轻，山外堤横湖水平。
为语山前插禾者，湖田百亩莫载秔。

天上长虹百尺飞，忽垂湖面弄清辉。
夜深欲驭天风上，伴却婵娟露下归。

剩得门前一大湖，家无儋石市无租。
醉来高枕醒来坐，不问枯身类橛株。

朝洁白堕花间醉，夜拂花斑石上题。

怪底袖中霞气满,支筇曾过石桥西。

作者简介　余有丁（1527～1584） 字丙仲,鄞县（今浙江宁波）人。嘉靖四十一年(1562)进士,授翰林编修。隆兴时升洗马兼修撰。万历初任南京国子监祭酒。万历十年任礼部尚书兼文渊阁大学士,张居正又荐其为相。卒谥文敏。著有《余文敏公集》。

东湖独泛

明·沈一贯

晴湖如镜近人开,十里寒光照影来。
铁笛一声秋月晓,素琴三叠晚云哀。
冰生蕙渚鱼初蛰,雪覆松房鹤未回。
小笠长蓑谁共酌,西风杖屦自登台。

作者简介　沈一贯（1537～1615） 字肩吾,又字不疑、子唯,号蛟门,鄞县（今浙江宁波）人栎社人。隆庆二年（1568）进士,选为庶吉士,授检讨。历官吏部左侍郎等职,升任尚书兼东阁大学士,参与机务。万历三十四年（1606）,告退,家居十年而卒。赠太傅,谥文恭。著有《喙鸣诗集》、《喙鸣文集》等。

舟过殷湾寄郑时雨

明·李　玮

共指殷湾好,人家若个边。
岭头开鸟道,门口带渔船。
寒事催收黍,歌声出采莲。
浮湖多过客,知有郑庄贤。

作者简介　李玮 字伟卿,自署"玩其字人",家在鄞东三桥里。世学为农,能读书。后壮游北京,归后杜门著书,开家塾以授子姓。卒年逾九十。手定其诗文十余卷,名《桑麻集》。

福泉山精舍次李杲堂韵（四首选三）

明·徐凤垣

支公开胜地，兰若此中存。
竹带清霄露，松生隔岁根。
海风吹欲立，山翠起无痕。
不枉游人屐，谁同物外论？

万壑悲风里，群峰落照前。
人间别有路，再上更无天。
寒色侵松冷，山光到寺偏。
偶从元度宿，解脱了真禅。

此桑招故老，入社许予同。
鸟度千峰远，人行万竹中。
石桥流水断，椎径野烟通。
下界钟初歇，回看海日红。

作者简介 徐凤垣（**生卒不详**） 字掖青，学者称为霜皋先生，鄞县（今浙江宁波）人。"鹤山七子"之一，曾参鲁王之幕，浙东失守后苦节自矢。清康熙十年（1671），与高隐学创梓乡耆旧社。晚年与高宇泰等共辑《甬东正气录》。卒年七十一岁，著有《负薪集》。

泛东湖

清·范光阳

波添秋雨二十里，村隐夕阳几百家，
当事城居忘水利，野人虾菜作生涯。
肯除积葑为高岸，更插夭桃映晚霞。

便与六桥相伯仲,西湖虽好未须夸。

宿大慈寺

清·范光阳

荒祠古冢凭高望,乱竹禅房向晚行。
继续风吹钟愈好,淡淡云过月还明。
里儒信口为诗句,野衲迎人亦世情。
惟有空山知我意,故飞小雨助溪声。

作者简介 范光阳(1630~1705) 字国雯,号笔山,学者尊称"笔山先生",鄞人。为黄宗羲甬上证人书院弟子。康熙二十七年(1688)会元,授庶吉士。历任户、兵两部主事。康熙三十四年(1695),出知福建延平府。著有《双云堂集》。

舟泊钱湖阻雨

清·谢绪彦

鄮山东去入钱湖,烟景迷离似画图。
四面峰排环乱壑,一番雨过挺新蒲。
人家屋舍依林麓,小市鱼虾出网罟。
稍逊湖头西子处,清波点月漾明珠。
前人水利费详求,岂是湖山作浪游。
三邑稻田均待泽,七乡旱涝恃无忧。
不同点缀楼台巧,自合天然景色幽。
最喜桑麻滋雨露,绿阴深处系渔舟。

作者简介 谢绪彦(生卒不详) 字又文,镇海人。康熙二十一年(1682)进士,官内阁中书。

梨花山怀古

清·施江涛

山游尽处复乘槎,且向烟波醉落霞。
莫叹繁华易零落,旧家大半似梨花。

作者简介 施江涛(生卒不详) 字来青,鄞县(今浙江宁波)人。著有《蓬庐集》。

宿月波寺

清·张懋锦

结茅湖山间,小小亦幽古。
檐低水云交,岩缺松竹补。
系舟入烟萝,绿意照眉妩。
老僧知我来,扫榻辟东庑。
卧对一灯青,空翠滴窗户。
轻风戛琅玕,淅沥如有雨。
夜深更不眠,起看山月午。
微步阶除间,金钗落千股。
悠然诗兴来,不觉清吟苦。
一梦堕微茫,窗外数声橹。

作者简介 张懋锦(生卒不详) 字云衣,镇海人。诸生。

东湖史王墓

清·王 焘

灵旗风卷夕阳昏,丞相封王绝代尊。
独占湖山埋剑履,亲将田地授儿孙。
高坛钟鼓留僧寺,归路牛羊避墓门。

回忆前朝泡影事,有人闲坐说新恩。

作者简介　王焘（？~1847）　字丹山,号梨门,鄞县（今浙江宁波）人。光绪间贡生。教授。

游大慈寺

清·张懋延

春风天际来,湖山青且绿。
中有大慈寺,时动游人躅。
古树郁阴森,流支铺繁缛。
花开或无名,鸟语疑有曲。
翛然清磬声,烟雾收晴旭。
繄惟山景佳,浑忘寺僧俗。
口干味荼荈,兴剧倾醽醁。
忾叹大兹名,史相讵自勖。
塔古树犹巍,碑坏断莫续。
遥遥五百年,此事将安属?

作者简介　张懋延（生卒不详）　字东贤,号双山,镇海人。乾隆十八年（1753）拔贡。著有《求定斋诗集》、《蛟川诗话》等。

东钱湖观荷

清·包闻诗

山色远近佳,水光千顷碧。
菡萏涵空明,红粉照颜色。
香风闻十里,隐似招游客。
欸乃橹声中,莲歌荡心魂。
顾影已亭亭,含情但脉脉。

璀璨疑天花，散落万千百。
一一出尘表，未许人采摘。
我欲与之俱，相依永朝夕。
借住郭家屿，遥望陶公宅。
吸此碧筒杯，萧然与世隔。

作者简介 包闻诗（生卒不详） 字在庭，鄞县人。道光二十年（1822）岁贡。

月波寺独步

清·钱世榜

夜色半朦胧，闲行过寺东。
鸟栖余氏柳，僧语梵王宫。
溪竹遥凉月，湖波荡远空。
秋声一时寂，高唱有渔翁。

作者简介 钱世榜（生卒不详） 字礼门，鄞县人。著有《淡菊草堂稿》。

青山寺杂诗录二首

清·胡宋骏

磬音明月静为缘，涛涌松声风满天。
榻卧短墙山倒看，好峰飞落佛灯前。
妙香修竹暗生秋，邱壑胸中亦卧游。
送绿上窗分岫影，天然堆出翠微楼。

作者简介 胡宋骏（1838~1906） 原名宋诠，字纶元，号缄史，一号淡轩，镇海人。光绪十五年（1889）举人。诗宗魏晋，著有《唾余集》。

霞屿观音洞
清·陈宜坊

古刹经营记昔年,凿成小小洞中天。
老僧卧起浑无事,收拾残霞补衲肩。

作者简介 陈宜坊 字萼棠,号修庵,又号菀香,鄞人。光绪十九年(1893)副贡。

题东湖青山寺
清·释敬安

云树阴沉夏亦寒,登高四顾水漫漫。
最怜新雨黄昏后,月上青山玉一团。

作者简介 释敬安(1851~1912) 俗姓黄,字寄禅,湖南省湘潭县石潭村人。同治七年(1868)投湘阴法华寺出家,后行迹吴越,参禅学法十余年。光绪三年(1877)秋,在阿育王寺佛舍利塔前烧二指供佛,因号"八指头陀"。光绪二十八年(1902)起住持天童寺10年。曾任中华佛教总会首任会长。圆寂于北京,归葬于天童寺。著有《八指头陀诗文集》。

东湖晚眺
清·董 沛

夕照当门影已斜,湖光澄澈绿无涯。
枯荷浅水留残盖,疏柳平堤趁小车。
鱼沫呿波纤作雾,鹭拳栖树远疑花。
何来秋色添眉宇,城外西山有落霞。

第五节　东钱湖近现代近体诗

东钱湖舟中
民国·杨翰芳

罂脂无端废，流膏此独滋。
万金谁定价，百步远迎诗。
气清通钱埭，残晖下莫枝。
赏心寄兰楫，天地欲何之。

望东钱湖上绍兴渔船
民国·杨　炯

小小渔船算一家，渚前聚泊宿蒹葭。
捕鱼只要鱼盈网，不管风斜又日斜。

结队纷纷柳外过，一时乱桨起湖波。
妻儿亦有张篷力，信口无腔发棹歌。

最是绍船捕法工，十回下网九无空。
偏将两足划归去，一拨舟儿去似风。

薄暮登陶公山远眺
民国·杨望儒

水匝烟村村匝山，舟如豆壳不曾闲。
东来西去风波客，劳甚秋鹰暮往还。

福泉山

民国·张　成

登高直看东南尽，绝顶人行倒照中。
俨若排云扶太极，画然分野变乡风。
苍龙潜窟幽泉碧，乌鹊危巢独树雄。
犹有白头僧侣在，萧然长伴葛仙翁。

别月波寺

民国·张　成

斜阳欲下万山苍，一片菰芦作稻黄。
不向老僧问遗事，归船满满载湖光。

隐学寺

民国·张　成

湖水晨光一镜磨，冻残松竹尚婆娑。
谁将隐学名山寺，似恐前朝风雨多。

作者简介　张成　字君武，号天机，初名大鉴，字月亭。鄞县人。著有《天机楼诗钞》。清末民国时人。

题鄞郊王荆公祠

民国·洪允祥

一代经纶手，钟山老此生。
蚤年曾小试，遗像肃高名。
流俗书难信，元丰政已成。
何人界南北，误听杜鹃声。

作者简介　洪允祥（1874～1933）　字樵舲，亦作兆麟，号佛矢，慈溪人。早年毕业于上海南洋公学。与陈屺怀等创办通社。1904年赴日留学，曾加入同盟会。先后任教于上海大夏大学、北京大学、浙江省立第四中学等校。

梦游东钱湖

王惟敏

四明狂士访湖东，棹底浮云走碧空。
榆荚飞来天半雨，鲤鱼凌波影倏移。
梦魂窅渺遇西子，画本依稀似剡中。
最是湖光看不足，船娃低唱夕阳红。

作者简介 王惟敏（1910～？） 又名维黾，浙江奉化人。长期从事文教工作，曾为宁波诗社社员。

得郑学溥函示游东钱湖三首

夏承焘

月波寺下泊匆匆，烟屿吟楼雁影中。
欲借一箫临夜坐，不辞无月有霜风。

徐堰坟头剩夕阳，水云回望最苍凉。
吴儿痴事英雄叹，苏小亭边葬岳王。

此是东南小具区，惭无大句可描摹。
袖中一卷花间集，只合逢人说里湖。

作者简介 夏承焘（1900～1986） 字瞿髯，原字瘿禅、瞿禅，浙江温州人。教授、词学家。早年就读于温州师范学院，1918年毕业，1921年到北京，任《民意报》副刊编辑，曾在多所中学和大学执教。著有《唐宋词录最》、《唐宋词人年谱》、《唐宋词论丛》、《白石诗词集》、《月轮山词论集》等。

咏东钱湖

陈康白

门临湖畔水呈清，一样钱湖两样情。
陌上杜鹃红似火，平畴油菜灿如金。
柳丝惯作迎风舞，竹叶尤宜带雨青。
寄语踏青诸弟妹，休忘折柳赠佳人。
钱湖风物本天成，犹似蓬门贫女身。
水有箸笒鱼喋浪，山无亭阁鸟喧晴。
偶来白鹭天边落，常见苍鹰海角生。
更喜村东渔业户，如今已有读书声。

作者简介 陈康白（1905～？） 学名江德，字六韬，浙江天台人。早年从事教育，副教授。曾任鄞县书画协会名誉会长、宁波市书法家协会顾问。

东钱湖村堤

郁从周

傍山绕水路欹斜，半被山遮半水涯。
潋滟明湖摇旭日，逶迤赭带走长蛇。

作者简介 郁从周（1912～？） 杭州市人，曾为鄞县中学教员及会计、浙江诗词学会会员。

游东钱湖陶公钓矶

毛翼虎

湖山虽是昔人非，世事滔滔与愿违。
我欲乘船访古迹，浪花先上钓鱼矶。

作者简介 毛翼虎（1914～2005）宁波人，原民革中央执委、监委，原宁波市政协副主席，宁波诗社创始人、首任宁波诗社社长，诗人。

游东钱湖

陈道生

柳烟骀荡绕空冥，几处渔歌隔岸听。
霞屿波心三面碧，二灵黛色数峰青。
舟摇新月归前浦，雁带残阳入远汀。
千古陶公垂钓处，至今问有几人醒。

东钱湖谒王安石庙

陈道生

万顷烟波一叶舟，钱湖景色豁吟眸。
黎民共仰王公德，庙貌巍巍千古留。

作者简介 陈道生（1919～2008）浙江奉化人。早年学诗于杨霁园先生，曾为宁波诗社社员。

东钱湖全期

郑玉浦

九月中旬湖水平，龙舟竞渡会群英。
声声锣鼓人齐喊，夺得标旗酒两埕。
陶山岁岁赛船神，湖上连台好戏频。
附近乡邻齐去看，阿侬暗作相亲人。

作者简介 郑玉浦（1919～2009）字玉浦，号挹芬居士，宁波市人。曾为宁波大学副教授、宁波诗社副社长。

谒东钱湖王荆公庙

郑玉浦

青苗保甲一条鞭,变法从来不畏天。

功过是非有民定,满朝几个若公贤?

荆公去后民怀德,庙貌千秋祀未休。

三邑地田同受泽,至今湖水绿悠悠。

东钱湖

唐克芳

钱埭风光誉浙东,八塘千里稻香浓。

琼峰和合宝盆内,瑶岛安祥明镜中。

群屿锁岚漫古刹,二灵夕照晕晶宫。

三临蓬境还嫌少,会有新装映落红。

作者简介 唐克芳(1925~?)浙江奉化市人。曾为宁波诗社社员。

岳王庙即兴

桑文磁

精忠报国日遑遑,军纪如山震虎狼。

三字竟成千古恨,罪非秦贼是康王。

谒东湖王荆公庙(选一)

桑文磁

凌波破浪小舟轻,秋水湖光若镜明。

昔日荆公留泽处,村民歌颂尚声声。

过陶公钓矶

桑文磁

春水春山一日游,陶公矶下小停舟。
英雄未被浪淘尽,片石湖滨千载留。

作者简介　桑文磁　号静俭,1914年生,宁波市鄞州区人。曾任鄞县正始中学副校长,现为宁波诗社顾问。

题东钱湖新景点

叶元章

听荷亭

嫩白娇红妙剪裁,荷花十里傍堤开。
幽香暗与孤亭近,清籁偏随急雨米。

闻涛亭

山围四面翠成堆,柳影花光落酒杯。
风送松声绕亭去,浪随雨脚踏沙来。

望湖亭

桂花初落菊微黄,秋意盎然百步廊。
湖上水天皆一色,矶头鸥鹭自成行。

作者简介　叶元章　笔名叶彦,1923年生,宁波市镇海区庄市人。曾为宁波大学副教授、中华诗词学会理事、宁波诗社副社长。现为宁波诗社顾问。

隐学寺即兴

陈鸿培

溪山茂竹锁瑶宫,钟呗声传碧水东。
古刹重兴闹香径,参禅何必到天童。

作者简介 陈鸿培 1923年生，宁波市人。长期从事教育工作。宁波诗社社员。

春游东钱湖
蒋家杰

寻芳探胜到钱湖，疏雨轻烟催绿苏。

水上琼楼摇倩影，置身物外入灵图。

作者简介 蒋家杰 1926年生，浙江奉化人。奉化诗词学会会员，宁波诗社社员。

题东钱湖小普陀
郑菊如

晴岚翠屿有渔家，梵唱声声伴彩霞。

婉丽水乡如画卷，喜看锦上又添花。

作者简介 郑菊如 1929年生，宁波市鄞州区东钱湖人。曾任中华书局编辑。宁波诗社社员。

钱湖谒王荆公祠
曹厚德

钱湖殊胜二灵山，潋滟波光凫自闲。

往昔荆公遗泽地，春风依旧绿人间。

作者简介 曹厚德 号碌翁，1930年生，宁波市人。高级工艺美术师，宁波诗社副社长。

忆东钱湖（二首）

沈元魁

水天一色万金湖，历史文化蕴藉余。
别有洞天忘不得，慰情盲母养心初。

约伴游湖感尚深，千顷碧浪最澄心。
纵然一艇归新月，检点诗笺细细斟。

作者简介 沈元魁 1931年生，慈溪人，善书法、工诗词楹联，中国书法家协会会员，宁波诗社二、三届理事，长期在宁波天一阁工作。

题钱湖王安石庙

周律之

荆公昔日治明州，跋涉山河排水忧。
强国富民图变法，丰功伟绩炳千秋。

泛东钱湖

周律之

蒙蒙细雨泛东湖，湖上烟霞有似无。
野寺朦胧浮水上，碧波万顷浴飞凫。

作者简介 周律之 笔名履之、初放。1932年生，浙江宁波人。善诗词楹联，工书法篆刻。中国书协会员、西泠印社社员、浙江省书协常务理事、宁波市书协名誉主席、宁波书画院副院长，政协宁波诗社社长。

泛舟东钱湖

叶永祥

湖光潋滟映晴空,一叶轻舟行若风。
白鹭悠游彩云外,青山醉倒碧波中。
桃花水满鳜鱼跃,芳草堤低烟柳笼。
隔岸渔汀幽静处,钓矶昔日隐陶公。

南宋墓道石刻群

叶永祥

荟萃珍遗韩岭东,千姿百态夺天工。
石人石兽庄严列,墓道墓碑气象雄。
武将文臣堪俊秀,牌坊望柱足玲珑。
情神灵动精雕作,又一中华艺宝宫。

岳鄂王庙

叶永祥

殿宇庄严浩气藏,凝青山色映湖光。
精忠战士悲回旅,丧乱黎民泣断肠。
三十功名辉日月,千年冤屈儆朝堂。
纵然昭雪佞臣跪,铸铁应添南渡王。

霞屿锁岚

叶永祥

环湖妙境水涟涟,秋日寒波生淡烟。
香客僧徒虔礼佛,灵龟神马静参禅。
菩提树下无凡骨,霞屿山中有洞天。
世上观光犹未足,不知净土可耕田。

钱湖小酌

叶永祥

画桥水榭酒旗风,盈座友朋情趣融。
品馔评诗多逸兴,谈时说事乐由衷。
祥和淡定人尤爽,原汁餐肴味更浓。
尝罢四鲜皆可口,"钱湖吻别"韵无穷。

作者简介 叶永祥 1934年生,浙江平阳人。中华诗词学会会员,宁波诗社社员,宁波市老干部诗词楹联协会理事。

游东钱湖

仇国华

群山环抱一湖清,七十二溪弦管声。
春柳夏荷秋夜月,何人不起物华情。

登望湖亭

仇国华

望湖亭上醉春风,八十三峰映水中。
一叶渔舟碧波里,吟诗泼墨乐无穷。

注释 望湖亭在湖心霞屿山上,始建于宋,后毁。2002年在原址重建。(在福泉山上亦有望湖亭,2004年新建。)

作者简介 仇国华 1943年生,笔名仇涛,斋名"雅水斋",室名"墨芝草堂",宁波诗社社员、宁波东钱湖历史文化研究会会长。

初冬日过东钱湖
董锦云

长堤草色渐萧条,无力残杨倚小桥。

我比钱湖谁寂寞?寒波十里雨潇潇。

作者简介　董锦云　字逸天,号鄞西子,1946年生,宁波市人。《宁波吟草》副主编。

岳鄂王庙渔家聚会
王介堂

阵阵狂欢声若雷,水村好汉迩遐来。

西瓜庙里渔家乐,饮者相逢无小杯。

夜宿陶公山
王介堂

践约轻车过万金,一轮明月印湖心。

银波十里清风伴,甲子春寒入薄衾。

作者简介　王介堂　1948年生,宁波人,宁波市江北区佛协秘书长,宁波诗社社员。

陶公岛
裘勇奇

一道水波轻拍岸,几重山色翠连天。

悠悠千载陶公迹,不愧此湖原姓钱。

白石枰
裘勇奇

隐迹湖山不必疑,峰高枰静草离离。

仙人对弈前朝事，尘世沧桑一局棋。

作者简介　裘勇奇　1955年生，宁波人，宁波诗社理事、《宁波吟草》编委。

游东钱湖
竺伟民

望湖楼外酒三盅，撑出轻舟碧水东。
月色黄昏人不觉，悠悠短笛入春风。

作者简介　竺伟民　号"江东桃源居士"，1956年生，浙江奉化市人。宁波李惠利中学高级教师，宁波诗社社员。

陶公山
童志豪

辞官携美息机空，范子言商气自雄。
寝穴无言埋史相，宰鄞有幸识荆公。
一堤香客祈昌泰，两岸湖田见物丰。
欲效陶朱归隐举，钱湖且借片帆风。

作者简介　童志豪　1963年生，宁波人，宁波诗社社员。

东钱湖霞屿禅寺
毛燕萍

灵湖福泽坐莲花，映日凌波咀物华。
普渡芸芸从善客，虔诚合十颂仙霞。

钱湖夕照

毛燕萍

渔火流霞红画船,青山绿树水中眠。
纵横廿里烟波阔,信步如游天外天。

作者简介 毛燕萍 字子白,1960年生。别署:陶然草堂。浙江宁波人。工书法、善诗词。宁波诗社副社长、宁波女书法家协会名誉会长、中国书法家协会会员、浙江省书法家协会理事。

钱湖忆

裘大可

当年游学处,最忆是钱湖。
翁仲山间立,野禽水畔呼。
荆公留业绩,史相惦莼鲈。
十景牵情久,诗心在玉壶。

作者简介 裘大可 宁波人,宁波诗社社员。

第四十六章　楹联

第一节　湖联

东钱湖联

晓烟笼树雅还集
碧水连天鸥自浮　　　　　　　　　　　　　宋·史　浩

宿鹭班班白
寒枫处处红　　　　　　　　　　　　　　　宋·史　浩

小桥夜静人横笛
古渡月明僧呼舟　　　　　　　　　　　　　元·袁士元

醉眼白石能醒酒
坐爱青山独废诗　　　　　　　　　　　　　元·吴志淳

轻舟荡清波
鱼吹泥花吐　　　　　　　　　　　　　　　元·袁士元

波阔山为岸
春深雨似天　　　　　　　　　　　　　　　明·李生寅

水光浮地白
山影露云青 明·金　镒

天回诸峰清
波静孤霞丽 明·李　玮

春田鱼子跳
夏树雀儿歌 明·徐凤垣

浪起孤屿沉
水落众山长 元·戴　良

绕湖村路云霞满
隔竹人家鸡犬通 明·忻　濯

雨足九秋菱告稔
天开一镜雁来趋 清·黄定齐

三秋风露清如洗
万垒冈峦翠作堆 明·忻　鼎

越王洞里烟长获
余相庄前水自流 清·王信德

陶公山讶遗名旧
范蠡鱼疑此处多 清·忻　鉴

近村闻牧笛
隔屿听渔歌 清·张幼学

山云连太白
溪水落东湖 宋·王安石

余相书楼联

晓吟竹叶当窗碧
午听茶声入梦清 清·忻　恕

对镜地怀唐吏治
甜亭人想晋风流 清·忻　鉴

陶公钓矶联

装点石矶希胜迹
流连渔子动高歌 清·忻　恕

近村闻牧笛
隔屿听渔歌 清·张幼学

浪涨深潭红雨堕
烟通孤馆绿阴围 清·忻　鉴

一竿风月高名在
千古江山旧是非 明·洪　性

上林晓钟联

四五更传青峰列
两三声出白云封 清·忻　恕

竹溪无碓音沉杳
松谷余铃韵答清　　　　　　　　　　　　　清·忻　鉴

二灵夕照联

倒含塔顶现奇彩
近照佛头开宝光　　　　　　　　　　　　　清·忻　恕

僧房半架留花影
梵塔几层锁树烟　　　　　　　　　　　　　清·忻　鉴

浪里孤鸥惊塔影
林间二虎侍禅扃　　　　　　　　　　　　　清·忻涵清

双虹落彩联

春风五里扬花路
秋雨连湖柳岸桥　　　　　　　　　　　　　清·忻　恕

南北屏连仙子幻
东西镜落美人娇　　　　　　　　　　　　　清·忻　鉴

芦汀宿雁联

一生云水家无定
千里关山夜转愁　　　　　　　　　　　　　清·忻　恕

霜冷信传千里外
月明魂转五更头　　　　　　　　　　　　　清·忻　鉴

白石仙枰联

片石当年留胜迹
空山今日认飞仙　　　　　　　　　　　清·忻　恕

碧鲜纵横空坐地
苍松阴翳任谈天　　　　　　　　　　　清·忻　鉴

殷湾渔火联

云深舵尾蒙蒙雨
秋老船头瑟瑟风　　　　　　　　　　　清·忻　恕

鸥眠应怕余光逼
雨戏还惊倒影流　　　　　　　　　　　清·忻　鉴

百步丛翠联

踏脚欲随危石转
举头几处怪云生　　　　　　　　　　　清·忻　恕

瀑布浓荫流涧底
晒经绿影乱坪前　　　　　　　　　　　清·忻　鉴

霞屿锁岚联

千年佛洞留香国
一片螺痕赛普陀　　　　　　　　　　　清·忻　恕

淡淡墨似新添画
蕴藉人如嫩霁颜　　　　　　　　　　　清·忻　恕

洞天霞蔚梳林暮
宫殿黍離古时秋 清·忻 鉴

碧树森罗三宝地
青山环绕万金湖 明·杨守阯

第二节　湖心堤联

月波楼联（东钱湖湖心堤）
月临三宝地
波荡万金湖 宋·佚 名

钱堤烟波联（东钱湖湖心堤）
烟霞偶学陶公钓
山水常怀史相游 毛翼虎

堤上回黄初转绿
湖中秀碧忽成红 毛翼虎

月波楼联（东钱湖湖心堤）
桃花柳叶连双屿
月色涛声共一楼 郑玉浦

南向悠然见百步
北边仿佛有双虹 郑玉浦

钱堤烟波联（东钱湖湖心堤）

纷至沓来　犹如三月山荫道
气蒸波撼　正是万金水国秋　　　　　　　　　　桑文磁

万顷波涛唐美坡
满塘花木宋苏堤　　　　　　　　　　　　　　　桑文磁

听荷亭联（东钱湖湖心堤）

出香皆与小亭近
清籁时随好雨来　　　　　　　　　　　　　　　叶元章

闻涛亭联（东钱湖湖心堤）

风送松声排闼入
浪随雨脚上堤来　　　　　　　　　　　　　　　叶元章

月波楼联（东钱湖湖心堤）

望湖上水天一色
羡洲头鸥鹭成行　　　　　　　　　　　　　　　叶元章

呼舶廊联（东钱湖湖心堤）

呼招明月临湖榭
舶向红楼近酒家　　　　　　　　　　　　　　　沈元魁

采志垂伦怀少伯
补陀勒石仰岩之　　　　　　　　　　　　　　　沈元魁

万金渔舟联（东钱湖湖心堤）

四面湖山铺锦绣

一亭风月待豪吟　　　　　　　　　　　　　　　　　周律之

　　茶舍细浪迎朝日
　　十里长堤闻暮钟　　　　　　　　　　　　　　　　周律之

揖秀亭联（东钱湖湖心堤）
　　山色常迎游览客
　　水声专送过湖人　　　　　　　　　　　　　　　　曹厚德

清风廊联（东钱湖湖心堤）
　　柳絮因风飞白雪
　　钱堤如带隔澄湖　　　　　　　　　　　　　　　　曹厚德

眠牛山市联（东钱湖湖心堤）
　　山似眠牛还自在
　　云行天马欲何云　　　　　　　　　　　　　　　　曹厚德

陶公亭联（东钱湖湖心堤）
　　慨慷须绍陶公志
　　瞴渺犹为秋水波　　　　　　　　　　　　　　　　曹厚德

桂香廊联（东钱湖湖心堤）
　　一湖秋水操琴韵
　　千树桂花满路芳　　　　　　　　　　　　　　　　仇国华

清风廊联（东钱湖湖心堤）
　　曲径九回常驻足
　　清风百度任开怀　　　　　　　　　　　　　　　　毛燕萍

望湖亭联（东钱湖湖心堤）

目极湖山千里外
人在水天一色中　　　　　　　　　　　　　　　仇国华　集

孤屿悬明镜
群峰展画屏　　　　　　　　　　　　　　　　　吕齐铭　集

眠牛山市联（东钱湖湖心堤）

此地饶千秋风月
偶来做半日神仙　　　　　　　　　　　　　　　仇国华　集

鄞女亭联（东钱湖王安石公园）

任鄞令勤政爱民疏大泽
隐江宁赋诗著书忆鄮城　　　　　　　　　　　　仇国华　集

半山亭联（东钱湖王安石公园）

月波潋艳碧为山
风濑琮琤石有声　　　　　　　　　　　　　　　佚　名

第三节　寺、庙联

王安石庙（东钱湖镇下水村）

东钱湖边仰先贤　楷模在望
福泉山下看今人　壮志覆振　　　　　　　　　　冯一清　韩天衡书

胸间宏图振国祚

笔底波澜真文风　　　　　　　　　　　冯一清　周慧珺书

看了戏 便知八股文章 开承转合
听其音 可察四书题句 虚实重轻　　　　　清·佚　名

岳鄂王庙（东钱湖湖滨公园）

颠倒是非三字狱
激昂慷慨满江红　　　　　　　　　　　毛翼虎

怒发冲冠 一词足显平生志
奸臣当道 三字竟成千古冤　　　　　　　桑文磁

佐南宋中兴 勋业方隆 三字风波起冤狱
共东湖并铸 英雄不死 一泓秋水显忠魂　　清·黄庆斓

义勇冠三军 血气凝代湖水碧
精忠昭万古 心光照出晚霞丹　　　　　　清·黄庆斓

子孝臣忠 决战早成三字狱
君猜相忌 偏安还没十年功　　　　　　　清·吴培芳

功建我宋千载后
绩树史册百世长　　　　　　　　　　　宋·文天祥

南宋忠勋超北宋
东湖庙貌接西湖　　　　　　　　　　　清·佚　名

报国常悬耿耿心

■ 新编东钱湖志

　　班师应洒潸潸泪　　　　　　　　　　　　　　　　　　　　　清·佚　名

　　沙漠闻名都破胆
　　湖襄建节尽倾心　　　　　　　　　　　　　　　　　　　　　清·佚　名

裴君庙（东钱湖镇俞塘村）
　　由观察而统大军　允文允武
　　自贞元以迄昭代　乃圣乃神　　　　　　　　　　　　　　　　清·佚　名

　　有功于民　合三岛五畿　兵戈尽戢
　　欲报之检　宜千秋万祀　俎豆常新　　　　　　　　　　　　　清·佚　名

　　塘岙山回森森然　翠竹苍松栖凤鸟
　　罗严泉涌滚滚乎　碧波白浪起蛟龙　　　　　　　　　　　　　清·佚　名

　　至治有元　音鸣球戛击
　　太平无异　事鼓腹含哺　　　　　　　　　　　　　　　　　　清·佚　名

　　生为名臣　死为神圣　赫赫哉　威镇蟠龙垂万祀
　　隆以庙祀　报以馨香　洋洋乎　德歌翔凤到千秋　　　　　　　清·佚　名

　　展调元之手　平山越擒粟镍　威武竞扬海甸
　　司保障之功　坐蟠龙朝翔凤　泽恩偏被间阎　　　　　　　　　清·佚　名

　　派分秦国系联　晋公德望遥遥可溯
　　烈播汤山恩流　俞岙威灵奕奕常昭　　　　　　　　　　　　　清·佚　名

　　移东过西　位镇四方证佛国

坐南朝北 化行南土奠龙山 清·佚 名

万户不闻兵驿骚
千秋犹荷泽绵延

座回大岙山光秀
庙对澄溪水色新 清·佚 名

泽被居民进李陆
功深本鹿启羊黄 清·佚 名

青山庙（东钱湖镇方水村）
战龙驱蛟涤浊 庆风调雨顺
张弓射鹿镇山 保一方平安 清·佚 名

青山庙后立，春来宜作千秋画
绿水门前流，风起好弹万古琴 清·佚 名

神恩广布千秋远
宝鼎重开百代香 清·能 全

小梅庙（东钱湖边观音庄）
海国明禋百世春祈秋报
湖山福荫千秋雨顺风调 清·佚 名

威制蛟龙德昭两浙
祥符云日诰赐三朝 清·佚 名

■ 新编东钱湖志

  晋唐宋元荣封十字
  楼棚宫殿崇祀千秋　　　　　　　　　　　　　　　　清·佚　名

  东望钱湖天汇秀水润桑梓
  西瞻百步地接青山荫故园　　　　　　　　　　　　　清·佚　名

  抚难安境功比曙辉耀赤日
  散粮赈灾德如鹤鸣传九天　　　　　　　　　　　　　清·佚　名

  火劫烬余三丈宝殿喜幸存（此字应为仄声字）
  海内齐力百年吉宇庆重光　　　　　　　　　　　　　清·佚　名

  卓著功勋如日月经天千秋永存（此字应为仄声字）
  光辉业绩若江河行地万古长流　　　　　　　　　　　清·佚　名

  国泰民安百年庙宇换新颜（此字应为仄声字）
  政通人和千载神明佑古邨　　　　　　　　　　　　　清·佚　名

画船殿（东钱湖镇陶公山许家屿）

  斩蛟射鹿　威灵显赫
  泽沛湖山　万民安祥　　　　　　　　　　　　　　　清·佚　名

  功立前期　青山有幸开绝府
  灵垂后世　陶麓依恩拓神殿（此字应为平声字）　　　　佚　名

霞屿禅寺（东钱湖湖心堤）

  碧树森罗三宝地
  青山环绕万金湖　　　　　　　　　　　　　　　　　明·杨守阯

千年佛洞留秀国
一片螺痕赛普陀　　　　　　　　　　　　　　　　清·忻　恕

万金春雨　云水千重环补陀
百步秋岚　柳松十里抱霞屿　　　　　　　　　　　　仇国华

东钱湖光　水月流星环佛地
补陀山色　松青柳翠敝禅天　　　　　　　　　　　　仇国华

宝殿庄严菩提道
天香缥缈般若门　　　　　　　　　　　　　　　　　佚　名

佛韵梵音　般若禅光舒慧日
涛声湖色　补陀胜境诵慈云　　　　　　　　　　　　佚　名

净水涌清波　慈航普渡
白莲壮法相　佛日增辉　　　　　　　　　　　　　　佚　名

二七慈悲喜拾身　感风声涛声群声持诵
十百患难急伸手　应民众僧众万众瞻仰（此字应为平声字）　佚　名

晨钟暮鼓惊醒世间梦
经声佛号唤回名利人　　　　　　　　　　　　　　　佚　名

观空有色东湖月
听世无声南海湖　　　　　　　　　　　　　　　　　佚　名

慈航甘露普沾千世界
梵刹法云长荫七浮图　　　　　　　　　　　　　　　佚　名

■ **新编东钱湖志**

　　园通广运大悲声
　　妙应宏施无畏力　　　　　　　　　　　　　　　佚　名

　　了悟彻声闻　花拈妙谛
　　净因空色相　月印明心　　　　　　　　　　　　仇国华

　　慈航渡众生　万代难酬天德
　　宏法巡三界　千秋永颂高功　　　　　　　　　　佚　名

　　为渡众生开觉路
　　因崇教主播梵音　　　　　　　　　　　　　　　佚　名

　　众生有书愿无书
　　空道无成佛自成　　　　　　　　　　　　　　　佚　名

　　春云秋来人易老
　　龙飞凤舞我如何　　　　　　　　　　　　　　　佚　名

　　八方降魔腾正气
　　九域垂法卷雄风　　　　　　　　　　　　　　　佚　名

　　修行不外自觉悟
　　护寺实恁偃月刀　　　　　　　　　　　　　　　佚　名

　　宝殿巍峨　上接三清法界
　　天香缥渺　如游九府神宫　　　　　　　　　　　佚　名

　　佛道共熔　传千秋佳话

水天相印 吹一湖禅风　　　　　　　　　　　　　　佚　名

尊德益知造物无尽藏
求富当念生财有大<u>道</u>（此字应为平声字）　　　　佚　名

石窟便是莲花国
樟柏如参紫竹林　　　　　　　　　　　　　　　佚　名

山高灵佛座
水深金龙<u>洞</u>（此字应为平声字）　　　　　　　　佚　名

浪打云岚人间胜地
山隐暮鼓世外洞天　　　　　　　　　　　　　　佚　名

观罢腾景坐慈航
踏入缘门知善道　　　　　　　　　　　　　　　佚　名

目远千秋颂观音
天高万里朝佛道　　　　　　　　　　　　　　　佚　名

观音驾莲　神灵聚辟波三界
九龙腾云　佛仙频寺光千古　　　　　　　　　　佚　名

古柏珠琳消磬　悠钟留客醉
名区宝刹涛声　树影伴僧闲　　　　　　　　　　佚　名

洞天古传妙应国
佛地恰在水中央　　　　　　　　　　　　　　　佚　名

梵语数声烟绕寺
佛乐一曲海天秋　　　　　　　　　　　　　　　　　　　　　佚　名

迎旭寺（东钱湖高湫堰）

肯守仪规　一点灵犀无罣碍
能听佛说　三千世界顿和平　　　　　　　　　　　　　　　　桑文磁

禅心定　悠悠明镜水
色相空　淡淡白云天　　　　　　　　　　　　　　　　　　　沈立言

迎佛且尊经　修得超然正果
旭光寻夕照　悟来无尽轮回　　　　　　　　　　　　　　　　钱德源

二灵塔　夕照辉煌映水面
福泉山　雄峰高耸望钱湖　　　　　　　　　　　　　　　　　张世鸿

佛法普天下　不分上下高低
慈航渡众生　无限东南西北　　　　　　　　　　　　　　　　钱德源

禅寺钟磬　声声宏亮唤人醒
佛堂经卷　字字真言指迷津　　　　　　　　　　　　　　　　张世鸿

听佛言　大慈大悲　救苦救难
照法云　严戒严律　无私无贪　　　　　　　　　　　　　　　赵　祥

寺临长塘　拜佛念经开灵世
庵傍高堰　锁岚迎旭抱钱湖　　　　　　　　　　　　　　　　忻　通

东钱湖 山灵水秀 清奇淡雅
迎旭寺 地久天长 永远辉煌 　　　　　　　　　张世鸿

迎接香客 拜佛念经修来生
旭日东升 佛光普照映钱湖 　　　　　　　　　扬学德

玄机莫测 为民治疾
坛座有灵 着手回春 　　　　　　　　　佚　名

来到圣地 称心如意
一见玄坛 百病消散 　　　　　　　　　佚　名

佛佑天助 进门一笑无烦恼
香缭烟绕 入寺三拜心常宽 　　　　　　　　　佚　名

白石庙（东钱湖镇莫枝白石山下）

东钱湖畔 一家尽忠征东西
白石山麓 几代薛家保社稷 　　　　　　　　　佚　名

薛氏父子 征东平西永保安宁
泰王世民 整南治北安邦定国 　　　　　　　　　佚　名

唐王太宗贞观天下为我无疆（此字应为仄声字）
薛府侯王跨海征东保我黎民 　　　　　　　　　佚　名

巍峨庙宇 载入薛氏千秋业
弘扬伟业 永保江山代代红 　　　　　　　　　佚　名

南海渡慈航　甘露普霑千世界
东津闻梵刹　法虎长阴七浮图　　　　　　　　　　　佚　名

诗词谁昌和　苏公早去我迟来
水月易盈亏　赤壁长存文久在　　　　　　　　　　　佚　名

上塔山庙（东钱湖畔庙弄山）

一代丰功　七十二溪流德泽
两朝伟绩　千秋万祀肃明烟　　　　　　　　　　　　佚　名

有功于民　三县七乡蒙惠泽
欲报之德　千秋万里肃明烟　　　　　　　　　　　　佚　名

万金湖　回秀水绕桑梓
百步峰　接青山拱庙堂　　　　　　　　　　　　　　佚　名

西亭庙（东钱湖镇高钱村口）

日月光辉　洒大地贫富不欺
一方神灵　判人间善恶分明　　　　　　　　　　　　佚　名

西亭鲍府　公正廉明坐庙堂
子民诚信　功德无量有好报　　　　　　　　　　　　佚　名

惩恶扬善　风调雨顺
除暴安良　人和政通　　　　　　　　　　　　　　　佚　名

恩普众姓　日月同辉
威镇四方　天地共荣　　　　　　　　　　　　　　　佚　名

青雷寺（东钱湖镇高钱村口）

神恩广布千秋远
宝鼎重开百代香　　　　　　　　　　　　　　　佚　名

绀殿傍名湖　四众十方得所依
旃林开甬邑　诸天三宝荷庥护　　　　　　　　　佚　名

做好人　心正身安魂梦稳
行善事　天知地鉴人神钦　　　　　　　　　　　佚　名

日月光辉丽大地　贫富不欺
一方灵验判人间　善恶分明　　　　　　　　　　佚　名

万灵庙（东钱湖镇钱堰头村口）

恩泽四海外
威震五湖间　　　　　　　　　　　　　　　　　佚　名

府主庙（东钱湖方家湖塘下）

显赫威灵　乡里咸沐厚德
恻隐慈容　后世永仰高风　　　　　　　　　　　佚　名

善恶到头总得报天理不易
是非从来凭公道人心难侮（此字应为平声字）　　佚　名

第四节　祠堂联

八行堂（史氏宗祠——东钱湖下水）

黄卷教成遗腹子
白头亲见起家孙　　　　　　　　　　　　　　　　　　　宋·楼异

孝友睦姻，千秋美德仁为本
任恤中和，世代高风义在先　　　　　　　　　　　　　　　仇国华

同根同源，传承三相厚德
共勉共进，弘扬八行高风　　　　　　　　　　　　　　仇国华主撰

庆袭槐堂（郑氏宗祠——东钱湖镇殷家湾）

顾复尽当年兰桂征祥谋诒燕翼
劬劳酬先世平凡修职祀肃骏犇　　　　　　　　　　　　　　佚　名

来摈溯当年蘋藻修义襄祀事
衭姑遵旧典珩璜懋德颂徽音　　　　　　　　　　　　　　　佚　名

先祖开基业建郑国彪炳史册功并日月
后裔秉仁义立家风恩泽世代德照千秋　　　　　　　　　　　佚　名

继祖宗一脉真传惟仁惟德
示儿孩二点为人求真求诚　　　　　　　　　　　　　　　　佚　名

故里荥阳俸禄皇事三渡明州
安居演武烽火告警二迁殷湾　　　　　　　　　　　　　　　佚　名

世事让三分天宽地阔
心田存一点子种孙耕　　　　　　　　　　　　佚　名

望族昌隆驰誉浙东仁义传乡里
鼎嗣俊秀振兴桑梓孝悌仰家风　　　　　　　　佚　名

志于道据于德依于仁而后游于业
修其身齐其家治其国必先正其心　　　　　　　佚　名

万松堂（金氏宗祠——东钱湖镇韩岭）

仰门内大族文魁武举众力擎乡邦勇
敬宅中良臣官高位重一心辅朝纲忠　　　　　　佚　名

白云悠悠高山巍巍此景可仰
祖德绵绵后嗣欣欣其乐可陶　　　　　　　　　佚　名

迎神复送神岁荐惟思诒高远
今乐犹古乐工歌偕作采蘋看　　　　　　　　　佚　名

龙山联谱分香瓣
虎幄宣犹著汗青　　　　　　　　　　　　　　佚　名

苍穹灵爽常照
奉先时切考思　　　　　　　　　　　　　　　佚　名

从远不忘绳武
世德厚隆弗替（此字应为平声字）　　　　　　佚　名

燕翼贻谋光奕祀
鸿图启宇振千龄 佚　名

辅君佐皇献一腔碧血洒前朝
整乱平反建千秋功名照后辈 （十八世孙正裕敬献）

佐成祖成大业推恩推让
辅太子预监国持正持义（此字应为平声字） （十八世孙开识敬献）

国本宏愿显孙事
世代传袭隆祖业 （十八世孙开华敬献）

先祖尚书积德千秋
后继儿孙世昌万代 （二十世孙祖尧敬献）

德传百世丹心昭日月
名耿千秋刚正映湖山 （二十世孙祖贵敬献）

仰祖恩励志图强几时
沐宗泽顶天立地有日 （十九世孙绍品敬献）

传礼堂（戴氏宗祠——东钱湖镇大堰头村）

大好河山在前在后
许多家室可爱可亲 佚　名

济世救国功莫大焉
显亲扬名孝之至也 佚　名

在世言行要留好样与儿孙
为人心计不可得罪于天地 佚 名

不做那来祖宗福败家毋比兴家多
有钱难买子孙贤守业何如创业好 佚 名

绍祖宗一脉真传克勤克俭
教子孙俩行正事惟读惟耕 佚 名

树德堂（王氏宗祠——东钱湖镇建设村）

晋室显名宗七叶失缨孝友常怀先进盛
魏州瞻菩萨三槐门第公卿定卜后人多 佚 名

剡水流分支塑重琅邪一脉溯源绵禹泽
钱湖开腾境馨香留蕴千秋享祀蒙明里 佚 名

明代至今十七世笑裘远绍
本支百世槐阴门第子孙贤 佚 名

钱湖钟秀五百年堂构重新
拓地数弓革辛艰难基础立 佚 名

四合堂（忻氏宗祠——东钱湖镇陶公村）

万顷湖光　重忆半山椽笔
一帆风影　可来范蠡扁舟 佚 名

一曲阳春　唤醒世间古今梦
两班面目　演尽历代忠奸情 佚 名

■ **新编东钱湖志**

地接钱埭　大泽深山龙虎气
学宗邹鲁　礼门义路圣贤心　　　　　　　　　佚　名

陶公雄观苍山日
西子绵恋万金湖　　　　　　　　　　　　　　佚　名

一幅湖山来眼底
万家忧乐注心头　　　　　　　　　　　　　　佚　名

鹊噪乌啼　并立枝头谈祸福
燕来雁往　相逢路上话春秋　　　　　　　　　佚　名

万瓦千砖　百匠造成忻家祠
一舟二橹　三人摇过东钱湖　　　　　　　　　佚　名

北斗七星　水底连天十四点
南天孤雁　月中带影一双飞　　　　　　　　　佚　名

四面山峰　淡淡浓浓图画
满天星斗　圈圈点点文章　　　　　　　　　　佚　名

余有丁祠联（东钱湖尊教寺，今已毁）

本来相国　莅裘千年佛火
依旧先生　管领一角湖山　　　　　　　　　　佚　名

相业溯前朝　别墅有名山洞府
佛天开福地　新祠在明月春波　　　　　　　　佚　名

天上已宣麻 只故乡 如此湖山未能抛得
门前曾种柳 看今日 依然风景定是归来　　　　　　　　　佚　名

徐氏宗祠联（东钱湖畔前徐村）

明州为先王坟墓之乡 汉籍衢州 唐籍台州 至宋代始居兹土
思本即古圣经口之旨 东塾敦本 西塾崇本 愿宗人无愧斯名　　清·徐时栋

第五节　凉亭联

广济亭联

行行行行行且止
坐坐坐坐坐再走　　　　　　　　　　　　　　　　　　　　　佚　名

西头是路　坐片刻无分尔我
四大皆空　吃一盏各自西东　　　　　　　　　　　　　　　　佚　名

夏去秋来　送暖偷寒随我愿
此施彼受　搬柴运米为谁忙　　　　　　　　　　　　　　　　佚　名

天镜亭（陶公山后山）

克绍箕裘天地恩光赖祖德
丕振桑梓湖山秀气毓新亭　　　　　　　　　　　　　　　　　佚　名

陶麓肇基五洲四海称多士
钱湖包孕三县七乡仰古亭　　　　　　　　　　　　　　　　　佚　名

济众亭（陶公山曹家山头）

过陶麓而旅行于时语语大家听
面钱湖以凭眺欲作休休居士观　　　　　　　　　佚　名

翼丝荫□真觉无冬无夏
偶尔仃纵休问熟主熟客　　　　　　　　　　　　佚　名

剪云亭

贵府非遥　安身一时速宜行
仙乡虽远　息足片刻须再起　　　　　　　　　　佚　名

白石亭

行路足渡清籁歇坐
伤痛力竭须入消闲　　　　　　　　　　　　　　佚　名

哑鹊亭

亭对众山峰　春树秋日常悦目
地邻五乡碶　朝来暮往可健身　　　　　　　　　佚　名

东旭亭

东旭亭朝朝日日迎旭日
众乡亲助资建亭传后代　　　　　　　　　　　　佚　名

慈云亭

气结春云　引客力渡堪止步
凉生夏树　高人马倦可停骖　　　　　　　　　　佚　名

怀乡亭
春归祖国春不老
喜看侨乡喜气多　　　　　　　　　　　　　佚　名

祭先亭
秋目映照　一碧湖水
仁诗萌发　满目青山　　　　　　　　　　　佚　名

隐学亭
俯视钱湖水　眼波荡漾摇空碧
仰观百步尖　云雾弥漫滴翠流　　　　　　　沈立言

鄞女亭
扁舟一叶　诀别祖关千古憾
方亭四角　梦游钱湖万代传　　　　　　　　仇国华

如归亭
湖储万金　花开如意
树高千丈　叶落归根　　　　　　　　　　　佚　名

祖恩亭
东钱浩浩　鸟鱼飞跃
奕山巍巍　松竹成林　　　　　　　　　　　佚　名

第四十七章　赋、议、记、表、志
DiSiShiQiZhang Fu.Yi.Ji.Biao.Zhi

第一节　赋

东钱湖赋

明·李玮

李子生有丘壑性，家距东湖一里，旬时常携具赏焉，乃得涉其梗概。一日舟中对客扬榷陈之。客曰："湖之佳丽觊缕如斯，岂若料其物土，韵为可诵之辞。"因起而举酒属余，酌以三卮，此余所乐道者，亦何以辞。盖惟鄞之东钱，亦名万金，职其所产，财薮货林，轮广百里，缭绕重岑。自唐开浚，以迄于今，虽常典之阙书，亦图经之攸载。甃澶漫乎修防，郁赑屃乎石埭。障千顷之汪洋，阏洪涛之澎湃。期不陊陊，恃以隔阂。七十二溪注于兹，三县七乡沾其溉，即蠛见而蜂兴，曾曷足以为害。苟蓄泄之不时，彼雍萍之焉在？是以莅兹土者，循良辈出，虑切民生，首功李、陆，嗣以魏、程。胡榘之淘治也，兵不妨阅，农不废耕。安石之修举也，塘岸必巩，水则必明。芝蕴而炕，潴纳而盈。启闭惟谨，排决迭行。置田敛税，浚有赡也。专官督察，事有监也。禁田浅淀，杜其僭也。剡石记事，欲有验也。时乎海君绣罪，水仙指怨，伊郁隆曦，昭回云汉，庭树虽存，谷推已嘆。乃无曝于尫人，亦不占于石燕。慰多稌之欲苏，仰巨浸之一灌。代上天之隆泽，洽下土以波余。且溉且粪，乃菑乃畲，霡之蔚若，兴之辌如。暨西颢之届候，饬南亩以成储，瓯窭汙邪，秭秉满车，我仓我庾，如陵如坻。盖计其获亩之利，奚夸于郑白之渠。此泽以惠民，但湖之要领，未及乎宏大之观，森邃之境，生植之芸芸，人物之挺挺者。乃若晴则流光潋滟，雨则寒色空蒙，雪则皓洁泓澄，淼水天之一色，雾则嵝溟逢浡，疑世界之鸿蒙。月朦胧兮渊漾，寂漻湛湛焉其镜空。风飕飗兮砏汃，渦瀑磕磕其鼓攻。崒拳石之霞屿，拥点黛之赢峰。若双碣之相望，岢然千泱漭之外，滔溎之中。其东竦二灵之苏屠兮，环萦映乎高论。崛福泉之奔峭兮，斜迤倚乎慈云。绿野堂开，松行驿存。逝华表之鸣鹤，遗羡道而墓门。其南韩岭、象坎，湖亭、凫峤。茎百步之危尖兮，不及谢公之屐。逾隐亭之长峦兮，以舒孙登之啸。其西则高湫、莫枝，何跳、方塘，青山、勋岙，白石、崔冈，烟波馆僻，天镜亭荒。北则有月波洞府，栗堰塘凹，内外重湖，上下虹桥，长堤悬度，续于论岭。如入元津之洲也，而山图、赤斧之可招。寺之存而著者，大慈、延寿、栖真、资寿、世忠、普济，其圮而湮者，悟空、禅寂、宝华、尊教、青山、妙智、太清之宫，悟真之观，懿方之庵，旌德之院。其间松嶂柳陉，云汀花坞，仙合神皋，羊坡蠡浦，龙湫虎穴，储风纳雨，骚士游人，赏今吊古。禅堂之邃寂，渔艇之繁多，度铿轇兮静夜，亘欸乃兮隔波。广构旷兮如画，竹屋炊兮在阿。商帆酒帘，樵唱菱歌，千景万象，繁如余何。若夫重渊榴柢，化牛之质石不朽，水涸微出，舟或遭迕，乃为不吉。人言田氏之紫荆也，而吾殆不可以核其实。中流有屿，仿佛金山，横穴通透。内有微湾。谽呷灵洞，殊异尘寰。人言史相之造设也，而吾固疑为神之所剜。里为之庙，乡为之社，府主威棱，岩官昭假，十殿星兮，塔山上下。宵或见燐，气若屯马。草木之所翳荟，风云之所出没，灵怪之所阴潜，傀奇之所营窟。应召无方，陟降倏忽，子所不语，吾奚尽述。且闻地之杰者人必英，壤之膏者物必嬴。钓台寓陶朱而著迹，东吴幽夫差而借名。梅尉仙隐，鲍郎神明。仁功建筑堤之业，忠襄弼靖难之兵。史门三相，郑氏二卿，继体岐嶷，奕世老成。隽人负材而应运，多士含章而挺生。历闼门之余址，纷往彦之佳城。伊峙之所毓，实炳其有灵。陆产柀椆箖荡，豻㹠鹰獏，鸽隼鹔鹎之属，水产菱茅芡芰，蜗蠃猵獱，鸳鸯鹢鹈之族。㴺瀿乎鳞介，爰葑乎菘菔。百果之参差，九谷之穜稑，苏菽椒姜，苧桑芋荚。戏广浮深，群游侣浴，品别类殊，宗生丛育，记之不殚，筹之不足。若乃胥斯原之爽垲兮，伙人民而处旒。申衍隰之高燥兮，岁葳昫葵与瓞焉。傅敷纷之日灌兮，藠滋熙以旰暝。苟不辞于作劳兮，实埤罂之多钱。至家户之隐赈兮，递鸡狗之比联。即湊隧为墟市兮，歘阓阓冲之骈田。人挥汗而霡霂兮，转货财之流泉。弛节传而损质剂兮，辨良苦而遂引。迁喜废举之佥集，具得所而言旋。亦可以征俗尚之淳朴、墅闲之阜安也。尔乃际养之须，农隙之际，蒲且敏手，便嬛妙技。赴溄溄兮钓深，驰苹苹兮戾翳。逞浦箭乎罿罦，肆蹂躏之交制。飞缴跃铤，鸣根鼓栧。欲驰骛以揭骄，将淰跃而迢递。纷泊智霍，骙瞿棱遽，羽不及翔，鳞不及逝狡者受僧，活者受殪。其有溪叟村稚，拙夫寡妇，罜䍡津䋄，獭桥习嗾，涉灂溁，入平薮，韛青骸，掩黄口，连洒比缦，施罙系罶，鲲鲕不遗，鲲鳞亦取。湖上之家，刲腥割鲜，亦皆得以乐其业而利其有也欤。至于微雨初晴，六合无滓，岚消而岩竞秀，风恬而波不起。𬽦跼躅兮弥山，匝芒苓兮十里。扬狉猎兮重葩，布蘴荑兮繁蕊。逊四照兮紫屏，矫广望兮明绮。林篸既肥，濡腴且旨。有嘤者鹏，有鹭者雉。不豫不游，惟吾之耻。于斯时也，被禽呼，为花恼。携照袋，具清醥，命榜人，速同好，就翠峦，浮碧潦。纵一苇之所竭，不寤其所历之东西。或杖櫂而登岸，印屐齿以香泥。可邂逅于樵牧，亦临况于阇黎。信沓篠以入谷，邃勃窣以循堤。乃采灵药，爰掇丹黄。讽少陵是虾菜之句，企伯玉云水之栖。藉荐草兮一憩，跨悬磴兮危跻。客言既醉止，主称归去兮。畅超然之高情，扫峭壁之新题。吾与子者，岂不以为快也哉？嗟乎！此吾侪菌蕣之乐也。若夫陆李之祠废而未复，是谁之尤也？茭葑之根积而渐塞，是谁之忧也？且言湖之为湖，峕以水利乎民，奈今之势门然而未仁，治滩为田，水不得蓄，辖管荷藕，湖是以湮。民不敢控，亦不敢嗔，苟有拖其一枝，捋其一秆者，辄破其产，亦何异乎麋鹿以杀人。顾为客曰："汝弗能救与？"对曰："不能。吾但与子即斯景也，毕畅酡兮尽兴。诵子之辞，为湖山兮增胜。"

作者简介　李玮（生卒不详）　明代人，字伟卿，世为农，父喜藏书，玮尽能读之，作诗有奇语，年逾九十。（《光绪志》）

东湖赋
明·忻耀彤

翳清冽之浩淼兮，独千顷以遗名。维大堤之环亘兮，𬴨介甫以传声。畴曰西而曰东兮，古花署之移城。或曰钱而曰金兮，号屡易而靡争。予偶泛舟于春日兮，荡洲屿之芳衡。同良朋而漱石兮，漫放歌以濯缨。乃观寒溪凝玉，澄空泻辉，远山如黛，崒嵂交围。睡鸳鸯兮浦澈，浴鸿鹂兮涟漪。霞光霭而烟紫，鸟飞岫而云归。是以高贤隐匿，哲士遁肥，慕白云以栖志，玩素波以息机，则有陶朱寓钓鸥鸟相迎。周徐口口口口口身闭梨花于宵雨兮，忠定握卷于丹楹。赋凉风以五月兮，□□□□□青苹。龙啣洞府兮，植五柳以娱情。鸿冥啸歌兮，偕秘监以遐征。更有两士邻经而间史，二高主集而养亲。余忠敏投簪柳岸，金少师逸老松津。书院祀紫阳而讲学，陶矶映郡伯之书擎。重于涧涌萼深，风翻烟涨浮鹭，守潊锦鳞吹浪。方撷藻夫清渚兮，忆景物而惆怅，更钓月于银潢兮，思山川而荡漾。则见夫月波掩映兮，凿窈洞于声闻。仙枰留迹兮，幻白石之纷纭。飞松鹤兮标霞屿，横翠岭兮盼慈云。虹桥上下，长堤接驻马之渍。二灵山水，浮图含秋汉之雯。若夫九磊冈耸、百步峰巍，大慈散钟表声于林麓，觉济耀幢影于莲隈。梅垂青而林郁，池因复而潆回。以至织烟波兮披薜荔，开天镜兮洗澡尊罍。灯传惠安于苍壁，洞拟海岸于岑楼。延寿甃四桥之采错，阳堂成晚岁之奇材。吁嗟茫茫洴汹，潋滟冲浏伟观，匪一隐迹孔留。动诗人之寄慨，联逸韵而难休。况兹巨浸能灌溉乎平畴，溯彼治迹孰盛大而难俦。则有王公之权德兮，享黍稷于春秋。陆李之并勋兮，垂碑碣于梧楸。予停舠于此际兮，命咒觥以唱酬。偶仰怀乎往烈兮，即登拜而唫讴。问谁继起，奕世贻谋，则又有镇邦皇子。开浚治之多，则挪守程公，捐缗钱而著德。若乃行买蒭之策实维可斋，建给钱之功端推林石。太守请牒于宝庆之年，学士纪绩于贞珉之日。惟能宠其源以敷其利兮，故文与事而并传，洵不朽者斯人兮，将心与金石而偕坚。第思夫往古之鸿业兮，岂有美而独专。维冀乎后之司牧兮，更踵武而称贤。于是漫搦管以作赋，聊染翰以成篇。已而返棹于湖上，拍而歌曰：遨游杨柳岸，歌咏夕阳舟，杏花影里兮饮罢，溯天光兮共水流。

蕊泉闻性道评曰：是湖非独擅山水之胜揽，实为灌溉之弘泽，自郡西广德湖废后，东钱一片波犹作灵光耳。吾甥生长湖上，目识山水之奇踪，心怀灌溉之历绩，汇而赋之，博综详核，词致之工，遂与山川相映发，洵足称不朽者已。

梅槎洪图光评曰：昔宗少文图山水于四壁，以当卧游，是钟情于山水，而不必携济胜之具，何必身亲五岳者，始为快意之游耶。尔炽家世湖曲，习湖之景，得湖之趣，更纵观题湖之咏而汇成一赋，叶珠玑于篇里，调宫征于字中，使观者心俯，吟者叹绝。令万金千顷波若为君家已有，不必图宗家粉壁，只以数纸尽之，湖神有灵，当不使描写殆尽，使人恨如独步黄鹤楼也。

游东钱湖形胜赋

清·史大成

钱堰奇观,珠山胜概。宋名东井,唐号西湖。带八塘而通四碶,渥七乡而及三县。古松怪柏,争胜于牛眠之地。瑶草琪花,竞秀于虎号之坪。地接马山,湖通象坎。锦屏漾霞屿之口,银镜浮月波之面。浮浮渔艇,每弄姜郎湾前。隐隐客帆,时过陶公山外。慈云岭断,秀峰远映于寒潭。福泉山危,重峦直绕于烟浦。看青山岭畔,远浦归舟。观绿野塘边,平沙落雁。悬青献碧,秀耸和尚之山。逐浪挑空,波泛观音之洞。美矣!师姑山内,木石俱奇。休哉!道士湾中,花卉具备。临澄清之水者,黄泥岭。起拔峭之峰者,白石山。五路溪边,瀑泉飞雪。九磊山上,流水涵云。且潭有鲇鱼之名,山有田螺之状。蟹钳浮湖而有象,龙口伏水而有形。湾名各尺,古时必有意而谓。坪曰晒经,昔日非无因而称。涉猫尾港而听渔舟之唱,登羊角岩而闻雁阵之声。韩岭地属通都,范乔向为幽僻。若夫栗树出八塘之表,莫枝推诸堰之尊。李希夷修钱湖而有迹,王安石陟宝巅以成吟。余府丞相之坟,威权不泯。叶氏夫人之墓,贞节犹芳。塔上二区,神明显灵而莫亵。湖塘三里,丞相济涉而可思。望湖亭犹在史府岩前之记,读书院不负宋朝弥远之谋。明哲矣!金尚书卜穴于八丘田上。纯孝哉!史枢密尽情于五祖茔前。一十八峰,遥知秀气之毓。七十二峦,尽被王化之恩。呜呼!里山外山,叠叠兮青山。上水下水,悠悠兮绿水。慨陶公其已逝矣,自偃王而何在乎?徒存钓鱼之矶,空有穿藤之石。睹梨花于书院,悲芳草于茶亭。烟波之馆虽虚,天镜之桥岂废。时已迁变,景若长新。虽历历而可言,莫区区而详记。怀山水而顿赋,因探撷以成词。

作者简介 史大成(1621~1682) 鄞县张斌桥人,清顺治十二年(1655)状元,官至翰林学士,礼部左侍郎。

东钱湖赋

马永祥

玉皇赐宝,观音施泉。遂成斯湖,号曰东钱。夫东钱湖者,地处东海之滨,隶属鄞州之治。广拓于唐天宝,重修于宋天禧。誉称万金,泽被百姓;天然图画,美媲瑶池。有西子之风光,具太湖之气魄。洵浙东之明珠,乃人文之典籍。

观夫东钱之胜概,在于山水之秀灵。择吉日以放怀,登高冈而骋目,但见万顷碧波,宛若银镜;四围黛岭,俨然锦屏。七十二涧溪汇聚,八十三峰岚纵横。钱堤拂柳笼烟,一湖巧分南北;霞屿团花簇锦,胜景总宜雨晴。鹭鸥奋飞如雪,舟楫轻摇似萍。晨闻雁阵之号,晚咏渔舟之歌。几抹落霞缥缈,二灵古塔巍峨。登福泉山,俨入天然氧吧;上望海峰,可观东海喷薄。百步耸翠,状如宝锋;白石玲珑,形若仙阁。田田荷叶,碧连云天;悠悠稻花,香沁魂魄。水乡田舍,宛若天街。淡妆素雅,富天仙之风韵;玉洁冰清,非粉饰之金钗。嘻吁!人间之仙景也,蔚为大观;山水之至乐哉,遂以畅怀!

于是紫气东来,人文渊薮;真儒过化,俊彩蜚声。范大夫隐退于伏牛林泉[1],草耕商营而富甲天下;葛稚川炼丹于平峨山麓,祛瘟消灾而福佑苍生。徐偃王隐学于栖真丘壑[2],修德守仁而名播四野;王安石善政于知鄞年间,治水兴教而功垂广宇。贺监抚水[3],祠留笑貌音容;余相筑楼[4],御赐名山洞府。一门三丞相,名传今古;四世两封王,望重湖山。帝师史浩,力主岳飞平反昭雪;尚书金忠,辅佐朱棣举兵迎銮。补陀洞天,彰显一片孝心;岳公行祠[5],祭祀千秋忠肝。辈出国器,代有英豪。沙孟海翰逸神飞,堪为书坛泰斗;沙耆老丹青焕彩,誉称中国梵高。周尧翁潜心蝴蝶谱,无愧虫坛怪杰;王宽诚魂归万金湖,堪称商海巨鲨。矢志医学,金韵梅为头位留洋女子;献身科坛,戴传曾列首批核能专家。南宋石刻,肩比秦俑,国之瑰宝;东汉越窑,名齐上林,瓷之奇葩。真乃地灵人杰,天宝物华也!

至若龙舞盛世,梦圆禹甸。情系家园,湖开生面。综合规划,展奕世之鸿猷;科技治湖,除千年之顽疾[6]。对污染行迹,坚持"零容忍";建生态工程,尽挥"大手笔"。环湖七堰十塘,重现水美鱼鲜;周边八乡三邑,长庆春华秋实。兴观光之产业,近悦远来;展文艺之风神,墨馨翰逸。丹青交紫于画家村坊,教学相长于书学院室。更有龙舟竞渡，水乡喜庆欢腾；最宜度假休闲，古韵新风横溢。筑兵要之奥区，谋国防之安泰。腾蛟起凤，晋升"国家生态旅游度假区"；扬帆乘风，主办"国际湖泊休闲联盟会"。

惜广德湖之废湮[7]，感东钱湖之荣幸。追千百年之兴衰，图新世纪之葆永。于是歌曰：

浩淼钱湖兮无限恩，

千秋福泽兮惠黎民。

共治五水兮重生态，

长梦碧波兮万世存。

注释：

1．范大夫：即春秋时越国大夫范蠡。越灭吴后，范蠡携西施隐居东钱湖伏牛山下，以商贾而成巨富，三致富而三散其财，恩泽一方。

2．徐偃王：西周东夷盟主，徐国第32代国君，以文德仁义闻名于世，荀子将其与尧、舜、孔子相提并论。

3．贺监：即唐贺知章，赋《回乡偶书》诗，曾游东钱湖。今湖畔立有贺公祠。

4．余相筑楼：明宰相余有丁在东钱湖月波寺废址构筑庄园，晚年以读书自娱，明神宗御书"名山洞府"以赠。

5．岳公行祠：南宋宰相史浩主持为岳飞冤案平反昭雪后，东钱湖百姓在谷子湖边建立岳鄂王庙，至今犹存。

6．千年顽疾：史料载，北宋庆历八年鄞县令王安石重修东钱湖，此后就再未有过大修。千百年来，东钱湖湖底淤泥层层堆积，生态不断退化。2001年起，经科学论证，确立生态清淤观念，引进先进技术设备，实施了"千年第一清工程"。

7．广德湖：在宁波市鄞州区之西，面积大于东钱湖，北宋时废湖为田，湖遂不存。

东钱湖赋

郑传杰

溪流千年水，浪淘万金湖。纳鄞地之灵气，接甬天之祥云。追笠泽之雄魄，比西子之风韵。弱水浮日月，深谷驻乾坤。翠山堆叠千层浪，碧波翻滚万重山。钱湖佳景，宁波胜状。

涓涓细流，叙绵绵老长情；浩浩大波，奏悠悠古远歌！海留遗迹，天成泻湖，一潭苦水，八面秃丘。时潮进时溪入，状态常由咸淡变；或野绿或苗枯，兴衰不因季节更。东周隐士[1]择居，淡水初聚；西晋百姓安家[2]，湖域始构。水边栎斜汉家烟，湖畔玉缸旧瓷窑。破旧局，开新界。筑堰建塘陆南金第一；阻咸引淡东钱湖首举。三峡溪倾于东，泉月溪灌于西，郭童溪流于北，象坎溪注于南。一湖之水方纯，四周之土即绿。蓄水灌田，农耕万木荣；修船下水，渔捞百舸满。韩岭市田货交割，谷子湖渔歌应答。王知县定湖界，程县令设湖局[3]，鼎立三湖[4]，灌溉七乡；吕主簿修六堤，胡太守复澄泓[5]，拓阔水域，点缀山峦。田买东乡谚言传[6]，居安湖墩百姓迁。田庄船辅农耕，脚划船兴渔捕。夜色朦胧，殷家湾渔火闪耀；日光明媚，七里街[7]胭脂飘香。通湖碧水，立面清风。骚人赋诗说清幽[8]，迁客醉景忘忧愁。一地斑斓，囊括雄、奇、幽、秀之胜；一方英华，萃集山、水、人、文之蔚。湖人智慧创大对船[9]作业，渔业史册载东钱湖时代。跳湖入洋者每广，弃渔从商者日众。业，闯荡于上海；财，贮存于故乡。殷家湾一湾领先，陶公山一山继后[10]。除淤积，填梅湖，万金三失一；虑疏浚，造湖心，外湖一分二。渺茫湖面，繁忙人间。辖区单设，环湖通公路；地域独立，水岸造花园。看浪花翻新[11]，听涛声依旧。领休闲之时尚，品钱湖之风骚。

隐学岭上，徐偃王居。开读书之先河，播仁义之种子。筑墓栖贞非桑梓地，埋骨异乡在山青处。西施洞穴传情，陶公钓矶留影。功名就隐退江湖，商贾富济利百姓。水有龙则灵，人惠民必称。湖山景观尊二灵，禅林功德敬一塔；知和弘法伴二只虎，陈禾读书兴三代士。月波寺水陆盛会[12]，大慈山"千僧过堂"。史岩之凿石窟"补陀洞天"，霞屿寺举孝慈通观音性。史氏一门三相，开创鄞人时代；梅园一石百雕，保存南宋工艺。民间赞岳将军"还我河山"，瓜屿立鄂王庙祭国忠魂。无学祖元日本传五山学，古鼎祖铭青山立钟秀阁。二陆建东湖书院[13]，二程讲宋朱理学。"名山洞府"竹树花草具匠心，"余相书楼"亭台轩榭皆创意。茂屿山庄造山水佳境聚东海三司马，兵部尚书激心灵诗情弘读景一风尚[14]。宁师院教学楼，地方高等学府；沙孟海书学院，区域艺术宝库。文魂寄于碧水，墨魄藏于青山。壮阔兴波澜，渊深生惊涛。

"一山观湖海，万翠拥福泉"[15]；越茶岭碧波，望海峰旭日；问"龙潭"清池，访"福泉"古井。"众山俱绕膝，高鸟仅翔腰"[16]；觅宝剑于百步尖，探仙姑于白石山。仁者乐山，智者乐水。漫波西薄夕阳，寂静横斜塔影。待皓月当空溢彩流光，至晨曦出谷耀金沉璧。空山闻"上林晓钟"，静流渡"霞屿锁雾"。孤山悬明镜水气弥漫，群峰展画屏苍翠欲滴。春湖灵动，祥鸟和鸣；夏湖奔放，绿禾滋荣；秋湖澄明，野鹤徘徊；冬湖宁静，玉蝶蹁跹。

若夫泛舟碧水之上，扬帆雄风之中；极目茫茫寰宇，天地可翱翔，回眸朗朗乾坤，方寸能立身；吟光影之中共众鸟鸣，舞清波之间与群鱼跃；欣欣然呼吸于芳露，霍霍乎脉搏于深川；神将定而山和幽静，魄欲动则水应欢悦。至若白露横塘，彩霞满天；栖鹭与水鸭齐飞，落霞共山花一色；静湖揽月，平风捉云；纵一波之所如，凌万顷之粼粼；乘天地之正，御六气之辩；予心灵丰盛肴馔，赋生命清新空气。临胜以消愁，赏景而忘忧。暇日信步以沐，爽气沁肺；闲时坐柳而钓，旷心怡神。蓦举头，山色葱茏；忽舒目，湖光潋滟。水滋而山润，果香而鱼肥。活水三鲜[17]不沾腥气，湖鱼四菜素有回味。信手摘杯，润喉起歌。曰：

　　沐山色兮逸秀，
　　唤明月兮新天。
　　数万象兮风流，
　　徙天堂兮钱湖。

注释

1. 东周隐士：徐偃王。
2. 西晋陆云《答车茂安书》中载："西有大湖，广纵千顷；北有名山；南有林泽；东临巨海，往往无涯，泛船长驱，一举千里。北接青徐，东洞交广，海物惟错，不可称名。"
3. 王知县、程县令：王安石、程覃。
4. 三湖：谷子湖、梅湖、外湖。
5. 吕主簿、胡太守：吕献之、胡榘。
6. 俗谚有"田要买东乡，儿子要亲生。"
7. 七里街：南宋下水七里横街。
8. 元朝袁士元诗句："尽说西湖足胜游，东湖谁信更清幽。"
9. 大对船操作，为东钱湖渔民的创造。

10. 陶公山一山，不及殷家湾一湾。

11. 1961年废梅湖，建立梅湖农场；1976年建成湖心塘，外湖分为南、北二部分。

12. 即水陆道场。

13. 陆居敬、陆思诚在高钱创建东湖书院；程端礼（字敬叔）、程端学（字时叔）在此讲学。

14. 张时彻、屠大山、范钦，人称"东海三司马"。兵部尚书指张时彻。

15. 描写福泉山的诗句。

16. 描写百步尖的诗句。

17. 三鲜：鲍鱼干、炒螺蛳、盐水虾。四菜：青鱼甩水、夜花鱼煮咸菜，烤鲫鱼，银鱼塌蛋。

第二节　议

浚东钱湖议

明·邱绪

东钱湖回合七十二溪之流，渟蓄甚宏，而注溉三县七乡之田，其利赖甚溥也。自昔尽七乡之河，足资三次放泻之益。虽亢阳赤地，而苗不患槁，称为沃野。至于今，则淤葑不治，而侵塞填壅者相寻兼之，漏泄无禁，遇旱开放，不盈半河，洼者不支十日，而亢者，一不沾溉。欲民之无饥，不可得已。是故浚湖之议，在今日当亟讲而力行之者也。浚治之目有八：

一曰固湖防。今湖之为塘者八，其尤长者，则高湫方家、梅湖塘也，夫塘短则两山夹隘脉，或横亘于下，其势常固。塘长则两山不接，皆客土所成，其势善崩，非至坚厚不固。曩年方家塘决，廿里之外，皆为鱼鳖，其已事可征已。今欲浚湖，使深土无所归，宜以所浚之土，即加塘上，倍阔二丈，增高五尺，则虽侵湖二丈之水，而所浚之土，既得所归，堤防之筑，又日以益固，可永免溃决之虞矣。

二曰明水则。夫湖水淼漫，莫知多寡，必制水则以准之，然后蓄泄以时，而湖水可常盈也。自沿湖居民或侵填，以为居室，或艺植以为园林，土薄势卑，湖水一盈，辄掩其则，至有窃减以就低者。御史张景虽尝改正，然亦未能适当旧则也。今必于固堤之后，准定水则，使一湖之潴，常足三河之用，即没入居室园林，皆所不恤，则所害者少而所利者众矣。况其地本侵湖，不治其罪亦已幸矣，而况可复加顾虑乎？

三曰严侵塞之禁。侵湖之家，以水为病，春夏水盈，辄偷启诸碶而纵泄之。欲湖之无涸，不可得已，故既立水则，之后凡水所不及之地自僭为业者，必严加丈量，永从重则起科，使尺寸不得隐，则重科之害，庶足以抵其自僭之利，而民或者其有警心矣。盖已成之业，不忍遽坏，姑以是抑之，嗣是而犹有仍前侵塞，必重为之罪，且并坐其塘长及里邻。凡并湖之民皆许举首，则厉禁之严，庶几民知重犯法矣。

四曰重漏泄之罚。东湖之碶有四：曰钱堰，曰梅湖，曰平水，曰高湫，皆湖之所由以为盈涸者也。比来塘长、碶夫，皆取贫难小户充之，既不能多捐功力，又不肯爱惜湖水，旧闸徒设，不用板筑，但取薪茅杂沙土壅之，恐其决也，则减从低下，不与水则相平，水一逾则荡无限止，尽皆溢泻，且以捕鱼为利，时常偷放，平时无半湖之蓄，又何望其为旱干之备哉？今必取近湖富户差点碶夫，而塘长亦以士人之家任之，则彼当自顾惜，而盗泄之患可止矣。

五曰去茭葑之害。夫湖之所以淤塞者，以茭葑莼蒲菱芡之属滋蔓其中，日久湮积，而茭葑之害实居大半。自昔至今，亦尝屡浚，然或稍治葑草而根在复生，或蕹之未出湖堤而旋复委置，其在今日则芜没益甚矣。谓宜课七乡食水利之田，始令亩先出银一分，不足则增加之，务以茭葑尽去为止。而所去茭葑，必募船装载出湖，直至江浒交卸，差其船之大小而优给以直，令细民乐于应募而绝其根之复生，则民固不免于银之费而要之以佚道使之者也。虽尽七乡之民而户征一人助役，但毋令逾旬，焉有不乐趋者哉？即费一时而惠及百年，长民者宜不惮为之矣。

六曰公水草之利。凡湖中水藻之所生，可以粪田。往时沿湖居民随其居址山场所近，各出力采卖，利虽甚微亦足为小民之一助，乃今豪贵之家悉行标管，至粪田之时，重价勒民货卖。近湖之民或有取蒌棡者，辄肆笞棰，诬一偿百，夫僭七乡公有之物，夺小民近便之利，此岂人情王法之所宜哉？此在当路者不畏强御，严为立禁，一以公之于民，则济民者庶不至于病民矣。

七曰筑堤以通道。茭葑可以舟载，而浚湖淤土不可以舟载。今自高湫、栗木等堰往韩岭及上、下水者，皆舟于湖，屡有不测，欲去淤土而便行人，莫如即其中径直处，取淤土而为之堤，起邵家山，跨杨家山麓，计其长不过四百余丈，阔四丈，高四之一，固之以石，植之以木，则土有所归，湖之潴渟益富，而行者有陆行之便，或者以买石固堤费当不赀，不知取湖心之土欲以力致他所，其费更何如也？若梅湖与大湖之间，旧有一堤，宜亦增高倍广，以去两涯下之淤，斯可矣。

八曰因土以成山。夫湖之涂泞，可浚也。而间有不可浚者，何也？溪涧沙土随横潦而出壅塞，浮涨几与堤平，豪贵之家逐僭为田，边湖小民率行佃种。如近年下水湖口之为者，此废湖之渐，不可不虑也。盖既耕为田，其势苦洼，必泄水以便业，水泄则滩涨，皆出效尤，而耕者踵至矣。然涨土积高不可以顷亩，筹算必欲尽出于湖之外，即百千之众，谁能毕之？不如因高成丘，随其所在，聚为山阜，旁树榆柳，使不为波涛所啮。如方家湖塘之下，有河一带，非舟楫所通，即以旁近淤土填之，既而成田，官卖以充淘湖之费，又其地近山谷者，即随高低大小聚而埋之，则淤土可以尽去，而蓄水必多。七乡灌溉之利，万世当歌诵之矣。或曰子之议则得矣，其如工费巨万，民不能堪，何哉？曰：昔人有言，不一劳者，不永逸。不暂费者，不久安。西门豹为十二渠，民颇烦苦之。豹曰：民可以乐成，不可与虑。始今父老子弟虽苦我，然百岁后期令父老子弟思吾言也。其后渠成，民卒利之，数百岁后犹颂其功不衰。况今民失湖利，数苦旱灾，思欲浚治久矣。因而率作之，是为所欲与聚将并患苦而无之矣，何不堪之有哉？今观唐之陆南金、宋之李夷庚，凡治湖有成绩者，皆祠之不忘，盖可知矣，何独至于今而疑之乎？

作者简介　邱绪（生卒不详）字继充，诸生，世居邱隘。

第三节　记

鄞县经游记

宋·王安石

庆历七年（1047）十一月丁丑，余自县出，属民使浚渠川。至万灵乡之左界，宿慈福院。戊寅，升鸡山，观碑工凿石，遂入育王山，宿广利寺。雨，不克东。辛巳，下灵岩，浮石湫之壑以望海，而谋作斗门于海滨，宿灵岩之旌教院。癸未，至芦江，临决渠之口，转以入于瑞岩之开善院，遂宿。甲申，游天童山，宿景德寺。质明，与其长老瑞新上石，望玲珑岩，须猿吟者久之，而还食寺之西堂。遂行，至东吴，具舟以西。质明，泊舟堰下，食大梅山之保福寺庄。过五峰，行十里许，复具舟以西，至小溪以夜中。质明，观新渠及洪水湾，还食普宁院。日下昃，如林村，夜未中，至资寿院。质明，戒桃源、清道二乡之民以其事。凡东西十有四乡，乡之民毕已受事，而余遂归云。（《王临川文集》）

嘉泽庙记（李、陆二公祠堂记）

宋·关杞

东平吕君献之为鄞主簿之二年，新钱湖之六堤属节度推官石君声叔刻辞以记其详，而又考迹其初，不忘前人之功，俾揭示来者，立李、陆之祠于其堤之旁。始唐天宝间，县令陆公南金辟湖之广为渟蓄灌浸之饶。历宋天禧中，太守李公夷庚补其旧之废址，增筑全固，经画以制，使数乡之民虽大暑甚旱而卒不知有凶年之忧。二公之功及乎明民，可谓深且厚矣。然而民之安享其利无岁时之报，是亦忘前人之施与，况于其法又宜祀之。夫民莫不乐生而安业，恶劳而就佚。朝廷责任于守宰者，不独恺悌，其政亦将资以深思远虑，厚其生殖，物物各遂其养，故风俗美而礼义行，田里安而狱讼息。予观循吏之治，有功德以加于民者，必久而见思，盖以功则安，而久以德则服而化，虽相去数百年，犹想仰其风采，岂不盛哉。孟坚谓黄霸等廪廪然，庶几有德让君子之遗风，则二公之烈祀之而无愧焉。若吕君之厘夺于众多之议，而卒就其功，有能表二公之祠以劝于后，他日明民之怀思，亦足以继二公之贤，故予为之书而不敢让。治平元年（1064）四月初三日观察推官，监船场关杞记。（《乾道四明图经》卷九）

嘉泽庙记

元·程端学

古之有功于民者，庙食厥土，载诸祀典，世世勿绝，昭其报也。后世淫祀，既兴民昧所趋，有司莫或正之，正祀有时而废，若嘉泽庙是已。嘉泽庙者，惠应李侯孚祐陆侯之祠也。明郡地滨江海，沟浍敷浅，善泄难潴，十日不雨，民以旱告。陆侯，唐大历间宰鄞，即城东三十里因山环会筑其断阙，为湖三百顷，以灌以溉七乡之田百余万亩，久而湮废。宋天禧间，李侯守明，循其遗迹，大筑堤防，为永远计，虽值旱而有年，官民德之，为建祠宇青山之湖滨。嘉定间，锡庙额及二侯封谥以褒之，诰敕具藏惠安浮屠，遇旱蝗水潦，有祷必应，盖有功德者精神不散，而民心聚焉以灵，是谓正祀。近岁有司弗葺祠宇，像设腐烂澌尽，荒址蔓草，过者慭焉。予自史院归田甬东，念建言于守令而难其人，适遇浙东道宣慰司都元帅太平资善公来莅于明，仁洽化行，上下粲宁，曰可矣，往白之，公慨然增感，即命经营。俾鄞邑典史王君世英领其事，首捐俸以倡，余力出于沾水利之家，众相告曰："是吾心也。"富者效财，贫者效力，若予之趋父命也。盖上以义使下，故民不知劳而事集。始事于至顺二年（1331）十月，明年三月讫工。前门后殿缭以石垣，规模宏敞有加，其度端冕俨然，赫赫若临。设守者，复役供洒扫，复侵地三亩，又将理旧业，鸠财置田，为买薪计，多王君之规也。于是方伯率其属，祭于祠下，乃属予记本末。予既肇其端，遂不得辞。传曰：凡祭有其废之，莫敢举也。有其举之，莫敢废也，惟东湖作于人，非若洞庭、彭蠡、具区巨野，设于有天地之初也。自湖之作而民赖以谷，可忘所自乎？此庙之所以作也。锡号加封，纪之郡志，盖有举而莫废也。虽暂圮于一时，乃人事不继，非当废而莫举也。今其遇资善公之明，岂天之报德报功者无已而假手于人耶？使凡莅兹郡邑者，皆能以资善公之心为心，补其敝漏，不使澌尽而后将易为力，而庙之存当与湖悠久，湖之泽物当与天地悠久。若夫继二侯修硖闸、彻积葑、戒侵夺之法，则有前贤碑刻在兹，不复论。

嘉泽庙记

元·叶恒

鄞县东二十有五里，庙曰嘉泽，祠唐县令陆侯、宋郡守李侯。初，陆侯筑堤，联亘诸山，环而为湖，以潴合众流之水，其广殆千顷。李侯加葺之六梁，以虞其盈，四闸以时其启闭，翔凤等乡廿有四都以及定海傍近之田，旱赖灌注，民戴侯德。治平初，建祠湖上之青山，复请于其上赐今额。陆讳南金，追封孚祐侯。李讳夷庚，追封惠应侯，旧诰并在。又置田若干亩，以岁所入，庸民浚治，以广渟畜。祠既废，田亦散没无稽，治湖之役，遂以不举，葑蔓日滋，积塞弥广，有非人力所能胜矣。元至顺二年（1331），浙东道宣慰司都元帅太平公督近佐吏，修复故祠，嗣是积葑稍糜，澄波浩渺，灵贶赫著，信乎其不可诬也。至正改元，置庸田，使临莅浙河专理水事，且诏郡县农事官知渠堰事，所以重民而务本也。总管王君元恭钦承诏命，奉职帷幄。明年春二月，视农东郊，推犁率耕竣事，谒侯祠，祀以少牢，奠荐告求。顾瞻祠宇屹处崇冈，临倚空碧，风雨瀼，陆颠圮，弗胜大惧，不足以妥侯灵昭神惠，乃属有司复青山惠安寺之役，节储其费，征材傤工，撤旧构新，仍世主之于是，除剔朽蠹，茀薙藂翳，辟崖拓址，树石建寝殿庭庑斋庐，毕致坚良，炳炳翚翥，益丽曩观，门则因其旧而加完焉。作于四月庚申，以九月丁丑讫工，载肖侯像，离列殿居，垂神秉圭，卯卯颤颤，山祇水神，持牙执铤，跳梁啸呼，拥卫后先，所以启迪夫敬虔者其在兹乎。又明年，寺之主僧师训介其父老，请书其事于丽牲之石，夫鄞际巨海，涝有所泄，而独以旱忧，今有以御旱，则湖之利溥矣。由唐历宋，以至于今，六百有余岁，民得凭恃以为生，则侯之功大矣。由今而往，任民社于斯者，景仰兴起，致力民庸其示劝于将来者远矣。然则是祠之兴，其可已乎？况古之有功于民者祭之于社，非直御灾捍患而已，今天子圣明，百神率职，灾沴不生，文治休洽，君能因人心之所向具宣德意，勤民敬神，是祠也，不重烦而底于悠久，岂非有关于治道乎，诚不可以无记。

作者简介 叶恒（生卒不详）字敬常，元朝余姚判官，世居东钱湖青山岙，有筑海堤之功。他是历史上唯一由民众自发要求立庙祭祀，后被朝廷封侯的东钱湖人。

上塔山庙记
清·应朝光

钱湖李、陆二公之祀曰嘉泽庙，在青山之麓，肇建于宋治平初，其来旧矣。迤而南有上塔山庙，专祀李公，不知创自何时？乾隆中修邑志，庙始采入，而以神为裴肃，涉湖滨诸庙，误也。今新志又以为陆、李合祀，失之。庙滨湖，湖之对岸为陶公山，居民稠叠，奄有万家，岁时致祭于此，稍坏辄修，勿令倾圮。岁庚寅，庙既新，忻君自暄以旧无记，谋诸族人成树，愿刊诸版，因属余为之。予惟公守四明，浚湖筑堤事详，南渡以来图经郡乘，其利于民之博，所以尸祝于民之由，有嘉泽庙诸记在，无事赘言。顾是庙之立，非有官斯土者主之，而即创于忻曹诸族之民也。诸族之民不必概知图经郡乘与前贤诸记也，而无不知有公，其为士者，亦不从《钱志》而改祀裴，从《新志》所定而增祀陆，虽愚夫稚子，皆知公之姓名而不可以易，然则公之功，不在区区记于文，在八百年来万族之民之记于心也。公讳夷庚，宋天禧元年（1017）以吏部员外郎直史馆知明州事，嘉定间追封惠应侯，云或问公像在中龛，其左室一龛何神也？曰：吕主簿也。关氏杞治平元年（1064）记云：东平吕君献之为鄞主簿。二年，新钱湖之六堤，立李、陆之祠于堤傍。又云：他日明民怀思亦足以继二公之贤，则主簿之配享也允宜。湖下撺竹庙，亦李公专祠，而主簿附焉，是其证矣。光绪十六年（1890）十月朔记。

岩官庙记
清·闻性道

士君子平居则读书养性，立朝则庄（壮）志剀言，及见时不可为，则洁身避世，如苍颜之孤松，碧云之独鹤，其素行固合乎中庸，而绝无事于隐怪。后世以尘目昧其素志，诧为神仙奇迹。但自古惟忠孝人能成神仙，即谓之神仙无不可，盖有其诚之不可掩耳。西汉梅福，字子真，九江寿春人，善读书，兼养性。成帝时补尉南昌，孝平元始中因王莽专政，数剀切上书，不省，一旦挂冠弃妻子，随处流隐，初借伏市门，后至四明。今鄞东南之大梅山有石洞，仙井，炉灶缸，棋盘遗迹尚存，石壁摩崖镌"梅仙岩"三字，有曲流泻于大石潭，神龙宅其中，地灵神显，远近多尸祝之此岩官，所以有庙也。岩者，何纪仙岩之实迹？官者，何纪？其常为尉，且班于仙籍者，亦以官称也。伍宗勋《寰宇歌》有五岩官庙，而寿春岩官其一也，建在翔凤乡苍门里，御灾捍患，夙著显奕，里人屡加修葺，托为桑悸之荫，岂非神称千载真品，能以至诚之道，参赞化育而然乎。凡属祠下者，宜亦以至诚格思为贵。余从事邑志，稔其颠末，谨为之记云。

裴将军庙碑铭

清·全祖望

东钱湖之滨有裴将军庙。宋淳祐中所建,即所谓宝庆庙者也。又有裴将军庙,盖亦府君之神。而其余里社祀府君者,多不胜举,志乘不详,碑版皆灭,访之父老,则皆云观察府君肃是也。予考唐开元而后,明州入(八)乱,天宝中,吴令光之掠明也,河南尹裴敦复平之。栗锽之乱,府君平之。王郢则节度裴琚平之。三裴皆有戡乱之功,而独祀府君,其功殆有独隆者也?贞元十有二年(796),栗锽以镇将作乱,刺史卢云遇害,招诱山越,攻陷郡县。山越之名见于孙吴国志,大抵皆在丹阳近境,而吾乡则未之闻。胡身之曰:鄞县、慈溪之南,奉化县之西北,有山越种。以今地里质之,当为鄞之传霸河,慈之钟乳山、潘屿,奉之箬坑等地。次年,府君讨平之,禽栗锽于天台,送至京师伏诛。然则湖东居民之奉祀,盖必府君当日师行所过,能捍贼锋而不扰民力,故相率报之。独是府君之捣贼巢在天台,则其过军自奉化,应泛甬江,历长汀。若由湖东以入,万山错互,反为迂道而行,亦甚艰。意者山越为梗,故取间道以出贼之不意,未可知也。夫以大军往来,所过绎骚,乃若居民不以为苦,反志遗爱焉,而历世庙食,其亦贤矣。乃数十年以来,有妄指为祀晋公者,不知何所据依?晋公于吾乡无涉历,不应得祠,当以府君为是。于是祠下父老惧其流传日远,遂为非奉之祀,乃乞予为碑以纪之。府君,济源人也,其官由常州刺史迁,盖以进奉德之,故唐史多贬词,然其定乱之功,则有不可没者。更为之铭,其祠曰:神之来兮东湖东,前挟稍兮后持弓,犹有当年甲胄容。越邹溪兮度管江,甘棠夹道兮被神幢,萧萧马鸣绝吠龙。庙门兮嵯峨,靖山越兮晏海波,迎神之曲当凯歌。

作者简介 全祖望(1705~1755) 字绍衣,号谢山,宁波鄞县人,雍正七年(1729)贡生,三年后中举,乾隆元年(1736)荐举博学鸿词,同年中进士,清代史学家、文学家。

撺竹庙记

清·陈伯庸

鄞凡庙食之神，有土著者，有自远方迎奉者，有专祀、分祀、附祀者。综核由来，无非古之文臣武将，高士异人，克敦忠孝廉节。生有功德于世，殁则屡显灵异，士人始尊为境主，称曰本庙。俎豆馨香，春秋匪懈，礼诚设而其情诚洽也。夫尊亲之，则人之政绩，姓字属宇下者，当无不代述流传，即妇人孺子，亦得以称道弗衰。复考郡邑志载，境主姓李讳夷庚，宋天禧中守明州，理烦治剧之暇，有勤水利，浚沧，唐邑令陆公讳南金所辟之钱湖，增筑堤防，经画全固，利赖靡涯，其功其德，大且溥矣。自治平元年（1064）东平吕公讳献之为鄞主簿，亦留心水利，新六堤，更追溯远起，乃于青山下建祠，合祀李、陆二公。嘉定间加李侯封曰惠英，陆曰孚佑，赐庙额曰嘉泽，祇土人蒙庥沾恩，特奉惠英侯祀之，附吕公于殿西，署曰撺竹。斯举也，情至礼当，无容议其后也。所惜创建年月历久失传，侯之姓与讳亦互相讹舛，呜呼可哉。今仅道光二十七年（1847）丁未岁，修葺事藏，庙貌聿新，得不略为表纪，俾瞻拜游历者益信神之功大德溥，洵堪血食千秋。吕公继善，不忘所事，乃能配享无穷，则不特仰戴灵贶之赫，亦或感激人心于万一。所谓神而明之，存乎其人也。若庙以撺竹名者，相传昔人贩竹售胡家市，有求皆应，故筏过每撺株竹于前，由始积赀，垣宇渐致恢廓，名是之，取此语实虽难稽，而顾名思义，一一诚是。呜呼，始神之出矣，迄今八百余年，政绩昭昭如日星，姓字彰彰如云汉，显而精爽凭依，隐而农渔获护，继兴者倘请奏晋封，报功列志，扩凤翔之尸视，勒螭蟠之鼎铭，是尤所秾望焉。

胡墅庙记

清·郑世洽

胡公讳榘，字仲方，庐陵人。淳熙间尝摄象山县，入朝为枢密使，编修官。宝庆初，以兵部尚书知庆元府。绍定二年（1229）正月，除显谟阁学士，充沿海制置使，兼知庆元府。七月，除龙图阁学士正奉大夫，致仕。公在庆元多惠政，重修学宫，祠先进名宦及校官之有功黉序者，岁以人日行乡饮礼，升歌鹿鸣，会者千五百人，是鄞学新创，规模初具，士率善充郡弟子员，公乃以县庠为小学，未成童而父兄贫不能教者，召之来使郡学，级以所业课之，扁其堂曰养正，拨田以益其租。重修郡城，俾薄为厚，增阜为高，新望京、灵桥、东渡三门，而立明山、鄞江二楼，其上郡城有食喉、气喉二碶，设日、月湖，湮潦于江，岁久浸塞，既被火，乃闻于省，下令禁止。东钱湖周广八十里，受七十二溪之水，以溉民田。茭葑滋生，潴蓄浸少，傍湖民且占以为田，公请于朝，得度牒百道，米一万石，命水军番上迭休，大浚治之。又以赢钱增置田亩，收租入为经费。又尝造昌国渡船，禁北渡买扑，增西渡夫役。厘州郡税捐，请减总制钱五万缗。主修《四明志》廿一卷。公一言一行，俱有关于国本郡计与民生利害云。

东钱湖遗爱祠碑记

清·竺麐祥

　　遗爱者，追思之辞也。爱民之政，或暂或久，久莫若水利，历数百年民食其德而犹未已，故民之思之也，亦千载不能忘。鄞遗德庙、镇海它山庙、奉化辛令庙，类皆祀前人尝兴水利者，是也。东钱湖自唐天宝间鄮县令陆公南金辟之使广，溉田八百顷，至宋天禧间，明州太守李公夷庚增堤使固，潴蓄既深，灌输益远，厥后薙葑、筑堰、修浚、保存者复三十人，顾惟陆、李二公有祀曰嘉泽庙，余无祀焉。有清季世，湖又淤，忻君锦崖居濒湖，目睹湖之将尘也，怒焉忧之，谓鄞、奉化、镇海三县八乡之田将奚以溉，锐意思浚，奔走二十余年，晚遇陈君协中界以巨资，始得从事于浚，然工仅能及梅湖。梅湖者，东钱湖一隅也。全湖尽浚，则尚有待耳。若是乎，致力于湖之难耶。曩者三十人之事之难，未必不似今日，而陆、李二公创始之难或十百倍蓰焉，亦未可知也。浚梅湖既竟，镇海王友莱先生为纂《东钱湖志》四卷，忻君乃历稽陆、李二公以下三十人，非尽官兹土者，而咸题木主祀以祠，曰遗爱，祠门三间，堂三间，东西室十间，堂后室五间，丙舍、傍舍十余间，园圃四百弓。斯祠也，昔日青山寺也。浮图氏之教，有所希求，则供奉之，厥旨隘且私，故忽兴而忽废。中国圣贤之道，凡有功德于民，则祀之，所以报既往，所以感将来，其义至公，故多久存者。青山寺废十年矣，造像无一存。忻君修葺完缮以为祠，用省而义费，固君子之所取也。夫自唐天宝至宋天禧，将五百年，陆、李二公为之而已足。自宋天禧迄今，逾五百年，经三十人为之而犹未足，是先民知爱其湖而弗使淤，后人不知爱其湖而任意以淤之也。今忻君既为其难，又不忘前人之德，则后之人宜亦无忘忻君之功，湖毋俾淤，祠毋俾坠。

月波寺崇祀余文敏公碑记

清·徐时栋

明余文敏公有丁，爱钱湖之胜，得月波寺废址，拓地百亩为五柳庄，公自为之记。既而庄圮，清康熙间，余氏归地于寺，乃重建月波而祀公，殿隅久之，寺僧迁像他处，地僻道远，未有过而问者。又久之，公示梦于湖上忻君鼎铭曰："我所居湫隘，当迁我西楼。"忻君以命其子自昌，道光二十七年（1847），自昌集同人成之。越十年，当咸丰六年（1856），公九世孙承樑者，少孤，家贫无依，公专祠之在日湖者居之。比年，贸迁海舶，得蓄积有赢余，于是至东钱湖拜公西楼，愀然蹙頞而叹曰："楼居狭小，几筵促迫，不足以妥我先人，而又图像载更失其故貌，是孙子者之罪也。"鸠工治西廊，涂既丹雘，焕焉改观，新作神龛，出家藏画像，搏土惟肖，卜月若日，奉公成礼。公八世从孙涛，吾友也，属记其事，而公专祀之在日湖者，与吕祖宫邻，数十年前，或私卖其前隙地于道士，道士垣之，一日公降神于庙史而怒主者曰："汝堵我，顾使我出入安所乎？"主者惧，毁垣而为门如故。呜呼！相国风流去今未远，园林台沼之胜既已无可仿佛，仅得托一椽于琳宫梵宇间，而缁衣黄冠日逼，处此起而与我乡先生争此土，尚赖三百年未泯之英爽实式凭之，俾得借手恢复于荒庄废囿之中，以俎豆斯人而存掌故，征文征献敬恭桑梓者独无责乎？是不可不为吾乡诸君子告也。是岁十有一月己未记。

作者简介　徐时栋（1814~1873） 字定宇，号柳泉，住宁波城内月湖畔，清道光二十六年（1846）中举人，建烟屿楼，藏书六万卷，主持四明文坛三十余年。

丁湾社碑文

清·徐时栋

鄞之东有丁湾村，聚姓百家，所以岁时报赛者，筑土为坛奉枯木而已。道光十五年（1835）五月，余会张氏之葬至其地，闻而异之。山人告余曰，此其事远矣，曩村人任氏，清晨立溪头，见柏树尺许漂而来，拾之归，斧之见血，大惊。夜梦伟丈夫呼曰："柏，吾神也，谴来至汝家，祀我，吾福汝。"乃买地奉之，既而祷之皆应，里中人神之，岁于是乎祈报，以至于今。言已，导余往古木，环拱老樟参天，崇冈复岭，灵风森然。坛墙无多级，而巍乎在其上者，尺许之枯柏也。余肃然改容，喟然而叹曰："嗟乎！吾乃今而犹得见先王之遗意也。"古者大社之外有王社，有国社、侯社，其次曰置社。置社者，里社也。《礼》："民百家为社，二十五家亦为社。"丁湾聚姓百家，地宜社。《礼》："大社主用石，民社以木。"丁湾立民社，主宜木。《礼》："大社用松，东社用柏，西社用栗，南社用梓，北社用槐。"丁湾在县之东，木宜柏。田主各以其野之所宜木，是故柏主者，其宜也。宜木各以名其社与其野，是故柏野者，其名也。择地为坛，坛而不屋，古皆如之。秦汉以来，未之改也。自社制不行，坊隅村落各有里神，以意造衣冠状貌，亦各有姓氏崇之，以土木享之，以牲牢穷奢极巧，先王之法，荡焉无遗。丁湾虽僻，不图犹得见之，且夫坊隅村落之各有里神也，岂天降而地出哉？其始，皆社也，其后好事而有力者，变置而铺张之，风移俗易，蔓延以遍于天下。丁湾僻在山陬，其民贫而朴，自其高曾祖父，岁于是乎祈报，至其孙曾，奉事惟谨，无敢改作。岁月浸久，见之者且惊且疑，不能知礼之所系，又不能明其故，此不经之说之所以来也。至于岁月又久，保无有好事而有力者恶其说之不经，又耻其不他里，若遽从而更张之，则是先王遗意将并此几希者亦扫灭而无余也。是又可惧也。山人喜曰："有是哉，我未之前闻也，盖为我记之。"因辟其说，著其礼而复为之辞，俾得以报赛歌而乐其神。其辞曰：钱湖之西，黄山之南，有水如带，有峰如林。中山有田，中田有庐。载耕载获，作我室家。下无苦湿，高无旱焦。田祖有神，时我黍苗。叶无螟螣，节无蟊贼。田祖有神，无害我稼穑。我稼我穑，既万既千。既仓既庾，既有大年。村酒既熟，鸡豚既肥。蒸豚割鸡，载酒满卮。山歌村舞,吹笛击鼓。婆娑笑语,以迓田祖。黄山之南,钱湖之西,田祖来思,黄冠草衣。皤皤父老,熙熙复生。载拜载迎,同我太平。以卜来岁,来岁有秋。天子万年,农夫之休。(《烟屿楼文集》)

二灵山房记

元·戴良

鄞之名山水不可以一二数,而东湖为最奇。东湖之名山水不可以一二数,而二灵为最奇。二灵山房,则又得夫二灵山水之最奇者也。山有二灵寺,即寺右庑为山房,寺与山房皆因山以为名,而寺乃宋知和禅师讲道之处,山房则今大沙门天渊浚公之所居也。天渊自万寿退归已,逃隐此山,是时山房未成,二灵山水未见其为奇也。一日命仆人斫筱荡翦薪蒸,辟其屋之隘陋而加葺焉,且凿东壁为牖以通明,于是山房成而境始奇。盖东南诸山踊跃奋迅,北走而达于湖,若奔马之饮江,若游龙之赴壑。其旁群峰羽翼乎兹山者,亦皆效奇献巧,若翔凤之展翅,而众鸟为之后先。环之以锦屏,舒之以练带。巉然湾然,如拱如揖。凡境之最奇,所以接乎目而交乎心者,举入乎山房矣。天渊置图书几研供张诸物于其中,客至则相与倚栏而立,纵目以嬉,不知日之将入,但见泽气上腾,与林光山色相掩,苒欻兮,攒青倏兮,浮白乍合乍敛,翕忽荡漾。已而皓月微吐,横射庭隙。流水下澈,影动虚楹,悄骨凄神,恍不类人间世,此又一奇也。山房之境,信奇矣,然必得人矣而益奇。向非天渊之居此也,是山庭宇不过一废区耳。天渊至而山房之名出,然后里邑之人,慕天渊之学者,皆往游矣。四方之人,闻天渊之名者,又皆往游矣。后来继今,闻风而兴起者,又将若是。而山房传之不朽,斯为奇也,顾不益大矣乎。噫,此予所以庆二灵之有遭,而山房之记所为作也。或曰,学佛之人不三宿树下,盖惧其有累也。天渊知人间情缘之为累,而弃之而学道,知宗门荷负之为累,又弃之而闲放。今以一奇境之故,而眷眷于山房,如此庸讵知是事之非累乎?噫,为此说者非惟不足以知佛之为道,而亦不足以知天渊矣。天渊悟心乎空色,而超神乎幻有,其于山房之奇境,犹太虚空之容物,明镜之鉴妍媸,而未尝有意于容与鉴也,目之所见,果足以累其心哉。且见者,我也。境者,物也。我为能见物为所见,苟物我两忘,能所俱泯,则累恶乎生。山房之为天渊累也久矣,于是或人顾予而笑曰，愿因吾子从之游，遂并书之。

作者简介　戴良（1317~1383）　字叔能，世居金华浦江九灵山下，故自号"九灵山人"。民国《鄞县通志》称其"良寓鄞六年居于东湖"。

东湖书院记

宋·袁燮

秘阁胡公以江西计使兼镇隆兴，疏化原礼，髦俊如恐不及，通守丰君有俊言曰："古者学校既设，复有泽宫，今长沙之岳麓，衡阳之石鼓，武夷之精舍，星渚之白鹿，群居丽泽，服膺古训，皆足以佐学校之不及，此邦为今都会，而不能延四方之名流讲诵磨切，殆非所以助成风教，请筑馆焉。"胡公大然之，既浚东湖，徘徊橘亭遗址之上，望徐孺子亭及其祠宇，及三李堂，想前之高躅，有契于心，且爱其风景之胜，长堤回环，柳阴四合，水光照耀，芙蕖舒红，烂如云锦，重之以古木森列，飞梁之外佳致无穷，此固拔俗之士所欲藏修息游于其间者。计台及郡丞皆曰："美哉此景。营栋宇，丛简编，以便贤隽之翻阅，而榜之曰'东湖书院'，惟是为宜。"佥言允协。郡博士刘君余庆慨然躬任兹事，爰以学宫岁用之赢，并湖增筑东西十有余椽，南北十有九椽，门庭堂宇，宏丽崇深。庖湢器用，咸备无缺。糜钱二百万、米百余石以竟其役。规制益广，合三十有四间，经始于辛未之仲秋，而告具于仲冬，此所以安其居也。若夫供亿之费，胡公既以湖之岁入，东自二台，西及闸亭给之。某即从丰君之请，而益以公田之租，又所以致养也。区处周悉，宾至如归，领袖之英，金兰之契，萃十有一。郡之书纵观博采，撷其精华，所获者富矣。虽然，君子之学岂徒屑屑于记诵之末者，固将求斯道焉。何谓道？曰："吾心是也。"无偏无党，王道荡荡。无党无偏，王道平平。去其不善，而善自存，不假他求，是之为道。志之所至，诗亦至焉。诗之所至，礼亦至焉。礼之所至，乐亦至焉。乐之所至，哀亦至焉。哀乐相生，天理自然，人为之私，一毫不杂。是之为道，儒者相与讲习，有志于斯，以养其心立其身而宏大其器业。斯馆之作，固有望于斯也，岂非急务哉？某惧夫后之人不达此意，或废而为游观燕衎之所，故书此以谕之。

作者简介　袁燮（生卒不详）　鄞县（今浙江宁波）人，南宋淳熙八年

（1181）进士，历任江阴尉、大学士、宗正主簿、枢密院编修官等职，终为显谟阁学士、通奉大夫，卒谥正献，葬于下水穆公岭。

大涵焦先生书院记

清·全祖望

二程倡道洛中，浙人惟永嘉九先生得登堂，而余皆私淑也。吾乡则高宪敏公、童持之赵庇民皆在太学，侍杨氏，洛学之来甬上自此始，既（暨）南渡而山东焦先生以避地至，亦伊川门下也。宪敏辈以其所得共证明之，其所言多与杨氏合，于是日益请业，而吾乡之洛学迨日盛。盖尝读史忠定王集，言先生以布衣入钱塘，声称满朝，丞相赵丰公方振洛学，已起用和靖，汉上诸老欲荐先生，力辞不可，丰公至尊礼之。已而先生来寓大涵之麓，居人颇藉藉道。先生家居必修容，虽见妻子不少惰，出与物接，动必中礼，后生辈多远之，而习为夷居之流者，甚且非笑之，而先生不顾也。已而渐有从之者，望之俨然，即之温然，则已心折。及详叩其议论，则有大过人者，始皆愿附讲席，而信丰公之誉为不虚。及先生没，而弟子遵其礼法如先生无恙时，虽极贵显者，其容止庄敬，衣冠端严，人之见之，不问皆知其为先生弟子也。吾闻沈佥判公兄弟，先生之高弟也，其事先生，终日拱立，不以其学成有假借。先生之丧，心制三年无失礼。及佥判为后进师，造次必稽孔孟之言，是是非非，无所曲从，风裁甚峻，诸生畏而服之，盖皆得之先生之教。而诸生奉佥判亦一如其所以事先生者，于是甬上之人，益知以尊师为先务。而佥判之子端宪，卒为大儒。呜呼！先生不应弓车之辟，投闲海澨，躬行实践，亦不轻著书以启争端，斯真所谓有道君子，皞皞乎其不可尚矣。然考朱子所记程门学者，虽以无所表见如唐谢辈，莫不存其姓氏，而先生独阙焉。甚至吾乡志乘，亦不知寓贤中有是人也。岂识椎轮为大辂之始，甬上乾淳之盛，孰非先生所首导哉？吾观大涵之墟，其山嶒以秀，其水清越以长，固应为高人所托足。自予得先生讲堂，重为修治，而学统攸归，不得仅以遗世之洞天目之，而又东为同谷、习庵、深宁、东发三公之精舍也，前有辉后有光矣。焦先生名瑷，公路其字。

东湖书院记

元·程端学

鄞城东三十里有湖焉，山围而献秀，水潆而浮光，舟行若乘气凌空，不知身在尘世也。其北曰鄮麓，土腴物阜，民居鳞集。余少时常侍友仁孙先生讲学其中，欲结屋读书以领湖山之胜，顾南北驰驱未遑也。池阳阮侯申之之尹鄞也，兴学尊师以为治。陆君天祐有二子，曰居敬，曰思诚，感其尹之化，而思其父之遗命，即其地架义塾，首奉紫阳朱夫子像，以教一乡之子弟，讲有席，息有榻，凡庖湢之所，食饮之器，蔬莳之圃，虽微而完，经始于泰定乙丑（1325），迨天历戊辰[1]而落成焉。兄弟共割田百有五十亩，其弟复益十亩奇，为报祀廪饩之须，浙东帅本斋王公名之曰："东湖书院"，堂曰："育英"，为书大字以榜之，嘉其志也。于是院侯宾请邑教吴君思永，端席设讲，招延训导陈君宏可专其教，而以状介余友赵君壆，孙君俞叔来谒余文，以示夫学者使知勖焉。余谓世人负千金资出所赢，崇佛老之舍以求福田利益，今陆氏不及中人之产，乃能殚力以淑其乡人，其志未可与时俗语也。且其事有契于余心者，乃为识其本末而告之曰：古今之学不异，而効不迨于古者，盖思其故哉？古者二十五家即有两塾，而党术国都皆有学，人无贵贱皆得受业。今之郡县学、书院，非士类不入，而农工商无所于肄。古者自洒扫应对，至于致知存养，小大有序，食息起居，莫非为学，修于家者，经国理民之本。今之学者，句读未分，已事割裂装缀，斗靡之习肆然，自侈其所长，而不知无所用之。嗟乎，不识为己，不辨义理，而后天下无全材。为师者以是教其徒，父兄以是令其子弟，人生而蒙，枉其路而塞其明，奈之何其有造也。然则凡游此塾者，必洒其陋，必图其新，学朱子之学，而不徒象设为尊贤之具，岂惟一乡之幸欤。至顺元年（1330）六月望日立石。（《积斋集》卷四）

注释：
1. 天历朝无戊辰年，应是泰定五年（1328）。

先进祠记

元·刘仁本

古者乡先生殁，祀于社，近代则祀于学，曷其祀之？道德之尊崇，行义之高峻，文章之光华，仪范后世，表章来学。生而宗之，殁而祀之，礼也。鄞东钱湖近地为高钱里，为文献渊薮，迄今诗书之泽未泯也。国朝泰定间，乡义士陆君天祐即湖山之秀，慕性理之学，慨然有志，教二子居敬、思诚，置田度基，构东湖书院，崇奉朱子，延师授徒，俾讲明性命，道德、仁义、礼乐之懿，然学官率以他职摄。至正二十有二年（1362），乡论谓马君易之举翰林国史编修官，待次于家，宜属书院事。既至，修葺补苴，学事稍具，独先进未有祠，乃相育英堂东序辟屋两楹，奉乡先生陈公、高公以下凡十人，又西偏作思始祠，奉兴学县尹许、阮二侯，又陆氏之先。既成，状来征文纪石，按状曰左正言陈文介公禾，在宣和间言宦者童贯奸恶，至引上裾而谏，有古诤臣风。曰寓斋高公友文，弃官养亲，隐居东钱湖，屡荐不起。曰梦溪郑鲁公若冲，筑常充达庵教子读书，后子清之宋理宗师相。曰深云钱公埙，力田务本，笃教三子业儒，皆补上庠入官。曰南窗先生刘公准，知宋国事日非，隐居教授，终身不仕，乡人所尊。曰友仁孙公会叔与二程公敬叔端礼时叔端学，俱以师道自任，讲春秋三传于湖山间，孙有《纲斋文集》，程有《分年日程读书法》及《春秋本义》《或问辨疑》，又寓斋曾孙于山梦说冰蘖厉行，不入城府，不受荐辟，作诗有唐人风度。鲁公四世孙景尹奕夫笃守清白，讲学文绩，尝著《论语本义》《中庸大学章句》。凡此十人者，生同道，居同里，才德行义，同为乡人所宗，嘉言惠泽以淑后来。则殁而祀于乡学，固其宜也。自书院之创，多历年所，而先进有祠，始于南阳君，其知礼而能尽心者乎，苟得命于朝列之学官，则学与祠庶其有终誉矣。姑为之记。

作者简介 刘仁本（1308~1368） 字德元，号羽庭，方国珍幕僚，是元代黄岩县四进士之一，历任温州路总管、江浙行左右司郎中。对宁波和东钱湖的保境安民有功。

五柳庄
明·余有丁

五柳庄在甬东东湖青山麓下，面湖枕山，庄计百亩许，周遭凿渠，渠广一丈，渠外千树柏，渠内遍栽桃枝竹，杂以桑柘。庄前树垂杨五，建绰楔，额曰五柳。门三间，扁曰日涉园，左右阁者，右贮巾车孤舟器具，稍进植槿为篱，篱间一竹扉，曰常关门。门内堂除广六丈，深如之，中有古松一，皮皱皵若老龙鳞，而枝干诘曲可凭者，镌字其上，曰盘桓。树左右筑矮垣穴之，左曰犹存径，右曰不远途。各画地一区，广袤五丈，左藏盆花数十本，右畜诸禽，鹤三，鹿二，鸽数十。二垣外曲溪可通园圃，堂曰归来，凡三间，左一间曰遗世居，右一间曰情话室。复中一间曰觉是斋章，左曰寄傲窗，凡二间，曲通左个，右曰消忧所，亦二间，曲通右个。再后五间，傍各二间，茅覆之，周檐瓴甓，曰衡宇。最后场圃广袤十丈，缭以土墙，书墙上曰植杖场，以获稻菽、栖鸡豚。墙之外植枸杞若篱，中凿一沟，曰窈窕壑。沟旁莳甘菊及一畦术，一畦门冬，千头蹲鸱，他药称是。东南隅亭六角，曰晨熹。亭傍小屋三间，曰翳景轩。四面构卉为屏，屏下埒花台，种牡丹、芍药。其上兰十，海棠二，玉兰一，木菊一，屏花外百树杏，百树桃，百树李，五十树林禽，二十树梨，二十树樱桃，十树枇杷，五树杨梅。树下二亩韭，十亩靛，五亩茜，五亩麻，择隙地引池水，使曲，水滨置一版屋，曰引觞处。西南隅凿池二亩许，栽菡萏，状如偃月，造草阁三间俯池，曰临流阁。阁后左植葡萄四，大木揩之。右植海榴十，傍作蔷薇架木香亭。甃石池五六尺许，畜金、银鱼数十头。阁后植槐四，又后为箳篁阁，可十亩，竹数千竿，竹中茅庵曰流憩庵。庵前砌石卵，方二丈，设员石二。一池环绕阁外，纡曲如带，长菱茨茭蒲。一池广十亩，堆石其中，为十洲三岛，畜嘉鱼数百头，绕池百树，芙蓉巾舣一小舟可泛池。边支石为矶设钓竿，驾立一石，曰始流泉，泉即注引觞池中。东北隅楼三阁，曰舒啸楼。楼四角有梧桐四。楼前辟地十丈，高下蟺蜒，栽菊数十种。楼后圃十亩，曰西畴，百树柑，百树橘，二十树柚，二十树栗，二十树柿，二十树胡桃，二十树枣，十树银杏。楼左叠石为洞，洞深丈许，曰知远洞。洞上台曰矫首台。从楼上度，若阁道然。通一梁，曰孤往梁。西北隅积土为丘，曰崎岖丘。丘可五亩，丘上栽五十树梅，百树棕，二十树松柏。背丘小房二间，左曰易安阁，右曰怡颜窝，阁前立太湖石，石畔茶花二，杂莳水仙花。于阁左右归来堂、五楹堂中壁尽书《归去来辞》，设竹椅八，联竹椅二，方桌二。遗世居扁悬门上方，绘仙人像，小铜钟一，泗滨磬一，炉、瓶各一，鼎一，药枕一，药刀一，药碾一。情话室扁如之，以舍亲友，左右支床于壁间，若禅床。长桌一，衣桁匜架一。觉是斋七楹，中为龛，供家大人，炉、瓶各一，矮方桌一，矮藤凳四。寄傲窗扁悬窗前，一间左右壁下各装书柜，窗下读书桌一，读书椅一。一间设大床一，通左个备杂供张具。消忧所扁亦如之，一间设琴一，博具一，奕枰一，高低台各一。一间通右个，藏茗椀食榼垆罂鼎鬲之类。衡宇五楹，横五间，中一间为蓐食所，二间藏钱镈蓑笠，二间支土床，以宿佣作者，傍左右各二间，左二间为庖厨，右二间为从人寝处，晨熹亭之数武，环柱以桶，促膝可坐，中置一六角桌，外设竹披，蔽风雨，晴则张布幄翳。景轩三楹，中一间设小榻一，员竹墩二，员竹桌一。右一间为行厨，左一间藏灌花什器及帷幄等物。引觞处藏蒲团六，浮觞器若鹢首者六。临流阁五楹，上覆茅草，下支石柱，半在地半在池上，四面无窗，南列栏楯，东西阙横木为凳，东有醉翁椅一，瓦墩四，石桌一。流憩庵上盖藁，中眠长石两条，置石枰一。舒啸楼通三间为楼厅，厅五楹，四面栏干，栏内立长窗，窗外可旋走，长桌一，圈椅六。楼下中一间，小方桌一，小交椅四。左一间绳床一，熏炉一，盥器一。右一间设梯，梯边茶灶一。知远洞中祠土地，石炉一，石案一。矫首台台傍石栏，立四柱，可施帟幕。易安阁五楹，下铺板为枰，枰上荐以蒲蓆，上圈纸格如盖，中止一几，门南向一，窗东向二，入则脱屦。怡颜窝上如阁制，下架木栅，去阁枰尺许，栅上铺草褥，褥上袭以一毡茵，中嵌一方炉，炉上垂铁绠，悬一铜旋，一锡壶，以需瀹茗。蒲墩坐具一，南穴三牖，皆员中稍大阁。右设一陛入窝门，门挂毡幕，巾车两轮，裁元布为盖张其上，中设茵冯前施衡，可式。孤舟方底，傍列窗棂，覆以竹篷，可舒卷，中置一籚筐，可卧可坐。舟后具炊食器，上插羽为旌，两旁设舷可叩。计中宫十一亩，东南方三十亩，西南方三十亩，东北方十五亩，西北方五亩，余十亩为沟。

作者简介　余有丁（1527~1584）　鄞县高桥人，嘉靖四十一年（1562）中进士第三名（探花），授翰林编修，任吏部尚书。

梅园精舍记
清·陈锡嘏

生平有山川园亭之好，丙戌，年十三，读书城东邱氏村。其春，与朋辈放舟东钱湖，登陶公山绝顶，指点霞屿、月波诸胜，循湖而夕阳岚影与波光上下，欣然乐之。往来城市间，见万寿寺西偏孙氏日涉园，板扉萝径，竹树周遮，辄低徊留之，不能去。辛卯壬辰，与其主人子远读书园中，晨夕弥连，忘其园之非我有也。忽忽数十年，砚田奔走，仕路萦牵，望东钱湖之三神山，回首旧游，几同昨梦。子远且去而为僧，别号莲隐，一日诣余，言东钱湖九磊之麓有古梅园，老梅数百株，春初花放，望之如雪，昔有僧结茆于此，名梅园精舍，今余将继之为栖隐之所。借子一言，告诸方外。余思莲隐学佛有得，芒鞋竹杖，不难以天地为蘧庐，何有于区区数椽之卜筑？若以其地有梅花足爱，莲隐独不记日涉园乎？庭前红绿数本，每当花发，奇香扑人，色若云锦，今皆化为寒烟矣。九磊之梅虽多，度未必胜于日涉也，岂达观者犹未忘情眷焉。不能留之于彼者，犹欲得之于此耶？莲隐家有九旬老母，兄涉庵先生年七十未有子嗣，莲隐亦犹人情耳。种情未绝，山水花木之不忍舍，而独忍舍其父母兄弟乎？二三同志始为莲隐落成是庵，俾挂锡其中，晨钟暮鼓，慨然而思，日涉园与梅园精舍之兴废，有悟于盈虚消息，大化之无尽藏，天理人伦之不可一日息，其幡然而归，宁待再计耶？他日余将扁舟叩门，放棹湖心，追寻三十年前登临旧迹，因与莲隐剪烛话旧，携手同归湖畔之庵，其不如市心之屋也，请先以是序为招隐之章矣。

醉碧楼跋
清·钱维乔

癸卯秋，余以公余泛舟东湖，因宿郑氏之醉碧楼，波光岫影，萦拂户牖。旷然有买山之想。既而晤主人蓉峰，醇朴无尘市气，殆古人所谓小隐者耶。夫湖有水能滋田畴，有人德能滋子孙，蓉峰居湖滨，爰书"树兹"二字以赠之，且为之勖。

金鲤堂记

清·陈劢

　　吾鄞东钱湖中陶公山之麓，忻氏聚族居焉。余尝游其地，山明水秀，为湖上佳胜，旧有堂曰"金鲤"，初不解命名之意，询其宗老，则曰："吾家自闽中来，元初，曰宏勋，尝官庆元路，晚隐定海之金塘。明洪熙间，胜道始卜居此山，四世至玉，年二十七，病疽殁，继妻杨，年十九，痛哭而绝，三日乃苏，断发誓死无他志，以夫素嗜鲤，每忌日必设。偶值河枯，悲恸不已。忽渔父持鲤至，以一金得之。祭毕食胙，得原金于鱼腹中，人以为哀感所致。后世子孙遂以金鲤名其堂云。"余归而稽诸志乘，其言合。一日，偶与客言其事。客曰："鱼腹得金，容或有之。而谓所得即原金，其说诞妄不足信。"余应之曰："解衣剖冰，截筒沉水，涌泉出舍，侧古有之矣。孝子之事，亲至性所结，天亦若曲为怜悯，以成其志，夫妇之于夫，犹子之于亲也，其为纲常之大，无以别也。自来孝子节妇，其事足以惊天地而动鬼神，异应响答，类出于寻常意计之外，后生浅识，徒以目不经睹辄疑为天壤间必无之事，此其人自揣无此至性，不能致此奇显之报，反斥其说为语怪耳。夫岂扶世立教之意哉？"客默然而退。后数载，忻之宗人重修是堂，请余为之记，因忆前语而诠次如右。

郑氏思本堂义庄记

清·董沛

　　以吾之所有，益人之所无，仁者事也。而自来赡族之田，率以义名，何哉？博施济众，尧舜犹病，环顾千百家而汲汲焉。待一二人之力而衣之而食之，其力必有所难周，而其心亦有所不慊，施者倦矣，受者无穷，将使族之人安坐束手而享温饱之奉，是导之为游民也，奚可也？故行吾之仁，要在断之以义者，何宜也？衡其缓急，权其轻重，而无事于户，给之也。族之人自有其力以养其身，非吾之所宜知也。曰鳏，曰寡，曰废疾，则穷民矣。然而衰残癃痼之人，留其待尽之生，而余其垂死之息，其周之犹易也，为日促也。若夫盛年之寡妇，稚岁之孤儿，其身足以承宗祧之重而延薪火于子孙，其力不能任耕稼之劳而免饥寒于旦夕，其来日方永，永悬百变之境以相待，而或困于无依，则且贻门户之辱而遭沟壑之惨，族不幸而有是人也，君子之所不忍闻也。行吾之仁而断之以义，其必有所先矣。东钱湖郑氏，吾乡之巨族也。其贤者曰：樀城君，尝置田八十亩以恤族之孤寡，构堂三楹为资给之所，此义举也。濒湖而处者不一宗，匪独郑氏也。其有力者不一家，亦匪独樀城君也，而郑氏乃以义闻。呜呼！当粤寇之变，君犹子弼庵先生屏迹空山，不受伪署稿，饿七日以身殉之，义也其勇也。而君于乱离甫定，乃能以惠济之心，施及于贫弱无告之族属，其义也仁也。叔侄同时而所以为义者，不同而目之，曰义则同也。同治庚午（1870），君既殁，诸子圣锷等介弼庵先生之子世洽来请记，爰即义庄之所由名者而绎之如此，其庄中条系之约具于别籍，兹不复赘云。

作者简介 董沛（1828~1895）字孟如，号觉轩，鄞县县城人，嗜学，好藏书，于清同治五年（1866）纂成《明州学年录》，光绪三年（1877）中进士。

隐学山复放生池碑记

宋·沈辽

  隐学山之栖真寺，有放生池焉，在钱湖之阴，其流西出而南汇，其为浸五百亩。唐大历时，宏教诠师于此修行，垂三十年，有徒万指方天下凿放生池。而此寺最为胜者，以钱湖之广弥亘数百里，而虫鱼龟鳖鼋蚌之属咸集于幢下，洋洋然圉圉然，使有生之命飨无穷之乐者，于是为圣人之泽。其至乎诠师入灭，其徒散去，五代焚扰，寺与池且废，而其故址余波几不可辨，较大历之世方袍圆顶者，百无一在，而居离离，若将旦之星，或在或亡，尚谁统律哉？熙宁元年（1068），太常博士张侯峋为令，乃复改作，使聚十方僧，以宝云正公领之。未逾时而正公去，以修公主之。县为召山旁者耋，画其经界，于是池仿正矣。后三年，黄侯颂时民或治其地，益辨正之四隅，为立石表焉。盖池与湖相通而不相犯也。迨今光禄丞虞侯大宁乃始白于州，州为出檄以诏来者，然后毕复大历之胜矣。余以为放生池者，以好生之德被及群物，尧舜之事也。为政者以尧舜之事事于上，其可不谓贤于人乎？今教主修公乃昭庆法师之高弟，本天台之学，为时所依，向以余备官于州，往来数相从，请纪其因缘之绪，余方得惠施之乐而识流水之义，于是喜为书之而不拒焉。

张公翰墨记
元·叶恒

宋张即之，字温夫，参政太师卫国公孝伯子也。为石林公宅相善，翰墨神动天机，随照壁上书《醉翁亭记》暨杂诗，今为余家世宝。庆元六年（1200），以卫国公郊祀恩授承务，即嘉泰四年（1204）铨中，历官至大中大夫直秘阁学士，自号樗寮道人，历官中外，政绩懋著，封历阳县开国子，食邑五百户，赐紫鱼袋。寿八十一卒于家，赠正奉大夫。住林村市资教寺傍，其寺多其笔迹。

东钱湖碑记
清·谢兆昌

古之厚民生者，重农莫如治水。国家所以考牧守之迹，必先于此。若古宁郡则以郡东东钱为巨浸，而鄞于镇海相邻错壤。湖之四面周环八十余里，其径流所遍鄞有六乡，镇有崇邱八里，引湖水灌田禾四十万亩，而湖水南来，自五乡碶北向迤东，直达于镇之小浃江以趋于海，故崇邱不引钱湖，则田畴无以资其利。钱湖不注小浃江，则水迅无以分其势。是则鄞与镇两县泉源水脉相为表里，利益共之。所以自昔至今，鄞镇两县人民均输湖税，无有争差。明张大司马时彻宋令东冈碶文彰彰不可磨灭。乃有傅李二姓惑于堪舆之说，敢于鄞镇交界处折毁亘古桥梁，拦流造坝，使湖流百世之利阻遏不通，恃力抗衡，水浅则仅及鄞田而崇邱不沾其涓滴水，大则波高于堰而崇邱独被其激冲。夫鄞镇人民急公乐业，昔有同心，岂能逞豪户之私谋，不遵成制，快于自便，而使崇邱广轮三十里之亩疆偏枯受害乎？于是合邑士民控于县，县请于府，亲行按视，严杜侵凌，正其故道，钱湖之水自鄞入镇之区条分缕析，通流如昔。六邑之人皆诵公秉心公溥，洞烛隐情，纤悉不能欺匿。因记其始末以镌诸石。郡侯张公名星耀，邑侯黄公名官柱。

月波寺碑记
佚名

稽寺之建，始于宋淳熙五年（1178），越王史创月波楼，又于寺建四时水陆道场，当日孝宗赐"慈悲普济"额。明洪武十五年（1382），定名月波，后寺圮，大学士余构五柳庄。至国朝康熙十年（1671），余氏归地，募众捐资重建殿宇，以奉圣火，几二百年于兹矣。住持僧人更替不一，重建之业渐即废颓，公议延请阿育王寺分派永春上人主持寺事，赖其拮据绸缪，田园复业，殿宇改造，工费浩繁，不十年而焕然一新，其勤劳有足多者。今上人老矣，每向众言曰："创业难，守成非易，寺业无几，兹之修整弗替，颇积三十年心力，始得及此。后之视今，犹今之视昔，愿后之住持者慎守前绪，更式廓之，并有祈檀众之勇于护持焉。"余等思为久远计，莫如勒石垂后。爰志其颠末以为异日之劝勉云尔。道光二年（1822）壬午。

觉济寺碑记

佚名

觉济寺建于钱湖之滨，由来久矣。其地势之奇崛，宛如奔马饮江、游龙赴海，而群峰耸翠，如拱如揖，气象万千，故文人学士登临顾盼，莫不抚景留题，此诚鄞东之胜迹也。奈世远年深，殿宇渐圮。逮康熙年间，如恺大师募缘重葺，绀殿巍峨，依然如旧。厥后住僧来去不一，听其风霜交剥，梵宇灰飞，钟磬寂寥，僧徒云散。衲居杨树禅院，每经此地，闻鸟雀之争喧，睹蓁茅之滋蔓，未尝不太息咨嗟，以图兴复。但功程颇大，力不从心，耿耿予怀者十数载。乾隆丁酉岁[1]，檀越忻昌盛、余经佐、忻起凤、余叶唐、忻昭嗣诸公发愿重建，致书邀衲共肩其事，衲虽年迈，踊跃乐从，偕徒云照暨孙圣德，各乡募化，积少成多，于次年戊戌如月择吉起工，告竣于庚子涂月，自大殿山门与东西二廊僧寮厨湢，无不次第落成。盖独力难支，众擎易举，以颓垣砾瓦凄凉满目之区，一若兰若馨香莲台净洁。虽衲主持其事，然非诸公乐善好施，则点金之集，安能接踵如恺大师，而使数百年之古刹不湮没于荒湮蔓草中哉！后之居于斯者，能念前功，嗣而葺之，庶斯寺之永固与钱湖山并垂不朽。是为记。乾隆十九年（1754）。

注释：
1. 乾隆丁酉岁应是乾隆四十二年（1777），而此记作于乾隆十九年（1754），当有误。

上蒙堂记

元·戴良

洪武四年（1371）十月，大慈山教忠报国禅寺灾，住持沙门南宗定公收合余烬，结屋集徒，蚁穴蜂房，亦既遍处山间林下。然念名缁奇衲来游是山者，上雨旁风，无所障盖，乃建上蒙堂以居之，为屋前后各四楹，间中为堂，而旁立四室，室置一榻焉。经始于某年某月某日，后某月某日落成。既成，驰书海上，俾余为之记。昔宋大觉琏禅师主四明育王寺，即寺建蒙堂，以延九峰韶、佛国白、参寥潜同居以讲道，自后诸方禅席咸慕效而为之，蒙堂之建盖有自来矣。至于蒙之为义，或者有未解也。易蒙之象曰，山下出泉，蒙。说者曰，蒙，稚也。泉之始出乎山，未知所适，若童稚。然蒙之所以命名也。若夫名缁奇衲寻流而得源，睹物而悟意。其于道也，固已知所适矣，何乃假蒙以示训哉？余释之曰：学道无他求，至乎圣而已。人，莫昧于蒙而莫明于圣，犹水之微乎泉而巨乎海也。蒙虽昧，至乎圣则明。泉虽微，至乎海则巨。君子观蒙之象而果行育德，非特施于山下出泉时也，于其所自有养之而不丧也，于其所当行决之而不疑也。此学道者所以长养圣胎于是堂，处则养之以不丧，出则行之以不疑，而大觉之有功于丛社，可谓至矣。南宗当是寺回禄之余而首兴是役，得非君子之用心？而大觉之徒与南宗于此，亦既无愧于大觉矣。第不知居是堂者，其亦无愧于九峰韶、佛国白、参寥潜三人者否乎？余于是堂之成，固未始不为南宗喜，而又不能不为诸公忧也。忧之何如，欲其如三人而已矣。然三人之道不可以言喻，而可以象明。诸公出入是堂，观蒙之示训而求山下之出泉也，则知自心灵源初未尝竭，始乎养正，终乎圣功，亦本诸此而已。苟或不然，非惟有愧于三人，而亦有负南宗作堂之意矣。于是或人豁然而解，请疏其说。以为记。

四华世界记

元·戴良

距钱湖五里许，有阿兰若曰大慈，竺昙瑞师居之，其居之室名之曰"四华世界"，而命为记。余闻四华世界之说，则知西方过十万亿佛土有世界曰极乐，有佛曰阿弥陀，其人无有三恶、八难、十缠九恼，有能诚心大愿归心是度者，苟念力具足至尽命时精诚不乱，则佛为现瑞光摄受，俾得随愿以往生焉，其土极严净，玻璃为地，而饰以七宝，行树中有八功德池，池有华曰优钵昙，曰拘佛头，曰波斯迦，曰芬陀利，是谓四华也。又云佛之难值，犹优钵昙华之时一瑞世，故师名瑞，字竺昙，而以四华世界名其室云。或曰，大雄氏悯人之溺于染，著是以赞叹极乐，劝之往生，而非实有之也。故曰惟心净上自惟弥陀，则所谓四华世界，果何在耶？今师既举以名室，而又寓夫向往之私焉，则似泥夫迹之有也，失其旨矣。师曰，吾佛之道，虽有之而不有，虽不有之而有，非知识所能知，非言议所能辨，子方讥我以泥夫有，而我又惧子之溺于无也。苟一切时不著于佛，不著于法，而净秽两忘，能所俱泯，超然无有之表，则启处周旋，固未尝离乎净土，而四华世界亦岂远在十万亿佛土之外哉，或不能尔，吾见情以竟迁，识以事变，言有则泥夫有，语无则溺于无，则虽曰生四华之中，而净土之远有不啻十万亿佛土之外而已。夫如是，则四华世界又可以有无论之哉？余闻而异之，且爱其言理而明，因笔受为之记，使世之求乎无生之生者，有以知夫舟筏之在是焉。

《风光轩赞》并序
元·戴良

天渊禅师居二灵之风光轩，方外友戴良谨拜手稽首而述赞曰：观色以目，听声以耳，何有风光，揭名于此，风出乎谷，光或在湖，各各异相，如盘走珠，有大比丘，一笑而会。声色不离观听，罔碍于时，此老晏坐轩中，是心廓然，同太虚空。同太虚空，非愚非慧，轩居已望，风光亦弃。

复兴二灵序
清·陈锡嘏

甬水之东有二重天，世称东钱湖。湖中叠翠绵邈，渊渟如镜。山多不可指数，汇七十二溪于其中。山之小者，近而易穷。巨而远者，游舫病之。丙戌岁，余方垂髫，来游于兹，登陶公山，寻天镜亭，指点霞屿、月波。戊申秋，赴友人约，访大慈，过二灵，遥瞻先文介暨学士公之墓，未能登崖瞻礼为怅，诵董侍御琳之"淡烟荒草卧麒麟"之句，为泣然久之。自此耘耔研田，无缘更亲山水矣。乙卯，入都，珥笔水天。至己未，始得奉板舆南旋，正思放浪于丰皋腴壤。今壬戌春，寿昌于石禅师扣扉作别，言欲重兴二灵古迹，先往结瓢，稽昔湖寺之建，其为功也大矣。塔始于大寂国师，其后先文介公构读书之室，从游者众，遂于此讲学焉。又建兰若，延知和尊者居之，而慈室法师为继。元则恭都寺古鼎铭，明初天渊浚辟山房以居，戴九灵先生为之记。厥后或兴或替，烟冷草衰，中无寸椽片瓦之资，而于公欲徒手以为之创，不亦难哉？公嗣法天童啸堂和尚，静默寡言，慎持勿苟，其足以继古德之宗风者为不少，岂区区兴建云乎哉。然而兴复非易事也，非大有愿力者不能发是心。发是心而不能慎持者，亦不足以成其事。从来成大事者，刚猛者不能为之，而沉默者足以全之，吾知于公将有得于斯矣。夫使古刹复兴，则古墓之存可无为狐狸之窟，将与兹山共传不朽，文介父子不甚有赖乎？他日放归田里，构小亭于珑畔，修先公故事，与一二同志相羊于青岑，碧水对垂杨宿杪，听夕磬鸣琴，亦快哉。故乐为之序。

知和海尊者师，苏台玉峰张氏子，儿时习坐垂堂，堂倾，瞑目自若，父母异之，因出家往谒泐潭乾，有省。次谒衡岳辩，辩尤器重。元符间，抵雪宝之中峰、栖云两庵，有志于道者，多往见。一僧来礼拜，师问："近离甚处？"曰："天童。"师曰："太白峰高多少？"僧以手作望势。师曰："犹有这个在？"曰："却请师道。"师作斫额势，僧拟议，师便打。师初偕天童，普交问道盟曰："他日吾二人宜踞孤峰绝顶，为世外之人，不可作今时籍名官府屈节下气于人者。"交后爽盟，至则竟不相接。正言陈公禾，以计诱师出山，延居二灵，居无长物，惟二虎侍焉。宣和七年（1125）四月十二日，趺坐而逝。先是一虎威人，以偈遣之，其一卧死于烬余之地。陈公状师行，实及示疾异迹甚详。既逝三年，有僧自蜀来，问海尊者何在？人言此但和公耳。僧曰："正其人也。"见其塔曰："此非吉地。"劝为石龛，易葬之，见舍利，盈溢，光耀林表。

青山寺记

宋·卢慎微

四明山支万山，限郡控海，孰究其极？唯东南一峰，截天屏开，无云黛浓，别名青山焉。山之胜，地之灵，可以图写，可以笔记，乃曰兹山有罗汉禅院，天福三年（938）信士李降权舆也。降因感夜梦，洎达晨兴，历境荒榛，果获遗址。年代寖邈，故录不传，耆耋盲昧，厥由罔究。将以作事，谋始无乃求旧维新，遂以状告于州牧，牧伯显念休异，昭扬声形，爰听俊功，旋嘉讫役，比徒鸠众，祐邦福民，然香续灯，晦旭谁怠？佛因孔明，灵应具彰。天祐元年（904）中元日，日中有十六僧，胜翔出现，萃于山颠，远近咸睹，逡巡而灭。时许王方治江左之地，闻而异之，乃锡院额并纪，实以罗汉名焉。厥初以降，距五十祀，六移权势，丹楹刻桷，雕墙峻宇，蔑有完者。大平兴国八年（983），有宝宁上人嗣焉。上人冰雪励行，水月空性，以为真关不可以泥丸封，法轮不可以金柅止，是庄严于眼界，随制度于心机，内竭泉货，外募檀施，补葺圮落，变革畀瘝，计较工用，骈罗杞梓，是经是营，不越期星，厥功告成，莫之与京，利既根矣，善亦涯矣。则尝谋曰："夫传法则称祖，证相则为因。祖其祖，因其因。"于是率财造法堂矣。上栋下宇，以待风雨。栋宇其颓，像设畴依，于是率财修罗汉堂，重建正殿矣。井之德养而不穷也，泥而不食穷其甚乎？于是出己财治井并盖井亭矣。彼众员来，我居未宽，于是出己财买山拓址矣。食廪未裕，农厨乏供，于是出己财买田立庄矣。作无不济，求无不获，于是感乡望黄仁昉，高承德及黄德进妻洪氏、男尹京，舍山并地矣。夫如是，元风扇俗，钦崇上士之慈仁，大化摄心，胥会众生之归向，轮奂已就，瞻仰斯在。一旦，上人谓慎微曰："有为之迹，斯言可征，愿托记述，以垂悠久。"慎微曰："嘻，若夫如来之教，横于四海也，惟皇启迪则可久，惟徒扶树则可大。可久之谓德，可大之谓业，式德以业，瞽瞆之所信念。"余不敏，又何足文之也哉，直能终始前后之由，刻于贞石，庶图不朽云尔。时景德三年（1006）十一月九日记。

重兴碑记

清·张起宗

夫山川之融结凝聚，苞含闳巨，曾峻平衍，瑰奇莫可名状，天开之地，辟之而谋协焉。要皆为古佛道场，非凡夫俗士所易得而栖迟者也。然其间兴废有何常哉，当其兴也，绝喧离嚣，复然异境，雕楼峻殿，供养庄严。及其废也，穷年寂灭，旷劫萧条，荆芒所聚，猿狖居之，此何以故，盖造化之深机，固有待而兴者。郡东青山禅寺，创始于晋天福间，在唐天祐中中元日，有十六僧见于山顶，逡巡而灭。宋陈文懿公居仁因建罗汉院。大中祥符三年（1010），赐青山惠安额。元住持古鼎铭禅师居之，建钟秀阁，一时名公，如袁文清桷、黄文肃潜辈，皆与师交契，题咏成帙。入明，天渊禅师、清浚相继住持，二公皆有道高僧，说法于二灵两山之间。天顺中重建，复圮。崇祯初，有越僧无公宿草昧，众欣然曰："此地当复兴矣。"乃谋于近檀叶氏，缚芥盖飘与同里妙莲锄荒结屋，仅蔽风雨，守晨灯夕课而已。清顺治间，得归宗上人成源，源言貌非常，乡耆忻尔□等欢然引接入寺，源以缩衣节食、霜肩云足之经营。□靓善缘辐辏，胜果有因，殿宇落成，山门巍焕，塓造金容，周环备设，蒙堂寮舍，众始得而休息讽诵，俨然复丛林之旧观，上可以祝嵩寿而庆升世，下可以共道俗面导熏修。今延际公开演毘尼，化招提而为觉城，不谓山中野外，成此兰若，将使青雷峰畔讲诵之声，与二灵钟鼓答响无休。然则废此而兴，不有待欤？工成，乞记，余深有慕焉，乌乎辞。

游候涛山并东钱湖记（节选）

宋·吕祖俭

初欲自是（阿育王寺）过太白山，以皆欲归，遂止为东湖之游。诘旦，即行步至宝幢，市舟过下庄石山，系舟钱堰下，日犹未中。钱堰即东湖之湄也，登岸，休于史丞相之旧居。湖山在前，若几案间物，其廊庑位置大类括苍刺史治所，特屋楹之数不及而已。厅事之左曰"湖山胜概"。久之，与叔润诸公循堤而行，遂至梅园。林木蔬茂，台榭清深，野色波光，皆可坐致。又纵步至月波山，即史氏所赐寺也。中有所创石洞，若天作地生之状。复还憩，端叔、开叔皆置酒，因泛舟湖中。风自四山而下，掠茭芦而过，猎猎有声，俯仰其间，不能舍去。舟子亦解人意，放舟入深处。三鼓余，月色始明，回思往岁五云樵风之集，恍若一梦。舍舟登岸，或从容于林下，或容与轩前，皆有"明日隔山岳"之叹。

东钱湖与广德湖，灌溉民田甚众。广德湖在西门外，今废为田，以其租入赡水军。东湖虽存，然久湮弗治。希度为予言，向尝居于东湖，其地势盖东高西下，而山涧皆在东，父老相传其别有七十二，今独上水、下水二派最阔。水性就下，自东趋西，遂以成湖。其西亦有小山，因两山之间，筑为六堰以防水，疏为三闸以导水。堰之首自南而北，一曰莫支（枝），二曰钱堰，三曰高抽（湫），四曰平水，五曰梅湖，六曰栗树塘。莫支（枝）之水号南沧湖，西望寒（韩）岭，倚周家屿之中，依山可以居。居人欲售其地，而未有售之者。三闸得之，水多而不可先启者，此为最。东南有二灵、象坎、隐学诸山，及道人茅庵甚众。希度又为予言，往岁尝大兴工役以浚治之，而不得其道。去葑泥无尺许，而复积于山间之隈，是岁虽平望渺茫，若可以奏功，然未久，蓁泥复泻注于湖中，茭芦丛生，湮塞尤甚。有为买葑而运诸海之说者，其利害亦未尝详也。

自东郭还城，过鄮郭，亦不能访其遗迹，还家日已暮矣。

大慈七山寺观记

元·朱右

丙申，行万松关，不六里，入小径。又八九里，度木公岭，将访史氏七山寺观。道经下水，溪谷盘聚，山水明丽。人指为史之先二世坟茔在焉。地理家谓三相二王之兆，岂其然欤？复从下水入山南，谷盘益窈曲，邃然深秀。七山寺观，星列棋布于十数里中。自妙智、宝华二寺，抵卫王墓下，见宋理宗所制碑，已刓剥不可读。出慈视岩，仰见三峰，口地千尺，林峦池壑，益增奇胜。于时日落西崦，岚霏悠扬，四山尽紫，楼台参差，掩映木杪，其境为七山冠，遂宿大慈。噩梦堂、康穆掩二老亦偶客山中，顾久别遇见，为喜殊甚。相与剧谈，慨今念昔，坐至夜分。

蚤起出山门，东行三百步，有寺曰"悟空寺"，僧迎客具茗。又东行二百步，转山北麓，当大慈东峰下，有观曰"悟真"。又北行三百步，入山东麓，曰"太清"之观。观以南出，循山趾迂入北山之南麓，曰"旌德"之观。三观鼎列两山间，共奉卫王夫人潘氏祠茔。道士薛克明，予同里人也，遇之旌德，一见道旧，留设酒肴，醉复回寺。

戊戌，薛君复来，引客度岭，过报恩院史太师及越王墓。出上水湖岸。访袁文清公祠，见故人孔肃夫氏。肃夫有文行，自溧阳辟地于兹。既见，命舟入湖，抵霞屿寺，石洞深窅，目为"小补陀"。复登舟，过月波而日莫矣。因思史氏三世相宋，扬历二朝四十年间，无复中原之志，乃安意于山川奇观之美，构释老之居，动至万间，至于无地可容然后已。田园之入，亦复是称。何其用心之若此耶？！

作者简介 朱右（1314~1376） 浙江临海人，在元朝官至江浙行省左右司都事，转员外郎。元末曾在鄞县旅游，写下《游四明东湖诸山五记》，其中之一即为《大慈七山寺观记》。

福泉山精舍记

清·李邺嗣

凡海内奇山异水，惟释氏得居之。盛唐时，天下寺四千六百，诸招提兰若四万有奇。盖建梵竿立寺，须丛林高敞地，若无诤兰若，即五里闲静处，所在有之。至于遁迹山谷，依一岩一树，束一茅，露卧霞餐，已过练若中人矣。乃复有枯心减景，高寄人外，栖大雪中，栖大风大雾中，栖大瀑中。飘精削魂。寒浸肤骨。此非数十年禅宿、形神俱牢、气充体实之辈，不能久栖此中、盎然自得也。

余年五十，厌闻人祝年，因与老友徐霜皋先生约，出门作山泽游。闻福泉山岭有精舍，主人为直庵禅师，遂泛舟历东湖霞屿，自大嵩岭舆行上二十里至山。山本为龙所居，其上绝顶临海，常有大风雾，土无毛。土人非大旱请龙，樵径俱绝。至神庙初年，始有僧缚草此中，人龙并宅，时人称为莱菔乾禅师。自后有天台广接禅师，始创为精舍，其徒慧海守之。逾二十年，请古拙禅师主席。拙公去，更请直庵禅师继席。盖二公俱出山翁老人法嗣也。余辈造山房，天已暝，直公出山庵所有，烧灯快集，至夜分。

次日早起，惜天阴不得望日出。已稍雾，出望，见大海浮寺门，若在足下，钵盂峰为我前几，巨涛澎湃，海中乱礁点点，黄牛大峡若小犊伏草间。离寺门数丈，即龙潭。自辟精舍后，山始有树有草。徐还憩山堂。白云片片自外来，起拼扉不使入。已而，云起佛座，起床下，复须开扉放之出。

佛身日为岚蒸，常有微汗。梵鼓逾再暑，即溽无音。禅堂柱椽，俱用山中坚树，历数年渐糜如粉。一方袍，二三年辄坏尽。常于腊八日，四村近事男女百余人上山礼佛，大雪骤下，须臾山径尽封，百余人守山食僧厨，年夜粮俱尽，至雪霁，锄开一径，始得下。有牧马二伙十余人，知山中夏凉，善水草，遂驱马数十头上山散牧。二伙卧佛堂索僧食。是夕，龙闪闪出挂树梢，噢马，立死数头。二伙大惊。次日，各负死马，驱余马下山去。居僧具述其事若此。

余苦肺，时已首夏，甫再宿山中，即畏寒，不敢留，遂与直公别。别行不数十丈，大雾忽起，七步内不辨有人。雾溇溇有声势，夹风夹雷夹雨，黄父魍魎，左右跳跃。余辈欲发声，气辄反噎；欲往，两足轮转，若有蹑其后。数人牵扶，疾行五里，至埋云庵，雾始收。余辈布袍尽如注，坐久起，徐行五里，至水磨岭脚，仰望埋云庵，若在天半，从此上至福泉，至若天上矣。

余每与霜皋叹此游之奇，惜未记之。今岁直公自山中过余草堂，相别已八年，云前岁山堂梁椽俱坏，已尽易之。而直公体殊健，颜色益好，肤肉之躯坚于树干，此非余所谓有道者耶？直公复言："山中未尝得佳客，惟居士一至。是行专请居士作一记，为山凿空。"余唯唯，既而喟然曰："吾乡东在天尽处，天尽斯海飞。此山上接天，下接海，鸿濛新辟，亦为世外一奇水。而自莱菔乾老僧凿荒历百年，文章之士未尝至，然则凡海内奇山水，亦只让释氏有之耳。"

余因为记之，传诸同好，庶后人有读余文一续余游者。

作者简介　李邺嗣（1622~1680）　明清之际鄞县人。少有文名，与父亲同为抗清志士，曾两次被逮下狱。然好义之心不减，曾不惜倾家集资，营救余姚黄宗炎。张苍水就义杭州，他与万斯大等为之营葬。

客越志（节选）

明·王稚登

廿八日，夜泊宁波西门。宁波古堇子国，为越东南境，勾践灭吴，欲置夫差甬东君三百家，即其地。廿九日，大雨，孺谷遣舟来迎，寓客宝云寺，借香积，治供具燕客。别久乍见，喜极不能为寒暄语。二季征孺、君孺皆来访，又要余君同集。君房名寅，余友沈嘉则尝称其人，不为生客。席上听孺谷谈锋如云，若对幽并健儿，金甲貂衣，面有河朔之气，信快士也。淫雨不解，旅思顿生，往往得孺谷高言消之。

六月朔日暮，尚书公招燕，同集者包参军、李山人。尚书器度凝立，如青壁镜岩，好文下士，有古大臣之风，评诗骘赋，一发破鹄，谈东湖之胜，留余游甚坚。然余病怀摄摄，心已在金昌亭子下矣。……

初三日，天溽暑，浮屠石础皆湿。孺谷与张山人平叔来邀游东湖。出灵桥门，过浮桥，小顿补陀寺。寺外有石浮屠七，殿中白衣观音沉香为躯，坐大圆镜中，镜大可寻丈。入后殿，庸之、君房、建初已先在。午斋僧寮，斋后登舟，舟凡三，一大二小，大以载客，小以载酒及童子辈。

明州海滨泽国，乱流争趋，其治水之法，因形创制，纷纷别名，凿而潴之曰陂，疏而导之曰渠，障而高之曰堰，堤而石之曰硖，枢而运舟曰坝，以时停决曰闸，方舟连络、车徒并济曰浮桥。是行三十里，过一硖、一浮桥、二堰，而后达茂屿山房，尚书公别业也。门左琴山，上有步虚亭，坐久之。孺谷邀入后圃，寒涧在门，梁石而渡，小山幽靓，木涓涓。亭曰品山，沈嘉则所命名也。园公言数日前虎来踞亭中，客俱恐。入山房，看门前白莲初开，香气中人，酒皆醒。是夜宿山房，雨大作，孺谷订客，明日虽大风雨必游湖。

初四日，朝飧后发舟，先至莫枝堰。留大舟于堰上，以二小舟过湖东行。湖名东钱，又曰万金。山昏木乱，浓丹浅碧，不知凡几十重，余心已默赏。孺谷在中流，问此何如西湖，余故谓东施效颦耳，孺谷大呵不肯下，诸君相顾绝倒。青鸾大如鹤，群翔碧藻间，乌凤鹊身黄味，黑光如漆，皆吴中所无。余心异之，不为问，以待客自名，始得识。盖恐孺谷揶揄我也。诸君知之，则又大笑。

参军指前堰人家，乔木重重，皆史氏。史出宋丞相弥远，弥远援立理宗，权宠震代。由父浩以降，蝉联黄阁者五世，其三世皆生封王，坟墓悉在湖中。云仍至今称鼎族，家家有珍木丽石，皆平泉遗物也。泊舟登霞屿，屿在湖心，四面皆断，中有补陀洞天，史丞相时大母叶夫人目盲，欲浮海参大士，史虞涉险，凿此洞，侍叶来游，绐云"补陀"，因以为名。洞深百步，前后通行。寺屋尽倾，一有发僧在，饮酒数杯而下。

问大慈路，久之，乃得舣舟。雨大作，流泉横道，僮子皆有难色。余摄衣自持一盖，袖中皆作泉声。道旁石表离立，问皆史氏残冢。行三里，至大慈，过史丞相墓，墓前穿碑断裂，雨甚不可读。冒雨入墓门、松关，再折，始见华表，作石笋形，湖石为趺，色深紫，石马绣鞍繁缨，昂首欲嘶。又上，小屋庳暗，龛像梁间凡四，浩、弥远父子、妇姑也。像才二尺，冕族、雉衣，尚具王者威仪。木主数十错其中，不能一一问。葬地半亩，石垣四围，不广而坚。石将军二，石翁仲二，雕刻如丝，皆非今制可及。宋柏二人围之不尽，沉沉半黑。石为阙门，树生其上拱矣。双冢相并，卫王夫人合璧其中。正德间为盗詹检尸所发宝玉，盗尽出其尸，须髯如戟，史氏裔孙为盖藏之。呜呼！东园梓器、黄肠题凑之属，乃不能自卫残骸，安用锢南山石为哉？与孺谷把臂为歌去。

大慈寺门外亦有石塔七，大过补陀，而圮其一。塔下万工池，史氏所凿。寺为史功德院，赐田逾万亩，今为豪家夺去，尚存什之三。从僧家竹厨然松薪燎衣尽干，乃出坐方丈。僧不贫，能炙鹅饭客，皆田所入也。宋殿悉毁，新建者茅茨，无足观。饭后出读史王墓碑，文撰、丹青皆出理宗睿制，今破碎不可收拾。僧言少年及见詹氏发墓时，知碑下有金丸，并掘之，碑仆如雷，林谷皆鸣。是夕，宿僧显房，山深虎多，门早闭。大雨达旦，僧俗不能持课，钟磬为之无声。余及诸君对窗里青山，自相慰藉而已。

初五日，雨，庸之邀过其墅。道上鸣涧，比来时十益其五，客不能行者，借僧家马骑去。余复持盖，取故道入，舟行数曲，得参军墅，命童子摘雨中杨梅，出酒饮客。读孟浩然诗，自谓风流不减。舟还，出梅梁堰，雨益作，客皆倦卧篷底，顺流及郭，犹未暮。舣舟李山人庄，登陆，邂逅屠田叔。田叔父中丞公尝开府吴中，为尊官，而田叔萧然如寒士，不问不知其为中丞子。庸之、君房、平叔皆别去，余与建初、孺谷入城，孺谷急甚，过寺门不能入，竟去。寺僧手刺三，言方别驾、周中丞、余太史来顾，皆不值。

作者简介：**王稚登（1535~1612）**，江苏吴县（今苏州）人，是明代吴门派末期的代表人物。嘉靖、万历年间，布衣、山人以诗名者有十数人，然声华显赫，以稚登为最，主词翰之席三十余年。

还簪纪

清·徐时栋

咸丰二年（1852）夏，东钱湖有男子自城中乘航归，登岸，见少妇前行，堕其簪，拾而袖之而随之行。行数十武，觉，返觅，无有，色仓黄。男子睨而笑。妇问曰："客岂见吾簪乎？"微露其袖中示之。妇哀曰："吾假诸邻，以归省母而失之，吾家贫不能偿也，幸还我。"诺之，而袖簪前行。妇不得已，随之行。迂道入山僻，将私之，不可。强之，固不可。男子忿然曰："不可，已耳。"袖簪遽去。妇不得已，呼之回，涕泣将从之。男子怜其状，忽心动私念曰："使吾妻不幸而为人逼迫至于此，吾岂独甘心乎哉？"遽止之而还其簪。问其夫，迩村人也。曰："日下晡矣，道远，吾送汝归尔。"妇既归，隐其情，而以还簪告其夫，夫德之，往谢，由是两家通闻问如旧姻焉。其明年，当还簪之日，男子复乘航将入城，航人方权舟待他客，而少妇复以省母过其旁，见男子坐船头，问焉往。曰："往城中。"呼之登岸，曰："为我买用物。"而以烈日行数十武，荫大树下，语刺刺不已。既别妇，返视，则航行久矣。不得已遂归。是日大风发湖上，航行数里，覆一舟，无脱者。于是男子惊曰："夫呼我而登岸者，乃鬼神使来救我者也。"始以其情告村中，村中人皆大惊，无敢有邪行者。

徐子曰：舟覆而一航者皆死，彼男子亦劫中人耳。浸假拾其簪而不归，妇于男子为秦越，而男子死于贪矣。浸假归其簪而私之，妇视男子如寇雠，而男子死于淫矣。一念之转移而遂得生，而不拯之以他人，而即以其人。而不报之以他日，而即以其日。盖鬼神乐于人为善，而显示人以报应者如斯夫。

济众亭记

郑孝胥

济众亭记，鄞县东钱湖当陶公山之麓，渡湖者趾错于道，候渡者露立于壖，而无以蔽烈日，避风雨。曹君兰彬念行之困用，独力捐金钱，建亭于湖侧，既成县人便之，咸颂曹君之好义，曹君抑然不敢居其名。有知曹君者曰："此曹君事亲之孝也。"其母李太夫人乐善若天性，见义若已责。而曹君昆仲所以承欢者，非徒服劳色养而已。必就太夫人耳目所及，他人所不及为者，殷然引之，以为己任，太夫人颐而乐之，则为之十日欢。曹君非以是为沽名市德之举，特其先意承志，而不自觉者也。闽人郑孝胥，闻而贤之，乃名其亭，而为之记，戊午七月。

小普陀碑记

据《东钱湖志》记载，南宋丞相史嵩之与其三弟吏部尚书龙图阁大学士史岩之，为尽孝心，以遂年老眼瞎母亲到普陀山进香之心愿，在霞屿寺旁凿观音洞，建成后史岩之陪母拜观音，娱称此即普陀山。后人遂以称之"小普陀"，又称"小

629

补陀"。东钱湖中霞屿山之霞屿寺始建于北宋末南宋初,据《延佑志记》载,寺于明洪武十九年废,又于明永乐二十年修复,据《成化志》记载寺于明宣德八年重建。后寺毁洞没。霞屿山上种植蔬菜瓜果。

1976年秋,鄞县整治东钱湖,筑湖心堤,在霞屿山清基时发现山下有石洞,即日傍晚,鄞县整治东钱湖工程指挥所罗经衍与船工忻洪涛举火把,涉齐腰深寒水进洞探察,发现洞内拐弯处有一座菩萨,头部已断裂,并在石座后面之污泥中摸到菩萨头像,洞之石壁上有栩栩如生的五爪金龙,在蓝色云天里有飞腾之像。对面是一尊浮雕韦驮。事后报告指挥所,指挥所负责人张振川鉴于保护文物,停止采石,保护石洞,并请县、地、省文物专家考证。该洞深四十一点四米,宽三米,高二点八六米,南面洞口上铭有"补陀洞天"四个隶书大字。与明嘉靖年所编的《东钱湖志》记载的"史相凿洞,以娱母,名'补陀洞天'"相吻合。后几经反复,1986年10月被列为鄞县重点文物保护单位。

1991年经鄞县人民政府批准,在补陀洞天右边重建霞屿禅寺,先师太比丘尼安清、月莲开山建寺,现任主持比丘尼了觉更发扬光大,十方檀越解囊捐资,政府着力支持,使"千重云水环补陀,十里柳松抱霞屿"之水天佛国重放异彩。

仇国华撰,周宗毅书
二零零一年八月

注:碑立于霞屿禅寺广场。

史浩碑记

史浩,名若纳,号直翁,鄞县下水村人,生于宋崇宁五年(1106),卒于宋绍熙五年(1194),享年八十九岁。史浩四十岁时中进士,先后担任尉、盐监、郡库、周子博士、建王教授、宗正小卿、翰林学士、参知政事等职;二次入相和提举国史院编修,侍读等职,后期递封为永、卫、鲁、魏等国公少师、少保、太保、太傅、太师等。去世后又被追封为越王。著《鄮峰真隐漫录》五十卷,《外集》二十卷,《论语口义》《尚书讲义》二十卷,《周礼、天官、地官讲义》等著作。他的书法作品现存北京故宫博物院和上海博物馆。史浩在朝掌政时,能宽容施政、体恤民情;能引荐人才、关心教学;能引咎直谏、二次罢相。提议为抗金英雄岳飞平

反,被宋孝宗采纳。他提出"内修政事、外固疆围,上收人才、下裕民力,乃造良将,练精卒、备器械、积资粮"等治国思想,值得我们研究和探讨。继史浩之后,其子史弥远,其从孙史嵩之先后出任宰相,三代在朝六十年之久,在历史上有"一门三宰相,四世二封王"之称。

仇国华撰,周宗毅书
一九九九年六月

注:碑立于下水史氏宗祠八行堂边。

重建十方云南寺碑记

十方云南寺始建于宋代,改建于清嘉庆年间(1800),大修于清同治年间(1870),历史悠久,乃钱湖古迹。山高林密,清幽高雅,曾是老年群体诵经念佛、修身养性的清静福地;也是劳动者间歇休憩、避风躲雨的重要场所。功盖乡里,惠泽四方。20世纪后期因众多原故,且风雨久袭,濒临倒坍,古寺将湮没绝迹。韩岭村民自发兴起重建云南寺倡议,得到十方赞同,自觉奉献建寺。公推管理执事,于庚寅年(2010)三月奠基,同年十二月大殿竣工。以后按经济状况逐步扩建相关殿堂及配套设施。凡赞助奉献者立碑永传、铭记史册。一切财物务必专项使用,檀越有权审议。清净佛门,务守规诫。

重建的云南寺是东钱湖湖南隅集山岭、寺庙、茶艺文化等的旅游胜境。

金辅康 撰
二零一一年九月

东钱湖之游

郑学溥

立冬方过,寒流未至。十月小阳春,天气晴暖,正宜出门浏览。于是约老同学六七人,同访幼年时读书之处——东钱湖史家湾。在史君美堂之"话雨楼",借为李君钦风七十祝寿之名,剪烛话旧,畅叙幽情。座上宾主,须眉皆白;最长者为何仲刚老人,今年八十有七;最幼者,为李君钦泰,年亦六十有六岁。

话雨楼背山面湖,四向开窗,登楼眺望,身在画中,史君原在上海徐家汇工

作,前几年退休还乡,隐居于此。今日白头相聚,其乐融融。

何老首先提笔,有三尺宣纸上疾书一联,赠与史君:"半生风雨傍徐汇;一担琴书归史湾。"精炼概括,一字千钧。真不愧为文坛老将!

桑君静俭诗兴被触动,放下酒杯,即出一绝:"夜聚钱湖老友家,旧题诗句未笼纱。微波洗净萧萧意,饮尽黄昏月半斜。"

金石老手卢石臣和云:"话雨楼头来旧雨,旧情又见一番深。笑看白发浑无事,回忆童心此处寻。"

次晨,泛舟湖上,漫游"小补陀"、二灵山,凭吊"陶公钓矶",眺望"百步耸翠"。所谓小补陀,原是宋朝大臣史岩之娱母之筑。在霞屿上,凿山石为"观音洞";石壁上凿有佛像。洞前后穿山可通,中可容五六十人。年久,洞口为土所掩,人皆不识。前几年为筑湖心堤而就近取土,遂得洞口。洞门石上有"补陀洞天"四个隶字,清晰未损。此外本亦玲珑幽雅,然竟成善男信女们之佛事活动场所,屡禁不止,良可慨叹!桑老高吟道:"长堤横断一湖波,柳径通幽小补陀。烧烛拈香问杯珓,人生意义究如何?"

李老一诗更有风趣:"二灵夕照淡秋波,寂寂千年小补陀。担土移山得仙洞,愚公不见尽愚婆!"

从"补陀洞天"到二灵山,水路较陆路为捷。山在下水江口,是个半岛。山上有一七层石塔,系五代时文物。旁有二灵寺,宋熙宁年间,正言陈禾(文介)曾读书在此。二灵山并不高,三面环湖,一边连福泉山麓。以其交通不便,故更显幽静。船埠即在寺前,石塔在山顶,有小路可通。何老已八十七高龄,不仅才思敏捷,而且登山越溪,健步轻松。众皆服其太极之功。

记得宋代时二灵寺祖铭禅师有一首《二灵》诗云:"为爱山灵与水灵,一庵高古白云层。风光只在栏干外,半属渔樵半属僧。"十分超脱,确非尘俗之人所能道出。

二灵塔位在湖之东北,每当夕阳西下,光照塔身,大话从远处望塔,宛如一枝玉笋,矗立在碧山金波之际,蔚为奇观。"二灵夕照"就成为钱湖十景之最。但身在塔旁,则无从睹此美景。"不识庐山真面目,只缘身在此山中。"信然!

老友、美景,使人恋恋不舍,一日之游,实在兴有未尽。因叶君元章明日宁大有课,乃不得不散。余于归途中口占一绝云:"岚影波光锁史湾,湖山依旧少年颜。留连岂止耽佳景，知己相逢别更难！"

同游者：何仲刚、桑文磁、庄亦周、史沛亭、忻仰之、卢石臣、郑学溥、叶元章、李钦风、李钦泰、史美棠也。时在1987年10月。

第四节　疏

宋史浩疏九篇

请伦讲师住月波水陆院疏

史浩

风烟佳处，钟梵饱闻。下临万顷澄波，中印一轮明月。龙天呵护，两宫之睿藻交辉。星斗昭回，储禁之神毫焕发。来居此地，拱俟当仁，伦公讲师，得隽祇园，传芳台岭，口角妙谈，三观胸中，绝挂一丝，屡主名蓝，争驰群衲，宜向无碍道场滋味乳，更于甚深宝洞肆潮音。优昙华忽尔重开，果符众望灵山会俨然未散，永祝帝龄。

请如大德住无量寿庵疏

史浩

东湖万派琉璃，下水千岩翡翠。中是曾先之窟宅，久烦神物之护持，辄企巾瓶虔修香火，如公大德凤驰道誉，绰有慈风，虽明净摩尼，已绝纤尘之染污，而清深兰若尚祈大手之发挥，便好承当，不须拟议。

请道监院住教忠报国院疏

史浩

卓矣生全，纯孝归欤，天予吉藏。眷惟我祖之灵宅，是真仙之窟，松楸已拱，香火久寒，必得其人，乃膺此选。道公大德，入启霞室，登真隐园，瞬目扬眉，既闻指诀，搬柴运水，莫匪神通，仁大阐于慈缘，以一新于胜地。

请云讲师住上水辩利寺疏

史浩

路当双涧会，门有两山朝。文宗之翰墨犹存，名族之松楸已拱，常嗟胜地未遇当仁。来者纷纷，随分经营于粥饭。去之寂寂，何心欢略于风烟。宜得俊流，可毕能事。云公讲主六尘，休复三观淹通。昔年驰誉于青莲，今日应缘于辩利。会见残僧野寺，化为古德丛林。便请承当，毋烦辞避。

请涧大师住上水教忠报国院疏

史浩

丹桂丛中，耸二亲之吉兆。白云深处，俨诸佛之道场。欲挽巾瓶来修香火，涧公大师郁为法器，绰有化缘，奋双拳创建月波山，咄嗟已就。渡一水再兴安乐刹，谈笑可成。行看一代宏规，永作诸方嘉话。惟兹快便，请勿牢辞。

请罙首座住上水教忠报国院疏

史浩

拱秀发之松楸，久为吉地。焕光腾之金碧，中有梵宫。欲成古大道场，必待得真法器。罙公讲师学明止观，法妙闻思，能于在处建立伽蓝，宜向是间发挥丛席。会看栋宇，敞百代之骈爔。更俾钟鱼，饱十方之云水。以此无边，佛果用酬，罔极亲恩，便请承当，毋烦退避。

教忠报国院募观音殿砖瓦疏

史浩

东湖胜地，上水精蓝，耸吉祥安乐之名山，俨妙智圆通之瑞像。邃殿昭回于奎画，普门示现于灵踪。虽雕梁玉舄之仅全，而盖瓦级砖之未备。辄凭谛信用助骈爔，勿生有限量身心待。私家而成就，当起无住相，布施随生处，以庄严报应，靡差慈悲，广摄一念。既萌于自己百祥，岂属于他人快便。真尔难逢当机，切忌蹉过。

月波山求化疏

史浩

鄞有钱湖，古称洞府。山列千寻之翡翠，波涵万顷之琉璃。即苹叶藕花之中，立梵刹宝坊之胜。神呵鬼护，煌煌帝所之宸奎。凰翥鸾翔，弈弈青宫之墨妙。天童育王与之鼎峙，道人衲子是以云趋，展本之众加多，入廪之储未裕。虽丰浓香火，咸推讲忏之至严。而扣击钟鱼，唯虑堂厨之弗继。是用谋及龟筮祷尔龙天，远投谛信之家求衍膏腴之地。喜既垂于青眼诺斯重于万金，倘今累陌连阡稍归下处，会见发祥遗祉俱萃高门，共成常住不拔之基，永祝至尊，无疆之算。

二灵山普光院求化疏

史浩

一山孤秀，宛在水中。四兽争雄，皆为从者，乃东湖尊贵之地，有二灵胜绝之名。韶国师曾此结茅，和庵主继，因卓锡久成湮没，兹发光明，虽勅额新颁，龙天欢喜，而梵宫残废，云水寂寥，辄登檀信之门，用丐缾罋之赐，倘垂金诺，成此宝坊，施顷有限之资财，报受无穷之福利。（《峰真隐漫录》）

作者简介 史浩（1106~1194） 字直翁，自号真隐居士，八行高士史诏的孙子。绍兴十五年（1145）进士及第，隆兴元年（1163）任尚书右扑射，同中书门下平章及兼枢密使，几月后罢相，淳熙五年（1178）又任右丞相，封忠定王。

第五节　表

清处士忻延寿墓表

清·高振霄

钱湖忻君没后五十七年，而其配袁孺人以卒，既祔葬，葬后十一年，其孤锦崖以状乞余为文以勒诸石。顾其事有足以风世者，曷敢以不敏辞？君讳成镳，字延寿，鄞县人，居钱湖陶公山之麓，先世业农。祖讳汝修，食饩胶庠，为名诸生。父讳惟南。及君，复力田。君少失怙，事祖母张太孺人、母王太孺人以孝闻，抚弱弟以友爱称，不幸夭其天年，惜哉！娶袁孺人，婚二年而君卒，卒后四阅月而举子，即近所称笃志湖事之锦崖者也。孺人艰贞卓绝，忍万死为支撑门户。计凡君有未竟之志，皆孺人先之竟其事。孺人年十七归于君，十九而寡，苦节劲操，摒挡家事，历数十年如一日，至老而神明不衰，居恒语其子，以湖事为勖，曰："竣湖，大举，吾老矣，不及见其事之成也，毋锐于始而怠于终，汝其识之毋忽。"先是有志士曰，张明经品阶奋义集资，浚北郊河道，功既成，又慨东钱湖为三县八乡水利所关，自宋迄今，年久失修湖壖涨地多为居民所侵，湖身渐隘，其害不可胜言，于是议大举浚凿。其役重，限于力，赍志以终。锦崖尝受业于明经之门，猛以湖事自任号呼奔走，遍于乡人士之门，议且成，为忌者所梗，遂不得行。锦崖只身走京师，诉于朝，冀其志之必达，而初非为修怨计也。朝下其议于省，文檄督趣，词意严急。当是时，地方有司方搜括地方公积，疲精骇汗，以措举新政。为报最地不暇根本重计为念，而前之梗议者方出而执地方之柄，卒以迁延因循，坐失事机。近则地方财力已罄矣，向之号为富壤者，不数年间罗掘无完肤，郡之人皆恤恤乎有朝不保夕之虑，且夕天灾猝发，盗贼乘间以起，为顾景备患计而力有所不堪者焉，能为地方大利谋数百年之效耶？亦可恸也。而锦崖持之益坚，人皆以为愚而不恤，焦唇烁掌，无少回挠其志，亦可哀也。忻君可谓有子矣。君卒于咸丰五年（1855）乙卯秋七月癸酉，年二十有一。孺人卒于光绪二十七年（1901）辛丑秋七月庚午，年六十有五，葬于珠山之麓，孺人以节著能，继哀孺人之踪，有司上其事，获旌表如例。

第六节　志

重建宁波鄞州东钱湖陶公山忻氏宗祠志

仇国华

四明忻氏，源于闽南，宋在滁州，迁居镇海，后迁鄞县，世居陶公，祖训听彝，孝友亦政，本仁为仁，竹介取义，史册闻名，入仕清廉，

从軍勇猛，经商重信，务农勤耘，尊师重教，儒风继承，居家孝悌，
待人诚恳，长幼有序，叔伯团结，慈善助人，族风敦厚，民心朴纯，
庆公美德，无价之珍，千秋万代，永不忘本，改革开放，世纪飞腾，
温饱已得，小康相奔，四房联盟，重建宗祠，以孝为本，堂名四合，
告慰英灵，我辈誓言，后土作证，崇尚科学，探索求真，爱国爱家，
四化必胜，立足乡土，八方献能，利人利已，美好前程，优生优育，
人才盈门，敬老扶幼，如沐春风，生态环保，增寿益身，后裔相聚，
醇酒裔樽，祭尊列祖，荫泽后昆，湖山秀美，五谷丰登，企业兴旺，
财源滚滚，寿比南山，天助祖佑，子孙贤惠，福寿骈臻，更展辉煌。

（铭刻于忻氏宗祠正门屏风）

第七节　御 碑

孝宗赐太师右丞相越国忠定王史浩纯诚厚德元老之碑

（太师保宁军节度使致仕魏国公谥文惠追封会稽郡王史公神道碑）

宋·楼钥（奉敕撰）

高宗皇帝以孝宗君德日就，将属以社稷，妙选天下学行端粹之士以辅导之。绍兴二十有九年，太师会稽郡王史浩以国子博士奏事殿中，高宗一见契合，属目送之谕大臣曰："浩今日有用之才也。"除秘书省秘书郎。粤五日，兼普安郡王府教授。受知高宗被遇孝宗实昉于此。明年，孝宗封建王，迁司封员外郎兼直讲。又明年，为宗正少卿。三十二年五月（1162）立皇太子，擢起居郎兼左庶子。六月，孝宗受内禅，迁中书舍人兼侍读，十日为翰林学士知制诰。八月，参知政事。明年正月（1163），拜尚书右仆射同中书门下平章事兼枢密使。未几罢政，再典巨藩。淳熙四年（1177）春召为侍读。五年（1178）三月复拜右丞相，十一月罢，仍侍经筵。八年，告归得请。一再召见，恩赉深渥，每以老先生呼之。孝宗移御重华宫，以宴处清闻，思见旧学。太上皇为颁诏谕赐御札。明年，遣

新编东钱湖志

干办御药院杨舜卿抚问趣行，命守臣以礼津发。既入觐，孝宗顾公曰："卿辅朕初潜亲遇朕建朱邸陛储宫，登大宝，两居相位，三入经帏，逮今三十余年，君臣相得，殆非他人比也。"五年（光宗绍熙五年，1194）四月五日，公薨于里第之正寝。讣闻孝宗，上皇震悼，赗赠有加。有旨以公身居极品，又为寿皇潜藩旧学，赠恤之典宜从优异，可特追封。自余赗葬恩数并如陈康伯例。今皇帝登极，赐谥文惠，亲洒宸翰书"纯诚厚德元老之碑"以赐焉，且命臣钥为之文。

臣以末学待罪北门乃得对杨明命敷述盛美以诏不朽，臣虽甚陋何敢辞。

窃伏思自古君臣以遇合为难。而笃眷不替善始以终，殆千载而不一遇也。方孝宗以艺祖统系之远，承高庙付托之重，时公以所学纠正赞弼，自其缉熙光明，推而至于事亲以孝，事天以诚，兵不轻用，刑不妄施，人才盛多，夷夏乂肃。孝宗继志述事之功，承颜顺色之爱，刑于四海，光于万世。而又惠顾帝师，日笃日亲，胙我太师，福庆流衍，光大显休，追媲典谟。孝宗奄弃慈极公先六旬以遗表闻，呜呼岂偶然哉！

公讳浩，字直翁，世为庆元之鄞人。曾祖简，祖诏，父师仲，俱赠太师冀国公。曾祖妣叶氏，祖妣徐氏，妣洪氏，俱赠冀国夫人。曾祖早卒，母叶夫人有遗腹，指天自誓愿得子以续史氏之祧，是生公祖，教之甚严，以八行荐于朝。积德垂祐，寖大其家。仲子才，绍兴二十三年为签书枢密院事。公又继登揆路，衣冠盛事莫尚焉。

公性颖异，记诵绝人。少孤。自力于学，贯穿经史，理致超诣，措辞持论出人意表。年四十（1145）始登进士科，授左迪功郎、绍兴府余姚县尉，寻为温州州学教授。郡守张九成有重名，待以国士，诸生推崇之。以中书舍人吴秉信荐除太学正，迁博士，改宣教郎。自此六年，以至相位，近世未有也。

公智虑深长，临机辄断。平居若不胜衣，而判裁勇决毅然不可回。推究经旨多先儒所未发，引绠处事动中要领。完颜亮南牧，边廷用兵，建王抗疏请为前驱，誓不与贼俱生。公方以疾，移告闻之，亟往问"孰为大王计？误矣！国步方艰，父子岂可须臾离？使唐肃宗能随明皇幸蜀，安得有灵武事？"建王大悔，立俾公草奏请扈跸以供子职，辞意恳到。高宗闻议出于公，叹曰："真王府官也。"庙堂方议以建王督师，由是不果，遂从视师之行，而内禅之意决矣。

高宗将过德寿宫，公议嗣皇当乘马扶辇。高宗谕公曰："执鞚前导，不足为法。"公对曰："臣于肃宗何取？父行而子随，万世不易之道也。"孝宗竟用公议。高宗数迁使邀还，出皇城门而止。既参大政，召宴禁中。公奏："臣顷在翰苑，虽暮夜宣召可也。今居政地，非有中使不敢前，若恃恩奔命，非大臣体。"孝宗深然之。

尝问："当今施设何先？"公曰："莫如保边境，收人才。"前言辛次膺、张焘人望所属，即日召还。又荐周葵、任古、胡铨、张戒、王十朋等，以次收用。公平时咨问天下人物有所闻，密疏其实，且识言者禄为一编，皆于此乎取。又得金安节、王大宝、周必大等三十五人，各书所长以闻，并为时用。

尝对德寿宫，高宗曰："皇帝诚孝，卿辅导之效居多，今又得卿佐之，朕心亦安。"又曰："卿为皇帝亲臣，凡有规正，不可回忌，赖卿悉力调护。"公既推谢，次日又因奏事言之上封事者多乞减任子。公请岁一试，且损其额，试者必习所业以应诏，既不伤恩，足以激厉。孝宗顾左相陈康伯议合公因奏，凡有所陈，皆先与丞相议而后言，自是臣僚奏请更改政令必先以示公，然后施行。尝因谏击鞠事张焘，共政退而曰："相公爱君至矣。"焘又尝语人曰："参政今之贤辅，不可妄议。向来柄臣得君多以严威胁人，史则不然，事多迎刃而解。志于宽厚，上前别白是非甚明，宰相器也。"

康伯乞罢政，孝宗批问："恩礼已尽，当与何职？"意盖属公也。公即奏："康伯前朝老臣，不可不留以为重。若其请未已，必得德寿圣谕，可安其意。"是日高宗赐以御笔，康伯乃安职。

寻，密诏公曰：朕粗勤庶政，然军务民事未得其要。若矿金璞玉，方以卿为良工，其毋怠焉。

公既相，益思所以报上者。首言前宰相赵鼎，参政李光之无罪，大将岳飞之久冤，宜复其官爵，禄其子孙。凡坐废者次第昭雪。悉从之。

时，外建都督府，归正人及谍者日众。公虽忧之，而深察其能否。故拔皇甫倜于境外，官胡昉于书生，皆赖其用。有滕忠信等八人还自山东，自言已结集万五千人可为内应。公诘问再三，皆无其实，语塞汗下而退。初，已借阁门宣赞舍人，遂令赴督府，张浚亦以其无证，仅补承信郎而已。

燕人刘蕴古，该通古今，谈辩如流。一日濠州奏，募到北方游手仅万人欲以营田。蕴古力请以抗敌，时欲许之。公独谓此必奸人姑欲借以反其国耳。因诘之曰："樊哙欲以十万横行匈奴，季布犹以为可斩。君得万人何以成功？"蕴古错愕不知所对。曰："此皆无家，必不为朝廷留。不如乘其未定而用之。"公曰："其家不来，宜无固志。不知君家何在？"蕴古曰："老幼皆在幽燕。"自知失言，战灼久之。后因刺探事宜私遣仆归燕，仆以告，遂伏诛。

吴璘以兵取德顺，捷至，方议行赏，公奏："诸葛亮出师必攻除仓及郿，即今之凤翔，得之则可窥长安，高祖出汉中正此道也。姜维舍此而多出陇西狄道，临洮得之无益，今乃蹈维覆辙，臣恐遂失蜀矣，宜勉谕其归，登命。"公即选德殿庐作诏，令彻戍班师，专保蜀口，以俟大举。斯须而就，词旨明畅。孝宗阅之曰："他人必不能道朕意，奇才也。"既而吴拱、王彦奏，敌已扼璘归路，方募人往报，璘亦势迫闻道以归。

袁孚罢右正言。公曰："初政而遽去谏官何耶？"孝宗曰："妄言德寿宫有私酤。"公曰："陛下事亲可谓曲尽。然宫中左右皆阉官，有何知识？若非言路时以正论拆其萌，则将有甚此者。"上怒少霁。又奏："谏官无故而罢，天下必以为疑。若暴其罪，恐启两宫之间。愿少须之使其引去。"寻，除直祕阁，知温州，自是益无纤芥之隙。

张浚屡奏欲取山东。公曰："宿师于外，守备先虚。我能出兵山东以牵制川陕，彼独不知警动两淮荆襄以解山东之急耶？惟当固守要害为不可胜之计，必俟两淮无致敌之虑然后可前。若乃顺诸将之锐气收无用之空城，寇去则论赏于朝，寇至则仅保山寨，顾何益乎？"

继而大将李显忠、邵宏渊奏乞进兵。公又奏："二将辄乞战，岂督府之命令不行耶？"

浚继请入觐，乞即日降诏幸建康。孝宗以问公。公陈三说："谓若下诏亲征，则无故招致敌兵，何以应之？若巡边犒师，则德寿去年一出，州县供亿重费之外，朝廷自用缗钱千四百万，今何以继？若曰移跸，欲奉德寿以行，则未有行宫；若陛下自行，万一敌人有一骑冲突，则都城骚动何以处之？"孝宗感悟曰："都督先往临边，俟有功绪，朕亦不惮一行。"浚言："陛下当以马上成功，岂可怀安以失事机？"公执不可。退又以诘公，公曰："帝王之兵，当出万全。岂可尝试而图侥幸？主上承二百年基业之托，汉高祖起于亭长，败亡之余乌可比也！"寻，复论辩于殿上。浚曰："中原久陷，今不取，豪杰必起而收之。"公曰："中原绝无豪杰。若有之，何不起而亡金？"浚曰："彼民间无寸铁，不能自起。待我兵至而为内应。"公曰："胜广能以鉏耰棘矜亡秦，彼必待我兵至，非豪杰矣。若有豪杰而不能起，则是彼犹有法制维持之，未可以遽取也。今不审思，将贻后悔。"又上疏力谏曰："靖康之祸，臣子孰不痛心疾首，思欲喋血北廷以雪大耻。恭想宸衷寝膳不忘。然迩安则可以眼远。若大臣未附，百姓不信，而遽为此举，安保其必胜？浚老臣虑宜及此，而溺于幕下新进之谋，眩于北人诳惑之语，是以有请耳。德寿岂无报敌之心，时张、韩、刘、岳各拥大兵皆西北勇士、燕蓟良马犹不能进，今欲以显忠之轻率，宏渊之募谋而取全胜，可乎？惟当练士卒、备器械、固边围、蓄财赋、宽民力，十年而后用之，则进有辟国复仇之功，退无劳师费财之患。此臣区区素志，实天下之至计也。"

督府乏用，欲取之民。公曰："未施德于民遽重征之，恐外贼未必至，民贫将自为盗。"康伯与公相顾，同奏曰："必欲取于民，臣等皆当丐退。"上为之给虚告五百道以庚费。

浚又奏："归正人当优待之。"公以为不可。浚，康伯俱曰："彼以善心至，安可拒乎？"公又两入奏，其一曰："敌日为奸谋以挠我，纵流民以困我，而沿边方以枹徕为功，数年之后蚕食既多，国用益乏。彼将反有怨悔之心，可不远虑乎？固不可绝其内响之意，其有至者当谕之使安土以俟恢复。彼且无所归怨，而敌亦知国亡有人，岂应先为自蹙之计？"其二曰："弃实而务名，舍近而谋远，见利而忘害。愿弃名取实以集大动，先近后远以安边鄙，见利思害以杜乱萌。"言甚切至。又与浚言："平时愿执鞭而不可得，幸同事任而数日议论不同，不惟为社稷生灵计，亦为相公计。相公养成名望，一旦失利，岂不又损威重？"浚曰："公言良是，但浚老矣。"公曰："杜预辈有平吴之功，而晋归功于羊祜。以祜立规模而预竟其功。相公若先立规模，后使人藉是有成，亦相公之功也，何必身自为之？"浚因内引奏曰："史浩意不可回，恐失机会，乞出英断。"

既而省中忽得宏渊出兵知禀状，始知不由三省径缴诸将。公语康伯曰："吾属俱兼右府而出兵不得预闻，则焉用相哉！"由是求去不已。孝宗曰："何苦至是。"公对曰："道德元老无如陈康伯，忠义慷慨无如张浚，臣与之议论俱不合，诸将出兵而臣不知，近习积憾而臣不去，尚何待乎？"因又言："康伯欲纳归正人，臣恐他日必为陛下子孙之忧。浚锐意用兵，若一失之后恐陛下终不得复望中原。臣即日去国，遂远清光，然惓惓之忠不容缄默。"言讫拜辞而退，遂以观文殿大学士知绍兴府，公力辞，提举临安府洞霄宫以归。未及月而宿州失利，丧士马甚众，军资器械不可计。人心沮丧，上降治罪已，而浚亦自劾去位矣。

初，浚措置万弩营及他所建请，公应之如响。或问之，公曰："事力未备，故止其进兵。若边防捍御，安可不从！"公既去，其所奏请多不以时报，浚亦悔之。呜呼，公本欲修政固围裕民练兵，虽不求近功，而规模甚远。议者不察，以为独无意于事功，惟知之者乃信其非苟为异也。

公卜居东湖之麓，徜徉山水胜绝之地以奉亲，欢。岁时贺表外，不以一字至行在所。后除四川制置使知成都府，以亲老辞。月余改知绍兴府两浙东路安抚使。孝宗见公，首曰："卿前所奏，陈如龟兆，数计无一不验。"从容赐坐，访以治道。公以"求治太速，听言太杂"为对。

至镇，为民兴利除害，不可缕举，越人至今德之。进检校少傅领保宁军节度使。会，洪夫人属疾思归，力丐祠，不允。乃许谒告迎侍。未几，罹内艰。公性至孝，平日奉母甚周，孝宗素知之。在王府时，得上方珍馔时必以分遗。登位之后间问动静，以正旦赐酒肴使为寿。特于洪夫人生朝拜公为相。又尝以御笔径赐之曰："丞相今日正谢，赐酒果为太夫人之庆。"其归，自帅阃旌施行前，公拥版舆于后，人子之荣极矣。至是悲毁骨立，忍哀举葬，纤悉周备，世所难及。前即吉数日，除知福州兼福建路安抚使，避魏王同镇，改崇信军节度。入对，赐宴内庭，劳问加优。后三日，除开府仪同三司。公自言"臣何功德，叨此眷宠！"孝宗指心而言曰："于此甚有功。朕学力坚固，心术明正，皆卿之力也。"

初，过越，老樨迎拜拥道有垂泣者。时方滋为帅，谓公曰："公去此时有缗钱十六万，米斛四万，漕司取充羡余，遂为岁例，奈何？"公奏除之。

至闽，鬐山路七百余里葬旅榇以千万计，辟官舍以益贡闱。每事立规四方传以为式。建剑四州多不举子，臧获则取于福与漳泉间。公置田为庄，贫妇孕育月有所给，既使生齿益繁，又免诱略之害。

淳熙元年（1174）秋，丐祠提举洞霄宫。后三年，孝宗问执政："久不见史浩，无他否？"遂除少保观文殿大学士，充醴泉观使兼侍读，颇闻有尼之者。至两降亲批三遣金字牌，又取尚书省移文封以付，公不得已而后起。

抵都城，闻辅臣谪英州。及见奏曰："陛下未尝以大臣投岭南，实国家忠厚之意，此门恐不可开。"孝宗唯唯。他日语近臣曰："史浩厚德人，盖深知前日事也。"进读三朝宝训及真宗正说。事关治体及当法祖宗者，必委曲援引，开广上心。尝宴澄碧殿，酒数行，步至清激观机泉，宣劝无算。至二鼓，孝宗携手登桥，又赐三爵，命宿玉堂。夜参半，引双莲烛以送。且曰："此游不可无纪。"是夕，公进古诗三十韵，孝宗和答之。引陈襄故事，荐石斗文等五人皆赴阙。

既再相，孝宗曰："自叶衡罢，虚席以待丞相久矣。"与执政入谢德寿宫。高宗曰："卿再入相，天下之幸也。"

公以士夫留滞旅寓者凡八百人，各随其分处之为之一清。

初相时，蜀帅以缗钱献、公谓宜以俭德风天下，请以赐蜀郡复二税。是年绍兴所献复倍此。孝宗曰："却之必有散失，姑今奉椿如何？"公对曰："郡方困于和买丁钱，原以代输其半。"孝宗欣然从之。

是年，金历以八月晦为九月朔。或言会庆节使人将先一日入境，请治历官。公曰："天道难测，未知孰是而遽治历官是自彰其失也。但当谕接伴使。若使人渡江，则当语以晦朔尚可议，皇帝生辰则不可改。先一日乃是艺祖忌。后若欲庆礼，当如旧期。"孝宗以为当。后皆如公之言。

车驾既幸太学，公因请幸祕书省。三衙皆与坐，乃奏阁门舍人方以比馆职亦当列于西庑。崇儒矫弊皆有深意。孝宗谓公视文武如一为得大体。

十月，诸军以多阙额，又有逃亡，请得自招辅，许之。而并缘强取被掠者或至断指以求免，都下汹汹，公飞奏尽释所捕。又擒为首者送棘寺，宣宰辅及枢密都承旨议罪，欲取兵民各一人枭首以徇。公谓未得其平。兵士可斩，百姓陆庆童当坐流罪。上怒不以为然。公曰："陛下，恐军人有语而百姓可欺耶？岂不闻等死死国可乎？此岂是军人语？"上愈怒曰："是比朕为秦二世也！"同列相顾失色。公徐进曰："如时日害，丧予及汝偕亡，岂二世事。"闻者缩颈，而公不为动。议罪既如初，遂日求去位。除少傅太保宁军节度使，醴泉观使兼侍读。后有言庆童之冤者，孝宗曰："史浩盖尝力争，坐此求去，至今悔之。"赐第城中，出御制长春花诗酬和至，再以示眷留之意。又荐薛叔以而下十五人。叔似召用，余以次收擢。佑圣观，故建邸也。孝宗尝自北宫临幸。语曰："去此十七年，今得与卿为丰沛故人之饮，可谓盛事，甘盘无此乐也。"

公屡求归时，陈俊卿已奉祠。八年二月除判建康府。公奏："俊卿年未及七十而去，臣以七十有六而往岂不愧见吏民耶？"

孝宗尝自拟官职，策极言取士用之弊，大要谓国朝过于忠厚以示公。公读毕奏曰："太祖不忍杀一不辜以得天下，累朝仁德至仁宗而大备，夫忠厚岂有过耶？乞改曰一于忠厚。"孝宗曰："非卿不能为此言。"

五月始许归，除少师。留至八月陛辞，犹进八事。十年请老，除太保致仕。公尝历永、卫、鲁三国公，于是进封于魏，仍如曾公亮例，入谢。明年，先降旨候至国门，百官郊迎。见毕，对御赐宴，用文彦博故事，道中具辞再三，奉俞音乃绝江。

公晚治第西湖之左，衷两朝所赐御书建阁以奉之。因秦闻、孝宗书"明良庆会之阁"以赐。公谢不敢当。孝宗曰："古人愿为良臣，卿辅朕之久，日闻忠言，深悟朕心，尚可慊乎？"敕后苑造扁榜，命中使驰赐之。上尝以"旧学"二字即政事堂赐公。同列咸曰："自古际遇莫盛于此，请镌诸石为省中荣观。"公又谢不敢。既归，以名其堂。岁遇诞日锡以金器者十四年。年八十，又加器宝。两宫使命相望高宗，再举庆典，诏公随班上寿，进太傅，赐玉带金鱼，逾月乃东。

上皇御极，进太师，降诏求言，首及故老。公上封事数千言，皆当世要务。重华之召，引辞甚切。孝宗浩曰："今与卿皆闻人，当衣褐见，何必求免耶？"诏乘肩舆入隔门，仍命孙定之扶掖。特改京官朝退，次诣重华。孝宗从容谓公曰："与卿复得相见，既无嫌疑，足可为度暑计。毋亟言归。"因奏："陛下躬行三年之丧，复见尧舜三代之盛。"孝宗曰："此皆卿平昔所以语朕者，今日得以行之，正如滕文公尽哀戚之情而吊者大悦，实自然友反命之一言，盖公平时专以忠孝二者发明圣学，谓父子天伦，虽自有至性，亦宜先意承志曲尽诚心。"后又屡奏："欲报莫大之恩，惟应尊事不倦，使慈孝两尽，为万古父子之懿范，垂之子孙，永永无极。"故孝宗不忘此言。再对奏："陛下召臣非徒使霑被宠光，亦恐有一得之愚，少神继明之治，敢为四说以献曰：'立天下之大本，平天下之隐难，收天下之人望，伸天下之直气。'谓教皇子备夷狄、举人才、受尽言也。"太上垂听，慰奖再三。

既归之次年，长子弥大以疾不起，公起居寖衰。后感疾危甚，呼诸子及孙戒曰："吾受国厚恩，欲报无所。汝等惟当世竭忠节，以图尺寸。"命左右取手稿遗表曰，"吾且死，其以是进。"遂瞑。享年八十有九。

娶贝氏，追封魏国夫人，先三十九年卒。子四人：弥大故通奉大夫，充敷文阁待制，新知宁国军府事，赠银青光禄大夫。弥正朝奉大夫，复直祕阁主管华州云台观。弥远朝奉郎，主管建宁府武夷山冲佑观。弥坚通直郎，两浙路转运司主管文字。弥大、弥远皆登进士第，弥正、弥坚亦累举春官，人以是服公之教子也。女五人：长适朝请郎，新权发遣永州军州事陆杞。次适从事郎，充江淮荆浙福建广南路都大提点坑冶铸钱司检踏官丰谦。次适朝请郎，前通判湖州军州事李友直。次适迪功郎，新荆湖北路提举茶监司干办公事夏鼎。次适承议郎，签书宁海军节度判官厅公事王櫄。

孙十二人：宗之通直郎，改添差沿海制置司干办公事。宜之宣教郎，知临安府富阳县丞。定之宣议郎，新知婺州兰溪县。守之承事郎，前监平江府粮料院。安之迪功郎，温州瑞安县主簿。实之修职郎，监绍兴府和旨酒库。宣之、宪之、寓之、宽之、崙之、赛之。

孙女十五人：长适奉议郎，新知建康府上元县方叔恭。次适通直郎，新知明州鄞县丞吴朴。次适宣教郎，前知湖州武康县丞秦钜。次适宣义郎，新监临安府仁和县临平镇税胡纲。次适修职郎，新秀州华亭县支监官王友元。余未行。

曾孙八人：唐卿、虞卿、文卿、夏卿、商卿、周卿、汉卿、显卿。

曾孙女十人皆幼。

以其年十二月庚申葬公于鄞县翔凤乡吉祥安乐山，合魏国之兆。公盛德绝人，备福无比。盖尝窃窥其大者，性本至孝，有不可鲜于心，故为士时，惟见其事亲、事长、笃朋友乡党之义；乃出，而事君，则尽其忠，谋国则竭其虑，接物则极其宽，临事则务于恕，匹夫孺子不失其欢心而义有不可不以死生祸福少变率自孝道发之，君臣道合，脗然无间，盖近古人主躬行通丧自孝宗始，而公又以此事之，其能不胶漆而固岂无所自哉！孝宗尝谓公曰："卿所荐用人，其间有负卿者亦知之乎？"公顿首曰："此臣所以报陛下也。臣所荐未尝以语人，亦不受其私谢，故人人自以为得上意。荐贤者，臣之责，用贤者，君之恩也。"尝拟知湖州陈之茂进职知平江，孝宗知之茂尝毁公，曰"卿岂以德报怨耶？"对曰："臣不知有怨。若以为怨而以德报之是有心也。"莫济作詹事，王十朋行状诋毁尤甚。公荐济掌内制。孝宗曰："济非议卿者乎？"公曰："臣不敢以私害公。"遂除中书舍人兼直学士，院待之如初。盖公之宽厚类此。人虽有不悦，然无物可以忤意。古人所谓澄之不清，淆之不浊，雷霆破柱而神色不动者，犹未足道也。

公既极贵，处乡曲一如布衣。时每以事亲为未足，又推本史氏积德累行之原，自为之文，时节诵于家庙，上以根祖考之施，下以励子孙之习，其用意笃矣。事物之来，不问剧易，虽至难甚冗或连日夜废寝食而精神酬应益有余裕，考其克勤小物，凡事精密。园馆器用，动出新意，其在富贵中望之如神人。而谦虚退然若无与者。野服萧散皆不足以累其中，此如万斛之舟容物有余不见其多，而经济之业则用之犹未尽也。而又居权之日少，安佚之日长，故举世无怨无恶。惟以巨公大度推之，生荣死哀无可憾者。

公属文多立就，虽老，表章犹自为之。有文集五十卷、外集二十卷、论语口义、尚书讲义、周礼天官地官讲义传于世，余皆公之细也，不胜书。铭曰：

于皇高宗，天开中兴。巩宋基业，思永继承。艺祖七世，有孙神武。是用付托，缵宋之绪。高宗曰嘻，帝命不易。我仪图之，谨厥辅翼，孝宗武文，实惟承之。雍雍太师，实维成之。帝咨臣弼，一本于学。缉熙光明，德修罔觉。两辅予政，毋轻黩兵。毋过取民，毋滥用刑。言如蓍龟，靡有差忒。旁招多士，宁我王国。天地清夷，中外晏然。继志述事，二十八年。两宫燕娱，天寿平格。三奉玉卮，四登宝册。召对德寿，嘉帝之孝。又曰太师，辅翼之效。帝谓圣父，教诲之功。臣亦归美，媚于高宗。天用昌之，蓍艾康宁。帝用休之，福禄宠荣。孝宗乘云，太师骑箕。君臣始终，虽恨莫追。有赫景命，汤孙是纂。顾瞻遗烈，于以追远。锡之篆碑，孝宗有臣。报我天子，诏尔后人。

（注：此碑在横街金夹岙的路边，已碎成6块，遗迹尚在。）

理宗赐太师左丞相卫国忠献王御制碑文

绍定六年冬，十月甲申，太师保宁昭信军节度使致仕，会稽郡王史弥远，薨于易地之正寝。朕不视朝者三日，册赠中书令，追封卫王，谥忠献。吊奠并如礼。子宽之等以十二月十二日奉王柩东归，遣礼官祭于都门之外，赐纛、佩玉、黝纁。端平元年三月壬辰，葬鄞之大慈名山，距今二十年而隧碑未立，朕甚愍焉。尝评越王浩在绍兴辅导我孝宗自为皇子以即皇帝位，卫王史弥远在嘉定辅相我宁考暨立朕为皇子以即皇帝位，再世定策，勋名辉煌，自古乔木世臣未之有比。然孝宗以歧嶷之姿，仁孝闻天下，故高宗揖逊如尧之于舜，则王父之为力也易；朕嗣守宗藩，虽以小心抑畏上简宁宗恭圣之心，然凉菲何敢望孝宗！故先皇顾命如成王之于康王，则王之为功也难。此固天下万世之公言，朕不得而私也。王父子宰相，三世皆至公师。仲子为枢臣，季子今为从臣。有子有孙，衣冠相望者七叶。非但阀阅之盛，实为邦国之光。于是茂实荣华甲于天下，其后将方兴未艾，韩吕父子兄弟殆不足多也。乃迹其世次、官秩、岁月与夫系天下国家之大事者，刻诸翠琰，昭示来世，因名其额曰：公忠翊运、定策元勋之碑。

呜呼！王平生德业尽在是矣，事实云云。王乃忠定第三子，山庭渊角，风神高迈，容止雍闲，忠定以为肖己。年十三当受京秩，乃逊仲父，忠定大奇之。忠定寿考康宁，富贵鼎盛。王敝衣粝食，不啻寒素。耳目不接纷华，独好交当时名胜，汲汲学问，专以圣贤为师。读《周礼》则曰：此周公致太平之书。苟设官分职各当其任，政教礼刑皆合其宜，何虑世不太平，岂独在周乎？读《春秋》则曰：此孔子以匹夫行天子之赏罚也。为天下者，赏罚之权必操之在上，毋轶而在下，斯为天子之春秋矣！尤精于典故，议论援古道今，孜孜可喜。忠定每叹，异日廊庙器也。平时从容膝下，随事触物，必教以任天下之重。及为相，天下皆曰：相门之相也。方事变沓来之日，力排横遏。良平不敢斗其智；韩彭不敢角其力，而上焉尊宗庙安社稷；下焉绥中国抚四夷。虽当急证危机众骇失措，独能雍容雅豫谈笑而应之，寻亦帖然。如断鳌足立四极。尝曰："我国家圣圣相授，专以务仁义，结人心，兵与刑，非甚不得已不用。"故当国二纪，兵几寝，刑几措，跻天下以仁寿之域，屹然为一代宗臣。然且能钜而不矜，功崇而不伐，爵禄贵富而不骄不侈，卒如忠定所教。忠定其天人哉！朕在潜邸时，自事亲讲学之外无他嗜好，宁宗恭圣每闻之辄为喜。即位前一年，一日早朝，宁宗独凝伫，朕班退目逆之没阶。是年唱进士第，恭圣垂帘御屏后，朕与济国俱侍立殿上。少倾济国趋庑下入中之次，恭圣令小黄门传教旨，命朕面帘正立良久。然后令侧侍如故。盖宁宗恭圣，以朕拜立、步趋颇立礼度，又益喜。乃知宁宗恭圣之意深属久矣。所以然者，由王之助赞也。朕既入翼室，王谆谆然劝力行孝道，首命内侍设寝幄于清署楼下以近慈闱，母子之情得以亲密，传言易审，嫌间不生。恭圣既传，正御慈明。朕昏定晨省必严，每献飧景云宫，出告反面必肃。礼仪机务，余暇必数请问，用以致天下之养。内延事，必先取决；宣外之书，必先陈白。由是怡怡愉愉，恪尽子职。恭

新编东钱湖志

圣亦抚爱极其恩慈。宫中每举寿卮,恭圣饮既,间留其余以赐朕。朕拜而尽爵,慈颜益喜。所以然者,又王纳诲辅德之力也。呜呼!宁考畀王以辅朕,今宁考不复见,恭圣不复见矣,兹又抚王之遗事而怆怆:整治。抚王之遗事而怆终焉,此朕所以悲也。昔韩琦尝定策拥立神宗矣,神宗御制琦碑有曰:岂特慰公之知,将为天下臣子之劝。朕示王亦云铭曰:

鄞山嵯峨,鄞江㴑漾。生忠定王,为国基仗。曾未讫施,止足高尚。而天祐之,王嗣厥响。圣朝诒谋,丰水有芑。相门之相,忠定有子。开禧陈谋,嘉定改纪。更宝历绍,事业愈伟。王之全才,善藏其用。渊澄海涵,仁静智动。王之定力,宏毅有勇。山立扬休,载岳不重。昔者鲧骦,福威玉食。王正邦宪,安我社稷。昔者狺獟,羽书孔棘。王交邻好,尊我疆埸。有盗相挺,其彪如虎。王一发纵,如猎狡兔。有叛弗庭,其騂如马。王一指授,如磔腐鼠。卫道隆儒,聘近宿望。丕阐正途,贤俊蒐网。录房之后,全实之党。烛冤镜心,泽贲幽壤。庆元之禁,涣焉冰释。伊洛之传,几断复缉。问之于民,有丝有粒。问之于兵,酒酿牛繫。乾坤曷清,王除其秽。日月曷明,王披其翳。人生斯时,歌村舞市。隆古太平,翘首可冀。宁宗曰噫,忉晚用汝。庶几乾德,专任一普。元曰元祐,有司马吕有司马吕。暨予初潜,务学修己。王为元龟,承先帝意。一旦拥翊,十年毗倚。上公之封,荧煌衮绣。真王之封,舄奕玺纽。胡不慭遗,与国同寿。冥冥九京,从忠定后。我思宁宗,凭几顾命。王实相之,付托已定。我思恭圣,垂帘听政。王实相之,保佑以正。我之孝思,昊天罔极。王于宗社,推宗定策。周公之勋,伊尹之德。 王犹谦抑,曰非己力。爱法神宗,琦功是酬。亲制铭文,且篆碑首。勒崇刻鸿,传其不朽。鄞山鄞江,相为长久。

注:此史弥远碑在大慈山。碑已仆,正面没土中,好事者从旁窥之,有"御制御书"四大字,考弥远卒于绍定六年(1233),理宗御制神道碑,额云"公忠翊运定策元勋之碑"。此碑在"农业学大寨"时拆除造田,已为茶园,即在竹头坪之前的茶园。

教育卫生编

JIAOYUWEISHENGBIAN

东钱湖有1700余年的历史。在湖畔四周的深山中，隐藏无数国宝，沉积了千余年的历史文化。教育又是培养人才的大事，东钱湖畔周代有隐学书院，宋代有东湖书院，清代有简进学校，民国时期有高、初小达36所，如今有幼儿园、中心小学、初级中学、中等专业学校，建设中的华茂东钱湖国际教育论坛更加提高了东钱湖教育层次。医疗卫生方面，从1923年的普益医院到现代化钱湖医院、卫生院进社区，医疗设施、环境卫生逐步完备和改善，人民的教育和健康得到了保障。

第四十八章 教育
DiSiShiBaZhang JiaoYu

第一节 国际教育论坛

华茂国际教育论坛，在湖之西北，起于青山岙村（青山村已拆迁）湖滨，临湖畔向东，到东钱湖宾馆沿湖滨为止，占地15.8公顷（约为237亩），由宁波华茂集团投资建设，规划已定，将建成全国一流的国际教育论坛。建筑面积大约为48000平方米，目前正在建设之中。

第二节 宁波东钱湖旅游学校

1956年7月原钱湖区校校长王善钜受命筹建中学，首幢高平屋教室292平方米，占地面积2亩，同年9月开学，学生110名。同年10月宁波专员公署发文，任命胡绍东为鄞县第七初级中学校长，1959年5月因县市合并更名为"宁波钱湖初级中学"。1969年学校体制改革，由公社贫管会管理更名为"鄞县莫枝公社中学"。1971年更名为"鄞县莫枝中学"并招首届高中生63名，开创完全中学校史。1998年4月16日经宁波市人民政府批准易名为"宁波东钱湖旅游学校"，为普通中专，校园现占地80余亩，校园现大约40000余平方米，教工200余名，学生2500余名，1956年9月以来先后培育学生达21000余名。

第三节 宁波市鄞州区东钱湖镇初级中学

学校始建于1991年9月，2001年9月高钱初中、韩岭初中、下水初中、大公初中、莫枝初中合并为东钱湖初级中学。有教工120人，学生1317人，属国立初中。学校占地面积46656平方米，学校教育楼建筑面积28791平方米，运动场面积13220平方米，位于东钱湖镇青春路7号。

第四节　宁波市鄞州区东钱湖镇中心小学

学校始建于1923年，原名为志芳小学，由沙家垫李志芳创立。1922年李志芳斥资三万元购地12亩，特建西式口字型校舍，楼房二十间，平房七间，后有操场，借用沙村沙氏宗祠。（民国《鄞县通志》）1950年后为钱湖区校，1956年9月为鄞县七中宿舍和食堂，1960年为中心小学。1985年归莫枝中学，1998年易名为宁波东钱湖旅游学校。1998年东钱湖中心小学迁到钱湖西路4号至今。

教职员工：73人，其中男17人，女56人。

学生：1214人，其中男669人，女545人

学校占地面积：18609平方米。

学校建筑面积：7538平方米。

运动场面积：7800平方米。

1983年8月，黄隘小学撤并至东钱湖镇中心小学，庙弄小学撤并至殷湾小学。

1984年8月，青山小学撤并至东钱湖镇中心小学，薛山小学撤并至利民小学，建设小学撤并至大公小学。

1986年8月，史湾小学撤并至利民小学。

1989年8月，郑隘小学撤并至东钱湖镇中心小学。

1990年8月，利民小学撤并至大公小学。

1992年8月，殷湾小学撤并至东钱湖镇中心小学，红舒小学撤并至东钱湖镇中心小学。

1994年8月，湖塘小学撤并至东钱湖镇中心小学，红林小学撤并至东钱湖镇中心小学。

1997年8月，大堰小学撤并至大公小学。

1999年8月，五四小学撤并至东钱湖镇中心小学。

2004年8月，大公小学撤并至东钱湖镇中心小学。

第五节　宁波市鄞州区东钱湖镇钱湖人家小学

钱湖人家小学位于宁波市鄞州区东钱湖镇钱湖人家二期，始建于2002年，2003年12月竣工，2004年2月正式开学，生源和教师是从东钱湖镇中心小学安排五、六年级8个教学班的482名学生和26名教职工，当时校名为东钱湖镇中心小学钱湖人家分校，自2010年8月从东钱湖镇中心小学分离出去，更校名为东钱湖镇钱湖人家小学。

教职员工：37人，其中男7人，女30人。

学生：631人，其中男342人，女289人。

学校占地面积：16000平方米。

学校建筑面积：10368平方米。

运动场面积：3408平方米。

2006年9月，下水小学并入钱湖人家小学。

第六节　宁波市鄞州区东钱湖镇韩岭小学

学校始建于1931年，校董金吟笙。位置在韩岭村之上，原来以祠堂做校舍。到2012年初，有新建校舍3000平方米，占地面积9000平方米。有教师15人，学校学生243人。生源以横街、韩岭、俞塘、城杨、象坎学生为主，运动场等设施齐全。

第七节　宁波市鄞州区东钱湖镇高钱小学

学校始建于1925年，名为鄞县第一学区区立高钱小学。（民国《鄞县通志》）1949年之后，称高钱乡中心小学。到2012年初新建校舍10556平方米，占地面积15777平方米，学生564人，教师29人，职工6人。除高钱村学子外还有附近的钱堰、方水、梅湖、章隘学子到高钱小学念书，学校设备齐全，运动场较好。

第八节　宁波东钱湖镇中心幼儿园

宁波市东钱湖镇中心幼儿园，现有3个园所、1个教学点，即供电路98号的总园、位于钱湖丽园1号的光辉分园、位于隐学山庄小区的隐学分园和韩岭小学内的教学点；共有教职工109人，其中中心幼儿园51人、光辉分园33人、隐学分园23人、韩岭教学点2人；在园幼儿人数为884人，其中中心幼儿园392人、光辉分园304人、隐学分园为169人、韩岭教学点19人；幼儿园占地面积为15844平方米，其中中心幼儿园总园面积为10044平方米，光辉分园为3800平方米，隐学分园为2000平方米；建筑面积为8872平方米，其中总园为3900平方米，光辉分园为3192平方米，隐学分园为1780平方米；活动场地面积为4520平方米，其中总园为3000平方米，光辉分园为1000平方米，隐学分园为520平方米。

幼儿园创办于1980年，原名莫枝镇幼儿园，是一所集体所有制幼儿园，1982年，镇政府征用9分9厘土地，在钱湖西路5号建造了能容纳150名幼儿的园舍；以后又有1986年、1991年两次扩建，至2000年8月镇政府异地迁建中心幼儿园（位于供电路98号），改为集体所有、民办经营的模式管理。至2006年8月，由于政府的高度重视，又将中心幼儿园收归镇政府，重新改为集体为学，2009年6月中心幼儿园确立为差额拨款事业单位，公立办园。2008年8月，开办光辉分园，2009年7月，接收位于隐学山庄小区的原实验幼儿园（2004年9月开办，个体承包民营），并更名为隐学分园。目前3个园所均通过省二级（市四星级）评估。2008年8月下水分园开办..。

第九节　宁波东钱湖镇成人文化技术学校

文化技术学校在东钱湖初级中学旁，靠近安石路，成立于1995年8月，新建校舍于2007年8月落成，占地8.2亩，建筑面积4566.5平方米，教工24人，常年学员在

1200人左右，主要开展成人高、中专、大专和本科教育课程，同时常年开展区内各类技能培训活动。

第十节 宁波外国语学校

位于隐学岭之西，该校舍始建于2006年，原是东钱湖区管会为宁波效实中学而建，2007年宁波效实中学在此办校，2011年转让给宁波外国语学校。现有占地面积250亩，建筑面积81000余平方米。该学校原在宁波市育才路。

第十一节 宁波师范学院

宁波师范学院建于1958年前后，在陶公山上分东西两座大楼，各有6层，占地面积5000余平方米，建筑面积15000余平方米。该学院搬到宁波三官堂（宁波大学），原校舍后已无人、无单位管理，教学楼濒临倒毁。

注：宁波效实中学分校，即现在的宁波外国语学校。2006年东钱湖镇政府为本区恢复高中学制，新建中学，是为宁波效实中学分校。由于环境不适应，分校停办，转让给宁波外国语学校。

第十二节 教育沿革

1. 1950年之前

东湖书院故址在东钱湖畔，为祀宋朝的陈禾而建。元时邑人陆天祐打算在湖边建义塾，未竟而卒。乃子陆居敬、陆思诚兄弟，遵照父亲遗命，设置义塾，始于泰定二年（1325），迄天历元年（1328）落成，崇奉朱夫子（熹）像。当时浙东帅王献（本斋）以"东湖书院"命之，并手书"育英"二字以榜之。此时书院"讲有席，息有榻，凡庖湢之所，食饮之器，蔬莳之圃，虽微而宽"，延请吴思永、陈宏可为教席。

东钱湖"山围而林秀、水波而浮光",领湖山之胜,确实是结屋读书的好去处。自宋而下历代的一些名士、学者,多喜择湖畔攻读。宋人钱埙,曾率子孙居住东钱湖之滨,读书尚节。同时的余姚人刘准,学者称为"南窗先生",也"卜筑青山这原,依先垄而居,以教子读书为事"。元人王相(字懋贤),也曾授徒高钱山中,"每夜灼一灯,诵读不休,或竟夕不眠"。钱湖十景中有一景叫"余相书楼",前人曾有诗记之:"小筑园林息宦情,湖山从此结新盟。晓吟竹叶当窗碧,午听茶声入楼清。自昔山中楼宰相,于今洞里访先生。游人欲问读书处,夜半楼头月尚明。"余相,就是明朝嘉靖时授翰林编修、兵部侍郎,后入阁拜相的鄞人余有丁。

至清代,则有学塾产生。如韩岭乡郑传悌等创办的私塾。清末民初,钱湖四围的学校(主要为小学)发展较快。有光绪三十三年由忻氏在陶公山大岑墩创办的简近小学,宣统元年由沙镜清创办的梅溪初级小学,民国元年开办的殷家湾小学、陶公山小学,民国五年2月由曹兰芬创建的陶公山光裕小学,民国六年由金学泗(绍衍)创办的私立兢志小学,民国八年由忻世杰在陶公山忻氏宗祠创办的本仁初级小学、许家初级小学,民国十一年李志方创办的莫枝堰私立志方小学等。但这些学校绝大多数为单级或复式,其中规模较大的如陶公山小学有复式2级、单式2级,6学年,学生180余人;殷家湾小学复式3学级、6学年,110余人;兢志小学复式3学级、6学年,170余人。据不完全统计,至民国二十四年,现属钱湖区辖内共有小学校29所,教师58人,学生2300余人。民国十九年2月,韩岭民众教育馆是继中山民众教育馆后,民国期间四个县立民教馆中第二个建立的民众教育馆。至民国二十九年,钱湖区辖内有县立的韩岭镇、陶公山、高钱乡三所中心学校。

2.1950年之后

在鄞县首批建立的乡中心学校中,钱湖地区就有高钱乡中心学校(高钱)、渔源乡中心学校(莫枝殷湾)、大公乡第一中心学校(莫枝陶公山)、大公乡第二中心学校(莫枝大堰村)、韩水乡第一中心学校(韩岭)、韩水乡第二中心学校(下水)等六个中心学校。虽然规模比之前有了发展,学额有了增加,但却还都是单级完全小学。

1956年7月,在湖畔的莫枝镇创办了鄞县第七初级中学。这是钱湖区有史以来开办的第一所中学。1971年3月起,增办了高中部,定名为鄞县莫枝中学。经过近三十年来的风雨颠簸,莫枝中学加强了"三风建设":倡导"勤奋向上"的校风、"严谨求新"的教风、"好学求实"的学风。办学三十余年来,已有初中毕结业学生4100余人,高中毕结业生2200余人,职高毕业生52人。为高等院校输送合格新生250余人。毕业生中,有的在国外深造,有的成为各条战线的骨干。赖东钱湖之利,莫枝中学帆板队曾两次代表宁波市参加省帆板比赛,1987年又参加了全国14城市帆板赛。其中一名队员还入选国家队。莫枝中学现已成为注重全面质量提高、师资力量充沛、教学生活设施完备的一所县属完全中学。

20世纪60年代末至70年代初,在钱湖四周又相继办起了一批初级中学和"戴帽"初中。至1980年,已建立有韩岭、高钱、下水乡中学,同时有大公中学及新湖学校(中小学合设)。

民国时期,鄞籍人士曾动议在东钱湖畔择地开办四明大学。1960年,宁波师范学院由市区迁址至陶公山,东钱湖畔岿然屹立起当时最高的两幢教学大楼,年轻的大学生们给东钱湖增添了勃勃生机。1977年该校改为浙师院宁波分校,校部设于三官堂,东钱湖校址改为分部。宁波师范为我省、市、县培养了大量的中学师资。

1985年钱湖区达到省教育厅颁发的基本普及初等教育的标准,为是年年底全县被国家教委命名为"基础教育先进县"作出了贡献。翌年,《中华人民共和国义务教育法》公布,各乡镇按《鄞县实施九年制义务教育的办法》二次开展"义务教育法宣传月"活动,普及了九年制义务教育。

至1989年,钱湖区共有小学32校(其中一校中、小学合设),计123班,学生3890人;中学6校和一个附设初中部,计17班,学生1161人;高中11班,532人;职业技术学校学生32人。中小学教职工共计230人。全区的入学率达99.3%,巩固率达99.31%,毕业率达99.63%,留级率为1.79%。无论在学校的规模设施、师资水平、教育质量等方面,钱湖区教育事业都有着空前的发展和提高,发生了根本性的变化。

表48-1 1950年之前东钱湖区域的高、初级小学概况

校名	沿革	简介	学生人数
鄞县私立简进初级小学	清光绪三十三年（1907）忻氏设立名陶麓忻氏简进小学，民国五年改名崇义小学，十九年秋与他校校名重复仍改"简进"	在陶公大岭墩校舍，由地方公共房屋装修而成，楼上三间辟为一大教室，可容学生80人，楼下三间辟为教室、办公室、会客室、教员寝室等，民国二十一年春又将会客室改为纪念堂	二十年度下学期起，最近三届修业期满者共26人。
鄞县县立陶公山小学	民国元年（1912）开办，为单级小学，后改为渔源区区立二校，十七年8月又改为鄞县县立第二十七初级小学，十八年8月教育局指为第五中心初级小学	借用陶公山王氏宗祠。嗣因校舍不敷由乡人士王沛德发超募捐建筑新校舍	民国十九年度上学期182人；十一年度上学期106人；民国十九年度5人；二十年度9人
鄞县县立殷家湾小学	民国元年（1912）开办，初名鄞县县立单级第九所，十一年改为鄞县渔源区区立第一小学，十七年又改为鄞县县立第二十六校，十九年八月添办高级乃改定今名	初借用永满乡文武殿，民国十八年迁至永平乡，租借民房。十八年由乡长郑崇锦，乡副孙祖荫募集捐款于柳塘地方建筑校舍，十九年4月落成逐迁入	民国二十年135人
鄞县第十学区区立水门漕初级小学	民国元年（1912）二月村人陈荣先等，创立定名鄮溪区区立第六小学，十八年始改今名	借用水门漕村陈氏宗祠	平均每学期约30人
鄞县私立兢志小学	民国六年（1917）金学泗等创立名曰兢志民国学校，十七年改名韩岭兢志公学，十八年又改兢志完全小学，二十年春又改称韩岭公学，同年秋始定今名	初借韩岭镇花桐殿三间楼房为校舍，民国八年学生增加乃迁至金氏宗祠，十五年学生激增至二百人，乃有金俊卿等等建新校舍之议，因募款不足未果，不得已租镇内私人洋房一层，计十余间为校舍，十九年春房主退租，乃又迁至金氏宗祠原址	最多二十一年度198人；最少六年度开办时72人；高级已毕业十五届共112人

鄞县第十区区立下王初级小学	民国七年（1918）开办定名鄞县鄮溪区区立第二初级小学。校，十六年改为第五学区区立第二小学，十八年改为第五学区区立下王初级小学，二十年始定今名	初租用陈氏住宅，民国十九年十一月乃迁陈氏宗祠，有礼堂一，教室二，会客室兼膳室、办公室、娱乐室、儿童图书室兼乡公所办公室。操场、小商店、寝室、厨房、厕所各一，他如公阅处、反省处、休息处等均附设于游客大门内及天井等处	民国七年56人，二十年度下学期79人
鄞县私立横街初级小学	民国八年（1919）管江第十六所单级小学迁至横街，改称大咸区区立第二国民学校，十七年始改今名	初赁毕氏宗祠，民国十七年后迁入史氏宗祠，免收租金	确数失考，最多时会达50人；最少时30人
鄞县县立许家初级小学	原为私立，民国八年（1919）村人许高仁等创办，校名"宗培"，后以经费无着逐于二十年停办。迨二十四年秋，许我怀等呈请由县续办经核准乃改定今名	初借陶公山许氏宗祠为校舍，继改赁民房。民国二十四年由县立后，始再借许氏宗祠后堂	40人
鄞县私立本仁初级小学	民国八年（1919）二月乡人忻世杰等创办，初名东乡忻氏本仁国民学校，后奉县令改定今名	借陶公山忻氏宗祠辟二层楼上为教室，中为会客室，左右为办公室娱乐室，两层楼下为儿童游息所，后又辟左右两边间为儿童图书室、学生自治会办公室	
鄞县私立忠应初级小学	民国十一年（1922）秋蔡汉章创立定名鄞东大咸区忠应初级小学，后改今名	在下水史家其屋有教室二，纪念厅一，教员室二，运动场一，该屋系戴和房屋捐助	民国二十年以前失查，二十一年起年约六七十人
鄞县私立志方小学	民国十一年（1922）沙家垫李志方创立，故校名志方小学	民国十年李志方斥三万金于莫枝堰购地十二亩，特建西式口字形校舍，十一年夏工竣，计有楼房二十幢，平屋七楹，前有校园后有操场	最多时90人，最少时39人，民国二十四年夏毕业二人

学校	沿革	校舍	学生
鄞县第一学区区立高钱小学	民国十四（1925）年春创办鄞县鄞溪区区立第七初级小学，十七年由县接办改为鄞县第五初级小学，十八年添办高级改为鄞县第五学区区立高钱小学，二十年始改今名	借用钱氏宗祠前厅为教室一，后厅划分三区，左右为教室各一，中为纪念厅及集会之所，两旁边为厢楼西面楼下作教务室，楼上作教员寝室，东西楼之上下作学生自治会、办公室、娱乐室以及图书室、实习室、中央大天开为游戏场，校外有运动场一所	民国十九年度上学期88人，二十年度下学期111人，民国十九年度毕业二人，二十年度三人，十九年度修业期满者七人，二十年度11人
鄞县高钱镇镇立奔河初级小学	民国十八年（1929）成立定名私立奔河初等小学校，二十一年改今名	借用康家奔钱氏宗祠岙	二十一年度上下学期平均30人，二十二年度35人，二十三年度上学期减至20余人
鄞县俞塘乡乡立北新初级小学	民国十九年（1930）陈仁旋创办，定名鄞县私立北新初级小学，二十一年8月改以乡费开办，改名鄞县四四乡乡立北新初级小学	在俞塘乡裏外北巺间，由尼庵改造而成，面积一亩零，有教室、办公室、运动场、寝室、厨房、厕所等各一，民国二十五年春于校后辟农场一，校前设校园一	民国二十年以前失考，二十一年起最多时55
鄞县绿洋乡乡立绿洋初级小学	民国二十一年（1932）乡长俞增德呈请设立，定名如前	借用洋山岙村西隅俞氏滋德堂，仅教室一，以限于地位设备未全	民国二十二年度30人
鄞县私立四本初级小学	民国二十二年（1933）8月，村人余启乔创立定名如前	陶公山麓余家岙底余氏宗祠改建，有纪念厅、办公室、会客室、储藏室、厨房各一，及生活室三，教员室二，厕所、运动场等	二十二年度上学期61人，下学期125人，二十三年度上学期108人
鄞县县立史家湾初级小学	民国二十三年（1934）2月由县教育局创立定名如前	借用史家湾史氏宗祠房屋宽敞，以其左廊楼上为教室，楼下分设纪念厅、教员寝室、办公室、小商店等。右廊楼上为图书室、学生自治会办公室、娱乐室等。楼下设雨具处等	二十二年度下学期55人，二十三年度上学期44人
鄞县私立光裕小学	国民五年（1916）年曹兰芬出资	曹家山头特建小学校	有学生148人

表48-2　东钱湖区域1950年之前私立小学表

校　名	兴办年份	创办人	地点	性质	备注
韩岭初小	1932	校董 金吟笙	韩岭	镇立	韩岭中心小学前身
凤山初小	1923	朱佐远	韩岭上水	私立	
成器一小	1914	陆友训	城杨	私立	
成器二小	1918	俞志清	俞塘	县立	
许家初小	1932	不详	陶公山	私立	
本仁初小	1920	许仁寿	陶公山	私立	
本立初小	1927	不详	陶公山	私立	
永德初小	1929	忻永茂	陶公山	私立	
四本初小	1934	余启乔	陶公山	私立	
修明初小	1926	郑薇生	殷家湾	私立	
郑一初小	1930	郑世桂	殷家湾	私立	
养真初小	1912	林泰树	河上桥	私立	
培新初小	1936	戴东原	湖塘下	私立	
修竹初小	1931	不详	毛竹园下	私立	
承志初小	1931	李志芳	沙家垫	私立	
人和初小	1937	戊来生	舒江岸	私立	
湖滨初小	1931	朱岳辉	郭家峙	私立	
黎山初小	1930	史顺帆	前堰头	私立	
灵佑初小	1931	史振华	绿野岙	私立	

3、韩岭民众教育馆

成立于1931年2月，地点在韩岭关圣殿和广济庵，就是现在的航船埠头边。有房屋19间，运动器具150件，图书12500册，报刊杂志18种，专职人员3名，县拨款2376元/年。参加人员固定2764人，其中男2138人，女626人；流动3885人，其中男2914人，女971人。

活动：固定项目23个，活动项目16个。

第四十九章 医卫
DiSiShiJiuZhang YiWei

第一节 普益医院

1922年由曹兰彬、李志芳集资121500元建成，设董事会，董事长李志芳，院长杨传炳，下设九主任：门诊有疫科、眼科、外科、内科、牙科、瘟科、产科。住院部有医科、产科、戒烟科。1949年秋，收归国有，名"邱隘卫生所"，到1984年6月易名为"钱湖卫生院"，又名"钱湖中心卫生院"。1986年2月易名为"钱湖医院"至今。到1986年止历任院长有杨炳传、金立川、鲍华高、范彩霞、叶平、丁正东、陈士明、朱煜辉、许振英、陆鸿飞。1990年全面拆建，2011年新院建成，老院全部拆除。

第二节 钱湖医院

钱湖医院位于环湖北路426号，2010年新建，占地面积35亩，建筑面积2.2万平方米，总投资为1.3亿元。它的前身是普益医院，属区级医院，有医务人员273名，内设内科、外科、中医科、儿科、妇科、口腔科、眼科、B超、放射、药房等科，住院病房有200床，同时设有体检、防疫、康复部门，是东钱湖区域的综合性医院。

第三节 卫生所，社区卫生服务站

1.韩岭卫生所（已更名为韩岭社区卫生服务站）
2.大公卫生所（已更名为大公社区卫生服务站）

3.下水卫生所（已更名为下水社区卫生服务站）

4.高钱卫生所（已更名为高钱社区卫生服务站）

5.钱湖人家卫生服务站

6.隐学山庄卫生服务站

7.沙家垫卫生服务站

8.郭家峙卫生服务站

9.郑隘卫生服务站

10.下王卫生服务站

11.殷家湾卫生服务站

注： 社区内居民到社区卫生服务站诊疗。

第四节　村卫生保健站

原来是以村为单位，一村一诊所，随着体制的改革，有些村相应建立了卫生保健站，所在村村长为法定代表人，居民去保健站看病都应自理。

第五节　环卫站

总站设在莫高路2号，20世纪90年代建成，占地面积4000平方米，建筑面积1500平方米。有职工170余名，机动环卫车22辆、垃圾处理机110台，每年处理垃圾30000余吨、污水3700吨。

每年政府投入资金1200万元。

乡村沿革编
XIANGCUNYANGEBIAN

关于东钱湖区域的历代行政沿革和归属情况，宋代以前无文献记载。宋建隆元年（960）至宣统三年（1911），乡村基层行政组织为乡、里建制，基本沿用宋时归属。宣统三年（1911）以后，地方行政建制经过多次调整，东钱湖的乡村沿革始有详细的文献资料可考。

第五十章　清末时期（此归属宋朝已有）
DiWuShiZhang QingMoShiQi（CiGuiShu SongChao YiYou）

第一节　阳堂乡太白里

九都三图：栗树塘、唐家湾

十都二图：前堰头、梅湖堰、水门漕、章隘、旧宅、方桥、张郎湾、鹿山头

十都三图：绿野峊

十都四图：下水河头、大慈峊

第二节　翔凤乡沧门里

十四都一图：上水街、河头、范峊、横街

十四都二图：俞家塘峊

十五都一图：韩岭、马山、象坎、西山下

十五都二图：观音庄、郭家峙、高湫堰、杨峊、水仓里、钱家漕

十五都三图：湖岭头、墩峊、岭后、寨基、郭家峙

十五都四图：隐学岭、茶亭下、象坎

十六都一图：莫枝堰、后五港、打石弄

十六都二图：方边、戈港岸、戴家桥、挿竹庙、河上桥、郑隘、范家漕

十六都三图：青山峊、殷家湾、莫枝堰、郑隘、师姑山、河上桥徐

十六都四图：陶公山、曹家、薛家山、陈野峊

十六都五图：毛竹园下、湖塘下、许家峊

十六都六图：大堰头、周家岸

十六都七图：陶公山西

第三节　手界乡赤城里

十七都一图：舒江岸、五港口、邵家弄、长漕
　　　　　　沙家垫、上阳、黄隘、谢家墓、田野王
二十二都一图：王甲岙、许家峙、茂屿

第四节　老界乡赤城里

三都一图：高钱河西
三都二图：高钱河东、下王
三都三图：康家耷

第五十一章　民国时期
DiWuShiYiZhang MinGuoShiQi

第一节　民国元年~民国二十年（1912~1931）
（属鄞县自治乡建制，不设区、村）

郧溪乡：原阳堂乡九都三图：栗树塘、唐家湾
　　　　原阳堂乡十都三图：钱堰、梅湖堰、水门漕、章隘、旧宅、方桥、姜郎湾、鹿山头
　　　　原老界乡三都一图：高钱西
　　　　原老界乡三都二图：高钱河东、下王
　　　　原老界乡三都三图：康家耷

鸣凤乡：原翔凤乡十五都二图：观音庄、郭家峙、高湫堰、杨岙
　　　　原翔凤乡十五都三图：湖岭头、顿岙、岭后、郭家峙、寨基
　　　　原翔凤乡十六都一图：莫枝堰、前堰、后五港、打石弄
　　　　原手界乡二十二都一图：三甲岙、许家峙、茂屿

渔源乡：原翔凤乡十六都二图：方边、弋江岸、戴婆桥、范家漕
　　　　原翔凤乡十六都三图：青山岙、殷家湾、师姑山
　　　　原翔凤乡十六都四图：陶公山、曹家、史家湾、薛家山、陈野岙
　　　　原翔凤乡十六都五图：毛竹园下、周家、湖塘下、许家峙
　　　　原翔凤乡十六都六图：大堰头周家岸
　　　　原翔凤乡十六都七图：陶公山西
　　　　原手界乡十七都一图：舒江岸、五港口、邵家弄、长漕、沙家垫、黄隘、谢家墓、田野王、上阳

大咸乡：原阳堂乡十都三图：绿野岙
　　　　原阳堂乡十都四图：下水河头、大慈桥
　　　　原翔凤乡十四都一图：上水街、河头、横街、范岙
　　　　原翔凤乡十四都二图：俞家塘岙
　　　　原翔凤乡十五都一图：韩岭、马山、象坎、西山下
　　　　原翔凤乡十五都四图：隐学岭茶亭下、象坎

第二节　民国二十年~民国二十一年（1931~1932）

（归属鄞县第四区、第五区，不设乡建制，设联合村）

鄞县第四区：

　　　　五四联合村：象坎、茶亭下、西山下、金斗房、杨家
　　　　横街村：横街
　　　　俞塘村：俞家塘岙、汤家山头
　　　　山水联合村：上水、鸡山头、沙家山
　　　　绿洋联合村：洋山岙、绿野岙
　　　　韩岭前里：韩岭市
　　　　韩岭后里：韩岭市、马山
　　　　下水村：下水、新岭岙、官驿河头
　　　　（以上原属鄞县大咸区）
　　　　永平联合村：青山岙、赤塘岙、孙家山头、殷家湾
　　　　永治村：大堰头
　　　　永宁联合村：毛竹园下、龙口周家
　　　　永泰联合村：陶公山、余家岙、王家、大岙底
　　　　永嘉村：殷湾
　　　　永靖里：师姑山、莫枝堰、岳王庙、方边
　　　　永福联合村：沙家垫、前后五港、黄隘、谢家墓、田野王、邵家弄

永和村：湖塘下

永康联合村：郑隘、撑竹庙、拗手漕、胡家墅、范家漕

永顺村：陶公山、老三房

永安联合村：庙陇、陈野岙、擂鼓山、陶公山、曹家

永丰联合村：薛家山、张迈岭、史家湾

永乐联合村：河尚桥、上阳、中阳、下阳、长漕、舒江岸

永善联合村：陶公山、老大房、老二房

（以上原属鄞县渔源区）

鄞县第五区：

高钱里：高钱

五魁联合村：鹿山头、水门漕、旧宅、章隘、芳桥

黎山联合村：前堰头、姜郎湾、吴家漕

下王村：下王

耷河联合村：康家耷、山下河、庙下

（以上原属鄞县鄮溪区）

第三节　民国二十二年～民国二十四年（1933～1935）

（归属鄞县第九区、第十区，设区、乡、村建制）

鄞县第九区：

永平乡——永平村：青山岙、赤塘岙、孙家山头、殷家湾

湖塘乡——永和村：湖塘下

绿洋乡——绿洋村：洋山岙、绿野岙

下水乡——下水村：下水、新岭岙、官驿河头

永安乡——永安村：庙陇、陶公山、陈野岙、擂鼓山、曹家

永乐乡——永乐村：河上桥、上阳、中阳、下阳、长漕、舒江岸

永福乡——永福村：沙家垫、前后五港、黄隘、谢家墓、田野王、邵家弄

永康乡——永康村：郑隘、撺竹庙、拗手漕、胡家墅、范家漕

五山乡——五山村：墩岙、寨基、岭后、湖岭头、郭家峙

陈杨乡——陈杨家村：陈家岙、杨家、小地岙

永满乡——永满村：殷家湾

韩岭镇——韩岭前后里：韩岭市、马山

永善乡——永善村：陶公山、老大房、老二房

永泰乡——永泰村：陶公山、余家岙、王家、大岙底

永嘉乡——永嘉村：陶公山、老三房

五四乡——五四村：象坎、茶亭下、西山下、金斗房、杨家

周戴乡——永宁村：毛竹园下、龙口周家

史张薛乡——永丰村、薛家山、张迈岭、史家湾

山水乡——山水村：上水、鸡山头、沙家山

莫枝堰镇——永靖里：莫枝堰、师姑山、岳王庙、方边

永治乡——永治村：大堰头

俞塘乡——俞塘村：俞家塘岙、汤家山头

横街乡——横街村：横街

鄞县第十区：

高钱镇——高钱里耷河村：康家耷、山下河、庙下、高钱

梅黎乡——黎山村：前堰头、吴家漕

五湖乡——梅湖村、五魁村：鹿山头、水门漕、旧宅、章隘、方桥、梅湖、姜郎湾

玉涵乡——玉女村、大涵村：栗树塘、椅子岙

第四节　民国二十五年～民国三十四年（1936～1945）

（归属鄞县，不设区，乡、镇、管村建制）

莫枝堰镇（撤永乐、永福、永康、湖塘、莫枝四乡一镇）：
河上桥、上阳、中阳、下阳、长漕、舒江岸、郑隘、撑竹庙、拗手漕、胡家墅、范家漕、沙家垫、前后五港、黄隘、谢家墓、田野王、邵家弄、莫枝堰、师姑山、岳王庙、方边

大堰乡（撤永治、周戴、史张薛三乡）：
大堰头、毛竹园下、龙口周家、薛家山、张迈岭、史家湾。

殷家湾乡（撤永平、永满二乡）：殷家湾

大公乡（撤永泰、永善、永嘉、永顺、永安五乡）：
陶公山、老大房、老二房、老三房、许家大小房、余家、余家岙、王家、大岙底、庙陇、陈野岙、擂鼓山、曹家

韩岭镇（撤韩岭、五四、横街、山水四乡）：
韩岭市、马山、象坎、茶亭下、西山下、金斗房、杨家、横街、上水、鸡山头、沙家山

下水乡（撤下水、绿洋二乡）：
下水、新岭岙、官驿河头、洋山岙、绿野岙、大慈

俞塘乡（撤俞塘、四四二乡）：俞家塘岙、汤家山头

四山乡（撤陈杨乡）：杨家

高钱乡（撤玉涵、高钱、五湖、梅黎）：
下王、高钱、康家耷、山下河、章隘、旧宅、方桥、水门漕、鹿山头、梅湖、姜郎湾、前堰头、吴家漕、钟家、陈野岙、擂鼓山

第五节　民国三十五年~民国三十八年（1946~1949）
（归属鄞县第九区，设区、乡、村建制）

渔源乡：管辖原殷家湾乡所属村落（见本章第四节）

大公乡：管辖原大堰乡、大公乡所属村落（见本章第四节）

韩水乡：管辖原韩岭镇、下水乡所属村落（见本章第四节）

高钱乡：管辖原高钱乡所属村落（见本章第四节）

鄞源乡：管辖原莫枝堰镇所属村落（见本章第四节）

俞塘乡：管辖原俞塘乡、四山乡所属村落（见本章第四节）

第五十二章　中华人民共和国时期
DiWuShiErZhang ZhongHuaRenMinGongHeGuoShiQi

第一节　1949年5月～1950年初
（设区、乡、村建制）

鄞县钱湖区：

　　高钱乡：下王、高钱、康家耷、山下河、章隘、旧宅、方桥、水门漕、鹿山头、梅湖、姜郎湾、前堰头、吴家漕、钟家、青山、赤塘岙

　　大公乡：陶公山、老大房、老二房、老三房、许家、大小房、余家、余家岙、王家、大岙底、大堰头、毛竹园下、龙口周家、薛家山、张迈岭、史家湾

　　郑源乡：莫枝堰、师姑山、岳庙、方边、沙家垫、前后五港、邵家弄、田野王、黄隘、谢家墓、郑隘、撺竹庙、拗手漕、湖塘下、胡家墅、舒江岸、河上桥、上阳、中阳、下阳、长漕

　　渔源乡：殷家湾、孙家岙底

鄞县韩水区：

　　韩岭乡：韩岭、象坎、茶亭下、郭家峙、西山下、寨基、马山、范岙、上水、鸡山头、沙家山、横街、俞塘、陈杨

　　下水乡：下水、官驿河头、大慈、新岭岙、绿野岙、洋山岙

第二节 1950～1956年（土地改革～互助组时期）
（属鄞县人民政府，设区、乡、村建制）

鄞县横溪区：

  韩岭乡： 韩岭、象坎、茶亭下、郭家峙、寨基、马山、范岙、上水、鸡山头、沙家山、横街、俞塘、陈杨

  大公乡： 大堰头、毛竹园下、周家、薛家山、史家湾、陶公山、老大房、老二房、老三房、许家、大小房、余家、王家、大岙底、曹家

鄞县丘介区：

  莫枝镇： 莫枝堰、殷家湾、青山、庙弄、湖塘下、撙竹庙、郑隘、河上桥、林家、舒江岸、长漕

  沙家垫乡： 沙家垫、前五港、后五港、田野王、邵家弄、上阳、拗手漕、黄隘、谢家墓

鄞县天童区：

  高钱乡： 高钱、章隘、旧宅、钱堰头、姜郎湾、梅湖、方桥、水门漕、康家耷、山下河、陈野岙、擂鼓山

  下水乡： 下水、官驿河头、大慈、新岭岙、绿野岙、洋山岙

第三节 1956～1957年底（互助组～高级社时期）
（鄞县、宁波市合并属宁波市，设区、乡、村建制）

鄞县钱湖区：

  莫枝镇： 莫枝（莫枝堰、师姑山），殷湾（殷湾、孙家岙底），青山（青山岙、赤塘岙），庙弄（陈野岙），湖塘（方边、湖塘下、戴家），光辉（撙竹庙），郑隘，红林（河上桥、林家），红舒（舒江岸、长漕），五四（沙家垫、前后五港、田野王、邵家弄），上阳

（上阳、中阳、下阳、拗手漕），黄隘（黄隘、谢家墓）

大公乡：大堰（大堰头、毛竹园下、周家），利民（薛家山、史家湾、曹家），红卫（陶公山、老大房、老二房、老三房），建设（王家、许家、余家、大峊底）

韩岭乡：韩岭，象坎（象坎、金斗房），茶亭（茶亭下、西山下），马山（马山、范峊），上水（上水、鸡山头、沙家山），横街，俞塘（俞家塘、汤家山头），城杨（陈家、杨家），郭家峙（郭家峙、寨基）

下水乡：西一（西村、官驿河头、大寺），东升（东村、新岭峊），绿化（绿野峊），联盟（洋山峊）

云龙乡：冠英（观音庄），前徐，圆块，前后陈，对江岸，云龙，姚家浦

第四节　1958～1959年（人民公社时期）

（属宁波市，设区为公社，乡镇为大队，村为生产队）

宁波市东钱湖人民公社（镇、乡为大队，下设生产队）

莫枝大队（即原莫枝镇）：莫枝、殷湾、青山、庙弄、湖塘、光辉、郑隘、红林、红舒、五四、黄隘

云龙大队（即原云龙乡）：冠英、前徐、圆块、前后陈、云龙、姚家浦、对江岸

大公大队（即原大公乡）：大堰、利民、红卫、建设

韩岭大队（即原韩岭乡）：韩岭、象坎、茶亭、郭家峙、横街、上水、马山、俞塘、城杨

下水大队（即原下水乡）：西村、东升、绿化、联盟

高钱归属天童人民公社：高钱、章隘、旧宅、梅湖、方水、下王、姜郎、前堰头、耷河

第五节 1960~1963年（困难时期）

（宁波、鄞县分开，重设鄞县人民委员会，设区、公社、大队建制）。（大队名称改为公社管理委员会，撤消东钱湖公社，公社下设生产大队）

鄞县天童区：

高钱公社：高钱、章隘、旧宅、梅湖、方水、方桥、下王、姜郎、前堰头（合胜）、耷河（人民）

鄞县横溪区：

韩岭公社：韩岭、上水、马山、横街、象坎、茶亭、郭家峙、俞塘、城杨

下水设在韩岭公社的点：西村、东升、绿化、联盟

鄞县丘介区：

莫枝公社（大公撤消）：莫枝、殷湾、青山、庙弄、黄隘、沙家垫、郑隘、光辉、湖塘、红卫、建设、利民、大堰、莫枝渔业队、殷湾渔业队、大公渔业队

第六节 1963~1972年（"四清"~"文革"中前期）

（属鄞县，设区、公社、大队建制）

鄞县天童区：

高钱公社：高钱、旧宅、鹿山头、章隘、下王、方水、梅湖、姜郎、钱堰（合胜）、耷河（人民）

鄞县邱隘区：

莫枝公社：莫枝、殷湾、青山、庙弄、红林、红舒、沙家垫、黄隘、光辉、郑隘、建设、陶公、利民、大堰、莫枝渔业队、海外渔业队、大公渔业队

鄞县横溪区

  韩岭公社：韩岭、横街、上水、马山、象坎、茶亭、郭家峙、俞塘、城杨

  下水公社（1963年恢复）：西村、东升、绿化、联盟

第七节　1972～1984年（"文革"后期～改革开放前期）

（属鄞县区鄞县革命委员会，鄞县人民政府，设区、公社、大队建制）

鄞县邱隘区：

  莫枝公社：莫枝、殷湾、青山、庙弄、红林、红舒、沙家垫、黄隘、光辉、郑隘、建设、陶公、利民、大堰.莫枝渔业队、大公渔业、外海渔业队

  高钱公社：高钱、旧宅、章隘、方水、梅湖、下王、前堰头、姜郎湾、耷河、高钱渔业队

鄞县横溪区：

  韩岭公社：韩岭、横街、上水、马山、象坎、茶亭、郭家峙

  下水公社：西村、东升、绿化、联盟

第八节　1984～1992年（改革开放中期）

（撤消公社、大队建制，属鄞县人民政府，恢复乡（镇）人民政府和村委会建制。恢复鄞县钱湖区）

鄞县钱湖区：

  莫枝镇人民政府：莫枝、殷湾、青山、庙弄、陶公、利民、建设、湖塘、郑隘、光辉、沙家垫、红林、红舒、莫枝渔业队、大公渔业

队、海外渔业队、莫枝民民会、大公民民会

高钱乡人民政府：高钱、旧宅、章隘、方水、梅湖、下王、前堰头、姜郎湾、耷河、高钱渔业社

韩岭乡人民政府：韩岭、横街、上水、马山、象坎、茶亭、郭家峙、俞塘、城杨、韩岭居民会

下水乡人民政府：西村、东升、绿化（绿野岙）、联盟（洋山岙）

第九节 1992～2001年

（鄞县实行撤区扩镇并乡，不设区，只设乡（镇）村建制）

鄞县东钱湖镇人民政府（2002年更名为鄞州区东钱湖镇人民政府）：

撤消鄞县钱湖区，扩莫枝镇，并高钱、韩岭、下水四乡，更名为鄞县东钱湖镇人民政府

下设35个行政村、4居民会、4渔业队、2个社区、1个合作社：

莫枝、殷湾、青山、庙弄、红林、红舒、沙家垫、黄隘、光辉、郑隘、陶公、建设、利民、大堰、农牧场、大公居委会、新村居委会、莫枝居委会、外海渔业社、大公渔业社、莫枝渔业社、高钱、耷河、前堰头、姜郎、梅湖、方水、章隘、旧宅、下王、高钱渔业社、隐学山庄社区、钱湖人家社区、西村、东村、绿野、洋山、韩岭、郭家峙、象坎、马山、上水、横街、俞塘、城杨、韩岭居委会、茶亭股份合作社

第十节 2001年8月~2013年12月

（设区、镇、村建制，区为县级，宁波市政府设立宁波东钱湖旅游度假区管委会）

中共宁波东钱湖旅游度假区管理委员会
宁波东钱湖旅游度假区管理委员会
宁波东钱湖风景名胜区管理局

东钱湖旅游度假区设置：
  区党委　区管委
  区纪检组　监察室

区党委、区管委办公室设置：
  人事（组织部）劳动社会保障局
  经济发展局
  规划分局
  国土资源分局
  建设管理局（环保局、交通局）
  财政局
  地税分局
  社会事务管理局
  工商分局
  公安分局
  湖区管理办公室
  区房屋拆迁办公室
  东钱湖投资开发有限公司
  行政管理服务中心
  区总工会

区共青团委

区妇联

区文联

区侨联

鄞州区东钱湖镇人民政府（托管）

东钱湖镇人民政府机关设置：

党政综合办公室

工贸办公室

农业农村办公室

新农村建设办公室

社会事务办公室

村镇建设办公室

拆迁办公室

综合治理办公室

财政审计办公室

公共事务服务中心

社区党工委、管理委员会

镇组织办

镇纪检办

镇宣传办

镇工会办

镇团委办

镇人大办

镇人事办

东钱湖镇人民政府管辖行政村（含自然村落）：

湖塘：湖塘下（2011年）、方边（2002年）

莫枝：莫枝、师姑山、殷湾西村

殷湾：殷湾东村，孙家岙底

青山：青山（2008年）、赤塘岙

庙弄：庙弄

红林：林家、河上桥

红舒：舒江岸、上阳（2004年）

沙家垫：沙家垫、前后五港、邵家弄

黄隘：黄隘，谢家墓（2001年）

光辉：撑竹庙跟（2004年）

郑隘：郑隘（2011年）

建设：王家、余家岙底

陶公：忻家、老大房、老二房、老三房

利民：曹家山头、史家湾、薛家山

大堰：大堰头、毛竹园下、周家、高湫堰（同时2004年）

农牧场：河上桥

耷河：康家耷、山下河、庙下（同时2008年）

高钱：高钱河东、高钱河西

前堰头：钱堰头

姜郎湾：姜郎湾、吴家湾（同时1992年）

梅湖：梅湖

方水：方桥、水门漕

章隘：章隘（2008年）

旧宅：旧宅、鹿山头（同时2008年）

下王：下王

西村：下水西村、官驿河头

东村：下水东村、新岭岙

绿野：绿野岙

洋山：洋山岙

郭家峙：郭家峙、湖岭头、寨基、赵岙

象坎：象坎

韩岭：韩岭

马山：马山、范岙（同时2008年）

上水：上水、鸡山头、沙家山（同时2004年）

横街：横街

俞塘：俞塘岙、汤家山头

城杨：陈家、杨家

茶亭：茶亭、金斗房、西山下（2003年同时）改为茶亭股份合作社

外海渔业社

大公渔业社

莫枝渔业社

高钱渔业社

莫枝居民会

大公居民会

韩岭居民会

新村居民会

钱湖人家居民会

隐学山庄居民会

福泉山茶场

梅湖农场

养鱼场

注：（　）括弧内年份为自然村拆迁年份

工程文牍编
GONGCHENGWENDUBIAN

　　自唐代开湖以来，历朝政府都为开发建设东钱湖开展了规划与实践。关于各朝修浚东钱湖的工程文牍，目前可查到的最早记载是光绪《鄞县志》，其中收有光绪壬辰年（1892）及以后的各级官员的奏章和批文。因此本编收录了1892年以后的各级奏章、批文，以及1950年以后中华人民共和国时期的批文项目，以示历代政府开发、建设东钱湖的政策方针和规划。

第五十三章　1892~1911年

第一节　1892~1894年

1. 光绪壬辰（1892）农历十月十九日，陈励等人，呈文禀道府县文："禀为事关三县七乡，利被九农五谷，亟宜设法兴修……自明迄今，东钱湖数百年来未经修理，以致日久渐形淤塞，甚至田舍侵占，湖面逐渐剥蚀，旧称一湖之水可满三河半，今则不及一河，如今年宁波苦旱，稻禾将为稻槁茵，幸赖湖水为之灌溉，然已患其不敷沾被矣……励等自当筹款先填，伏叩恩准……禀道既县主外，公叩老公祖大人察核施行。"

2. 陈励等又将修浚钱湖大略拟条开呈宪鉴，计开共七条：即拟先浚梅湖，再浚正湖；阻止居民湖滨栖之，并定距民房四五尺之外开浚；钉桩清界，不许填筑占湖；浚出之泥作墩，堆土和窑场之用，梅湖加筑五里塘；借用湖畔庙庵作为工地管理处；根据水势深浅，酌情确定是人工还是用机器；各塘、堰、碶拟随浚随修，以防溃决。

3. 陈励等又确定了筹款计划，共九条：凡水利沾及各田，除坍丁绝户外，无论绅民僧产，每亩拟捐钱二百文，闻有押田向收花者收捐，以1893年一年为限；善举及祀会拟照民田起捐一年；拟再劝城乡殷实之家，量力欣助；亩捐钱洋随时查核；限亩捐未集，先向殷户暂借，候明年亩捐齐集，照数发还；请宁郡拟拨公款几成，以补不足；浚后绘全湖图外，并酌情丈量，钉桩清界，以杜侵占；各处卸桩时拟会同就地的绅士、地保、宗房长及业主共同参与；各处钉桩编号刻石，并载明各小图，印若干册，分给地保，责成随时查察修理。

4. 宁波府府台胡批文。（文略）

5. 宁波府胡批文。（文略）

6. 鄞县知县杨批文。（文略）

7. 光绪十九年（1893）11月，陈励等人禀道、府、县文："以东钱湖实有关三县七乡之农田水利，即关三县七乡之民生休戚，则目前浚湖之举，实为必不可缓之要工。请道府、县大人察核倡筹兴办，全水利以利民生。"

8. 鄞县知县杨文斌批文。（文略）

9. 宁波府胡批。（文略）

10. 宁绍台道吴批光绪十七年九月初一文。（文略）

11. 宁波府胡转批札鄞县知县杨文斌批文。（文略）

12. 陈励等于光绪十九（1893）年十二月又禀奏道、府、县文："……此次浚治正湖，更倡助。"（详见丙辰《东钱湖志》）并拟浚湖大略计15条。

13. 光绪十九年十二月十六，鄞县知县杨批文。（文略）

14. 光绪十九年十二月廿六，宁波府胡批文。（文略）

15. 光绪十九年十二月廿二，宁绍台道吴批文。（文略）

16. 张善仿等于光绪二十年（1894）三月二十二日，禀道府、县文："职等明知兴修此湖本非易，然事实亿万生灵所系，倘今日议修而中止，异日更难有踵议之者。是职等欲修此湖转废此湖矣。就全湖齐浚而论工费固大，若将钱堰、梅湖最浅之处先行疏浚，逐渐推广，视款之多寡，量力兴修……伏仰公祖大人关切民瘼……惟有仰恳宪恩先赐倡导，并赐给示劝捐……"

17. 光绪二十年（1894）三月二十八，鄞县知县杨批文。（文略）

18. 光绪二十年（1894）四月十六，宁波府钱批文。（文略）

19. 光绪二十年（1894）五月廿四，宁绍台道吴批文。（文略）

第二节　1895～1900年

1. 光绪二十三年（1897）二月，张锡藩等禀程太尊文："东钱湖日就湮塞，前称一湖之水可满三河，今则不及半河，每遇旱暵，流难及远，农田无从灌注，秋收即形歉薄，况田多濒江，全赖河水抵御咸潮，若河水浅涸，咸潮易于倒灌，为患尤甚。曾经迭次禀请开浚，虽历蒙各宪批准，修以筹款竭蹶，迄未遵办……伏念开浚是湖，关系重大，非得官办督办，不足以昭慎重。奉批后并请派员驻工弹压，并便监察工程实为德便。"

2. 光绪二十三年（1894）二月二十一日，宁波府程批文。（文略）

3. 张锡藩等于光绪二十四年（1895）禀抚藩道府，鄞、奉、镇三县呈文，是一份比较详细的开浚东钱湖的情况报告，全文如下：

禀抚藩道府、鄞、奉、镇三县文　张锡藩等

禀为工关紧要，民情乐输，公叩檄司出示晓谕，并委员督同弹压，兴水利以保农田事。窃东钱湖源广流长，鄞、奉、镇三县七乡五十余万亩农田赖以灌溉。自宋迄今，日就湮塞，蓄水无多。故每逢旱年，流虽及远，农田无从灌注，秋收每多歉薄。况田多濒江，全赖河水抵御咸潮，若河水浅涸，咸潮倒灌，为患尤甚。曾经上年禀蒙宁道宪吴饬委宁通判萧，不辞劳瘁，督同职训张锡藩、监生忻锦崖等诣湖逐细察勘，分别缓急，尚因工程过大，垫款无措，未敢轻易举办。查湖身高于河者二丈有余，四面环山，所恃以泄水者惟四碶焉，旁皆有闸，计莫枝堰碶泄入于河者，东流至镇海之小港止，约河长六十里，宽五六七丈不等。又西流至奉化之白杜止，约五十里，宽亦如前。又直流至郡城之新河头止，计长三十里，宽亦相等。其大堰碶泄下之水，亦至奉化白杜止，河长约四十里，宽亦同前。其钱堰碶所泄之水，流至镇海之小港止，约五十里。又梅湖碶所泄之水，亦流至镇小港止，约六十里，河宽均与前相等。湖乃河水之来源也，源不畅，则流易竭。近来湖中满望茭苇，日渐淤浅，每至夏秋，雨泽稍愆，禾苗将稿（槁），农夫无策，往往按亩输捐，走龙潭求雨，虽多费无吝色（啬）。职等常与乡董商议，佥云与其为求雨无益之费，莫若用以浚湖一劳永逸。兹据各村庄董邀集耆老农民，公同会议，咸乐从焉。浚湖之举，乃得沾水利者莫大要图，况自官勘之后，民之望浚是湖，若大旱望云霓。现在公家筹款维艰，情愿民间合力捐助云云，职等见其语出真情，询悉实系踊跃乐输，并无苦劝抑勒等弊用，特议由业户出工，佃户捐食，约计可集钱三万千串，选择七乡中公正绅董百人，商令每人先垫洋一百元，合成一万元，为创始垫款，即令经收本图捐款制发收照，造册缴局，接济公用，并扣还垫款。一面仍将所收数目榜示，以昭征信而杜侵混。至开办拟自各碶门起浚水路一条，阔五丈，深五尺，浚至深处为止，延请精于算学者以开方法丈量，按方给价，庶工无虚糜。现量得二十三万七千余方，每方给价一百二十文，合计须钱二万九千串左右。尚有挑泥及一切局用不敷，另有绅富数人，见系莫大善举，慨允再为捐助，务蒇是举。其湖边居民设旧有侵占地基，若令拆还，近于滋扰，况系善举，尤以便民为主，应请概

置不问，求请禀明立案，晓示开办，以便遵照等情，前来伏念开浚。是湖工程浩大，非蒙行司出示晓谕，委员督理，不足以昭慎重，敬拟办法九条、绘图联名禀叩察核，俯赐檄司出示晓谕，并派员监督开办。一面呈请分饬鄞、奉、镇三县妥为保护，万民感戴。

  4. 光绪二十四年（1898）六月十二日抚宪廖批。（文略）

  5. 藩宪辉批文。（文略）

   道宪吴批文。（文略）

   府宪程批文。（文略）

   县宪毕批文。（文略）

  6. 光绪二十四年（1898），鄞、奉、镇三县会勘后禀抚藩皋稿。（文略）

  7. 光绪二十五乙亥年（1899）二月二十七，署鄞县毕照会稿为照会事。

  8. 光绪戊戌（1898），三县会勘禀程府批：

三县会勘禀程府批　　光绪戊戌（1898）

  东钱湖湖底六港，半皆淤塞，湖塘碶堰，亦多坍塌，现经该县等勘明，拟即设局挑浚，即将所浚之泥修补塘身，并将碶板一律修整，复于风浪险处分筑二墩，所需经费先由每图富绅各捐洋一百，再行按亩计工，以期集事。筹议极为周妥，所请委员设董以及颁给告示、印发捐票各节，均应照办。惟前据宁绅先用训导张锡藩等禀请委员监督到府，业经移委前任水利通判萧督同办理在案，据禀前情候即出示晓谕，一面照会张绅等董理各项浚湖事宜，并造收捐联票送候盖印、发填，各该县等应即妥为弹压，以维善举，仰鄞县移知奉、镇二县，一体遵照，仍候。

  9. 光绪戊戌二十六年（1898），禀清出示晓谕稿。（文略）

  10. 光绪戊戌二十六年（1898），庄府尊浚东钱湖告示稿。（文略）

  11. 光绪戊戌二十六年（1898），张锡藩等禀请鄞、奉、镇三县会勘稿：

禀请鄞奉镇三县会勘稿　　光绪戊戌　　张锡藩等

  为应请分檄订期会勘核明出示晓谕设局开浚以全要公事。窃职等因东钱湖蓄水无多，集赀设法浚治，以利农田，曾禀宪案，已蒙饬勘施，禀经藩宪恽批，由仁宪速饬鄞、奉、镇三县会同覆查，确实熟筹妥议，禀府核明，出晓谕，就近遴员督同各绅董设局开办等因，嗣又奉抚宪廖批，由藩宪迅饬鄞县毕令即日会绅从勘，各在案，刻当秋成丰稔，民情踊跃，群皆允洽，亟应及时兴办，用特禀请大公祖大人，分檄鄞、奉、镇三县，订期会同履勘，禀呈仁宪，给示晓谕委员设局督同开浚，以兴水利，实为德便。

12. 庄府批：侯札 鄞、奉、镇三县迅速会勘明确妥议，具覆察夺。

13. 光绪戊戌年（1898），禀请萧分府委员稿。（文略）

14. 光绪戊戌年（1898），庄府宪移水利分府萧文稿。（文略）

15. 光绪己亥年（1899），禀请王分府委员稿。（文略）

16. 光绪己亥年（1899），禀请借渔团教呈道府禀稿。（文略）

17. 庄府批。（文略）

18. 光绪己亥年（1899），庄本府安民告示稿。（文略）

19. 光绪己亥年（1899），开办告示稿。（文略）

20. 张锡藩等，禀留王分府驾公稿。（文略）

21. 光绪己亥年（1899）年十一月十三日，放泄梅湖水，塞上下虹桥谕单稿。（文略）

22. 光绪二十五年（1899）十二月廿九日，张锡藩等禀庄本府，萧分府稿。（文略）

第三节　1900~1910年

1. 光绪二十六年（1900）三月十九日，禀本府稿。（文略）

2. 光绪二十六年（1900）三月十九日，禀请王宪来宁驻局稿。（文略）

3. 光绪二十六年（1900）七月二十六日，傅宜垚等禀鄞县呈缴根照稿。（文略）

4. 禀府事批，同年同月同日。

5. 光绪己亥年（1899）四月，禀为请严绅襄理局务稿。（文略）

6. 光绪庚子（1900）七月二十三日，水利分府萧禁钱湖侵占湖地牌由稿：

水利分府萧禁钱湖侵占湖地牌由稿　光绪庚子七月二十三日

为饬查事：照得侵占官河已干例禁，况东钱湖为三县七乡百万亩农田借以灌溉，侵占一分，则民受一分之害。兹访查得史家湾地方有渔民史祥发钉桩占筑，又陶公山地方渔民王显德、王文星趁旱占筑湖地作为住地，且闻史祥发曾占数十亩贩卖，如此不法，大为地方之害，本分府有总巡水利之责，未便置之不理，合行饬查。为此仰役协保迅赴该处，确查有无侵占情事，限某日内带回该图保役，绘图贴说，禀复到府，以凭核实开办去役，毋得违延干咎。速速。

8. 光绪二十八年（1902）十二月十八日，王荣商奏片（即奏章）：

王荣商奏片　光绪二十八年（1902）十二月十八日

再浙江宁波府属之东钱湖，溉田五十万亩，久为农民所依赖，近年葑泥涨满，蓄水无多，每遇旱干，收成歉薄，民食不足半。由于此，光绪二十五年（1899）冬，该绅士禀明地方官，购办挖泥机器，设局挑浚，因兵警而止。现在接办无人，机器空存，深为可惜。请旨饬下浙江抚臣，责成宁波知府遴选公正绅董，设法挑浚全湖以竟前功，庶于农田大有裨益。臣为乡邦水利起见，谨附片具陈，伏乞圣鉴。谨奏。

9. 光绪壬寅年（1902）十二月廿九日，上谕颁（即圣旨）浙江巡抚诚札饬宁绍台道：

上谕颁浙江巡抚诚札饬宁绍台道　光绪壬寅年十二月廿九日

光绪二十八年十二月二十九日，接准兵部火票，递到军机大臣字寄护理浙江巡抚布政司诚，光绪二十八年十二月十八日，奉上谕翰林院侍读王荣商奏请开湖溉田等语，浙江宁波府属之东钱湖据称年久失修，前经该府绅士购备机器，设局挑浚，因事中止，着诚按照所陈，体察情形，酌量修浚，以竟前功。原片著钞给阅看，将此谕令知之。钦此。钦遵旨寄信前来承准此合行恭录札知札到，希即督府钦遵办理。此札。（计黏抄原片）

光绪二十九年正月初九日正月十六日到郡。

10. 光绪三十年（1904），忻瑞庄于1904年禀商部文，并制订简明开浚条理五条。（文略）

11. 光绪三十年（1904）二月二十一日，商部批："据呈已悉，侯咨行浙抚钦道前次谕旨，迅即颁属体察情形，会同公正绅士妥筹办法，以竟前功，章程存另图等件发还，此批。"

12. 光绪三十年（1904）二月二十四日，商部咨文。（文略）

13. 光绪甲辰年（1904）三月十三日，商部咨文，行浙抚聂汇同藩司翁札饬宁波府喻兆蕃文。（文略）

14. 光绪甲辰年（1904）三月，忻锦崖禀浙江聂巡抚文。（文略）
15. 光绪乙巳年（1905）三月初九日叩阍发步军统领那咨浙抚聂文：

光绪乙巳年（1905）三月初九日叩阍发步军统领那咨浙抚聂文三月十五日发往忻锦崖

为咨送事：据中营乐善园汛守备张治清拿解叩阍人犯忻锦崖一案讯，据忻锦崖供，"我系浙江宁波府鄞县人，捐纳监生，年五十一岁，在县属东齐坞村居住，原本府东钱湖水渠灌溉鄞县、奉化、镇海八乡，五十余万亩田地皆赖湖水灌浇，民间得食，年久弃修。于光绪十七年间有生员张祖衔商同三邑绅耆，拟开挖引湖水，章程具禀呈递本省巡抚，蒙批三县会同宁波府勘议，出示兴修。迨至光绪二十六年间，因京津战事停工。二十八年十二月间，经翰林院侍读王荣商条奏，奉旨交诚巡抚体察情形，酌量修浚，经诚巡抚札饬钦遵，乃地方守令置若罔闻。于三十年二月，我来京具禀，在商部呈递，蒙咨浙抚筹办，延至于今尚未诣勘，详查有江西学政、已革翰林盛炳纬从中把持，未能举办，是以我又具禀来京，闻得圣驾出郊，于本年三月初九日在西直门外北关地方叩阍，当敢官人将我拿获，连原呈等件一并解案的"等语。查忻锦崖辄敢携带呈词等件来京叩阍，实属不法，讯之该犯所供各节是否属实？亟应详细讯究，相应将忻锦崖并原呈等件咨送浙江巡抚究明办理，仍将如何完结缘由咨覆本衙门并都察院可也。具诉状监生忻锦崖系浙江宁波府鄞县人，年五十一岁，为详细陈明开湖溉田以防灾旱，今被在籍革员任意把持，逞私阻挠等情，仰祈圣鉴事。窃因浙江宁波府属之东钱湖，居鄞县之东界，周围八十余里，其水灌溉鄞县、奉化、镇海三县八乡，沾田五十余万亩，开于唐天宝三年（744），鄞令陆南金废田十二万一千二百十三亩，其赋派入沾利之田，每亩加米三合七勺六抄。至宋天禧元年，郡守李夷庚设四碶八阙七堰九塘。淳熙四年（1177），魏王赵恺守郡，奏闻于朝，拨出内帑会子钱五万贯、义仓米万石，大浚之。宝庆三年（1227），郡守胡榘请事于朝，得度牒百道、常平米一万五千石，又浚之。迄今七百余年，未曾修浚，以致淤泥湮塞，蓄水无多，每届夏秋，雨旸愆期，禾苗枯槁，收成歉薄，久为农田之患，民食不足，半由于此。光绪十七年（1891），经已故生员张祖衔倡议开湖，与就地绅耆会商挑浚事宜，未及举办而故。监生系祖衔门下，思继志以藏其事，逐细履勘，接洽三邑绅耆二百九十余人，民情乐输，邀同已故生员张锡藩等，拟议章程，联名禀，蒙浙江巡抚藩司札饬鄞、奉、镇三县会同诣勘。宁波府知府程云俶与绅董等一再筹议，酌定章程，议由业户出工，佃户出食，每亩出工资钱一百八十文，佃户出食资钱七十文，均经出示晓谕。未及兴工，程守因病出缺，署知府庄人宝乐为提倡，亲诣勘验。萧通判首先捐廉，延精于算学者丈量绘图，估计工程约需银十万元，不时与绅董悉心核议，在籍候补道严信厚急公好义，踊跃输资，乐与图成。其时地方官员皆能实心行事，于光绪二十五年（1899）四月设局开办。二十六年六月，京津战事日棘，闾阎震恐，暂行停办。"光绪二十八年十二月十八日，奉上谕翰林院侍读王荣商奏请开湖溉田等语，宁波府属之东钱湖据称年久失修，前经该府绅士购备机器，设局挑浚，因事中止，着诚勋按照所陈，体察情形，酌量修浚，以竟前功。原片著钞给阅看，将此谕令知之，钦此"等因。当经护理巡抚诚勋札饬道府钦遵办理在案。一时草野欢腾，咸谓事可观成。讵意地方守令非前可比，因循坐视，竟将奉旨饬办水利要工置若罔闻。三十年二月，复经监生来京禀，蒙商部咨行浙江巡抚札饬宁波府亲诣确勘，体察情形，妥筹办法，并经绅耆联名禀明浙江巡抚，当即札饬，迄今又逾一年，并未诣勘筹办禀复。推原其故，查系已革前任江西学政翰林院编修奸绅盛炳纬违抗谕旨，从中把持，挟制官长，逞私阻挠，以致官长畏其势力未能举办。伏思由前至今十余年，迭次履勘，丈量绘图，再四筹议，明定章程，设局开办，俱有端绪。今因奸绅逞私阻挠，若举半途而废，岂不将前次共事之辈枉费徒劳，即三邑乡民无不嗟叹深为可惜。监生乡曲愚民，瘁十余年之苦心，自备资斧，不辟跋涉之劳，三次赴都，系为地方水利起见，非有纤毫私意介于胸中，用敢不揣冒昧，锐志图成，兹因各绅耆催令监生奔驰来京，吁恳皇太后皇上天恩轸恤民瘼，请旨饬下浙江抚臣责成府县迅速举办，毋任奸绅阻挠，以竟前功。并请特派干员督同地方官绅切实妥筹办理，俾免观望而杜弊窦。所有前议按亩抽捐业户出工佃户出食，原系众心允洽，惟须查造清册似嫌烦琐。此次改议只捐业户不捐佃户，每亩捐制钱二百文，较前核减钱五十文，应请随粮带征，分作两年征收，较为简便，合并陈明，伏乞圣鉴。谨呈。

光绪二十三年（应是三十一年手误）三月□日

16. 光绪乙巳年（1905）六月，商部咨文。（文略）
17. 光绪乙巳年（1905）商部禀稿。（文略）
18. 光绪乙巳年（1905）商部批：

商部批

照录批：监生忻锦崖请代奏派员督饬复开东钱湖呈据呈已悉，查此项湖工，系奉旨交办之件，复经本部迭次咨催，语极严切，并未据该抚咨复有案，或是工程重大，筹款不易，办事无人，是以稽延到今，惟此案业经浙绅具奏于前本部，未便再行入告，姑念该监生陈词迫切，应准据情再咨浙抚查办，仰即回籍，静候示遵可也。此批。

19. 光绪乙巳年（1905）九月商部咨文。（文略）

20. 光绪三十一年乙巳六月宁波府喻兆蕃详文，全文3250字。（文略）

21. 光绪乙巳年（1905）十一月，旅沪鄞邑同乡绅商十余人公禀宁绍台道高宁波府喻文：

旅沪鄞邑同乡绅商十余人公禀宁绍台道高宁波府喻文　光绪乙巳年十一月

具禀商民陈忠良等为湖工紧要浚难再缓公叩恩赐察核善全大局出示晓谕急速兴办兴水利以保农田事。窃职等世居鄞邑东乡，向在上海洋行为业，近十余年，闻有开浚东钱湖之举，此系三县八乡水利攸关，为沾溉农田之要。稔悉已故生员张祖衔、张锡藩等先后为之倡，踵其事者，厥有监生忻锦崖，曾与各乡绅耆均已接洽，闾阎无不称善。虽工程浩大，需款孔巨，然伊始经营，良非易易。数年以前甫经开办，旋奉停止，乡民为之失望。嗣闻镇海王侍读奏闻于朝，颁下谕旨，咸为事可观成矣。乃迁延岁月，终未举办，而该监生忻锦崖毁家兴利，矢志坚贞，不肯以累年心力隳于一旦，三次赴都，自备资斧，不辞远途跋涉之劳，又闻得其越控之咎，固有难辞，而究其心迹，实是忻锦崖系为八乡之利，非为一己之私，此非独八乡之民深为钦佩，皇天后土实所共鉴。吁恳大公祖大人体恤农情，振兴水利。伏思是湖若不及今修浚，将来侵占日增，淤塞日甚，湖渐隘而渐浅，势必仍为平畴而后已，又谁复起而问津焉？是湖水利关系在乡不在城，故乡民之欲浚者为多，至忻锦崖控告盛绅为奸绅，而众绅士公呈以为夙称公正，忻锦崖以奸绅目之，未免荒谬，然不忆盛炳纬前为江西学政时犯科场大弊，被御史李慈铭奏参革职。奏劾有贪黩卑污士林不齿字样，上下皆知，则忻锦崖所控不为无因，而众绅士似未免曲为阿附。盛炳纬告假回籍，忻锦崖称为革员，已革未革，当有部案可查。职等闻得盛炳纬阻挠湖工善举，地方官惑于逸言，将此湖工弃置不理，在沪同乡闻之，无不愤激之至。若不趁此开浚，邀集沪上同乡联名赴省具呈，求达开办湖工为要，且此非职等所敢，与职等同处乡间，均沾水利，目击情形，案关公举。熟察忻锦崖所志所行，情殊堪悯，未忍缄默，用敢不揣冒昧，沥情公叩大公祖大人迅赐察核，扎饬府县善全大局，出示晓谕，急速兴办，则三邑乡民数百万户感戴不朽矣。实为德便，公顶上禀。

22. 光绪乙巳年（1905）八月，鄞邑南乡士生禀鄞会文。（文略）
23. 光绪三十一年（1905）八月，鄞县文批。（文略）
24. 光绪丙午年（1906）八月十八日，鄞县举人陈宜增等禀抚台张藩台宝文。全文如下：

禀抚台张藩台宝文　　光绪丙午（1906）八月十八日

具禀鄞县举人陈宜增等禀。窃以宁波府属之东钱湖，周围八十余里，其水灌溉鄞县、奉化、镇海三县，自唐天宝迄宋宝庆，开之者代有其人，浚之者代有其人，曾以汪洋一派，惠及八乡，民田赖之，民漕亦赖之。下之利在此，上之利亦在此也。讵意至今七百余年，失于修浚，蒿蔓弥封。淤泥湮塞，蓄水无多，每值旸雨愆期，禾苗枯槁，收成歉薄，深为农田之害。于光绪十八年间，经已故生员张祖衔与旧地绅者接洽，联名具禀当道挑浚事宜，未及举办，张公物故。监生忻锦崖系张公门下，又复痛念先人，思继志以蒇其事。二十一年，程府云倣莅任，决意修浚钱湖，绘图拟章程十六条面呈程公。公得此图册，浚湖之议遂定，蒙吴观察派委水利通判萧公福清，履勘钱湖情形。萧公邀同已故主员张锡藩监生同至钱湖察验，禀覆在案。二十四年，延请算学师丈量绘图，估计工程约需洋银十万元。当时与官绅核计，监生逐细履勘，接洽三邑绅者二百九十七人，联名禀请前抚廖公、藩恽公，咸蒙批准，扎饬守令会同绅董勘验，从实禀覆湖工兴办，府县均经出示晓谕。其时为捐廉提倡者，则有通判萧公福清。为慨助千缗者，则有道员严公信厚。为筹拨款项者，则有庄公人宝。绅董等借得购备机器。二十五年四月，设局开办，是年交冬，雇夫挑浚，得四千二百三十余方，又修梅湖堰塘，孰料二十六年夏间，被内地顽绅造谤阻挠，高太守出示谕，湖事遂中止。惜哉悲哉！然湖事虽停，监生之意未灰。嗣经镇海王公侍读奏闻于朝，遂颁上谕，乡民闻之，事可观成。不料地方守令依然置若罔闻，因循坐视。监生关心水利，切思修浚，因是一再赴都禀，蒙商部咨转，又被阻中止。监生心大不甘，再行赴都叩阍，檄驰而下宁郡时，适前抚聂公札饬宁波府道转饬鄞、奉、镇三县，会同绅者勘验，详细禀覆，急速兴办，各在案。岂料宁波府喻兆蕃详文捏称收亩捐事有八难，推诿湖事，因此不得重兴。然抑思浚湖之利在民，浚湖之资亦出于民，众民业已乐输，何惧此区区八难。况据详文云一难者，谓乡愚苟且目前，本无远虑，未曾受旱，迫令输捐，未免非所乐从。不知沾湖水之田有五十万亩，是湖若不开浚，遇值大旱，少减谷一石一亩，因每石计洋银一元，共得洋银五十万之数，其利已不少。属在同井，谁不踊跃输资？何至勉强。赴公同于临渴掘井，所言一难者何有？又云二难者，谓按亩派捐，未经清丈，难免以多报少，互相争执。不知三邑之田皆系千古不易之田，早经丈量清楚，从未闻以多报少无端争执。所言二难者何有？又云三难者，谓五十万亩约略之词，其中不受湖水灌溉者，未便责令照捐。不知合三县八乡一百三十二图素有五十万亩之说，其中已受湖利者、未受湖利者民谁不悉？平时乡民情愿乐输，不待地方官之深虑。所言三难者何有？又云四难者，谓该处素号膏腴，祀田举其大半，摊捐不均，恐多延欠。不知普天之下，莫非王土，以极易输捐之公款，区区按亩二百文，谁忍执定祀田反推诿此善举，所言四难者何有？又云五难者，谓其中教民产业，倘视为不急之工，任意抗捐，众必观望。不知教民亦乐为善，况外国人素重水利，决不至有阻挠。所言五难者何有？又云六难者，谓湖外即河水，近者自受无穷利益水，远者辄借口河淤须浚，方肯出资。不知事出义举，谁不关心？今则乡民远者亦莫不慷慨输资，何须地方官托词湖工难成，所言六难者何有？又云七难者，谓往年亩捐由绅收，仅百分之一二，已滋物议，即改由地方官随粮带征，又苦无鳞册可据。不知计亩收捐为公起见，物议从何而来湖工本官民共事，讵待地方官随粮带征狃于改章之说，所言七难者何有？又云八难者，谓该湖为各邑山水所注，只有春冬数月可以施工，捐难骤齐，必先筹垫。如此巨款，何人担承？不知东钱湖在鄞邑之东，并无别邑山水所注，地方官之说何来？况按亩抽收，分作二年交纳，为期已宽，前经公议，约需洋银十万元，各在案。合三县八乡湖捐，上下忙之，期一年，约有四五万之数可收，不至捐难骤齐，加以其中殷商富户量力资助，公举奚至无成？所言八难者何有？且据详文云，浚出淤泥可为二局公司之用，何来窒碍？复云宁郡渔业为大宗，农务可以不急，更不知宁郡六邑、即如鄞邑一县已有钱粮九万之数，不急农务，粮漕从何而出？此皆地方官之强词也。又复云，监生执一己之私见，其愚可哂。不知监生之愚真愚，为浚湖之事不避艰险，不避寒暑，承办十余年，为八乡之利，非为一己之私，地方官不办湖事者，俨以智巧之士自居，故身避而不肯为，盖地方官平时惑于城绅，轻视乡间之绅耆，然不知城绅者仅知有一己之私，不如乡绅者专为众人之利，何得偏于听信谓五六十万巨款托词难集。矧浚湖效验，得寸则寸，得尺则尺，湖中去一方之泥，即多储一方之水，此不必执于五六十万之巨款，为此搪塞之词。且绅董等前为设局开办钱湖工程，应当收支逐细详报在案，俱有实册，明文共计收洋银七千二百元，收渔团洋三千元，收亩捐洋银二千二百元，收严公资助洋四百八十元，收萧公捐廉洋银六百元，收各董事借垫洋银九百元，此所收各洋之明证也。又支出德国泰来洋行购定挖泥机器一部，连船计银五千五百两，当付定银一千两，折洋银一千四百元，又付税饷洋银三百八十元，又付造船洋银一千四百元，三共计洋银三千一百八十元，外修梅湖堰石砌工料计付洋银八百元，又修梅湖塘计付洋银四百五十元，又浚梅湖港三处计得四千二百八十方，计付洋银七百五十元，又各司事收捐造册、薪水、火食、纸笔、油烛一切杂项付洋银二千元，计三年以来，所用资费不多，此所支各洋银之明证也。所谓糜费者何在？诚以绅董等办事具有热肠，无如地方官惮于琐渎不肯重兴湖工。上年七月间，原奏绅士王侍读面催府县筹办湖工，而府县始终畏难，所请三月内查明湖水所沾每亩清册即行举办，至今一年有余，未曾举办。地方官之因循概可见矣。监生承师长先人遗命，不辞劳瘁，是年八月间，又赴京者禀称商部，蒙商部咨催湖事部文云，监生不惮牺牲一身，坚志重修，毁家兴利者十五年，赴京跋涉者数千里，吾乡众绅者二百九十一人，皆系办地方乡约公务者，为公非为私，睹此事堕已咸痛。三县之民不得其利，反受其害，能无愤乎？能无愤乎！故合三县八乡绅耆，公请镇海原奏绅士王公侍读荣商，为开浚湖工局总董，此吾乡众望所归，自当竭力兴办，不至有始无终也。今幸吾浙重见青天，得遇抚宪大人驻节浙省，甫及半载，凡于民间诸务，弊必除利必兴，奸必察公必顾，大有百废具举之状。绅董等闻风起兴，因是不揣冒昧，沥情具陈，联名公叩宪天大人选派公正大员赴宁查办，督修兴工开浚，并请抚宪大人恩准，俯赐核案，札饬府县急速出示钦遵谕旨，会同公正绅耆兴办湖事而竟前功，俾三邑数百万户民生利赖无穷，当为颂德歌功，虽千万载声垂不朽。绅耆等因是除禀抚宪大人外，并为续禀藩宪，惟冀共沾宪恩，重兴三县永远水利，童叟幸甚，妇孺感甚，所有上年部文折一扣，众绅耆名折一扣，浚钱湖刷印章程一本，浚钱湖启一纸，抄呈黏后，伏乞垂鉴。绅耆等特此涕泣叩求，哀哀上禀。

25. 光绪丙午年（1906）八月二十七日，抚宪张批。（文略）
26. 宣统元年（1909）十一月，王荣商等禀抚藩暨道府文：

禀抚藩暨道府文　宣统元年（1909）己酉十一月　王荣商等

为宁属钱湖最关水利开呈名单公叩迅饬府县妥筹开办以苏民命而保利益事。窃东钱湖一役，迭经官绅筹办在案。三十一年三月，忻锦崖措资赴都，道傍叩阍，由步军统领衙门随文递解到籍。官府托辞八难，其事遂寝，三邑乡民无不扼腕。是年八月，忻锦崖复行赴都，禀请商部催促，并赴闽禀请督宪，终未举办。窃思宁属水利以钱湖为最大，亦为最要。是湖沾溉农田五十余万亩。今年天时亢旱，统计秋成只及半收，八乡赖湖之水愈于他处，只减二分，每亩约减收五十觔，通计减收二千五百万觔，平价计值洋银四十万元。以他处较之，尚多洋银六十万元，此湖水之利益也。若能浚深全湖，沾湖之田可无旱灾之虞。莅民者何惜此一朝之劳而不为永逸之举乎？民食攸关，重于生命，何得漠然视之？况经费一项以农田之利出自农田，此非外求者也。本年八月十九日，初次开会，三县城绅赴会者四十余人。九月十五日，二次开会，鄞县各乡绅董赴会者百二十余人，皆各齐声称善，愿与赞成，惟从前议由业户出工、佃户出食，恐嫌烦琐。可否据情奏请随粮带征，每亩输钱二百十文，分作三年征收，较为简便，众议允洽。绅等系为地方水利起见，为此不揣冒昧。觊缕渎陈。伏叩宪天大人俯赐电鉴，迅饬府县妥筹开办，以苏民命而保利益，实为公便。上禀。计呈名折二扣，钱湖图一幅。

27. 宣统元年（1909）十二月初四日，抚宽曾批。（文略）
28. 宣统元年（1909）十一月十八日，藩宽颜批。（文略）
29. 宣统二年（1910）二月十四，王荣商等禀鄞县邹转详公文：

禀鄞县邹转详公文　宣统庚戌（1910）二月十四日　王荣商等

禀为湖工紧要，亟应集款兴办，仰祈恩准核议转详，并行给示以凭遵办事。窃绅等于去年十一月会同鄞、奉、镇三邑绅耆联名禀请修浚东钱湖一案，均奉宪批在案，嗣奉抚宪批据禀宁属东钱湖云云。伏思是湖有益于水利农田，尽人皆知。按亩之捐，出自农田，委系正项的款，不假挹注。绅等再四筹议，自无窒碍，随粮带征，较为便捷，分作三年征收，尤属轻而易举。查阅抚宪决议，改良征收钱粮方法案内第六条有原有禀准立案随粮带征之各种附捐，须将项目数目于串票上加盖戳记字样，此次征收办法，并拟于串票上遵用戳记。自去秋至今春，组织团体节次赴邑庙会议,众口一辞,靡勿齐声称善,舆情如此,何虑事之不济。惟望宪天亟为提纲,俾与于斯役者遵循有自,万民幸甚。为此肃禀,公叩公祖大人俯赐察核查议转详,并请先行给示,以凭遵办,实为公德。再先设浚湖公会于邑庙前丝巷衖,系旧有之仁安公所,合并声明。急切上禀。

30. 宣统二年(1910)二月二十日,鄞县邹批。(文略)

31. 宣统元年(1909)十二月二十三日,宁波府邓札鄞、奉、镇三县移文。(文略)

32. 宣统二年(1910),鄞县邹照会发诸绅董筹办浚东钱湖事。(文略)

33. 抚藩二宪札文。(文略)

第四节　1911年

1. 王荣商等于宣统三年(1911)元月初七日,禀抚宪增藩宪吴文:

禀抚宪增藩宪吴文　宣统三年(1911)辛亥六月初七日　王荣商等

为湖工紧要,浚难再缓,录呈前批,公叩恩赐察核准予转详遵示一面迅赐檄委干员会同地方官长督饬三县八乡绅耆,克期修浚,俾湖工早日告成,农田均沾利益事。窃查监生忻锦崖为浚湖兴利一案,垂二十年赴京赴省,案牍如山,讵料辛苦备尝而事功未竟,推原其故,半由经费筹集较难,半由官宰提倡不力。举办如此棘手,未免令人灰心。转念东钱湖为三县八乡之命脉,五十万田资灌溉,千万人户赖衣食,其关系国计民生,实非浅鲜。此忻生之所以呼吁奔走而矢志图成者也。去年八月二十九日,曾经绅等联名将原议改良,湖工经费每亩捐钱二百十文分作三年征收随粮带征之各种办法,详晰声叙,具禀到台,当蒙批,将是案发交自治会,先行开会集议,处决公论。又蒙详奉抚宪批准,仰即核饬宁波府分札三县,并照会各绅遵照办理等因各在案。仰见宪廑审慎周详、兼筹并顾之至意。绅等奉到批示,传知八乡,一时草野欢腾,莫可言状。旋于十月间地方官奉到大札,遵即照会自治会,并知照王绅等和衷筹办,满望自治会诸君急公好义,事在必成,不料迁延未议。嗣为僧会交涉,业已辞职解散,无从会议。查忻生苦心孤诣,破产倾家,无非为水利起见。今已事半功倍,何忍一旦废弃。况目今宁属米价腾贵,最低之米每升亦以百数计,贫民仰屋咨嗟,情殊可悯,以工代赈,固为当务之急,湖工早竣，利赖无穷。饥民夺食，铤而走险之举自可无虞矣。是浚湖兴利不但于民食有所补救，而地方亦有关于治安也。现已公举鄞人日本农工大学校土木材料科毕业生陈树棠为估计工程，不揣冒昧，合词公叩渎求宪天大人恩赐核转准予，檄委老成练达干员督饬三县八乡绅耆克期浚湖，以竟前功而裕民食。顶德上禀。

2. 抚宪曾批，宣统三年（1911）六月十日。（文略）

3. 藩宪吴批，同年六月十一日。（文略）

4. 禀宁波府邓文，宣统三年（1911）三月廿七日。（文略）

5. 宁波府邓批，宣统三年（1911）六月二十七日。（文略）

6. 呈宁波府即开浚东钱湖略节，宣统三年（1911）六月二十八日，三邑议员。（文略）

7. 禀护理宁波府江文，宣统三年（1911）八月初一日，浚湖总局。（文略）

8. 护理宁波府江照会开浚东钱湖落事忻锦崖，宣统三年（1911）辛亥八月。（文略）

9. 忻锦崖于宣统三年（1911）辛亥十月十四日，禀民政部长江文。（文略）

10. 民政部长江批，宣统三年（1911）辛亥十月十七日。（文略）

11. 忻锦崖于宣统三年（1911）辛亥十月二十九日，禀民政部长江文。（文略）

12. 宁波军政分府民政部长江（照会），宣统三年（1911）十一月初八日。（文略）

第五十四章 1912~1914年

第一节 1912年

1. 忻锦崖等于民国壬子年（1912）二月二十二日呈浙都督府蒋并本鄞县知事江文：

呈浙都督蒋并本城鄞县知事江文　民国壬子年（1912）二月二十二日　忻锦崖等

为浚湖时迫筹款情急公叩恩赐鉴核批令鄞、奉、镇三县知事速将征解钱粮盈余项内提拨以资修浚而全要公事。窃东钱湖为鄞、奉、镇三县八乡之命脉，五十万（亩）田赖资灌溉，千万人户衣食皆赖于此，且关系国计民生，自唐宋开浚以来，迄今七百余载，茭葑弥漫，淤泥湮塞，曾未有起而修浚者，以致五十万亩田苗一逢灾旱辄成枯槁，农民受害非浅，所以生为此事二十余年奔走呼号，迭经禀请开浚，案牍如山，讵料辛苦备尝而事功未竟。去年六月间，曾经镇海王绅荣商联合鄞、奉、镇公正士绅三十八人，将原议改良，湖工经费按亩捐钱二百一十文，分作三年征收，随粮带征之，各种办法详晰声叙，联名具禀。蒙前清抚藩批准，仰即核饬宁波府邓公分札三县，并给各县自治会照会及浚湖章程、预算表，并知照王绅等遵照办理。是年七月十八日，召集城乡绅董及各县自治议长、乡董，在郡庙筹议浚湖事宜，本为组织水利联合会，推举正副会长、会董，适值大水，其时到者三十余人，各自治职到者只及半数，以致未行推举。嗣蒙江护府照会，生亲诣各县各乡自治公所通告，原因与议长、乡董接洽，务令各乡举定议董，定期召集，公举会长、会董，已至半数。适值光复，以致停办。生为浚湖事苦心孤诣，破产倾家，无非为水利起见，今已事半功倍。绅等何忍坐视一旦废弃，况今宁属米价腾贵，贫民仰屋咨嗟，情殊可悯，即以贫民之力雇而作工，以工代赈，两有裨益，则饥民夺食铤而走险之虞自可无虑。是浚湖兴利不但于民食有所补救，且于地方有关治安。幸沐光复，政治一新，凡关于地方有利可兴者，无不力为整顿。浚东钱湖为第一最关紧要之机关，求恳祈即批令鄞、奉、镇三县知事，速先拨款以济急需。绅等伏查鄞邑征收钱粮除报解省外，盈余之款银折洋有六万三千，名曰县税，留作地方公益之用，足见德政保全生民，遐迩传颂，感佩莫名。兹绅等浚湖之资仰恳于钱粮项下盈余之款，提拨银洋二万五千元，又契税项下拨银洋五千元，以作浚湖常年经费。核与前定章程，按亩捐钱，随粮带征，三年为限之案办理相符，奉镇两邑之亩捐听照鄞邑办理，众皆赞成，为此公叩鄞县知事恩赐鉴核公议，将征解钱粮盈余款项内提拨，以资修浚而全要公。顶德上禀。浙省都督恩赐鉴核批令鄞、奉、镇三县知事，速将公议征解钱粮盈余款项内提拨，以资修浚而全要公。

2. 浙省蒋都督批，民国元年（1912）二月二十日：

浙省蒋都督批　民国壬子年旧历二月二十七日

鄞、奉、镇三县绅董忻锦崖等呈请提拨浚湖经费批：东钱湖为鄞、奉、镇三县农田水利所关，年久淤塞，修浚自不可缓，惟湖工经费按亩捐钱二百一十文分作三年征收，计每年每亩捐钱七十文，是否旧时禀准有案？鄞县征收钱粮每年实有县税若干。所请提拨钱粮盈余及契税银元以作浚湖常年经费之处能否照准？仰财政司迅即查核具复，饬遵呈及章程抄发图表并发仍缴。

3. 浙省蒋都督治行鄞县知事江文，民国元年（壬子年）（1912）二月二十六日。（文略）

4. 鄞县江知事照会浚湖绅董忻锦崖，民国元年（1912）壬子五月五日。（文略）

5. 禀鄞县知事江请给发鄞县会议员照会文，民国元年（1912）三月十九日。（文略）

6. 呈请鄞县沈知事给浚湖局告示文，民国元年十二月十五日。（文略）

7. 鄞县知事沈批，民国壬子年（1912）十二月十六日。（文略）

第二节　1913年

1. 鄞县沈知事给浚湖总局告示文，中华民国二年（1913）二月十三日。（文略）

2. 鄞县沈知事给钱湖青山月波二寺浚湖二处工程局告示文，中华民国二年一月二十五日。（文略）

3. 鄞、奉、镇三县浚湖联合会呈请鄞、奉、镇三县知事汇街出示文。（文略）

4. 鄞、奉、镇三县知事给三县浚湖联合会告示文。（文略）

5. 鄞、奉、镇三县浚湖联合会捐册叙。（文略）

第三节　1914年

1. 民国三年甲寅（1914）年四月十四日，呈鄞县知事萧，会同鄞、镇二县联衔详请奖励陈君转达中央文稿。具呈原经落事忻锦崖三具议落邹宸生等。（文略）

2. 浙江巡按使屈批札鄞县公署来文，民国甲寅年（1914）阳历七月七日。（文略）

3. 鄞县忻锦崖，奉化蒋崧瑞，镇海李镜第于民国甲寅年（1914）阴历四月初五日呈鄞县知事萧文。（文略）

4. 忻锦崖于民国三年闰五月初十写二文：

呈大总统以及禀内务部农商部水利局公文

呈大总统内务部甲寅旧历闰五月初五日

禀农商部水利局甲寅旧历闰五月初十日　忻锦崖

为呈请事。窃宁波府属之东钱湖，居鄞县之东界，周围八十余里，其水灌溉鄞、奉、镇三县八乡之田。唐天宝三年（744），鄮县令陆公南金开广之。至宋天禧元年（1017），郡守李公夷庚设四碶八阙七堰九塘。淳熙四年（1177），魏王赵公恺守郡，奏闻于朝，拨出内帑钱五万贯、常平米万石大浚之。宝庆三年（1227），郡守胡公榘请事于朝，得度牒百道、常平米一万五千石，又浚之。自宋迄今七百余年，未曾修浚，以致茭葑弥漫，淤泥湮塞，蓄水无多，每届雨旸愆期，禾苗枯槁，收成歉薄。锦崖等于前清光绪十八年（1892）间，周历履勘，倡议挑浚，接洽三邑八乡绅耆二百九十七人。众议签（佥）同。二十五年，联名禀，蒙前清抚藩台札饬鄞，奉，镇三县会同诣勘，本城地方官与绅董一再筹议，本拟沾湖水之田按亩派捐，设局开浚，兼修碶塘。讵至二十六年庚子，因拳匪滋事停办。锦崖生长湖上，目击心伤，乡曲愚民历二十三年之苦心，自备资斧，四赴京都，奔走省会，不辞跋涉劳瘁，专为地方水利起见，幸民国元年（1912）荷蒙浙都督批令，召集三县联合会集款数千元，以资开办。旋于上年五月间，幸有陈君济易（字协中，籍隶镇海），经商天津，念切桑梓，乐于公益，由林君子皋，心切水利，函邀锦崖赴天津与陈君面晤，乐助巨资，并嘱胡君学泮（字湄蘩）共襄湖事。自上年八月起，锦崖等与三县联合会集款雇工，设局开浚梅湖，至十月止，计用银洋三千余元。十一月起，由陈君济易接办湖工，至本年三月间止，计用银洋四万三千元，又拨出纂修丙辰《东钱湖志》经费银洋三千元，共计银洋四万六千元。钱湖分里外，里湖即梅湖，工程已竣。外湖工程尚须筹款挑浚，其泥培筑湖塘。查外湖占梅湖十分之七，其浚费约需银洋十二万元之谱，欲向殷商富户劝捐巨款，而若陈君济易者未之有也，惜不幸而逝世矣。继陈君而起者，未识果有其人否也？惟吾鄞甬东地方有和丰纱厂者，经营中之巨擘也。此业专赖水火二字，该厂所食之水，全年需水半湖。节届夏至，农民乏水灌田，聚众向该厂饶舌，屡经锦崖解散。刻下浚湖不敷其费，查迩年来该厂获利丰盈，有六十余万之多。湖水用机器吸取，湖水付之东流，众议欲该厂捐助十万元，彼此得益，待湖工告竣，记于《湖志》，载明不致有农民乏水饶舌之虞。伏思水利农田，国家之大端也，浚筑不可缓图，筑塘则水满而不溢，浚湖则水远而流长，一举两得，不致有频年荒歉之虞，无征收之欠。如此舆情洽而水利兴，民心固结而国课完全。恳求札饬和丰纱厂以及殷商富户，乐助公益，除分呈内务部外，为此伏叩大总统俯赐准行，令饬浙江巡按使谕知该厂及殷商富户，接济经费，以保农田而全公益。不胜感祷顶德之至。谨呈。中华民国三年（1914）阳历六月二十七日。

5. 计开湖工善后局简章五条。（文略）

6. 大总统命令及内务部公文：

大总统命令及内务部公文

鄞县公署为咨行事。本年八月六号，奉浙江巡按使第一二六零号饬开：本年七月十日，准内务部咨开，浚东钱湖原经董事忻锦崖禀，宁属钱湖最关水利，恳请转饬妥筹经费接济，以保农田一案，并湖工善后局简章到部。正核办间，奉政事堂交奉大总统批令交部核等因，奉此查该董所称并简章，系属注重水利起见，惟拟由该县和丰纱厂以及殷商富户捐资办法是否可行？相应抄录原禀并简章，咨行查照，就近确切查覆，以凭核办等因，并附抄件到署。正核办间，又据清理宁属官有公有财产委员孙佐详称，查有坐落鄞县东乡距城七十里名东钱湖者，四周环山，广可四五十里，周可八十里，沿山原有老堤与湖为界，居民始则于近岸处堆草加泥，为布种计，继盖茅屋，渐营广厦，并将傍近涸地恳（垦）种，因为塍陌，积成献亩，历年既远，湖涸益广。居民久经占为私产。委员考诸志乘记载，是项湖涸，确系国有原荒，应认为在通则第两条所列之范围，即经前往察观，察得沿湖四周确已尽成涸地，现有湖身核诸志乘载记，约须缩小三分之一以上，约略估计其已涸之地，当不下三四万亩，惟界湖老堤久经湮没，原有湖界不复明晰，非经勘丈，断难清厘。窃以是湖关系三县水利，历朝郡吏加意经营，以湖身辽阔浚治非易，故历有湮涸，以底于今积涸之地，既经居民营建垦植，欲复旧观，非惟国家地方无此财力，且令人民久经保有之产举尽陆沉，势必群起反抗，揆诸事理，当属为难。是已涸之地，断不能复。使成湖为水利计，惟有保存现有湖身，勿令再有湮涸。至沿湖地亩，既系湖涸，纯属国有原荒，似难长予废弃，拟请举行清丈，编列字号，分别旧涸新涸，其已经人民建筑及垦种者，遵照《国有荒地承垦条例》第二十九条，一律补征地价，给照升科。在新涸地亩尚在荒废者，则招民承垦，庶国有土地不致长此废弃，而人民所有权亦得以确定。惟是办理手续綦繁，断非短促时期所能蒇事，应请饬委专办，俾有责成所有查出东钱湖涸地情由，理合专案具文，详请鉴核施行等情前来，究竟该湖面积若干？工程经费几何？和丰纱厂未据来署立案，究竟何时设立？资本几何？现状若何？与该湖有何关系？该经董拟向该厂捐助巨款，能否乐输？并劝股商富户捐资，办法是否可行？准咨前因，除另委员会同彻查外，合亟饬仰该知事迅即会同奉、镇两县知事，克日将所指各节并孙委员所称沿湖涸出地亩究有若干？将来若何处置？及忻锦崖附陈简章所称湖工善后局经管之湖旁公款公产，系何项产业？每年出息若干？逐一澈（彻）查确切，绘具图说，明白会复，以便核办。转咨，毋得稽延干咎，并将奉、镇两县知照原照抄件照抄黏发，此饬等因，并黏抄湖工善后局简章到县，奉此，相应备文，抄附湖工善后局简章，咨请贵县查照前饬，希即逐一查明，妥议办法见覆，以便会详。是为至盼。此咨。奉化县知事。

  7. 鄞、奉、镇修浚东钱湖联合会，于民国三年（1914）四月二十六日，呈导准监督张骞先生文。（文略）

  8. 禀鄞县知事萧为陈君详请励造送事实册转达中央文稿，民国甲寅（1914）八月十九日。（文略）

  9. 谨将故绅陈济易事实造册呈送鉴核。（文略）

  10. 浚湖局董事忻锦崖详请鄞县知事萧转咨省禀稿。民国甲寅（1914）九月

二十八日。（文略）

11. 民国四年阳历一月七日，饬领匾领文：

饬领匾额文　阳历一月七日

为饬知事：十二月三日，奉巡按使署第四三四九号饬开，查镇海故绅陈济易捐输巨款，疏浚东钱里湖，纂修湖志一案，前据该县知事造送事实清册前来，当经据情咨陈内务部，转请褒扬在案。兹准部咨内开准咨开，故绅陈济易慨输巨帑，独任要工，疏浚里湖，纂修湖志，请转呈优予褒扬等情到部，经本部归入特例，呈请褒奖。十一月二十八日奉批令，应准题给"功在钱湖"匾额，交由该部转发，以示褒扬。单存此批等因，奉此相应将匾额一方，注册费条规一份，咨送贵使，饬县给领，所有应缴褒扬注册费希即速收缴部，以重公款。再以后各县所去印甘各给应一律改用证明书等因，并附匾额一方、注册费条规一份到署，除咨复并通饬各县知事知照外，合亟检同咨送匾额一方，暨照抄注册费条规，饬发该知事查照，即便转给该故绅家属具领，并饬按照应缴注册费数目，迅将费银如数措齐，缴由该知事详解到署，以凭转缴，毋任延欠。切切。此饬计黏抄并附匾额一方等因，下县奉此合行饬，仰该浚湖总局董事查照，转知该故绅家属，迅即将应缴褒扬注册费洋陆元缴署，并具领匾额，毋延为要。此饬鄞县知事萧鉴，右饬东钱湖湖工总局董事忻锦崖，准此。

记　略

民国壬子年（1912），湖工局筹备湖工事宜，至癸丑（1913）八月起，先行作坝，开放湖水，雇夫开浚梅湖，至是年十月止，浚土方一万二千丈，又修理梅湖塘以及栗树塘，共计用费银四千员（圆）。至是年十一月起，陈氏接办，雇夫开浚梅湖土方二十七万五千丈，又浚梅湖十字港，阔四丈七尺半，深六尺，长共一千三百四十五丈，支港阔二丈六尺，深三尺半，长共三千一百六十五丈，去蒟草、搭草厂等共用费银四万三千员（圆）。

第五十五章 1915~1950年

第一节 1915~1932年

民国四年（1915），镇海王荣商、鄞县人陆澍威、戴彦修编《东钱湖志》共四卷，于1916年（丙辰）出初刊，世称丙辰《东钱湖志》。

第二节 1933~1936年

一、鄞县建设事业五年计划（民国二十一年~二十五年）

民国二十一年（1932年）七月二十六日，县长陈宝麟提请本计划审议，经同月二十日，县政会议之修正通过并呈省政府建设厅核准。

（一）市政工程

（二）水利：

1~4：略。

5、整治东钱湖，疏浚东钱湖已倡议有年，修以款巨难筹而罢，前经地方人士与鄞、镇、奉三县政府一度集议筹款办法，金以舍征收亩捐外，别无他道，而征收捐必须办到随粮带征，故拟予东钱湖湖流域田放会同奉、镇两县提前办理清丈（清丈计划交土地整理委员会，详细讨论，并会同地方人士与奉、镇两县筹备进行），清丈经费先由地方绅商筹垫至，整治办法尚须从长计筹，而环湖马路则必须同时筑成，以其既可利用濬起之土，并可确定湖界，便利交通二十一年（1932）起筹备。

二、周镇伦《东钱湖概况整理方案》：

（一）东钱湖与鄞、奉、镇三县水利上之关系，载在史乘彰彰可考。民国以还迭经倡议整理，惜终未有具体计划。十九年（1930）秋，建设厅令饬本局连合鄞、奉、镇三县组织整理东钱湖临时工程委员会，虽经遵办，嗣以筹款未获切实办法，竟致搁置。本年四月间，复由省府顾问工程师萧蔼士踏勘，兹将东钱湖概况及整理方针，分述如下：

一、全区概况：

东钱湖在鄞县境，县治东南约15公里，东南两面山岭环抱，为主要水源区域。湖西面积约计22.9平方公里（约合37000亩），水源面积约计62.7平方公里（约合102000亩），湖水之主要去路计有前塘河、中塘河及后塘河，灌溉所及之田亩，溉以甬江鄞江为限。鄞县江东全部溉水皆能遍及镇海、奉化两县之田亩，仅能灌溉一部分，期间水流相通密如蛛网，中塘河之水，流注仅限于鄞县境内，至前塘河、后塘河之水，除流注鄞县境内之外，尚可灌溉奉化、镇海两县一部分之田。水分配既不相等，备田受益自不相同，而实际上究竟如何，则有待调查与实测，始能确定，据历来成说；该湖水利能及鄞奉镇三县，就现有陆军测量地图推算，鄞县境溉田总面积计296.90平方公约（合483000亩），镇海县境约52.0平方公里（85000亩），奉化县境至多约98.3平方公里（或160000亩）。三县合计约447.20平方公里（或728000亩）。其中以鄞县境内溉田总面积或较可恃。镇奉两县境内溉田总面积恐不甚准确，溉田净面积以全面积百分之七十计算，则鄞县为207.8平方公里（约合338000亩），镇海县为36.4平方公里（约合59000亩），奉化县为68.6平方公里（约为112000亩），三县合计313平方公里（约合509000亩）。较之临时工程委员会成立后二十年份的依据，镇海县政府调查受益田亩约40000亩，奉化县政府调查受盖面积23000弱。均与上列推算之数不相符合，尤以奉化县为最，而鄞县政府则谓三县合计受益田亩约五十万亩，仅又与上列推算总数相近。其实数若干非经丈量不可为。目前估计田亩，需水量计此数亦足资参考也。该区农耕状况以及村民人民生活情形，向无调查统计适知，受益田亩数目始终未经确切丈量，据普通观测大约全区田亩多系植稻至村民人口没以上述推算之，田地面积为准，并以民厅十七年（1928）分土地特刊所列人口密度作臆测，则鄞县溉田境内或有十六万人，奉化二万人，镇海亦约略相同，三县总计溉田区域内约有二十万人口，上列各数虽不足尽，恃然亦足资将来之考证也。

二、整理方针：

全区面积约477平方公里，已如前述东钱湖流域面积约86平方公里（约14万亩弱）与全区面积约为1：5之比。其他流域面积如供水于后塘河、前塘河者，尚不在内。以全区地势论：湖之东南限山岭，西北限于江流各河，均有尾闾碶闸，以资启闭借防咸潮倒灌，害及农田。每年沽田淡水悉持该湖蓄水，以为调节全区水利，虽以农田沽溉最为重要，实则与防洪潦、便航运以及村民汲用，均有密切之关系，整治东钱湖各塘河时，自当兼筹并顾庶。不至旱苦水少，潦苦水多至，详细计划与整治方针，须从测量调查后，始能确定。而最经济之办法，则莫如先行补救现状，将各主要干流与各闸碶善加修治，所谓开源不如节流，是已如乃无大效，再作第二步之浚湖增蓄及其他相类似之工程，逐渐改良以达最后之目的。兹将今后应行整理各部及大概整理之方法略述于下：

（1）沿江碶堰：沿江碶堰为区内水道流向外江最要之关键，计有樟木碶、陈家坝、萧家碶、包雁碶、陆家堰等十余处。现在俱有损漏，应先修筑完，固庶由东钱湖放入各塘河之水，不至无形泄去。

（2）湖上各塘：环湖以山为限，惟西北两面有空缺处筑塘为障，计有高湫塘、方家塘、梅湖塘、栗木塘四处，总计约二公里，构造尚属坚固，惟间有特别低洼处，并有数处漏水甚多，如高湫塘、钱堰、平水堰等处，是此种漏渗与湖之蓄水量有关，应加修葺。如将来蓄泄始有控制之功效。

（3）湖上堰碶：堰有七曰：莫枝堰、平水堰、高湫堰、大堰、钱堰、梅湖堰及栗木堰。该堰等为湖上、下船只往来之上下之要道，船货均用人力盘驳堰顶，高度略有参差。若以民国五年（1916）水利委员测量水准标高为准，则大约在9.6与9.7英尺（2.35～2.37米）之间。碶有四：在莫枝堰通中塘河，在大堰通前塘河，在钱堰、梅湖堰通后塘河，均为湖水蓄泄之关键。各碶槛高度约在8.9～9.0英尺（2.18～2.21米）之间。似与前水利委员，民国五年（1916年）所测湖底平均之高度相仿。今后应先从高测量，决定碶槛高度，然后重行建筑或稍高修理，以防湖水渗漏，而获最大蓄水之容量。

（4）湖中葑草：全湖虽各分三部，曰外湖、谷子湖及梅湖，而实际合属一湖，梅湖虽有五里塘为界，亦与全湖相通，现今葑草丛生，尤以梅湖为甚。依照民国五年（1916）水利委员会测量，葑草面积总计约9000亩（约合5.5平方公里），合全湖面积的24%，湖底高度大部分在8.9与9.0英尺（2.18～2.21米）之间，梅湖湖底则在9.1～9.2英尺（2.23～2.25米）。目前淤积情形当较前尤甚。沿湖居民每有占筑情事屋基之，高度约与平顶相符（在9.6～9.7英尺，即2.35～2.38米）湖之最深处约有六七英尺（1.47～1.73米），浅处则三四英尺（73.5～98厘米）其容水量能否增加及增加后究竟有无利益，须从测量后细行研究，始能决定旧时有人提议浚湖以增容量，殊属最不经济之办法，今如将湖浚深0.3公尺，而全湖面积23平方公里计则应浚深之土方约700万立方米。以每立方浚深费七角计算，即须浚深费五百万元。恐非地方经济能力所能办到，而况浚湖以增容量之效，恐甚微，梅湖葑草果能设法芟除，亦可增加蓄水量。惟范围过大，需费甚多，此举是否经济容以测量决定。

（5）清理水源：湖水来源除湖面直接受雨用为蒸发外，余者来自东南两面山岭间，流域面积约为湖之三倍（约63平方公里），水源含沙之多少，恒与湖水淤涨有关，而欲防止泥沙随山洪下注入湖，非培养森林或山涧筑坝不为功。

（6）主要水道：湖水出路、干路有前塘河、后塘河及中塘河，支流则遍布全区、为沽溉、交通、防洪、蓄水等便利起见，各干流本身宜有详细施则，以便将来有切实计划。

（7）东钱湖以外之直接水源，东钱湖之蓄水，果可调剂全区农田，需水量尚有其他水源，直接流入各区者，亦与东钱湖之蓄水量有连带之关系，故宜同时研究，以定最经济之整理方法。

三、测量范围

整理东钱湖办法业已概述于前，关于整理方面，应需之测量工作甚多，而最要者不外下列四种：①湖底地形及沿湖各碶堰塘堤；②沿湖水准；③通湖各塘河地形及断面；④沿江各碶堰地形断面及各堰间水准接连。

现将测量范围概述于下：

1.湖底地形测量面积为23平方公里，沿湖各碶堰塘堤为莫枝堰碶、平水堰、大堰碶、高湫堰、钱堰碶、梅湖堰碶、栗木堰、高湫塘、方家塘、梅湖塘、栗木塘、五里塘。

2.沿湖水准测线长度为五十公里。

3.通湖塘河、前塘河、中塘河、后塘河、线长度约为62公里。

4.沿江各碶堰应测之处为：樟木碶、陈家坝、萧家坝、包家堰碶、陆家堰、毛家耷碶、背节堰、庙后堰、分家漕堰、东里堰、上涨堰、下涨堰、下梁堰、大石堰、庙堰碶、云龙碶、柴家堰碶、金家堰碶、任家堰碶等19处。

以上各项测量，拟将地形、水准分为两队同时进行，施测应需测量时间概估于下：

湖底及沿湖水准测量时间为两个月

沿湖各堰碶塘堤测量时间为二十一天

通河各塘河测量日期为三个月

沿江各堰碶测量时间为两个月

以上共需测量期间为七个月二十一天，外加三分之一因雨雪不能工作日期约一个月，共计为十个月。

三、鄞县县政府建设科东钱湖风景区初步整理计划

民国二十三年（1934）七月公布

东钱湖夙以水利之功用著称，而风景历后不殊。只以旧时交通未臻便利，景物未经点染，其名不彰。今宁横路县道垂成，自城至湖畔瞬息即达，乘兴来游者，当不乏人。乃者，东南交通周览会举行，在迩亟谋，所以整理之策，然欲大规模之整治，不特费巨难筹时日，亦后不及爰拟分期进行，先为治标以启其端。东钱湖峰峦环绕承七十二溪之流，汇为巨浸，湖面辽阔，缘曲折有致，区为外湖、谷子湖、梅湖湖三部，五里塘、高湫堰、方家塘映带左右，霞屿、烟屿、螺屿、菊岛罗列湖中。沿湖村落之大者，有莫枝堰、陶公山、大堰头、郭家峙、韩岭市、上水村、下水村、钱堰村、殷家湾等。山岭之较著者则有陶公山、桃源山、隐学岭、百步尖、峰鸡山、二灵山、梨花山、擂鼓山、平满山等。寺院则有祇园寺、隐学寺、二灵寺、月波寺等。古迹之渺远者，有隐学岭之徐堰王墓、陶公山之陶公钓矶，近古之可征者则有二灵山之陈禾读书处、月波寺之明相国余有丁读书处等。湖上交通自莫枝堰越雀岭，沿湖至韩岭市即将通行。今则有汽船往返于莫枝堰、陶公

山、韩岭市之间，小船可达环湖各处，兹拟初步管理办法如下：

村落：湖上居民都以出洋捕鱼为业，在江浙沿海居民中有"湖帮"之称，陶公山、殷家湾两处，为渔民集居之所，依山筑屋、层次栉比，舣舟湖畔，晒网滩头，远望景物如入画图。然试街道湫隘，坑则密布。大好湖山为之逊色不少，故街道之整洁与露天坑厕之取缔尤为治标首要之举。拟请县府通令，沿湖各乡公所负责办理，并令就地公安分局协同取缔。

山林：环湖诸峰，虽非濯濯童山，然茂林修竹，殊不多见。岭下则种植蔬果。岭上榛莽荒秽。是以环湖造林不容视为复图，亟应由县府督同各乡镇公所积极计划，限期完成。治标之计则拟先由就地各乡镇公所及各寺院刈芟秽草，伐去恶木，以冀天然之林得以发荣滋长，至山野浮厝露棺，亦宜由掩埋所速予迁埋。

胜迹：湖上名胜古迹大都为寺院所在地，而各寺院又均是为游人休息之所，故名胜古迹之保存、修治。拟请县府通令，各寺院负责办理。先从下列各事项着手：①船埠及道路均应修葺。注意整洁，并于出入口及分支处设立指示牌。②寺院内外及各名胜古迹附近须一律清除整洁，并补植竹木花草。③旧有匾额、楹联及碑记、石壁等须保存于原处，但可加以修理或油漆。④摩崖或碑石均应洗刷干净，安置平整，所有字迹应随其所宜，加以红色、蓝色或白色油饰。⑤危险处所及禁止游人通行之地点均应明白标示并加以护拦。⑥山径应以一公尺为最小阔度，如有不是应即修理。所有陵峻之处，均应砌成阶级，至少亦须将土掘成级形以便行走。⑦择定适县城之处，安置石凳或木椅，以为游人休息之用。⑧寺院、名胜古迹附近不得设立广告牌或借房屋墙壁作广告之用。

游船：湖上原有小船，简陋不堪，应于改良并注意清洁，拟请由县府派员，召集船夫代表指示之，并令汽船公司添置汽船供拖带游船之用。所有小船及汽船价格一律予以规定标示。

四、整理东钱湖委员会组织章程

第一条：本会定名为整理东钱湖委员会

第二条：本会疏浚东钱湖湖身，修理堤塘，取缔侵占及其他一切善后事宜为任务。

第三条：

1.本会委员人选及数额规定如下：当然委员四人，鄞县区专员、鄞奉镇三县县长充之。

2.聘任委员十五人，鄞县十人、镇海县三人、奉化县二人，由县长就各该县与东钱湖有关系而热心水利事业者遴选，呈报专员聘任之，呈报建设厅备案。

3. 前项聘任委员，如本会认为应事实上之需要，亦得呈请政府督察专员添聘之。

第四条：本会分下列各股：1.总务股、 2.工务股、 3.财务股

各股设主任一人，由本会委员会公推之，并于必要时各股酌设有给职员责任办事，惟办事细则另行之。

第五条：本会设正主席一人，副主席二人，由本会公推之。

第六条：本会各委员除当然委员外，得酌支夫马费。

第七条：本会定两个月开定期会一次，遇必要时得由主席临时召集之。

第八条：本会经费由本会就地筹划之。

第九条：本会工程计划、预算图表，呈由建设厅核准后施行。

第十条：本会办事处暂设鄞县通志馆内，其工程处视施工便利临时决定之。

第十一条：本章程由本会通过呈由省建设厅核准后施行，其修改时亦同。

第三节　1936～1949年

民国二十五年（1936）12月12日，浙江省政府召开876次会议，决议东钱湖主权应归官有。

民国三十二年（1943），鄞县县政府以梅湖淤塞过甚，废湖垦地。

民国三十四年（1945），六区行政公署于2月7日发109号训令，将东钱湖工委员会改组为东钱湖整理委员会，由专署主管，鄞、奉、镇三县参加。

民国三十五年（1946），鄞县县政府发文恢复梅湖。

民国三十五年（1946）2月17日，宁波六区专署研订《东钱湖整理委员会组织大纲》。

民国三十六年（1947）1月25日，"东钱湖水利参审会"成立。

第五十六章　1950～1988年

第一节　鄞革〔76〕12号文件

关于要求帮助解决整治东钱湖工程经费物资的报告

宁波地区革命委员会：

　　我县整治东钱湖工程是鄞东南地区改土治水的一项重要工程。东钱湖一千多年历史，水浅肥多。我们计划在湖中做一条大堤，把东钱湖一分为二后，可以在适当时间放水，发动群众大打挖湖取肥的人民战争。计划挖深一公尺，增加蓄水量二千万立方米，更重要的是把湖中的肥土运到鄞东南平原加肥改土。计划拟订后受到鄞东南地区广大干部群众的欢迎。目前工程的准备工作已经就绪。筑堤工程需要开石四点零四万方，砌石三万方，移动地方六点六万方，要钢材十二吨，木材七十立方米，水泥一百五十吨，资金三十三点六万元。现在我县的化肥厂、横溪水库等重点项目正在紧张施工中，县安排很多资金和物资，又要安排整治东钱湖工程，我们有一定困难。为此专题报告，要求地区帮助解决。以上报告当否，请批复。

鄞县革命委员会
一九七六年二月二十四日

　　抄：地区水利局。

第二节 鄞人〔81〕11号文件

关于同意恢复钱湖区建制的决议

根据鄞县人民政府鄞政〔81〕84号文件,《关于要求恢复钱湖区建制的请示报告》,经讨论,同意恢复钱湖区建制。

鄞县人大常委会
一九八一年九月二十二日

抄:地区水利局

附:鄞政〔81〕84号文件

关于要求恢复东钱湖区建制的请示报告

宁波地区行政公署:

为了开发钱湖风景区,发展旅游事业,经县委、县政府研究拟恢复钱湖区建制,将沿东钱湖边的莫枝、高钱、下水、横溪、韩岭等四个公社,四十一个大队(包括渔业队),二百二十五个生产队,一万四千九百另四户,四万七千四百八十六人,划归钱湖区,建立鄞县钱湖区公所。其理由是:

一、钱湖区划是历史形成的,群众有要求。一九五四年曾建立钱湖区;五六年撤区并乡时宣布撤销区建制,建立大乡;五八年又恢复钱湖区,后成立钱湖人民公社(即大公社);六二年调整人民公社体制后撤销钱湖区,原钱湖区所属公社分别划归邱隘、横溪区管辖。目前邱隘区有十一个公社,比较大,横溪区也有八个公社。恢复钱湖区是干部、群众的要求,县人民代表也有提案。

二、东钱湖是浙江省最大的淡水湖。它由谷子湖、梅湖及外湖组成。全湖四面背山,湖面开阔,东西穿心全长为八点七公里,面积为二十一点九平方公里,水源丰富，蓄水四千多万方，灌溉二县一市的四十余万亩良田，也是淡水鱼养殖基地，而且风景优美，每年吸引着无数游客，欣赏湖面景色。东钱湖历来有十景之称，如果把十景恢复起来，是一个很好的旅游点。为了适应旅游事业需要，发展第三产业，我们打算自将县属东钱湖管理所、东钱湖养鱼场等企事业单位放给钱湖区。这些企业所得利润用于建设东钱湖，县地方财政每年尽力补助。要求省、地也能拨款投资，把东钱湖建设成为风景区，辟为旅游点，以满足广大游客之需。

三、东钱湖在国内外享有侨乡之称。全县有侨眷和港澳同胞家属二千五百四十八户，住在东钱湖沿岸的有四百七十四户，占全县侨眷和港澳同胞家属总数的百分之二十。他们的亲人分布在美国、英国、德国、日本、加拿大、菲律宾以及港澳等十五个国家和地区。为了体现党和人民政府对侨眷和港澳同胞的关怀，加强对侨务工作领导，恢复钱湖区就可以集中一定精力做好这方面工作，调动他们的积极性，为建设侨乡——东钱湖贡献力量。

四、东钱湖驻有中国人民解放军东海舰队机关，为加强军政联系，也需要恢复钱湖区。

以上报告，请批复。

鄞县人民政府

一九八一年九月十日

第三节　鄞政〔85〕23号文件

关于要求将东钱湖列为省级旅游风景区的请示

省城乡建设厅：

东钱湖风景区位于我县鄞东南平原东侧，距宁波市15公里，是我省最大的淡水湖泊，全湖南北长8.5公里，东西宽6.5公里。湖面18～135平方公里，环湖一周45公里。有72条水溪汇注入湖。湖面的大部分处于群山环抱之中。

■ **新编东钱湖志**

　　东钱湖风景区具有清幽的山水自然风景和悠久的历史人文景观。而且与天童、育王等寺庙的山林风景区相毗邻，从而构成以湖光山色闻名的风景区。（东钱湖风景资源状况及地形图见附件一、二）。

　　为了充分发挥东钱湖风景资源的优势。为了适应和促进宁波的进一步对外开放，为了满足广大人民群众物质文化生活逐步提高的需要，我们要求将东钱湖列为省级旅游风景区。

　　特此请示，请予审批。

　　附件一：东钱湖风景区规划纲要

　　附件二：东钱湖地图

鄞县人民政府
一九八五年二月二十五日

第五十七章　1989~2001年

第一节　(1990~1995)东钱湖总体开发规划简介

规划建设的东钱湖风景名胜区按其功能结构，由旅游管理服务区、游览观赏区及旅游活动区三部分组成。

①旅游管理服务区：主要依托风景区入口的莫枝镇，在镇北部集中建设旅游交通接待中心、风景管理中心和商业服务中心。

②游览观赏区：由民族风情区、古文化区以及福泉山高山茶园区三个功能区组成，这一区主要发展观光式游览活动，集中向游人展现湖光山色和风土民俗风情，并在雾锁群峰的高山茶园品尝福泉名茶。

③旅游活动区：由南湖水上活动中心和栎斜野营区组成，以高层次的参与式旅游为主，是一个由水上活动中心、度假中心、高尔夫球场、旅游果园及登山野营基地等旅游设施构成的度假野营、体育游乐综合区。

根据上述总体设想，规划将整个风景区划分为7个区域，共建设开发44个景点。

莫枝殷湾景区：以水乡泽国和民俗风情为特色，修建水乡市肆、莫枝古堰、芦汀宿雁、平水古堰、殷湾渔火、水上植物园、水上乐园、白石仙枰和绿湾垂钓等9个景点。

陶公山景区：以境幽趣雅，登高望湖为特色，修建大公老街、陶公钓矶、碧水悬青、天境亭、群芳竞妍、烟波馆、垂钓俱乐部、十里荷图等8个景点。

霞屿二灵区：融人文景观与自然山水为一体，修建湖心塘、霞屿锁岚、霞屿亭、梨花公园、红菱卧波、二灵夕照、忠应庙、灵佑庙、双虹落彩、余相书楼等10个景点。

下水大慈景区：以古文化艺术为特色，修建窑香窑址、东钱云阁、慈云庵、大慈寺、花桐殿、韩岭老街6个景点。

福泉山高山茶园区：本区茶海碧波、雾锁福泉、登高远眺极目无垠，修建福泉龙潭、望海峰、峰回路转等3个景点。

南湖水上活动区：以烟波浩瀚，迎风踏浪，芳草青青，红花自情，瓜果飘香为特色，修建水上运动基地、濒湖芳草、旅游果园、高尔夫球场等4个景点。

栎斜野营区：以山林野趣、静盛幽深为特色，修建栎斜水库芳草地、风餐露宿寻野趣、瀑布、密林探幽寻奇景等4个景点。

东钱湖风景区湖面广阔，岸线修长，腹地深厚，可开发建设的景点内容丰富。由于需要大量投资，宜分批分期、由浅入深进行建设。规划分近、中、远三期，近期为1990～1995年，中期为1996年～2010年，远期为2011～2020年。近期重点以保护自然环境，绿化沿湖岸线，开发旅游果园为主，同时，有选择性地修复投资少、易于修建的景点和必要的旅游服务设施，并建立和齐全东钱湖风景管理机构，开展广泛的舆论宣传，扩大东钱湖在国内外的影响，进一步取得社会各方面的了解和支持。

目前的东钱湖以其清秀美丽的自然景色，纯朴典雅的泽国风光呈现在浙东原野，其旅游观赏价值日益被人们所认识，东钱湖的保护、开发和建设越来越受到宁波人民的拥护和支持。人们都憧憬着东钱湖美好的未来。

第二节　东钱湖风景名胜区开发基金会章程

一九九〇年五月

东钱湖是浙东旅游网点中唯一以湖光水色为特点的省级风景名胜区，以其幽雅清秀的自然风韵和广袤古朴的景观特色著名于历代文献，称誉于浙东平原。经历代开发经营，已在环湖散布了十大胜景和数十处古迹，是资以游览、度假、避暑、疗养的理想处所。目前，东钱湖开发的总体规划已经拟就，有待集资集力分期实施。为此，专事成立东钱湖湖风景名胜区开发基金会。经第一次理事会民主协商，特制定本基金会章程。

第一条　本会性质、宗旨和基本职能

本会是鄞县人民政府领导下的、为促进东钱湖风景名胜区开发而建立的社会团体。本会以鼓励和发动社会各界共同关心和支持东钱湖开发为己任,负责募集和接受社会各界的捐资,负责制订开发基金的使用发放条例和使用计划,并表彰热情损资的社会各界、各团体和个人的贡献。

第两条　本会任务

1.宣传东钱湖开发的意义与规划,提高东钱湖的知名度。

2.发动各机关、企事业单位、部队、人民团体损赠资金和实物。

3.受理海内外各界热心人士的捐赠。

4.鼓励和组织文化、艺术、体育等团体为开发东钱湖筹集资金的各种表演、展览和义卖活动。

5.民主管理基金,根据资金使用发放条例制订各阶段资金使用计划,并监督和审计资金的使用。

6.负责按照损赠者的个人意愿,联系、督办和协调各有关事宜。

7.按照捐赠的实绩对捐赠者分别给予签证、通报、树碑、勒石、入史、立传等不同形式的表彰,并通过新闻媒介向社会旌彰。

第三条　组织机构

本基金会成立理事会。理事会为基金会的执行机构。理事会共设理事若干名,民主推举会长一名,名誉会长若干名,顾问若干名,副会长若干名。理事会设秘书长一名,副秘书长若干名,正副秘书长由会长提名,报请理事会讨论后确认。理事会在钱湖区公所内设办公室,处理日常事务。

理事会由正、副会长和正、副秘书长担任常务理事,全权负责处理在理事会休会期间的重大事务。

每届理事会任期两年。

第四　例会

理事会每半年由会长或副会长召集全体理事召开理事全体会议一次,如遇特殊情况可提早或推迟召开。理会全体会议的准备工作由秘书长或副秘书长负责。

理事会讨论决定重大问题,需得半数以上的理事通过方能确认。

第五条　附则

本章程由第一次理事全体会议通过之日起生效。

本章程由理事会办公室负责解释。

本章程呈报县人民政府和县民政局备案。

第五十八章　2001～2013年
DiWuShiBaZhang 2001-2013Nian

第一节　黄兴国在东钱湖开发建设专题会议上的讲话摘要

加快东钱湖开发建设，营造现代化国际港口城市的"后花园"。摘要如下：

一、充分认识加快东钱湖开发建设的重大意义，肯定了东钱湖开发的有利条件和独特优势。

二、明确目标定位和下步工作重点：经过若干年的努力，把东钱湖初步建成为自然山水风光与人文名胜古迹相映生辉，太湖气魄与西子风韵交汇相融，集度假休闲会议展览、旅游观光、水上娱乐为一体，蓝天碧水山青树绿的生态型国家旅游度假区、华东地区重要的国际会议中心和上海国际大都市的"后花园"。同时要求：

①高起点、高标准搞好总体规划。
②加大基础设施建设和环境整治力度。
③有计划地搞好重点景点开发。
④妥善做好政策处理工作。

并明确：①成立东钱湖旅游度假区开发建设领导小组；
　　　　②成立东钱湖旅游度假区管委会；
　　　　③组建东钱湖开发建设公司；

（详见时任中共宁波市委书记黄兴国2001年8月10日讲话。）

第二节　东钱湖区域经济社会发展纲要

东钱湖旅游度假区管委会、宁波市政府经济研究中心于2003年2月制订《2003～2007东钱湖区域经济社会发展纲要》，共分四大部分：

一、现实基础与纲要依据

（一）现实基础

1、气候宜人，资源丰富，适合综合性旅游开发。

2、行政区域面积和人口布局适合开发。

3、生态优美，适合人们居住疗养。

4、区域优越，交通便利。

（二）纲要依据

1、宁波市总体发展战略目标；

2、宁波现代化国际港口城市建设目标；

3、东钱湖区域总体规划目标；

4、宁波市"十五"时期经济和社会发展目标。

二、指导思想与发展目标

（一）指导思想

以经营城市为理念，以建设管理为重点，以完善功能设施为手段，打造东钱湖传世佳作。

（二）发展目标

基本构建"城市之湖"

初步建成"生态之湖"

逐步凸现"文明之湖"

推进建设"休闲之湖"

三、推动经济社会发展的主要对策

1、以发展为主题，推进东钱湖区域大发展；

2、以调整为主线，推进产业结构大转变；

3、以改革为先导，推进体制机制大创新；

4、以城市为抓手，推进湖区开发大建设；

5、以人为核心，推进社会事业大进步。

四、发展建设的重点项目

1.道路交通投入30.80亿元：建成环湖道路（9.2亿元）、钱湖大道（2.4亿元）、福泉山修路（0.12亿元）、新城区公路网（18.28亿元）、水上交通设施（0.8亿元）等五个项目。

2.市政建设投入6.65亿元：建造污水处理厂（1亿元）、东钱湖水厂（3.4亿元）、电力工程（2000万）、通讯网络（2000万）、燃气工程（2000万）、环卫设施（500万）、防灾设施（4000万）、河网系统改造等八个项目。

3.城市建设投入107.1亿元：建造核心滨水区（28亿元）、行政办公区（0.3亿元）、国际会议中心（8亿元）、别墅区（12亿元）房地产开发（48亿元）旅游生态村（5.5亿元）共六个项目。

4.社会事业建设投入18.5亿元：18个行政村"村改居"，安置小区（16亿元）、医疗卫生（1亿元）教育基地（1.5亿元）。

5.旅游景区开发投入19.25亿元：湖心景区（1亿元）、隐学景区（0.15亿元）、城市动物园（5.4亿元）、植物园（2亿元）、二灵景区（0.5亿元）、南宋石刻景区（0.2亿元）、陶公景区（5亿元）、福泉山景区（2亿元）、湖滨景区（2亿元）、岳王庙景区（1亿元）。

6.环境建设投入11亿元：绿化工程（3.5亿元）、环境整治工程（0.5亿元）、拆迁工程：对2/3的居民进行拆迁安置（5亿估计）、水环境治理工程（2亿元）共计六个系统三十七工程项目，应投入资金为200亿人民币之余（此为2003年的市场价）。

（详见《2003～2007年东钱湖区域经济社会发展纲要》）

第三节 宁波市东钱湖地区总体规划

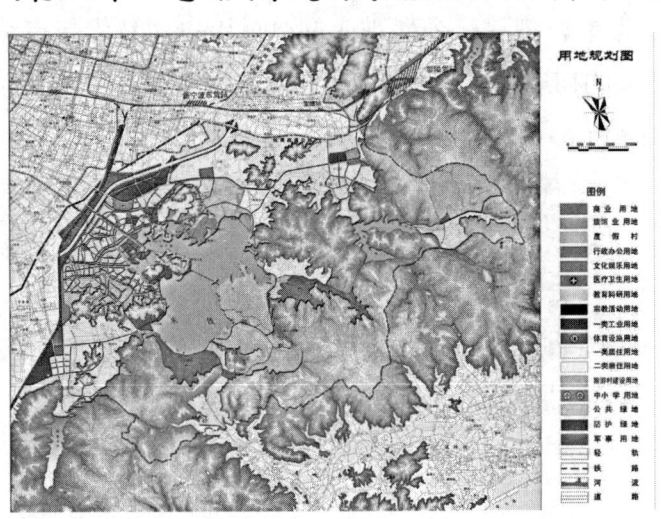

东钱湖地区总体规划理念先进、以人为本、环境优先、操作性强，是堪称一流、富有创意的规划设计。

规划分两大层次

1、东钱湖地区：总面积约230平方公里，包括东钱湖风景名胜区、天童寺风景区、阿育王寺保护区、东钱湖镇以及云龙、横溪、东吴镇部分与地区发展密切相关的区域。东钱湖地区将建成一个集度假休闲、会议展览、旅游观光、水上娱乐为一体的，蓝天、碧水、青山、绿树的生态型国家级旅游度假区，将成为华东地区重要的国际会议中心。

2、东钱新城：位于东钱湖西北侧，总面积约22.8平方公里，规划突出体现为集旅游度假、居住、商业、公建、绿地于一体，具有鲜明特色的多功能的新城区特点。

总体规划包括东钱湖地区、东钱湖新城、风景区规划、历史文化保护规划、道路交通规划、基础设施规划、建筑风貌规划、近期建设规划等。重点是东钱湖地区、东钱湖新城、风景区规划。

　　总体规划强化东钱湖作为宁波市"绿色后花园"和旅游基地的定位,力求塑造环南湖地区健康的"艳阳"形象,环北湖地区浪漫的"明月"形象,环谷子湖地区活泼的"繁星"形象;创建一个促进人们尊重历史、文化与自然生态的完整构架;形成一个高效益的初期和灵活的长期开发架构,以确保新城可持续发展;创造一个现代化的生态城市。

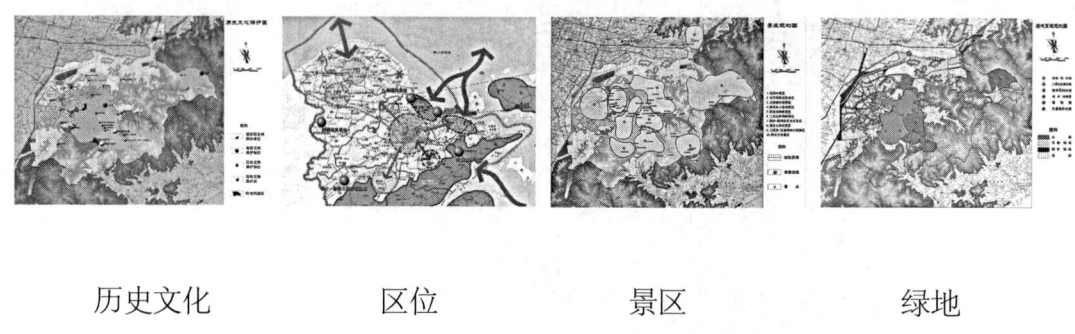

　　历史文化　　　　　区位　　　　　景区　　　　　绿地

区　位

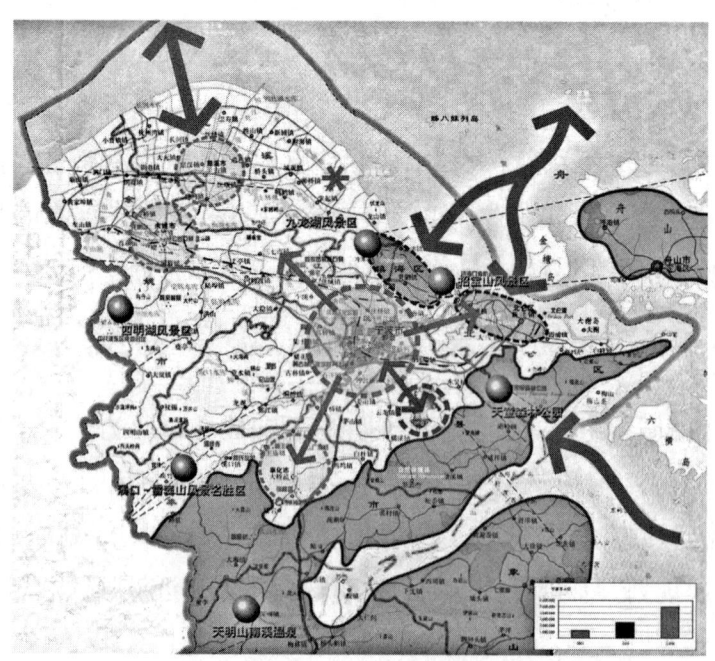

东钱湖风景名胜区规划

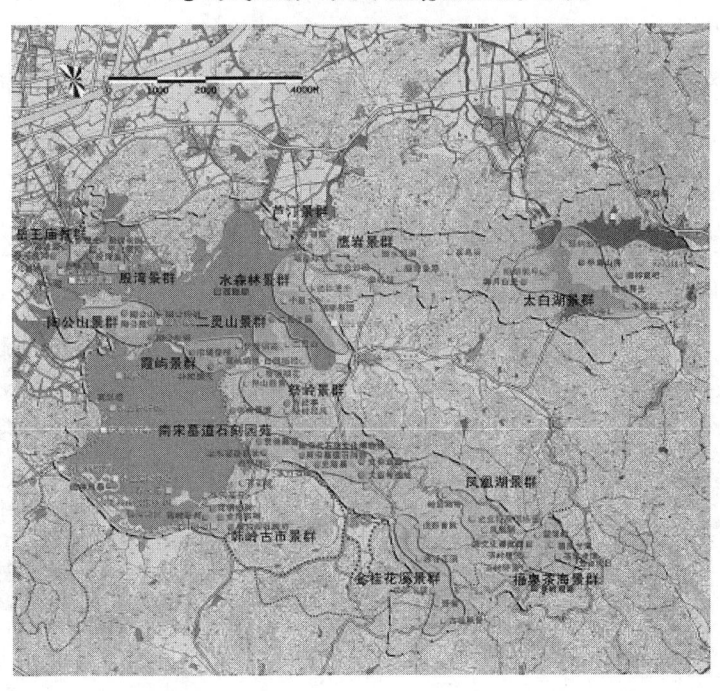

东钱湖，1985年被列为浙江省首批省级风景名胜区，风景区规划面积60.31平方公里，是以湖泊湿地、南宋石刻群为特色，融湖山海景和历史文化于一体，集游赏揽胜和休闲度假等主要功能的近郊型省级风景名胜区。

规划确定了7个主题特色鲜明的景区：

陶公山—谷子湖景区，以"水乡风情"人文风貌为主，兼顾文化博览，安排参与性的民俗趣味特色活动，并兼有风景区内的旅游接待中心的职能。

钱湖景区，以水为特色，湖泊景观为主体，适宜开展湖光山色游览和丰富多彩的水上活动。

韩岭景区，以高品位风物和历史遗迹为内容，突出观赏文物古迹、进行历史文化探询研究、体察农家风情的风格。

福泉山景区，以茶海碧波、湖海并现为特色，开展观光游览和野营活动。

二灵山景区，以湖中半岛的山地风光和宗教文化为特色，安排相对静态的观光游赏和禅拜活动。

■ 新编东钱湖志

鹰山景区，以湿地生态、山林生态为特色，开展生态型山地观光游赏活动。

太白湖景区面积，以湖泊、山林生态为特色，安排山水观光游赏、康体健身和禅拜度假活动

规划将风景资源归纳为14组景群、1个园苑。确定了34处自然景点、32处人文景点，并策划提炼出七大类30余项各种游赏活动项目。在此基础上，串联推出游程在一天以内的1条黄金游线和7条特色游线，并组合形成5条主题型多日游游线。最终力推的三条精品游线为：华夏沿海第一湖水上逍遥游、"金海之星"儒商故乡游、"湖海并现"越野度假游。

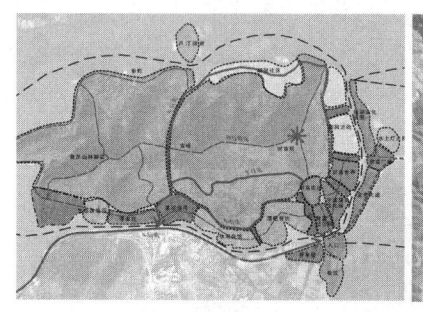 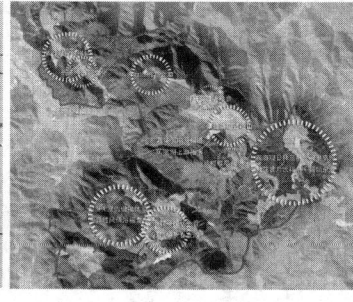 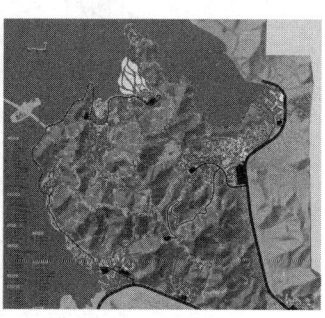

陶公山景区　　　　　福泉山景区　　　　　二灵山景区

东钱湖新城规划

宁波中心城的组成部分，东钱湖地区整体发展的依托基地，生态环境优越，生活设施完善，集旅游度假、居住休闲为一体的江南水乡新城。

城市空间环境的规划设计应强调整体性和序列感，注重各个功能空间的整体和谐景观结构的有机构成；充分利用现状的山体、河湖水系，结合用地布局形成景观轴线；通过对建筑群按空间构图原理的有序布置，形成地域标志和个性场所，通过城市公共活动空间的着重塑造，体现以人为本的思想。

总体景观设计上应与东钱湖景区统一考虑，引入东钱湖景区扩大的概念；同时在空间布局的建设上充分考虑与宁波中心城、东钱湖周边地区以及东钱湖自身的地理形态的关系。结合新城区"一心多片"用地形成硬质城市空间，通过"一廊两轴"形成软质绿化空间的总体风貌。新城东北部和南部的自然山体作为新城的扩大范围，将城市环境美化、通风、休闲娱乐等功能融为一体。

总体空间上形成"核心区＋放射性轴线"的弯弓型空间结构。将东钱湖新城最突出的功能空间、特色场所、景观序列等内容有机连缀起来：以核心区作为景观的聚焦点，形成以行政、商业、文化、旅游和特色广场为主要内容的旅游休闲购物中心；沿环湖河形成一条贯穿新城的生态廊道。通过钱湖大道形成新城最主要、最具标志性的一条放射性建筑景观轴～钱湖大道；沿长山江形成以水上游览为主题的水轴。

核心区规划

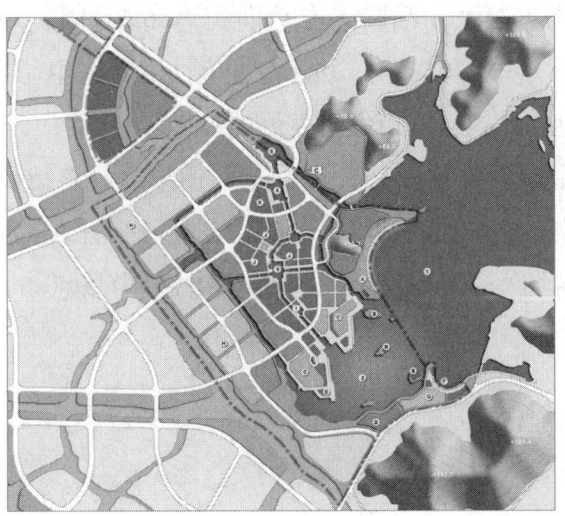

东钱湖新城核心区是东钱湖风景旅游度假区核心服务基地,是宁波市及周边城市休闲消费的目的地,是东钱湖新城区居民生活服务的中心区,是宁波市民水岸生活的特色风貌区。占地面积为1.59平方公里。

东钱湖新城核心区规划以水空间为主题,将岛屿、绿洲、河道、广场、水岸步道、游艇码头等一系列滨水城市要素进行有机组合,营造丰富有情趣的水体空间,创建一个别具风格的世界级滨水城市中心。

东钱湖新城核心区规划了三大特色功能区:

一、湖滨休闲度假区,占地面积为68.4公顷。该区为东钱湖新城核心区中最重要的社交、休憩与视觉焦点之一。规划沿谷子湖的新增水域,布置了两个世界级的旅馆,同时配置商业零售、文化娱乐、特色餐饮,绿地、休闲公园及住宅等塑造生动的湖岸空间。将部分水岸建筑和湖泊结合形成地标建筑,为商业、娱乐、庆典活动提供舞台。

二、河岸步行商业区,占地面积为19.9公顷。以水广场为中心的沿河岸步行街区,布置多元化的商业零售店、文化娱乐设施与餐饮酒店等,河道两侧的步道上安排各种户外活动,包括露天餐饮、零售店以及街头表演等,创造令人兴奋又具有活力的复合商业娱乐区,为新城核心区创造了亲密宜人的生活空间。

三、河畔商务办公及生活区,占地面积为56.6公顷。规划沿河畔布置造型简洁、特色鲜明的商务办公建筑群,并伴有住宅协助塑造生动的河岸空间,建设生态型的企业总部基地,构筑宁波市经济发展的高地。

未来的钱湖新城核心区将依托湖面、河道形成具有特质开放空间,构筑"城在水中,水在城中"这一独特的城市形态,创建一个宜人的生活空间,诱人的投资环境,良好的旅游场所,丰厚文化内涵的全国性旅游景点。

景 区

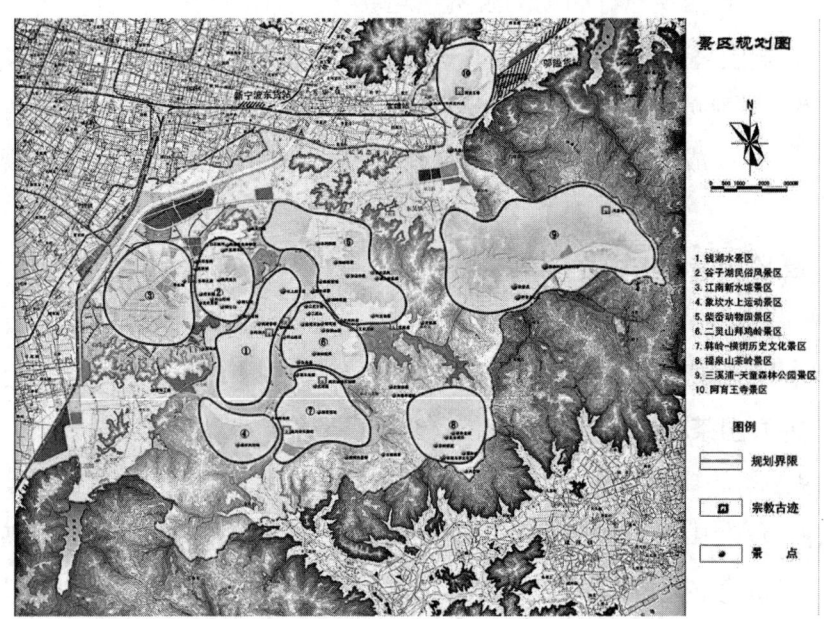

1、钱湖水景区

钱湖水上景区以丰富的湖泊水景为主要景观特色，以开展湖光山色游览观光和水上娱乐活动为游赏主题。

2、谷子湖民俗风情景区

谷子湖民俗风情景区以水乡风情、湖区灯景和陶公胜迹为主要景观特色，以开展山水风光游览、参与性民俗活动和主题公园的观光为游赏主题。

3、东钱新城景区

创造高质量的江南水乡新城风貌，发挥水城特色，利用特色建筑等人文景观，提供新的旅游兴奋点。

4、象坎运动娱乐景区

象坎运动娱乐景区以舒缓开阔的湖滨疏林草地和重岭山林为自然景观特色，以开展高尔夫球、网球等各种球类及体育娱乐项目为主，形成参与性旅游主题。

5、柴岙动物园野营景区

柴岙山林野营景区以湖畔山林、幽谷溪涧为主要景观特色，以山水游览、林野宿营和王安石庙观光等活动为游赏主题。

6、二灵山拜鸡岭景区

二灵山拜鸡岭景区以半岛湖湾、山林花木、湖畔飞鹳等自然景观为主，融风景建筑于一体，成为景观特色。以登山眺望，山水古建游览和生物景观观赏为游赏主题。

7、韩岭~横街历史文化景区

韩岭—横街历史文化景区以丰富的历史文化景观和自然质朴的山野田园景观相结合形成景观特色。以文物古迹游览观光、历史探寻、文化研究为游赏主题。

8、福泉山茶岭山林景区

福泉山茶岭山林景区以山岭茶园林木、山峦天象变化、山海城景远借为主要景观特色。以登山眺望、山野游览健身、茶园采摘、山顶度假为游赏主题。

9、三溪浦~天童森林公园景区

三溪浦—天童森林公园景区以青山、绿水古寺为重要景观特色。以登山远眺、水边度假、古寺探幽为游赏主题。

10、阿育王寺景区

以青山、古寺为主要景观内容，以清明祭祖、古寺寻幽揽胜为游赏主题。

历史文化

东钱湖湖面积达20平方公里，环湖一周45公里，历史遗迹星罗棋布，有2处国家级文物保护单位（南宋墓道石刻群、庙沟后石牌坊）及3处省级文物保护单位，6处县级文物保护单位，且景区内集中了湖泊山岳、山林田园、民俗风景、历史古迹、名人文化等多种类型的旅游资源。北宋王安石曾在此当过县令，留下不少名胜。南宋还出过权倾朝野的史浩、史弥远、史嵩之等史氏家庭，人称"一门三宰相，四世两封王，七十二进士及第"。近代沙孟海、沙耆等名人辈出。

东钱湖地区还有天童寺、阿育王寺两大佛教名刹，其在东南亚地区具有相当广泛的影响力，而作为国家三大森林公园之一的天童森林公园也具有很高的科考价值，是不可多得的旅游财富。

绿 地

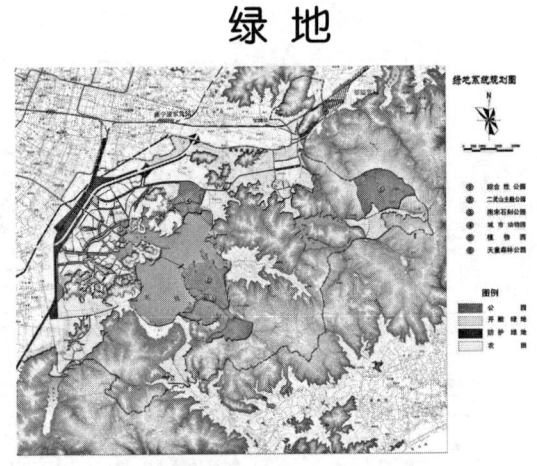

★ 东钱湖国际运动村

东钱湖国际运动村，以自然生态环境为背景，突出生命在于运动、生活在于欢乐的主题。占地5.52平方公里。

东钱湖国际运动村以自然山水为背景，以休闲运动为特色，以绿色生态廊道为纽带，将整个园区分为五大功能区。分别为：水上娱乐区，占地面积为15.61公顷，以公众娱乐观赏为主，展现现代化的滨湖开放空间与人性化的湖上活动，并体验东钱湖的历史文化及风俗人情的园区。运动艺术区，占地面积为38.50公顷，以场地运动为核心，沿山体延伸展开越野、山地车等各类活动。雕塑公园，占地面

■ 新编东钱湖志

积为85.98公顷，以塑造良好的生态环境为主题，力图将人们的游览的过程中变成一个愉悦的运动游憩历程，以体现自然与生命，生命与运动的主题。栎斜休闲度假区，占地面积为85.98公顷，以轻度休闲、康体理疗为主题，力求营造群山环抱，浮舟湖上，漫步山涧，隐约山间，闲云野鹤式的安静、祥和的度假氛围。滨湖度假区，占地面积为85.98公顷，以"运动就在家门口"的生活理念为主题，营造"森林水乡"人与自然和谐共生的度假环境。

未来的东钱湖国际运动村将运动项目与自然生态的有机结合，将运动散布在森林之中，湖泊之上，穿行在山峦间，贴近生活，贴近大众，是休闲运动、旅游观光、度假居住互为结合、相互渗透的度假场所。

★ 宁波植物园

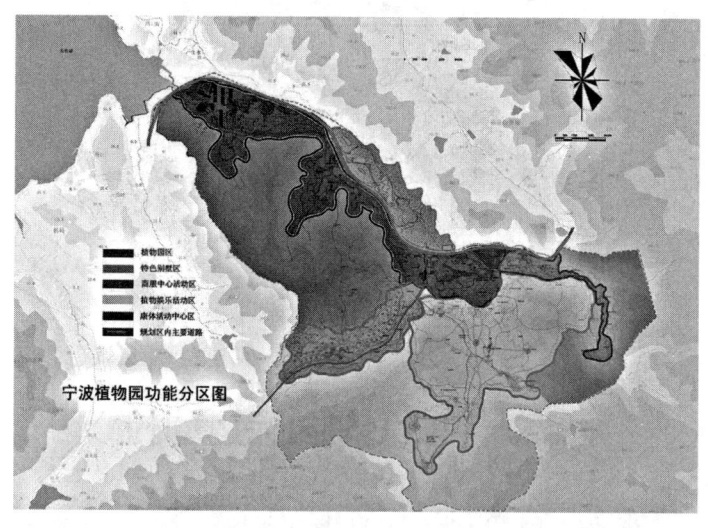

宁波植物园功能分区图

第四节 宁波东钱湖旅游度假区条例

宁波市人民代表大会常务委员会公告（十三届第7号）

《宁波东钱湖旅游度假区条例》已报浙江省第十一届人民代表大会常务委员会第七次会议于2008年11月28日批准，现予公布，自2009年1月1日起施行。

宁波市人民代表大会常务委员会
2008年12月12日

宁波东钱湖旅游度假区条例

（2008年8月22日宁波市第十三届人民代表大会常务委员会第十一次会议通过，2008年11月28日浙江省第十一届人民代表大会常务委员会第七次会议批准）

第一条 为加强宁波东钱湖旅游度假区的管理，推进旅游资源保护性开发利用和区域经济社会全面协调发展，根据有关法律、法规，结合本市实际，制定本条例。

第两条 本条例适用于经省人民政府批准设立的宁波东钱湖旅游度假区（以下简称度假区）。

第三条 度假区的建设与发展坚持合理开发、科学管理、注重特色、严格保护的原则，保障旅游资源可持续利用，实现经济效益、环境效益和社会效益的统一。

第四条 鼓励境内外的组织和个人在度假区内依法投资建设旅游设施和经营旅游项目。

第五条 任何组织和个人在度假区内的合法权益受法律、法规和本条例保护。

度假区内的组织和个人，应当遵守法律、法规和本条例，不得损害国家和社会公共利益。

第六条 市人民政府设立宁波东钱湖旅游度假区管理委员会（以下简称度假区

管委会）作为其派出机构，管理度假区内的行政事务，行使规定的市级经济管理权限和相当于县级的社会行政管理权限。

第七条 度假区管委会行使下列职权：

（一）编制度假区经济社会发展规划，按规定程序报批后，负责组织实施；

（二）根据城市总体规划，负责编制度假区的控制性详细规划和专业规划，按规定程序报批后组织实施；

（三）依法制定度假区的各项行政管理措施，并组织实施；

（四）按规定权限，审批或审核报批度假区内的投资建设项目；

（五）统一规划和管理度假区的市政公用基础设施；

（六）负责度假区规定权限内的经济建设、城市管理和社会事务等管理工作；

（七）负责度假区水域、水资源、水利设施、水系航道、船舶、养殖捕捞等方面的管理工作；

（八）协调管理市人民政府有关职能部门设在度假区内的分支机构或派出机构的工作；

（九）市人民政府授予的其他职权。

第八条 度假区管委会按照精简、统一、效能的原则设立行政管理机构，具体负责度假区的经济和社会行政管理事务。

第九条 度假区内的行政管理机构及其工作人员应当依法行政，提高行政效能，为度假区内组织和个人提供优质、高效、便捷的服务，创造良好的投资发展环境。

第十条 度假区的信息化建设应当符合市信息化建设的总体规划，适应度假区发展的需要，合理开发、利用信息资源。

度假区内的行政管理机构应当及时公开政务信息和服务信息，接受社会公众查询。

第十一条 市人民政府有关职能部门和度假区所在区的人民政府应当为度假区建设发展创造良好条件。

度假区管委会、市人民政府有关职能部门和所在区人民政府应当加强相互的工作协调和配合。

度假区管委会与所在区人民政府应当建立和完善基础设施资源和政务信息的共建、共享机制。

第十二条 制定和实施度假区的规划，应当遵循统筹城乡、合理布局、节约土地、集约发展、突出特色的原则，注重沿湖岸线资源的保护和合理利用，保持地区特色和传统风貌，防止环境污染和其他公害。

经法定程序确定的规划是度假区开发建设和实施管理的依据，应当严格执行，任何组织和个人不得擅自更改。

度假区内新建、改建、扩建各类建筑物、构筑物、道路、管线以及其他工程设施，应当符合规划，并经依法批准。

第十三条 度假区实行以第三产业为主的产业发展导向，重点发展旅游服务业，鼓励投资经营下列项目：

（一）观光游览项目；

（二）文化、娱乐、体育及健身设施项目；

（三）与旅游相关的住宿、餐饮及购物设施项目；

（四）其他配套的第三产业项目。

第十四条 除规划确定的工业区块外，度假区内不得新建、扩建工业项目。

第十五条 度假区内不得兴办污染环境、破坏生态资源、不符合国家产业政策的项目。

第十六条 度假区内的建设项目，应当依法执行环境影响评价制度。

建设项目未依法取得环境影响评价批准文件的，项目审批部门不得批准其建设，建设单位不得开工建设或者投入生产使用。

用于经营活动的建设项目未依法取得环境影响评价批准文件的，工商行政管理部门不予核发营业执照。

第十七条 度假区应当建设和改造排水设施，将污水管道全部接入城市污水集中处理设施。

度假区内禁止向东钱湖饮用水水源保护区内排放污水，已经设置的排污口，限期拆除。

第十八条 度假区内的组织和个人都有依法保护文物的义务。

度假区的开发建设必须遵守有关法律、法规关于文物保护的规定，其活动不得对文物造成损害。

第十九条 度假区内设立户外广告牌、宣传画廊、标志、标识等标牌应与周围环境、自然景观相协调，需要批准的，应当经依法批准。

第二十条 度假区内的组织和个人,应当遵守有关法律、法规关于环境、资源保护的规定,不得从事下列行为:

(一)擅自采伐、采挖林木;

(二)擅自开山、采矿、采石、挖沙、取土;

(三)擅自占用、围圈、填埋、堵截、遮掩水域;

(四)在非指定地点倾倒、堆放垃圾、废渣等固体废弃物;

(五)违法排放废水、废气、粉尘等污染物;

(六)法律、法规禁止的其他行为。

第二十一条 违反本条例规定,依照有关法律、法规应当予以行政处罚的,由度假区管委会及其所属行政管理机构和其他有关行政管理机构按照各自职权依法处罚。

第二十二条 度假区内的行政管理机构及其工作人员有玩忽职守、滥用职权、徇私舞弊等违法行为的,由其上级机关或者所在单位责令改正,对直接负责的主管人员和其他直接责任人员,由其所在单位或者上级机关给予行政处分;构成犯罪的,依法追究刑事责任。

第二十三条 宁波东钱湖风景名胜区管理委员会与度假区管委会合署办公。风景名胜区的行政管理除法律、法规另有规定外,参照本条例执行。

第二十四条 本条例自2009年1月1日起施行。

第五节　东钱湖"十二五"发展规划

(2011~2015年)

一、推动经济社会全面进步,开创科学发展新局面…1

　　(一)现实基础…1

　　(二)发展环境…3

　　(三)指导思想…4

　　(四)发展目标…5

二、加快产业转型升级,实现经济发展新跨越…8

（一）加快旅游产业发展... 8
　　（二）提升现代休闲农业... 10
　　（三）推动工业转型升级... 10
　　（四）打造总部经济基地... 11
　　（五）加强对外开放合作... 12

三、加快推进城镇建设，统筹城乡一体化发展... 13
　　（一）建设新城区... 13
　　（二）改造老镇区... 14
　　（三）整治村庄区... 15
　　（四）建设品质社区... 16
　　（五）完善基础设施... 17

四、加快完善度假功能，实现旅游形象新提升... 18
　　（一）加快建设旅游功能区块... 18
　　（二）着力提升旅游服务体系... 19
　　（三）积极创新旅游营销模式... 20

五、加快打造财智文化，提升区域发展软实力... 20
　　（一）丰富财智文化内涵... 21
　　（二）推进财智文化物化... 21
　　（三）发展文化创意产业... 21
　　（四）加快智慧基础设施建设... 22

六、加快优化生态环境，增强可持续发展能力... 22
　　（一）保护和建设生态系统... 22
　　（二）优化区域生态景观... 23
　　（三）大力发展低碳经济... 23

七、加快提升生活品质，切实保障和改善民生... 24
　　（一）完善城乡就业网络... 24
　　（二）健全全民社保体系... 24
　　（三）增加城乡居民收入... 25
　　（四）加快社会事业发展... 26

（五）全面做好人口工作... 27

（六）加强社会建设和管理... 28

八、强化保障措施，确保规划顺利实施... 29

（一）强化组织协调... 29

（二）健全政策体系... 29

（三）加强要素保障... 30

（四）创新体制机制... 30

附表

"十二五"规划期间东钱湖旅游度假区重大建设项目汇总表... 32

第六节　东钱湖开发建设总体目标

（2011～2015年）

根据"十二五"规划，东钱湖重大项目达到64个，全社会固定资产投资五年累计超过300亿元，包括建设新城区、改造老镇区、整治村庄区、打造旅游区、提升产业区和道路交通、市政水利、民生工程、房地项目等九大方面。东钱湖将初步建成国家级生态型旅游度假区、长三角著名的休闲度假基地、华东地区重要的国际会议基地、国际性的高端总部经济基地。

2001年8月，宁波市委、市政府决定加快东钱湖地区的开发建设步伐，成立了东钱湖旅游度假区管委会，拉开了新世纪开发建设东钱湖的序幕。管委会成立十年来，全区固定资产投入累计超过200亿元，在基础设施、功能项目建设方面取得重大成效。建成东钱湖大道、环湖道路、福泉山公路等旅游道路87公里，贯通了环湖路；建成了总面积达100万平米的高品位安置社区；改造林相850公顷，种植苗木180万株；建成小普陀景区、福泉山景区、雅戈尔动物园、南宋石刻公园、沙山度假酒店、世外茶园、悦庄酒店。建成东钱湖游客服务中心，其规模与功能领先于长三角，得到国家旅游局高度肯定。超五星的柏悦酒店（全国仅三家）已经试营业；东钱湖南岸线（马山湿地、阳光水岸、田螺姑娘、水上花园）工程全面推进，部分景观已经开放；游艇俱乐部、国际教育、东方花博园、二灵山温泉酒店正在推进；东钱湖新城核心区建设、老镇区改造已经启动；东钱湖慢村、琉璃文化园项目准备开工；完成了东钱湖渔业整治，迁移了沿湖大批村庄和工厂，2009年起实施投资6亿元的东钱湖清淤工程，使东钱湖生态环境得到明显改善，知名度逐渐扩大，最佳人居地和城市后花园正在形成，为进一步开发建设奠定了坚实基础。

第七节 关于加快水利改革发展的意见

2011年6月9日

为全面贯彻落实中共中央、国务院《关于加快水利改革发展的决定》，省委、省政府《关于加快水利改革发展的实施意见》和市委、市政府《关于加快水利改革发展的意见》精神，加快全区水利事业发展步伐，进一步发挥水利对经济社会发展重要的支撑与保障作用，结合东钱湖旅游度假区十二五水利发展规划实际，特提出如下意见。

一、总体要求

（一）指导思想。全面贯彻党的十七大和十七届三中、四中、五中全会精神，坚持以邓小平理论和"三个代表"重要思想为指导，以科学发展观统领经济社会发展全局，以度假区转型为主线，紧紧围绕"一区三基地"建设战略目标，实施产业融合、城乡融合、区域融合、经济自然社会融合"四大融合"战略。坚持"以人为本、人与自然和谐"的可持续发展治水思路，注重防洪排涝体系建设和水环境治理，强化水资源管理和保护，积极发展民生水利，继续巩固和加强水利基础设施建设，坚持依法行政，深化水利改革，加快水利信息化建设，强化对涉水事务的社会管理和公共服务，保障和促进度假区经济社会可持续发展，为率先基本实现水利现代化打下坚实基础。

（二）目标任务。到2015年，基本实现与国家级旅游度假区经济社会发展目标相适应的水利发展新格局，实现水利中级现代化，为2020年率先基本实现水利现代化打下坚实基础。十二五期间主要目标有：

防洪减灾——实施以市级流域工程——沿山干河（东钱湖段）为骨干的防洪排涝体系建设，继续开展重要山区小流域综合治理。到2015年，东钱湖新城建成区及规划城区排涝标准达到20年一遇，其它平原地区基本达到10年一遇；流域面积大、穿过村庄的山区小流域，防洪标准达到10~20年一遇。

民生水利——进一步提升农村水利基础设施建设，新增节水灌溉面积500亩；继续实施区内3座水库和5座病险山塘全面整治，达标比例100%；完成其它65座山塘分类整治，达标比例100%。

水环境和生态治理——通过实施东钱湖清淤工程，水质指标达到Ⅲ类标准，满足景观、水上旅游交通要求；强化水环境监察力度，建立水源地保护管理长效机制；加强城区河网水环境治理及生态修复工程建设，实施清水河道建设10km。

水利行业能力——在拓宽水利信息化建设覆盖面的基础上，建立和完善水利信息采集、查询、发布、预警与决策等综合管理体系建设；深化水管体制改革，加强队伍建设，提升业务能力，初步建立科学合理的水利工程管理体制和维护投入机制。

水利管理——建立健全河湖管理制度，加强水域岸线管理及河道管理范围内建设项目管理；完善洪水调度方案，健全各类应急预案，提高各级应急处置能力；完善水行政执法体制和制度，加强水行政执法，完善水事纠纷预防调处机制；强化水利行政审批制度改革，规范行政行为；完善水利工程质量与安全监督管理机制和制度。

（三）基本原则。一要坚持民生优先。把解决好群众最关心最直接最现实的水利问题摆在工作的首位。二要坚持统筹兼顾。兴利除害结合、建设管理并重、治标治本兼顾，城市乡村、流域区域、工程措施与非工程措施协调发展。三要坚持改革创新。加快水利重点领域和关键环节改革攻坚，深化水利管理改革，加快推行智慧水利，提升水利管理能力和水平。四要坚持政府主导。建立健全公共财政对水利投入的稳定增长机制和以政府为主导、多渠道投入的水利投融资机制。

二、加快防汛薄弱环节建设，提升防洪减灾能力

（四）大力推进防洪治涝工程。重点实施鄞东南沿山干河整治，进一步提升沿山干河的泄洪排涝能力、缓解平原排涝压力，以应对和服务新城区发展对防洪减灾安全保障的需求，并改善沿河生态景观。

（五）着力建设城镇防洪工程。加强镇区河网治理，提高水面率，清除阻水

节点。强化区域雨洪灾害防治，指导社会公众增强自主避灾减灾知识。结合区域开发加快水利综合治理，促进防洪排涝能力分类达标。

（六）全面加快山洪灾害防治。对东钱湖、角洞岙、龙潭3座水库和畈坑、石板川等5座重要山塘进行除险加固，并根据《宁波市山塘治理工程实施意见（试行）》，结合全区山塘专项规划和普查结果，完成外家史、寺岙等65座山塘分类整治；加快山区小流域治理，计划完成下水溪、上水溪、韩岭溪、柴场溪、万岙溪和角洞岙溪6条主要小溪流的整治，共计10.1km，整治后达到10年一遇防洪标准；加快地质灾害隐患点人员避让搬迁，推进危害大、难以搬迁避让的隐患点工程治理，确保人员生命财产安全；建立完善山洪灾害监测预警系统和群测群防体系，建成山洪灾害防治区的非工程措施体系。

三、加强农田水利设施配套，提升服务现代农业能力

（七）大力推广高效农业节水设施。以福泉山茶场的茶叶种植区为重点，新增喷微灌设施受益面积500亩。应用喷微灌技术，有效提高水、肥料、农药等的利用率，提高农业标准化生产水平和农产品品质，促进节水型社会建设。

（八）着力完善小型农田水利设施配套。加强以河道疏浚、渠系配套和节水改造等为主要内容的小型农田水利设施建设，增强农业、农田的防灾抗灾能力。

四、加强水生态修复保护，提升服务生态文明能力

（九）大力推进生态河道建设。继续实施"千里清水河道"工程，完成10km河网水环境综合整治。以截污治污、疏浚整治、水系沟通、生态护岸、景观绿化为主要内容对城乡河道进行系统整治，建立健全河道长效保洁机制。

（十）加强水源地保护工程建设。重点实施东钱湖综合整治一期（清淤）工程、防护湿地建设；严格禁止山林开垦，完善森林防火体系，增强固土护坡、涵养水源、调节径流的功能；全力推进农业生态环境治理，有效削减农业面源污染；全面实施库区生活污水处理，推进污染企业的搬迁改造，规范整顿农家乐等项目，加强水源应急管理，探索建立水源保护管理和考核机制。

（十一）加强平原河网水质保护。禁止城镇生活污水和工业废水直接向平原河网排放，加快城镇污水收集管网建设。加强对地下水资源的保护，严格执行地下水禁限采管理制度。完善水源地生态补偿机制。

（十二）提升改造农民饮用水工程。更新改造镇、村联网供水管道；强化水

质监测，建立运行管理长效机制，全面改善农村用水质量，进一步提升农民饮用水安全水平，水质达标率95%以上。

五、强化水利管理，提升社会化服务能力

（十三）实行最严格的水资源管理制度。贯彻国家最严格的水资源管理制度，组织编制和落实实施方案。确立水资源开发利用控制、用水效率控制和水功能区限制纳污等"三条红线"。严格执行《宁波市水资源综合规划》，完善和深化区域内水资源配置方案。科学制定和切实执行水资源统一调度方案，协调好生活、生产和生态环境用水。

（十四）建立健全防汛社会管理体系。实现防洪理念从控制洪水向洪水管理的根本转变，全面加强洪水风险管理；健全完善统一指挥、分工负责的防汛工作机制，形成管理规范、协调有序、权责明确、步调一致的防汛抗旱联动机制；加强基层监测服务组织体系建设，巩固基层防汛防台体系建设成果，建立基层群防群治的长效机制；修编完善各类防汛防台抗旱预案和应急调度方案；继续加强专业化与社会化相结合的防汛抢险队伍建设，完善防汛抗旱物资储备调运管理制度；大力宣传普及避险救灾知识，提高公众的避险自救能力。

（十五）推进"智慧水利"建设。加强水文、水资源等监测基础设施建设，完善台风、雨情、水情和工情监测网络，建立驻测、巡测和应急监测相结合的多层次监测和预报预警体系。完善和提升以信息化为手段的防汛指挥调度智能系统。加大水利建设新材料、新工艺、新技术和适用产品推广应用力度。

（十六）强化依法治水。争取市政府出台《东钱湖水域保护管理办法》，加强依法审批、监督与执法。严格执行区域、行业规划及建设项目水资源论证、涉河建设项目审批、水土保持方案、水工程建设规划同意书等制度。加强基层水政监察网络建设，加强水政执法队伍能力建设，探索建立部门联合执法机制。健全预防为主、预防和调处相结合的水事纠纷调处机制。认真开展全国第一次水利普查工作。修编完善水利规划体系，加快以东钱湖北排工程为重点的项目前期工作。

六、切实加大水利投入，建立健全水利投入稳定增长机制

（十七）加大公共财政对水利的投入。发挥政府在水利建设中的主导作用，将水利作为公共财政投入的重点领域，积极引导社会各类资金和力量投入水利建设，大幅度增加今后10年水利年平均投入。积极筹措财政水利资金，加大对水

利的专项投入；从土地出让总额中提取2%用于农田水利建设；新增建设用地土地有偿使用费等土地整治资金综合用于农田水利基本建设和保护方面的支出不低于20%；足额征收水利建设基金，专项用于水利建设与管理；完善水资源有偿使用制度，依法征收、使用和管理水资源费。切实加强对水利投资项目和资金的监督管理和绩效管理。

（十八）积极争取金融对水利建设的支持。根据不同水利工程的建设特点和项目性质，争取金融机构对水利建设的中长期政策性贷款。完善政策性农业保险，全面推进洪水保险。

（十九）多渠道筹集资金投资水利。结合功能项目的开发，对特定区域内的水利工程，采取开发项目与水利工程捆绑打包投资建设的方式，利用社会资金配套建设水利工程。

七、继续推进改革创新，增强水利可持续发展后劲

（二十）加快水利设施建设和管理体制改革。加强水利建设市场行业监管，全面落实工程质量与安全责任制。建立健全河道行业管理体制，实现河道管理全覆盖。进一步深化水利工程管理体制改革，完善工程分类管理长效机制，建立大中型水库管理长效机制，切实做到编制、人员、经费三落实。

八、进一步加强组织领导，着力优化水利发展环境

（二十一）落实各部门责任。全区各部门要站在全局和战略高度，及时研究解决水利改革发展中的突出问题。实行防汛防台抗旱、饮水安全保障、水资源管理、水库安全管理行政首长负责制。对水资源开发利用、节约保护主要指标的落实情况进行考核，加强对水利财政投入、项目建设、水资源管理、工程运行管理等工作的督查考核。湖区管理办公室要切实增强责任意识，认真履行职责，抓好水利改革发展各项任务的实施工作。各有关部门要各司其职，尽快制定完善各项配套措施和办法，形成推动水利改革发展合力。

（二十二）建立健全水利服务组织。健全完善各级防汛抗旱指挥部办事机构。建立基层水利服务体系，充实乡镇水利服务人员，强化基层水利服务机构水资源管理、防汛防台抗旱、农田水利建设、水利科技推广等公益性职能。

（二十三）动员全社会力量关心支持水利工作。加大宣传力度，提高全民水患意识、节水意识、水资源保护意识。把水情教育作为各级领导干部和公务员教育培

训的重要内容。把水利纳入公益性宣传范围，为水利又好又快发展营造良好氛围。

中共宁波东钱湖旅游度假区委员会
2011年6月9日

第八节　宁波市东钱湖水域管理办法

《宁波市东钱湖水域管理办法》已经2012年12月17日市人民政府第16次常务会议审议通过，现予发布，自2013年2月15日起施行。

市长　刘奇
2013年1月8日

第一章　总则

第一条　为加强东钱湖水域管理，保护东钱湖水域水质，规范水上秩序，促进水域资源科学开发利用，根据《浙江省风景名胜区条例》《宁波东钱湖旅游度假区条例》，制定本办法。

第两条　东钱湖水域的保护和管理，适用本办法。

东钱湖水域包括东钱湖、东钱湖新城核心区水域、东钱湖上游主要溪流等水域。

第三条　东钱湖水域的保护和管理应当遵循科学规划、保护优先、合理利用、占补平衡、统一管理、协调发展的原则。

第四条　东钱湖风景名胜区管理委员会负责东钱湖水域的保护和管理工作，并与东钱湖旅游度假区管理委员会合署办公。

东钱湖风景名胜区管理委员会旅游与湖区管理部门（以下简称湖区管理部门）是东钱湖水域的管理部门，具体负责东钱湖水域日常保护、管理和监督工作。

规划、水利、旅游、环保、建设、交通、工商、公安、海事、渔业、城市管理、经济发展等行政主管部门应当按照各自职责，协同做好东钱湖水域的管理工作。

东钱湖镇人民政府负责东钱湖上游主要溪流的保护和管理工作。

第五条 东钱湖风景名胜区管理委员会应当加强东钱湖水域保护的宣传和教育工作，建立公众参与的水域保护、管理和监督机制。

鼓励非政府组织、社会志愿者参与东钱湖水域保护、管理和监督工作。

第六条 任何单位和个人都有义务保护东钱湖水域内的水体、植被、野生动物和各类设施。

对保护东钱湖水域有突出贡献的单位和个人，由东钱湖风景名胜区管理委员会给予表彰和奖励。

第二章 规划与建设

第七条 东钱湖风景名胜区管理委员会应当按照东钱湖地区总体规划、东钱湖风景名胜区总体规划、东钱湖旅游度假区旅游发展规划，组织编制东钱湖水域保护管理规划。

编制东钱湖水域保护管理规划，应当充分考虑资源禀赋和环境承载能力，科学、合理确定东钱湖水域保护区以及水域开发利用强度。

编制东钱湖水域保护管理规划，应当征求社会公众的意见和建议，接受公众监督。

第八条 东钱湖水域保护管理规划按照规定权限报经批准后，由东钱湖风景名胜区管理委员会组织实施。

东钱湖水域保护管理规划经批准后不得随意变更；确需修改的，应当按照法定程序进行。

第九条 湖区管理部门应当根据东钱湖水域保护管理规划组织编制水上旅游交通发展规划，对东钱湖水域旅游、交通发展战略和布局进行合理安排。

第十条 在东钱湖水域保护区和水域管理范围内进行工程项目建设、设置公共设施和其他设施的，应当符合东钱湖水域保护管理规划和其他相关管理规定，并依法办理审批手续。

第十一条 经批准在东钱湖水域管理范围内进行工程项目施工的，施工单位应当采取有效措施保护水生生物和水体，防止污染水域、破坏水生态系统。施工结束后，施工单位应当及时清理场地，恢复环境原貌。

第十两条 东钱湖风景名胜区管理委员会应当做好东钱湖水域范围内的污水处理工作，建设环湖截污管网，并把环湖截污管网纳入城市污水处理系统。

东钱湖风景名胜区管理委员会、东钱湖镇人民政府应当在每年财政经费中安排一定比例专项费用，用于东钱湖上游村庄截污治理和环湖截污管网系统维护。

禁止在东钱湖水域新设排污口；已有排污口，应当限期予以拆除。

第三章　水体保护

第十三条 东钱湖风景名胜区管理委员会应当组织湖区管理部门、环保部门和海事部门对东钱湖水污染防治实施监督管理，组织研究水体污染防治对策，制定、落实水污染防治相关制度和措施。

东钱湖风景名胜区管理委员会应当建立东钱湖水环境质量监测系统，运用科技手段加强水环境质量监测、污染防治和生态修复，并定期向社会公布水环境质量监测信息。

第十四条 东钱湖风景名胜区管理委员会、市水行政主管部门应当根据东钱湖生态保护需要，确定湖泊的最低水位线，设置最低水位线标志。

东钱湖水位接近最低水位线时，应当采取限制取水等措施。

第十五条 湖区管理部门应当及时组织清理湖面漂浮物，保持湖面清洁；组织东钱湖清淤疏浚，保持东钱湖清淤量和淤积量基本平衡。

第十六条 在东钱湖水域内，有关管理部门可以设置必要的设施阻止外来污染，但不得影响防洪安全和通航安全。

第十七条 在东钱湖水域设置畜禽禁养区，畜禽禁养区内禁止从事任何形式的畜禽养殖活动。

东钱湖水域内禁止网箱养殖，禁止珍珠养殖。

第十八条 在东钱湖饮用水源保护区范围内，有关单位和个人应当严格执行《浙江省饮用水水源保护条例》、《浙江省水污染防治条例》等饮用水水源保护的各项规定。

第十九条 在东钱湖水域内禁止下列行为：

（一）随地吐痰、便溺；

（二）丢抛烟蒂、瓜皮、果壳、纸屑等废弃物；

（三）向水域倾倒渣土、泥浆；

（四）侵占、填埋水域；

（五）在指定区域外洗澡、游泳；

（六）清洗机动车辆；

（七）其他影响水体质量、破坏湖泊生态环境的行为。

第四章　水生动植物保护

第二十条　为维护东钱湖生态景观，保护水生动植物，东钱湖应当维持合理的生态水位。

遇干旱年份，在条件许可的前提下，水行政主管部门应当对东钱湖的水资源进行合理调度，保障东钱湖水域生态系统基本稳定。

第二十一条　东钱湖渔业养殖捕捞应当服从湖泊生态保育和旅游发展的需要，允许经招投标产生的专业养殖管理公司按规定从事以水生态保育为目的的养殖捕捞作业。

对个体渔民从事捕捞作业的，应当限期予以清退。

第二十两条　为保持东钱湖水体质量和生态平衡，可以适量放养对水体质量、水生态环境无害的水生动物。

禁止投入饵料喂养水生动物。

未经依法办理相关审批手续，禁止向东钱湖水域投放外来物种、转基因物种。

第二十三条　种植各种水生植物，应当符合水体保护和景观的要求，并应合理布局，科学管理。

第二十四条　在东钱湖水域内除规定的垂钓区外，禁止垂钓。东钱湖内设定禁渔区，禁渔区内不得进行渔业捕捞和垂钓活动。

禁止在东钱湖内擅自捕鱼、采摘水生植物、捕杀飞禽。

第五章　船舶和相关设施管理

第二十五条 发展东钱湖水上旅游交通，应当符合东钱湖水上旅游交通发展规划。

湖区管理部门应当根据东钱湖水上旅游交通发展规划和水域实际承受能力，合理确定船舶、水上游乐体育设施和水上旅游交通运营企业的数量，并按照招投标、有偿出让等方式确定经营性船舶、水上游乐体育设施的经营权。

第二十六条 经营性船舶、水上游乐体育设施、浮动设施应当符合东钱湖水上旅游交通发展规划和相关要求，并依法办理有关批准手续，经批准后，方可进入东钱湖水域。

经营性船舶、水上游乐体育设施、浮动设施应当按有关管理部门核定的航线、航区、航速行驶、停泊、作业，不得擅自改变航线、航区，不得超速航行。

第二十七条 除公务船、游艇、渔业船舶外，非经营性的船舶和水上游乐体育设施不得进入东钱湖水域行驶。

游艇应当委托具有相应资质，并经过海事管理部门备案的游艇俱乐部实施统一管理。

船舶、水上游乐体育设施因试航、体育训练、竞赛等需要进入东钱湖水域的，应当依法向海事管理等部门办理审批手续。海事管理等部门批准前，应当征求湖区管理部门的意见。

农用船舶应当限期退出东钱湖。

第二十八条 在东钱湖水域内行驶的船舶，船体长度不得超过20米，宽度不得超过4.5米，除游艇以外的船舶处于停泊静止状态时的吃水深度不得超过0.6米。其中，在东钱湖新城核心区水域行驶的船舶，其吃水线以上高度不得超过1.5米。

经有关部门批准的游艇，其处于停泊静止状态时的吃水深度可以超过0.6米但不得超过0.8米，并应当在指定水域和航道内行驶，不得擅自在其他水域内行驶。

第二十九条 船舶需要更新的，应当符合东钱湖风景名胜区管理委员会的有关规定，并依法办理相关审批手续。

更新的船舶不得改变原使用性质，不得超过原载客量和主尺度。

第三十条 机动船舶应当使用符合国家标准的清洁能源，鼓励使用电力、燃气或太阳能等动力源，逐步淘汰使用柴油动力的船舶。

经营性船舶应当设置污水、生活垃圾专用收集箱以及与岸上污水、垃圾收集系统相匹配的输送、清运设施，禁止向水体直接排放和倾倒各种污水、垃圾、杂物。

第三十一条 利用船舶、水上游乐体育设施在东钱湖水域从事水上旅游运输、娱乐、体育等经营活动的，应当具备企业法人资格。

从事水上旅游运输经营的，应当依照《国内水路运输管理条例》的要求，取得水路运输经营许可后，依法办理工商登记手续、船舶登记或报备手续。

从事水上游乐体育经营的，应当按照招投标等方式取得经营权。

第三十二条 利用船舶、水上游乐体育设施在东钱湖水域举办各类非经营活动的，应当符合相关管理规定并依法办理审批手续。

第三十三条 湖区管理部门应当制定东钱湖水上旅游交通经营的具体规定，规范水上旅游交通经营者、船员及其他从业人员行为，维护旅游者和经营者的合法权益，保持良好的水上旅游交通秩序。

第三十四条 废弃的船舶、水上游乐体育设施、浮动设施，所有人或经营人应当及时向海事管理部门、湖区管理部门办理相应注销手续，并在规定期限内运出东钱湖水域。

第三十五条 经营性船舶的从业人员，应当依法申领相关证照，并经湖区管理部门会同有关部门组织上岗培训考核合格后，方可持证上岗。

第三十六条 东钱湖水域内的公用码头、驳岸、栈桥、堤坝、闸门、水文等设施以及公共标识等，由东钱湖风景名胜区管理委员会指定的单位负责建设、设置和维护管理。

第六章 监督管理

第三十七条 东钱湖风景名胜区管理委员会应当建立健全水域保护的各项管理制度和技术规范，制定相应的保护措施。

第三十八条 东钱湖风景名胜区管理委员会应当对东钱湖水域保护管理规划的实施和水域资源保护情况进行评估、检查，加强对东钱湖水域的保护和管理。

第三十九条 湖区管理部门、海事管理部门应当与其他管理部门加强管理协作和信息共享，加强对经营性船舶、水上游乐体育设施、浮动设施及运营活动和运营安全的监督。

第四十条 湖区管理部门应当督促相关单位做好公用码头等各类公共设施、公共标识的管理维护工作。

水域岸线、经营性码头设施由湖区管理部门依法进行监督管理。

第四十一条 湖区管理部门和海事管理部门应当制定有关突发事件应急处理和救援预案。遇有突发事件，应当及时启动预案，做好应急处置。

第四十两条 湖区管理部门应当建立经营性船舶、水上游乐体育设施经营者和从业人员的信用管理制度、服务质量和安全考核制度。

服务质量和安全考核结果记入经营者和从业人员的信用档案，作为管理部门实施奖励、惩处的依据和决定对经营权延续、收回的依据。

第七章　法律责任

第四十三条 违反本办法规定的行为，法律、法规和规章已有处罚规定的，从其规定。

第四十四条 违反本办法规定，有下列行为之一的，由湖区管理部门予以处罚：

（一）违反第十七条规定的，责令限期改正，并处以500元以下的罚款；

（二）违反第十九条第（四）项规定的，责令限期改正、恢复原状，对个人可以处500元以上2000元以下罚款，对单位可以处10000元以上50000元以下罚款；

（三）违反第十九条第（五）项规定的，处以50元以上500元以下罚款；

（四）违反第十九条第（六）项规定的，处以50元以上200元以下罚款；

（五）违反第二十两条第三款规定，向东钱湖水域投放外来物种、转基因物种的，责令改正、恢复原状，可以处200元以上2000元以下罚款；

（六）违反第二十六条规定的，处以500元以上5000元以下罚款。

第四十五条 违反第三十四条规定，废弃的船舶、水上游乐体育设施、浮动设施，未及时办理注销手续的，责令其补办有关登记手续；情节严重的，可以处以500元以上5000元以下的罚款。未在规定期限内运出东钱湖水域的，由海事管理部门、湖区管理部门责令限期改正；逾期未改正的，海事管理部门、湖区管理部门可依法代为组织清理，清理费用由船舶、水上游乐体育设施、浮动设施的所有人或经营人承担。

第四十六条 负有东钱湖水域保护、管理职责部门的工作人员在工作中失职、渎职或者滥用职权、徇私舞弊的，依法追究其行政责任；构成犯罪的，依法追究其刑事责任。

第八章 附则

第四十七条 东钱湖水域保护区的具体范围在《东钱湖水域保护管理规划》中划定，由东钱湖风景名胜区管理委员会向社会公布。

第四十八条 本办法下列用语的含义如下：

（一）东钱湖上游主要溪流，是指下水溪、南岙溪、大寺溪、上水溪、韩岭溪以及柴场溪等溪流。

（二）船舶，是指根据《中华人民共和国船舶登记条例》规定，应当在海事管理机构登记的各类机动、非机动船舶以及其他水上移动装置，不包括船舶上装备的救生艇筏和长度小于5米的艇筏。

（三）水上游乐体育设施，是指未纳入海事管理机构登记范围，长度小于5米的艇、筏以及在特定区域运行、承载游客在水上游乐或者从事体育活动的载体。

（四）浮动设施，是指采用缆绳或者锚链等非刚性固定方式系固并漂浮或者潜于水中的建筑、装置。

（五）经营性船舶，是指面向社会提供有偿水上客运、旅游、娱乐等商业性服务的船舶。

（六）公务船，是指用于公务巡逻、管理、抢险、救助、清洁等工作的船舶。

（七）渔业船舶，是指在渔业主管部门登记的船舶。

（八）农用船舶，是指从事农业生产和短途农业生产资料运输的非营利性船舶。

第四十九条 本办法自2013年2月15日起施行。

参考文献目录

（民国）张传葆等编：《鄞县通志》，宁波出版社，2006年10月。

（清）王荣商总纂：《东钱湖志》，1916年木刻本复印件。

周时奋主编：《鄞县志》，中华书局出版，1996年9月。

张海山主编：《鄞县土地志》，西安地图出版社，1999年5月。

郑孝华主编，鄞州区方志办编：《鄞县地名志》，西安地图出版社，2006年5月。

谢富国主编，鄞州区方志办编：《鄞州山水志选辑》，宁波出版社2009年11月。

缪复元主编，鄞州区水利志办编：《鄞州水利志》，中华书局出版社，2009年12月。

王文杰主编，鄞州区交通志办编：《鄞州交通志》，宁波出版社，2009年9月。

龚延明、祖慧音编著：《鄞县进士录》，浙江古籍出版社，2010年1月。

郑传杰、郑昕：《南宋鄞人时代》，浙江古籍出版社，2011年1月。

谢富国主编：《国史中的鄞州人》，鄞州区方志办编，西泠印社出版，2010年9月。

史美露主编：《南宋四明史氏》，四川美术出版社，2006年6月。

毛翼虎总纂，桑文磁主编：《宁波耆旧诗》，团结出版社，1994年12月。

周律之主编：《宁波地名诗》，宁波出版社，2007年7月。

张如安、杜建海编：《鄞州历代诗文选》，浙江古籍出版社，2008年1月。

戴光中、张如安等：《人文东钱湖》，上海书店出版社2009年7月。

戴光中、张如安：《诗意东钱湖》，上海书店出版社，2008年12月。

（清）徐兆昺著：《四明谈助》，宁波出版社，2003年7月第2版。

宁波市地方志编纂委员会编：《宋元四明六志》，宁波出版社，2003年7月第2版。

■ **新编东钱湖志**

（清）史在圹修编：《四明史氏谱录合编》，康熙三十二年（1693年）木刻版，现藏北京图书馆。

明愤编：《中国佛学名人辞典》，北京中华书局，1988年。

宁波市政协港澳台侨眷委员会编：《宁波籍港澳台和海外人物录》，杭州钱江彩色印务公司印，2002年1月。

陈守义主编，孙善根编：《鄞县籍宁波帮人士》，中国文史出版社，2006年11月。

方平主编：《钱湖古村韩岭市》，光明日报出版社，2005年5月。

戴松岳主编，鄞州区地方文献整理委员会编：《鄞州文史》，鄞州区地方文献整理委员会，2006年以来各版。

（清）全祖望编，沈善洪等点校：《续甬上耆旧诗》，杭州出版社，2003年10月。

宁波市林业局编：《宁波市古树名木》，中国文化出版社，2006年。

（元）脱脱主编：《宋史列传》，中华书局，1937年3月。

梁天瑞纂辑，钱济鄂校注：《吴越书》，上海辞书出版社，2012年3月。

宁波市规划设计研究院编：《东钱湖风景名胜区总体规划（基础资料）》，1990年7月。

编者的话

东钱湖是镶嵌在浙东大地上的一颗灿烂明珠。1963年10月，郭沫若先生游览东钱湖时给了八个字的品评"西子风韵、太湖气魄"。

我生长在东钱湖畔，在这里生活已有70余个春秋。读初、高中时，每周绕湖畔的羊肠小道，徒步回家、返校。在六年的时间里，至少绕湖150圈。湖边的一草一木几乎都认识了我。在下水半农半樵的9年里，我基本上跑遍了福泉山麓、峰、岗、岭、坑和溪流。在下水乡政府15年的农技、报道工作中，更加了解了湖畔的山丘和田野。我爱家乡，更爱东钱湖。

2000年6月，罗经衍先生送给我一套民国初年影印的《东钱湖志》四卷。我在文史研究方面是先天不足，后天缺补，对于文史资料只能是一点一点地啃。多次阅读民国《东钱湖志》后，竟产生了一种不足感。此时，我向罗经衍先生提出了可否重修湖志的想法。他回答的是，可以修一修。于是，1998年从研究大慈禅寺开始，我一点一滴地搜集和积累有关东钱湖的文史资料，并时时关注着东钱湖的山山水水、名胜古迹的开发、建设和保护动态。

2009年9月初，我阅读和参照了《鄞县史志》中有关写志的资料，进而按照"年代有序、地域有界、史实有据、古迹有考、生不列传、重写事实、不作评述"的原则，编写了《新编东钱湖志》的纲目和凡例，并经过两年多的搜集、查证、考察、采访、调研、归纳和整理，九易其稿，撰编成《新编东钱湖志》，共11编58章265节3200余条目，计85万余字。

在编著过程中，我在校勘方面得到了王宏福、龚烈沸、金辅康、陈安新、罗经衍、金绍元、陈剑平、郑德智诸先生的帮助，并对于王春微女士和戴良维、郑传杰、陈祖明、戴金裕、陈念祖、许义泰、郑学芳等诸先生的支持，深表感谢。史济权先生在繁忙的工作中，挤出时间为本书作序，在此向他表示衷心的感谢。周时奋先生在驾鹤西归之前（2012年夏），为本书作序，在此对他表示深切的怀念和崇高的敬意。由于本人才疏学浅，初版定有遗漏和不足，恭请专家、读者和同仁们指正，以便再版时完善。谢谢大家。

2014年7月编写于东钱湖雅水斋

作者简介

仇国华 1943年10月生,汉族,宁波鄞州东钱湖人,笔名"仇涛",斋名"雅水斋",室名"墨芝草堂",别号"雅水山人"。宁波东钱湖历史文化研究会会长、宁波市鄞州区地方史志研究会理事。

感 谢

校 勘：王宏福、龚烈沸、金辅康、陈安新、
　　　　罗经衍、金绍元、郑剑平、郑德智
摄 影：戴善祥、郑光敏、吴超波、仇国华